アンデス高地

ANDES

norio yamamoto
山本紀夫［編］

京都大学学術出版会

はじめに

Norio Yamamoto
山本紀夫

知られざるアンデス

アンデスは、世界最長の大山脈である。このことは常識のように思えるが、意外に知られていない。たとえば、身近にいる人たちにアンデスとヒマラヤのどちらが長大な山脈であるかと聞いてみても、しばしばヒマラヤという答えが返ってくる。たしかに、ヒマラヤも世界を代表する山岳地帯であり、しかも八〇〇〇メートルをこす高峰が一四座もあるのに対して、アンデスは最高峰のアコンカグアでさえ七〇〇〇メートル足らずしかない。このようなことがアンデスよりヒマラヤの方が長大であるというイメージを与えているのかもしれないが、山脈の長さという点ではアンデスはヒマラヤの三倍以上もある。ヒマラヤの全長は約二四〇〇キロメートルとされるのに対し、それがアンデスでは約八〇〇〇キロメートルにおよぶのである。

このようなことにも示されているように、アンデスは一般の日本人にとってあまり知られていない地域である。そもそもアンデスの位置する南アメリカそのものが一般の日本人にとって馴染みの薄い地域であり、アンデスもその例外ではないのであろう。その背景には、この地球上で南アメリカが日本からもっとも遠いためアンデスには日本から行きにくいことがありそうである。

しかし、アンデスが日本人にとって無縁というわけではない。アンデスといえばインカ帝国を思い浮かべる人が多いが、このインカ帝国を築いた人たちも日本人と同じ人種であるモンゴロイドであった。もともと彼らの祖先はアジア大陸からアメリカ大陸に渡った人たちであり、その子孫にあたる先住民の人たちは今もアンデス高地で多数暮らしている。そして、彼らは髪も目も黒く、また肌の色も日本人のそれに近いため親近感のもてる人たちである。

そのせいもあって、先住民人口の多いペルーでは今から十数年前に日系人のフジモリ大統領が誕生したのであった。そして、その背景にはアンデスと日本との密接な関係がもう一つあった。それがアンデス諸国への日本人の移住である。とくにペルーへの日本人の移住は一八九九年（明治三二年）に始まっており、すでに移住一〇〇周年をむかえて数年になる。現在、ペルーにおける日系人の人口は一〇万人をこすほど多く、これらの移住者のなかにはアンデスに住み着いた人も少なくなかったのである。

一般の人にとって、もっと馴染み深いものがある。それが、ジャガイモやトマト、タバコ、インゲンマメなどの作物である。これらは、いずれもアンデス原産の作物であり、ヨーロッパ人によるアンデスの侵略後に初めて日本に導入された。これらの作物のうち、ジャガイモがヨーロッパなどで在来の作物にとってかわって主作物になったことはよく知られているが、日本でもジャガイモは東北や北海道などでの開発に重要な役割を果たしており、日本人にとってもアンデスは決して無縁ではないのである。

日本初のアンデス民族学調査団

こうして見てくると一般の日本人にとってアンデスが馴染みの薄い地域となっている理由は地理的な遠さだけではなさそうである。少なくとも、もう一つの理由があるにちがいない。それは、日本ではアンデスに関する出版物がきわめて乏しく、とくに一般読者の読める本がほとんどないことである。これはヒマラヤと比べてみれば明らかになる。きちんと調べたわけではないが、日本で刊行されているヒマラヤの本はアンデスの一〇倍以上、あるいはもっとあるに違いない。

その背景の一つが日本におけるアンデス研究者の乏しさに求められる。実際、ヒマラヤでは気象や氷河、生物、地理、人類学など、さまざまな分野で多くの日本人研究者が調査をしており、それぞれの分野でさまざまな出版物を刊行してきた。また、登山の分野でもアンデスに比べてヒマラヤ登山に参加した人ははるかに多く、そのせいもあってヒマラヤ登山に関する出版物はアンデスなど比べものにならないほど多い。これは、ヒマラヤが日本と同じアジアにあって比較的近いという地理的な理由だけでなく、先述したようにヒマラヤには高峰が集中しているという理由もある。

このような状況のなかで、アンデスの出版物がヒマラヤより多い分野もある。それが考古学の分野である。これは一九五八年に始まった東京大学を中心とするアンデス調査団が考古学調査を焦点にし、しかも五〇年にわたって調査を継続してきたおかげである。また、同調査団およびその関係者は発掘品を中心としてアンデス文明に関する展覧会を日本の各地で数多く実施、この展覧会を通じてアンデス文明に関する知識を得た人も少なくないはずである。

一方、考古学と密接な関係をもつ文化人類学（民族学）の分野でも考古学と相前後して日本人研究者がアンデスで調査を開始したが、その本格的な調査の展開は一九七八年まで待たなければならなかった。この年、増田義郎（当時東京大学教授）氏が日本から初めての民族学の調査団を組織し、ペルーのカトリック大学と共同でペルー・アンデスにおける環境利用の調査を実施したのである。この調査には、日本側からも七名の研究者が参加し、半年間にわたりペルー・アンデス山麓の海岸地帯や山岳地帯で調査をおこなった。[注1] じつは、本書の編者である山本は、当時、この調査団の最年少のメンバーであった。また、本書の執筆者のひとりである稲村は当時大学院学生で、この調査団に研究協力者として参加、やがて自身で本格的なフィールドワークをアンデス高地で開始することに

注1　このときの調査成果は、『国立民族学博物館研究報告』五巻一号（一九八〇年）の特集号のほか、スペイン語版による報告書（Masuda 1981）も刊行された。

なる。

　増田教授を代表者とするアンデス調査は一九八一年にも継続しておこなわれ、それにも山本は参加して半年間ほどペルー・アンデスで民族学の調査を実施した。また、このような現地調査と並行して一九八〇年と一九八三年にはアンデスにおける環境利用の方法をめぐる国際シンポジウムがおこなわれ、ペルーや欧米の研究者、さらに筆者を含むアンデス調査団の日本人メンバーも大半が参加した。[文献1] とくに、後者のシンポジウムには有名な「垂直統御」論の提唱者であるジョン・ムラ博士も参加してアンデスの生態と文明の関係についての検討がなされた。

文献1　Millones y Tomoeda 1982, Masuda et al. 1985.

「垂直統御」論

　ここで、ジョン・ムラが提唱した「垂直統御」論について少し説明しておかなければならないだろう。この理論こそは一九七〇年代のアンデス研究を席巻したものであり、先述した増田教授を代表者とするアンデス調査団もこの理論を強く意識して組織されたものだったからである。

　一九六〇年代後半、アメリカの人類学者であるジョン・ムラはインカ帝国の成立の謎に迫る一つの解答を示した。彼は一六世紀の地方史料を分析した結果、アンデスの住民は大きな高度差と複雑な地形によって生じる多くの異なった自然環境を「垂直に」利用して生産物の補完体系をつくりあげ、様々な資源を手に入れていたことを明らかにした。そして、この体系のなかで生産と流通を統御する政治的な核が徐々に形成され、アンデス固有の支配体系が形成されたと考えたのである。これが、アンデス研究者に大きなインパクトを与えた「垂直統御」論である。[文献2]

　このムラの垂直統御論は、なぜアンデスのような山岳地帯でインカ帝国が誕生したかという問題に一つの道筋をつけるものとなった。しかし、同時に大きな問題も浮かびあがってきた。それは、

文献2　Murra 1972.

アンデスにおける伝統的な環境利用の方法がどのようなものであったのかという疑問である。それというのも、それまでのアンデス研究では先住民による農耕や牧畜などの環境利用に関する調査がほとんどおこなわれていなかったからである。

幸いに、インカ帝国の中核になったペルーからボリビアにかけての中央アンデス高地は現在も先住民人口が多いところである。また、彼らのなかにはインカあるいはそれ以前からの伝統を受けついだ暮らしを今も送っている人たちが少なくない。これは、中央アンデス高地が酸素が薄く、また気温も低いため、侵略したヨーロッパ人の影響が比較的小さかったからであろう。とにかく、彼らと暮らしをともにし、農業や牧畜などの調査をすればアンデス伝統の環境利用の方法が明らかにできそうであった。

こうして一九七〇年代に入るとペルーやボリビアなどの中央アンデスで農耕や牧畜を含めた環境利用の調査がさかんになった。地元のペルー人研究者はもとより、欧米の研究者も加わり、アンデス各地で先住民による環境利用の人類学的調査がおこなわれるようになった。そして、その影響はやがて日本人のアンデス研究者にもおよんだ。それが一九七八年から増田教授によって開始され、二度にわたって実施されたアンデス調査であった。

アンデスからヒマラヤへ

こうして一九七〇年代初め頃からさかんになった環境利用の調査であったが、それは必ずしもアンデスにおける環境利用の特色を明らかにすることにはならなかった。むしろ、環境利用の方法が多く報告されたことによって、これまでアンデス独自の環境利用の方法と考えられていたものさえも、同じような環境条件のところでは、たとえばヒマラヤのような山岳地帯ではみられるのではないかと疑われるようになった。その結果、アンデス研究者のなかに、ヒマラヤにも目を向ける者がでてきたのである。

　たとえば、ペルー・アンデスで調査をおこなったブラッシュは、アメリカの人類学協会の年次大会でヒマラヤ研究者やアルプス研究者とともにシンポジウムをおこない、山岳地域における環境利用の方法を比較した。[文献3] また、やはりアンデス研究者のギレットも中央アンデスとヒマラヤにおける環境利用の方法を比較した論文を発表した。[文献4] このような研究動向は日本のアンデス研究者にも影響を与え、一九八一年には国立民族学博物館で、アンデス、ヒマラヤ、アルプスの高度差利用に関する共同研究会も発足した。[文献5]

　しかし、環境利用の調査は容易ではない。関係する要因が多く、本格的な調査をおこなうためには人文科学だけでなく、自然科学まで含めた関連分野の研究者の協力をあおがなければならないからである。その容易ではない調査をアンデスでもヒマラヤでもおこなうのは、さらに困難なことである。そのため、山岳地域における環境利用の比較研究で両方の地域で本格的な現地調査にもとづいたものはなかった。そのため、先述した共同研究会でも、「お互いのフィールドを知らないことによるもどかしさが、常についてまわった」のである。

　このような動向のなかで山本と稲村は一九八〇年代末までペルー・アンデスでの調査をつづけていたが、その調査の継続を困難にさせる社会的状況がペルーで生じてきた。山岳地帯でセンデーロ・ルミノーソとよばれる過激な反政府ゲリラが活動を始め、命の危険さえ感じるようになってきたのである。また、この時点でアンデス研究を始めて山本が三〇年、稲村が二〇年を経ていたが、やはりアンデスにおける環境利用の特色が明らかになったわけではなかった。この状況を打開するために、山本はアンデスと類似する山岳地域において環境利用の調査をし、比較研究することでアンデスにおける環境利用の特色を明らかにしようと考えるにいたった。

　こうして、一九九〇年の予備調査をへて、一九九四年年から三年間にわたってネパール・ヒマラ

文献3　Brush 1976.
文献4　Guillet 1983.
文献5　藤井・鹿野　一九八五。

ヤで調査をおこなうことになった。それが、文部省（当時）の科学研究費をうけての調査「ネパール・ヒマラヤにおける草地・森林利用の動態に関する民族学的研究」（研究代表者　山本紀夫）であった。この調査には、民族学者だけでなく、植物生態学者や自然地理学者、さらに草地学などの自然科学系の研究者も加わった。おそらく、これは国際的に見ても初めてのヒマラヤにおける環境利用の総合的調査であった。この成果は二〇〇〇年に単行本として刊行された。[文献6]

さらに、この調査チームからはもう一つの調査計画が生まれた。それが一九九九年および二〇〇〇年に文部科学省の助成を得て実施した「中国チベット高原の農業生態系における継続性ある生物生産に関する基礎的研究」である。これはヒマラヤ調査のメンバーの一員であった本江昭夫が代表者となり、山本、稲村も参加した。ヒマラヤにつづいての調査であったため、この調査を通じてアンデス・ヒマラヤにチベットも視野に入れた山岳地域の比較研究が可能になってきた。

文献6　山本・稲村　二〇〇〇。

再びアンデス高地へ

これらの調査でアンデスとヒマラヤでは環境利用の方法にいくつもの大きな違いのあることが明らかになった。その一つが高地部における環境利用の違いである。ヒマラヤでは高地部に住む人が少なく、またその居住の歴史も浅い。一方、アンデス高地は多数の人びとが暮らし、その暮らしの歴史もきわめて古い。そして、その背景にはアンデス高地における動植物の家畜化および栽培化があるらしいという見通しを得た。その後の農耕や家畜飼育の発達がアンデスの山岳地域で古代文明を生んだ背景にあるらしいことも明らかになってきた。

一方で、あらためて再確認したこともあった。それは、これまでアンデス高地における調査が十分でなく、むしろ乏しいといった方がよいくらいなことであった。高地ゆえの寒さや酸素の薄さなどが調査を困難にしているからである。さらに、人びとの暮らしを知るうえで、伝統的な社会ほど閉鎖性が強く、また地理的にアクセスが容易でないことも調査を困難にしている。そのため、アンデス高地の環境やその利用の方法の特色については、依然として十分に明らかにされたとはいえなかった。

そこで、アンデス高地に焦点をしぼり、そこでの環境とその特色を明らかにする調査を再び構想するにいたった。それが、文部科学省の助成を得て二〇〇一年より四年間にわたって実施した「アンデス高地における環境利用の特質に関する文化人類学的研究——ヒマラヤ・チベットとの比較研究」（研究代表者　山本紀夫）である。副題にも示されているように、この調査はヒマラヤおよびチベットなどの高地との比較の視点をもったものであった。

この調査の正式メンバーとして参加した研究者は九名であったが、研究協力者などの形で参加したメンバーも含むと一二名におよんだ。調査の表題は文化人類学的研究とうたっているが、調査のメンバーには文化人類学者だけでなく、遺伝学や草地学、さらに自然地理学者などの自然科学系の専門家も含まれていた。また、この調査チームにはヒマラヤやチベットでも調査経験をもつ研究者が何人も加わっていた。これは、アンデス研究に、ヒマラヤやチベットなどの山岳地域との比較の視点をもちこもうとする試みであった。

本書の執筆者は、この調査のメンバーおよび研究協力者などである。ただし、本書は今回の調査によるものだけではなく、これまで四〇年近くにわたり執筆者たちがアンデスおよびヒマラヤ、チベットでおこなった調査成果も一部にもりこんでいる。なかには、既出の論文を再録したものもある。先述したように、アンデスに関する出版物はきわめて乏しく、とくにアンデス高地に関する出版物がほとんどないため、その空白を少しでも補いたいと考えたからである。

本書を通じて、あまり知られることのないアンデス高地の環境と人間のあいだの関係についての理解が少しでも深まれば編者の私としては大きな喜びである。

引用文献

Brush, S. B. 1976 Introduction to Symposium on Mountain Environments. *Human Ecology 4* (2): 125–133.

Guillet, D. 1983 Toward a Cultural Ecology of Mountains: The Central Andes and the Himalayas Comopared. *Current Anthropology* 24 (5): 561–574.

Masuda, S. (ed.) 1981 *Estudios Etnográficos del Perú Meridional.* Universidad de Tokio.

Masuda, S., I. Shimada and C. Morris 1985 *Andean Ecology and Civilization.* University of Tokyo Press.

Millines, L. y H. Tomoeda 1982 El Hombre y su Ambiente en los Andes Centrales. *Senri Ethnological Studies No. 10.* National Museum of Ethnnology, Osaka.

Murra, J. V. 1972 El "Control Verticcal" de un Máximo de Pisos Ecológicos en la Economía de las Sociedades Andinas. In Visita de la Provincia de León de Huánuco 1562, Tomo II, J.V. Murra (ed.) pp. 427–468, Huánuco: Universidad Nacional Hermilllo Vardizán.

藤井龍彦・鹿野勝彦「アンデス・アルプス・ヒマラヤ――交換と交易」『民博通信』二九：三九―四三、一九八五年。

山本紀夫・稲村哲也『ヒマラヤの環境誌――山岳地域の自然とシェルパの世界』八坂書房、二〇〇〇年。

目次

第一章四節 山岳文明を生んだアンデス高地 山本紀夫 75

第二章　高地に花ひらいた農耕文化

第三章　特異な牧畜文化の展開

第四章　アンデス高地の民族誌

第五章　アンデス高地の諸相

第1章

アンデス高地とはどのようなところか

まず「アンデスとはどのようなところなのか」、また「アンデス高地はどのような特色をもった地域なのか」、という疑問を明らかにしたい。そのため、地形、気候、植生などの点からアンデスの自然環境の特色を検討する。そのなかでアンデスでは人間の生活の舞台としての高地はほとんど中央アンデス高地に限定され、そこは海岸地帯とともにアンデス文明が誕生し、発達した地域であることが明らかにされる。なお、本書でいう高地とはおおよそ標高2500メートル以上の高度域に広がる地域のことである。

写真　富士山の頂上よりも高いティティカカ湖畔（標高約3800メートル）の光景。手前はジャガイモなどの耕地、後方の雪山はボリビアのレアル山群

第一章一節

八〇〇〇キロメートルの大山脈——その多様な環境

Norio Yamamoto
山本紀夫

世界一長い山脈

アンデスの特徴を一言でいえば、きわめて高く、また長い山脈であるということであろう。とくに、アンデスの長さは八〇〇〇キロメートルとも、人によっては一万キロメートルともいわれるほど長い地球上で最長の大山脈である。ちなみに、この長さは、日本では本州の長さの六〜八つ分に相当する。ただし、アンデスの幅はさほど広くない。アンデスで最大の幅をもつ部分は、山脈のちょうど真ん中あたりに位置する中央アンデスだが、そこでも五〇〇〜六〇〇キロメートルくらいで、大阪から東京あたりまでの距離しかない。

さらに、アンデスは長いだけでなく、その山脈が赤道をこえて南北に走っている。これがアンデス山脈にもう一つの特徴を与える。それは、緯度によって環境が大きく変わることである。そのため、一般にアンデスは次の三地域に大きくわけられる。すなわち、北部アンデス、中央アンデス、そして南部アンデスである。このうち、北部アンデスの大部分は赤道以北にあり、国でいうとベネズエラ、コロンビア、エクアドルを走る山脈である（図1）。中央アンデスはペルーおよびボリビアを走る山岳地域のことで、それよりも南のチリとアルゼンチン国境を走る山脈が南部アンデスである。

さて、アンデスは緯度によって環境が大きく変わると述べたが、これを実感するのは容易ではない。実際に、筆者は一九六〇年代の末からほとんど毎年のようにアンデスに出かけ、三〇年あまりにわたって調査をしてきたが、緯度による変化をほとんど感じたことはなかった。それというのも、筆者が調査をしてきたのは、緯度の上ではほとんどが亜熱帯または熱帯に位置する北部アンデスおよび中央アンデスだったからである。

そこで、緯度による環境の変化を知るために南部アンデスの山麓地帯を陸地沿いに行って、中央アンデスの環境と比較してみることにした。ペルーからチリ北部にかけての海岸地帯や山岳地帯は車などで何度も走って様子を知っていたので、南部アンデスのなかでも、とくにその南端部のパタゴニア・アンデスを歩いてみようと考えたのである。最初にパタゴニアを訪れたのは一九九七年の一二月のこと、研究仲間二人と一緒に車を使って南米大陸最南端のチリ領とアルゼンチン領を走り回った。しかし、この旅は駆け足の忙しいものであり、パタゴニアを肌で感じることはできなかった。そのため、あらためて単独でパタゴニアをゆっくり歩いてみることにした。二〇〇四年の一〜三月にかけてのことである。

この二回目の旅は、期待どおりアンデスの多様な環境を自分の目で確認するものとなった。とりわけ、自分の足で歩き、自分の目で見て歩いたパタゴニアは、これまでのアンデスに対する考え方や見方を大きく変えさせるほどに印象の強いものであった。そこで、この旅で見たものを中心として南部アンデスを紹介し、それと比較しながら中央アンデスおよび北部アンデスの特色を概観することにしよう。

南部アンデスを行く

日本からパタゴニアに直行する飛行機便はないので、まずペルーの首都のリマに飛んだ。そして、そこからチリの首都のサンチャゴまでさらに空路で飛んだ。飛行機はほぼ海岸線沿いに飛ぶので、延々と続く砂漠を見ながら機は南下を続けた。チリ領内に入ってからは世界でもっとも乾燥しているといわれるアタカマ砂漠を遠望することができた。このアタカマ砂漠には六〇〇〇メートル級の高峰がいくつもあり、そこで筆者はかつて登山活動をしたことがあるので懐かしい気分を味わったが、一方で砂漠のなかでの厳しい登山のことも想い出された。その景観が少し変わってきたのはサンチャゴが近くなってからであった。植物が少しあらわれ、半砂漠もしくはサバンナ状を呈してくるようになるのである。

サンチャゴからはバスで南下を続けたが、サバンナ状の景観はパタゴニアのはじまるプエルト・モンのかなり近くまで続いていた。プエルト・モンは、南緯四二度あたりに位置しており、チリではパタゴニアの入り口ともいわれる、かなり大きな都市である。しかし、ペルーから海岸線沿いを走るパンアメリカン・ハイウエイはここまでである。この先はフィヨルド地帯が続くため、陸路で南下することはできないのだ。そのかわり、一週間に一回、プエルト・モンとチリ最南端の都市であるプンタアレナスをむすぶフェリーがある。そこで、筆者はこのフェリーに乗って南下を続けることにした。船は夕方に出航し、また雨も降っていたので、その日はほとんど景色を見ることはできなかった。

ところが、翌朝起きて対岸の景色を見て目を疑った。びっしりと森林で

●図1　南アメリカとアンデス山脈

埋め尽くされていたからである。この森林を構成する樹木こそは、日本語でナンキョクブナとよばれるノトファグス（注1）の森林である。それが海岸線から雪線近くまで続いている。人家もまったくみられず、このフィヨルド地帯で人の気配を感じることはない。目に入るのは、海と空、そして両岸を埋め尽くすノトファグスの森林だけである（写真１）。

一八三四年、チャールズ・ダーウィンもこの地域をビーグル号に乗って旅行しているが、その彼も有名な『ビーグル号航海記』のなかで次のように述べている。

> チロエ及びその南北の海岸地方の湿気の多い、変化の乏しい気候は、ヨーロッパ産の果実の生産には不適当であるが、南緯四五度から四八度にわたる自然林は、熱帯の生育の盛んな森と、繁茂においてほとんど譲らないものがある。滑らかな濃い色の樹皮のある各種の堂々とした樹には、寄生する単子葉植物を積み重ねていた。優美な大形のしだ類も多い。（文献1）

●**写真１**　ノトファグス（ナンキョクブナ）の森林

これは、アンデスの西側（チリ側）のパタゴニア地方は偏西風帯に位置しているため雨がよく降り、湿潤だからである。たしかに、フェリーに乗ってからもよく雨が降った。出航した日に雨が降っていたことは述べたが、その後もしばしば雨が降り、甲板に出られなかった。また、雨が降らないときも重苦しい雲が低くたれこめていた。このような雨や湿気がノトファグスの森林の生育を

注1　ノトファグス（*Notofagas spp.*）。

文献1　ダーウィン　一九九一（一九六〇）：一〇九。

促進しているのである。

一方、アンデスの東側（アルゼンチン側）のパタゴニア地方は大部分のところが極度の乾燥のため、半砂漠または草地となっている。このようなアンデスをはさんだ東西の景観の違いは、中央アンデスあたりとはまったく逆である。後述するように中央アンデスでは太平洋岸は大部分のところで砂漠となっているが、アンデスの東側の低地部は森林地帯となっているのである。

さて、船は三日目にプエルト・エデンという港に寄港した。持参したGPSによれば、南緯四九度七分。北半球でいえば、この緯度はサハリンの中央部あたりに相当する。ここが航路のほぼ中間点であり、軍の駐屯地などもあるため寄港したのである。そして、ここで筆者も下船した。ここにはカワシュカルとよばれる先住民の人たちが数家族暮らしており、その人たちの暮らしを知るためであった。(注2) フェリーは一週間後に再び寄港するので、それまで滞在することにしたのである。

上陸したプエルト・エデンは小さな集落であった。戸数が数十戸しかなく、人口は三〇〇人足らず、端から端まで歩いても三〇分ほどあれば充分である。この集落のはずれにカワシュカルの人たちの家もあった。そこを訪ねてみたが、期待に反して彼らの暮らしはすっかり変貌していた。もともと彼らは採集漁撈民として知られていたが、もう採集も漁撈もやめ、チリ政府による生活保護を受けて暮らしているのであった。

●写真2　コイコピウエの花

注2　カワシュカルは、かつてアラウカルフとよばれていた少数民族。一九六七年の時点で四三人がプエルト・エデンに住んでいたが、現在は七人だけとなった。

一方、ここでは思わぬものにも出会えた。それは美しい花や実をつけたパタゴニア固有の植物である。たとえば、コイコピウエ[注3]はチリの国花のコピウエ[注4]によく似た植物で、パタゴニアなど冷温帯に分布することが知られているが、これが海岸近くに自生していた（写真２）。また、やはり冷温帯の植物で、現地でチルコとよばれるフクシアの一種[注5]も花をたくさんつけていた（写真３）。さらに、「実を食べると再びパタゴニアに戻ってこられる」という諺のあるカラファテ[注6]もブルーベリーのような青い実をつけていた（写真４）。このカラファテは冷温帯というより寒地に適した植物として

●**写真３**　チルコ（フクシアの一種）

●**写真４**　カラファテの実

注３　コイコピウエ（*Philesia magellanica*）。

注４　コピウエ（*Lapa geria rosea*）チリ南部の常緑樹林帯に生育するつる植物。深緑の鐘型の花はコイコピウエの花に似る。

注５　フクシアの一種（*Fuch-*

知られるが、それが海岸近くの低地でみられるのである。そのことは、ここが緯度が高く、気温の低い地方であることを雄弁に物語っている。

じつは、パタゴニアはつかの間の夏を迎えていたのである。そのため、日没も一〇時過ぎと遅かった。ここでまた、中央アンデス高地との環境の違いを知ることになった。低緯度地帯にある中央アンデスでは一年の気温変化がほとんどなく、そのため季節の変化を感じることはないが、パタゴニアにはちゃんと四季が存在するのである。そして、植物たちは短い夏を謳歌するように、それぞれに花をつけていたのであった。

緯度が高くなったことを感じさせるものが、再び乗った船の上からもみられた。一週間後にプエルト・エデンに寄港した船に乗り、筆者はさらに南をめざしたが、乗船した翌日あたりから驚くべき光景が展開してきた。あちこちで、氷河が直接海に落ち込んでいるのである。すでに緯度は南緯五〇度以上、気温が低いため氷河も簡単には溶けず、海にまで押し出してきているのであった（写真5）。

パイネ峰山麓を歩く

こんな光景を何度も見ながら、船はプエルト・エデンを発ってから三日目に目的地のプンタアレナスに到着した。プンタアレナスは南緯約五三度、南米大陸最南端

●写真5　海に直接落ち込む氷河

sia magellanica)。

注6　カラファテ（*Berberis buxifolia*）。メギ科メギ属の小低木。

の都市である。すぐ前にはマゼラン海峡を臨むことができ、そこから南極まではー〇〇〇キロメートルほどしかない。そのため、この海岸の一部地方にはペンギンの棲息地もあり（写真６）、町の中央にはマゼランの銅像も立っている。また、プンタアレナスは登山家の憧れのまとである秀峰の一つ、パイネ峰の登山基地でもある。

ここでの筆者の目的は、アンデス最南端のパイネ峰の山麓を一週間ほどかけて歩き、自分の足と目でパタゴニアの環境を知ることであった。そのため、この町で一週間分の食糧を買い込み、チリ人のポーターを二人雇って、テント生活を続けながらパイネを一周することにした。

トレッキングの起点はパイネ峰の南側の麓である。そこからは、岩をむきだしにした塔のようなパイネ峰がよく見える（写真７）。その天を突くような岩峰は威圧感を与えるが、その高さは最高峰でも二八五〇メートルしかない。六〇〇〇メートル峰が少なくない中央アンデスにくらべれば、パタゴニアではアンデス山脈もぐっと低くなっていることを実感する。

このパイネ峰を左に見ながら、反時計まわりに歩き出す。海外からのトレッカーが多いらしく、道はしっかりしていて迷うことはない。また、キャンプも指定された場所だけに限定されているが、

●**写真６**　マゼラン・ペンギン（*Spheniscus magellanicus*）の棲息地

●**写真７**　アンデス山脈最南端に位置するパイネ峰

数時間も歩けば次のキャンプ地に着く。しかも、嬉しいことにパタゴニアでは山脈全体の標高が低いので、トレッキングのルートの高度が一〇〇〇メートル以下と低く、中央アンデスを歩くときのように高山病に苦しめられることもない。

こうして筆者はテントを使いながら、五日間かけてパイネ山麓を一周した。氷河の末端近くにテントを張り、夜中に崩落する氷河の音に驚いたこともあった。素晴らしいナンキョクブナの林の中も歩いた。ただし、このナンキョクブナは標高六〇〇メートルくらいから背が低くなり、七〇〇メートルあたりで姿を消す。つまり、ここでは森林限界が標高約七〇〇メートルと低く、それよりも上はもう高山植物帯になるのである。標高一〇〇〇メートル以下で高山植物とはいささか奇妙な感じがするが、ここは緯度が高いため、そのぶん高山植物も低くからあらわれてくるのである。

このことに気づいて、あらためてパタゴニアを見回してみると、そこは中央アンデス高地と景観がじつに似ているのであった。ナンキョクブナの森林は別として、パタゴニアには草原地帯も多く、そこは中央アンデスの標高四〇〇〇メートル前後のプナとよばれる高原にそっくりである。そのせいなのか、パタゴニアの草原地帯に棲息している動物にも中央アンデス高地のそれらに共通するものが少なくない。

その代表的な動物がグアナコである（写真8）。グアナコは野生のラクダ科動物であり、かつては中央アンデス高地にも分布していたとされる。しかし、現在ではその姿を中央アンデスで見ることはほとんどない。それでは、どうしてグアナコはパタゴニア以外の地域ではほとんど姿を消してしまったのだろうか。グアナコを間近に見て、その理由がわかった。狩猟の対象として人間が容易に捕獲できそうな動物だったのである。この点についてはダーウィンも先述した『ビーグル

●写真8　野生のラクダ科動物グアナコ（*Lama guanicoe*）

号航海記』のなかで次のように書いている。

野生のグヮナコ（原文ママ）は防御の観念はなく、一匹のいぬでもこの大きな野獣を猟人の来るまで引きとめておくことができる。習性の多くはひつじの群のそれに似ている。従って、数方面から人間が馬上で迫ると、直ちに悩乱して、逃げる道を忘れてしまう。ある中心にやすやすと彼らを追いこんで包囲することができるので、インディアンの狩猟法を行なうに極めて都合がよい。[文献2]

こんなグアナコをパタゴニアではまだ広い範囲で、しかも多数見ることができる。パタゴニアのあちこちで数十頭、ときに一〇〇頭近いグアナコが群をなしている。きっとパタゴニアは古くから人口が希薄であったため、それだけグアナコに対する人間の影響が小さかったのであろう。これはグアナコだけではなく、キツネやスカンク、ダーウィン・レア（駝鳥の一種）、アルマジロなどもそうである。いずれもパタゴニアでしばしば見ることができる野生動物なのである。[注7]

中央アンデスへ

さて、以上までの記述に驚かれた方もおられるかもしれない。アンデスといえば万年雪におおわれた高峰が連なり、その山麓には広大な高原が広がっていて、そこでは家畜を追う牧民や畑を耕す農民の姿がみられるという一般のイメージとは大きく違っていたからである。実際に、筆者自身もパタゴニアを歩いて「アンデスにはこのようなところもあるのか」と大きな驚きがあった。その背景には、これまでアンデス研究者の大半が中央アンデスに調査を集中させてきた結果、中央アンデスだけのイメージでアンデス全体を語る傾向があったからであろう。

文献2　ダーウィン　一九九二（一九五九）：二五一。

注7　キツネ（*Dusicyon* sp.）
スカンク（*Conepatus humboldtii*）
アルマジロ（*Chaetiohractus villosus*）
ダーウィン・レア（*Pterocnemia Pennata*）

しかし、中央アンデスはアンデスのなかでも一部でしかなく、しかも、そこは環境の上でかなり特異的なところである。それがパタゴニア・アンデスを歩いてみた筆者の強い印象であった。そこで、つぎに中央アンデスを取り上げる前に、まずパタゴニア・アンデスとの違いから中央アンデスの特異な点を指摘しておこう。

まず、パタゴニアの豊富な動物相を見ていて感じたことがある。それは、かつての中央アンデス高地もパタゴニアのように動物が豊富に棲息していたのではないか、ということである。中央アン

●写真９　パタゴニアのキツネ

●写真10　駝鳥の一種のダーウィン・レア

●写真11　肉は食用にされ美味といわれるアルマジロ

デスの高地にもパタゴニアの低地と同じように草原地帯が広がっているし、そこでもまれに駝鳥の一種のアメリカン・レアやキツネ、さらにアルマジロなどがみられるからである[注8]（写真9〜11）。そして、インカ帝国征服後のまもない時期にティティカカ湖畔を訪れたスペイン人は「（コリャスとよばれるティティカカ湖畔周辺の地方には）、村や畑で占められる土地は別にして、広大な無人の土地が広がり、そこには野生の動物がひしめいている」と驚いているのである[文献3]。スペイン人が初めて足を踏み入れた一六世紀頃でさえこのような状態であったとすれば、もっと以前の中央アンデス高地には、それこそ「ひしめく」ほど多数の野生動物が生息していた可能性がある。

　パタゴニア・アンデスを含む南部アンデスと中央アンデスでは、もう一つの大きな違いがある。それは、南部アンデスの高地部にはほとんど人が住んでいないのに対して、後述するように中央アンデスは標高三〇〇〇メートルを超す高地でも多数の人が暮らしていることである。それでは、なぜ南部アンデスの高地では人がほとんど住んでいないのだろうか。一つの要因は緯度が高いため、そこには明確な四季があり、冬の高地は気温がきわめて低くなるため人が住むには厳しい環境となることが指摘できる。また、南部アンデスは山脈の幅が狭くなっており、そこの高地部には平坦地がほとんどないことも関係がありそうである。

　一方、中央アンデスは低緯度地帯に位置しているため気候が比較的温暖であり、しかも高地部には盆地状あるいは高原状のような平坦地が多い。このため、中央アンデスの高地では人間の生活の歴史がきわめて長く、そこでは多数の人間が暮らしてきた。しかも、中央アンデスでは古くから農業や牧畜が発達し、それを基盤にインカ帝国に代表される高度な文明さえ発達させた。その後、そこには多数のスペイン人たちや混血のメスティソも住み着くようになった。このような中央アンデスにおける歴史は自然にも大きな影響を与えたにちがいなく、それが動物相を貧弱にしたのであろう。もしそうであれば、天然自然のものと考えがちな中央アンデスの自然環境も人間の手によってかなり改変されている可能性がある。

注8　アメリカン・レア（*Rhea americana*）

文献3　シエサ　一九九三（一五五三）：二三二。

このような点に注意しながら、次に中央アンデスの環境を見てみよう。

生活圏が五〇〇〇メートルにおよぶ中央アンデス

アンデスは緯度によって環境が大きく変化すると先に述べたが、この環境は高度によっても変化する。そして、この高度による変化は南部アンデスよりも中央アンデスの方で容易に実感できる。それというのも、中央アンデスは緯度が低いうえ、そこに大きな高度差があるため標高差によってさまざまな環境を見ることができるからである。実際に、ペルー人の地理学者であるプルガル・ビダルはペルーの自然環境を大きく八つに区分したが、その八区分法は次のように基本的に標高に生活圏を組み合わせたものであった[文献4]。そして、場所さえ選び車で走れば、中央アンデスでは一日のうちにほとんどの環境区分を見ることができるのである。

チャラ（標高〇～五〇〇メートル）	海岸砂漠
ユンガ（標高五〇〇～二三〇〇メートル）	山麓地帯
ケチュア（標高二三〇〇～三五〇〇メートル）	温暖な谷間
スニ（標高三五〇〇～四〇〇〇メートル）	冷涼な高地
プナ（標高四〇〇〇～四八〇〇メートル）	寒冷な高原
ハンカ（標高四八〇〇メートル以上）	氷雪地帯
ルパルパ（標高一〇〇〇～四〇〇メートル）	アマゾン川源流域の森林地帯
オマグア（標高四〇〇メートル以下）	アマゾン川流域低地の森林地帯

文献4　Pulgar Vidal 1996.

ただし、ここに記されている標高はあくまで目安であり、地域によって二〇〇〜三〇〇メートルくらいの違いがある。

さて、これらの環境区分帯のうち、ハンカは人間の居住できない氷雪地帯のことである。また、ルパルパおよびオマグアはアマゾン流域の熱帯降雨林地帯のことであるが、ここは古くからアンデス住民にとってあまり大きな意味をもたなかった。したがって、アンデス住民にとって重要な自然区分帯は最初の五つ、すなわちチャラ、ユンガ、ケチュア、スニ、プナである（図2）。そこで、これらの五つの自然区分帯について高地部に焦点をあてながら以下に説明を加えておこう。

(1) チャラ

一年中、まったく雨が降らないか、降っても降雨量は五〇ミリ以下で、ほとんどのところが砂漠になっている。緯度の上では熱帯ないし亜熱帯に位置しているが、年平均気温が摂氏一九度とあまり高くない。これは沖合を南から流れてくるフンボルト寒流の影響である。この海流は北の方で赤道直下の暖流とぶつかるため、豊かな海産資源を海岸地帯にもたらしている。そのため、そこはきわめて古い時代から漁業が重要な生業になってきた。チャラ（写真12）の大部分は砂漠であるが、一部地域では農業も古くからおこなわれてきた。アンデス山脈から流れ落ちる河川流域のオアシス状のところである。とくにペルー北部の海岸地帯は灌漑によって耕地が広げられ、さまざまな作物が栽培されてきた。代表的な作物としては、マニオクやサツマイモなどのイモ類、トウモロコシ、トウガラシ、ワタなどがある。これらの作物はいずれもアンデスで古くから栽培されてきたものであるが、

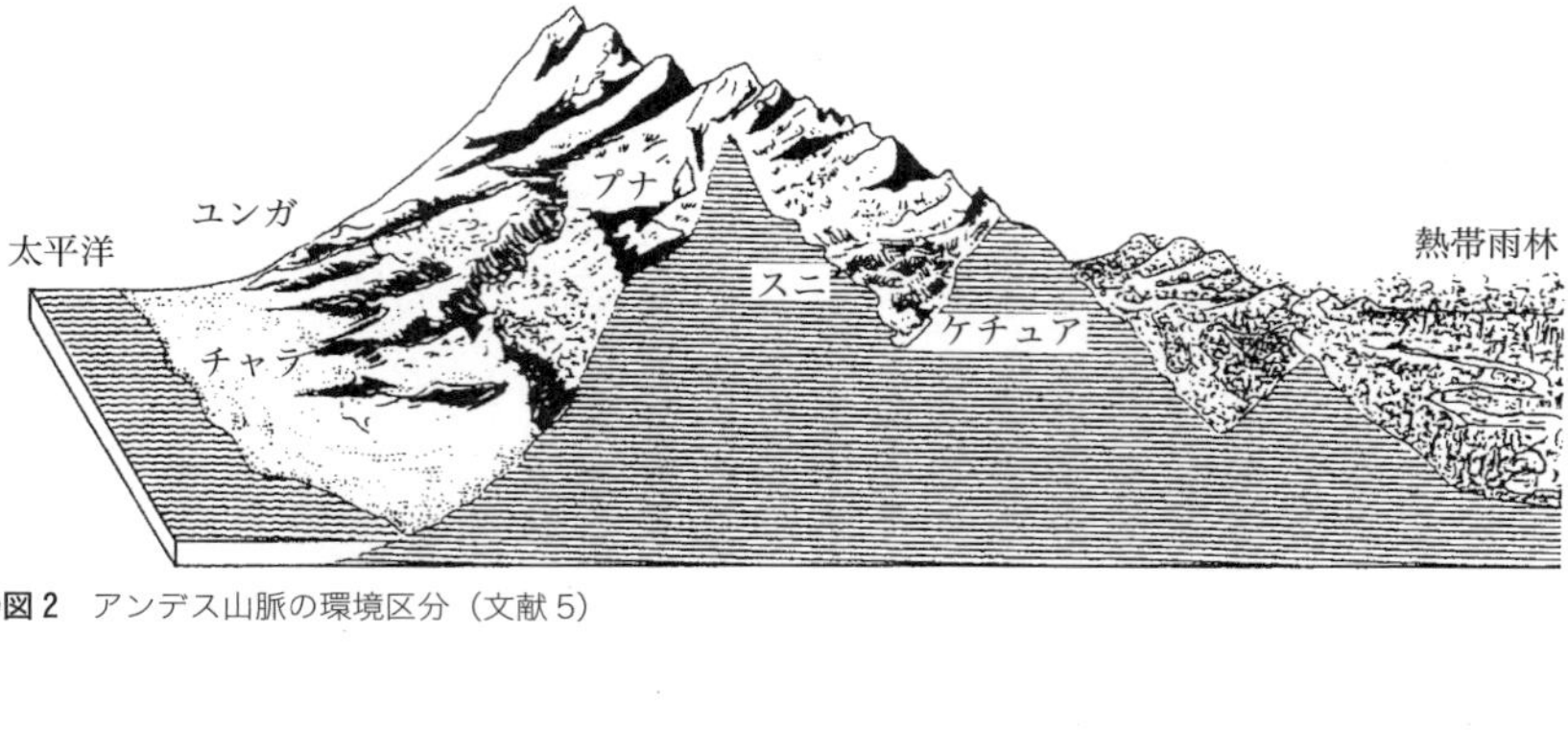

●図2　アンデス山脈の環境区分（文献5）

スペインの植民地時代以後に導入されたサトウキビやイネ、柑橘類なども目立つ。

(2) ユンガ（ユンカ）

ユンカともよばれる（写真13）。主としてアンデス山脈の西側および東側の山麓地帯のことである。緯度が低く標高も低いため、気温が高い地域である。ただし、太平洋岸に位置する西側の山麓とアマゾン側に面した東側では大きく異なる点もあり、そのため前者は海岸ユンガ、後者は山間ユンガとよばれて区別されることもある。両者における違いを生む最大の要因は雨量である。先述したように、太平洋岸の沿岸部はほとんど降雨を見ないため、大部分のところで砂漠になっており、海岸ユンガもほとんど樹木のみられない乾燥した環境である。一方、山間ユンガは雨が多く、湿度も高く、樹木が繁茂している。

とにかく、海岸ユンガも山間ユンガも、どちらも気温が高いため、適度の水さえあれば熱帯性の作物がよく育つ。そこでは、前述したチャラで栽培されている作物のほかに熱帯産の果実類が

文献5　Burger 1992.

●写真12　チャラ（海岸地帯の砂漠）

●写真13　ユンガ（アンデスの山麓地帯）

目立つ。たとえば、パカイ、ルクマ、アボカド、チェリモヤ、グァバ、ペピーノ、トウガラシ（注9）などはいずれもスペイン人到来以前からユンガで栽培されてきた。もう一つ、このユンガで忘れることのできない作物が儀礼や宗教上に重要なコカ（注10）である。現在も山間ユンガの斜面を使った大規模なコカ栽培がボリビアなどでみられる。

(3) ケチュア（ケシュア）

標高三〇〇〇メートル前後の温暖な山間の谷間のことである。これまで述べてきた熱帯性の果実類は、ケチュア（写真14）地帯では気温が低くなるのでみられなくなるが、それにかわって目立つのがトウモロコシ栽培である。標高のもっと低いチャラやユンガなどでもトウモロコシ栽培はみられるが、ケチュア帯でのトウモロコシはしばしば斜面を階段状にした段々畑で栽培される。そのなかには標高差が数百メートルにおよぶ大規模なトウモロコシ耕地もあり、これがケチュア帯を代表する景観となっている。ただし、これは日あたりのよい北向きの斜面のことであり、南側の斜面はしばしば森林で覆われている。このことはケチュア帯が本来は森林地帯であったことを物語りそうである。

このケチュア帯に位置する盆地などでは古くから都市も発達してきた。その代表的な都市がインカ帝国の中心地であったクスコである。クスコはまわりをアンデスの山並みに囲まれた標高約三四〇〇メートルの盆地に位置するが、インカ時代の人口は約二〇万人であったと推定されている。

●**写真14**　ケチュア帯のトウモロコシ畑

注9　パカイ（*Inga edulis*）は高木になるマメ科植物で、甘い果肉が食用となる。ルクマ（*Lucuma obovata*）はアカテツ科の常緑樹で、カキのような形をした果実が食用になる。アボカド（*Persea americana*）は日本でも知られるようになっている。チェリモヤ（*Annona cherimola*）はバンレイシ属。熱帯世界の３大美果の一つとされるほど味が良い。グアバ（*Psidium gujajava*）は和名をバンジロウともいう。現在は世界の熱帯低地で広く栽培されている。ペピーノはスペイン語で一般にキウリのことであるが、ここでいうペピーノ（*Solanum muricatum*）は果実が生食されるナス科植物。

注10　コカ（*Erythroxylum coca*）はコカノキ科の低木で、その葉が利用される。アンデスでは乾燥した葉を噛むが、これを精製したものがコカインである。

(4) スニ

アンデスの東斜面で見ていると、ケチュア帯に位置する標高三〇〇〇メートルあたりでは森林がまだ密生しているが、標高三五〇〇メートルくらいまで登ると灌木が目立つようになる。そして、標高三八〇〇メートルあたりでは樹木より草地が目立つようになる。このあたりがスニ帯である(写真15)。地形的にはU字谷(氷食谷)が多く、この谷底の部分にはしばしば先住民の集落がみられる。ただし、高度のせいで気温は低く、年平均気温は摂氏七～一〇度くらいの間である。最高でも二〇度を超えることはなく、最低は氷点下にまで下がる。このスニ帯では、もうトウモロコシは育たず、それにかわって中心になるのがアンデス原産のイモ類である。なかでもジャガイモはスニ帯の代表的な作物であり、山の斜面全体がジャガイモ畑になっていることも珍しくない。

(5) プナ

おおまかにいえば、プナ(写真16)は標高四〇〇〇メートル前後の傾斜が緩やかな丘陵地帯または平坦な高原地帯のことで、それはペルーからボリビアをへてチリまで続く。とくに、ペルー南部からボリビアにかけての地域には広大なプナが広がっている。このプナには人家だけでなく、数多くの集落や町、さらに都市さえある。たとえば、ティティカカ湖畔にはプノやフリアカといった町があるし、そこから車で一、二時間も走ればボリビア最大の都市であるラパスもある。このような町や都市がプナに立地しているのもプナが平坦だからこそであろう。も

●写真15　スニ帯の景観。インディオの家も見える

ちろん、これは地形だけでなく、中央アンデスが低緯度地帯に位置しているため、高地であっても気候が比較的温暖だからでもある。

　とはいえ、プナが寒冷高地であることにかわりはない。そこは森林限界を超しているため、樹木はほとんどみられず、大部分の地域が高山草地となっている。その代表的な植物が、現地でイチュ[注11]と総称されるイネ科のものである（写真17）。また、一部地域では熱帯高地特有の植物がみられる。その代表的な植物が、センチュリー・プラントの別名をもつプヤ・ライモンディー[注12]である（写真18）。これは木本植物ではなく草本植物であるが、その花茎は数メートルくらい、ときに一〇メートル近くの高さに達する巨大なもので、そこに数万個の花をつける。約一〇〇年生きて、種子をつけたあと、枯死してしまう。これがセンチュリー・プラントとよばれるゆえんである。

　一方、先述したようにプナの動物相はきわめて貧弱である。目立つ大型の野生動物といえば一部地域のビクーニャくらいである。しかし、これはプナの本来の姿ではなく、狩猟など人間による影響の結果であろう。そして、古い時代には先述したようにパタゴニアでみられるグアナコをはじめとするさまざまな動物がプナにも分布していた可能性がある。このような過去の豊富な動物相を物語るものがある。それはアンデス高地で家畜化されたラクダ科動物のリャマやアルパカなどであり、これらの家畜の放牧光景は現在もふつうに見ることができるのである。

●**写真16**　プナの景観。動物はリャマ

注11　イネ科の草本類を総称する言葉で、植物学的にはスティパ（*Stipa*）属、ウシノケグサ（*Festuca*）属、ノガリヤス（*Calamagrostis*）属などの植物が含まれる。

注12　パイナップル科の植物で、学名は*Puya raimondii*。

プナについては節をあらためて詳述する予定なので、ここでは、さらにアンデスを北上してみよう。

北部アンデスを歩く

アンデス山脈を北上してゆくと、南緯五、六度あたりで急速に高度を減じ、高い山がなくなり、高くても標高三〇〇〇メートル前後となる。ここが一般に中央アンデスと北部アンデスの境界となっている。そして、世界の高地を広く歩いた地理学者のトロールはこの低い部分を境と

●写真17　ボリビア北部高地のイチュの草原。標高約4000 m。後方の雪山の右はパリナコタ（6330 m）、左はポメラタ（6222 m）

●写真18　熱帯高地特有の植物、プヤ・ライモンディー

して赤道よりのアンデスをパラモ・アンデス、その南側をプナ・アンデスとよんだ（図3）[文献6]。つまり、彼によれば低緯度地帯のアンデスはパラモ・アンデスとプナ・アンデスにわけられるのである。そして、その違いを生んだ最大の要因は雨の降り方にあるとされる。すなわち、北部アンデスは一年をとおして雨がよく降るのに対して、中央アンデスは雨がよく降る雨季と雨がほとんど降らない乾季があり、これが両地域における環境に大きな違いを生んだ。そして、それを象徴する環境が北部アンデスではパラモであり、中央アンデスではプナなのである。

　そのパラモは、トロールが湿潤熱帯高地とよんだように、雨が多くて湿度も高い高地である。そのため、そこには巨大で、しかも厚い毛でおおわれた葉をもつロゼット型の多年生植物であるキク科のエスペレティアや巨大なサワギキョウ属のロベリアなどが

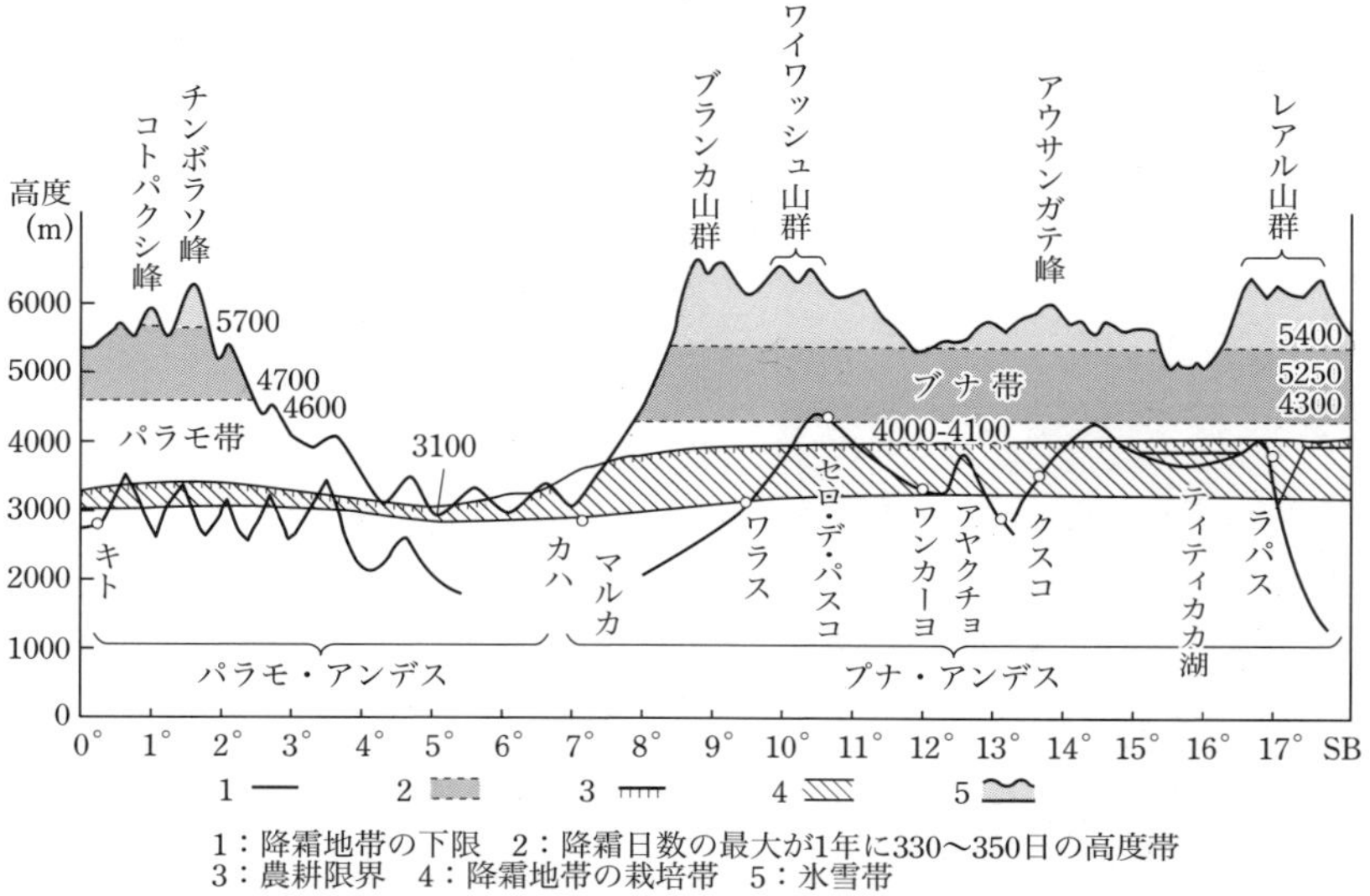

●図３　低緯度地帯におけるアンデスの断面図（文献６）

文献６　Troll 1968.

目立つ（写真19）。こうして、パラモは一見したところ東アフリカの高地と非常によく似た熱帯高地特有の景観を呈しているのである。

さて、パラモは標高三〇〇〇メートルを少し超したあたりからあらわれてくるが、そこでは人の姿はほとんどみられない。家畜を追う人の姿もなければ、畑もなく、人家もほとんどみられない。これは、ほぼ赤道直下に位置するエクアドルだけではなく、そこから北上してコロンビアの山岳地帯に入ってもそうである。この点に注意しながら、筆者はペルーとの国境に近いエクアドルの山岳地帯およびコロンビアの南部山岳地帯も歩いたことがあるが、そこでは人の生活圏は標高三〇〇〇メートルをあまり超えないのである。

じつは、先述したプナは現地で広く使われているケチュア語であるのに対して、パラモはスペイン語であり、一般に「荒地」などのように人が利用していない高地を指す言葉である。(注13) おそらく、これはアンデスをはじめて訪れたスペイン人たちの目に北部アンデスの高地部が「荒地」と映ったからかもしれない。もしそうであれば、北部アンデスの高地部は古くから利用されていなかったことを物語るであろう。

では、それは、なぜなのだろうか。それこそは特異な植生をもつパラモ帯の存在であったと考えられる。パラモでは先述した巨大なエスペレティアやロベリアなどだけでなく、低木や固いクッ

●写真 19　コロンビア高地のパラモ。ほとんど利用されていない

注13　日本で市販されているスペイン語の辞書でもパラモ(paramo)は荒地、霧雨、吹雪、高地、山岳地帯などを示す言葉であるとされる。

ションプランツなども地表を覆い（図４）、そこを放牧地や農耕地として利用するのはきわめて困難だからである。エクアドルやコロンビアなどの北部アンデスでの滞在の長い千代によれば[文献7]、北部アンデスの高地を利用するためにはパラモ固有の植物をいったん焼き払わないといけないとされるのである。

　とはいえ、北部アンデスも低緯度地帯を走っており、とくに赤道直下に位置するエクアドルの高地は古くから快適な気候をもつところとして知られてきた。たとえば、一六世紀後半にアンデスを歩き、きわめて科学的な記録を残したことで知られるアコスタも次のように述べている。

> 私は、赤道に着いたら、恐るべき暑さにがまんできなくなるだろうと思いこんでいた。ところが事実はぜんぜん反対で、赤道通過の最中に、寒くて寒くて、からだを暖めるため何度も日なたに出たくらいだった。（中略）ほんとうのところ、世の中に、赤道の下ほど温暖の地はない。しかしひじょうな違いもあり、すべてを一律に論じさることはできない。熱帯といっても、地方によってはキート（原文ママ）やピルー（現ペルーのこと）の平地のように、ひじょうに気候のよいところがある。[文献9]

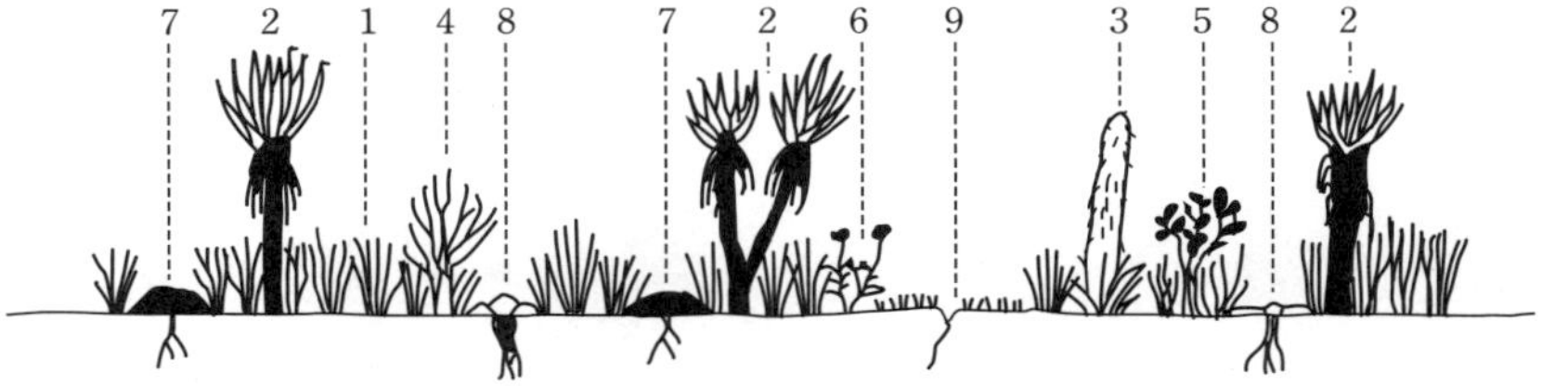

1：パッチ状に株を作るイネ科の多年草（チュソック）
2：厚い幹と葉に軟毛をもつ巨大ロゼット植物（キク科のエスペレティア型）
3：ろうそく型の軟毛の多い花茎をつけるロゼット植物（キキョウ科のロベリア型）
4：小型の鱗片葉や巻き葉を密生する常緑小低木（キク科のロリカリア型）
5：常緑性の広葉小低木（ツツジ科のベジャリア型）
6：葉に軟毛をもつ小低木（キク科のヘリクリスム型）
7：硬い葉のクッション植物（セリ科のアゾレラ型）
8：太い根をもつ無茎ロゼット植物（キク科のウエメリア型）
9：カーペット状の草本状小低木（バラ科のアカエナ型）

●図４　パラモ帯の特徴的な植物の生活形（文献８）

文献7　千代　二〇〇六。

文献8　Troll 1968.

文献9　アコスタ　一九六六：一九四。

アコスタは赤道直下が温暖である理由についても考察を加えているが、その最大の要因こそは高度が増すにつれて気温が低くなることであろう。実際に、エクアドルの首都のキトは標高二八〇〇メートルあまりの高地にあるが、赤道から南にわずか約二〇キロメートルのところに位置しているため、年間平均気温は摂氏約一三度と快適である。ちなみにエクアドルの北に位置する隣国のコロンビアの首都のボゴタも標高二六〇〇メートルの高地に位置するが、そこも北緯約五度と赤道直下に近い（写真20）。

このように北部アンデスに位置するコロンビアやエクアドルなどの首都が高地に位置しているのも、そこは緯度が低いため低地部は気温が高く湿度も高くて住みにくいからであろう。先述したように中央アンデスから南部アンデスの北部の海岸地帯は大半の地域が砂漠になっているが、北部アンデスの海岸地帯はマングローブ林が繁茂している（写真21）。そして、そこから少し内陸に入ればバナナやアブラヤシなど熱帯低地特有の作物の広大なプランテーションが広がる。ちなみに、このコロンビ

●写真20　コロンビアの首都、ボゴタ（標高2600 m）。現在の人口は400万人を超す

●写真21　エクアドルの海岸地帯におけるマングローブ林

アとエクアドルから輸出されるバナナは世界の総輸出量の半分近くを占めるが、バナナもアブラヤシもアンデス伝統の作物ではない。北部アンデスの海岸地帯は比較的近年まで伝染病などの多発により人口が希薄な地域であったことが知られているのである。

特異な中央アンデス高地

以上、駆け足であったが、アンデスをその南端のパタゴニアから北上し、その多様な環境を見てきた。そのなかで浮かび上がってくるのは中央アンデスの環境の特異さであろう。その特異さは、先のトロールの図3にも具体的に示されている。すなわち、北部アンデスでは農耕限界が標高三〇〇〇メートルを少し超えたくらいであるのに対して、中央アンデスでは農耕限界が標高四三〇〇メートルに達する。つまり、北部アンデスと中央アンデスでは、農耕だけに限っても、約一〇〇〇メートルもの高度差の違いがみられるのである。さらに、家畜の放牧も含めると、この生活範囲の違いはさらに大きくなる。北部アンデスではリャマやアルパカがほとんど飼われておらず、放牧の対象となる家畜はヨーロッパから導入された羊が中心である。そして、この放牧にパラモが使われることはない。一方、中央アンデスでは古くからリャマやアルパカがプナを中心として飼われ、その上限は標高五〇〇〇メートル近くにまで達するのである。

つまり、中央アンデスは、アンデスのなかでも、際だって高いところにまで人が暮らしているところなのである。しかも、その歴史は後述されるように近年に始まったことではなく、アンデスに人類が出現した時代にまでさかのぼれそうである。それでは、それはなぜなのか、ということが問われるだろう。たしかに、すでに指摘したように南部アンデスは緯度が高いため標高の高いところは気温が低くて住みにくいという条件がある。しかし、緯度に注目すれば、北部アンデスと中央アンデスでは大きな違いはなく、むしろ赤道直下にあるエクアドル・アンデスなどは同じ高度で見れば中央アンデスより気温は高いはずである。にもかかわらず、北部アンデスでは標高三〇〇〇メートルを超すと人の暮らしはほとんどみられない。もちろん、これには地形条件なども大きく影響しているにちがいないが、筆者たちは自然の環境条件そのものよりも、人間による環境の改変の方を重視している。それゆえに「はじめに」でも述べたように、筆者たちは中央アンデス高地を対象として、主として文化人類学的な視点から、その環境利用の方法を長年にわたって調査を続けてきたのである。

付記

本節の植物学的な記述に関しては小野幹雄先生（東京都立大学名誉教授）および土屋和三先生（龍谷大学教授）からさまざまなご教示をいただいた。記して謝意を表しておきたい。

引用文献

アコスタ『新大陸自然文化史（上）』（増田義郎訳）岩波書店、一九六六（一五九〇）年。

シエサ『激動期アンデスを旅して』（染田秀藤訳）岩波書店、一九九三（一五五三）年。

千代勇一「環境利用と生活――赤道山地の生態とその利用」新樹秀和編『エクアドルを知るための六〇章』二六―二九、明石書店、二〇〇六年。

ダーウィン『ビーグル号航海記　上』（島地威夫訳）岩波書店、一九九二（一九五九）年。

ダーウィン『ビーグル号航海記　中』（島地威夫訳）岩波書店、一九九一（一九六〇）年。

Burger, R. L. 1992 *Chavín and the Origins of Andean Civilization.* Thames and Hudson, London.

Pulgar Vidar, J. 1996 Geografía del Perú. Promoción Editorial Inca S. A. Lima.

Troll, C. 1968 The cordilleras of the tropical Americas: aspects of climatic, phytogeographiclal and agrarian ecology. *Colloquim Geographicum* 9: 15–56.

第一章二節

アンデス山脈の地域区分

Norio Yamamoto
山本紀夫
Yoshihiko Kariya
苅谷愛彦
Syuji Iwata
岩田修二

高いアンデス

前節で述べたように、アンデス山脈は北半球の湿潤な熱帯から南半球の中緯度乾燥帯、さらに南極近くの冷涼な多雨帯にいたる多様な気候環境をそなえている。それぞれの場所で特有の動・植物がみられ、独特の景観が広がっている。また南北方向に長いだけでなく、東西方向にみても、並行して連なる山脈の列、広大な高原や盆地とそれらを刻む谷が複雑な地形の系を形成している。繰り返しになるが、こうした多彩な自然環境を作りだす源はアンデス山脈の卓抜した長さと高さである。そして、気候や地形、植生といったさまざまな自然の空間分布が重なりあって形成されるアンデス山脈の自然環境には、明らかな地域性がある。[文献1] ここでは既存の研究を簡単にふりかえり、さらに、アンデス山脈の自然の地域性を改めて考えてみる。

その地域性にふれる前に、まずアンデスの高さ、そして何がアンデスを高くしたのか、その原因について述べておこう。先述したように、アンデスの多様な自然環境を作り出す最大の源は山脈の長さと高さである、そして、アンデスの長大さについては前節で詳しく取り上げたが、ここで高さについても言及しておかなければならない。アンデス山脈は長いだけでなく、きわめて高いから

文献1 米倉 一九九二、二〇〇〇、Clapperton 1993、野上 一九九七。

である（図1）。たしかに八〇〇〇メートル峰（一四座）のすべてはヒマラヤ山脈にあるが、アンデス山脈にも標高六〇〇〇メートルをこえる高峰が少なくなく、なかには七〇〇〇メートルに近い高峰もある。北の方ではサンタマルタ山（標高五七七五メートル）がコロンビアの最高峰をなし、エクアドルの最高峰であるチンボラソも標高が六三一〇メートルに達する。

　このチンボラソは、エクアドルの首都に近く、かつて世界の最高峰と称された時代がある（写真1）。まだヒマラヤやカラコラムに測量隊が入り込むようになる前の一八世紀半ばまでの頃のことであった（注1）。そして、チンボラソは一八〇二年に有名な地理学者のフンボルトが登頂を試みたことでも知られる。そのときの様子を、フンボルトが兄に送った手紙のなかから紹介しておこう。フンボルトたちが到達した最高地点は、当時前人未踏の高度であり、その最高記録を彼は三〇年あまりも保持したからである。

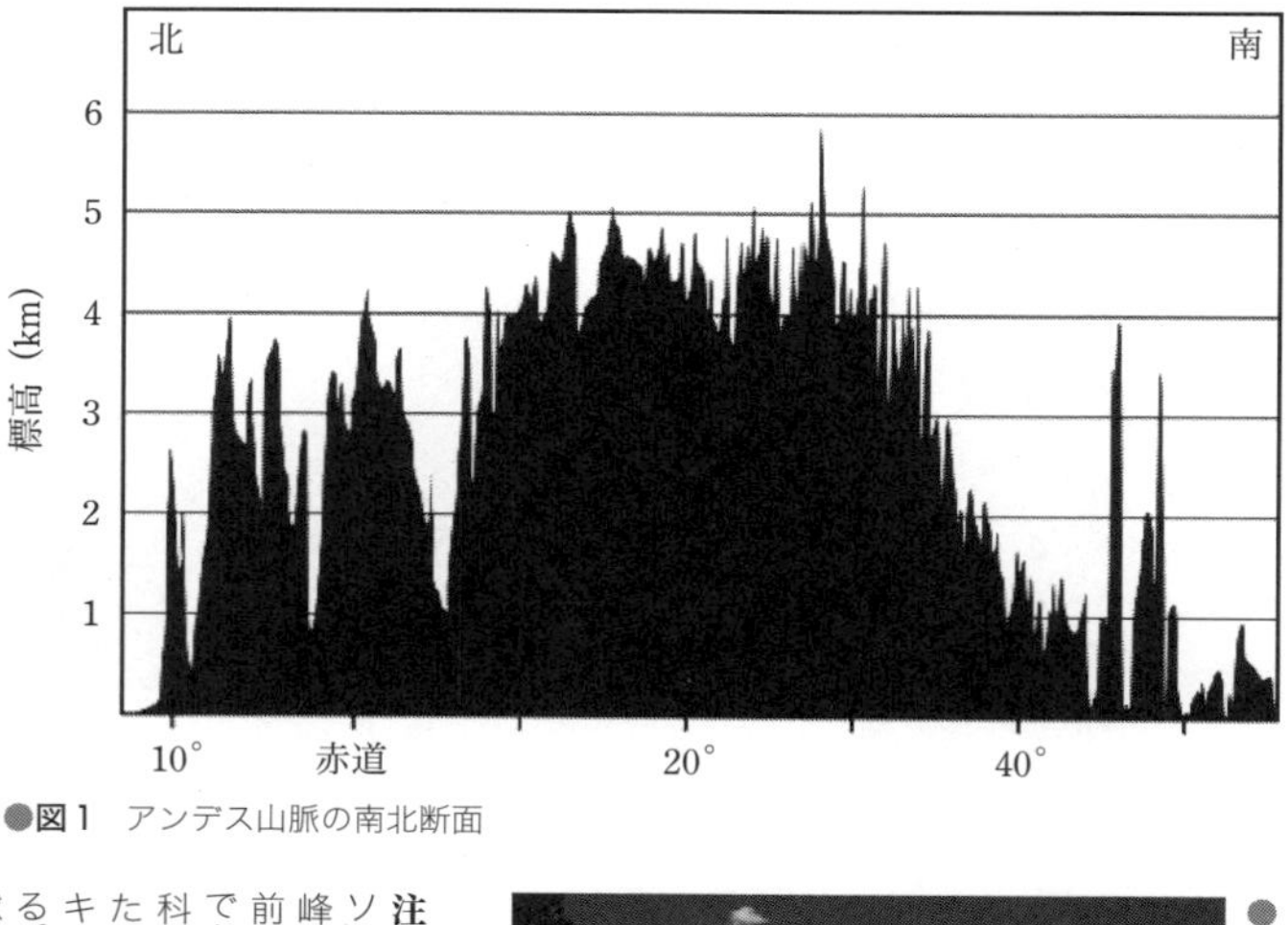

●図1　アンデス山脈の南北断面

　われわれは、巨大なチンボラソの山頂まで、あと二五〇トワーズ（四八七メートル）のところまで到達することに成功しました。雪におおわれていない火山岩の層が帯状に存在し、これが私たちの登山を容易にしてくれました。私たちは三〇三一トワーズ（五九〇七メートル）の地点まで到達し、ちょうどア

●写真A　赤道碑と胸像

注1　「世界最高峰チンボラソ」　チンボラソが世界最高峰と称されたのは、一八世紀前半に当時スペインの植民地であったエクアドルにフランス科学アカデミーから派遣された科学者たちが数年にわたりキト周辺を調査したからである。この調査団の主目的は、地球の形を測定し、赤道直下の地球の曲面を測ることであった。この調査団一行の胸像が、キト郊外にある赤道碑近くに建てられている。写真A奥が赤道碑、その手前が調査団一行の胸像の一部。

ンティサナ登山のときと同じような身体の不調を感じました。……もし深いクレバスが行く手をはばんでいなければ、私たち四人は山頂への道をさらに進んでいたことでしょう。そこから、私たちは引き返しましたが、雪がひどくなって互いの姿を確認するのがむずかしいほどでした。高地の突き刺すような寒気に、私たちは大いに悩まされました。[文献2]

このチンボラソは後に、有名なイギリス人登山家のウインパーによって初登頂されることになる。[注2] フンボルトが登頂を試みてから約八〇年後の一八八〇年のことであった。

さて、エクアドルの南にあるペルーにはチンボラソよりも高い高峰がいくつもある。まず、ペルーの最高峰であるワスカランは標高が六七六八メートルにおよぶ（写真2）。ワスカランはペルー中部山岳地帯に位置する山であるが、ペルー南部山岳地帯には、かつてインカ帝国が栄えたクスコ地方にもサルカンタイ（六二七六メートル）やアウサンガテ（六三八四メートル）などの高峰があり、これらは先住民たちによって古くから信仰の対象となってきた。

さらに南下すると、ペルー南部からボリビアにかけて、本書で重点的に扱われるプナという高原地帯が広がる。この高原は標高三五〇〇～四五〇〇メートルの高地にあり、チベット高原についで広大な高原である。平均の標高は三七〇〇メートル、東西の幅が約三〇〇

●**写真1**　エクアドルの最高峰、チンボラソ（6310 m）。ほぼ赤道直下にある

文献2　手塚編　一九九七：七三－七四。

注2　ウインパーは、ヨーロッパアルプスのマッターホルンの初登頂者として知られ、そのときの記録は日本でも浦松佐美太郎氏による訳で『アルプス登攀記』（岩波文庫、一九三六年）として刊行されている。また、チンボラソをはじめとするエクアドル・アンデスの登山については大貫良夫氏の訳で最近『アンデス登攀記』（岩波文庫、二〇〇五年）として刊行された。

キロメートル、長さも二〇〇〇キロメートル以上ある。このプナには高い山塊も存在する。たとえば、ボリビアの最高峰であるサハマは高原にそびえる独立峰であり、その標高は六五二〇メートルに達する。周辺には広大な草原地帯が広がっているため、サハマはかなり遠くからでも見渡せるほど高い山である。さらに、南に下がっても、南緯二二度のチリ・アルゼンチン国境付近には南米大陸の、そして南半球の最高峰であるアコンカグア（六九五九メートル）がそびえる（写真３）。しかし南緯三七度付近からアンデス山脈は高度を下げはじめ、また幅もせまくなり、やせ細った状態になる。

　このように、アンデス山脈は長いだけではなく、標高が高いことにも大きな特徴がある。ただし、アンデスはナマコのような形をした一塊の山脈ではなく、所により数列の山地が平行して走っていることも明記しておきたい。たとえば、プナの東西には標高五〇〇〇メートル以上の山脈が並走する。これについては後で詳しく紹介するが、なぜ、アンデス山脈はこんなに高いのだろうか。

●**写真２**　ペルーの最高峰、ワスカラン（6768 m）。双耳峰で、北峰（6655m）と南峰（6768m）からなる。1970 年のペルー大地震の際にワスカランの西側にある氷河が大崩壊をおこし、その麓にあるユンガイの町が土石流に埋もれ、約２万人の命が失われた

●**写真３**　アンデスの最高峰、アコンカグア（6959 m）。南半球の最高峰でもある

なぜアンデスは高いのか

ここでは、アンデス山脈の生い立ちを考える際に見すごせない「プレート」をとりあげることにする。プレートとは、簡単にいえば厚さ一〇〇キロメートルほどの板状の岩盤のことで、地球深部から物質がわき上がってくる海嶺や海膨とよばれる海底山脈で作られている（写真４）。プレートは全部で一〇枚以上あり、地球の表面を隙間なく覆っている。大きさもさまざまである。プレートは厚くて巨大な岩盤ゆえに安定していると思われがちだが、実際はゆっくりと水平方向に移動しているのである。たとえば、南米大陸を載せる南米プレートの下へ向かって、東太平洋の海底を占めるナスカプレートが沈み込

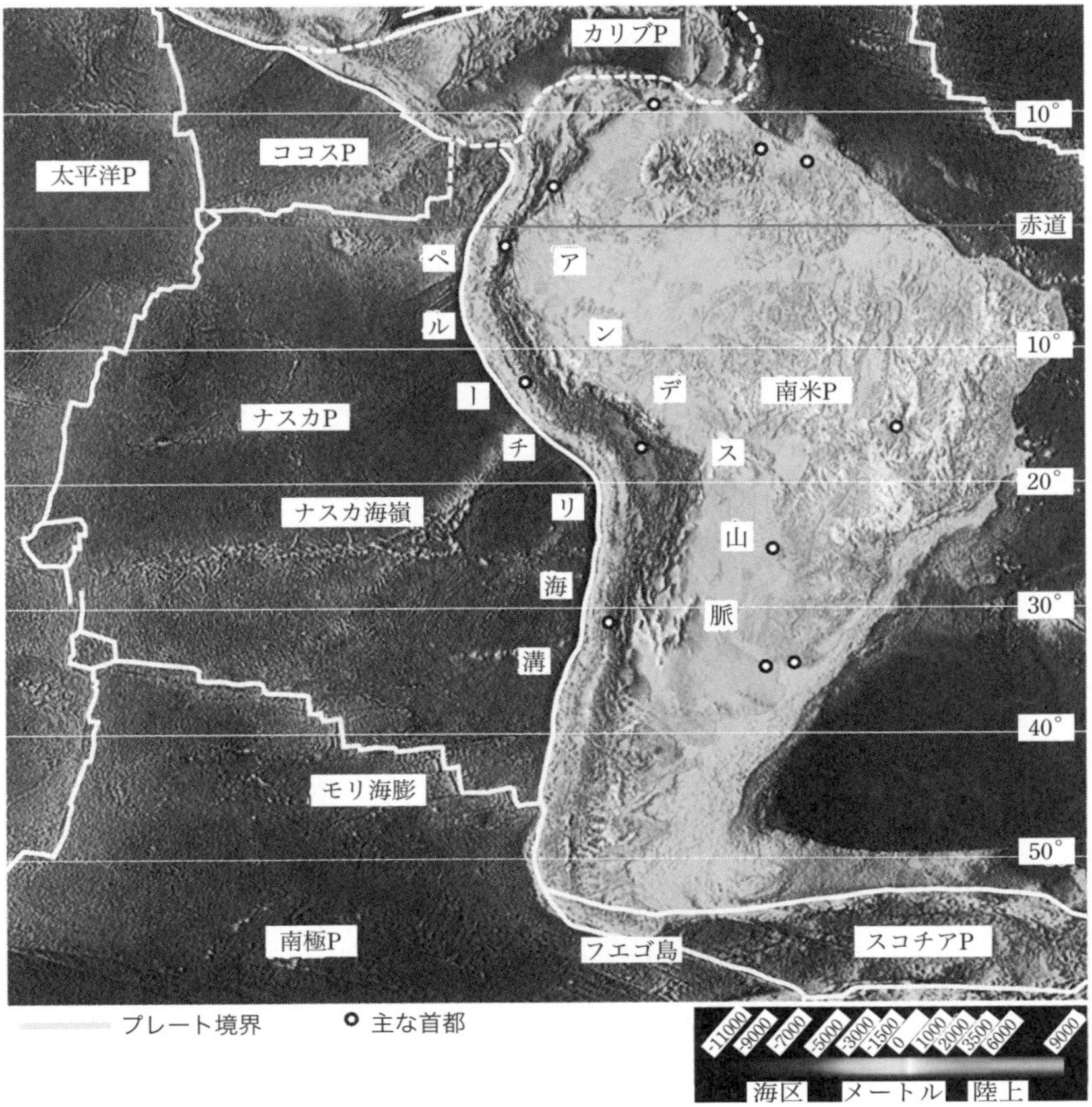

●**写真４**　南米大陸とその周辺の陸上・海底地形とプレート。NOAA National Geophysical Data Center が作成したプレート配置図および海底・陸上陰影図に加筆・改変した。http://www.ngdc.noaa.gov/ngdc.html

んでいる。沈み込みの現場は南米大陸の西方沖に延々連なるペルー・チリ海溝で（写真4）、沈み込む速度は年五〜六センチメートルといわれている。これは人間の一生の間に四メートルも岩盤同士がズレることに等しく、その速さは充分体感できるほどである。ちなみに、ペルー・チリ海溝は南回帰線付近のアントファガスタ沖でもっとも深い（八〇五〇メートル）。しかし、ここから約三〇〇キロメートル離れた陸上には標高六〇〇〇メートル以上の火山群が聳えている。ここは、地球上でもっとも高度差の大きな場所なのである。[文献3]

それでは、海溝で沈み込んだプレートはどこへ行ってしまうのだろうか。地震波を使った地球内部の透視観察からは、ナスカプレートの残片は地球の深部をめがけて、さらに潜ってゆくことがわかっている。そして沈み込んだプレートは一定の深さ（約一〇〇キロメートル）に達すると、猛烈な高温・高圧条件のもとで徐々に融けはじめ、熱いマグマを作り出す。ただし、マグマはその周囲のまだ融けていない物質よりも密度が低くて軽いため、地表へ向かって上昇するようにふるまうのである。この結果、プレートの最上部を成す地殻がゆっくりと持ちあげられ、大地が隆起して山脈や高原が誕生する。またマグマが地殻の割れ目を伝って地表に噴き出すことで火山噴火が起こり、火砕流堆積物（大噴火にともなう熱い灰カグラ）や溶岩が地表を覆う。噴出物が多量な場合、それらの厚さは合計一〜二キロメートルにも達するので、そのことでも土地が高まって広い高原が形成される。南米大陸西側における火山の分布には明らかな地域性があり、とくに、①コロンビアからエクアドル、②ペルー南部からボリビア、チリ北部、アルゼンチン北部、③チリ南部、④チリ最南部に密集する（図2、写真5）。

これに対し、火山がまったく、またはほとんど分布しない場所もある。そのような地域では、隆起の前に形づくられた凹凸が少なく傾斜の緩い広大な地形が、そのまま高所に持ち上げられたと考えられる。ひとくちにアンデス山脈やプナとはいうものの、その地形・地質の成因は大きく分けて二種類あるのである。なお火山分布の地域差について、地球物理学者や岩石学者は、ナスカプレー

文献3　米倉　一九九二。

トの沈み込みにところどころ特異な部分があり、アンデス山脈の地下におけるマグマの生成が一様でないからと説明している。[文献5]

以上が南米大陸の西側のようなプレート境界において、背が高く、なおかつ長大な山脈が形成される基本的なメカニズムである。このことは、ナスカプレートが沈み込むペルー・チリ海溝と、プレートの沈み込みの結果として生まれたアンデス山脈の平面形が相似であることからも、理解でき

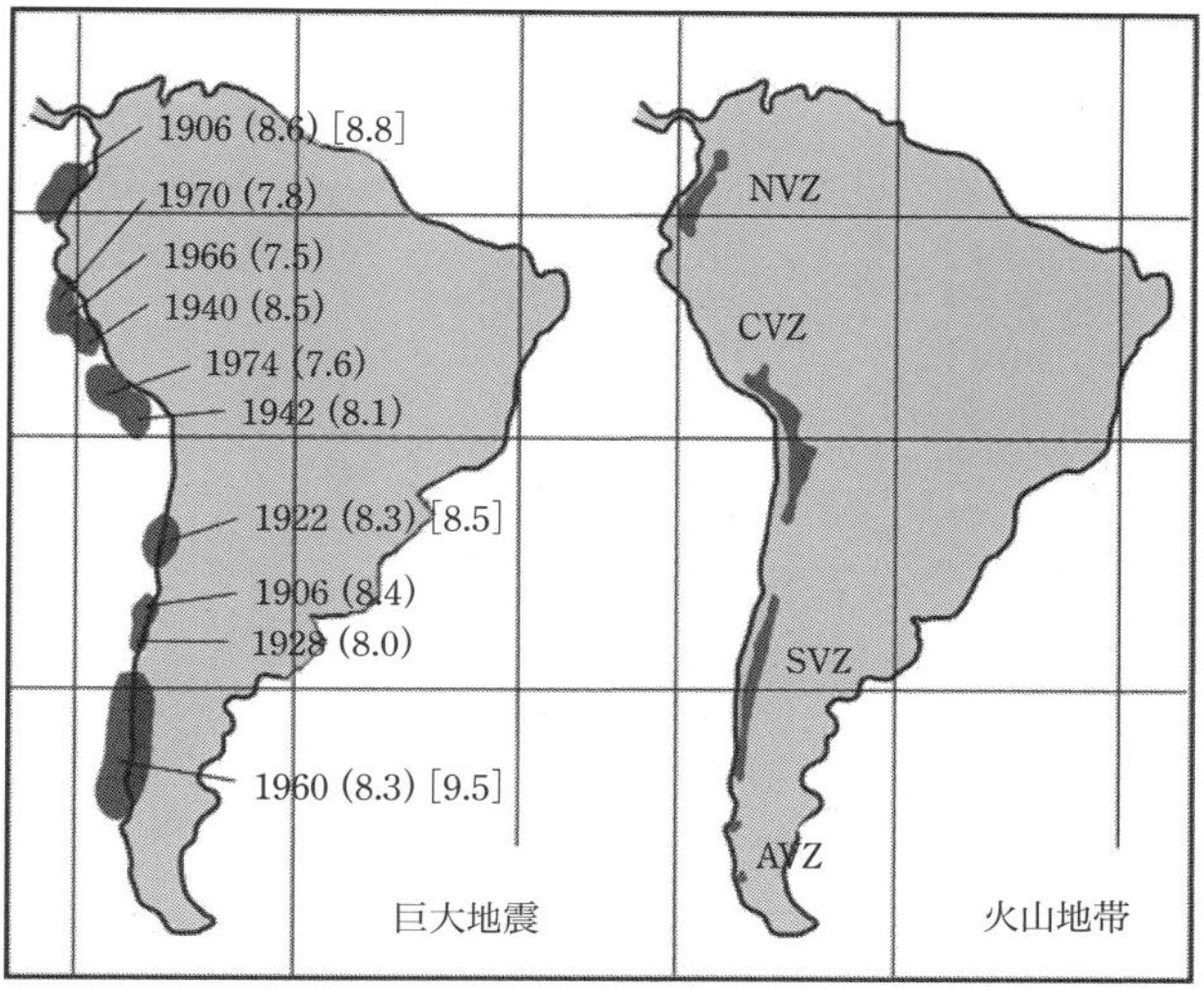

●**図２**　巨大地震（1904 ～ 1976 年）に伴う地下の岩盤破壊域と火山地帯
地震の発生年代とマグニチュード（[　] はモーメントマグニチュード）を示す。NVZ：北部火山地帯、CVZ：中部火山地帯、SVZ：南部火山地帯、AVZ：アウストラル火山地帯（文献４を改変）

●**写真５**　チリ中部の火山、ビジャリカ（2847 m）。頂上から少し噴煙が上がっている

文献４　Kanamori 1978, Instituto Geofisico 2000.
文献５　高橋　二〇〇〇。

る。

ついでに、アンデス山脈の年齢についてもふれておきたい。どの程度の高さをもって一人前の山脈とするのかにもよるが、地形や地質の研究からは、プナの高度が現在の半分にまで成長したのは約一〇〇〇万年前のこととされる。[文献6] これ以降、プナはみかけ上、年平均〇・二〜〇・三ミリメートルの速さでじわじわと隆起してきたのである。成長するアンデス山脈には氷河が懸かり、ある地域では川の侵食によって深い峡谷が形成された。こうして山を削る力は次第に強まったと考えられる。

ここまでみてきたように、アンデス山脈を高める原動力は地球内部に求めることができる。逆に、アンデス山脈を低める原動力は地球表面よりも外側に求められる。[文献7] 猛々しくそびえ、暮らしの場を与え、古くから人を惹きつけてきたアンデス山脈やプナは、こうした相反するエネルギーによって悠久の年月をかけて完成されてきたのである。[注3]

▼国ごとに分けられたアンデス山脈——形式地域区分

以上述べてきたように、アンデス山脈は長いだけでなく、そこには高峰が多く、またチベットに次ぐほど広大な高原もある。このようなアンデス山脈の環境の特色を理解する上で効果的な方法が、冒頭で述べた地域性を知ることである。そして、その地域性を理解するには、地域区分をするのが早道である。ところが、アンデス山脈全体を総合的かつ地理学的に区分したものは、実際にはほとんどない。また世界の多くの山脈では、登山家らが自分たちの理解のために、自然地理学的にみても意味のある区分をした例があるが、アンデス山脈ではコロンビア・アンデスやペルー・アンデス、ボリビア・アンデスなどのように国が単位になっているだけである。このような地域区分を、地理学では形式地域区分とよんでいる。

文献6　Isacks 1988, Gregory-Wodzicki 2000 など。

文献7　Lamb & Davis 2003.

注3　なお、プレートの境界では、火山活動だけでなく、地震活動も活発であることを付記しておきたい。地震は、地下の岩盤が断層を境にズレることで起きる。これまでに判明しているおもな岩盤の破壊域を示した図2をみてわかるように、南米大陸の太平洋岸ではマグニチュード八を超える大地震が何回も起きてきたのである。たとえば、一九六〇年チリ地震では、岩盤の一〇〇〇×一二〇キロメートルの領域がくい違い、南緯四〇〜四四度付近の海岸地帯に最大約六メートルの隆起や約三メートルの沈降をもたらした（Plafker 1972）。この地震で発生した巨大津波が日本の三陸海岸を襲ったことは有名である。

世界の山岳の写真集[文献8]では、アンデスはベネズエラ・アンデス、エクアドル・—、ペルー・—、ボリビア・—、チリ・—、パタゴニア・—、およびフェゴ島に分けられている（図3）。パタゴニア・アンデスとフェゴ島を除くと、あとは国別の区分である。登山の対象になる山々は国ごとに違いが明瞭なので、登山家はこの区分で事足りるのであろう。ただし、ペルー・アンデスとボリビア・アンデスについては細分が必要で、コルディエラ・ブランカやコルディエラ・レアルのように山群ごとの名称もよく使われる（写真6）。図3は登山の対象になるアンデス山脈の名峰を示した地図であ

文献8　毎日新聞社　一九六九。

●図3　アンデス山脈の主要な高峰

る。これはアンデス山脈の山々を概観するのに便利である。

▼地形や地質による区分

自然環境の地域性を認識するための第一歩は、風景（自然景観）の違いに着目することである。それというのも、風景のあり方を決めるもっとも大切な要素は地形と気候で、とりわけ気候は植生分布の大枠や人びとの暮らしと密接にかかわるからである。そこで、地形・地質と、気候による地域区分の例を次に示そう。

先述したように、アンデス山脈全体の幅や高度、配列、火山活動の有無は所によって大きく変化する。これらの特徴をもとに地形学・地質学的な観点でアンデス山脈を分けると、コロンビア・ベネズエラ国境がある北緯一〇度付近から南緯四～五度までが北部、南緯四～五度から同四七度付近までが中部、南緯四七度からパタゴニア南端のフェゴ島付近までが南部となる。[文献9]

●**写真6**　コルディエラ・レアル。ティティカカ湖東岸の山群。主峰のアンコーマ（6520 m）など、6000 m 級の高峰がいくつもある。手前はティティカカ湖

文献9　米倉　一九九二、二〇〇〇、Clapperton 1993.

(1) 北部アンデス

北部アンデスの北の端では、カリブ・ナスカ・南米の三枚のプレートがせめぎあっている(写真4)。お互いの沈み込みや衝突のため、激しい隆起や地盤の水平移動が起きているのである。サンタマルタの山々や、ベネズエラの要地マラカイボの南を走るメリダ山脈がそれである。この地域に火山が乏しいのは、南西からのナスカプレートの沈み込みが特異であり、地下でマグマができにくいためと考えられている。一方、山地列はコロンビアのカリ付近で収斂し、これ以南で多数の火山が現れるようになる。火山地帯はエクアドルをへて、南緯四度付近まで一〇〇〇キロメートル以上も続く。

(2) 中部アンデス

中部アンデスの北の端からアンデス山脈の向きは南南東へ変化し、非火山地帯がはじまる。しかしプナやその東西両側に背の高い複数の山列（東山系・西山系）が発達するようになり、アンデス山脈全体の幅は最大になる。たとえば、ワスカランを擁するペルーのコルディエラ・ブランカ（白い山脈）は、フニン・ワンカヨ盆地を挟んで、その西側にある標高二〇〇〇〜四〇〇〇メートルのコルディエラ・ネグラ（黒い山脈）と対峙している。さらにペルー南部の南緯一五度付近から火山地帯が再びはじまり、南緯二七度付近まで続く。南緯三三度より南では海岸山地、チリ中央低地、火山性のアンデス山脈という配列がみられるようになるが、山地高度は南緯三七度付近以南で五〇〇メートル程度まで減少する。中央低地はそのまま海に没し、南緯四一度付近からフィヨルド地帯をなす。

（3）南部アンデス

南部アンデスは、ナスカ・南極・南米プレートが接する（三重会合点という）南緯四七度からはじまり、その南端はフェゴ島の南西に位置する南米・南極・スコチアプレートの会合点、もしくはその東方までである。狭い範囲ながら、火山活動も認められる。

気候による区分

欧米では、ベネズエラ・アンデスからボリビア・アンデスまでを熱帯アンデスとよぶことが多いが、亜熱帯アンデスや温帯アンデスという区分はあまり使われない。また湿潤山地気候、乾燥山地気候、湿潤低山気候および乾燥低山気候の四つに分けた例もある。[文献10] さらに、具体的な気候差に着目したものとして、アンデス山脈の東西両側における非対称な気候分布に注目し、太平洋側の気候地域を八つに分けた例がある。[文献11] 図4は、南米大陸とその周辺の夏と冬の気圧配置を示したものである。赤道付近にとどまって常に雨を降らせる低圧部、すなわち熱帯収束帯（ITC）は、南半球の夏には蛇行するようにアマゾン側で南緯二〇度付近まで南下する。このため、ペルー・アンデスとボリ

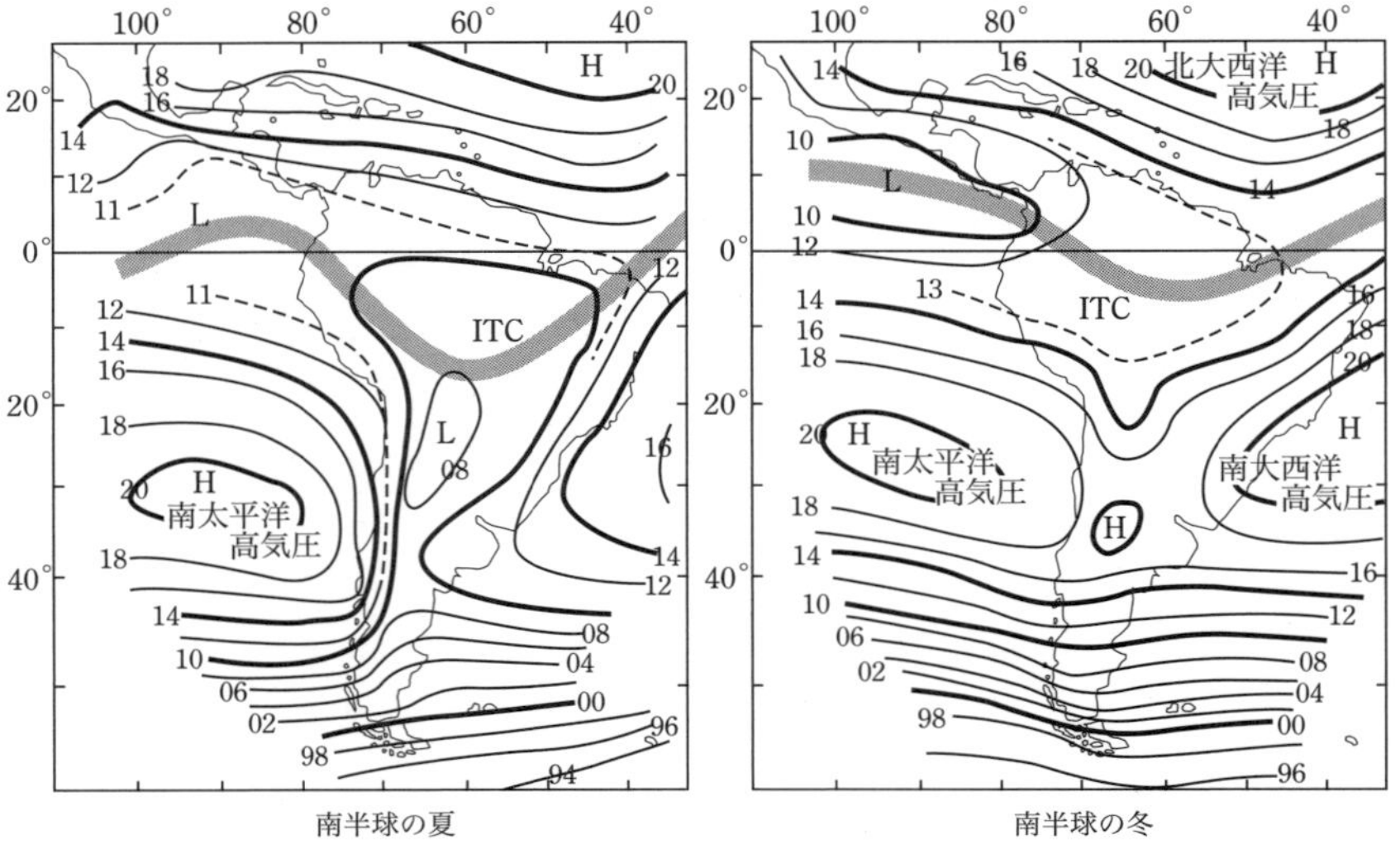

●図４　南アメリカ大陸の夏と冬の気圧配置
H：高気圧。L：低気圧、灰色の帯は ITC（熱帯収束帯）、数字は等圧線の数値（気圧ヘクトパスカルの下２桁）。（文献 12 による）

ビア・アンデスではアマゾン側からの雲の進入によって夏に雨が降る。一方、赤道付近では一年中降水があるが、ベネズエラ・アンデスは熱帯収束帯の北限よりも北側に位置するので、やや乾燥する。また南緯二〇〜三〇度付近は一年をつうじて高気圧の勢力下にあり、乾燥する。南緯四〇度より南では気圧が急激に下がり、偏西風の強い寒帯前線帯となる。そこでは低気圧性の降雨が一年中みられる。図５には、このような気圧配置から簡単に区分したアンデス山脈の気候地域区分を示した。[文献12]

実際のところ、アンデス山脈の気候は、右に述べた気圧配置の季節変化に海流と地形の影響も加わって一層複雑さを増す。たとえば、南米大陸の太平洋岸を北上する冷たいペルー・チリ（フンボルト）海流は、チリ北部からペルーの海岸地方に冷涼で乾燥した気候をもたらし、砂漠の形成にあずかっている。また南緯三五度以南の偏西風地帯では、湿った西風はアンデス山脈の西側斜面を上昇する際に降水をまき散らすため、山を越えた東側斜面は雨が少なく乾燥する。このような理由で、アンデス山脈の森林地帯は北西から南東に走る幅広い乾燥帯によって分断されている。

文献10　Barry & Ives 1974.
文献11　野上　一九九七。
文献12　野上　一九九二。

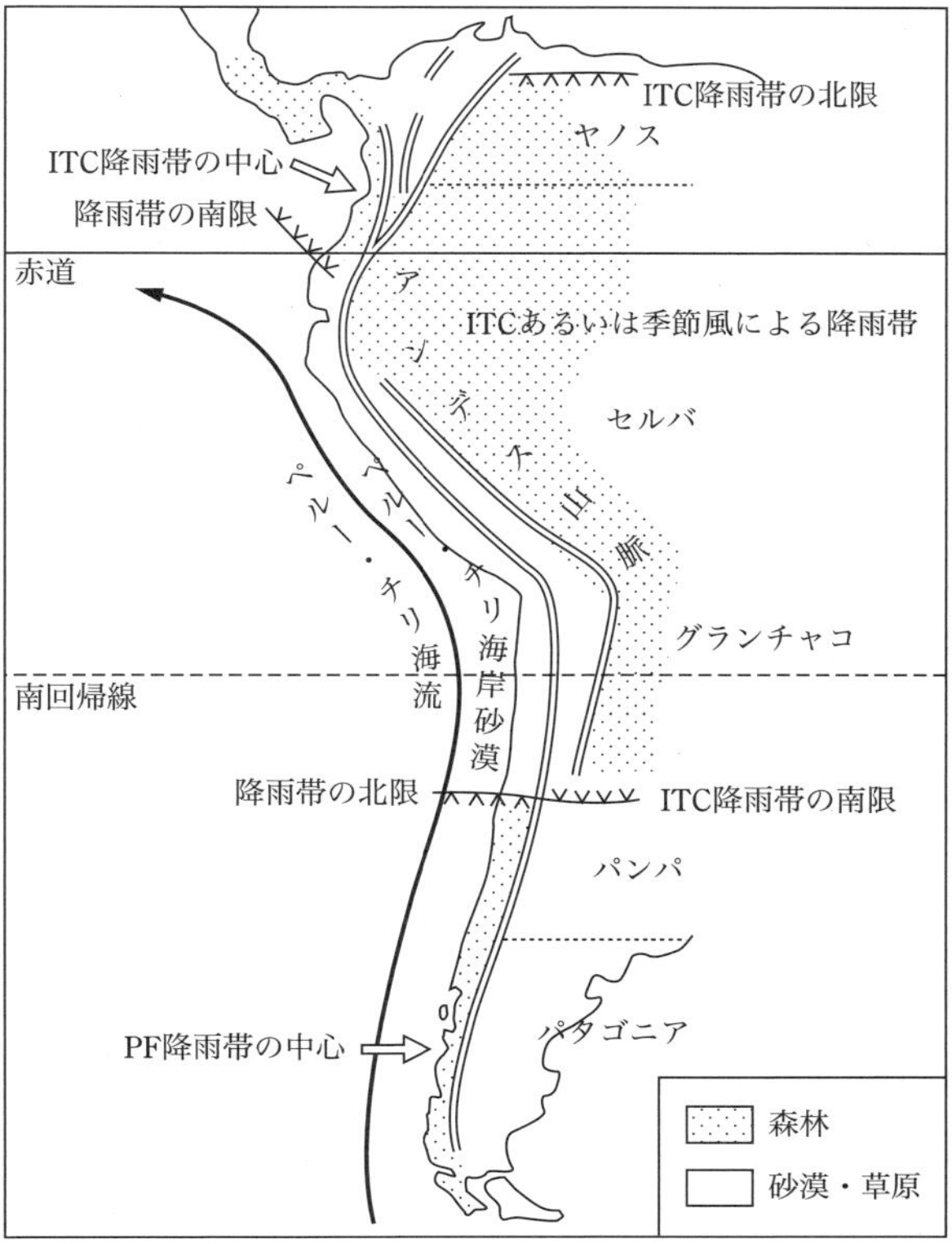

●図５　アンデス山脈とその周辺の気候区分
ITC：熱帯収束帯、PF：寒帯前線（文献12による）

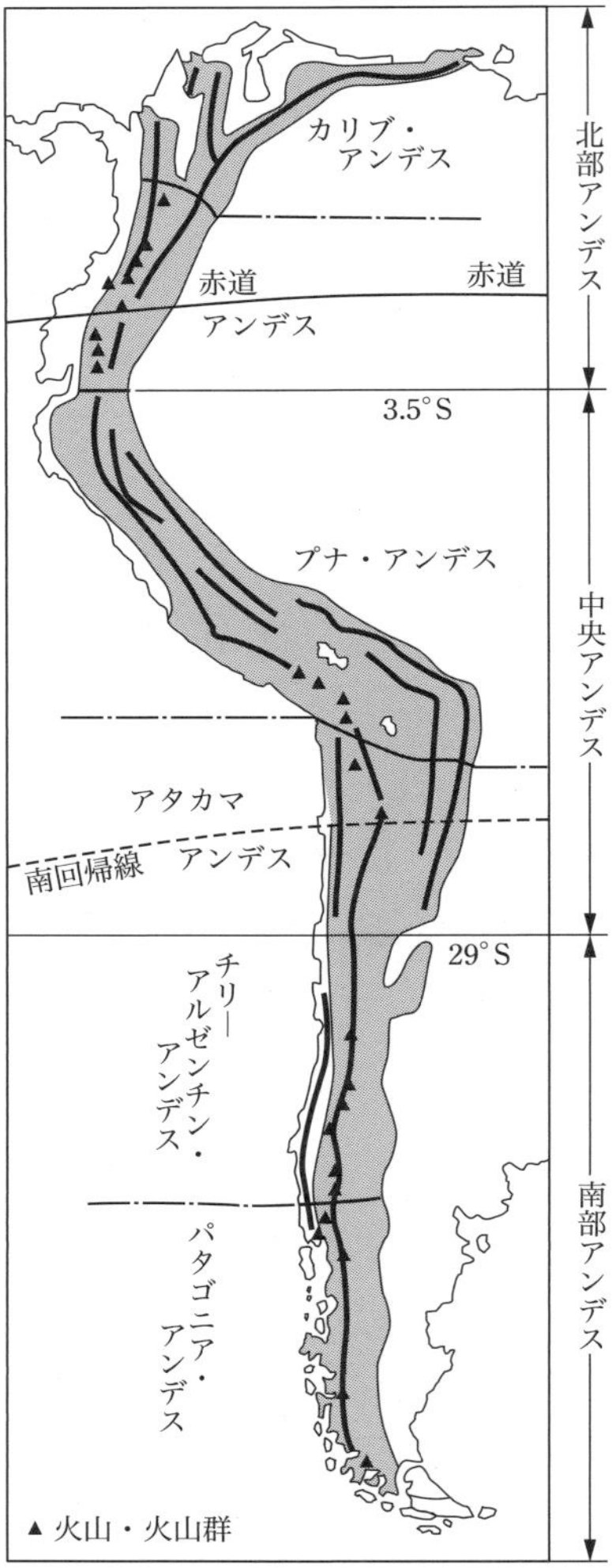

●図６　アンデス山脈の総合的地域区分
網かけの部分がアンデス山脈。▲は火山（文献13を改変）

文献13　岩田　一九九八。

総合的な地域区分

筆者らは気候や地形、植生の分布を総合した自然地理学的見地からの地域区分案を検討した。それを次に示す（図６）。

(1)　北部アンデス

南緯三・五度よりも北にあるアンデス山脈を北部アンデスとする。ここでは山脈は北東—南西方向に伸び、熱帯収束帯による降水がほぼ一年中ある。C・トロールは、ここを湿潤熱帯高地あるいは赤道山地とよんでいる。山脈列の数や火山の有無、気候により、北部アンデスはコロンビアのメデリンとボゴタ（サンタフェデボゴダ）の南、南緯六～七度を境に、北側のカリブ・アンデスと南側の赤道アンデスに細分できる。

カリブ・アンデス

カリブ・アンデスの特徴は、雨季と乾季がはっきりしていることである。アンデス山脈は北に向かって三列に分かれ、曲がりくねる。もっとも東側の列は、ベネズエラでは東北東から東に伸びる。これをメリダ山脈ともいい、ピコ・ボリバール（標高五〇〇二メートル）が氷河をいただいた鋭鋒を際だたせている。またコロンビアから北東に伸びた中央の山脈がペリーハ山脈（最高峰は標高三七五〇メートル）である。なお、カリブ・アンデスには火山がない。

赤道アンデス

赤道アンデスでは、その中部から南部にかけて標高の高い火山が数多く存在することが特徴である。なかでも、先に紹介したチンボラソは唯一の六〇〇〇メートル峰である。この山は、軽石や溶岩に覆われ、荒涼とした半乾燥地の景観を示す広い裾野（標高四〇〇〇～四五〇〇メートル）の上にそびえ、山頂は帽子を被ったようなドーム状の氷河に覆われている。先に述べたように、一八〇二年にA・フンボルトが登山したことで有名である。またチンボラソの周辺にも標高五〇〇〇メートルを超える火山が九座あり、東部山脈と西部山脈に分かれて分布する。両山脈の間は平均高度二五〇〇メートルの盆地で、キトもそこに位置している。

赤道アンデスでの雪線高度――夏または雪どけ期の終わりにおいて雪の降る量と融ける量がほぼ同じ高度――は、約四八〇〇メートルである（図7）。森林帯の上限から雪線までの間は霜柱の立ちやすい火山性土壌が分布し、年間をつうじて降水が多い。したがって土壌は湿っぽく、凍結融解を受けやすい。それゆえ、農耕にはあまり適していないといえる。

(2) 中央アンデス

南緯三・五から二九度までを中央アンデスとする。中央アンデスではアンデス山脈の東西の幅が広がり、数列の山脈が平行に走り、それらの山脈の間を高原や盆地が埋めるという地形配置が特徴的となる。また雨季に続く乾季の存在もはっきりしてくるが、とくに中央アンデスの南半は世界でもっとも乾燥した地域の一つに数えられるほど雨は少ない。したがって乾燥の度合が顕著になる南緯一八・五度から二〇度へ斜行する線を境に、中央アンデスを北部と南部とに分けることができる。中央アンデスに広がる高原は、地形的にはアルティプラノ（altiplano、平坦な高地の意）とよばれるものの、環境全般を示す言葉としてはプナが使われる。ともあれ、中央アンデスは、もっともアンデスらしい部分といえよう。なお、次節でもふれるように、ここで述べる中央アンデスは考古学や文化人類学の見地で区分されるそれとは範囲がかなり異なっている。これらの学問分野における中央アンデスの南限は、ペルーとボリビアの国境付近（およそ南緯一八度）に置かれるからである。この点に注意が必要である。

中央アンデス（北部）

中央アンデスの北半分にあたる南緯三・五度から二〇度にかけては、考古学者や文化人類学者が中央アンデスとよぶ地域におおむね一致する。ここでは乾季と雨季が入れ替わり、高原でも農牧業が営まれ、アンデス高地の核心部をなす。高原の東西には山地列が平行して走り、とくに東側（東

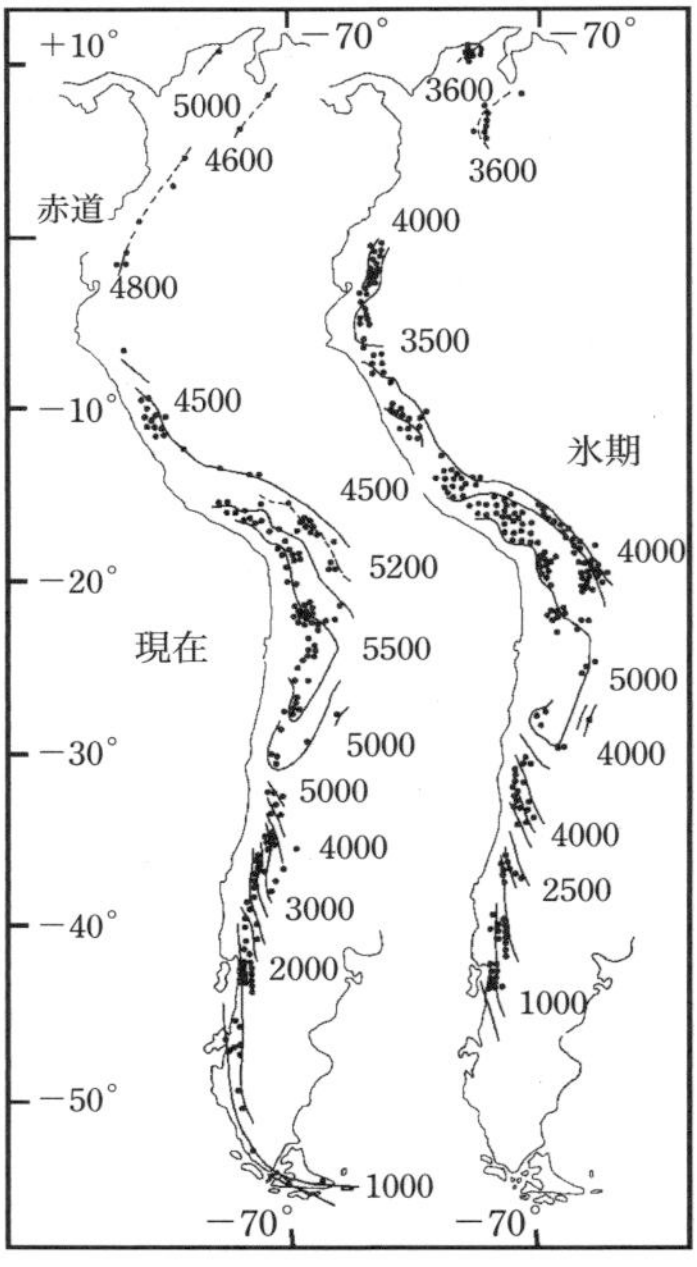

●図７　アンデス山脈の雪線高度（文献14を改変。初出は文献15）

文献14　Nogami 1982.
文献15　野上　一九七八。

山系）のものはペルー南部のサルカンタイ（標高六二七一メートル）やアウサンガテ（標高六三九八メートル）、ラパス郊外のイリマニ（六四〇二メートル）といった六〇〇〇メートル級の非火山性の山々を連ねる。一方、西側（西山系）では標高六〇〇〇メートル級の山は少ない。高峰は、南緯一五度以南に点々と現れる活動的な若い火山がその役を担っている。前節で紹介したサハマやミスティ、チャチャニなどがそれである。東西の山地列の間は通路状の細長い盆地や幅広い高原になっているところが多く、ティティカカ湖もそうした幅の広い凹みに水が溜まったものである。それでも湖面の標高は三八一二メートルに達する。

中央アンデス（南部）

南緯一八・五度から二〇度へ斜行する線より南側には、ほとんど降水のない平均標高四〇〇〇メートルの荒原（砂漠）が広がる。この中央アンデスの南部でも山脈が南北方向に並走し、その間に高原が広がる。高原の上には新しい火山が聳える。水流はおろか、草木一本もない山の斜面には岩肌がむき出しになっていて、ところどころネズミ色やピンク色の風化した砂に覆われている。そして、その砂を強い風がまた吹きはらってゆく。まるで月面の世界のようである。また多くの塩湖や塩原（サラール）も広がる（図8）。ここは世界でもっとも乾燥した場所の一つであり、アタカマ高地としても有名である（写真7）。

中央アンデス北部の高山は白く輝く氷河に覆われていることが多いが、南部では氷河も残雪もわずかしかない。いくら寒くて雪が融けないとしても、氷河の材料である雪が降らなければ氷河は作られないからである。ただし、一九七〇年に登山隊員の一員としてアタカマ高地を歩いた筆者の山本は、標高五〇〇〇メートル前後で氷河を見ている（写真8）。氷河とはいえ、表面は火山灰や火山礫、岩屑に覆われており、外見で氷の存在をみきわめるのはなかなかむずかしかった。だから逆に、この地域では氷河が将来も発見されるかもしれない。また極度に乾燥した中央アンデス南部の山々にもインカ文明の痕跡が残っている。インカ道が続き、標高七〇〇〇メートル近い火山の頂上から

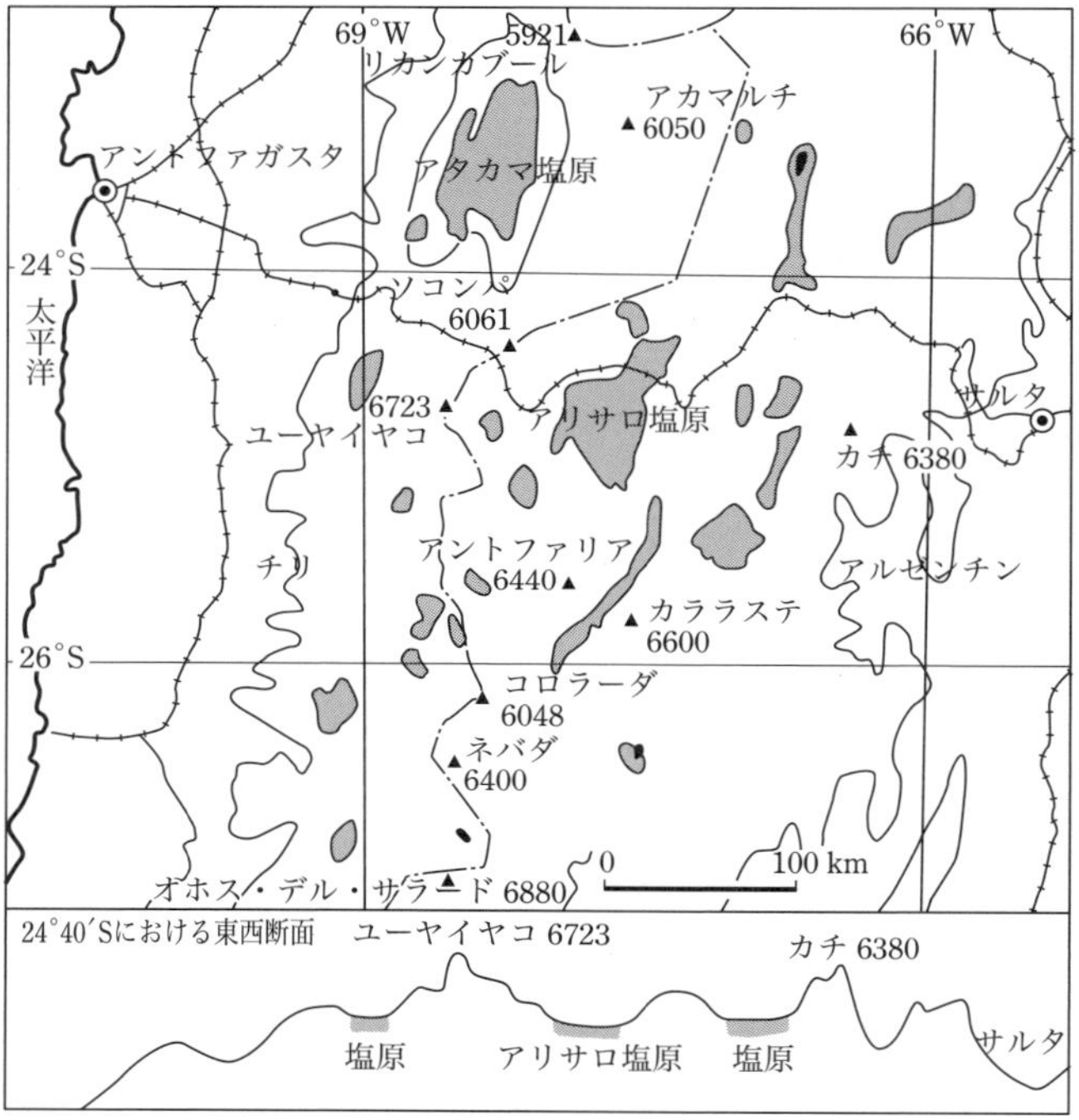

●**図 8**　アタカマ・アンデスの核心部
網かけの部分は標高 3000 m 以上（文献 18）

●**写真 7**　アタカマ高地。後方の山はオホス・デル・サラード峰（6880 m）

生け贄のミイラや祭壇が発見されているのである[文献16]。

文献16　パイアット　一九八三。

(3) 南部アンデス

南緯二九度よりも南では、アンデス山脈の幅が狭まり、高原は姿を消してしまう。アンデス山脈はマゼラン海峡近くまで、ほぼ南北に走る。ここを南部アンデスとする。なお、南部アンデスの中でも南緯四〇度より南側の地域は一般にパタゴニアとよばれ、「地の果て」や「嵐の大地」と形容されるように、自然環境は厳しさを増す。そこで、南緯四〇度を境に南部アンデスを細分することにした。

チリ―アルゼンチン・アンデス

南部アンデスの北半分、すなわち南緯二九度から四〇度までをチリ―アルゼンチン・アンデスとする。この地域は中部アンデスとよばれることもあるが(図3)、中央アンデスと紛らわしい。ここでは氷河学者L・リブトリーにならってチリ―アルゼンチン・アンデスを用いる。[文献17] この地域の地形の特徴の一つは、チリとアルゼンチンの国境に沿って氷河を頂いた富士山型の成層火山と非火山山地が並んでいることである。とくに南緯三一度から三五度までの間では、メルセダリオ（標高六六七〇メートル）やツプンガト(同六五五〇メートル)、そしてアコンカグアなどの高峰が重厚な山脈を形成している（図9）。筆者の岩田が一九六九年に歩いた際には、ペニテンテとよばれる鋭く尖った氷の塔が林立するさまを氷河の上で目にした。[文献18] ペニテンテの高さは

●写真8　アタカマ高地の岩屑に覆われた氷河

文献17　Lliboutry 1956.

文献18　岩田　一九九五。

数十センチメートルから数メートルまでさまざまで、表面は釉薬を塗った焼き物のようにテカテカ光っている。また、その名は外見がカトリックの苦行僧に似ていることに因むものだ（写真9）。ペニテンテは乾燥した気候と強い日射が作りだす美しいオブジェであるが、気をつけないと足許をとられて危険である。

一方、この地域は冬は降水に恵まれることから、スキー場もある。ともあれ、これらの山々はサンティアゴとアルゼンチンのメンドサとの間にあり、アプローチも短く、素晴らしい山登りを楽しむことができる。

アンデス山脈の西側では、標高の低い海岸山脈が太平洋岸沿いに走っている。次に述べる南緯四〇度より南のパタゴニア・アンデスとの境あたり、南緯三八度付近から四二度までの間では、アンデス山脈とこの海岸山脈に挟まれた中央凹地帯に今よりずっと寒冷だった氷河期にできたモレーン――氷河が削って運び出した岩屑が氷河の前面や側面に堆積した小山や丘

●写真９　アタカマ高地のペニテンテ

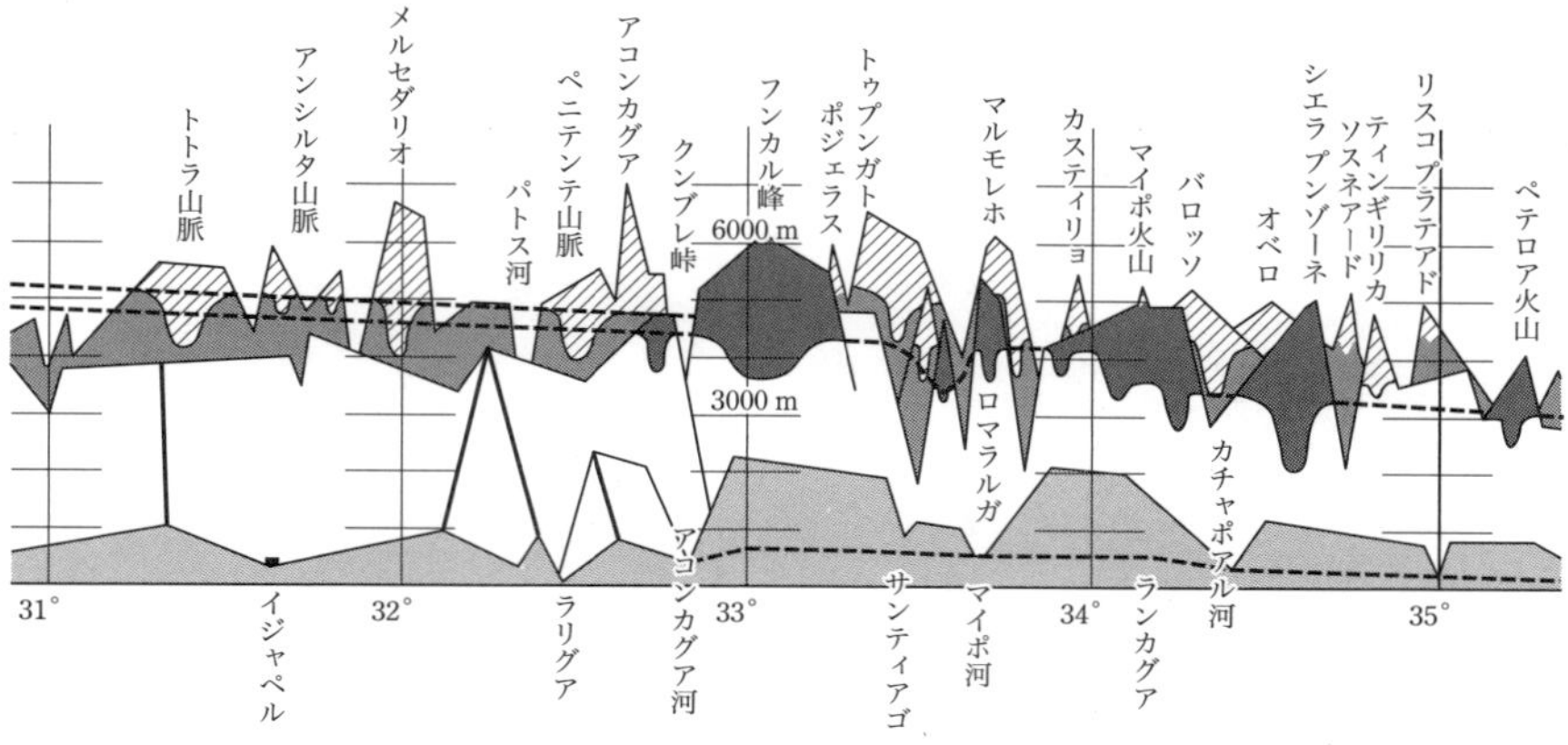

●図９　南緯 31–35° のチリ–アルゼンチン・アンデスの核心部の山脈の投影図
メルセダリオ、アコンカグア、ツプンガトの高峰とサンティアゴとの位置関係に注意。黒く塗りつぶしたのは西側の山の氷河、斜線は東側の山の氷河（文献 17 による）

——にせき止められた円い湖が連なる。そしてアンデス山脈には成層火山が多数分布する（図10）。このあたりは湖沼地方ともよばれる風光明媚な所であるが、研究者にとっても過去の氷河のふるまいや海面変動を調べるのに適したフィールドである。[文献19、20]

パタゴニア・アンデス

南緯四〇度から南米大陸南端のオルノス岬までは、緯度にして一五度、距離で一八〇〇キロメートル以上あるのに、気候や景観の違いは少ない。一方、東西方向でみた場合、アンデス山脈の両側でそれらは大きく異なる（図11）。偏西風が卓越するこの地域では、風上側のチリでは驚くほど湿潤である。ダーウィンが「熱帯降雨林にも劣らない繁茂度」というノトファグス（ナンキョクブナ、第一章一節）の密林が雪線近くまで生育する。[文献21] しかし山脈の西側で水分をふるい落とした偏西風は、乾

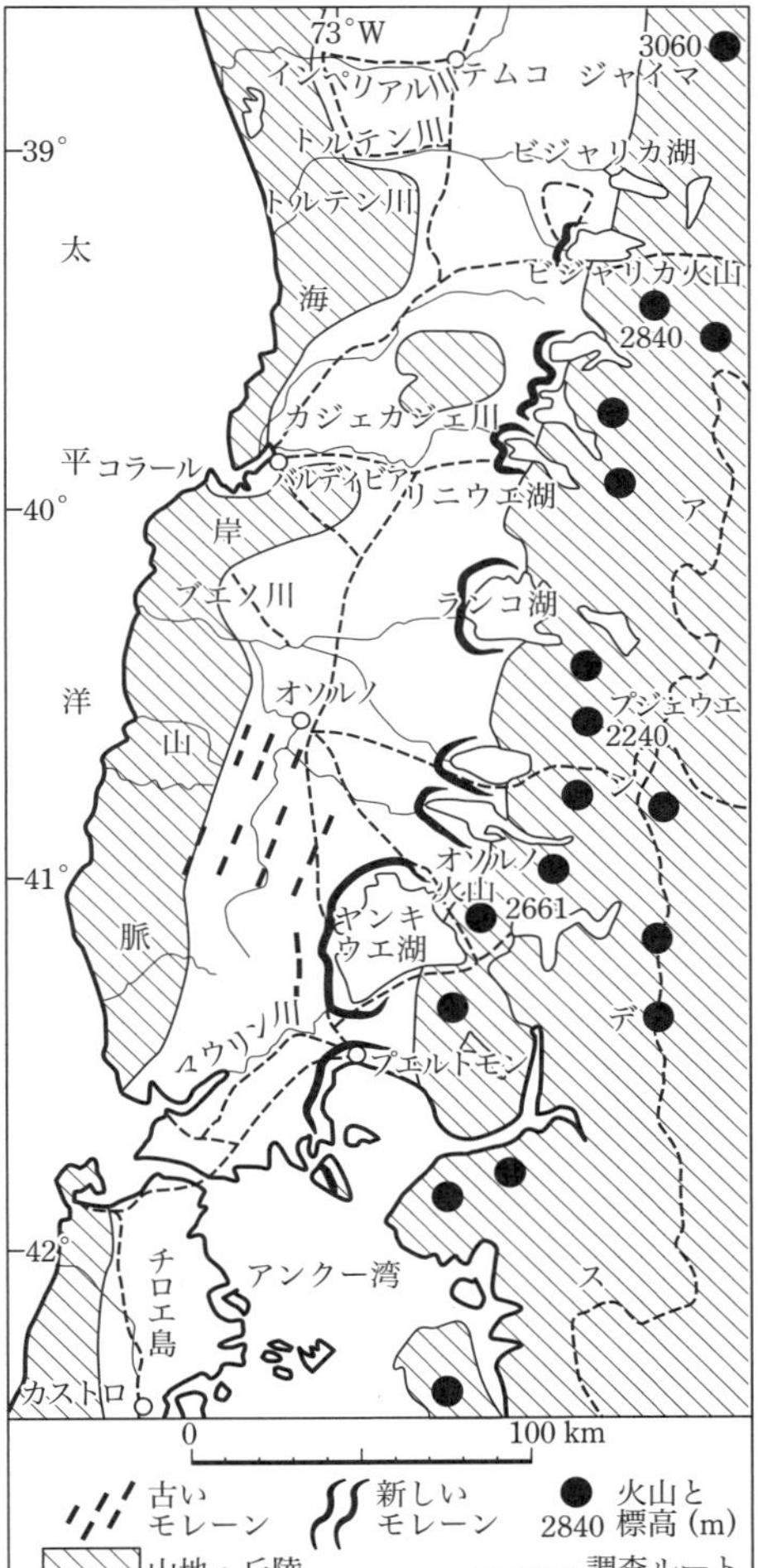

●図10　チリ南部の湖沼地方の地形（文献19）

文献19　貝塚　一九七二。
文献20　Denton et al. 1999.
文献21　ダーウィン　一九五九・一九六〇・一九六一。

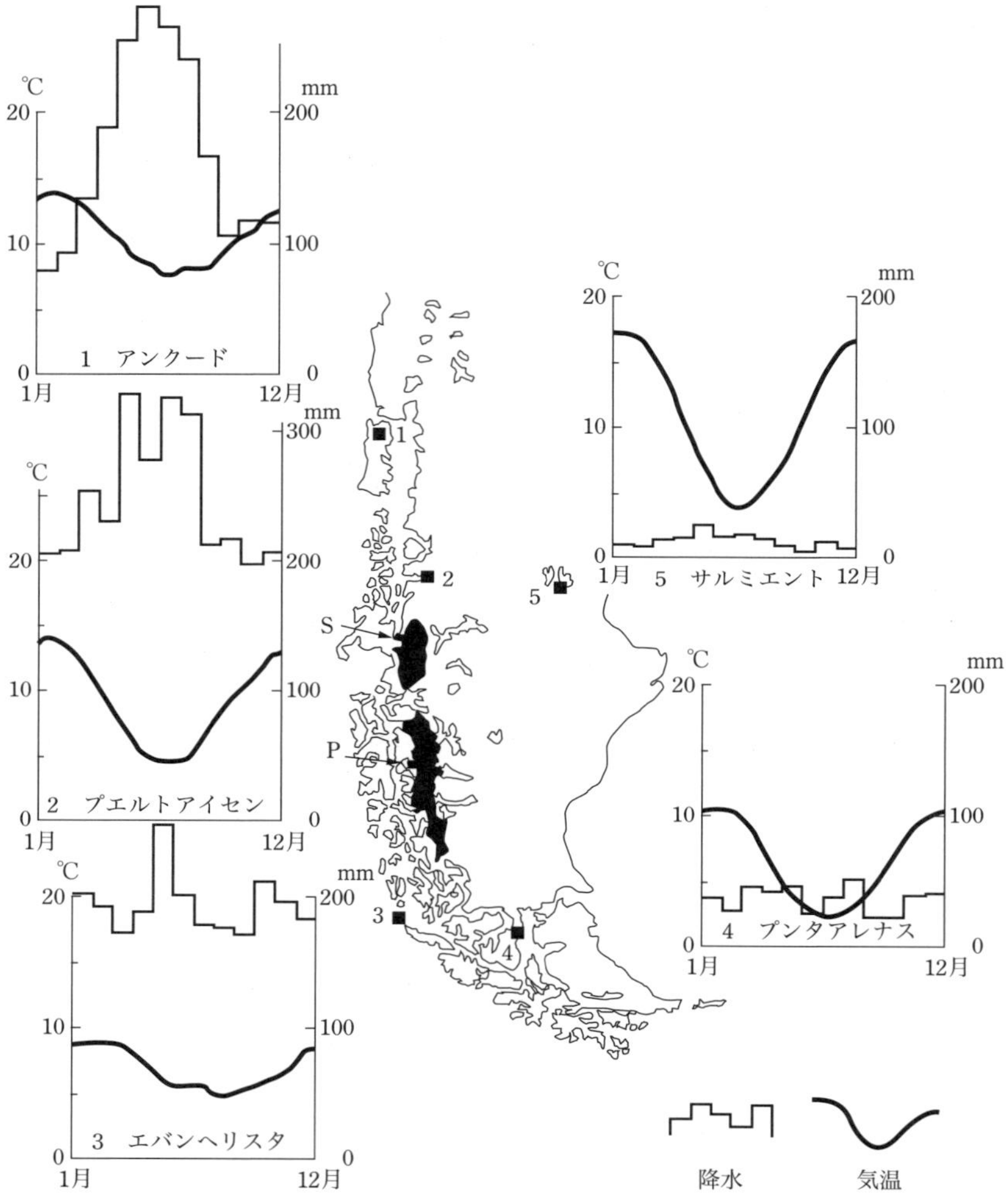

●図 11　パタゴニアの気候と氷原
気候ダイアグラムの右軸が月降水量（mm）、左軸が月平均気温（℃）、■が観測点、黒く塗りつぶした部分が氷河、S：サン＝ラファエル氷河、P：ピオ＝オンセ氷河（文献 22 の登山報告の図による）

いた強風になってアルゼンチン側の乾性ステップ（草原と低木の荒地）を吹き抜ける。

南緯四〇度から四六度にかけて、アンデス山脈の主脈の標高は三〇〇〇メートルを超えないが、四六度より南では四〇〇〇メートル近い高峰（たとえば、サン・バレンチン、三八七六メートル）が現れ、俄然、氷河の面積が広がる。氷河は山々とその間の盆地を埋め、広大な氷河地帯を出現させる（写真10）。南緯四六度四〇分にあるサン・ラファエル氷河は海に流入する世界一低緯度の氷河で、この広大な氷河を維持しているのは圧倒的に多い降雪である。

筆者の岩田は夏の終わり（二月）に一〇日間で五メートル以上の積雪を経験した。パタゴニアの広大な氷原からは氷河が溢れ、周囲に流れ出ている（溢《いっ》流氷河）。それらの末端は、世界のほとんどの氷河と同じように急速に後退しつつあるが、例外もあって、チリ側に流下するピオ・オンセ氷河は一九四五年以来前進している（図12）。

南緯四三度から南側の太平洋側は、標高一〇〇〇

●写真10　チリのグレイ氷河

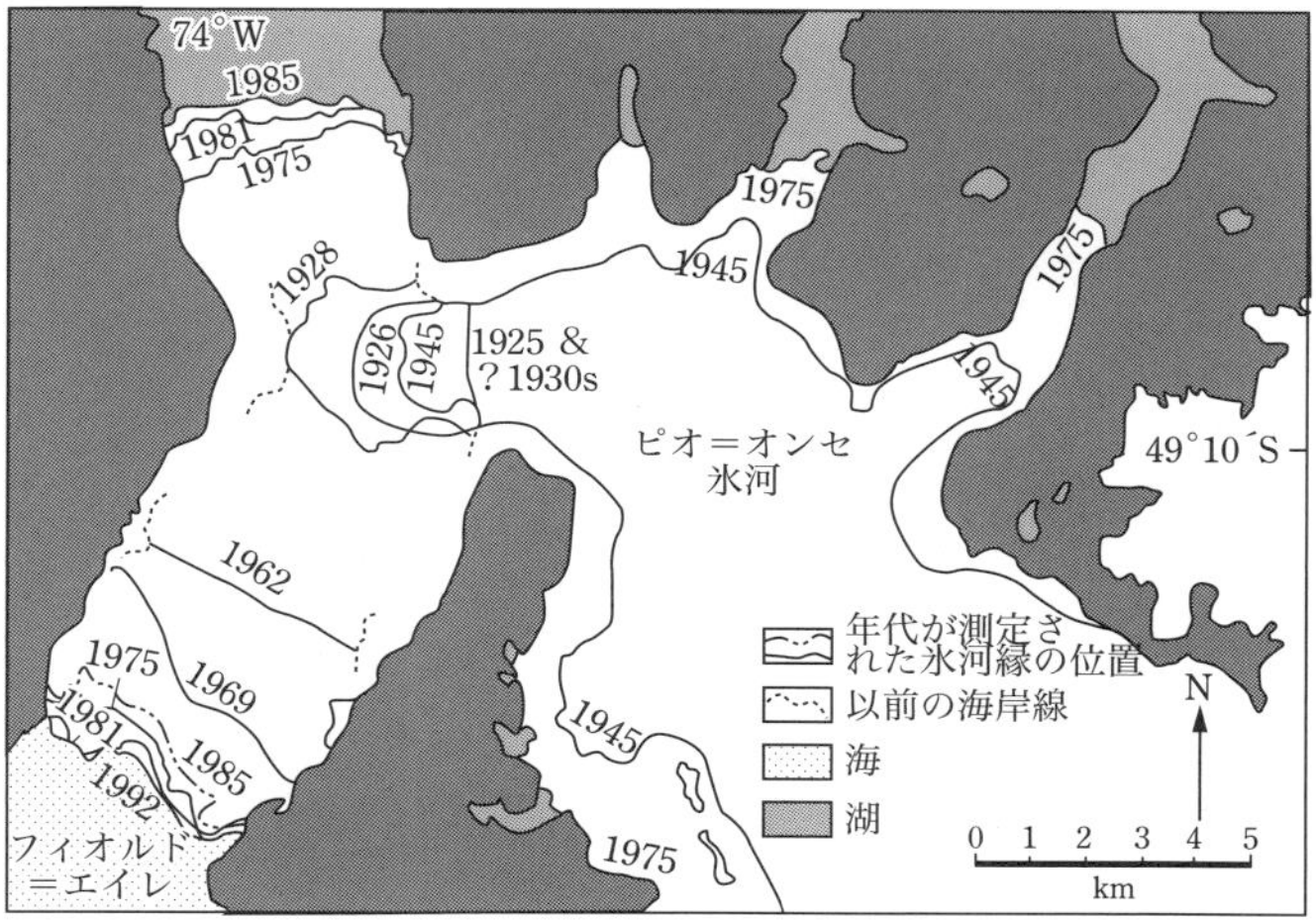

●図12　パタゴニア南氷原ピオ＝オンセ氷河の末端の変動
1945年から連続的に末端位置が前進している。（文献23の図による。氷河に覆われていない陸地は黒く塗りつぶした）

文献22　岩田　一九七〇。
文献23　安仁屋　一九九八。

メートル前後のむき出しのカコウ岩からなるフィヨルド地帯となっている。パタゴニアのフィヨルドは、ノルウェーやニュージーランドのそれと比較しても地形が複雑である。氷河湖も多い。

マゼラン海峡の南の土地は、ティラ・デル・フェゴ（火の国あるいはフェゴ島）とよんでパタゴニアから区別されることもある。フェゴ島に入るとアンデス山脈はもはや高原状の部分をもたず急峻な山地だけとなる。標高二〇〇〇メートル級の急峻な頂上にキノコ状に積雪が載り、氷河が氷瀑となってフィヨルドに落ち込む。極端に危険な雪氷状態と悪天候は登山者を苦しめる。アンデス山脈の南の端は危険がいっぱいである。

引用文献

Barry, R. G. and Ives, J. D. 1974 Introduction. In Ives, J. D. and Barry, R. G. (eds.) *Arctic and Alpine Environments*, Methuen, London, 1–13.

Clapperton, C. 1993 *Quaternary geology and geomorphology of South America*. Elsevier, Amsterdam.

Denton, G. H., Heusser, C. J., Schluter, C., Andersen, B. G., Heusser, L. E., Moreno, P. I., and Marchant, D. R. 1999 Geomorphology, stratigraphy, and radiocarbon chronology of Llanquihue drift in the area of the southern lake district, Seno Reloncaví, and Isla Grande de Chiloé, Chile. *Geografiska Annaler*, 81A: 167–229.

Gregory-Wodzicki, K. M. 2000 Uplift history of the central and northern Andes: a review. *Geological Society of America Bulletin*, 112: 1091–1105.

Instituto Geofísico 2000 *El arco volcánico Cuaternario del Ecuador.* 1 sheet.

Isacks, B. 1988 Uplift of the central Andean plateau and bending of the Bolivian orocline. *Journal of Geophysical Research*, 93: 901–925.

Kanamori, H. 1978 Quantification of earthquakes. *Nature,* 271: 411–414.

Lamb S. and Davis, P. 2003 Cenozoic climate change as a possible cause for the rise of the Andes. *Nature*, 425, 792–797.

Lliboutry, L. 1956 *Nieves y Glaciares de Chile*, Ediciones de la Universidad de Chile, 471pp.

Nogami, M. 1982 Circulación atmosférica durante la última época glacial en los Andes. *Revista de Geografía Norte Grande*, 9: 41–48.

Plafker, G. 1972 Alaskan earthquake of 1964 and Chilean earthquake of 1960. *Journal of Geophysical Research*, 77: 901–925.

安仁屋政武『パタゴニア　氷河・氷河地形・旅・町・人』古今書院、一九九八年。

岩田修二「氷河と気候」『Hielo Patagónico Sur』五六―六一、六甲学院山岳会、一九七〇年。

岩田修二「世界で最も高い雪線　アタカマ高地」『地理10月増刊　世界の山やま　ヨーロッパ・アメリカ・両極編』古今書院、一九九五年。

岩田修二「アンデスの自然環境――人間活動の舞台として」『地理』四三巻七号：三八―四九、一九九八年。

貝塚爽平「バルディビアと湖沼地方の第四紀」『地理』一七巻四号：七二―七八、一九七二年。

ダーウィン『ビーグル号航海記　上・中・下』（島地威雄訳）岩波書店、一九五九・一九六〇・一九六一年。

高橋正樹『島弧・マグマ・テクトニクス』東京大学出版会、二〇〇〇年。

手塚　章編『続・地理学の古典　フンボルトの世界』古今書院、一九九七年。

野上道男「アンデスの氷河とその消長」『地理』二三巻八号：六五―七三、一九七八年。

野上道男「南アメリカ大陸の気候」小野有五・野上道男・斎藤成也・大貫良夫・関雄二・赤澤威編『アメリカ大陸の自然誌二』三八―四八、東京大学出版会、一九九二年。

野上道男「南米大陸太平洋岸の河川地形の配置と気候帯」貝塚爽平編『世界の地形』一三五―一四四、東京大学出版会、一九九七年。

パイアット『ギネスワールド　山と登山』（山崎安治・岡沢祐吉訳）講談社、一九八三年。

毎日新聞社『世界の山岳　アルプス（毎日グラフ増刊　一九六九年一一月二五日号）』毎日新聞社、一九六九年。

米倉伸之「南アメリカ地形」都城秋穂・米倉伸之・鈴木秀夫・棚井敏雅・冨田幸光・阪口豊編『アメリカ大陸の自然誌１』八六―九七、東京大学出版会、一九九二年。

米倉伸之編著『環太平洋の自然史』古今書院、二〇〇〇年。

第一章三節

高地でも人が暮らす中央アンデス

Norio Yamamoto
山本紀夫

富士山の頂上より高い高地

アンデス山脈のちょうど真ん中あたりに、インカ発祥の伝説を秘めたティティカカという湖がある。湖面の標高が富士山の頂上よりも高い三八〇〇メートルあまりもあり、その面積も琵琶湖の一二倍に達する大きな湖である。この湖上を葉巻のような形をした小舟がゆきかうことがある。これは、湖畔に生えているトトラという葦のような植物を材料にした、一般に葦舟の名前で知られる舟である。また、この湖畔にはジャガイモなどの畑や人家があるし、ときにリャマやアルパカを追う牧童の姿もみられる。

このようなティティカカ湖が位置するあたりは、アンデスの中でもっとも幅が広く、また標高も高くなっており、平均標高は四〇〇〇メートル前後に達する。そして、そこでも人の暮らしがふつうにみられる。これこそが中央アンデスの大きな特徴の一つである。先に見てきたように、北部アンデスでは人の暮らしはせいぜい標高三〇〇〇メートル以下までであり、とくに緯度の高い南部アンデスでのそれは標高一〇〇〇メートルあたりにまで下がるのである。

それでは、なぜ中央アンデスではこれほど高いところにまで人が暮らしているのだろうか。また、高地での人の暮らしを可能にしているものは何なのだろうか。そもそも中央アンデスとはどのような環境の特色をもった地域なのであろうか。

この中央アンデスの環境については本章の一節でも言及したが、そこでは概要を述べただけであった。そこで、ここでは高地部を中心として中央アンデスの環境の特色を詳しく検討してみよう。中央アンデスはアンデス文明の中核になった地域であるだけに、すでにさまざまな書籍などでその環境について述べられているが、意外にも高地部の環境については記述が乏しいからである。

その本論に入る前に、一つ検討しておかなければならない問題がある。それは、これまで何度も使ってきた「高地」とは、具体的にはどれくらいの高度以上のところを指すのか、という問題である。とりわけ、人間が暮らす上で高地と低地とはどこでわけられるのだろうか。じつのところ、研究者の間でも高地と低地について明確な定義があるわけではなく、研究者たちも高地をさまざまに使っている。たとえば、高地をもっとも低く使う場合は標高一〇〇〇メートルくらいを指標にしているが、もっとも高い場合は三〇〇〇メートル以上のこともある。

しかし、人間にとって、ある程度以上の高度の変化は生理的な変化をともなう。すなわち、高度が上昇するにつれて気温が低下するだけでなく、気圧も変化し、さらに酸素も少なくなってくるので、このような変化にともない人間の身体も反応する。いわゆる高度反応である。この高度反応が生じてくるのは一般に標高二五〇〇メートルくらいからと考えられており、高地の環境と文化を研究したポーソンたちも標高二五〇〇メートル以上のところを人間にとっての高地としている。*文献1 そこで、ここでもその例にならっておこう。

文献1　Pawson & Jest 1978.

中央アンデスとはどこか

中央アンデスは、「ペルーおよびボリビアを走る山岳地域のこと」であると第一章一節で述べたが、これは実際のところはかなり便宜的なものである。それというのも、研究者によって中央アンデスの範囲はさまざまに異なっているからである。たとえば、地理学者たちによれば、中央アンデスは北がエクアドルとペルーの国境付近（南緯四度）から南はアンデス山脈の幅が狭くなる南緯三二度あたりまでの山岳地域のことである。[文献2] 一方、考古学者や文化人類学者たちによる中央アンデスの範囲はもっと限られる。すなわち、北限はほぼ同じであるが、南はティティカカ湖が位置するペルーとボリビアの国境あたりまで（南緯約一八度）ということになる。[文献3] したがって、その間には緯度で一〇度ほどもの違いがある。

このような違いは何に起因するのだろうか。まず、地理学者たちは主として地形や景観の特徴によって地域区分をしている。一方、考古学者や文化人類学者たちは文化を対象として研究しているため、当然のことながら中央アンデスを文化領域としてとらえている。文化人類学者の増田によれば、「人間の生活様式、習俗、言語、思考様式、価値観、世界観、民話、伝承など多くの側面にわたって、中央アンデスの住民は基本的要素を共有」し、中央アンデスには「文化的統一性が存在する」とされる。しかし、増田は同時に「中央アンデスという文化領域概念の内容規定は、はなはだ漠然としていた」と述べ、さらに中央アンデスにおける統一性の具体相や構造がほとんど論じられてこなかったことも指摘している。[文献4]

じつは、筆者たちは中央アンデスにおいて統一性を与えている要因を考えながら長年調査をおこなってきた。その結果、中央アンデスにおける文化的な統一性を与えている大きな生態的要因としてプナの存在を考えるようになった。中央アンデスの住民が共有している基本的要素の一つが寒冷

文献2　米倉・鈴木　一九九二：九二―九三。

文献3　Steward and Faron 1959.

文献4　増田　一九八〇。

高地を舞台にした生活様式である、という見通しを得たからである。そのため、筆者たちの調査もプナを中心とする高地部に焦点をあててきたのである。ただし、このプナに注目したのは筆者らがはじめてではない。第一章一節で述べたように、地理学者のトロールもかなり以前からプナに注目していた。実際に、彼は中央アンデスをプナ・アンデスとよんで、北部アンデスに相当するパラモ・アンデスと区別したのである。そこで、この節では中央アンデス高地の中でもプナに焦点をあてて論をすすめることにしたい。

広大なプナ

アンデスは一本の山脈のように見えるが、中央アンデスでは二本の平行した山脈になっている。そして、東側の東山系と西側の西山系の二つの山系の間には標高四〇〇〇メートル前後の高原または盆地状の平坦なところが広がっている。このような場所こそが現地でプナと総称されるところである。このプナの名称は、ペルーやボリビアなどの中央アンデスだけではなく、チリでも使われている。その代表的な例が、ボリビアを南下し、チリ領に入った高地に広がるプナ・デ・アタカマ、すなわちアタカマのプナである。

さて、プナとはペルーの先住民が使ってきた中央アンデスの自然環境区分の一つであり、標高四〇〇〇メートル前後の寒冷な草地帯のことである。この高度域は、地域によっては標高三八〇〇メートルあたりまで下がることもある。また、プナは単に草地帯というだけでなく、地形的にも傾斜が緩やかな丘陵または高原地帯のことでもある。このような地形および植生上の特徴をもった環境は東西両山系の間だけでなく、その外側にもみられ、そこもプナとよばれる。

このような平坦なプナが中央アンデスには多いため、そこはアンデス山脈というよりアンデス高原といった方がよさそうなくらいである。とくに、ペルー南部からボリビアにかけての地域には広大な高原が広がっており、この高原は日本の本州がすっぽりおさまるほど大きい。先述したティティカカ湖もこの高原の一部を占めている。

このような中央アンデスの地形の特色は、ヒマラヤとくらべてみれば一層明らかとなる。筆者はアンデスで長く調査をしたあと、ネパールやブータンなどのヒマラヤも歩いたことがあるが、そこでアンデスとの大きな違いに驚いたことがある。それは、ヒマラヤでは、どこへ行くのもほとんど徒歩で行くしかない地域の少なくないことである。一方、中央アンデスでは自動車道路が発達しており、車を使ってかなり広い範囲にまで到達できる。この点では、中央アンデスは、ヒマラヤよりもチベットに似ているといえるかもしれない。チベットも大半の地域で標高四〇〇〇メートルを超す平坦な高原地帯が広がっており、そこを自動車道路が走っているからである。

このような平坦な地形のおかげもあり、プナには人家だけでなく、数多くの集落や町、さらに都市さえある。たとえば、ティティカカ湖畔にはプノやフリアカといった町があるし、そこから車で一、二時間も走ればボリビア最大の都市であり、一〇〇万人以上もの人口を擁するラパスも位置している（写真１）。

ここで疑問が生じるかもしれない。富士山の頂上近くの高地であれば、そこでの酸素は平地の三分の二ほどと薄いため、酸素不足で高山病にかかるのではないかという疑問である。たしかに、土地の人たちは別として、先述したラパスの空港に飛行機で着いた人の大半が高山病にかかる。高山病にかかると、頭痛に苦しめられたり吐き気をもよおしたりする。この高山病にはアンデスをはじめて訪れたスペイン人たちも苦しめられたようで、年代記作者のアコスタも次のように述べている。

●写真１　ボリビア最大の都市、ラパス。中心の標高は約 3800 m。後方の雪山はイリマニ（6480 m）

とつぜん乗っていた馬から地面にころがり落ちたくなるほどの、ひどい不快が筆者をおそった。……いきなり、魂をはきだすかと思うほどの、ひどい吐き気を感じ、食べたものや粘液をもどし、黄色と緑色の胆汁をあとからあとから吐いたあげくに、胃に激痛を感じて、とうとう血を吐いてしまった。結局、それが続いたらきっと死んでしまうだろうという気がしたが、約三、四時間のち、ずっと低い、適切な気候のところまで下ると、消えてしまった。そこでは、一四、五人もいただろうか、連れの者たちがみな、疲労しきって、ある者は、歩きながら、本当に死ぬかと思って告解を求め、また他の者は馬から降りて、嘔吐と下痢のためにすっかり参りこんでいた。*文献5

文献5　アコスタ　一九六六（一五九〇）：二四四—二四五。

この表現はいささかオーバーに思えるが、当時は高山病が何によっておこるか知られていなかったからであろう。また、四〇〇〇メートルくらいの高度であれば、高山病にかかってもふつう数日くらいでなおり、そのあとはウソのように頭痛は消え、平地にいるのとかわらなくなる。ところが、このような高山病を恐れて、いまもアンデス高地に足を踏み入れることをためらう人は少なくない。そして、それがアンデス高地は人の住みにくい環境であるという印象を広く与えてきた。このような印象は一般の人たちだけでなく、研究者にも与えており、それがしばしばプナという環境の特色を見誤らせているのである。

プナの気候

富士山の頂上ほどの高地でも数多くの集落や都市がみられる理由として、先に地形が平坦であることを指摘したが、それだけではない。第一章一節で述べたように中央アンデスは緯度が低く、そのため高地であっても中緯度地域に位置する高地とくらべれば気候が比較的温暖なおかげでもある。

たとえば、かつてのインカ帝国の中心地であったクスコも標高三四〇〇メートルの高地に位置するが（写真2）、そこの気温についてインカ貴族の血をひくインカ・ガルシラーソは次のように述べている。

> クスコ市の気温は温暖というよりはむしろ寒冷に属するものの、暖をとるために火を焚く必要があるほどではない。外気から遮断された部屋の中に入りさえすれば、寒くはないからである。火ばちなどがあれば、それは快適であろうが、かりになくても、別に生活に支障はない。[・文献6]

ただし、クスコは現地での環境区分ではプナはなく、ケチュアまたはスニ帯に位置する。そこで次にプナの気候も見ておこう。先述したラパスの空港は、都心から少し離れた標高約四一〇〇メートルの典型的なプナに位置しているが、そこでの気温や雨量などを、参考のために北海道札幌市のデータとともに示したものが図1である。この図によれば、ラパス空港での年平均気温は摂氏約一〇度と標高にくらべて意外に高く、しかも一年をとおしてほとんど気温の変化がない。

これこそは熱帯高地特有の気候の特徴である。トロールも強調しているように熱帯高地では気温の日変化は大きいが、年変化が小さい。図1の札幌のデータとくらべると、温帯と熱帯との違いが明らかであろう。また、気温だけではなく、日射も熱帯高地では特徴が

●**写真2**　インカ帝国の中心地であったクスコ（標高 3400 m）

文献6　インカ・ガルシラーソ　一九八五（一六〇九）：一七七。

ある。太陽高度が高く、大気が希薄なため、日射は強烈で、しかも日向・日陰斜面の差が少なく効率よい土地利用が可能になるのである。[文献7]

ここで、中央アンデスにおける気候の大きな特徴をもう一つ見ておこう。それはトロールが注目した雨の降り方についてである。すなわち、北部アンデスは一年をとおして降雨があるのに対して、中央アンデス高地では雨がよく降る雨季とほとんど降らない乾季が存在することである。これは先の図にも示されており、四月の半ば頃から一〇月半ば頃までは雨量が乏しいが、一〇月後半からよく雨が降るようになり、それは四月中旬頃まで続く。これが人びとの暮らし、とくに農業に大きな影響を与えている。灌漑地域を例外として、作物の栽培はほとんど雨季に限られるのである。そして、この雨季には気温がやや上昇し、降雨の晴れ間には太陽の強烈な日射があるため、雨季には中央アンデス高地の広い地域で農業が可能になる。

この農業をおこなう上で、中央アンデス高地にはもう一つの制限要因がある。それは、中央アンデス高地の気温には日中は高温、夜間は低温という大きな日変化があるために、夜間に地面が凍り、

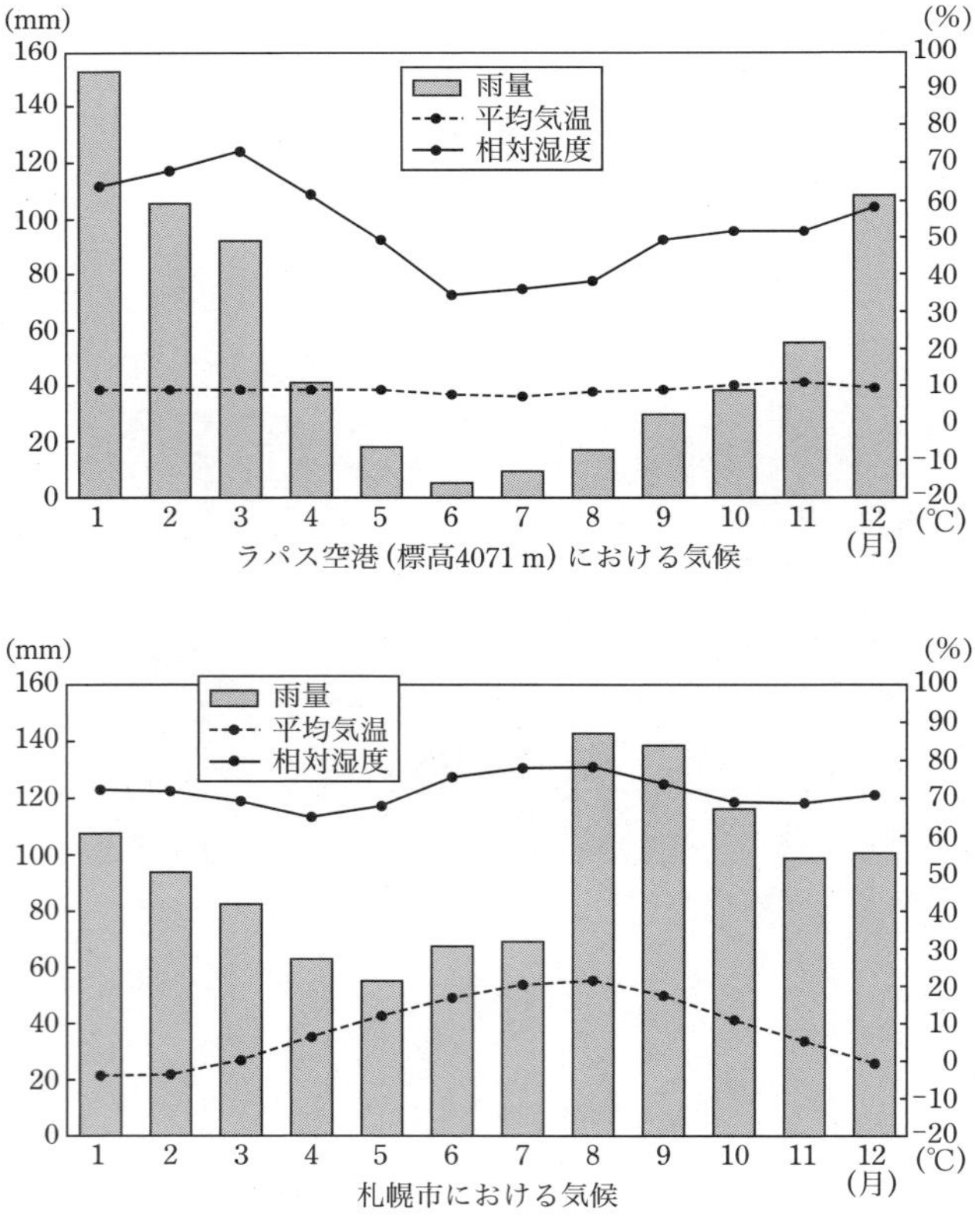

●図１　ラパス（ボリビア）と札幌市の気候の比較
出所は理科年表（国立天文台編　1998）

文献7　山本・岩田・重田　一九九六。

日中には融解を繰り返すことである。この凍結融解の現象が年間三〇〇日以上起こる地域では植物が生育せず、当然農耕も不可能になるし、この凍結融解作用の頻度が耕作限界も決めているのである。

三種類のプナ

これまでプナを一括して述べてきたが、このプナは南北に一〇〇〇キロメートル以上の長さにわたってベルト状に伸びているため地域によって環境にかなり大きな違いがみられる。全体的な傾向として、プナは北から南に向かうにしたがって、また東から西にむかうにしたがって乾燥が激しくなる。そのため、トロールは、プナを湿潤プナ、乾燥プナ、砂漠プナの三つの地域にわけている（図2）。

これらのうち、湿潤プナは半年におよぶ雨季のおかげで草本類が豊富で、その代表的な植物が先述したイチュである。このため、湿潤プナでは古くからリャマやアルパカなどのラクダ科家畜が放牧されてきた。また、湿潤プナではジャガイモも栽培されている。スニ帯でもジャガイモは栽培されるが、もっとも多様な品種がみられるのが湿潤プナである。この湿潤プナで注意しておきたいことがある。それは、これまでの報告ではプナがしばしば家畜の放牧だけに使われ、作物栽培ができないと述べられていることである。しかし、プナの中でも標高がやや低い四〇〇〇メートル以下のところであれば、かなり広い地域でジャガイモなどの作物も栽培されているのである。(注1)

この湿潤プナは南下するにしたがって小さくなり、ボリビア領内に入ると乾燥プナの方が大きくなる。これまで優占していたイチュにかわり、キク科のトラの名前で知られる低木が高原をおおうようになる。(注2)しかし、ここでも一部地域では農業がおこなわれている。ジャガイモ畑は少なくなる

注1　このため、プナを標高によって高プナ（プナ・アルタ）と低プナ（プナ・バハ）と分ける研究者もいる。そして、標高四〇〇〇メートル以上の高プナの方は放牧によって特色づけ

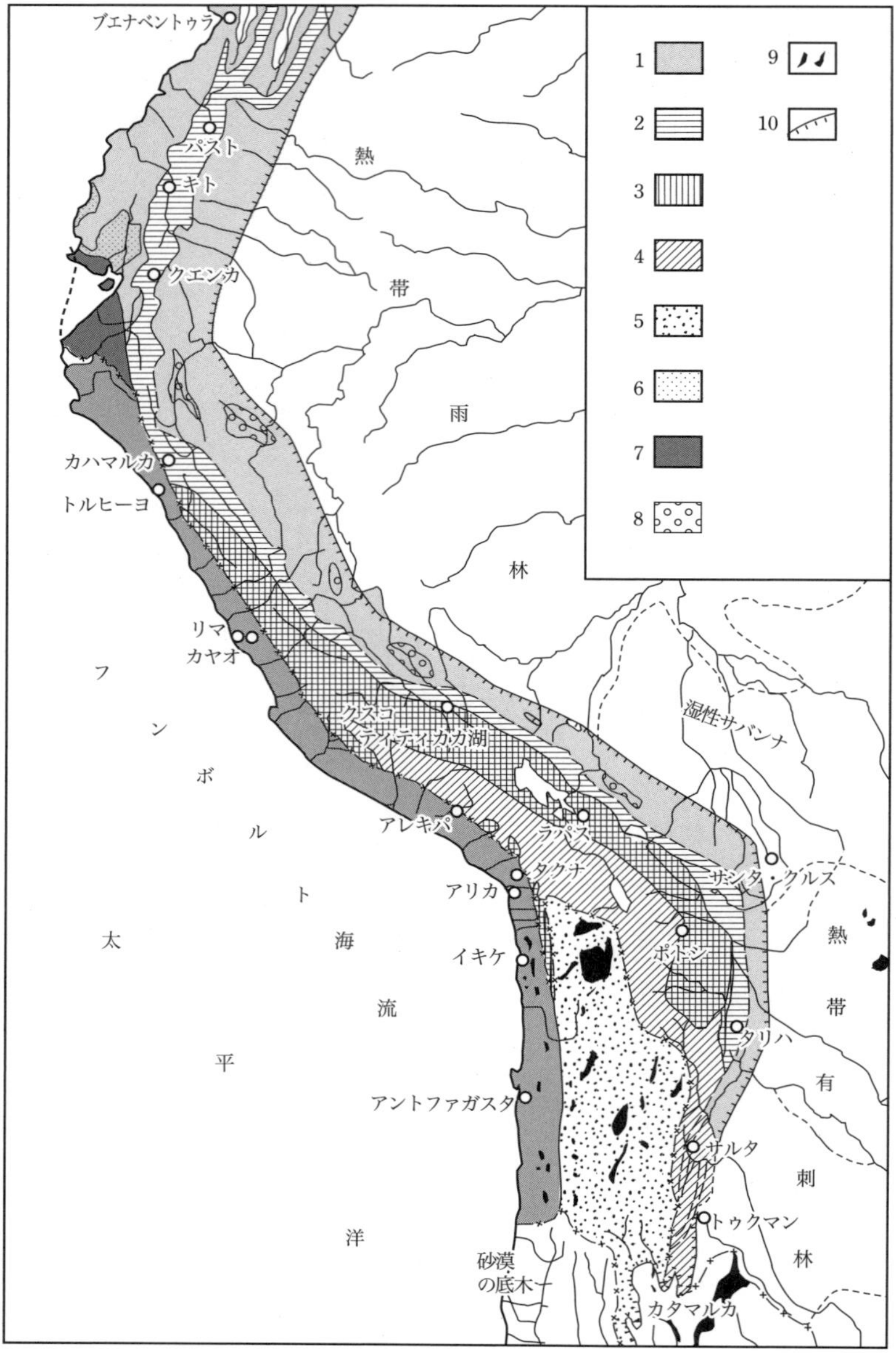

●図2　中央アンデスの植物景観区分（文献8）
1：熱帯・亜熱帯雨林および山地林　2：パラモ帯および亜熱帯草地　3：湿潤プナ
4：乾燥プナ　5：砂漠プナ　6：熱帯降雨林の中のサバンナ　7：有刺サバンナ
8：湿潤サバンナ　9：塩原　10：アンデス山脈の東端

文献8　Troll 1968.

が、乾燥に強い雑穀のキヌアなら栽培できるからである。[注3] また、家畜の方も湿潤プナに生える草しか食べないアルパカはみられなくなるが、いろんな植物を食べるリャマは放牧されている。

砂漠プナはもっと乾燥した地域にみられ、そこでは雨がほとんど降らない。そのため、一木一草生えていない高原地帯に、すっかり干上がった白い塩湖が点々とみられるような景観を呈するようになる（写真3）。もちろん、そこでは人の暮らしもみられない。このような景観がボリビア南部からチリのアタカマ高地あたりまで数百キロメートルにわたって続く。

植生のあり方を決定しているのは基本的に雨量と気温であるが、中央アンデス高地にはもう一つの大きな要因がある。それが氷河の存在である。中央アンデスの氷河は高原にそびえる山脈や火山の高所など、おおよそ標高五〇〇〇メートル以上に分布する。とくに、氷河がよく発達しているのは、ペルー中部のブランカ山群やヴィルカノータ山群、さらにレアル山群などの東山系に位置する高峰群である。

この氷河が雨のほとんど降らない乾季にもアンデス高地に水を供給している。すなわち、氷河が存在しているおかげで、それが融けた水によって潤された高原には、牧草の乏しくなった乾季も豊かに植物が生えるところがある。このような湿地はスペイン語でボフェダル、ケチュア語でオッコとよばれて、乾季の放牧に使われるのである。また、この氷河が融けた水は、中央アンデス高地に住む人たちにとって雨が降らない乾

●**写真３**　ボリビア中部高地にあるウユニ塩原

られるとされる（Custred 1977: 65）。

注2　トラは、高さが一メートルくらいの低木で、学名は *Leidophyllum quadrangulare*。

注3　キヌアはアカザ科の雑穀。詳しくは第二章四節を参照されたい。

季に飲料水として欠かせないものとなる。

改変された環境

以上述べてきたように、プナのうち、湿潤プナと乾燥プナには植物が生えているが、それは基本的に草本類だけである。そのため、プナはしばしば高山草地帯ともよばれる。しかし、これには少し問題がある。プナでも場所によっては樹木の生えるブッシュがみられるからである。実際に、かつてのプナには草地だけでなく、小低木で構成されたブッシュが広く見られた可能性がある（写真４）。

この点について植物学者の小野も次のように述べている。

> アルチプラノ（中央アンデスの高原地帯）でもかつて、恐らく一〇〇〇〜二〇〇〇年前頃までには部分的には小低木のブッシュがあったと考えられている。バラ科のポリレピス（*Polyrepis*）属やノボタン科のミコニア（*Miconia*）属、ブラキオーツム（*Brachyotum*）属などの低木種である。[文献9]

それでは、なぜ、これらの樹木はプナからほとんど姿を消したのであろうか。小野も指摘しているように、燃料用の薪として伐採されたことがブッシュの消滅に大きな影響を与えたのではないかと考えられる。これは、今もプナでブッシュがみられるのはアクセスの容易でない地域に限られることからも推測できる。

文献９　小野　一九九三：二一〇。

●**写真４**　プナでも人が近づきにくいところには、高木が生えている。樹種は未同定

その結果、現在プナの住民の大半が乾燥した家畜の糞を燃料として使っている。ただし、燃料としての糞は火力が弱いため、しばしば彼らはパイナップル科の植物やヤレタとよばれるクッションプランツ（写真5）、さらにキク科のトラなども薪として併用している。(注4) こうして、プナの植生は非常に単純に、また乏しくなった可能性がある。その影響は当然、動物相にもあらわれているであろう。

第一章一節で、アンデスの南端に位置するパタゴニアでは動物が豊富に棲息していることを述べたが、それとは対照的にプナでは野生動物を見ることがほとんどない。鳥類をのぞけば、プナで野生動物を見ることはきわめて稀なのである。しかし、プナにももともと豊富な野生動物が生息していた可能性は大きく、それらはほとんど姿を消したにちがいない。その理由は植生の変化だけではなく、動物が狩猟の対象となったことも大きな要因であろう。それは考古学的にも確認されている。

とにかく、プナの植生や動物相は人間によって著しく変えられている可能性が大きい。そのことはプナが非常に古くから人間の生活の舞台になってきたことを物語っている。それでは、アンデス高地にはいつから人が住むようになったのだろうか。

注4　ヤレタはセリ科の植物で、クッション状に生育し、小山のように盛り上がる多年草。*Azorella yareta* のほか、いくつもの種が含まれる（Hodge 1960）。

いつからアンデス高地に人が住むようになったのか

アンデスに最初に人類が姿をあらわしたのは後氷期、つまり一万

●**写真5**　クッションプランツ。後方の雪山はボリビア最高峰のサハマ（6520m）

二〇〇〇〜一万一〇〇〇年前頃とされている。彼らは陸続きであったベーリング海峡を渡り、アメリカ大陸を南下してきた先史モンゴロイドの子孫であった。未だ農耕は知らず、狩猟採集を生業としていたと考えられている。

そんな彼らにとってアンデス高地は素晴らしいところに見えたであろう。狩猟の対象となる草食動物が豊富に分布していたと考えられるからである。アンデスにはマンモスはいなかったが、それにかわる大型動物としてマストドンがパタゴニアを除く山岳地帯のかなり高いところまでいた。(注5)このほか、ウマ、シカ、ラクダ科動物なども棲息していたので、これらがおもな狩猟対象の動物になっていたと考えられている。

その後、大型動物は減少し、やがて絶滅してしまう。乱獲のためだという説がある一方で、気候が変化し、環境が大型動物の棲息を許さなくなったのだという説もある。実際に、アンデスでは紀元前九〇〇〇〜八〇〇〇年頃に、動植物の分布に変化が生じ、現在の動物相に近くなったことが知られている。こうして、アンデスの人たちにとって狩猟の対象となる動物はシカやラクダ科の仲間など、これまでより小型の動物になっていった。そして、これらの草食動物のおもな棲息地が中央アンデスの高地であった。そこには草本類によっておおわれた広大な高原が広がっていたからである。

この高原は、アメリカ大陸の中でもまれに見るほど多数の草食動物が棲息するところだったのではないか。たしかにマストドンやウマなどは姿を消したが、ビクーニャ（写真6）やグアナコなどの野生のラクダ科動物、そしてシカ（写真7）などが豊富に分布していたと考えられるからである。(注6)また、先述したようにアルマジロやアメリカン・レアなどもたくさん棲息していた可能性がある。

狩猟の対象となる草食動物が後氷期の中央アンデス高地に豊富に棲息していたことを物語るものがある。それは、後氷期の狩猟採集民の遺跡が標高四〇〇〇メートル前後の高原地帯に集中していることである。この事実から、後氷期になると狩猟採集民はスニ帯やプナ帯などの標高の高いとこ

●図Ａ　マストドン

注5　マストドン。絶滅した長鼻類でゾウ型の哺乳類。平凡社の大百科事典によれば、アメリカ大陸に分布していたマストドン（*Mammut americanus*）は肩の高さ二・七〜三メートルと高く、頭は低くて長い。上顎に二〜三メートルの長いきばをもち、体は三〇センチもある長い褐色の毛でおおわれ、低地の開けた針葉樹の多い森林地帯で生活していたとされる。

注6　ビクーニャは小型の野生ラクダ科動物で、詳しくは第二章三節を参照されたい。

ろにある岩陰や洞窟をキャンプ地として使いながら広がるようになったと考えられている。[文献10]

寒冷高地適応型の暮らしの成立

その後、このような高地での狩猟採集生活のなかから、後のアンデスの人びとの暮らしを決定的

●写真6　ビクーニャ（*Vicugna vicugna*）

●写真7　アンデスに棲息するシカ，オジロジカ（*Odocoileus virginianus*）

文献10　大貫　一九九五。

に変えるものが生み出されるようになる。それは、リャマやアルパカなどの家畜やジャガイモをはじめとする寒冷高地に適した栽培植物の誕生である。いずれもプナやスニ帯に分布する野生の動植物を人間が長い年月をかけて改変した結果である。その行為はドメスティケーションとよばれ、日本語では植物の場合は栽培化、動物の場合は家畜化として訳されている。その時期は明らかではないが、おおよそ紀元前四〇〇〇年頃とみなされている。*文献11

このドメスティケーションによってアンデス高地の住民はこれまでよりはるかに容易に食糧源を手に入れることが可能になった。とくにジャガイモなどの植物の栽培化は人間の安定的な食糧源の確保に大きな役割を果たした。また、リャマやアルパカの家畜化も食糧や衣類、さらに燃料や輸送などの点でも重要な役割を果たした（写真8）。このような植物の栽培化については第二章で、動物の家畜化については第三章で詳しく述べられるが、動植物のドメスティケーションによって人びとの暮らしは狩猟採集から農牧を中心にしたものに変化し、それにともなって定住化も促進されたであろう。ここに、中央アンデス高地に特異的な寒冷高地適応型の暮らしが始まったと考えられる。

寒冷高地適応型の暮らしとは、寒冷な気候をもつプナなどを舞台にした農牧複合的な暮らしのことである。すなわち、ジャガイモを中心とした作物栽培とリャマやアルパカなどの家畜飼育が密接に関係をもった自給自足的な生活様式である。この具体的な様子についても第四章で後述されるが、このような生業の確立が世界でもほとんど例を見ないほどの高地における人びとの安定的な暮らしを可能にしたのである。

これには先述した熱帯高地特有の気候条件のおかげもあっただろう。まず、熱帯高地では緯度が低いため、高地であっても気候が比較的温暖である。さらに、温帯や寒帯の山地であれば気温の年変化が大きいため季節的に住居を移動させなければならないが、熱帯高地では気温の年変化が小さいため一年中高地の一か所に定着できる。

こうして、寒冷高地適応型の暮らしは後に大きく発展してゆき、それはインカ帝国の成立とも密

文献11　MacNeish 1977, 稲村 一九九三。

接な関係をもってくる。それについては次節以降で詳しく述べられるが、ここであらためて指摘しておきたいことがある。それは、文化人類学者たちによる中央アンデスの範囲についてである。彼らによれば、中央アンデスの南限は先述したようにティティカカ湖あたりまでであった。この範囲は高地部に限れば、ほぼ湿潤プナが分布する地域である。そして、この湿潤プナに共通する基本的要素こそは、寒冷高地適応型の生業である、と筆者たちは考えている。そのため、本書でも寒冷高地適応型の生業を構成する牧畜と農業に焦点をあてて、その特色を明らかにしようとしているのである。

大きな高度差の存在

これまではプナに焦点をあててきたが、中央アンデスの環境を語る上でぜひとも述べておかなければならないことがある。それは、本章一節で述べたとおり中央アンデスには高地部に大きな水平的な広がりがあるだけでなく、垂直的にも大きな広がり、つまり大きな高度差があることである。しかも、この大きな高度差のなかには高度によってさまざまな環境がみられ、そこもまた古くから人間によって利用されてきたのである。

この点で重要な役割を果たしたのがアンデス山脈に無数に刻み込まれている深い谷である。たとえば、西山系側では太平洋に面した斜面の傾斜方向にほぼ平行な、直線的な谷が数多く刻み込まれている。そのおかげで、乾燥した太平洋側にも水が運ばれ、河川沿いにはオアシスが発達した。そして、そこでは古くから農業がおこなわれ、諸文化も栄えたのである。

●写真８　プナの高原を行くリャマのキャラバン

一方、東山系側では山脈・山系の列と平行に流れる細長い谷が多いが、それらはやがて合流して山脈・山系列を横切り、最後はアマゾン川に流れ込む。そして、これらの谷には高度によって大きく異なるさまざまな環境がみられるのである。また、これらの谷は傾斜が急なため比較的限られた範囲内でも多様な環境がみられ、それを人びとは多面的に利用することが可能になった（写真9）。

とくに、アンデス山脈の東側にある斜面ではプナ帯とスニ帯が隣接しており、このようなところでは先述した寒冷高地適応型の生業も容易であったにちがいない。場所によってはプナ帯で家畜飼育はできても、寒さのために農耕が不可能なところがあるが、そこでも少し下れば農耕の可能なスニ帯が控えており、これら二つの環境を利用することで自給が可能になったと考えられるのである。

このような高度差利用は時代をへるにしたがって大規模なものになっていったようである。プナやスニ帯の利用だけでも食糧の自給は可能であるが、そこでは寒冷な気候であるために、儀礼や宗教上に不可欠で温暖な気候に適したトウモロコシは栽培できない。こうして、プナ、スニのみならず、ケチュア帯までを同一集団が利用する生活様式が生まれたようである。実際に、現在もペルー・

●**写真9**　アンデスに深く刻まれた谷。そこでは、しばしば階段耕地がみられる。ペルー、プノ県クヨクヨ地方

アンデスなどでは、世帯レベルあるいは集落レベルでプナ帯からケチュア帯までを利用してリャマやアルパカなどの飼育とともにジャガイモもトウモロコシも栽培している人たちが少なくない。

この高度差利用は、国家権力の関与によってさらに拡大する。それが次節で紹介されるインカ時代の垂直統御である。その社会は太平洋岸およびアマゾンの低地からプナの高地までの大きな高度差を最大限に利用して自給を達成していたことが知られている。そして、このインカ帝国も拡大前は寒冷高地適応型の生業をもとにした社会であったと考えられる[文献12]。そして、それが急速に拡大した背景にも中央アンデスに存在する大きな高度差があったのである。

文献12　山本　二〇〇四。

引用文献

Custred, G. 1977 Las punas de los Andes Centrales. J. A. Flores Ochoa (ed.) *Pastores de Puna.* Instituto de Estudios Peruanos. Lima.

Hodge, W. H. 1960 Yareta - Fuel umbellifer of the Andean puna. *Economic Botany* 14 (2): 113-118.

MacNeish, R. S. 1977 The beggining of agriculture in Central Peru. C. A. Reed (ed.) *Origins of Agriculture*, pp. 753-801, Mouton Publishers, The Hague.

Pawson, I. G. & Jest, C. 1978 The high-altitude areas of the world and their cultures. In: Baker, P. T. (ed.), *The Biology of High-altitude Peoples*, 17-45.

Steword, J. H. and L. C. Faron 1959 *Native Peoples of South America*, McGrow-Hill, New York.

Troll, C. 1968 The cordilleras of the Tropical Americas: aspects of climatic, phytogeographical and agrarian ecology. *Colloquium Geographicum* (Univ. Bonn).

アコスタ『新大陸自然文化史（大航海時代叢書）』上巻（増田義郎訳）岩波書店、一九六六（一五九〇）年。

稲村哲也「動物の利用と家畜化」赤澤威・阪口豊・冨田幸光・山本紀夫編『アメリカ大陸の自然誌3　新大陸文明の盛衰』五〇―九一、岩波書店、一九九三年。

インカ・ガルシラーソ、デ・ラ・ベガ『インカ皇統記一（大航海時代叢書・エクストラシリーズ）』（牛島信

明訳）岩波書店、一九八五（一六〇九）年。

大貫良夫「アメリカ大陸の文化」大貫良夫編『モンゴロイドの地球5　最初のアメリカ人』三九―一一六、東京大学出版会、一九九五年。

小野幹雄「森林の改変」赤澤威・阪口豊・冨田幸光・山本紀夫編『アメリカ大陸の自然誌3　新大陸文明の盛衰』一九四―二三四、岩波書店、一九九三年。

増田義郎「ペルー南部における海岸と高地の交流」『国立民族学博物館研究報告』五巻一号：一―四三、一九八〇年。

山本紀夫・岩田修二・重田眞義「熱帯高地とは――人間の生活領域としての視点から」『熱帯研究』五巻三／四号、一三五―一五〇、一九九六年。

山本紀夫『ジャガイモとインカ帝国』東京大学出版会、二〇〇四年。

米倉伸之・鈴木秀夫「アメリカ大陸の自然誌」赤澤威・阪口豊・冨田幸光・山本紀夫編『アメリカ大陸の自然誌1　アメリカ大陸の誕生』岩波書店、一九九二年。

第一章四節

山岳文明を生んだアンデス高地

Norio Yamamoto
山本紀夫

なぜアンデス高地で文明が生まれたのか

アンデスのなかで中央アンデスは、人びとの暮らしがもっとも高いところでもみられる地域であり、そこでの人びとの暮らしは今から一万年以上も前にさかのぼると前節で述べた。さらに、これらに付け加えておかなければならない特徴がある。それは、この中央アンデス高地こそが、その海岸地帯とともに、古代アンデス文明が誕生し、発展した地域だということである。インカ帝国はよく知られているが、それ以前にも中央アンデス高地ではさまざまな文化の盛衰があったのである。

それでは、中央アンデスは多数の人間が長い年月にわたって暮らし、ひいては高度な文明を誕生させるほど肥沃な土地なのであろうか。事実は逆である。少なくとも中央アンデス高地の土壌は肥沃どころか、きわめて貧弱で、しかも脆弱であることが指摘されている。[文献1] 中央アンデス高地の気候や地形の条件は土壌の肥沃土の維持に悪い影響を与えているからである。すなわち、前節で見たように長い乾季の存在や一日の激しい気温変化、絶対的な気温の低さなどが土壌中の有機物の分解を妨げる。また、長い雨季の存在も土壌中の養分を洗い流し、とくに急な傾斜地に多い耕地の土壌の浸食をひきおこす要因となる。

文献1 Thomas & Winterhalder 1976, Guillet 1981, Godoy 1984.

さて、それでは土壌が肥沃ではなく、しかも脆弱な環境の中央アンデス高地で何が人びとの暮らしを可能にし、ひいては文明を生んだのだろうか。これにはさまざまな要因があると思われるが、ここでは自然環境と人間の関係に焦点をしぼって見てみよう。まず、先に見通しを述べておこう。人間の生活や社会は自然環境によって大きな制約を受けるが、一方で人間は与えられた環境を自分たちにとって都合よく改変することもできる。そして、中央アンデス高地はそのような環境の改変をおこない、環境のもつ可能性を最大限にひきだしたところではないか、と筆者は考えている。このような見通しにそってアンデス高地のなかで中央アンデスの高地に焦点をあてながら、以下に同地域における文化の発達と自然環境の関係を見てみよう。

動植物の改変

今から一万年ほど前、アンデス高地にはじめて姿をあらわした人びとは未だ農耕を知らず、狩猟採集活動で食糧源を得ていたとされるが、彼らの暮らしはどのようなものであったのだろうか。資料は乏しいが、推理してみよう。

まず、農耕を知らなかったとすれば彼らの食糧源は野生の動植物に依存せざるをえなかったはずである。ところが、中央アンデス高地には雨季と乾季があるため、野生の食糧源は季節的に大きく変動する。こうして、彼らの生業は狩猟採集となり、その社会は食糧源を求めて移動を繰り返すバンドとよばれる小さな集団になる。バンドは、一般に遊動的な居住集団で、ふつう三〇～一〇〇人程度で構成される。(注１)

おそらく、アンデスに人類が姿をあらわしてから数千年の間彼らはこのような状態のままであったにちがいない。それが少しずつ変化するのはドメスティケーションの開始からである。先述した

注１　バンドは、狩猟採集民社会に特徴的な社会形態とされ、狩猟、採集、漁撈など、野生の食料源を追って季節的に移動をくりかえした暮らし

ようにドメスティケーションとは動植物の家畜化および栽培化のことである。そして、野生の動物が家畜化されたものが家畜であり、野生の植物が栽培化されたものが栽培植物である。

ここで注意しておかなければならないことがある。それは、栽培植物とは単に栽培される植物という意味ではないことである。すなわち、栽培植物とは、人間が栽培の過程で野生の植物を人間にとって都合よく改変した結果、野生の植物とはまったく違ったものになっている植物のことである。それは作物ともよばれるが、栽培植物はまさしく人間によって作りかえられた植物なのである。

たとえば、種子植物は熟すと種子がパラパラ落ちたり、風に吹かれて飛ばされてしまう。これは野生の植物にとって次世代を残すために必要な性質であり、これを種子の脱落性という。しかし、種子の脱落性は人間が利用する上では不都合な性質であり、このため種子を利用する穀類などではほとんど例外なく種子の脱落性を欠いたものになっている。おそらく、人間は収穫するときまで種子が脱落しないものを選び出し、それをもっぱら栽培するようになったのであろう。あるいは、野生の植物を栽培するなかで、突然変異で生じた非脱落性の種子を発見したのかもしれない。

さらに、イモ（根茎）を利用するものであれば、ふつう野生のイモはきわめて小さいので、より大きいイモを選択する努力もはらわれたであろう。また、根茎類はしばしばイモに有毒成分を含んでいるので、このなかから無毒のものを選択する努力もはらわれたであろう。こうして、このような努力を何百年あるいは何千年と続けることで、人間は野生のものとはまったく異なった栽培植物を生み出したのである。これは家畜の場合も同じである。

さて、野生の動植物も自然環境の一部をなすものにほかならない。それを人間はドメスティケーションという名の動植物の改変をおこなったわけである。そして、この点で中央アンデスは特異なところである。そこは南アメリカのなかでもっとも古くからドメスティケーションが開始され、また、このドメスティケーションによって家畜化および栽培化された動植物がきわめて多い地域なのである。

をする。バンドは本質的に家族の集合体であり、もっとも未発達な段階の社会組織であるとされ、本格的な社会の発達は農耕または牧畜の開発を待たなければならない。

このドメスティケーションによってアンデスに住みついた人びとは数千年をへて大きな変化への第一歩を踏みだすことになる。食糧の採集や狩猟から食糧の生産への変化である。この変化はアンデスに限らず、世界の各地でおこったが、それは人類の歴史においてきわめて大きな意味をもつものであった。そのため、この変化を考古学者たちは「農業革命」あるいは「食糧生産革命」とよんでいる。

それでは、食糧の採集から生産への変化は具体的には人びとの暮らしにどのような変化をもたらしたのであろうか。この点について、考古学者のサンダーズは次のように三つにまとめている。[文献2]

①食糧採集は季節的な人口移動を必要とするのに対して、食糧生産は定住化を促進し、定住の地理的範囲をいちじるしく拡大する。

②食糧の採集や狩猟の体系では、もっとも生産性の高い環境にあってさえ、食物の量が季節的に、また年ごとに大きく変動するので、人口は最低のレベルでのみ安定する傾向がある。一方、食糧生産体系では、生産される食糧の全体量は大幅に増加し、その結果、人口密度の潜在的可能性が増大する。

③食糧生産は、食糧供給を達成するのに必要な時間の総量を減少させる。その結果、生まれた余剰時間は、経済、社会、政治、宗教など、いろいろな活動にあてることができる。

要するに、食糧の採集から生産への変化は、定住の発達、人口の増加、そして余剰時間の増加をもたらすのである。

文献2　サンダーズ　一九七二：九四―九六。

農耕の発達と神殿

農耕が開始されてから、それが発達するまでのアンデス高地の人びとの暮らしについては残念ながらほとんど不明である。考古学的な資料が決定的に不足しているからである。しかし、時代が下がるにしたがって農耕の発達をうかがわせるものがアンデス高地でも出現してくる。それがアンデス各地での神殿の出現である。おそらく、先に検討したように農耕の発達が人口の増加を可能にし、余剰時間も生んだことによって神殿建設が可能になるような社会の発達があったのであろう。

たとえば、東京大学の調査団が発掘し、先土器時代（紀元前二五〇〇年頃）の神殿として注目を集めたコトシュ遺跡もそうである。コトシュは、ペルー中部の標高約二四〇〇メートルの山岳地帯に位置している。建物そのものはさほど大きくはなく、九メートル四方のほぼ正方形で、壁は石混じりの泥壁である。そして、この壁には一対の「交叉した手」のレリーフが施されていることから、この建物は居住用ではなく、祭祀用の神殿であると考えられたのである。

紀元前八〇〇年まで時代が下がると、もっと本格的な神殿が出現してくる。それがペルー中部の山岳地帯に誕生したチャビンである。チャビンは、壮大な神殿を建設したことで知られるが、その神殿を現在も見ることができる。それはチャビン・デ・ワンタルの名前で知られ、アマゾン川の源流域近く、標高三一五〇メートルに位置している。円形および方形の半地下式広場が一つずつあるほか、カスティージョ（スペイン語で城のこと）の名前で知られる城塞のような建物もある（写真1）。そして、これらの建造物の下には地下回廊がはりめぐらされ、その回廊の一つには巨大な碑石も立っている（写真2）。いずれも祭祀センターとしての特徴を示すものと考えられている。

さて、このチャビン・デ・ワンタルの神殿を築いた人びとは農業および家畜飼育で暮らしていたことが最近の研究で明らかにされている。主要な作物はジャガイモをはじめとする寒冷高地に適したものであり、一部にトウモロコシも栽培さ

●写真１　チャビン・デ・ワンタルの神殿

れていたようである。[文献3] また、リャマも飼育されており、輸送手段として、さらに動物性のタンパク源としても重要な役割を果たすようになっていたらしい。[文献4]

灌漑の発達

前の節で北部アンデスとくらべれば中央アンデスは全体的に雨量が少なく、また高地部では長い乾季が存在することを指摘したが、これらの条件は農耕をおこなう上では不利である。そのため、ペルー・アンデスでは古くから灌漑技術を発達させてきた。海岸地帯はほとんど降雨を見ない砂漠であるため、そこでは紀元前後から大規模な灌漑工事をおこなっていた。このような灌漑によって耕地を拡大し、それによって生まれた農耕社会が北海岸ではモチェであり、南海岸ではナスカであった。

同じ頃、ティティカカ湖畔でも灌漑技術が発達していた。そして、その灌漑技術による農耕と家畜飼育をもとにした生業で生まれたのがティワナク文化である、このティワナクの中心地の標高は三八四〇メートル、ティティカカ湖畔の南東約二〇キロメートルに位置し、周囲には典型的なプナ帯が広がっている。ティワナクはカラササーヤとよばれる大神殿や優れた石彫をもつ「太陽の門」(注2)などで知られる（写真3、4）。その後、ティワナクにはティティカカ湖の南岸を中心にいくつもの地方センターがあり、かなりの人口を擁していたらしいこともわかってきた。そして、その最盛期

●写真２　地下回廊に立つチャビンの碑石

文献3　Burger & Van der Merwe 1990.

文献4　Miller & Burger 1995.

注2　門の上の部分だけで幅が三メートル、長さが三・七五メートルに達する一枚の岩でできており、その重さは一〇トン以上もある。その石の

（紀元四〇〇～八〇〇年）の勢力範囲はティティカカ盆地を超えて拡大し、支配地域はおおよそ日本の国土面積に匹敵する約四〇万平方キロメートルにおよんだ。

さて、このティワナクでは二つの農耕技術が開発されていた。その一つは一般にスペイン語でカメリョネスとよばれるものである（写真5）。これは、もともとはメキシコで浮島の耕地を意味していたように、アステカ王国を支えた有名なチナンパ[注3]耕作に類似したものである。排水が悪く、吸水性も悪い平坦な土地で大規模に土を盛り上げ、そこを耕地とする方法である。この方法から英語で

●**写真3**　カラササーヤの神殿（ティワナク）

●**写真4**　「太陽の門」（ティワナク）の石彫

表面には大きな神像などが浮き彫りにされている。

注3　「アステカ王国の穀倉」ともよばれる。アステカのチナンパは、一つの耕地と隣の耕地の間に水路がもうけられた方形の畑で、その畑は泥や水草のまじった腐葉土におおわれているため土壌が肥沃である。

はレイズド・フィールドとよばれている。

もう一つの方法は、現地のケチュア語でコチャとよばれるものである（図1）。コチャは、ケチュア語で水や湖を意味する言葉であるが、簡単にいえば溜め池を利用した農耕法である。平坦地を掘り下げ、そこに水路をめぐらした上で、雨水をため込み、この水を利用して主としてジャガイモなどを栽培するのである。

●**写真５**　ティティカカ湖畔のカメリョネス（レイズド・フィールド）

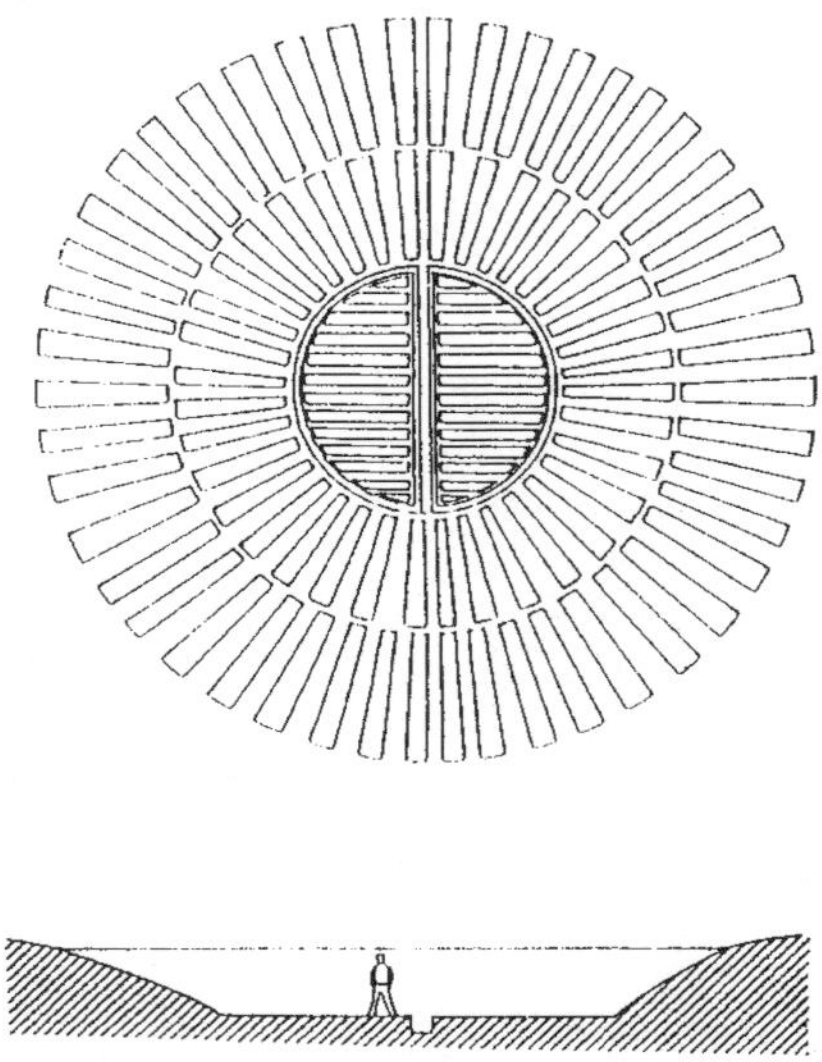

●**図１**　コチャによる耕地の平面（上）と断面（下）の図（文献５）

文献５　Flores Ochoa 1984.

階段耕作の誕生

このように紀元数世紀頃から中央アンデスでは、海岸地帯でも山岳地帯でも灌漑をともなった農耕が広くおこなわれるようになったが、この灌漑の発達は山岳地帯では大きな問題をひきおこしたようである。それは、斜面にある耕地では、そこに水を引くことによって土壌が浸食され、肥沃な表土が流出して河川に流れこんでしまうという問題であった。

しかし、この問題に対してアンデス住民は新たな解決策を考え出した。それが階段耕地の建設である。すなわち、斜面を階段状にならして耕地として利用する方法の開発である。そして、それはティワナクが崩壊したあと、紀元七世紀頃からペルー南部高原に興ったワリ王国ではじまったらしい。ただし、その規模はさほど大きなものではなかったようである。規模が大きい階段耕地はインカ時代も後期になってから建設されたことが知られているのである。[文献6]

階段耕地そのものは世界各地でみられるが、インカ時代に築かれたそれは大規模なだけでなく、たいへん精巧につくられていた（写真6）。そのため、このような階段耕地ははじめてインカの領土を侵略してきたスペイン人たちを驚嘆させ、アンデスの階段耕地について記録を残しているスペイン人

●**写真6**　石を精巧に積み上げたインカ時代の階段耕地（ペルー、クスコ地方のマチュピチュ遺跡）

文献6　Rowe 1950: 210–211.

が少なくない。

たとえば、マティエンソも次のように述べている。

インガ（インカ王）はローマ人の建設規模をしのぐ用水路や石畳（の道路）をつくらせたが、標高の高い山岳地帯の石や岩だらけの斜面も播種できるように石を使って階段耕地をつくらせた。こうして、平野部だけでなく、標高の高いところも、播種が可能になり、実り豊かな土地になる。[文献7]

文献7　Matienzo 1967 (1567): 8.

征服者のフランシスコ・ピサロとともに、インカの首都であるクスコを一五五三年五月に訪れた彼の従弟のペドロ・ピサロも、階段耕地について次のように記している。

すべての階段畑は、崩れ落ちるおそれのある部分が石で囲ってあり、その高さは一エスタード（約一・九メートル）、またはそれ前後である。そのあるものには、一ブラサ（約一・六七メートル）またはそれ以下の石が間隙をおいて、階段のように配置され、石壁に打ち込まれている。そこを伝って上り下りするのである。（中略）そこにトウモロコシを播くから、雨が畑をこわさないように、平らにならされた土のおもてを保とうとして、そのように石で土止めをしたのである。[文献8]

文献8　ピサロ　一九八四（一五七二）：一四六。

休閑と施肥

このような階段耕地は主として灌漑をともなったトウモロコシの耕作に使われていたが（図2）、当時の記録を注意深く読むと土壌をコントロールする技術が他にもあったことがわかる。これについてはインカ貴族の血をひくインカ・ガルシラーソが次のように述べている。

灌漑されたトウモロコシ畑の他に、水の引かれていない耕地もまた分配され、そこでは乾地農法によって、別の穀物や野菜、たとえば、パパ（ジャガイモ）、オカ、アニュス（マシュア）[注4]とよばれる、非常に重要な作物の種が播かれた。（中略）こうした土地は水不足ゆえに生産性が低いので、一、二年耕しただけでこれを休ませ、今度はまた別の土地を分配する、ということが繰り返された。このように彼らは、循環的に使用することによって絶えず豊富な収穫が得られるよう、やせ地を見事に管理運営していたのである。[文献9]

ここで述べられている休閑やイモ類を灌漑なしで栽培する方法は、現在もペルー・アンデスで広くみられる方法であるが、この休閑と密接な関係をもって発達したと考えられる技術がある。それが畑に肥料を与える施肥の技術である。これも遅くともインカ時代にはおこなわれていたことが次の記録からわかる。先に引用したインカ・ガルシラーソは「人びとは施肥によって土地を肥沃にした」と述べた上で、具体的にペルー・アンデスの高地部と海岸地帯での施肥の方法について次のように記しているのである。

寒さのためにトウモロコシの育たないコリャオ地方（ティティカカ湖畔地方）では（中略）人びとはジャガイモやその他の野菜に家畜の糞を施し、それが他のいかなる肥料

●図2　インカ時代のトウモロコシ耕地。水の引かれている様子が描かれている（文献10）

注4　オカもアニュスもアンデス高地原産のイモ類。詳しくは第二章一節を参照されたい。

文献9　インカ・ガルシラーソ　一九八五（一六〇九）：三八一。

文献10　Guamán Poma 1980 (1613): 1059.

よりも有効だと言っていた。[文献11]

……海岸線では、もっぱら海鳥の糞が肥料として用いられた。（中略）これらの鳥は沿岸にあるいくつかの無人島に棲息しているが、（中略）これらの海鳥はこの上なく大切に保護され、その繁殖期には、鳥が怯えて巣から離れたりすることのないよう、なんぴとといえども島に足を踏み入れることは許されず、禁を破った者は死刑に処せられた。[文献12]

後者の記述は、海鳥の糞が肥料としてきわめて重要かつ有効なものであったことを物語っている。このため、海鳥の糞は海岸地帯で利用されていただけでなく、実際は山岳地帯の高地部の住民によっても利用されていたのである。

それでは、アンデス高地で暮らしていた人びとは海岸地帯に棲息する海鳥の糞をどのようにして入手していたのであろうか。それについては、近年、アメリカの人類学者のムラが明らかにしている。「垂直統御」論として有名になった論文である。そこで、次にムラの報告によって右記の施肥の入手方法も含めて、インカ時代の環境利用の方法についても見ておこう。

文献11　インカ・ガルシラーソ　一九八五（一六〇九）：三八九―三九〇。

文献12　インカ・ガルシラーソ　一九八五（一六〇九）：三八八。

高度差の利用

ムラは、スペインの植民地強化政策のために一六世紀におこなった実情調査の記録を分析し、当時の人びとがアンデスの多様な環境をどのように利用していたか、その方法を明らかにした。[文献13] それによれば、一六世紀の半ば頃、ティティカカ湖畔にはいくつもの王国または首長制社会があった。インカ帝国による征服後も、もともとの政治・社会的自立性を維持していたグループである。そのうちの一つがルパカである。ルパカはティティカカ湖西岸のチュクイトというところに中心地があ

文献13　Murra 1975.

り、そこから約一〇〇キロメートルの範囲を占めていた。人口も一〇〜一五万と推定される大きな集団であった。

　さて、彼らの生業の中心はプナ帯でおこなわれるリャマやアルパカの牧畜とイモ類を中心とする農業であった。さらに、この高地部のほかに、アンデス山脈の東西の低地部にも土地をもち、そこにも人を送って農耕をさせていた。海岸地帯では、谷間のオアシス状のところでワタやトウモロコシを栽培し、肥料用にグァノという海鳥の糞も採取していた（図3）。

　これらの地域はティティカカ湖畔から片道一〇〜一五日もかかる遠いところであった。一方、アンデス山脈の東側の低地では、コカを栽培したり、木材を入手していた。このように、主居住地は高地部にあったが、その住民は大きな高度差を利用してさまざまな資源を入手していた。そして、これらの資源のなかには先述した海鳥の糞であるグァノも含まれていたのである。

　ここで興味深いことは、彼らは家畜を数多く飼って、その糞を肥料として利用できたにもかかわらず、居住地から遠く離れた海岸地帯にまで人を送ってグァノを手に入れていたことである。実際、一五六七年の時点でティティカカ湖畔のフリというところだけで、三二四二世帯がリャマとアルパカを一万六四八六頭、ルパカ全体で少なく見積もっても八万頭以上もの家畜を飼っていたのである。しかし、これらの家畜の糞をグァノとくらべたとき、肥料としては後者の方がはるかに効果的であることが知られている。[文献14] おそらく、このことをルパカの人たちは経験的に知っていたにちがいない。

　このほかにもムラは四つの例をあげているが、これらの例に共通しているのはアンデス住民が高度によって異なるいくつもの環

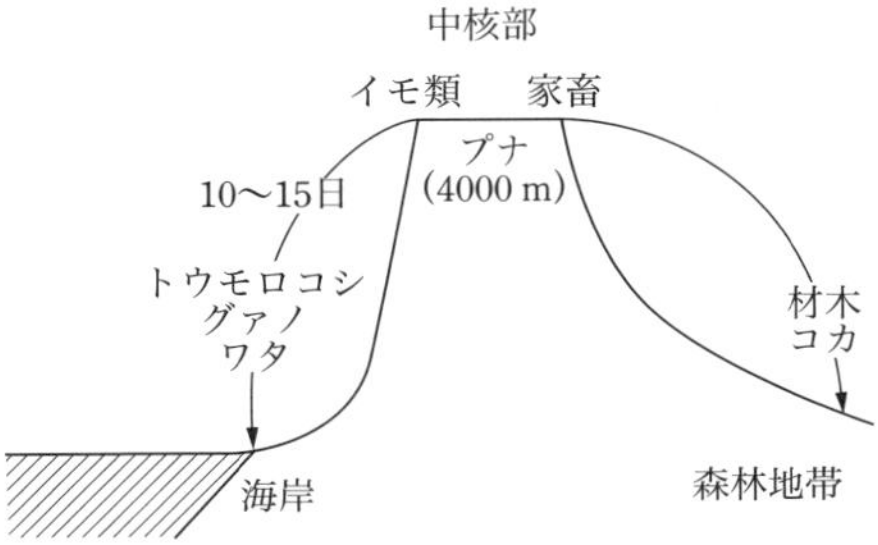

●図3　ルパカ王国の環境利用の方法（文献13）

文献14 Antunez de Mayolo 1982.

境（それをムラは「生態学的階床」とよんだ）を利用して、その集団の中で自給を達成していたことである。すなわち、アンデス住民は「異なる生態学的階床を同時的に最大限に利用」することで生産物の補完体系を作り上げていたのであった。そして、このようなシステムをムラは「垂直統御（バーティカル・コントロール）」とよんだのである。

　しかし、これを環境利用の視点から見ると、この垂直統御は必ずしも生産物を補完するだけでなく、生産システムそのものも補完している重要な面ももつ。それというのも、ルパカ王国が農耕とともに家畜飼育もおこなっていた理由が、単に家畜を利用するということにとどまらず、二章六節で検討されるように家畜の糞を肥料として利用し、作物の生産性を上げるために不可欠になっていたからである。

インカ帝国の拡大

　こうして見てくると、中央アンデスでは、人びとは動植物を含む自然環境を改変し、食糧生産の方法を強化、拡大していたことがわかる。すなわち、野生の動植物を家畜や栽培植物に変えただけでなく、降雨の少ない土地に灌漑を施したり、浸水の恐れのあるところでは水をコントロールする方法も開発していた。さらに、アンデスに多い急な傾斜地も階段耕地にすることによって耕作可能にしたのである。[・文献15]

　このような環境の改変が新たな問題を生じ、人びとはそれを解決する道を探す。そのような繰り返しが人びとの暮らしに大きな変化を与える。すなわち、環境と人間は相互に作用しあい、それが変化を生むのである。それは必ずしも技術だけではなく、社会のあり方にも影響を与える。そして、その社会は技術と社会組織を操作することで、さらに多様な資源の確保も可能にする。また、その

文献15　山本　一九九三：二四六—二五一。

ような資源を利用することによって、その社会はさらに拡大する。このようにして南アメリカで生まれた最大の社会がインカ帝国であった。

インカ帝国の人口は明らかではないものの、一〇〇〇万とも二〇〇〇万ともいわれ、その大半が山岳地帯に住んでいたとされる。その首都のクスコも現ペルー南部の山岳地帯に位置する標高三四〇〇メートルの高地にあり、二〇万もの人口を擁する大都市であった。そして、そこには数多くの美しい建造物があった。なかでも、インカ帝国の中心地のクスコにあって、その中心をなす「太陽の神殿」には黄金をふんだんに使った建物もあった（写真7）。さらに、このクスコには神殿や住居のほかに多くの巨大な倉庫もあった。そして、これらの倉庫には、食糧をはじめとして帝国の各地から集められた毛布、金属器、衣料、武器などが貯蔵されていた（写真8）。

このようにインカ帝国の首都のクスコには、その領土から集められた産物が集積されていた。この集積の方法もアンデス独特のものであった。すなわち、ルパカの例で見たようにクスコから遠く離れた、たとえば海岸低地やアマゾン

●**写真7**　「太陽の神殿」。インカ帝国の征服後、スペイン人たちが神殿を破壊し礎石の上に修道院を建てた

●**写真8**　インカ時代の倉庫。クスコ県オヤンタイタンボ地方にあるプマ・マルカ遺跡

の森林地帯にも住民の一部（ミティマエスとよばれる）を移住させ、そこで彼らにアンデス高地では生産できないものを栽培させたり、入手させていたのである。そのなかには、宗教や儀礼に欠かすことのできないチチャ酒の材料であるトウモロコシやコカなどもあった。

こうして、インカ帝国ではアンデスの大きな高度差によって生み出される、さまざまな環境を最大限に利用することによって多様な資源を得ていた。そして、これらの産物を住民に再分配することでインカ王はみずからの権威を高めていた。また、新たに征服した民族にも珍しい産物を惜しみなく与えることで、より多くの民族を味方につけることもできた。そのおかげで、インカ帝国は一〇〇年足らずの短い年月の間にアンデスのほぼ全域を支配下におき、急速な拡大を可能にしたのであった。

ここに世界でもほとんど例を見ない大規模な山岳文明がアンデス高地に誕生したのである。

以上、見てきたように、インカ時代、中央アンデスの住民は階段耕地の建設や耕地の管理運営システム、さらにグアノなどの肥料の確保に力を尽くしていた。ここで重要な点は、これらが政治権力などの力によって実施され、また維持されていたことである。

インカ帝国の滅亡とその後

ここに出現したのがスペイン人たちであった。一五三二年のことである。そして、それからほどなく彼らはインカ帝国を滅亡に追いやる。その結果、インカの政治や統治組織と密接な関係をもっていた環境利用の方法も大きな変化を余儀なくされることになった。

さらに、アンデスの先住民社会そのものも崩壊し衰退してゆく。たとえば、アンデスの先住民人口は、インカ時代をピークとして、このあと急激に減少していった。スペイン人たちとの戦闘、それに続く先住民の奴隷化や虐待の影響も小さくはなかったが、それよりも大きな要因になったと考えられているのがヨーロッパからもたらされた疫病であった。とくに、天然痘、はしか、インフルエンザなどの病気が抵抗力をまったくもたない先住民を襲ったのである。

これらの病原菌は、ヨーロッパ人が最初に足を踏み入れた中米に入ったが、そこから野火が広がるようにアメリカ大陸に蔓延していった。そのため、アンデスでもくりかえし伝染病の大流行があった。その結果、スペイン人の侵入後、わずか三〇年ほどの間にアンデスの人口は四分の一に減少したという研究者もいる。とくに、その被害のひどかったのが、スペイン人たちが最初に住み着いたペルーの海岸地帯であった。そこでは先住民人口の大半が失われ、ほとんど壊滅状態になったのである。[文献16] アンデスの先住民にとってスペイン人たちは疫病神にほかならなかったのである。

このような状況のなかで、現在にいたるまで先住民人口が比較的多い地域もある。それがアンデス高地である。とくに、ペルー南部からボリビアにかけての高地部では今も住民の大半が先住民である。たとえば、ペルーやボリビアの渓谷地帯を中心とする山岳地帯には一般に「インカの末裔」

文献16　David Cook 1981.

●写真9　ケチュアの人たち（ペルー、クスコ地方）

●写真10　アイマラの女性たち（ボリビア、ラパス地方）

として知られるケチュア族が多く、その人口は数百万に達するとされる（写真9）。また、ティティカカ湖畔周辺の高原地帯には、インカ時代も最後まで征服を拒み、現在もアイマラ語を話す一〇〇万人以上のアイマラ族が暮らしている（写真10）。さらに、エクアドルの山岳地帯にもオタバロをはじめとする先住民が暮らす（写真11）。

これは、アンデスの山岳地帯にはアクセスの容易でない地域が多く、そこは酸素が薄く寒いため、ヨーロッパ人の影響が小さかったからであろう。そのことを物語るように、アンデスのなかでも標高がもっとも高いペルー南部からボリビアにかけての地域に先住民人口は集中しているのである。そして、このような地域ではインカ以来の伝統的な色彩も色濃く残されているのである。このこともまた、この地域に筆者たちが注目し、調査を集中させてきた大きな要因である。

●写真11　オタバロの女性（エクアドル、オタバロ地方）

引用文献

Autunez de Mayolo R., Santiago E. 1982 Fertilizantes Agícolas en el Perú. En: Lajo, M., Ames, R. & Samaniego, C. (eds.), *Agricultura y Alimenatación*, 79–129. Fondo Editorial, Lima.

Burger, R. L. and N. J. Van der Merwe 1990 Maize and the origin of highland Chavín civilization: An isotopic perspective. *American Anthropologist* 92(1)85–95.

David Cook, N. 1981 *Demographic Collapse, Indian Peru, 1520–1620*, Cambridge.

Flores Ochoa, J. A. Y Percy Paz Flores 1984 El cultrivo en qocha en la puna sur andina. En: S. Masuda(ed.), *Contribuciones a los Estudios de los Andes Centrales*. Universidad de Tokio, Tokio.

Godoy, Ricardo, 1984 Ecological degradation and agricultural intensification in the Andean highlands. *Human Ecology* 12: 359–383.

Guamán Poma de Ayala, F. 1980 (1613) *Nueva Corónica y Buen Gobierno*. Siglo XXI/IEP, México.

Guillet, D. 1981 Agrarian ecology and peasant production in the Central Andes. *Mountain Reseach and Development* 1(1): 19–28.

Matienzo, J. de 1967 (1567) *Gobierno del Perú. Travaux del'Institut Francais d'Etude Andines.* T. XI. Institut Francais d'Etude Andines. Paris.

Miller, G. R. And R. L. Burger 1995 Our father the cayman, our dinner the llama. Animal utilization at Chavin de Huantar, Peru. *American Antiquity* 60(3) 421–458.

Murra, J. V. 1975 *Formaciones Económicas y Políticas del Mundo Andino.* Instituto de Estudios Peruanos, Lima.

Rowe, J. H. 1950 Inca culture at the time of the Spanish conquest. In J. H. Steward (ed.) *Handbook of South American Indians,* Vol. 6, pp. 183–330. Bureau of American Ethnology Bulletin 143, Washington, D. C.

Thomas, R. B. & Winterhalder, B. 1976 Phisical and biotic environment of southern highland Peru. In: Baker P. T. & Little, M. A. (eds.), *Man in the Andes,* 21–95. Dowden. Hutchinson and Ross, Inc. Philadelphia.

インカ・ガルシラーソ、デ・ラ・ベガ『インカ皇統記一（大航海時代叢書・エクストラシリーズ）』（牛島信明訳）岩波書店、一九八五（一六〇九）年。

サンダーズ『現代文化人類学6　新大陸の先史学』（大貫良夫訳）鹿島研究所出版会、一九七二年。

ピサロ・ペドロ「ピルー王国の発見と征服」『ペルー王国史（大航海時代叢書）』（増田義郎訳）岩波書店、一九八四（一五七一）年。

山本紀夫「自然と人類と文明」赤澤威・阪口豊・冨田幸光・山本紀夫編『アメリカ大陸の自然誌3　新大陸文明の盛衰』二三五―二五七、岩波書店、一九九三年。

第2章 高地に花ひらいた農耕文化

中央アンデスの高地は世界でもほとんど例を見ないほど数多くの植物が栽培化されたところであり、その代表的な栽培植物がジャガイモである。このことが中央アンデス高地で多数の人びとが暮らし、ひいては山岳文明を生んだ要因の一つになっていると考えられる。そこで、本章では中央アンデス高地原産の栽培植物の特色を記述し、その栽培技術や利用などを通して、そこでの農耕文化の特色を明らかにしようとする。

写真　チューニョづくりの風景。標高 4000 メートルあまりの高原にジャガイモを広げ、凍結と解凍をくりかえす（ペルー、クスコ地方）

第二章一節

栽培植物の故郷

Norio Yamamoto
山本紀夫

多種多様な栽培植物

アンデス高地を歩いていると、しばしば野天でひらかれている市を見かける。そんな市を目にすると、筆者は必ず立ち寄ってみる。そこでは地方色豊かな民族衣装をつけた農民たちが農産物を持ち寄って売ったり、物々交換をしているからである。最近でこそ、工業製品を売る人も多くなったが、地方の市では依然として農産物が中心になっている（写真1）。そして、この農産物こそが私のお目当てなのである。

それというのも、アンデスの市ではじつに多種多様な作物がみられ、そのなかには日本では到底お目にかかれないような作物が少なくないからである。たとえば、コカがそうである。コカ(注1)はコカノキ科の植物で、日本ではコカインの原料になることで知られている。そのため、日本では麻薬取締法で厳重に管理されており、目にすることはできない。ところが、アンデス高地ではコカは嗜好品的に利用されており、市でも

●写真1　野天の市。ペルー・クスコ・チンチェーロ村

ふつうに売られているのである。

また、市でみられる多種多様な栽培植物にも驚かされる。とりわけ、イモ類の種類の多さには驚かされる。アンデスほど多種多様なイモ類がみられる地域は世界中を見渡してもどこにもないと思えるほどである。ジャガイモやサツマイモ、マニオク（キャッサバ）などは世界中で広く栽培されるようになっているが、このほかにも栽培がアンデスに限られる、いわばローカルなイモ類も多い。すなわち、オカ（カタバミ科）、オユコ（ツルムラサキ科）、マシュア（ノウゼンハレン科）、ヤコン（キク科）、ラカチャ（セリ科）などである[注2]。

このなかで、ジャガイモは日本でも馴染みの深い作物であるが、アンデス高地の市で売られているジャガイモには日本ではみられない特徴がある。それが豊富な品種の存在である。ジャガイモの形、色、大きさなど、じつに変化に富んでいるのである（写真2）。なかには、「これでもジャガイモか」といいたくなるような奇妙な形や色をしたものさえあり、アンデスにおけるジャガイモの在来種は数千種類におよぶとされる。

栽培植物のセンター

このようにアンデスに多様な栽培植物が集積していることをはじめて指摘したのはソ連の農学者、バビロフであった。彼は世界中に調査隊を送り、一九二六年に栽培植物を集めて分析した結果、栽培植物の起源地はその種が分布しているなかでもっとも変異に富む地域に近いと考えた[文献1]。これがバビロフの「遺伝子の多様性中心説」として知られるものである。彼はこの地域を後に少し修正し、次の七地域を栽培植物の多様性のセンターとして提唱した[文献2]（図1）。

I　熱帯アジア

注1　コカ（*Erythroxylum coca*）。

注2　オカ（*Oxalis tuberos*）、オユコ（*Ullucus tuberosus*）、マシュア（*Tropaeolum tuberosum*）、ヤコン（*Polymnia sonchifolia*）、ラカチャ（*Arracacia xanthorhiza*）。

文献1　Vavilov 1926.

文献2　Vavilov 1940 (1980).

Ⅱ　東アジア
Ⅲ　南西アジア
Ⅳ　地中海地域
Ⅴ　アビシニア地域
Ⅵ　中央アメリカ地域
Ⅶ　アンデス山脈

そして、アンデスの山岳地域で栽培化された作物として、ジャガイモのほか、オカ、オユコ、マシュアなどのイモ類をあげた(図１)。

これらの栽培植物のうちジャガイモは、現在世界中で広く栽培され、利用されているが、旧大陸へはコロンブス以降にもたらされたのである。このような世界的に広

●**写真２**　アンデスにおけるジャガイモの在来種（国際ポテトセンター提供）

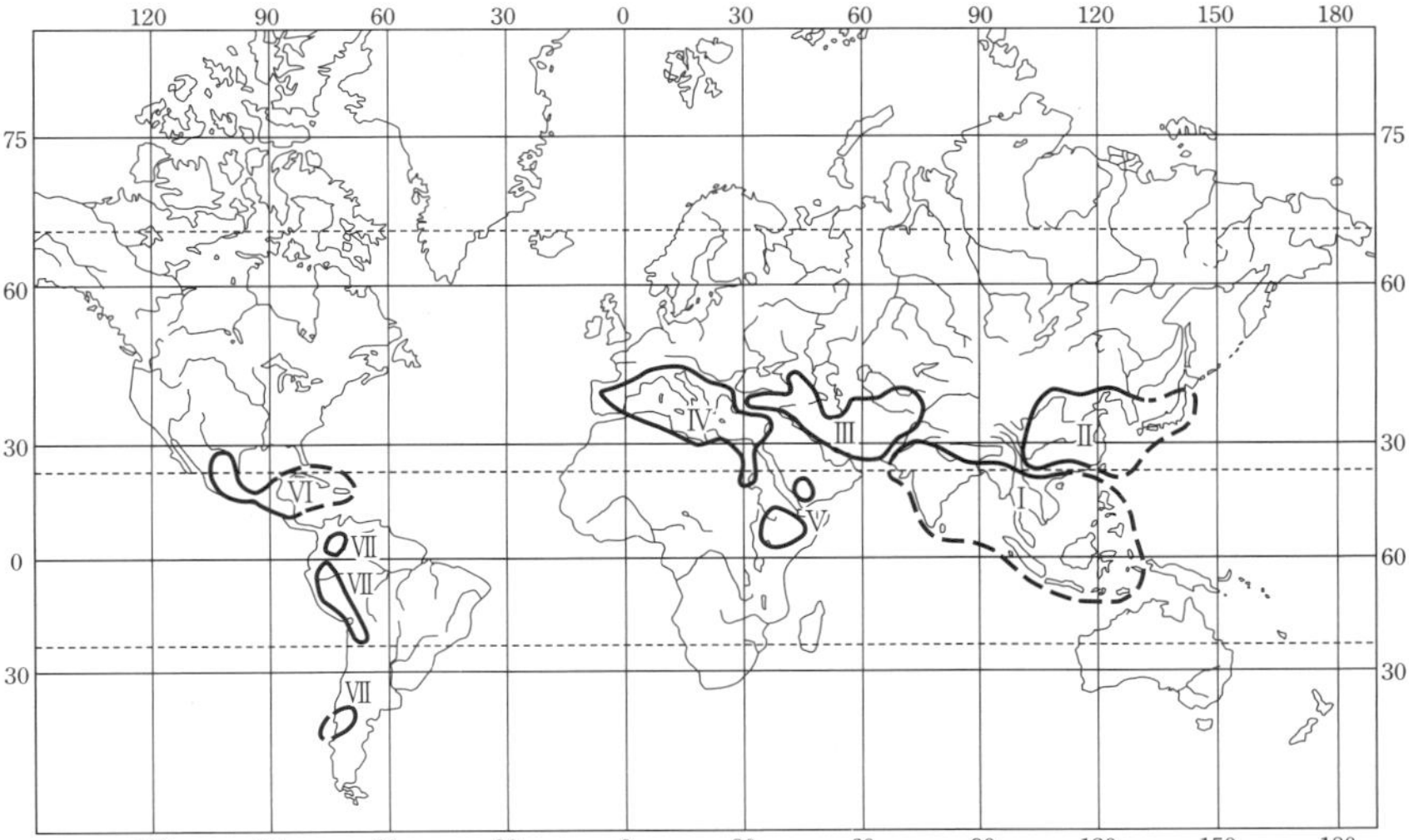

●**図１**　栽培植物の発祥地―Ⅰ＝熱帯南アジア地域，Ⅱ＝東アジア地域，Ⅲ＝南西アジア地域，Ⅳ＝地中海沿岸地域，Ⅴ＝アビシニア地域，Ⅵ＝中央アメリカ地域，Ⅶ＝南アメリカ・アンデス山系地域（文献２）

く知られるようになったもの以外の作物も含めると、コロンブスが到着した時点でアメリカ大陸で栽培されていた植物は少なくとも一〇〇種以上あったことが知られている。[文献3] そして、その大半がメソアメリカおよびアンデスで生み出されたのである。

それでは、具体的にはアンデスで家畜化および栽培化された家畜や栽培植物にはどのようなものがあるのだろうか。ここで、あらためて検討してみよう。表１は、アンデスで家畜化および栽培化されたとみなされている家畜および栽培植物である。

さて、アンデス原産の家畜にはラクダ科動物のリャマとアルパカがいる。前者は主として輸送用、後者は主として毛をとるための家畜である。また、その肉は貴重なタンパク源となるし、その糞も燃料や肥料として重要である。これらのラクダ科家畜については第三章で詳しく述べられるので詳細はそれにゆずるが、ここで強調しておきたいことがある。それはリャマもアルパカも中央アンデスの高地で家畜化されたとみなされていることである。アメリカ大陸で家畜化された動物は乏しいが、そのなかで比較的大型の家畜が生み出されたのがアンデス高地であることは特筆されてよい。それが本書でも一章をもうけて詳しく、これらの家畜について報告する理由である。

アンデスには、ラクダ科動物以外にも家畜化された動物がある。それが現地でクイの名前で知られるテンジクネズミである。[注3] 英語では「ギニアピッグ」として知られるが、これはギニア海岸をへてヨーロッパに伝えられたためであるとされる。現在、アンデスではエクアドルやペルー、ボリビアなどで広く飼われ、しかも高地部だけでなく、海岸地帯でも食用として飼育されている（写真３）。

生まれなかった穀類

つぎに栽培植物について見てみよう。このリストを全体として眺めるとおもしろいことに気づく。

文献３　山本　一九九三。

注３　クイ（*Cavia porcellus*）。ペルーやボリビア、エクアドルなどの主として山岳地域で飼われている。ペルー・アンデスの農村地帯ではクイの肉が祭りや儀礼に欠かせない。クイの名は、「クーイッ、クーイッ」という鳴き声に由来するらしい。

●**写真３**　クイ。屋内で飼われる

表１　アンデス原産の家畜および栽培植物

和名	現地名	学名（科名）
家畜		
リャマ	llama	*Lama glama*（ラクダ科）
アルパカ	alpaca	*Lama pacos*（ラクダ科）
テンジクネズミ	cuy	*Cavia porcellus*（テンジクネズミ科）
擬穀類		
センニンコク	achita	*Amaranthus caudatus*（ヒユ科）
カニワ	canihua	*Chenopodium pallidicaule*（アカザ科）
キヌア	quinoa	Ch. *quinoa*（アカザ科）
塊茎・塊根作物		
アヒパ	ajipa	*Pachiyrhizus erosus*（マメ科）
ラカチャ	racacha	*Arracacia xanthorrhiza*（セリ科）
食用カンナ	achira	*Canna edulis*（カンナ科）
マカ	maca	*Lepidium meyenii*（アブラナ科）
オカ	oca	*Oxalis tuberosa*（カタバミ科）
ヤコン	yacon	*Polimnia sonchifolia*（キク科）
ジャガイモ	papa	*Solanum* spp.（ナス科）
〃	ruki	*S. juezepczukii*、*S. curtilobum*（ナス科）
マシュア	mashua	*Tropaeolum tuberosum*（ノウゼンハレン科）
オユコ	olluco	*Ullucus tuberosus*（ツルムラサキ科）
マメ類		
リマビーン	pallar	*Phaseolus lunatus*（マメ科）
インゲンマメ	frijol	*Phaseolus vulgaris*（マメ科）
ピーナッツ	mani	*Arachis hyopogaea*（マメ科）
パカイ	pacay	*Inga edulis*（マメ科）
ハウチワマメ	chocho	*Lupinus mutabilis*（マメ科）
果実類		
ルクマ	lucuma	*Lucuma obovata*（アカテツ科）
パパイア	papaya	*Carica papaya*（パパイア科）
チェリモヤ	cherimoya	*Annona cherimola*（バンレイシ科）
トゲバンレイシ	gunabana	*A. muricata*（バンレイシ科）
コダチトマト	pepitomate	*Cyphomandra betacea*（ナス科）
ペピーノ	pepino	*Solanum muricatum*　（ナス科）
果菜類		
トウガラシ	ají	*Capsicum baccatum*（ナス科）
〃	rocoto	*C. pubescens*　（ナス科）
カボチャ	zapallo	*Cucurbita mixta*（ウリ科）
トマト	tomate	*Lycopersicon esculenta*（ナス科）
その他		
タバコ	tabaco	*Nicotiana tabacum*（ナス科）
ワタ	alogodón	*Gossypium hirsutum*（アオイ科） *G. barbadense*　（アオイ科）

それはイモ類の種類が多いのに対して、穀類が一つもないことである。ちなみに、擬穀類としてあげたキヌア、カニワ、アチータ（センニンコク）はアカザ科およびヒユ科であり、イネ科の穀類とはまったく異なった植物である。ただし、その種子が穀類のように利用されることから擬穀類として扱われている。

とにかく、アンデス原産の栽培植物が穀類を欠いていたことは、アンデスの農耕の歴史を考える上でたいへん興味深い事実である。それというのも、農耕社会では基本的に主食となる栽培植物はカロリーの高い穀類かイモ類であり、アンデスにおける農耕の中心は本来的にはイモ類であったのではないかと想像できるからである。

ここで付け加えなければならないことがある。それは、アメリカ大陸で栽培化された唯一ともいえるトウモロコシは中米原産であるが、それがかなり早い時期にアンデスに伝わり、重要な役割を果たしたらしいことである。ただし、トウモロコシは基本的に温暖な気候に適した作物であり、アンデス高地のような寒冷高地では栽培できない。そして、トウモロコシが栽培できない寒冷高地でもアンデスではいくつもの種類のイモ類が栽培化された。それが、ジャガイモ、オカ、オユコ、マシュアなどである。

これらのイモ類については後ほどあらためて詳しく述べることにして、その他の栽培植物についても見ておこう。イモ類について種類の豊富な栽培植物は果実類である。そして、これらの果実類には特徴的なことがある。それは高地産のものがほとんどなく、大半が熱帯低地産の、いわば熱帯果実であるという点である。これはアンデスの自然環境から見れば当然のことかもしれない。冒頭で述べたようにスニやプナのようなアンデス高地は森林限界を超しており、そこでは果実をつける樹木はみられないからである。

マメ類は、インゲンマメをはじめ、いくつもの種類のものが栽培化されているが、少なくともアンデス高地ではあまり重要性が高いとはいえない。そのなかでアンデス高地で比較的よく利用されているマメ類についてのみ少し紹介しておこう。それは青く美しい花をつけるハウチワマメ属のタルウイ(注4)である（写真4）。その豆は四〇パーセント以上のタンパク質や約二〇パーセントの油脂成分を含むが、一方でアルカロイド成分も多量に含み、煮ただけでは苦くて食べられない。そのため、ふつう豆を流水に数日つけて晒す必要がある。

とにかく、このタルウイを含めてもアンデス高地ではマメ類の消費量は大きくはなく、それはマメ類をさかんに食べるメソアメリカとくらべて対照的である。その背景にはメソアメリカとアンデス高地では主食となる栽培植物が古くから大きく異なっていたことがある。メソアメリカの主食はトウモロコシであったが、このトウモロコシだけに依存していると栄養バランスを欠くことになる。トウモロコシは人間の生存にとって不可欠な必須アミノ酸のリジンやトリプトファンをほとんどふくまないからである。そのため、メソアメリカの人びとはマメ類やカボチャなどをさかんに食べた。一方、アンデス高地での主食はトウモロコシではなく、ジャガイモなどのイモ類であり、また不足するタンパク質は家畜からも補うことができたのである。

この他の栽培植物のなかで一つだけ取り上げておきたいものがある。それはトウガラシである。トウガラシはアンデス高地住民にとっても必要不可欠といえるほどに重要な役割を果たしているからである。ただし、そのトウガラシは日本などで利用されているものとは植物学的に種が異なり、アンデス原産の一般にロコトとよばれる種(注5)である（写真5）。ほとんどのトウガラシが熱帯低地に栽培が限られるなかで、ロコトだけは標高三〇〇〇メートルあたりまで栽培されるのである。

注4　タルウイ（*Lupinus mutabilis*）。

●**写真4**　タルウイ（ハウチワマメ）

知られざるイモ類

　ここで、あらためてイモ類について見てみよう。イモ類は多種多様な種類があるだけでなく、アンデス高地ではきわめて重要な作物だからである。とくに、トウモロコシが栽培できない寒冷高地ではイモ類が圧倒的な重要性をもつ。トウモロコシはふつう標高三〇〇〇メートルあたりまで、高くても標高三五〇〇メートルあたりまででしか栽培できない。一方、第一章で見たように中央アンデスにおける農耕限界は標高四三〇〇メートルあたりであり、トウモロコシの栽培できない寒冷高地での主要な作物はアンデス原産のイモ類なのである。

　そこで、スニ帯やプナ帯のような寒冷高地で栽培されているイモ類だけに限定して、その特色を報告しておこう。寒冷高地で栽培されているイモ類には、表1に示されているジャガイモ、オカ、オユコ、マシュア、マカなどがある。ここで注意しておきたいのは、ジャガイモ以外は日本では馴染みのない作物であるが、アンデスではいずれも珍しいものではなく、アンデス高地では古くから広く栽培されてきた作物だということである。たとえば、インカ帝国征服後のまもない時期に書かれたクロニカ[注6]のなかにも、これらのイモ類についての記述がみられる。そこでクロニカも参考にしながら、まずアンデス高地以外ではほとんど知られることのないイモ類を紹介しておこう。

　オカは、ジャガイモについで重要なイモ類である。また地域によってオカはジャガイモに匹敵す

●**写真５**　ロコト。栽培がアンデスに限られるトウガラシ

注５　ロコト（*Capsicum pubescens*）。

注６　年代記ともいう。中南米の先住民文化を征服したスペイン人によって一六、一七世紀に書かれた記録のこと。

るほどの重要性をもつところもある。植物学的にはオカはカタバミ科*Oxalis*属の栽培植物で、クローバーのような三枚の小葉と黄色の花をつける（写真６）。インカ時代もオカはジャガイモについで重要であったらしく、インカの貴族の血をひくインカ・ガルシラーソも「アンデス高地のもっとも重要な作物はジャガイモである」と述べた上で、オカについて次のように述べている。

> 次に（インディオたちにとって大切な食料は）オカとよばれる根菜である。大人の親指ほどの大きさで、たいそう美味なオカは、非常に甘いのでそのまま生で食べてもよいが、ふつうは煮て食べる。それを保存食品にするために、太陽にあてることもある。そうするとオカ自体が内部に秘めている甘味が引き出されて、蜜や砂糖を加えたわけでもないのに、まるでジャムのようになるが、こうなるとよび名も変わってカウイとなる。[文献4]

文献4　インカ・ガルシラーソ　一九八六（一六〇九）：三一四。

この文中では、「大人の親指ほどの大きさ」と述べられているが、実際のオカの大きさはさまざまで、親指大ほどのものからニンジンほどの大きさのものもある。とにかく、そのイモは魚の鱗のような凹凸のある鱗茎に特色がある。この点を除けば、インカ・ガルシラーソの記述は現在にもつうじる。実際に、現在もオカのなかに天日にさらしてイモに含まれる澱粉を糖化し、甘くしてから生食されるものがある。これがカウイとよばれるものなのである。

●写真６　オカ。カタバミ科の植物でイモが食用になる

さらに、オカのなかにはアクを含むものもあり、これはルキ・オカまたはカヤ・オカとよばれて他のものと区別されている。このアクは蓚酸であり、苦味より酸味が強い。そして、この蓚酸を多量に含むオカは加工されてから食用に供される。この加工食品はカーヤの名前で知られる。

このオカのイモに形態はよく似ていて、植物学的にはまったく異なったものがアニュまたはマシュアの名前で知られるノウゼンハレン科の栽培植物である（写真７）。先のインカ・ガルシラーソはマシュアについて次のように述べている。

　さらに別の種類で、オカに形は似ているものの、味はまったくかけ離れているものにアニュス（マシュア）というのがある。実際、これは甘いどころか、むしろ苦いほどで、煮炊きしなければとても食べられない。[・文献4]

このマシュアも、先のオカも、調理ではしばしば土鍋などに入れて蒸して食べられるが、蒸してしまえば苦味は感じられず、むしろ甘味がほんのり感じられるほどである。なお、このマシュアはおもしろい栽培特性をもつため、しばしばジャガイモと一緒に混植される。じつは、マシュアのイモにはジャガイモの病気の原因になるセンチュウ（ネマトーダ）の駆除に役立つ化学物質が含まれる。

●**写真７**　マシュア（ノウゼンハレン科）

そのため、「マシュアをジャガイモと混ぜて植えると、ジャガイモがよくできる」といわれ、これらの混植の事例がアンデス各地から報告されている。[文献5]

もう一つのオユコはツルムラサキ科の栽培植物で、ジャガイモに似た球形の小さなイモ（塊根）をつける（写真8）。そのため、地域によっては「すべすべしたジャガイモ」を意味するパパリサともよばれる。また、形態的な変異もあまりなく、イモの大きさも直径数センチメートル前後である。調理では、オカやオユコと違って、これだけは蒸すことはなく、ふつう短冊に切ってスープにいれて食べられる。

マカ[注7]はアブラナ科の多年生草本で、カブのように肥大した根が食用となる栽培植物である（写真A）。乾燥させて貯蔵食品としても利用される。現在はあまり知られることのない作物であるが、かつてはエクアドルからアルゼンチン北部までのアンデス高原で広く栽培されていたらしい。現在の分布はペルー中部山岳地帯などのアンデス高地の一部地域に限定される。ジャガイモよりも耐寒性に優れ、ペルー中部などでは他の作物のできない標高四〇〇〇メートル以上の高地でも栽培されている。

圧倒的に重要なジャガイモ

先にオカがジャガイモに匹敵するほどの重要性をも

文献5　Jackson et al. 1980, Brush et al. 1981.

注7　マカ（*Lepidium meyenii*）。

●**写真8**　オユコ。ツルムラサキ科の植物

●**写真A**　マカ

つ地域もあると述べたが、中央アンデス全体でみればジャガイモが他のイモ類を生産量の点で圧倒している。図2はペルーおよびボリビアにおける主要な食用作物の生産量と栽培面積を示したものであるが、このような統計でもジャガイモがイモ類の中で圧倒的な重要性をもつことがわかる。これは現在のことだけでなく、インカ時代でも同じような傾向であったらしい。それというのも、アンデスではじめてジャガイモを見たヨーロッパ人たちもジャガイモの重要性をしばしば指摘しているからである。

たとえば、一六世紀の半ば頃にティティカカ湖畔を訪れたスペイン人のシエサ・デ・レオンはジャガイモについて次のように述べている。

> 彼らの主食はジャガイモである。それは、（中略）地中にできる松露のようなもので、彼らはそれを天日でさらし、次の収穫まで保存する。[・文献6]

このジャガイモの起源地はティティカカ湖畔地方を中心とする中央アンデス高地であることが明らかにされている。[・文献7] その最大の根拠は、中央アンデス高地にはジャガイモの野生近縁種が分布していることである。実際に、現在も中央アンデス高地のプナやスニ帯の草原などではジャガイモの近縁野生種を比較的容易に見つけることができる。乾季では植物が枯れてしまうので発見は困難であるが、雨季には紫色の花が目印となる。しかも、ジャガイモの近縁野生種は、ゴミ捨て場や家のまわり、さらにインカの遺跡など、いわば人臭い環境に分布しているので、目につきやすいのである。

さて、アンデスで栽培されているジャガイモには二倍体のみでなく、三倍体、四倍体、五倍体の倍数性の異なる八種が知られている。[注8] これらの栽培種の栽培化のプロセスを示したものが図3である。これらの栽培種のうち、はじめて栽培化されたものが現在アンデスでもっともプリミティブなジャガイモとされる二倍体の栽培種の *Solanum stenotomum* で、数多く深い目をもつイモが特徴的で

文献6　シエサ　一九九三（一五五三）：二三三。

文献7　Hawkes 1978.

注8　ジャガイモの倍数体。栽培ジャガイモの体細胞中の染色体数は（1）二四本、（2）三六本、（3）四八本、（4）六〇本のものがある。基本となる一

ある。そのイモは野生種のそれよりはずっと大きくなっているが、現在日本などで食べているジャガイモよりはかなり小さい。しかし、このジャガイモからはさまざまな環境に適した栽培二倍体が生み出された。その結果、ジャガイモの栽培はティティカカ湖畔から広がり、エクアドルやコロンビア、さらにベネズエラなどのアンデス地域にも及んだ。

さらに二倍体のジャガイモを栽培するうちに、やがて畑のなかから、より大型のイモをつけるジャガイモがあらわれてきた。二倍体のジャガイモの倍の染色体数をもつ四倍体のジャガイモである。(注9)このジャガイモは、畑のなかに入り込んだ雑草としての野生ジャガイモが栽培二倍体との

セットの染色体数（これを一ゲノムとよぶ）は一二本と考えられているので、（1）は二倍体（2X）、（2）は三倍体（3X）、（3）は四倍体（4X）、（4）は五倍体（5X）とよばれる。

文献8　Ministerio de Agricultura 1959.

文献9　Barja Cardozo 1971.

注9　四倍体のジャガイモ（*S. tuberosum*）こそは現在、日本を含め世界中で広く栽培されているものである。

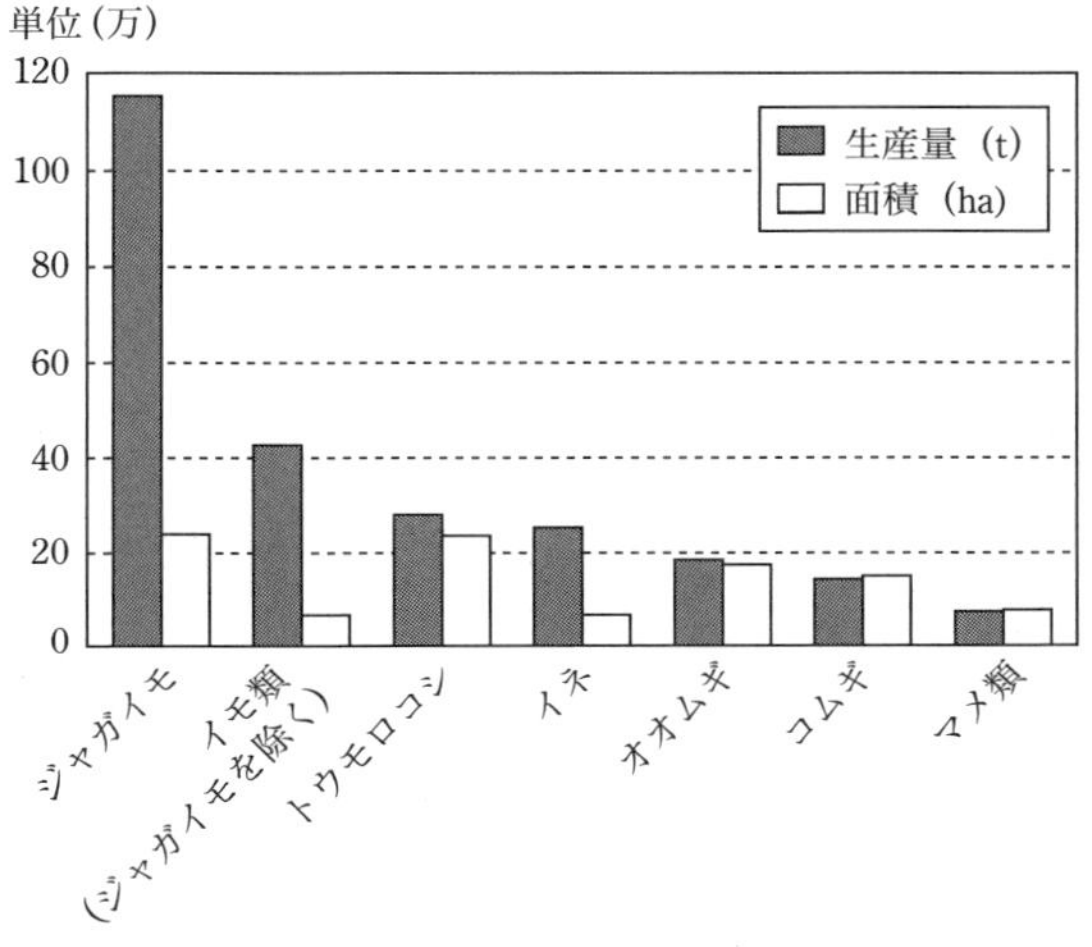

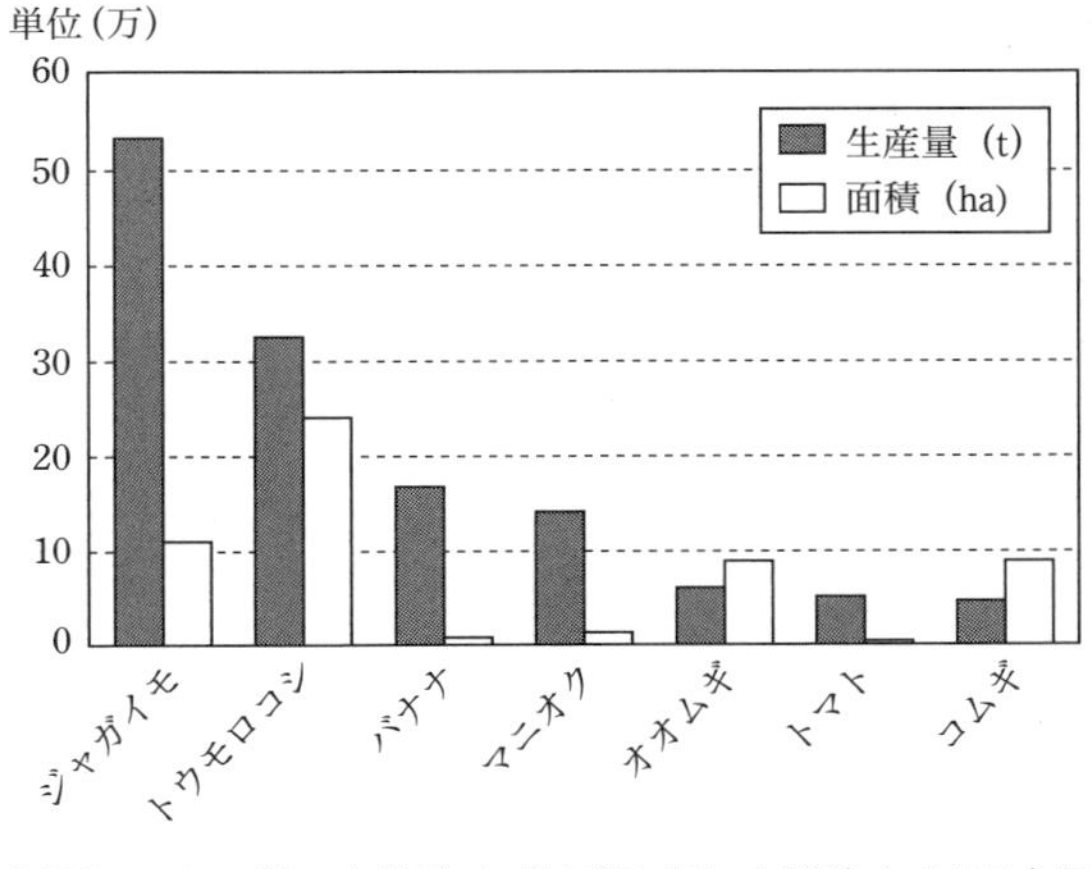

●**図２**　ペルー（上、文献８）とボリビア（下、文献９）における主要な作物の生産量と耕作面積

間で交雑を生じ、それが染色体の倍加をおこして生み出されたと考えられている。とにかく、この四倍体のジャガイモの誕生でアンデスの人びとはより大きな収量を得ることができるようになった。そのため、この四倍体のジャガイモはアンデスのほぼ全域で栽培されるようになる（図４）。

　アンデスにはおもしろいジャガイモも栽培化されている。苦味が強く、煮ただけでは食用にならないジャガイモである。これはスペイン語でも「苦いジャガイモ」を意味するパパ・アマルガとよばれ、現地のケチュア語でもルキとよばれて他のジャガイモとははっきり区別されている。これは植物学的にも先述したジャガイモとは別種で、三倍体と五倍体の二種が知られ[注10]、その分布は中央アンデス高地に限られる。苦味が強いにもかかわらず、ルキが栽培されるのは、その優れた耐寒性による。ジャガイモはもともと寒さに強く、標高四〇〇〇メートル前後の寒冷高地でも栽培できるが、ルキはとくに耐寒性が強く、雪がしばしば降ったり、霜が下りたりするような寒冷高地でも栽培が可能なのである。このルキは煮ただけでは食べられないと述べたが、そのため食べる前に加工の必要がある。この加工方法には中央アンデス高地特有の気象条件が利用される。それについては別項で紹介することにしたい。

　さて、これまで述べてきた家畜も栽培植物もすべてアンデスで家畜化および栽培化されたものである。そして、これらの栽培植物の多くが、それぞれ数多くの品種をもっている。このような数多くの作物群、そして品種群の開発こそが多様な環境をもつ中央アンデスでの農耕の範囲を著しく拡

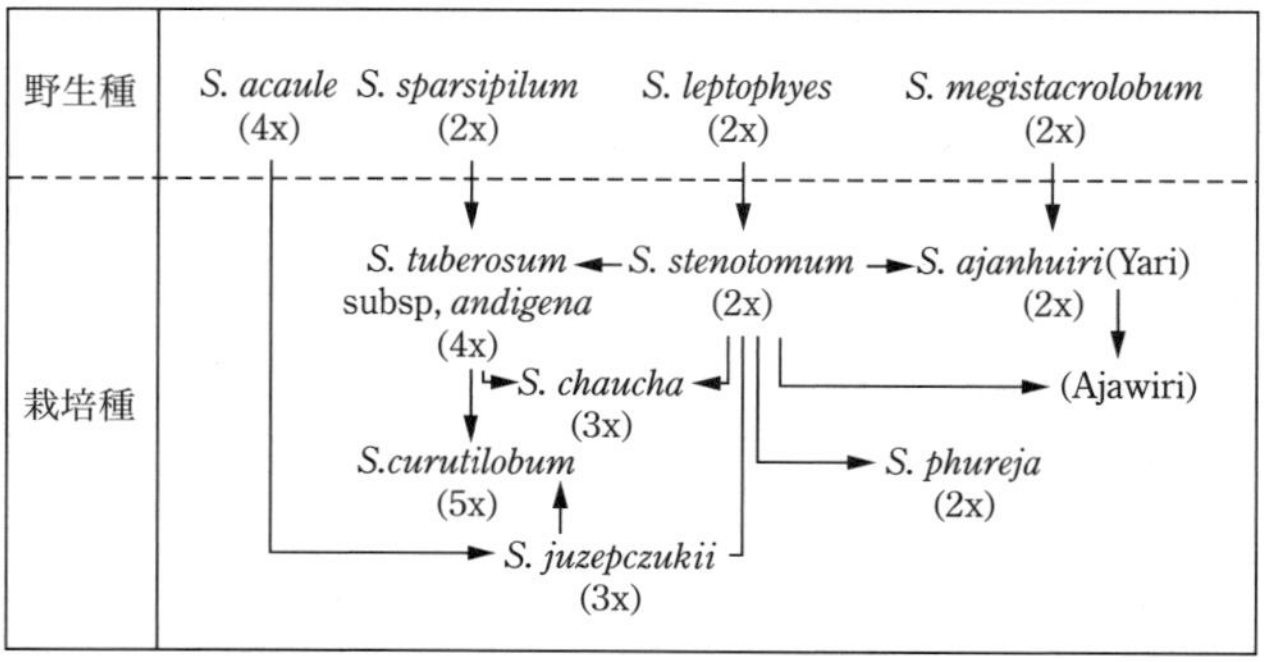

●図３　ジャガイモ栽培種の進化および倍数性（文献 10）

文献10　Hawkes 1990.

注10　ルキとよばれるジャガイモには三倍体（*S. juzepczukii*）のものと五倍体（*S. curtilobum*）のものがある。

大した。たとえば、先述したようにジャガイモはアンデスだけで数千種類の在来品種がみられるが、これらの品種の大半が中央アンデスだけで栽培されている。そして、そのなかには耐寒性のきわめて強い品種があり、それも中央アンデスだけで栽培されている。北部アンデスとくらべた場合、中央アンデスの農耕限界が一段と高いのは、このようなジャガイモ品種の栽培も関係しているのである。

酒になるトウモロコシ

かつてトウモロコシはアンデス起源とする説もあったが、現在は中米起源であることが確実視されている。しかし、トウモロコシはアンデスでも古くから栽培され、きわめて重要な作物になってきた。先の図2でも見られたように、現在、ペルーやボリビアではトウモロコシの栽培面積はジャガイモのそれに匹敵するか、ジャガイモより大きいくらいである。そこで、アンデス原産ではないが、トウモロコシの利用についても本節で扱っておこう。

トウモロコシは紀元前一八〇〇年頃から現ペルーの海岸地帯で出土してくるが、[文献12] そこで本格的な栽培がはじまったのは紀元数世紀頃かららしい。おそらく、最初のうちは海岸地帯などの低地部に栽培が限られていたトウモロコシであったが、やがて山岳地帯でもさかんに栽培されるよ

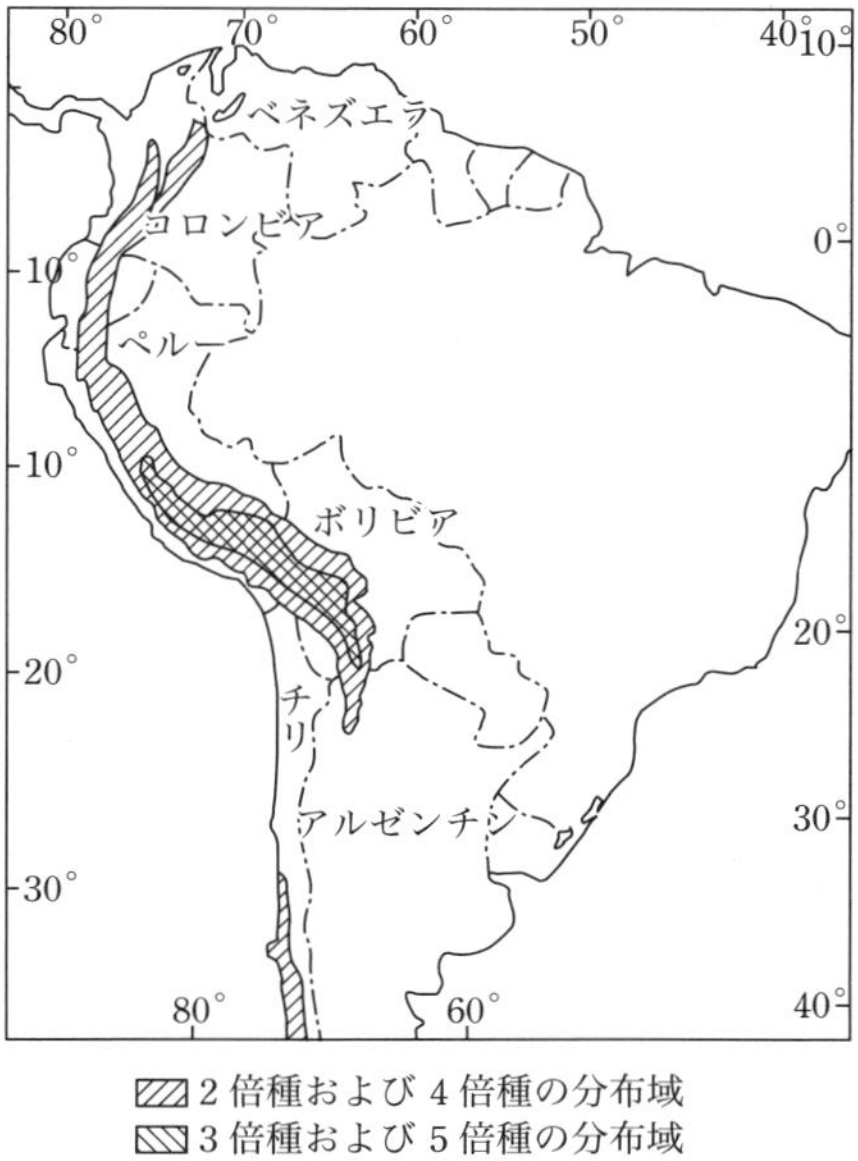

●図4　ジャガイモ栽培種の分布。3倍体および5倍体が毒抜きの必要のあるルキ（文献11を一部改変）

うになる。おそらく、品種改良が進み、さまざまな環境に適した品種が生み出されるようになったからであろう。また、栽培技術も開発されたこともあるだろう。トウモロコシは気温が高く、また雨量の多い地方に適した作物であり、標高の高い山岳地帯では海岸のような低地とは異なった品種や栽培技術が要求されたはずだからである。

標高の高い山岳地帯での大規模なトウモロコシ栽培はインカ時代あたりからはじまったようである。前章で述べたようにインカ時代には大規模な階段耕地が建設され、そこでは主としてトウモロコシを栽培するようになっていたのである。このトウモロコシ栽培のためには灌漑が施されていたことも知られている。

それでは、このトウモロコシはどのように利用されていたのであろうか。じつは、中央アンデスでのトウモロコシ利用には大きな特徴がある。先述したように、トウモロコシは中米から導入されたと考えられるが、アンデスにおけるトウモロコシの利用法は中米におけるそれとは大きく異なるのである。

まず、中米ではトウモロコシは粉にされ、それを円盤状に焼いたパン、トルティーヤが主食になっているが、これはアンデスではみられない。前出のインカ・ガルシラーソによれば、インカ時代のアンデスでは「何であれ粉を碾くのは、このように手間のかかる難儀な作業だったので、人びとは日常的にパンを食べることをしなかった」という。現在もアンデスでは、ふつうトウモロコシの粒を炒るか、煮て食べる。前者はカンチャとよばれ、後者はモテという。これはインカ時代も同じであったらしく、インカ・ガルシラーソも「炒ったサーラ（トウモロコシ）はカムチャ」「茹でたサーラはムティ（スペイン人によればモテ）」とよばれ、これが日常食であったと記している。ときに、トウモロコシを臼でひいて粉にし、これをスープなどと一緒に煮ることもあるが、これはラワとよばれる。

トウモロコシの利用に関して中米とアンデスではもっと大きく異なる点がある。それはアンデス

文献11　Hawkes 1978.
文献12　Bonavia 1982.

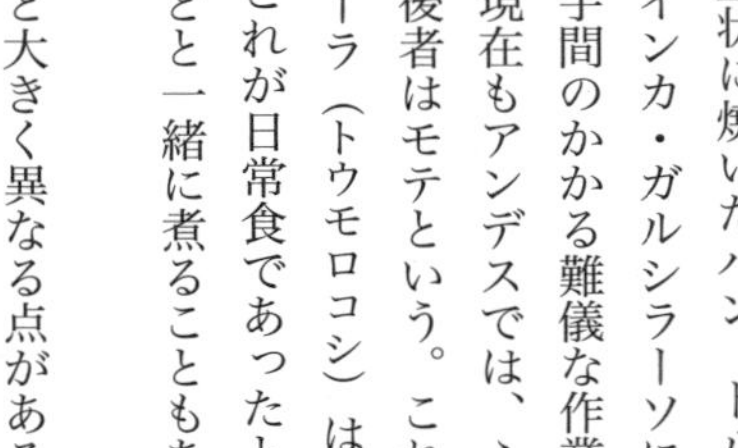

●写真B　モテ

ではトウモロコシが酒として大量に利用されることである。一般にトウモロコシの酒はチチャの名前で知られるが、このチチャ酒はインカ帝国の国家宗教の祭典や祖先崇拝の儀礼に欠かせないものであった（図５）。そのため、インカ帝国ではトウモロコシから大量にチチャ酒が造られ、消費されていた。そして、このような伝統が現在のアンデス高地の先住民社会にも生き続けているのである。

ヨーロッパ人による影響

最後にヨーロッパ人たちがもたらした作物および家畜の影響についても見ておこう。ヨーロッパ人たちはアンデスに侵略してまもなく、さまざまな作物や家畜をもたらし、それがアンデスの人たちの暮らしにも大きな影響を与えたからである。

スペイン人たちは母国のスペインで食べていたものをアンデスでも食べようとしたらしく、コロンブス一行も第二回の航海のとき、船にはコムギ、ヒヨコマメ、メロン、タマネギ、ダイコン、サラダ菜、ブドウ、サトウキビなどの作物の種子や挿し木用の切り枝などを積み込んでいた。さらに牛や馬、羊、山羊、豚、ロバなどの家畜も積み込んでいた。また、一五四〇年代にはスペイン人のシエサ・デ・レオンがアンデスを歩き、詳細な記録を残しているが、その記録によれば彼はあちこちでオオムギやコムギ、イチジク、さらにブドウなどの栽培を見ている。そして、エクアドルの

文献13　Guamán Poma 1980 (1613): 262.

●**図５**　チチャ酒は祖先崇拝の儀礼でも欠かせなかった（文献13）

キトでオオムギとコムギについて彼は次のように記録している。

> このキト市に従属する住民の多くは小麦や大麦の有益さを知ってからは、両方の種子を蒔き、それを食べるようになった。*文献14

この文章の少し前でシエサは、キト地方の主食がトウモロコシやジャガイモ、キヌアであると述べているが、一六世紀半ば頃にはヨーロッパ由来のオオムギやコムギも食べられていたことがわかる。

さらに、コムギからはやがてパンも作られるようになった。リマでは一五三九年にパンの販売がはじまったことが知られている。リマはペルーの海岸地帯に位置するが、この海岸地帯でも一六世紀にはオオムギやコムギなどヨーロッパから導入された作物が栽培されていた。これは次のリサラーガの記録からも明らかである。

> これらの谷の地味は肥えており、インディオの引いた灌漑水路の水によって潤されている。収穫される食物の種類はインディオ、スペイン人のいずれの食物もたいへん豊富である。トウモロコシ、コムギ、オオムギ、インゲンマメ、ペピーノなどが多く収穫される。(注11) マルメロやリンゴ、オレンジ、ライム、上質の実がとれるオリーブなどの果樹が多い。美味なブドウ酒ができるブドウや太いサトウキビもたくさん栽培されている。*文献15

ヨーロッパ由来の家畜も作物に劣らず早くからアンデスにもたらされた。その最初の家畜がインカ帝国の征服者のピサロが連れてきた馬であった。スペイン人たちは立派な馬具をつけた馬に乗ってアンデスに侵入し、戦闘においても馬に乗った騎兵が大きな役割を果たした。そして、その後もインカ帝国の首都であったクスコや現エクアドルの首都のキト周辺などでは草が豊富にあるおかげ

文献14　シエサ　一九九三（一五五三）：一一七

注11　ペピーノはスペイン語でキウリのことだが、アンデスでは一般にナス科の果実である *Solanum muricatum* のことを指す。この果実は多汁で少し酸味があり、生食される。

文献15　Lizárraga 1987 (1599): 11.

で馬もよく繁殖した。

牛も征服直後にアンデスにもたらされたらしい。そして、一五五〇年頃にはクスコで牛にひかせた犂によって畑を耕す光景もみられるようになった。それまで畜力を使った犂はアンデスではまったく知られていなかったので、その光景は現地の住民に大きな驚きを与えたようである。この点について前出のインカ・ガルシラーソは次のように述べている。

ウシが土地をすき返すというのは前代未聞の珍事だったので、それを見物するために、あちこちからインディオが押しかけたが、(中略) 動物が畑仕事をするなどというのは、インディオたちにとって、そして私自身にとってもあきれ返るような光景であって、人びとは口ぐちに、怠惰なスペイン人は楽をしようとして、本来なら自分たちですべき仕事を、ああした大きな動物に押しつけているのだ、と言っていた。[文献16]

現在、この畜力を使った犂はアンデス高地で広く使われているが（写真9）、ヨーロッパ人たちがさまざまな家畜や作物をもたらしてから五〇〇年近くたった現在でも、アンデス伝統の農具もまた消えることなく使われている。さらに、アンデスで生まれたリャマやアルパカなどの家畜も飼われているし、ジャガイモをはじめとするアンデス原産の作物も依然として重要性を失っていない。そして、このような伝統がもっとも強

●写真9　ヨーロッパからもたらされた犂

文献16　インカ・ガルシラーソ　一九八六(一六〇九)：四五二。

く生き続けている地域こそが中央アンデス高地なのである。

引用文献

Barja, B. G. y G. A. Cardozo 1971 *Gegografía Agrícola de Bolivia*, Los Amigos del Libro, La Paz.

Bonavia, D. 1982 *Los Gavilanes*. Corporación Financiera de Desarollo S. A., Lima.

Brush, S. B., H. J. Carney and Z. Huaman 1981 Dynamics of Andean potato agriculture. *Economic Botany* 35 (1): 70–88.

Guamán Poma de Ayala, F. 1980 (1613) *Nueva Corónica y Buen Gobierno*, Siglo XXI/IEP, México.

Hawkes, J. G. 1978 History of the potato. In P. M. Harris (ed.) *The Potato Crop*, pp. 1–69. Chapman and Hall Ltd., London.

Hawkes, J. G. 1990 *The Potato. Evolution, Biodiversity and Genetic Resources*. Belhaven Press, London.

Jackson, M. T., J. G. Hawkes and P. R. Rowe 1980 An ethnobotanical field study of primitive potato varieties in Peru. *Euphytica* 29: 107–114.

Lizárraga, Reginaldo de 1987 (1599) *Descripción del Perú, Tucumán, Rio de la Plata y Chile*. Historia 16, Madrid.

Ministerio de Agricultura 1959 *La Producción Agrícola y Ganadera en el Perú. Analisis Económico de los Principales Cultivos*, Departamento de Estudios Especiales y Estadística, Perú.

Vavilov, N.I. 1926 Studies on the origin of cultivated plants. *Institute of Applied Botany and Plant Breeding*, Leningrad.

Vavilov, N. I. 1940 (1980)「栽培植物発祥に関する諸学説」『栽培植物発祥地の研究』(中村英司訳)八坂書房。

インカ・ガルシラーソ、デ・ラ・ベガ　『インカ皇統記』（牛島信明訳）岩波書店、一九八六（一六〇九）年。

シエサ　『激動期アンデスを旅して』（染田秀藤訳）岩波書店、一九九三（一五五三）年。

山本紀夫　「植物の栽培化と農耕の誕生」　赤澤威・阪口豊・冨田幸光・山本紀夫編『アメリカ大陸の自然誌』一―四八、岩波書店、一九九三年。

第二章二節

毒抜きから食糧貯蔵へ——中央アンデス高地の食品加工技術

Norio Yamamoto
山本紀夫
Shuichi Oyama
大山修一

有毒植物に挑む

中央アンデスは世界でも稀に見るほど数多くの栽培植物が誕生したところである。そのため、中央アンデスを含むアンデスの山岳地域は世界における栽培植物の七大センターのうちの一つであることを前節で指摘した。これらの栽培植物は野生植物が人間によって長い年月をかけて栽培化されたものであるが、この栽培化にあたって疑問に思うことがある。それは、野生の植物のなかには有毒成分を含んだものが多いので、それらを先史モンゴロイドはどのようにして利用したのかという疑問である。もちろん、毒があることを知って食べるのを諦めた人も少なくはなかったであろう。あるいは、毒があることを知らないで食べて腹痛に苦しめられた人もいたかもしれない。そのような経験を通じて有毒の植物のなかから無毒のものを探す努力も重ねられたのかもしれない。

しかし、中央アンデス高地の人びとは有毒成分を含む植物にも果敢に挑み、それを食用にしたのではないかと思われるふしがある。それというのも、中央アンデス高地原産の栽培植物には食用部分に有毒成分を含んだものが多く、それらも何らかの毒抜きをして食用にしているからである（表1）。ひょっとすると、このような毒抜き技術のなかには野生の有毒植物を利用する際に利用されていたものもあるかもしれない。

そこで、この毒抜きに着目して中央アンデス高地での食品加工技術の特色を探ってみよう。さらに、その食品加工技術が果たした役割や、その起源についても若干の検討を加えてみたい。

▼乾燥ジャガイモ、チューニョ

まずはじめに中央アンデス高地に特異的な加工食品を紹介しておこう。それは一般にチューニョとよばれるものである。黒っぽく、ひからびたジャガイモといった感じのもので、その形状とともに一種独特の匂いもあるため、はじめて見る人はもちろんのこと、現地に相当長く滞在している人でも食べるのに抵抗を示すことが少なくない。

ところが、中央アンデス高地ではこのチューニョを不可欠な食糧にしている人たちが多い。実際に、ペルー南部からボリビア北部あたりの高地部では、倉庫にチューニョをうず高く積み上げている農家が少なくない。また、中央アンデス高地各地の野天の市ではチューニョを売る農民を多く見かける（写真1）。

じつは、このチューニョの加工方法がイモの毒抜き技術と密接な関係がありそうなのである。また、その加工法は、次に見るように中央アンデス高地特有の気象条件をうまく利用したものである。

五、六月頃の中央アンデス高地は乾季の最中で雨がほとんど降らず、

表1　アンデスにおける主要な有毒作物とその毒抜き法（文献1）

作物名（学名）	有毒物質	加工法
ジャガイモ（*Solanum juezepczukii, S. cutilobum*）	ソラニン	凍結乾燥、水晒し、発酵
オカ（*Oxalis tuberosa*）	蓚酸	凍結乾燥、発酵
オユコ（*Ullucus tuberosus*）	不明	凍結乾燥
キヌア（*Chenopodium quinoa*）	サポニン	水晒し
ハウチワマメ（*Lupinus mutabilis*）	ルパニン	水晒し

文献1　山本　一九九三。

しかも一日の気温変化がもっとも激しい時期である。標高四〇〇〇メートル前後の高地では、日中の気温は十数度にまで上昇するが、夜間は氷点下にまで下がる。チューニョ加工には、こんな時期が選ばれる。

まず野天にジャガイモを広げる。イモとイモが重ならないよう、また接しないように広げる（写真2）。ひとつ一つのイモが外気に充分にふれるようにする工夫である。こうして野天にジャガイモを放置しておくと、イモは夜間に凍結し、日中は気温の上昇で解凍する。この状態を数日くりかえすと、イモは指で押しただけでも水分が吹き出るほどやわらかく、膨潤した状態になってくる。このような状態になったイモを少しずつ集めて小山状にし、これを写真3のように足で踏みつける。踏みつけられたイモからは水分が流れ出す。そのリズムにあわせるかのようにイモからは「ザクッ、ザクッ」という音とともに水分が流れだしてゆく。

踏みおわったイモは、ふたたび野天に広げ、そのまま野天に放置しておく（写真4）。乾季は雨がほとんど降らないだけでなく、湿度も低

●写真1　チューニョを売る農民。手前の白っぽいものは水さらしをした「白いチューニョ」。ボリビア、ラパス地方

●写真2　野天に広げられたジャガイモ。ペルー、クスコ地方

いため、イモは数日間ほどで乾燥する。こうして乾燥させられたイモがチューニョとよばれる加工食品なのである。このチューニョは、もとの生のイモにくらべて、重量、大きさともに半分から三分の一くらいの小さなコルク状のものになっている。そのおかげでチューニョは状態さえよければ何年でも貯蔵しておける。また、軽くて輸送にも便利なので交易品としても重宝される。

したがって、これまでチューニョは貯蔵や輸送に便利な加工食品としての価値のみが強調されてきた。たしかに、この価値はきわめて大きい。一般にイモ類は水分を多く含んでいるため腐りやすく、貯蔵に不便であるが、この欠点をチューニョ加工の技術は克服したからである。この点については後ほどあらためて検討するが、この加工技術には別の機能があると考えられる。それが毒抜きの機能である。

●**写真３**　足で踏んでの脱汁作業。ペルー、クスコ地方

●**写真４**　足で踏んだ後の乾燥作業。ペルー、プノ地方

毒抜きの機能

ここで紹介したチューニョ加工の技術に毒抜きの機能があるらしいことに気づいたのは、もう三〇年あまり前のことである。[文献2] 一九七四年六月、ボリビアの高原地帯でチューニョ加工を見ていたとき、その材料におもしろいジャガイモを見つけた。チューニョ加工は、イモの大きさや品種ごとにジャガイモを広げておくが、その一つのグループがスペイン語で「苦いジャガイモ」を意味するパパ・アマルガとよばれるものだったのである。これは前節で述べたように現地のアイマラ語やケチュア語でもルキとよばれて、他のジャガイモとはっきり区別されている。イモに有毒成分を多量に含んでいるため煮ただけでは食べられないほど苦いからである。そのため、この「苦いジャガイモ」はチューニョに加工してはじめて食用になるのである。

ただし、チューニョ加工の材料は必ずしも「苦いジャガイモ」だけではない。場所によっては、煮ただけでも充分に食用になるジャガイモだけを材料にしているところもある。この場合のチューニョ加工は貯蔵や輸送に便利な加工食品づくりを目的としているのであろう。一方、「苦いジャガイモ」は必ずチューニョに加工しないと食用にならない。この場合はチューニョづくりの加工法が毒抜きの機能もあわせもっていると考えられる。これはチューニョ加工の一連のプロセスを見ていても理解できる。ジャガイモの有毒物質の主要なものはアルカロイド物質のソラニンであるが、これは細胞の中にある液胞に存在する。したがって、イモを踏みつけて細胞壁をこわし、それを脱汁すれば、液胞の水分とともに有毒物質も流れ出るのである。

もちろん、このような植物のしくみをアンデスの人たちは知っていたわけではなく、おそらく有毒成分を含んでいて食べにくいイモ類を食べようとして経験的に知ったのであろう。そして、それは野生の有毒なジャガイモを利用するときに始まった可能性がある。ただし、その方法はもっと単

文献2　山本　一九七六。

純なものであったのかもしれない。野生のジャガイモは小指大ほどの小さなイモしかつけないので足で踏まないで手で搾っても脱汁できそうであるし、また毒抜きを目的にするのであれば乾燥の必要もないと考えられるからである。この点については後述することにして、他の毒抜き技術も見ておこう。

毒抜き技術のバリエーション

先に紹介したチューニョは、ときに「黒いチューニョ」とよばれることがある。イモの表面が黒っぽいからである。それに対して「白いチューニョ」とよばれるものもある（写真1）。これはケチュア語ではトゥンタ、アイマラ語ではモラヤの名前で知られているものであり、デンプンそのものといった感じの白っぽいものである。この「白いチューニョ」の加工法は先述したチューニョのそれよりも複雑である。そして、その材料となるジャガイモは「苦いジャガイモ」のなかでも比較的大きいものである。

じつは、「黒いチューニョ」の加工法が使えるのは比較的小さなイモだけである。大きいと、イモは充分に凍結も解凍もしないからである。そのため、もっと大きいジャガイモに対しては別の方法が使われる。それは、凍結乾燥に水晒しのプロセスを加えたものである。その加工方法は、先述したチューニョのように凍結、解凍したあと、イモを流水に一か月ほど浸して（写真5）、水晒しをしてから乾燥する。この水晒しにより有毒物質とともにデンプン以外の物質もほとんど流し出されるため、出来上がりが白くなるのである。これが「白いチューニョ」とよばれる所以である。

●写真5　流水につけて水晒しされているジャガイモ。ペルー中部、フニン高原

イモが凍結しない、標高がやや低いところでは発酵による方法も開発されている。その加工方法は次のようなものである。まず、地面に掘った穴にイモを入れて、そこに水をひく。そのイモにワラをかぶせ、さらにその上に石をのせて数か月から一年くらい放置する。この間にジャガイモは発酵するが、デンプン粒だけは分解しない。こうして、デンプンだけをとりだすのである。この方法で加工されたジャガイモはトコシュ[注1]の名前で知られる[文献3]（写真６）。

このほかにもアンデスではいくつものジャガイモの加工法があり、それらの加工法のプロセスを模式的に示したものが図１である。ちなみに、この図のなかに加熱処理をしたあと乾燥して作るパパ・セカも記されているが（写真７）、これだけはアンデス伝統のものではなく、ヨーロッパ人の影響のもとで開発された

●**写真６**　トコシュ。ペルー、アンカッシュ県ワラス地方

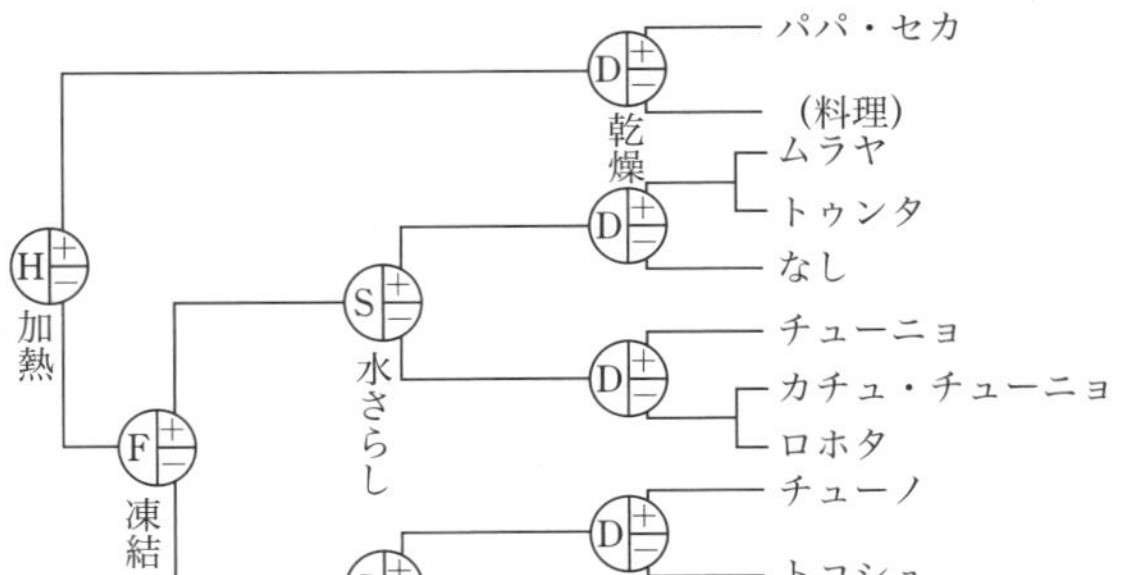

●**図１**　ジャガイモ加工法の比較（文献４）。図中のプラス、マイナスの表示は各工程の存否を示す

注１　トコシュはシリとよばれる苦いジャガイモが材料となる。

文献３　Yamamoto 1988.

文献４　山本　一九八二。

可能性がある。パパ・セカだけが先住民による呼称がなく、また加工されるのも主としてペルー中部の都市部周辺だからである。また、このパパ・セカの材料は有毒のものではなく、煮ただけでも食べられるジャガイモが使われている。

アンデス高地の人びとはジャガイモだけに毒抜き技術を開発したわけではない。表１に示したように、ほかにも毒抜きをして食用にしている作物がある。たとえば、イモ類ではアンデス高地でジャガイモについで重要なカタバミ科のオカもジャガイモの場合と同じように凍結乾燥したり、発酵して毒抜きをしている（写真８）。オカにも、多量の蓚酸を含むものがあり、煮ただけでは食べられないからである。このオカを加工したものは、ジャガイモから加工されるチューニョとは区別されて、一般にカーヤとよばれている。さらに、アンデス高地で広く栽培されているツルムラサキ科のオユコもイモに有毒成分を含んだものがあるらしく、それも凍結乾燥してから食用に供され、その加工品はリンリとよばれる。

また、アンデス高地でタルウイとかチョチョとよばれるハウチワマメも毒抜きをしないと食用にならない。このマメには水溶性のアルカロイドであるルパンニンが含まれているため、調理をする

●写真７　パパ・セカの加工。ペルー、フニン県ワンカーヨ

●写真８　カーヤ。オカを凍結乾燥したもの。ボリビア、ラパス地方

前にマメを流水に長時間浸して水晒しをする。さらに、アンデスで雑穀として利用されるアカザ科のキヌアやカニワもサポニンを含んでいるため、これも水をとりかえ、よく洗ってから調理する。このキヌアおよびカニワの毒抜き技術の詳細については第二章四節の報告を参照していただきたい。

歴史的資料による毒抜き技術

さて、これらの毒抜き技術はいつ頃開発されたのであろうか。先に毒抜き技術は野生のジャガイモを利用するときに始まった可能性があると述べたが、歴史資料や考古史料についても少し見ておこう。南アメリカでは文字の使用が知られていなかったので、文字による資料は一六世紀のヨーロッパ人の記録まで待たなければならないが、そのなかにはチューニョについての記述が散見される。たとえば、一六世紀に南アメリカを広く歩いたアコスタ神父はティティカカ湖畔地方で次のような記録を残している。

インディオは、（中略）パパ（ジャガイモ）を収穫すると、日光でよく乾かし、砕いてチューニョというものをつくる。これは、そのまま何日も保存され、パンの役目を果たす。*文献5

文中の「砕いてチューニョをつくる」という記述は正確ではないと思われるが、この記録などから少なくともインカ時代にもチューニョが加工されていたことがわかる。次のコボの記録は、チューニョだけでなく、もう一つのモラヤの加工法や利用法を、材料とともに、あわせて報告している点で貴重なものである。少し長くなるが、それに関する部分を抽訳で紹介しておこう。

文献5　アコスタ　一九六六（一五九〇）：三七〇。

温暖な地帯でなら育つトウモロコシや穀類、マメ類も、ペルーの山岳地帯や寒冷地ではどこでもできないので、インディオたちは、ふつう、パパ（ジャガイモ）とよぶイモを栽培している。（中略）ただし、彼らの栽培しているもののなかには、ルキといういくぶん苦味のあるジャガイモもあり、これはチューニュ（チューニョ）の材料によい。（中略）このチューニュは長年貯蔵しておいても腐ることがなく、よく保存に耐える。これをインディオたちは煮て食べ、コリャオという地方では、これ以外のどんなパンも食べないほどチューニュが一般的な食糧となっている。カシーケ（首長）や人をもてなすときは、もっと手のこんだ、それゆえに価値の高い、もう一つのチューニュがつくられる。それは、材料がパパ・ブランカ（白いジャガイモ）で、先述したような加工をした後でイモを二か月ほど水につける。そして、その後、ふたたび天日で乾燥すると、イモは非常に白くなる。このチューニュをモライとよび、炒ったり、つき砕いて、白く、こまかい粉にする。*文献6

文献6　Cobo 1956（1653）: 360-362.

●写真9　モチェ（紀元数世紀頃）の土器に象られたモラヤ（ペルー国立人類学考古学博物館所蔵）

このコボの記録や先のアコスタの記録も、チューニョ加工の食糧貯蔵としての役割だけを指摘していて、毒抜きについては何も述べていないが、先述したようにチューニョ加工は毒抜きの機能もあわせもっている。この点で、コボの記録のなかでルキがチューニョの材料によいと述べているのは示唆的である。

さて、このチューニョ加工に水晒しを加えてつくられるモラヤ（コボはモライと記録している）はインカ時代よりも一〇〇〇年くらい前にも知られていた。紀元数世紀頃、ペルー北海岸に栄えたモチェ文化の土器にモラヤを象られたものが出土しているからである（写真9）。これよりもっと以前の時代になると毒抜きそのものの資料は得られない。また、加工したジャガイモも考古学的遺物としては残りにくいため、古い時代のものは見つかっていない。しかし、これまで見てきたかぎりでもアンデスにおける毒抜き技術はきわめて長い伝統のあることがわかる。そして、その伝統は先史モンゴロイドが毒のある野生植物を食用にするときに開発された技術を受けついでいる可能性もある。有毒の野生ジャガイモは毒抜き技術の開発なくしては食用にするのが困難であると考えられるからである。そこで次にその可能性を検討してみよう。

毒との戦い

南アメリカ原産の栽培植物のなかで、植物学的にもっとも詳しく研究されているものはジャガイモである。そのため、栽培種のみでなく、野生種についても詳しく知られている。

そして、化学者たちの調査によれば、ふつう野生のジャガイモは塊茎に一〇〇グラム中一〇〇ミリグラム以上の有毒物質のソラニンを含んでいる[文献7]。一〇〇グラム中に一五〜二〇ミリグラムほどのソラニンが含まれているだけで人間は苦味を感じ、人体には有害であるとされるが、その許容量の五倍以上もの有毒物質を野生のジャガイモは含んでいるのである。このソラニンの毒性はあまり強くはないが、それでも大量に摂取すれば死ぬことさえある[文献8]。

それでは、このような野生の有毒ジャガイモをアンデス高地の人びとはどのようにして食用にしたのだろうか。これは、おそらく農耕開始の前の時代のことであり、あまりにも古い時代のことなので資料はない。しかし、ヒントになるものはある。その一つは、現在もアンデス高地の各地で飢饉のときに毒のある野生のジャガイモをチューニョのように加工して現在も食べているという情報である。この情報を得たのは一九八〇年代前半のことであったが、それを確認することはなかなかできなかった。

文献7　Johns & Keen 1986.

文献8　Woolfe 1987.

二〇〇五年八月、ようやく野生ジャガイモをチューニョにして利用していたという情報を自分たちの目で確認することができた。場所は、次節で述べられる大山が調査をおこなったパンパガレーラスである。ここでは、今から三〇年ほど前の一九七八年まで野生のジャガイモを救荒食として利用していたといわれる。その野生種は、先述したルキ・ジャガイモの形成に関与したアカウレ種[注2]である。これはアンデス高地でもっと広く分布している野生種であり、耐寒性が強いこととともに塊茎に多量の有毒成分を含んでいることでも知られる。

そこで、この野生種の利用法を再現してもらったが、たいへん興味深いものであった。そこで、観察した利用法を以下に報告しておきたい。

まず、野生のジャガイモのアカウレを探しに出かけた。一九七八年までアカウレのチューニョを食べていたという四〇代の女性と一緒に、標高四〇〇〇メートルの高原でアカウレを探した。アカウレはビクーニャの糞場に多いので、ビクーニャが棲息する高原を中心に探した。乾季に入った八月ではアカウレの葉は枯れて地上部になく、イモを見つけるのに苦労させられたが、二時間ほどで約五〇〇個のイモを掘りとることができた。これは重量にすると二九〇グラムであった。

毒抜き作業は、標高四〇〇〇メートルの高原で進められた。まず、日没までの七時間ほど天日干しにした。夜は、直径二五センチほどの皿に、深さ四センチまで水をはり、この中にイモを入れる。皿は、水が凍結するように露天におく。翌朝の気温は零下三度まで下がり、皿に張った水はイモとともに完全に凍結した。日の出前、皿は日陰に移された（写真B）。これは日光によって氷を急速に融解させないためである。

正午には気温は一六・一度まで上昇したが、一一時三〇分の時点では水の中にまだ氷が浮かんでいた。その氷も一三時にはすべて融解した。その夜には、再び皿を露天に移動させ、水を凍結させた。その翌日の夜明けには皿は前日と同様に日陰に移された。こうして、イモは二度にわたって凍結、融解を繰り返したため、三日目にはイモの皮が破れ、簡単に手で皮がむけるような状態になっ

注2　アカウレ種 *Solanum acaule.*

●**写真A**　アカウレ種は、イモは小さいが苦味が強く、煮ただけでは食べられない

た。

そこで、女性はイモの皮を丁寧に、そして完全に取り除いた。皮をむいたイモは、そのまま翌日まで水の中に浸された。次の日の午後、女性はイモを水からすくい、手で搾った（写真C）。その結果、イモは水分を失い、しぼんだ状態になった。ついで、搾られたイモは日陰で乾燥された。湿度が低いため、翌日にはイモは完全に乾燥した。これがチューニョとよばれる。

乾燥したイモの重量は五八グラムとなり、採集したイモの五分の一の重量となった。全工程は五日間であった。なお、このアカウレのチューニョは、スープに入れて食べられる。アカウレをそのまま煮て食べると、ジャガイモ特有のえぐみが強く感じられるが、これをチューニョにするとえぐみは感じられなくなる。

●写真B　夜間に凍結させるため、アカウレの入った皿は露天に置かれ、日の出後には屋内の日陰に移動させられて、ゆっくりと融解させられた

毒抜きから食糧貯蔵へ

さて、以上述べた方法で古い時代にも野生のジャガイモは毒抜きされていたのであろうか。たしかに、この報告どおりにすれば有毒の野生ジャガイモも毒抜きされ、食用が可能になることがわかる。しかし、これほど日数をかけなくても、また手間をかけなくても野生のジャガイモの毒抜きは可能になりそうである。先述したように、毒抜きだけを目的にするのであれば乾燥のプロセスは必要がないと考えられるからである。また、もっと標高の高いところであれば五日もかけないで、もっと短い日数でイモを凍結させることが可能であろう。実際に、そのような加工法がペルー南部からボリビア北部にかけての高地部でみられる。

この方法で加工されたジャガイモは、チューニョとは別に、カチュ・チューニョの名前で知られる。カチュ・チューニョの材料となるジャガイモは、野生種ではないが、イモのなかでももっとも小さく、ふつう親指大くらいである（写真10）。野生のジャガイモと同じか、それよりもわずかに大きい程度である。また、その加工法はチューニョ加工よりも簡単である。すなわち、最初に野天にジャガイモを広げるが、それはふつう一昼夜だけである。イモが小さいので、一昼夜だけでも充分に凍結、解凍するからである。このあと、手でしぼって脱汁し、そのまま煮て食用とする。そして、この加工のプロセスをへると苦いジャガイモでも食べられるようになるといわれる。

もちろん、このカチュ・チューニョ加工の技術が野生のジャガイモの毒抜きに使われたという考え方は一つの可能性でしかなく、今後の調査の進展を待たなければならないが、ここで特筆すべきことがある。それはイモ類の毒抜き技術が後に食糧貯蔵に大きな役割を果たすようになったと考えられることである。このことは表２にも示されている。

表２は、生のジャガイモ、それを凍結乾燥したチューニョ、凍結乾燥に水晒しを加えたトゥンタ（モラヤ）の主要な含有成分を比較したものである。これによればジャガイモの八〇パーセント近くは水分であるが、これをチューニョやトゥンタにすると水分含量はわずかに一〇パーセントにまで減じられていることがわかる。これは、チューニョやトゥンタの加工法がジャガイモの乾燥化に有効であることを物語る。また、乾燥化の結果として注目すべきことはチューニョやトゥンタの炭水化物の含有率がきわめて高くなっていることである。生のジャガイモでは炭水化物の含有率が全体の一七・八パーセントにすぎないのに対して、それがチューニョの場合では七六・五パーセント、トゥンタでは八七・八パーセントに達するのである。これらは、チューニョやトゥンタの加工法がデンプン加工にきわめて有効であるとともに、

●**写真C**　イモの皮を丁寧にむいたのち、手で絞り、水分が取り除かれた

●**写真10**　カチュ・チューニョ用のジャガイモ。タバコの箱と比べればイモの小さいことがわかる。ペルー、プノ地方

貯蔵にも適していることを物語る。

実際に、アンデス高地の人たちによれば、「チューニョやトゥンタは何年でも貯蔵しておける」という。また、「チューニョやトゥンタは、ジャガイモにくらべて軽く、また小さくなっているので持ち運びにも便利だ」という。彼らがいうように、チューニョやトゥンタはジャガイモにくらべて、重さも大きさも三分の一から五分の一くらいに小さくなっている。このような毒抜き技術から貯蔵技術への展開は人びとの暮らしにきわめて重要な変化をもたらしたはずである。とくに、イモ類を主要な食糧源にしている社会では食糧の貯蔵技術の開発は決定的な重要性をもつ。先述したようにイモ類は水分を多く含んでいるため、穀類にくらべて重く腐りやすいという欠点をもつからである。このイモ類の欠点については中尾も次のように述べている。

> 一般にイモ類の貯蔵性は低く、輸送となるとさらに困難である。ばあいによるとこの貯蔵困難は、豊かな食糧生産量にもかかわらず、時期的に食糧欠乏をおこし、人口収容力を制限することになる。（中略）そのため、この農耕のもとでは大地域にわたる権力の集中が容易に成立しがたくなり、個人の蓄積も、最も実用的な貨財である食糧をもってしてははなはだ困難である。[文献10]

しかし、このようなイモ類の欠点をアンデス高地の人びとは見事に解決したのである。それが、イモ類を主作物にしながら例外的にアンデス

表２　ジャガイモ、チューニョ、トゥンタの主要成分の比較（文献９）（％）

	ジャガイモ	チューニョ	トゥンタ
水分	78.8	10.0	10.0
灰分	1.1	0.7	0.8
タンパク質	2.2	8.4	1.8
炭水化物	17.8	76.5	87.8
油脂	0.1	0.4	0.2

文献9　Rarines 1978.

文献10　中尾　一九六七：三四七。

高地で、インカ帝国に代表される高度な文明が誕生した背景の一つになっていそうである。そのことを物語るものがある。それは、先述したイモ類の加工技術がインカ帝国で中核となった地域だけでみられることである。そこで、最後にアンデス高地におけるイモ類の加工技術の分布圏を見ておこう。

加工技術の分布

これまで筆者が観察したかぎりではチューニョに代表されるイモ類の加工技術はほぼ中央アンデス高地に限定される。先に示した図１の中でパパ・セカとよばれるものだけは高地だけではなく、海岸地帯でもみられるが、これは先述したように伝統的なものではない可能性がある。それでは、このパパ・セカ以外の加工法の分布がなぜアンデス高地だけに限られるのであろうか。すぐに気づくことがある。それは、チューニョやトゥンタなどのように加工に凍結・解凍のプロセスを必要とするものがあることである。そのことは一日の気温変化が激しく、また湿度も低いなどの自然条件が不可決であることも物語る。そして、そのようなところはアンデスのなかでも中央アンデス高地に限られるのである。

しかし、図１に示されているように、アンデスにおけるジャガイモの加工法のなかには凍結も解凍も必要としないものもある。チューノおよびトコシュとよばれるもので、これは水晒しや発酵による方法である。このような凍結・解凍を必要としない方法であれば、その加工は環境的にはあまり限定されないはずである。実際に、水晒しや発酵によるイモ類の加工技術はアマゾン川流域の熱帯低地でも広くみられるのである。ところが、アンデス地域では、水晒しや発酵によるイモ類の加工技術も中央アンデス高地部に限定されるのである。これまで筆者が調査したかぎりでは、コロンビアやエクアドルなどの北部アンデスでは、これらの加工方法は知られていないのである。

さて、それでは、このチューニョ加工の地理的分布は何を意味するのであろうか。これらの加工法の対象となるイモ類が中央アンデス以外の地域で栽培されていないわけではない。ジャガイモをはじめとして、オカやオユコ、マシュアなどもエクアドルやコロンビアなどの北部アンデスでも栽培、利用されている。しかし、北部アンデスと中央アンデスでは、これらのイモ類の栽培はその内容においてかなりの違いがある。前節で述べたように、アンデスでの伝統的な農業のなかでの主作物はジャガイモとトウモロコシであると考えてよいが、アンデス全体でみると北部アンデスではトウモロコシの比重が高く、中央アンデスではジャガイモをはじめとするイモ類の重要性が高くなるという傾向がある。

さらに、この中央アンデスの中部から南部にかけての高地部は、ジャガイモの品種分化が激しく、倍数体利用の進歩で知られているところである。先述したように、この地域では二倍体から五倍体までの連続した倍数性の異なるジャガイモが栽培されているのである。また、筆者の観察によれば、オカやオユコなどのイモ類も中央アンデス高地の中南部あたりがもっとも変異に富む地域である。

これらのことは、中央アンデス高地におけるイモ類栽培の歴史の古さと重要性を物語りそうである。いいかえれば、中央アンデス高地において特異的に発達したイモ類の加工技術は、同地域において展開した、いわゆる根栽農耕文化を象徴するものともいえそうである。この点については第二章五節でさらに検討を加えてみよう。

引用文献

Cobo, Bernabé 1956 (1653) *Historia del Nuevo Mundo*. F. Mateos (ed.), Obras del Padre Bernabé Cobo I, II. Biblioteca de Autores Españoles, Vols, 91–92, Ediciones Atlas, Madrid.

Johns, Timothy and Susan L. Keen 1986 Taste evaluation of potato glycoalkaloids by the Aymala: A case study in human chemical ecology. *Human Ecology* 14(4): 437–452.

Ravines, R. 1978 Almacenamiento y alimentación. In R. Ravines (ed.), *Teconología Andina.* Instituto de Estudios Peruanos. Lima.

Woolfe, J. A. 1987 *The Potato in the Human Diet.* Cambridge University Press.

Yamamoto, N. 1988 Potato processing: Learning from a traditional Andean System. *The Social Sciences at CIP* International Potato Center.

アコスタ、ホセ・デ『新大陸自然文化史』（大航海時代叢書）増田義郎訳、岩波書店、一九六六（一五九〇）年。

中尾佐助「農業起源論」森下正明・吉良竜夫編『自然——生態学的研究』（今西錦司博士還暦記念論文集）一九六七年。

山本紀夫「中央アンデスの凍結乾燥イモ、チューニョ——加工法、材料およびその意義について」『季刊人類学』七巻二号：一六九—二一二頁、一九七六年。

山本紀夫「中央アンデスの根栽類加工法再考——とくにペルー・アンデスの水さらし技法をめぐって」『国立民族学博物館研究報告』七巻四号：七三七—七八七頁、一九八二年。

山本紀夫「毒を制したモンゴロイド——南アメリカ先住民の食の適応戦略」『学術月報』四六巻八号：七六四—七七〇頁、日本学術振興会、一九九三年。

第二章三節

ジャガイモと糞との不思議な関係

Shuichi Oyama
大山修一

ジャガイモの特徴

われわれが普段、ジャガイモを調理するとき、注意する点はなんだろうか。芽は有毒だから食べてはいけない、皮の部分はえぐみがあり、とくに緑色をしたジャガイモは厚めに皮をむいた方がよいといわれる。われわれはジャガイモを生で食べることはなく、ゆでる、煮る、炒めるといった方法で調理し、食べている。つぎに、ジャガイモを栽培するときに注意する点は、どうだろうか。ナス科であるジャガイモは連作障害を起こすから、同じ畑で連続してジャガイモを栽培しない方がよいとか、同じナス科のトマトやナス、ピーマンを収穫したあとにジャガイモを植えつけるのも避けた方がよいという。日本の農家では、収穫するイモが病虫害の被害を受けないよう、水はけのよい土地やゆるやかな斜面を選ぶことも多いようだ。『食用作物』の説明[文献1]によると、ジャガイモの種イモを植え付けるまえには、堆肥や厩肥を入れて土をやわらかくした方がよく、やや深めに土を耕し、丁寧に土のかたまりを砕き、透水性と通気性のよい土壌にするのがよいと記されている。そして、植物の三大元素である窒素やカリウム、リン酸といった肥料を多めに投入すると収量は高くなる。ジャガイモは、三大元素のなかでも、とくにカリウムを多く吸収することが知られている[文献2]。

文献1　星川　一九八〇。
文献2　梅村　一九八四。

このようなジャガイモの特性は、どこから来ているのだろうか。ジャガイモの原産地は南米・アンデス山脈であるが、アンデスにおいてジャガイモの祖先野生種のひとつ *Solanum acaule* を調査した結果から、それらの謎がどこに由来するのか、考えていきたい。

糞場に群生する植物

ペルー共和国のアヤクーチョ県プキオ郡に位置するパンパ・ガレーラス国立自然保護区（図１）には、ラクダ科の野生動物ビクーニャが多く生息する。地上絵で有名なナスカ（標高六〇〇メートル）から自動車で二時間ほど東へ行くと、標高四〇〇〇メートルのパンパ・ガレーラスに到着する。私がパンパ・ガレーラスで調査をはじめたのは、このビクーニャの生態を調査するためであった。アンデスのラクダ科野生動物にはビクーニャ[注1]のほか、もう一種グアナコ[注2]が生息する。グアナコは海岸付近から標高五六〇〇メートル付近まで移動し、広い行動圏を示している。パンパ・ガレーラスにおいては、グアナコはビクーニャよりも西方に生息している。グアナコはアンデスの西側斜面の乾燥環境に適応し、イネ科やカヤツリグサ科の草本だけではなく、サボテンや棘のある灌木を食べることもできる[注3]。アンデス山脈の西側斜面の降水量は少なく、乾燥が厳しいが、グアナコは厳しい乾燥環境に耐えぬくことができる。

一方、ビクーニャは標高三五〇〇メートル以上に生息する。その行動圏は、プルガル・ビダル[文献3]の分類（第一章一節）によると、スニ、プナ、ハンカ帯に相当する[注4]。グアナコと比較すると、ビクーニャの行動圏は狭い。ビクーニャは雨季をのぞいて、ほぼ毎日、水を飲み、グアナコほどには乾燥環境には適応していない。食草するのもイネ科やカヤツリグサ科、マメ科、キク科などの草本であり、とくにやわらかい部位や若葉を好む。グアナコとちがって、ビクーニャはサボテンや棘のある灌木

注１ *Lama vicugna*
注２ *Lama guanicoe*
注３ パンパ・ガレーラスの近隣に住む住民やビクーニャの監視員（レンジャー）は、「グアナコは標高の低い地域にも生息し、海岸の海草を食べることがある」と話す。
文献３ Pulgar Vidal 1996.
注４ プルガル・ビダルは、ペルーの自然環境を八つに区分している。その区分は、標高と生業形態を組み合わせて

を食べることはない。

ビクーニャとグアナコには、共通の習性がある。その習性のひとつは、糞の排泄場所が決まっており、糞場が形成されることである。とくに行動圏の狭いビクーニャは、特定の場所に糞を排泄するため、大きな糞場が形成される。

私はビクーニャの生態を観察するまえに、まず、ビクーニャの糞場を探し、その場所をGPSで計測していた。それは、標高四〇〇〇メートルの高地で調査すること、動物を調査対象とすることが初めて

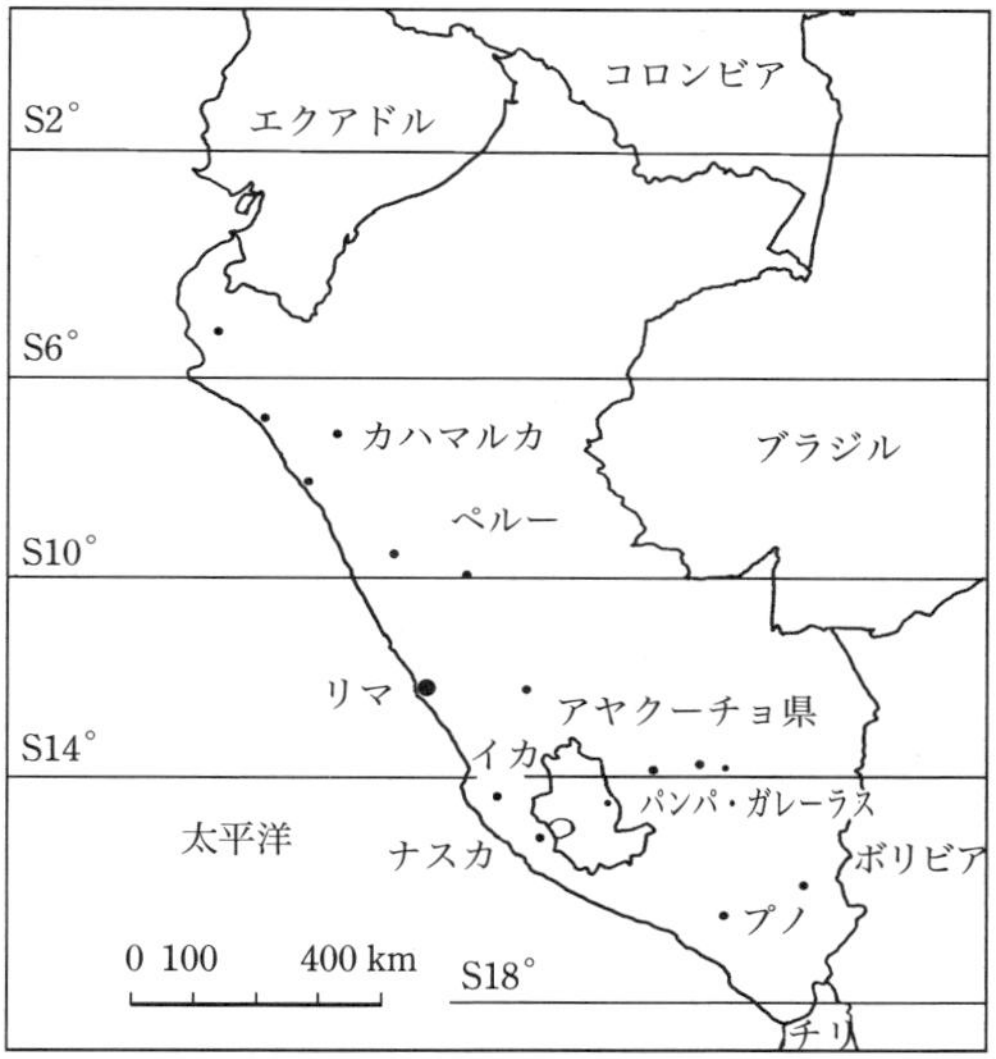

●図１　パンパ・ガレーラスの位置

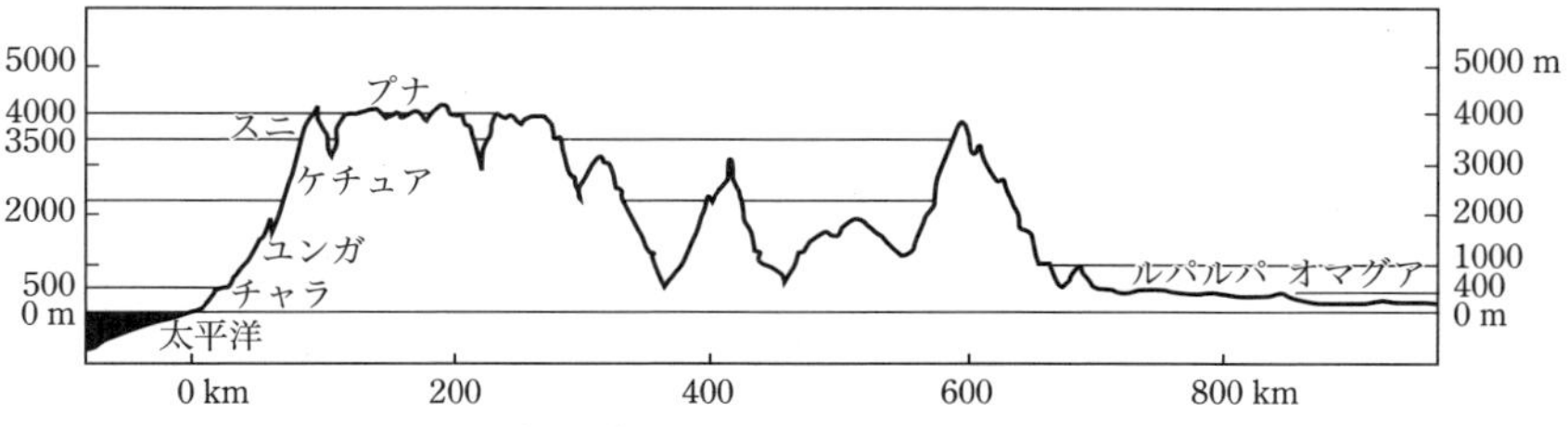

●図Ａ　ペルー・アンデスにおける自然環境の区分

考えられている。チャラ（海岸砂漠　標高〇～五〇〇メートル）、ユンガ（山麓地帯　五〇〇～二三〇〇メートル）、ケチュア（温暖な谷間　二三〇〇～三五〇〇メートル）、スニ（冷涼な高地　三五〇〇～四〇〇〇メートル）、プナ（寒冷な高原　四〇〇〇～四八〇〇メートル）、ハンカ（氷雪地帯　四八〇〇メートル以上）、ルパルパ（アマゾン川源流域の森林地帯　一〇〇〇～四〇〇〇メートル）、オマグア（アマゾン川流域低地の森林地帯　四〇〇メートル以下）（図Ａ）。

の経験だった筆者にとって、すぐに取り組むことができる調査項目だったためである。しかし、イネ科の草本が膝の高さまで繁茂する草原のなかで、糞場を見つけるのは困難であった（写真1）。ビクーニャの監視員二人に手伝ってもらいながら、草原を丹念に歩きまわり、糞場を探し、その位置をＧＰＳで計測しつづけた。この調査を開始してから五日ほどが経過してから、糞場を見つける「こつ」を覚えた。ビクーニャの糞場には特異な植物が生育することが多く、その植物種を探せば、かならずビクーニャの糞場に行き当たることができたのである。

●**写真1**　パンパ・ガレーラスの草原。ハネガヤ属（*Stipa ichu*）やウシノケグサ属（*Festuca* sp.）、イチゴツナギ属（*Poa* sp.）などイネ科の草原が広がる。手前に見えるのは、キク科の灌木（*Parastrephia lepidophylla* (W.) C.）で、この灌木を探すとビクーニャの糞場に行きつくことができる

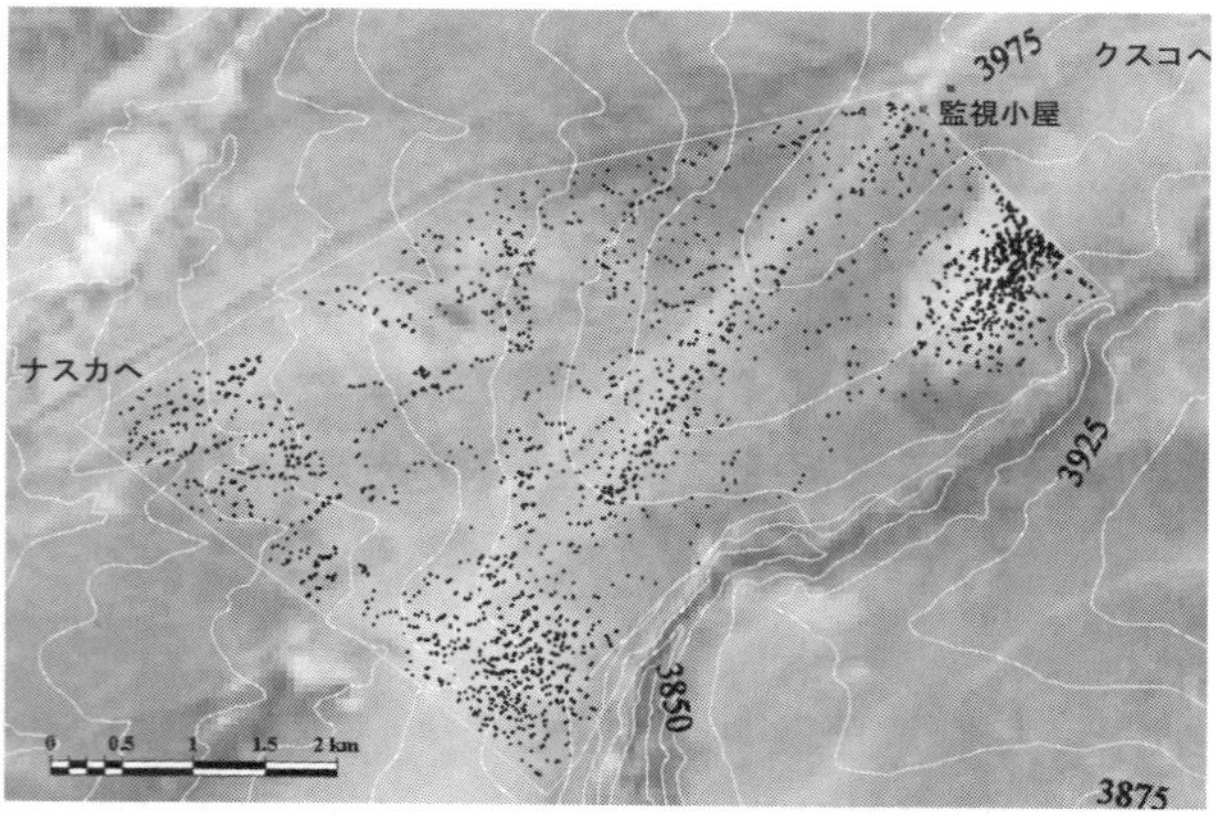

●**図2**　キコ・ロマ地区（パンパ・ガレーラス国立自然保護区）におけるビクーニャの糞場の分布
6.8km^{2}の面積に、3,398か所の糞場が存在した。背景はランドサットETM画像（2003年1月22日撮影：バンド5、バンド4、バンド3の配色）であり、白色が裸地や岩場、黒く見えるのが植生の被覆があるところを示す。糞場は裸地や岩場に多く分布することがわかる

面積が六・八平方キロメートルのキコ・ロマ地区において、糞場の数は三三九八か所であった（図2）。そのうち二七八〇か所は岩場や裸地に分布しており、ビクーニャは見通しの悪いイネ科の草原よりも裸地に糞場をつくり、行動圏の中心にしていることがわかった。また、二五メートル間隔の等高線から斜面の傾斜角を計算すると、(注5) 傾斜角が三度から五度の緩やかな傾斜地に糞場が多かった（図3）。つまり、ビクーニャの糞場は、傾斜の緩やかな見通しのよい岩場や裸地に立地していることが明らかとなった。

「キツネのジャガイモ」

パンパ・ガレーラスには、約四〇種の植物種が生育している（表1）。このなかで、ビクーニャの糞場に生育する種はフウロソウ科（*Erodium cicutarium*）、イラクサ（*Urtica magelanica*）、ナス科（*Solanum acaule*：以下、アカウレという）であった。これらの植物は、糞場の外に生育することはなく、糞場の縁辺部にカーペット状に生育していた（写真2）。また、糞場の周囲にはバラ科（*Margiricarpus pinnatus*）やキク科（*Parastrephia lepidophylla*、*Baccharis* sp.）がめだって大きく生長し、茶色に枯れたイネ科草原のなかでは、きわだって濃い緑色を呈していた。

アカウレは株立ちすることなく、ロゼッタ状に葉を広げ、ビクーニャの糞場に群生していた（写真3）。葉は、われわれが目にするジャガイモの葉とよく似ており、ひときわめだつ。

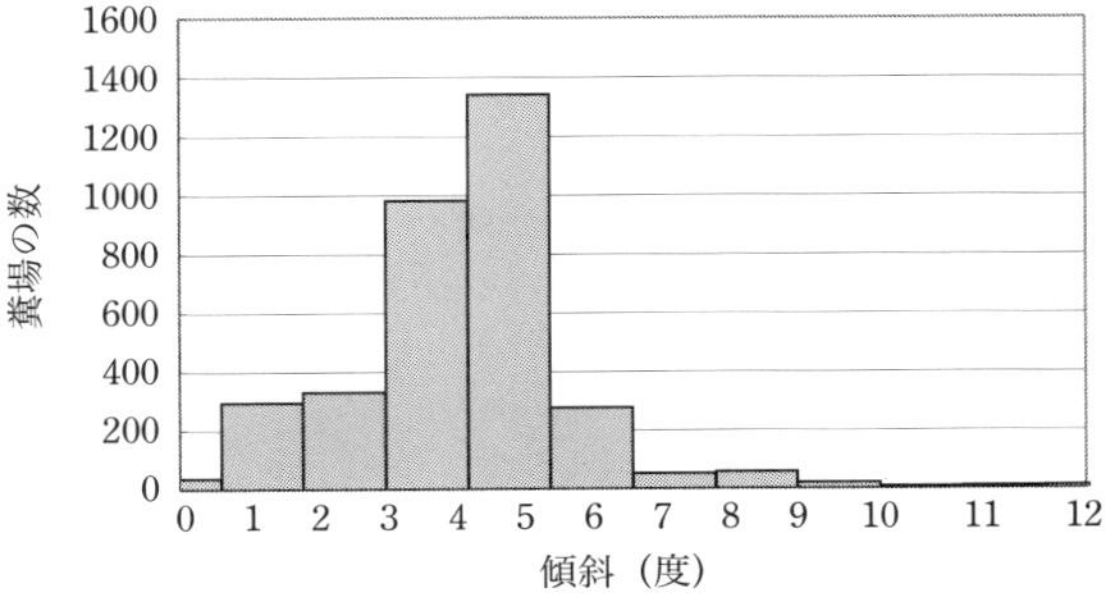

●図3　ビクーニャの糞場が分布する斜面の傾斜角

注5　二五メートル間隔の等高線から二〇〇メートル四方のＤＥＭ（Digital Elevation Model）を発生させ、傾斜角度を求めた。キコ・ロマ地区は、斜面角度が〇～一二度までであったが、ビクーニャの糞場は緩やかな傾斜地に多く存在した。なお、本節の分析には、TNT mips (ver6.9) を使用した。分析するうえでは、マップコンシェルジュ社の古橋大地氏に多くの点で教示を受けた。

表１　パンパ・ガレーラスに生育する植物

学名	地方名
イネ科	
Aristida sp.	cola de zorro あるいは pistuca
Festuca sp.	fistuca
Festuca dolichophyla P.	ichu または chilligua
Hordeum muticum Pesl.	cola zorro あるいは Cola de raton, hukucha chupa
Muhlenbergia angustata（P.）K.	cola de raton
Poa horridula Pilger	soccya
Stipa brachyphylla H.	sapi pasto
Stipa ichu R. P.	ichu または ichu pejoy
カヤツリグサ科	
Carex sp.	jjońa
オオバコ科	
Plantago sp.	amis ccora または juyo
マメ科	
Astragalus garbacillo Cav.	macha macha, garbancillao または malahierba
Lupinus tomentosus	q´uera または guera grande
Lupinus chlorolepis C.P.Smith	pampa q´uera
Trifolium amabile H.B.K.	trebol または layu
キク科	
Bidens andicola H.B.K. Var. Decomposita	maccashi, Sunila または misiko
Baccharis sp.	thola（chiko）
Chersodoma jodopappa（S.B.）Cabrera	flor blanco
Chuquiraga rotundifolia Weddell	kiswara または jarisirue
Gnaphalium sp.	villa cran macho
Gnaphalium capitatum	villa cran hembra
Hipochoeris sp.	chicora または pilly
Liabum uniflorum R.P.	kita marayceba または mula pilly
Perezia multiflora（H.B.）L.	escorsonera または chanquruma, iskursunira
Parastrephia lepidophylla（W.）C.	tola grande または t´ant´a thula
Senecio sp.	ahucuratoy
Senecio sp.	wiscataya
Senecio sp.	yahuar zocco
Senecio graveolens W.	remilla
Tagetes multiflora H.B.H	chikchiupa
リンドウ科	
Gentiana sp.	pampa mancharisca
Gentianella sp.	techuayro

アブラナ科	
Capsella bursa-pastoris (L.)	chichicara または wulsa wulsa
Lepidium chichicara Desv.	chichicara または quwi wañuchi
アオイ科	
Tarasa sp.	rupo
バラ科	
Alchemilla pinnata R. P.	pelillo または sillo sillo
Polylepis incana H.B.K.	ggueńua または kiswara, q´ueñua
Margiricarpus pinnatus (L.)　K.	canlla または kanlla llant´a
シソ科	
Mentha piperita	muńa, hierba buena または menta
Lepechinia meyenii (W.)　E.	salvia
マオウ科	
Ephedra americana H.B.ex Willd.	condorpasaran または pinqu pinqu, sanu sanu
フウロソウ科	
Geranium sessiliflorum Cav.	cancer ccora
Erodium cicutarium (L.)　L.H.A.	aujaaja または riluj riluj, sipin sipin, alphilirillo
イラクサ科	
Urtica magelanica	ortiga または nina sanku
ナス科	
Solanum acaule	papa de zorro または atuku pap

雨季には、葉の中央に紫色の花が咲いたのち、漿果を形成する。アカウレは四倍体で、中央アンデス高地（ペルー、ボリビア、アルゼンチン）に自生しており、零下八度の低温に耐えることができる。その生育地は三五〇〇～四六〇〇メートルであり、道路わきや耕作地、家畜囲い、インカ時代の遺跡の石垣などにもみられると報告されている。[文献4] 有毒成分であるアルカロイドの含有量が多い反面、シストセンチュウやXモザイク病、ヤセイモ病、癌腫病をはじめとする病虫害に対する耐性も強い。[文献5] ロシアは寒冷地向けの品種を作るため、このようなアカウレの特性に着目したという記録が残っている。[文献6]

アカウレの塊茎（イモ）の大きさは〇・七～二・五センチメー

文献4　Ugent 1981, Correl 1962.

文献5　Hawkes 1990.

文献6　ベルトルト・ラウファー　一九三八（一九九四）。

トルほど、重さは〇・二〜二・三グラムほどである。日本で栽培されるメークインや男爵のイモ（注6）が三〜一二センチメートルの大きさで、重さが六〇〜一五〇グラムほどであるから、アカウレのイモは栽培種の二〇分の一以下しかない（写真4）。

このアカウレは野生種であるが、栽培種と結びつきがある。アンデスでは、チューニョと呼ばれる特殊な加工技術をほどこし、食用に利用されている栽培種（注7）がある。この栽培種は、アンデスではルキとよばれている。ルキはアカウレを祖先種にもち、その特性を受け継いで、耐寒性にすぐれ、

●**写真2**　ビクーニャの糞場に分布する植物。糞場には、フウロソウ科の *Erodium cicutarium*、イラクサ科の *Urtica magelanica*、ナス科の *Solanum acaule* がカーペット状に生育する

●**写真3**　アカウレの群生。*Solanum acaule* はビクーニャの糞場を囲むように群生している

注6　*S. tuberosum*

注7　*S. juzepczukii* および *S. curtilobum*

病虫害に強い。しかし、ルキにはアルカロイドがイモ（生重）一〇〇グラムに一一～四七ミリグラムも含まれ、[文献7] そのままでは食用にするのは不可能である。そのため、前節でみてきたような、有毒成分を除去するチューニョという加工技術が必要となる。[文献8]

アカウレは、ケチュア語で atuku papa もしくはスペイン語で papa de sorro（キツネのジャガイモ）と呼ばれている。「キツネのジャガイモ」という表現は、先行研究[文献9]にもあるように、栽培品種ではなく、人間の食べ物ではないというニュアンスを含んでいる。現在、アンデスの人びとがアカウレを食用に利用することはないが、少なくとも一九七八年までは救荒食糧として利用されてきた。

アカウレが生育するビクーニャの糞場

パンパ・ガレーラスの近辺には、標高二八〇〇～三二〇〇メートルに村が分布する。これらの村むらではジャガイモやコムギ、オオムギ、トウモロコシ、ソラマメ、牧草が耕作地に栽培されている。しかし、村の近辺では、野生種のアカウレを見つけることは少ない。アカウレを見つけようとすれば、標高四〇〇〇メートル以上の山岳地域、もしくは平坦なパンパ草原に行か

●**写真4**　アカウレのイモ。ジャガイモの栽培種（*Solanum tuberosum*）と比較すると、アカウレは20分の1の大きさしかない

文献7　Osman et al. 1978.
文献8　Werge 1979, 山本　二〇〇四。
文献9　山本　二〇〇四、Brush et al. 1981.

ねばならない。しかし、標高四〇〇〇メートル以上であっても、どこにでもアカウレが生育するというわけではなく、ラクダ科動物——とくにビクーニャの糞場に多く生育する。人びとは、ビクーニャが生息する標高三五〇〇メートル以上——とくに四〇〇〇メートルのパンパ草原に登り、アカウレを採集していたのである。ビクーニャの糞場が、アカウレの生育にとってどのような場所なのかをみていこう。

糞が排泄される糞場の形は、楕円形を呈している。糞場の長径と短径、そして集積している糞の重さを計測したところ、糞場の直径が大きくなるほど、堆積する糞の量は増加する傾向を示した（図4）。糞場の直径が六〇センチメートルほどの小さな糞場では厚さ四センチメートル、重さ三キログラムの糞が堆積していたが、直径が四八〇センチメートルもある大きな糞場では厚さ一三センチメートルにわたって、二一六キログラムもの糞が集積していた。糞場一〇か所で糞の重量を計測した結果、一平方メートルあたり七・七〜二八・七キログラムの糞が堆積していた。

ビクーニャの糞場に深さ三〇センチメートルの試杭を掘り、土壌断面を観察した。この糞場にはアカウレが群生していた。糞場は楕円形で、長径は一四五センチメートル、短径は一二〇センチメートルであった。糞が粒の形状を残している層は、表層一センチメートルで、糞の色は黒色であった（図5）。この層の下には、糞に由来する有機物層が厚さ六センチメートルで存在し、土色は黒色であった。有機物層の土壌硬度は〇・〇四キログラム／平方センチメートルであり、孔隙の多い土壌であった（写真5）。有機物層にはミミズのほか、糞場によく集まる甲虫が生息していた。表層から深さ七センチメートルには旧地形面が存在し、このうえにビクーニャの糞が堆積していた。有機物層の下には、厚さ一三センチメートルの土壌層が存在し、この土壌は褐色を呈していた。これより下層では、ところどころに、大きさ五〜二〇センチメートル以上の流紋岩や凝灰岩の礫が埋まっていた。土壌硬度は七・四キログラム／平方センチメートルで

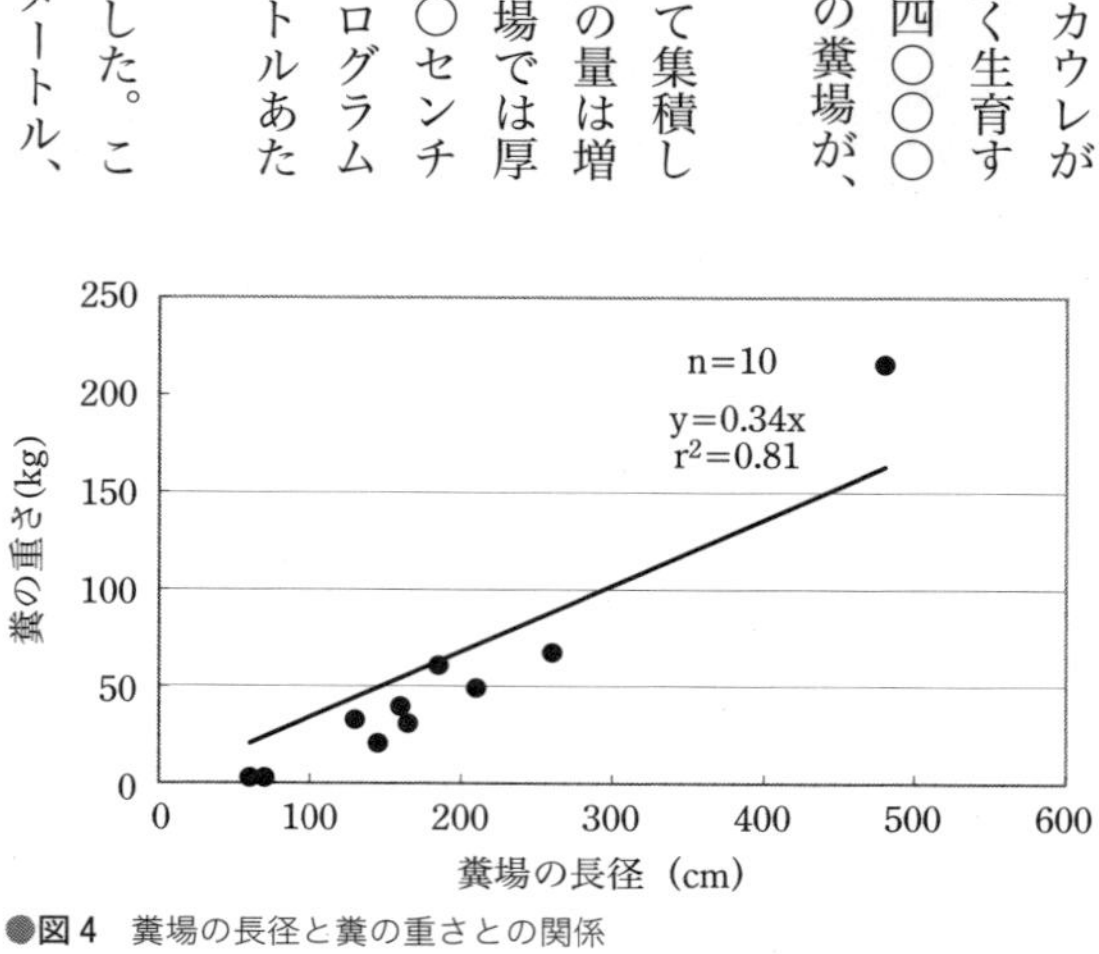

●図4　糞場の長径と糞の重さとの関係

あった。深さ二〇センチメートルから下部には、にぶい褐色を呈した土壌層が存在した。この土壌層の土壌硬度は五・八キログラム／平方センチメートルであった。

糞場の土壌養分を分析するため、上記の試杭において深さ〇～五センチメートル、一〇～一五センチメートル、二五～三〇センチメートルにおいて土壌サンプルを採取した。表層については、粒状の形態を残した糞をとりのぞき、糞に由来する土壌のみを採取した。また、糞場の土壌養分と比較するため、糞場の縁から斜面上方一メートルの地点においても、深さ〇～五センチメートル、一〇～一五センチメートル、二五～三〇センチメートルで土壌サンプルを採取し、化学的な分析を実施した[注8]。その結果、糞のない地点と比較すると、糞場の表層には大量の土壌養分――六倍の窒素、九〇〇倍のカリウム、八倍のカルシウム、一一倍のマグネシウム、一九倍のリン――が集積していた（表2）。

●**写真5**　ビクーニャの糞場における土壌層。ビクーニャの糞は、ミミズや甲虫などによって分解されている。粒状に形状を残している糞が1cmの厚さに堆積し、その下部6cmには糞に由来する土壌の層が観察された

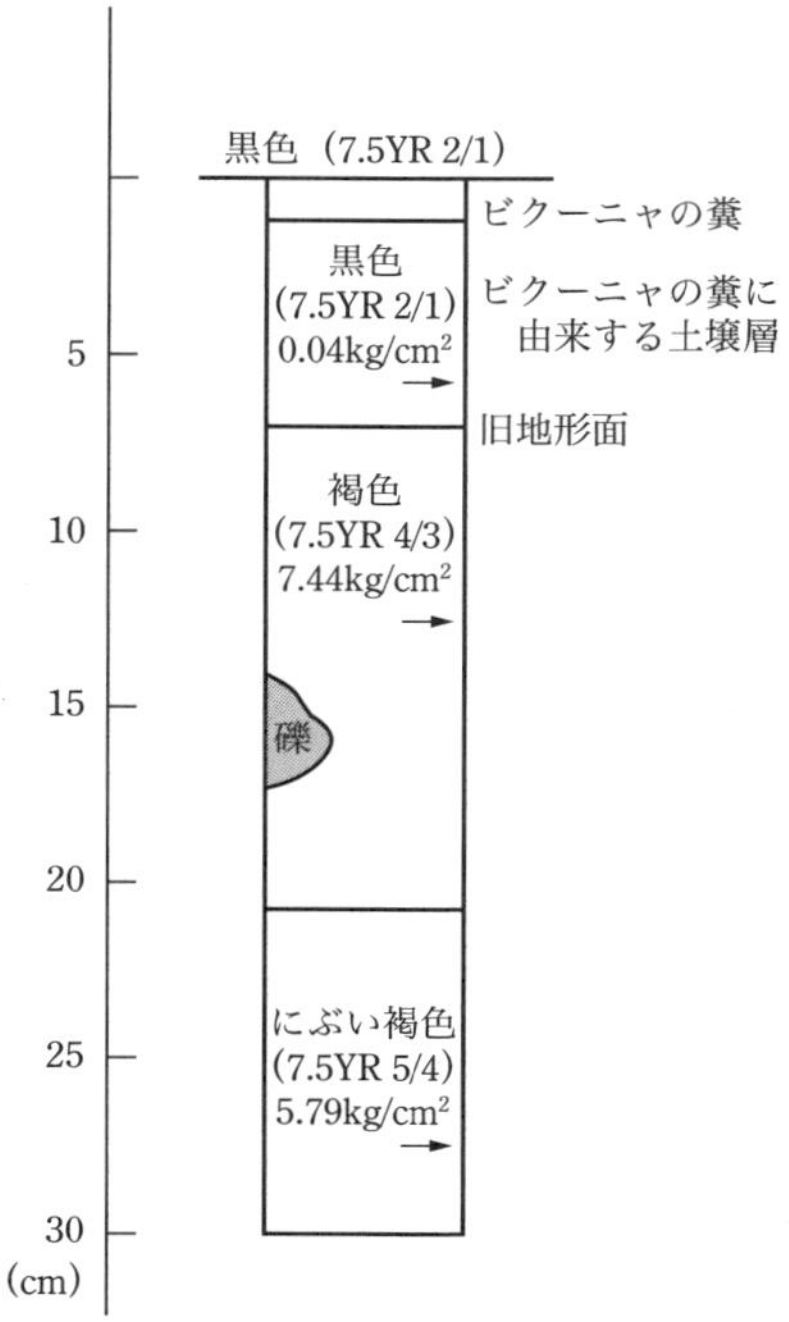

●**図5**　糞場の土壌層
土壌の色は「新版標準土色帖 2003年版」（農林水産省農林水産技術会議事務局監修）による。
図中の数字［kg / cm²］は、土壌硬度を示している

アカウレの栄養繁殖とイモの肥大

糞場においては表層土壌に孔隙が多く、大量の養分が集積していた。しかし、糞の堆積による影響は表層土壌にとどまり、下層土壌において土壌養分は大きく増加していなかった。このような糞場の土壌環境において、アカウレがどのように生育し、イモをつけているのかをみていこう。

群生しているアカウレを一個体ごと丁寧に糞場から掘り起こしていくと、地下では根のようなもので株どうしがつながっていることがある。この根のように見えるものを、ストロンとよんでいる。ストロンは、糞に由来する土壌層のなかを通っており、子株が栄養体繁殖によって生み出されていた。イモをもつ親株を中心に、子株がストロンによって結ばれているのがわかる（写真6）。この写真の場合、親株は生育二年目、子株は生育一年目だと考えられる。(注9)

土壌サンプルを採取したビクーニャの糞場に、六〇センチメートル四方のコドラート（方形区）を設置した。そのなかに生育する親株の地下茎の長さ【a】、親株のイモの大きさ【b】、最長の葉の長さ【c】を計測し、ストロンでつながっている子株の数【d】を数えた。また、親株と子株がつながれているストロンの長さ【e】を計測した（図6）。親株のイモの大きさ【b】は、地中で埋まっている状態で、地面と垂直方向に計測した。

表2　ビクーニャの糞場とその周辺の土壌の化学性

	土壌深	pH(H_2O)	N(%)	C(%)	C/N	K (cmol(+)/kg)	Ca cmol(+)/kg	Mg cmol(+)/kg	P ppm
ビクーニャの糞場	0～5cm	9.4	1.9	24.7	13	465.6	36.2	16.9	1081
	10～15cm	5.9	0.2	1	6.4	2	2.5	0.8	72
	25～30cm	5.2	0.1	0.5	5.2	0.9	10	4.4	133
糞場より1mの地点（斜面上方）	0～5cm	5.5	0.3	3.1	10.1	0.5	4.4	1.5	56
	10～15cm	5.6	0.3	2.9	10	0.4	4.7	1.5	52
	25～30cm	5.9	0.1	1.1	8.4	0.3	5.9	2.1	103

注8　土壌の化学分析は、京都大学大学院アジア・アフリカ地域研究研究科　近藤史さんの協力のもとでおこないました。ここに感謝の意を記します。

注9　ストロンによってつながっているものを「一個体」とし、ストロンから地上に葉をつけているものを「一株」と表現する。雨季には子株と親株がストロンによって結ばれていたが、乾季になるとイモどうしはストロンでつながっておらず、イモは単独で存在した。

糞場に設定した六〇センチメートル四方のコドラートには、一三個体のアカウレが生育していた(表3)。これらのアカウレの親株は、№7をのぞき一個ずつのイモをつけていた。№7は二個のイモをつけていた。また、九個体は、子株をつけていなかった。のこり四個体はストロンによって栄養体繁殖し、一～四株の子株をつけていた。親株と子株をむすぶストロンの長さ【e】は、八～三三センチメー

●**写真６**　アカウレの栄養繁殖。アカウレの親株（写真中央）と子株は、ストロンによって結ばれている。子株と結ばれているストロンの長さは10cm以上であり、親株と子株の葉が重なりあい、光条件で競合することはない

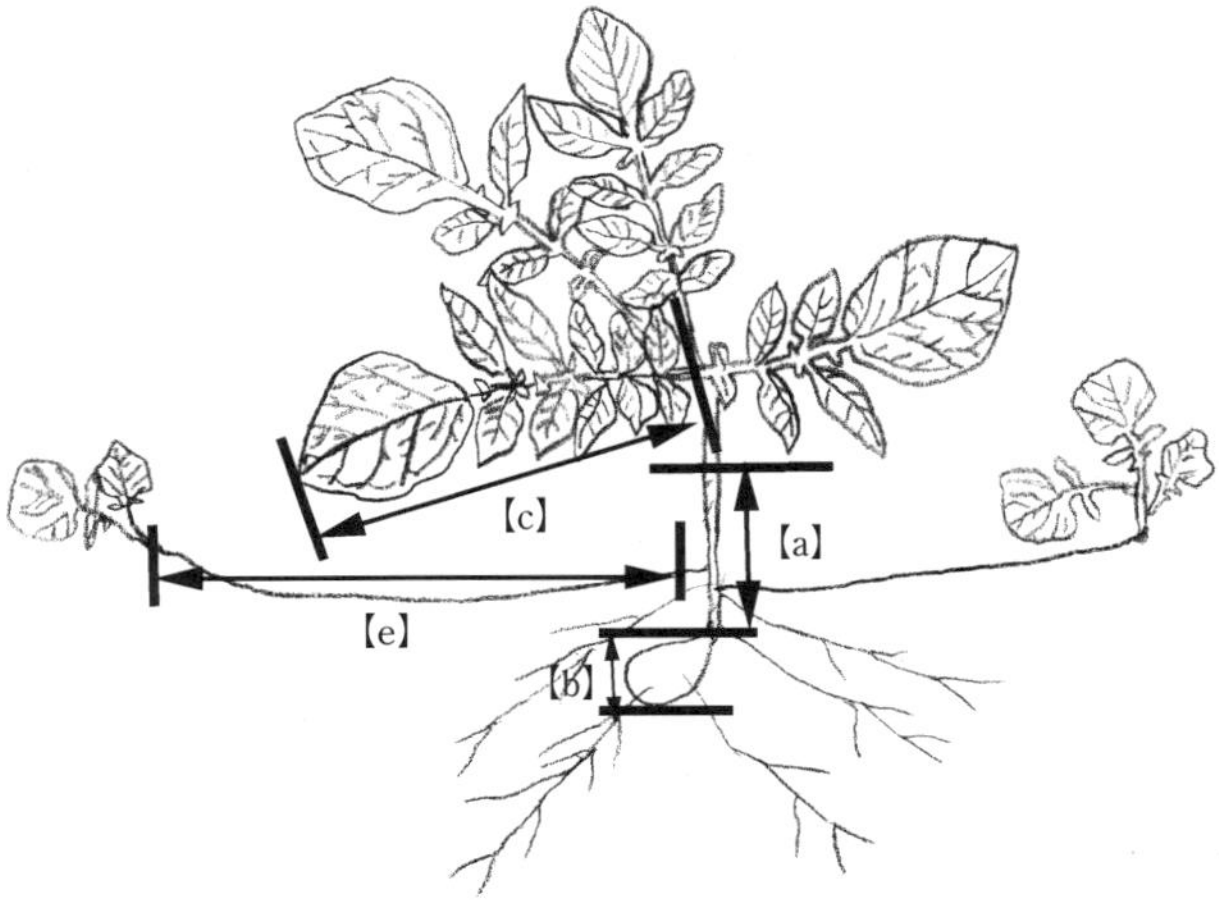

●**図６**　アカウレの計測項目
【a】親株の地下茎の長さ、【b】親株のイモの大きさ、【c】最長の葉の長さ、【d】ストロンでつながっている子株の数、【e】親株から子株までのストロンの長さ

トルであった。子株の数が増えるほど、親株から伸びるストロンは長くなる傾向にあった。たとえば、№12の個体は四本のストロンによって、放射状に子株をもっていた。親株と子株がつながっているストロンの長さは、二二〜三三センチメートルにおよんだ。ロゼッタ状に地面を被覆する葉の長さ【c】は四〜六センチメートルであったため、ストロンの長さは葉の長さを上回っていた。つまり、親株と子株の葉がお互いに重なりあって、光をめぐって競合するということはなかった。

つぎに、イモの大きさをみていこう。イモの大きさ【b】は、〇・九〜二・五センチメートルであった。糞の厚さが一センチメートル、糞に由来する土壌層が六センチメートルであったから、イモの大きさは、糞に由来する土壌層の厚さより大きくなることはなかった。また、地下茎の長さ【a】とイモの大きさ【b】の和【a＋b】も、最高で六・六センチメートルであり、糞と有機物層の深さの和七センチメートル以上になることはなかった。つまり、アカウレの地下茎は、旧地形面より深くに地下茎を伸ばすことはなく、有機物層の厚さよりイモが大きくなることもなかったのである。

表３　ビクーニャの糞場に生育するアカウレの形態

No.	地下茎の長さ【a】[cm]	塊茎の大きさ【b】[cm]	【a】+【b】[cm]	葉の長さ最長【c】[cm]	ストロンでつながっている子株の数【d】	子株までのストロンの長さ【e】[cm]
1	3.8	2	5.8	4	0	−
2	3.3	1.8	5.1	4.2	0	−
3	3.3	1.3	4.6	5	0	−
4	2.3	1.5	3.8	5.7	0	−
5	3.6	0.7	4.3	5	0	−
6	3.5	1.5	5	5.7	0	−
7	3.1	0.9	4	2.3	0	−
		1	4.1		0	−
8	2.8	1.5	4.3	5	0	−
9	4.6	2	6.6	6	0	−
10	1.5	2.5	4	5.3	2	① 29.5, ② 19.2
11	2.2	1.3	3.5	4.2	1	① 17.0
12	3.3	1.4	4.7	3.8	4	① 31.2, ② 32.5, ③ 22.3, ④ 23.5
13	3.4	1.5	4.9	5	3	① 13.3, ② 24.3, ③ 11.5

ビクーニャの糞場に定着するアカウレ

アカウレの地下茎は、糞や糞に由来する有機物層の厚さ以上に伸びることはなかった。また、イモがこれらの土壌層の厚さ以上に大きくなることもなかった。糞が堆積する土壌層の厚さは、イモや地下茎の伸長を制限する要因となっていたが、ビクーニャの糞場はアカウレが生育するうえで適した場所であるということが明らかとなってきた。その理由として、これまでみてきたように、大量の土壌養分が集積していること、孔隙の多い、いわゆる「ふかふか」とした土壌状態になっていること、そして直径一メートル以上の糞場に、親株は長さ二〇～三〇センチメートルのストロンを広げ、ストロンによって子株を生育させることができるということを挙げることができる。

このほかにも、ビクーニャの糞場がアカウレの生育に好ましいという理由をもうひとつ、指摘することができる。それは、糞場に糞尿を排泄するビクーニャが生息しつづけるかぎり、糞場には新しい糞が供給されつづけるという点である。典型的な例を、ひとつ挙げてみよう。

二〇〇五年二月中旬、パンパ・ガレーラスでは珍しく、雨が激しく降った。ふつう、五ミリメートル前後の降雨が一般的であるが、この時には昼下がりから夜半にかけ四〇ミリメートルの雨が降った。最初、雷をともないながら雨が降ったが、次第に雨は霰《あられ》に変化した。直径二～三ミリメートル大の霰が地表面をたたきつけ、地面に積もりはじめた。最終的に霰は五ミリメートルほど積もり、明け方には凍結した。その後、翌日の夜七時まで小雨が断続的に降りつづき、降りはじめからの雨量は七四ミリメートルとなった。雨水や解けた霰は緩やかな斜面を流れ下り、ビクーニャの糞場では糞が流水によって侵食を受け、流された。ビクーニャの糞場では、いわば地表面に糞が乗っているだけなので、侵食を受けやすい。侵食を受けた糞場では、アカウレのストロンが露出していた（写真7）。しかし、その二日後には、ビクーニャがその糞場に糞尿を排泄し、糞場には糞が供給されはじめた。糞尿の排泄によって、アカウレの生育環境が修復されはじめたのである。ビクーニャが糞を排泄するかぎり、糞場の土壌状態は維持され、アカウレにとっては安定した生育環境となっていた。アカウレは、このようなビクーニャの糞場において、二年以上にわたって生育しつづけ、ストロンを通じて栄養繁殖をおこなっていたのである。(注10)

もうひとつの繁殖戦略

さて、ビクーニャの糞場で栄養体繁殖を繰り返すアカウレが、新たな糞場にどのようにして定着できたのだろうか。それは、先述のようにアカウレが花を咲かせ、漿果を形成することと関係がある。つまり、アカウレは栄養繁殖だけではなく、花を咲かせ、種子繁殖もおこなうのである。アカウレは、ロゼッタ状に被覆する葉で保護するように、一〜二センチメートルほどの小さなプチ・トマトのような漿果（果実）を形成する。それは、アンデスの強い乾燥、風から漿果を守っているかのようである。漿果のなかには、多数の種子が存在する。

糞場に優占する植物は、ビクーニャによる食草から自分の身を守っていることが多い。イラクサ科（*Urtica magelanica*）は無数の鋭い棘をもち、人間が不用意に葉や茎をさわると、無数の小さな棘

●**写真７**　糞の侵食とストロンの露出。ビクーニャの糞やそれに由来する土壌は地面のうえに堆積しているだけであるため、雨やあられが激しく降ると侵食を受けやすい。これらの土壌層が侵食を受けると、アカウレのストロンが露出し、夜間の寒さと昼間の乾燥で損傷を受けやすくなる

注10　アカウレが群生し、イモが多数、埋まっている糞場には *Premnotrypes* spp. の幼虫が生息し、イモを食べていた。この幼虫は、体長一二〜一四ミリメートルまで成長する。この種は、アンデスで栽培されているジャガイモの害虫として有名であり、深刻な害を及ぼすことが知られている。その対策として、同じ耕作地でジャガイモを連作せず、害虫の個体数が減少するまでジャガイモの栽培を控えることが推奨されている（Pardavé 2004）。山本（一九八八）も、ジャガイモ栽培における休閑は、地力の回復よりも病気の防除に対して大きな効果があると評価している。しかし、糞場のアカウレは栄養繁殖によって同じ場所に定着しているため、病虫害の被害を受けやすい。植

が指にささり、二、三日のあいだ非常に痛い思いをしなければならない。バラ科（*Margiricarpus pinnatus*）も幹に大きな棘をもっており、ビクーニャがその葉を食べることはない。このような植物は鋭い棘をもち、物理的にビクーニャの食害から身を守っているのである。

アカウレも、ビクーニャによる食草から身を守っている。それは、植物体内に有毒成分のアルカロイドを蓄えることだと考えられる。アカウレは棘をもたない代わりに、有毒成分のアルカロイドを葉や茎、イモ、漿果にもつことによって、ビクーニャに食べられないよう、身を守っていたのである。[注11] イネ科やカヤツリグサ科、キク科、マメ科の草本が豊富な雨季に、ビクーニャがアカウレを好んで食べることはない。しかし、乾季になって、これらの草本が減少すると、アカウレの葉や漿果を食べる。これは、若い葉に大量に含まれているアルカロイドが、葉の生長と老化にしたがって減少する[文献10]のと関係があるようだ。ビクーニャは、アカウレの老化した葉や成熟した漿果を食べ、体内に取り込むと、漿果の内部にある種子を消化せず、種子はそのまま糞場に排泄される。排泄されたアカウレの種子は、ビクーニャの糞場に新たに発芽し、定着するのである。[注12] アカウレはその後、栄養繁殖によって、群落を形成する。

ジャガイモ遺伝子の「ゆりかご」

中央アンデスに生息する哺乳動物にはシカ科（*Hippocamelus antisensis*）、それより少し小型のシカ（*Odocoileus virginianus*）、肉食のアンデス・ギツネ[注13]やアンデス・ピューマ[注14]などが生息する。しかし、これらの野生動物は、特定の場所に糞を排泄することはなく、大きな糞場をつくることはない。三五〇〇メートル以上の標高では、ラクダ科の野生動物ビクーニャとグアナコだけが決まった場所に糞を排泄している。しかし、グアナコの糞場にアカウレが生育するのを見つけることは難しい。そ

物体に蓄積しているアルカロイドの存在は病虫害から身を防御するうえで、重要である。

注11　漿果に含まれるアルカロイドの含有量は、ナス属の種類や果実の部位によって大きく異なる。アカウレの漿果の部位とアルカロイドの含有量に関する研究はないが、アメリカ合衆国の南東部に広く自生するナス属の二種（*S. americanum* と *S. carolinesnse*）を研究した報告（Cipollini and Levey 1997a）では、前者の漿果にはほとんどアルカロイドが含まれないのに対して、後者の漿果には乾燥重量で一〜七％という大量のアルカロイドが含まれていた。部位については、果肉の部分に有毒物質が多く含有されている一方で、果皮や種子には有毒物質はほとんど含まれない。漿果がアルカロイドをもつことによって、カビや菌類などの腐植、あるいはウィルスによる病害から種子を守ることができるという効果がある（Sinden et al. 1973,Cipollini and Levey 1997a）。また、Cipollini and Levey (1997a) によると、漿果が成熟するにつれてアルカロイドの含有量がどのように変化するのかナス属全種について解明されて

れは、グアナコの現在の生息域がアンデス山脈のなかでも乾燥した西側斜面に偏っているためである。パンパ・ガレーラスの近隣においては、グアナコの行動圏は乾燥した場所が多く（写真8）、アカウレがグアナコの糞場に定着するのは難しいようである。

ビクーニャの生息域は、標高三五〇〇メートル以上のアンデス中央部である。一方、アカウレをはじめとするジャガイモの祖先野生種の分布域は、アンデス中央部の標高三五〇〇～四六〇〇メートルであり、ビクーニャの生息域にほぼ重なる。現時点では、アカウレのみに焦点をあてて調査を進めているが、ジャガイモの祖先野生種はビクーニャの糞場に定着した種ではないかと考えられる。ビクーニャの糞場は大量の土壌養分を集積し、ジャガイモの祖先野生種であるアカウレの遺伝子バンクを形成してきたのである。

ジャガイモの祖先野生種がビクーニャの糞場に生育してきたという仮説にもとづくと、冒頭に記した疑問点は理解しやすくなる。ジャガイモの芽や皮に有毒成分が多いのは、生育に重要な芽やイモを食害から守ることだと考えられるし、ビクーニャの糞場は傾斜角の緩やかな斜面に多く、栽培種が緩斜面を好むのと符合する。栽培種のジャガイモが透水性や通気性のよい土壌を好み、カリウ

●**写真8**　グアナコの糞場。パンパ・ガレーラスにおけるグアナコの生息域はビクーニャのそれよりも西方に位置し、乾燥が強まる。糞場の周辺ではイネ科の草本が減少し、バラ科の *Margiricarpus pinnatus*　(L.)　K.といった棘のある植物が多く分布する。15か所のグアナコの糞場に集積する糞の重さを計測したところ、多くても15 kgほどであり、ビクーニャと比較すると少なかった

いないものの、これら二種では漿果の成熟とともにアルカロイドの含有量が減少するという報告がなされている。また、鳥類（コマツグミやコリンウズラ）や哺乳動物（キタオポッサム、シカネズミ）は アルカロイドの含有量の多い *S. carolinense* よりも、含有量の少ない *S. americanum* の方を好むことが報告されている(Cipollini and Levey 1997b)。

文献10　**Sinden et al. 1973.**

注12　パンパ・ガレーラスの草原では、ウシやヒツジ、ヤギ、ロバ、ウマが放し飼いにされている(写真A)。乾季には、飼料となる牧草が不足するため、放し飼いにされる家畜の頭数は多くなる。夜間には、コラル（corral）とよばれる家畜囲いに家畜は入れられる。これらの家畜もアカウレの漿果を食べるため、家畜囲いには家畜の糞尿が集積する一方で、アカウレの種子が散布され、群落が形成される。家畜によるアカウレの種子散布は、Johns and Keen（1986）によっても報告されている。

注13　*Pseudalopex culpaeus*

注14　*Puma concolor*

ムやリン酸といった養分を多く必要とするのも、ビクーニャの糞場の土壌環境と一致する。今後、アンデス山脈を広く見て回り、慎重に検証していかねばならないが、ジャガイモと糞との不思議な関係は、ラクダ科動物――とくにビクーニャ――の糞場に祖先野生種が生育するということからはじまるように思われる。

●写真A　パンパ・ガレーラスで放し飼いにされる家畜

引用文献

Brush, S. B., Carney, H. J. and Huanman, Z. 1981 Dynamics of Andean potato agriculture. Economic Botany 35 (1): 70–88.

Cipollini, M. and Levey, D. 1997a Antifungal activity of Solanum fruit glycoalkaloids: implications for frugivory and seed dispersal. *Ecology* 78 (3): 799–809.

Cipollini, M. and Levey, D. 1997b Why are some fruits toxic? Glycoalkaloids in *Solanum* and fruit choice by vertebrates. *Ecology* 78 (3): 782–798.

Correl, D. S. 1962 The potato and its wild relatives: section tuberarium of the genus *Solanum*. Texas Research Foundation.

Hawkes, J. G. 1990 The potato: evolution, biodiversity and genetic resources. Belhaven Press, London.

Johns, Timothy and S. L. Keen. 1986 Ongoing evolution of the potato on the Altiplano of western Bolivia. Economic Botany 40 (4): 409–424.

Osman, S. F., Herb, S. F., Fitzpatrick, T. J., and Schmidiche, P. 1978 Glycoalkaloid composition of wild and cultivated tuber-bearing Solanum species of potential value in potato breeding programs. *Journal of Agricultural and Food Chemistry* 26: 1246–1248.

Pardavé, C. 2004 Cultivo y comercialización de papa. Editora Palomino. Lima.

Pulgar Vidal, J. 1996 *Geogrfía del Perú. Promoción* Editorial Inca S. A. Lima.

Sinden, S. L., Goth, R. W. and O'Brien, J. J. 1973 Effect of potato alkaloids on the growth of Alternaria solani and their possible role as resistance factors in potatoes. Phytopathology 63: 303.

Ugent, D. 1981 Biogeography and origin of *Solanum acaule* Bitter. Phytologia 48: 85–95.
Werge, R. W. (1979) Potato processing in the central highlands of Peru. *Ecology of Food and Nutrition* 7: 229–234.
梅村芳樹『ジャガイモ――その人とのかかわり』古今書院、一九八四年。
星川清親『新編　食用作物』養賢堂、一九八〇年。
ベルトルト・ラウファー『ジャガイモ伝播考』（福屋正修訳）博品社、一九三八（一九九四）年。
山本紀夫「中央アンデスにおけるジャガイモ栽培と休閑」『農耕の技術』一一号：六四―一〇〇、一九八八年。
山本紀夫『ジャガイモとインカ帝国――文明を生んだ植物』東京大学出版会、二〇〇四年。

第二章四節

知られざるアンデス高地の雑穀——キヌアとカニワ

Yuji Toukura 藤倉雄司
Akio Hongo 本江昭夫
Norio Yamamoto 山本紀夫

中央アンデスのペルーとボリビアの国境付近にあるティティカカ湖周辺は、標高三八〇〇メートルあまりもある高地となっている。この湖周辺では、アンデス由来の多くの作物や家畜を見ることができる。中央アンデス高地で家畜化されたものとしてはリャマやアルパカなどのラクダ科動物が知られているし、作物ではジャガイモをはじめ中央アンデス高地原産の作物が少なくない。キヌア(注1)は、こうしたアンデス特有の作物の一つである(写真1)。双子葉のアカザ科植物なので、厳密な意味で穀類ではないが、子実を利用する方法から雑穀の一つとして知られている。スペイン人による侵略以前には、アンデス山脈全域で栽培されていた。その後、ジャガイモは世界中に広がり利用されるようになったが、キヌアは注目されることなく、アンデス山脈の環境条件の厳しい地域でひっそりと栽培され続けてきた(写真2)。ところが、近年、キヌアの子実は、高タンパクであり、しかも穀類とくらべて二〜三倍ものアミノ酸を含むことが知られるようになり、ア

●**写真1** ケチュア族の女性とキヌア(*Chenopodium quinoa*)。キヌアには草丈、花序の形態などに変異が大きく草丈には数十cmくらいから2m近いものまである。ローカル品種、パサンカジャ(Pasankalla)。ペルー、プノ県ビルケ村にて撮影

注1 キヌア(*Chenopodium quinoa*)。

ンデス諸国の政府機関や国際機関が関心を寄せるようになっている。日本においても、健康食ブームや雑穀ブームの中で、キヌアが販売され注目を集めはじめている。最近では、十穀米などと称して、コメと一緒に、アワやムギなどを混ぜてご飯を炊くことがあるが、これにキヌアを加える人も出てきている。また、コムギやダイズアレルギーを持つ人たちへの、代替食料としても注目され、キヌアの種子をつぶした粉を使い、パンを焼いたり、キヌアを大豆の代わりにして醤油を作り販売する人も出てきている。

筆者たちの観察によれば、キヌアは栄養価が高いだけではなく、他にも大きな特徴をもっている。それは、環境に対する適応性、とくに乾燥や寒さに対する大きな適応性をもつことである。キヌアは、アンデス山脈の赤道付近から、チリやアルゼンチンまで栽培されていることからも、優れた適応性を持つことがうかがえる。しかし、アンデス山脈におけるキヌアの栽培や利用に関する情報はきわめて乏しい。また、中央アンデス高地ではキヌアに近縁のカニワ[注2]（写真３）も雑穀として利用されているが、このカニワの栽培や利用についての情報はさらに乏しい。そこで、本節では、ペルー、ボリビア、チリでの現地調査で得られた資料をもとに、キヌアおよびカニワの栽培と利用について報告する。

●**写真２**　チリ領カリキマ村標高 3800 m 付近のキヌア畑

注２　カニワ（*C. pallidicaule*）。

アメリカ大陸のアカザ科雑穀

キヌアやカニワを含むアカザ科植物は、世界に約一〇〇属一五〇〇種あり、乾燥地や海岸の塩性地に生育するものが多い。アカザ科の中で食用にされるものとしては、ホウレンソウ[注3]、テンサイ[注4]、日本では東北地方で食べられるトンブリ[注5]などがある。アカザ属に限ってみると、世界中で耕地雑草となっているアカザ[注6]が、インド亜大陸において葉野菜や雑穀として利用されている。また、世界各地では、ハマアカザ属やマツナ属などが飼料作物として利用されている。北海道の海岸線を真っ赤に染めるアッケシソウ[注7]も、アカザ科の植物である。

アメリカ大陸では栽培化された三種類のアカザ属植物が知られている。アンデス山脈のキヌアとカニワ、さらに中米で古くから栽培されてきたウアウソントレである[注8]。アステカ王国の時代、年に一度納める税の一つはウアウソントレであり、重要な作物であったことがうかがえる。しかし、スペイン人による侵略後、その重要性は低下し、現在は栽培も一部地方に限られている。雑穀としての利用のほかに野菜[注9]としても利用されている。

●**写真3**　カニワ。キヌアよりも草丈が小さいが、種実には苦み成分のサポニンを大量に含む。生育が進むにつれて、葉や茎の色に変異がみられる。ペルー、プノ県ワンカネ村にて撮影

注3　ホウレンソウ（*Spinacia oleracea*）。

注4　テンサイ（*Beta vulgaris*）。

注5　トンブリ（*Kochia scoparia*）。

注6　アカザ（*C. album*）。

注7　アッケシソウ（*Salicornia europaea*）。

注8　Wilson（1979）等により、ウアウソントレは、*C. berlandieri* ssp. *nuttalliae*、北米雑草種は*C. berlandieri* ssp. *sinuatum* と *C. berlandieri* ssp. *zschackei* にするという学名変更が提起されたが、本節ではSimmons（1965）の分類に従い、ウアウソントレは*C. nuttalliae*、北米雑草種は*C. berlandieri* とした。

中南米で利用されているアカザ科雑穀の特徴を表1に示した。キヌアとウアウソントレは、草型、葉、花序などの形態が似ている。ともに、草丈は高く、大きな花序を発達させる。一方、カニワは、草丈が低く、多くの分枝をつけ、耕地を覆い隠すように生育する。キヌアとウアウソントレの花は容易に見ることができるが、カニワの花は葉に包まれて隠れているため外部から見ることは困難である。種子の大きさは、カニワ、ウアウソントレ、キヌアの順で大きく、キヌアの種子は二・三ミリメートルに達するものもある（図1）。種子の色は、キヌアのそれが淡黄色であるのに対して、ウアウソントレは暗赤色、カニワは褐色である。そして、これらの三種はいずれも種子の表面に苦み成分であるサポニンを付着させている。

これらのアカザ科雑穀が栽培され

表1　アカザ科雑穀の特徴（文献1を一部改変）

	カニワ *C. pallidicaule*	キヌア *C. quinoa*	ウアウソントレ *C. nuttalliae*
草型	低く多い分枝	高く少ない分枝	高く少ない分枝
葉	小さくてなめらかな波状、幅が広く厚い	多様な形態、波状—歯状で比較的広く、先端へ向けて狭くなり、先端は鋭い歯状	キヌアに比べてより鋭い歯状で、小さくて狭い
花序	多数の小さな花 葉に隠されている	伸出した草質な円錐花序	伸出した草質な円錐花序
花	両性花、時には閉鎖花	雌性両性花同株または雌性両性花異株	雌性両性花同株
花被片数	5	5	5–8
雄蘂	1–3	5	5(–7)
子実	直径 1.0 〜 1.2 mm 円周部分は円形	直径 1.7 〜 2.3 mm 平ら、または円周に添って窪んだ溝あり	直径 1.5 mm 平ら、または円周に添って窪んだ溝あり
花被	粗剛でもろい	なめらかで堅く、淡黄色	なめらかで堅く、暗赤色
染色体数	$2n=2x=18$	$2n=4x=36$	$2n=4x=36$

注9　ウアウソントレは、穀類として利用される系統の他に、野菜としてホウレンソウのように利用する系統、ブロッコリーのように花序を利用する系統がある。花序の収穫が遅れると、サポニン含量が高まり苦味が強く食べられない。

文献1　Simmonds 1965.

ている畑では、しばしばアカザ科の随伴雑草がみられる。雑草種は、栽培種にくらべて分枝が多く、種子が黒い。このようなアカザ科の随伴雑草をアンデスの人たちはアジャラ（ケチュア語）またはアラ（アイマラ語）(注10)とよび、ときに食糧として利用することもある。

これらのアカザ科植物の染色体数についても述べておこう。キヌアとウアウソントレは染色体数三六本の複二倍体、カニワは染色体数一八本の二倍体である。南アメリカの雑草種(注11)としては染色体数三六本の二種と、染色体数一八本の一種がある。北アメリカの雑草種(注12)は一種のみで、染色体数は三六本である。なお、キヌアやカニワの起源については未だ明らかにされていない(注13)。

キヌアとカニワの分布

キヌアとカニワは、かつてはアンデス全域で広く栽培されていたが、現在では、おもに中央アン

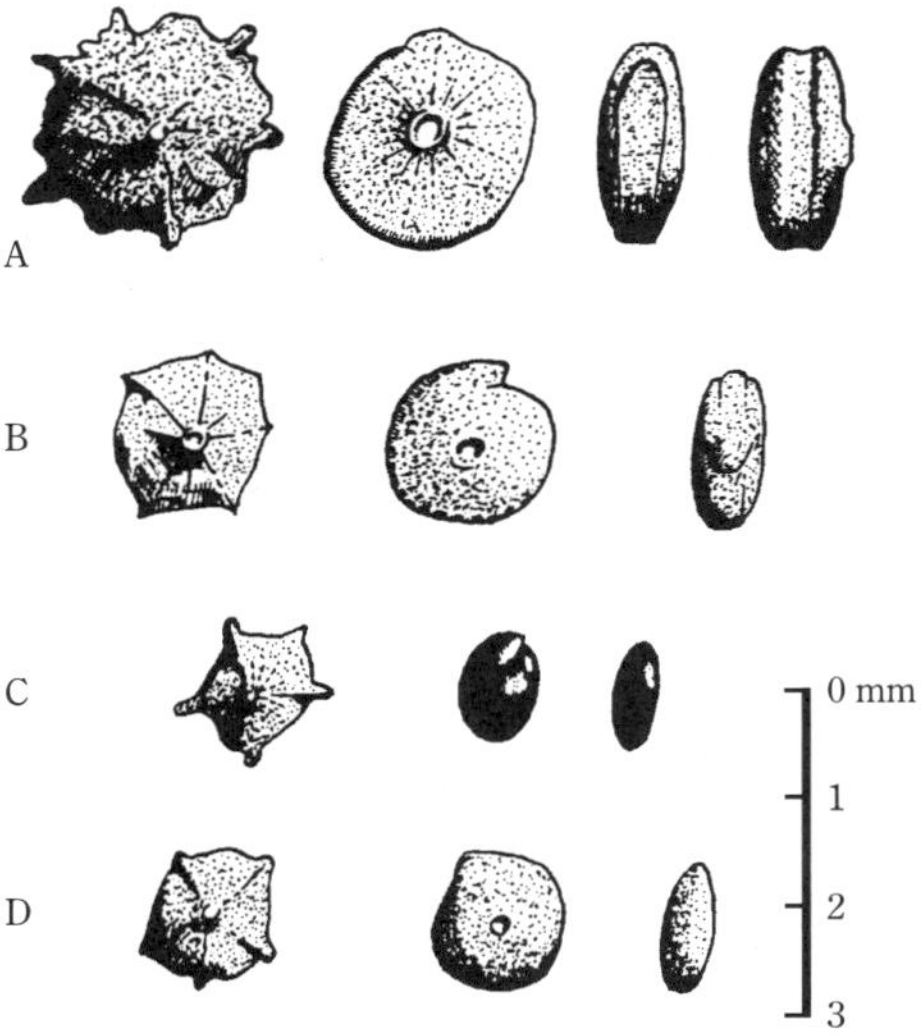

●図１　子実の形態
A：キヌア、B：ウアウソントレ、C：カニワ、D：対照としてのアカザ
左側：花被に包まれた子実、右側：花被を取り除いた子実
（文献１より引用）

注10　アジャラは、ケチュア語で、黒い、棒、死人などの意、アラは、アイマラ語で、野生の意。

注11　南アメリカの雑草種としては染色体数三六本の二種（*C. hircinum*, *C. quinoa* ssp. *melanospermum*）と、染色体数一八本の一種（*C. petiolare*）がある。

注12　北アメリカの雑草種は一種（*C. berlandieri*）のみで、染色体数は三六本である。

注13　考古学的にはアカザ科植物の種子は中央アンデスの先土器時代（紀元前一六〇〇年頃）以前から利用されていたことが知られている（文献２）。

文献2　Pearsall 1989.

デスで栽培されているだけである(図２)。カニワは中央アンデスのなかでもペルー中南部からボリビアにかけての中央アンデス中南部高地に分布がほぼ限定され、キヌアよりもさらに標高の高い地域や寒さの厳しい地域で栽培されている。キヌアは、四つの栽培品種群（アルティプラノ型、塩地型、谷型、海岸型）と、野生種の集団である亜熱帯型に分けることができる。[文献3] ここで、栽培種の四つの品種群の分布と栽培環境についてふれておきたい。

標高四〇〇〇メートル前後の高原地帯のことを現地の人たちは一般にプナとよび、とくにプナのなかでもティティカカ湖畔の広大な高原地帯をアルティプラノとよぶ。ここで栽培されているのがアルティプラノ型のキヌアで、ティティカカ湖を中心としたプナにおいてもっとも多く栽培されている。このプナではジャガイモやオカ、オユコなどのイモ類も栽培されているし、リャマやアルパカなども放牧されている。いずれも寒冷高地に適した作物や家畜である。図３にティティカカ湖畔に位置するプノ市の気象データを示した。年間の平均気温は摂氏九・七度で、七月には平均最低気温はマイナスに達し、日較差が大きくなっているのがわかる。キヌアとカニワは、こうした寒冷高地に適した作物とみてよさそうである。

実際に、キヌアやカニワは零下三度までの低温に耐えられるという報告がある。[文献4] わたしたちがティティカカ湖畔でおこなった栽培実験では気温が零下五度まで下がってもキヌアやカニワは枯死することはなかった。とくに、カニワは耐寒性が強く、キヌアがほとんど栽培できない標高四〇〇

●図２　キヌア栽培の分布図（文献５より引用）

文献３　Tapia 2001.
文献４　Risi & Galway 1984.
文献５　Tapia et al. 1979.

〇メートル以上の高地でもカニワの栽培がみられる。中央アンデスでは、耐寒性の強いジャガイモでさえも標高四〇〇〇メートルを超すとルキあるいはパパ・アマルガとよばれる特異なジャガイモに栽培が限られる(注14)。

キヌアやカニワは耐寒性があるだけでなく、乾燥にも強く、きわめて乾燥した地域でも栽培されている。ティティカカ湖畔あたりの年間降水量は五〇〇ミリメートル程度と少ないが、そこから南下したボリビア中部にあるウユニ地方では年間の降水量が二〇〇ミリメートルと乏しく(図4)、きわめて乾燥した地域である。このウユニ湖周辺のポトシ県からオルロ県にかけてがもう一つの生産地の中心地となっている。この地域では、乾季などは一木一草生えていない砂漠のような景観を呈しているが、ここでもキヌアが栽培されている。しかも、ここではアンデス高地の主作物であるジャガイモは副次的に栽培されるだけであり、キヌアが主作物になっ

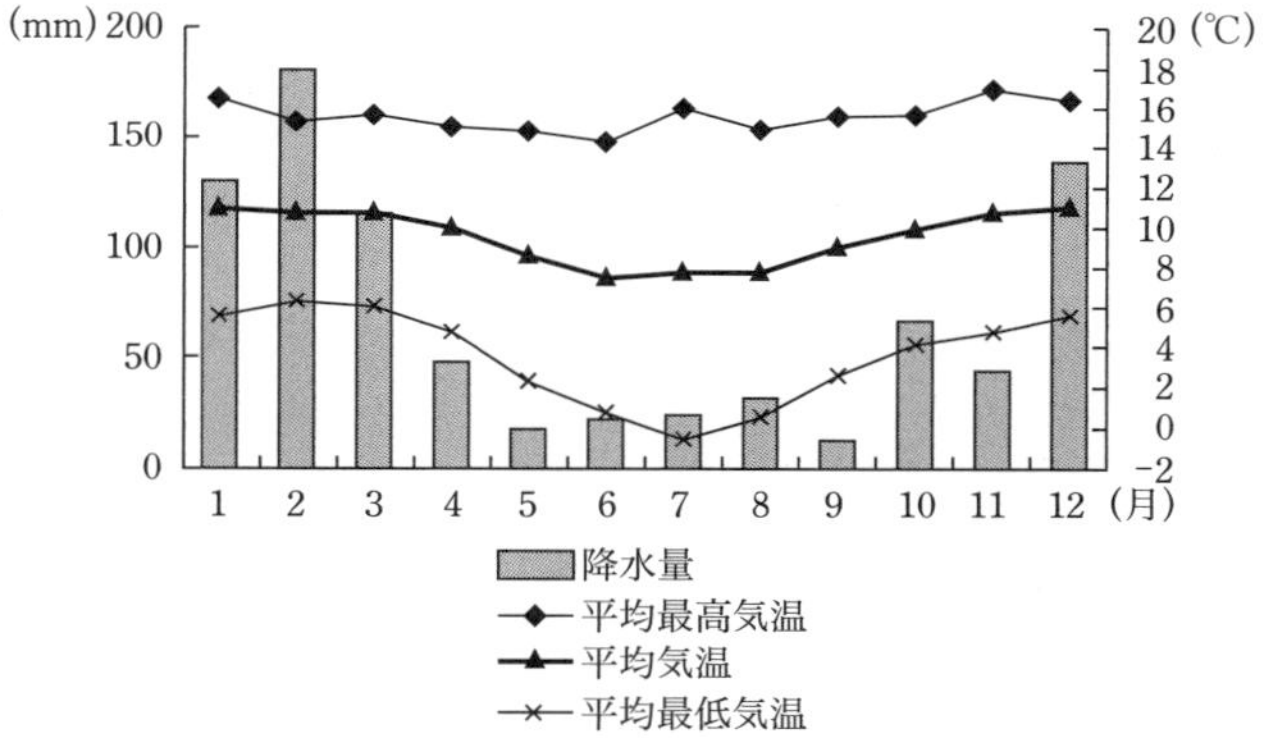

●図3　プノ市における月別平均気温と降水量（2002年, 文献6）

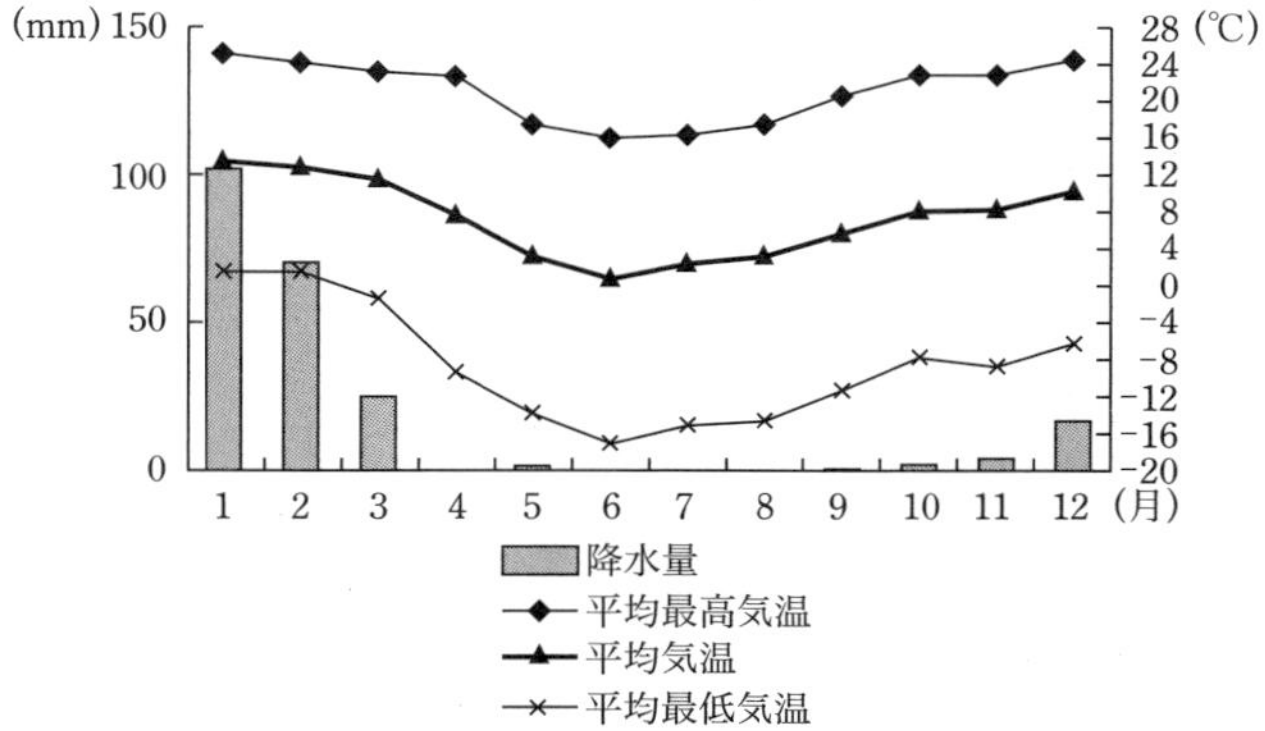

●図4　ウユニ市における月別平均気温と降水量（1997-2001年）
(Servico nacional de meteorología e hidrología)

注14　第二章二節参照。

文献6　Senamhi 2002.

ている。これは、キヌアが寒さや乾燥に強いという理由だけではなさそうである。それというのも、気温が低く、乾燥しているところはアンデスではウユニ地方以外にもあるのに、キヌアを主作物にしているところは他にないからである。じつは、ウユニ地方は塩分を含んだ土壌が多く、キヌアは耐塩性もありそうなのである。実際に、ヤコブセンたち[文献7]は、海水を希釈した塩水を用いて栽培実験をおこない、ウユニ湖周辺のキヌア品種は塩生植物のような反応を示すことを明らかにしている[注15]。これが、塩地型のキヌアである。ウユニ湖の北側には、コイパサ湖というもう一つの塩湖がある。ここにはチパヤ族の人びとが住んでいるが、彼らの主食はキヌアで、古くから塩に強いキヌアを栽培し続けてきたといわれている（写真4）。

コロンビア、エクアドルの赤道付近から、ペルーのクスコにかけては、比較的標高の低い二二〇〇〜三六〇〇メートル付近の谷で栽培される、谷型のキヌアがある。これは生育期間が長く、トウモロコシ、ジャガイモ、ソラマメなどと混作されている。

チパヤ族同様に、現在の栽培地から離れた辺境地において、キヌアを古くから栽培し続けた人びとがいる。それは、チリの海岸型キヌアを守ってきたマプーチェ族の人びとである。マプーチェ族は、チリの中部以南に居住した先住民族で、インカ帝国には征服されなかったが、スペイン人に侵

●**写真4**　ウユニ地方のチパヤ族による伝統的なキヌアの播種風景。ほとんど砂漠のような乾燥地であるがキヌアは栽培できる。タキサという鋤で穴をほり直播する。ボリビア、オルロ県コイパサ塩地にて撮影

文献7　Jacobsen et al. 2001.

注15　塩生植物とは、塩分の多い土壌に生育する植物をさし、海岸線や塩田跡地などに生える耐塩性の植物をいう。代表的なものにマングローブがある。

略された。その後も、チリ政府による弾圧を受けてきた。チリのキヌア栽培は、地中海性気候の乾燥した夏に栽培されている。土壌は、火山灰土壌でpH五・五程度のところが多い。南緯三八度付近の海岸近くで栽培され、キヌアはキンワ、随伴雑草はキングィージャとよばれている。(注16)

このように、キヌアの栽培の中心は、ティティカカ湖周辺のアルティプラノではあるが、アンデス山脈の各地において、チパヤ族やマプーチェ族などの少数民族により栽培され続けていることがわかる。

注16　チリでは、マプーチェ族の人々が栽培しているキヌア以外にも、パレドネス地区ではキヌアの生産者組合が組織され、海外への輸出をおこなっている。年間輸出量は六〇トン程度である。

キヌアとカニワの栽培

筆者たちが中央アンデスで見たところ、キヌアをもっとも広く、しかも多様な品種を栽培しているところはティティカカ湖畔であった。そこで、わたしたちはペルー領ティティカカ湖畔に位置するポマタ郡のバタジャ村とランパグランデ村、プノ郡のビルケ村でキヌアおよびカニワの栽培と利用に関する実態調査をおこなった（図５）。なお、ティティカカ湖畔では、ペルー領のプノ市を境にして南部にはアイマラ語を母語とするアイマラ族、北部にはケチュア語を母語とするケチュア族の人びとがおもに生活しており、バタジャ村と

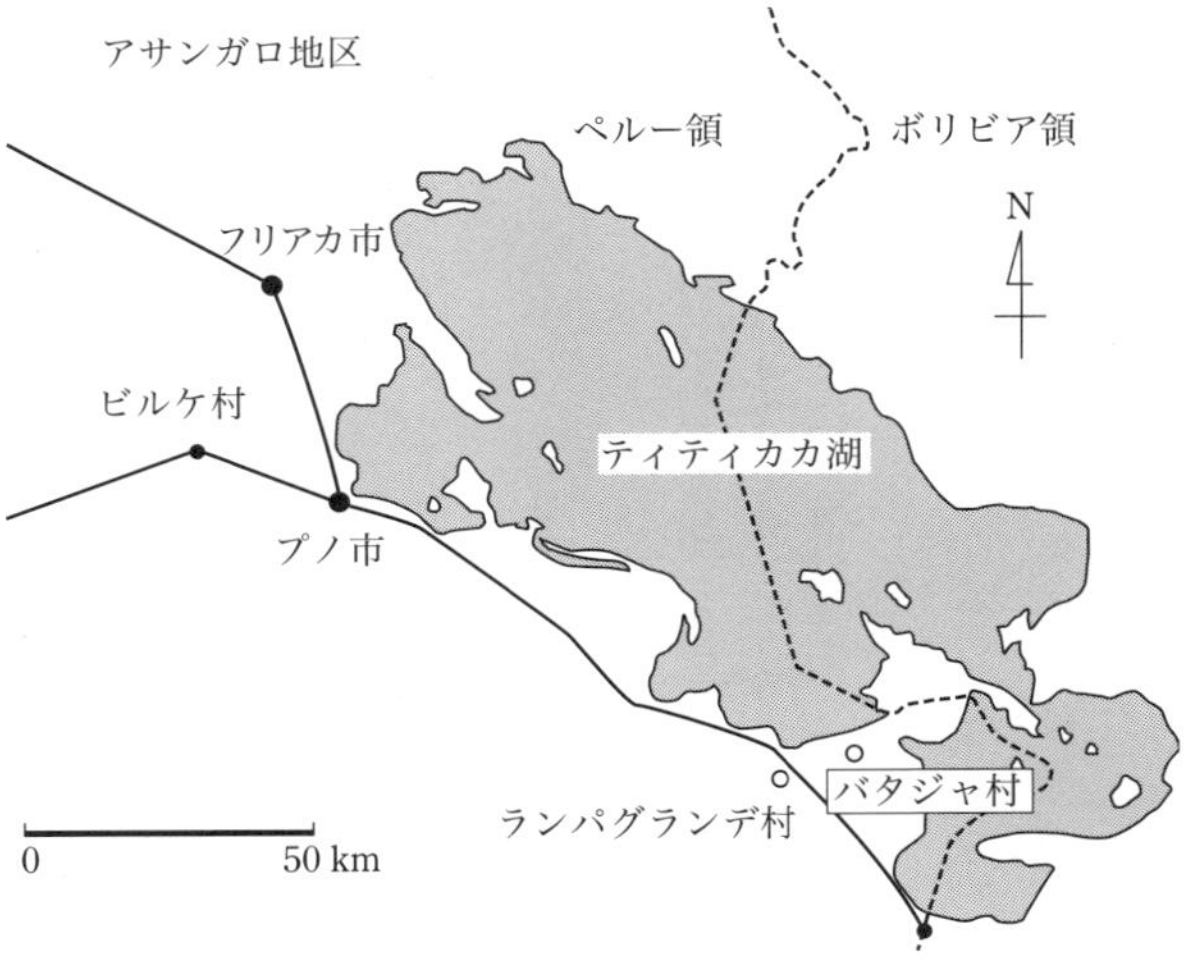

●図５　ティティカカ湖周辺および調査地の地図

ランパグランデ村はアイマラ族の集落であり、ビルケ村はケチュア族の集落である。

まず、キヌアが栽培される耕地について述べておこう。バタジャ村やランパグランデ村の村民がキヌア栽培に使う耕地は個人所有のものではなく、コムニダ（共同体）[注17]とよばれる地域社会の共同耕地[注18]である。この共同耕地はアイマラ語でアイノカ、ケチュア語でスーヨやマンダなどとよばれ、中央アンデス高地の伝統社会では一般的なものである。そして、この共同耕地での播種や収穫などはコムニダの村会で決められるなど、さまざまな規制がある。また、この共同耕地では輪作システムがとられている。

（1）アイマラ族の共同耕地アイノカ

ティティカカ湖周辺においてキヌアの調査を進めていると、コムニダ（共同体）とよばれる地域社会のシステムがしっかり機能し、共同耕地による輪作が維持されているところほど、キヌアやカニワの品種数が多く、また伝統的な利用方法も残っていることが見えてきた。そこで、ポマタ郡のバタジャ共同体（Comunidad campesina de Vatalla）において詳しい調査をおこなった。

バタジャ共同体は、一四八世帯、約四〇〇人で構成され、この共同体はさらに八つのセクター（Sector）に分けられている。それぞれのセクターは二〇家族前後で構成されている。共同体のおもな役割は、集落単位での共同作業の実施、治安維持、アイノカの管理、家畜の管理（アイノカへの家畜侵入を防ぐ）等があげられる。毎日交代で一つのセクターが地域内を巡回し、不審者がいないか、また、家畜が共同耕地に入っていないかを見張っている。実際に、私たちも調査中に、不審者と思われ、何をしているのか尋問されたことがある。

この共同体は、東西に細長い形をしており、このうち西半分は傾斜地のため耕地としては利用されていない（図6）。共同耕地は、傾斜地に沿うように五か所に区分され、五年の周期で輪作がおこ

注17　ペルーにおけるコムニダは、一般に地縁血縁的な色彩の濃い村落共同体のことである。

注18　中央アンデス高地の輪作システムでは一年目の耕地にジャガイモを栽培するのが一般的である。これは、中央アンデス高地の住民の多くがジャガイモを主食にし、ジャガイモをもっとも重要な作物にしているためであると考えられる。この輪作システムについて詳しくは山本（一九八八）を参照のこと。

なわれている。また、家の周辺にある小規模な農地では、各個人が自由に作物を栽培することができる。

バタジャ村の輪作システムは以下のとおりである（図7）。まず、一年目の耕地にはジャガイモを栽培する。(注19) 二年目にキヌアまたはカニワ、三年目にソラマメ、四年目にオオムギまたはエンバクを栽培し、五年目は休閑地とする。施肥は、輪作一年目のジャガイモを栽培するときにのみおこなわれ、ヒツジ、ウシ、ラクダ科家畜のアルパカなどの糞を肥料として使っている。ジャガイモは主食なので肥料を入れて収量を確保するのである。キヌアは前年のジャガイモ畑の施肥効果を引き続き利用して生産する。三年目のイネ科作物は、そのほとんどが家畜の飼料として使われるため施肥することはない。共同体のメンバーに案内してもらい、各作物の輪作地の面積を調べてみると一八〜二六ヘクタールであった。これは、外周を計測したも

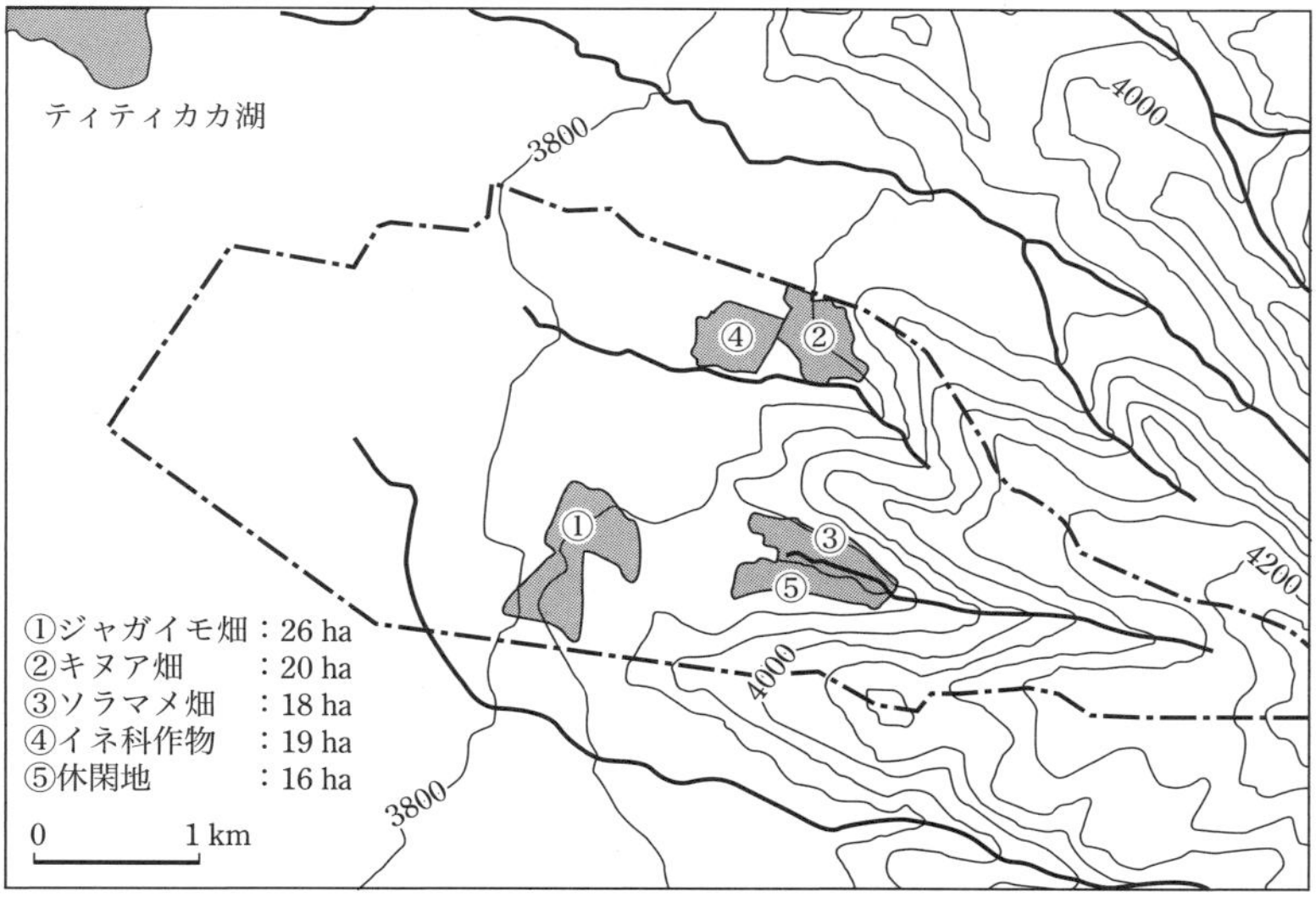

●図6　バタジャ村の共同耕地

注19　休閑を終え、ジャガイモ栽培をはじめる年は、三月末の雨季の終わりに、土壌が柔らかいうちに一度目の耕起をおこなう。続いて、乾季明けの九月はじめからは、キヌアと同じように耕起を数回繰り返し、播種床を準備する。施肥は播種直前におこなう。

のなどで実際にはそれぞれ二五ヘクタール程度と考えられる。ジャガイモやキヌアの輪作地はこれらの作物が食料としてより重要なため無駄なく使われているが、他の作物では、各世帯の割り当て地の中で利用していない箇所もみられた。共同体のリーダーによると、村から都会に出て、アイノカを利用しない人もいるという。

　こうした共同耕地を用いた伝統的な土地の管理は、以前はどこでもみられたが、最近では、このしくみが壊れてきているところがある。たとえば、ティティカカ湖畔のプノ市近郊の幹線道路沿いにあるケチュア族の村では、共同耕地はすでに存在しないところもある。

　アイノカを維持している共同体では、キヌアの多様な品種を維持しているだけではなく、キヌアとカニワを含む多様なアカザ属植物を見ることができる。標高の低い順に見ていくと、ティティカカ湖畔には、湖の水位が下がる時期にチョカチワ[注20]とよばれる野草が湖畔に芽を出してくる。これは、鳥の野菜を意味する二倍体の野草で、種子は湖畔へやってくる野鳥のエサになっている。キヌアの畑には、アジャラやアラとよばれる、三種のアカザ属の随伴雑草種がある。この中には、伝統的な農法を維持している地域でのみ見ることできる雑草種も含まれている。[注21]集落周辺においてよく目にするパイコ（アリタソウ）[注22]とよばれている野草は、薬草として使われ

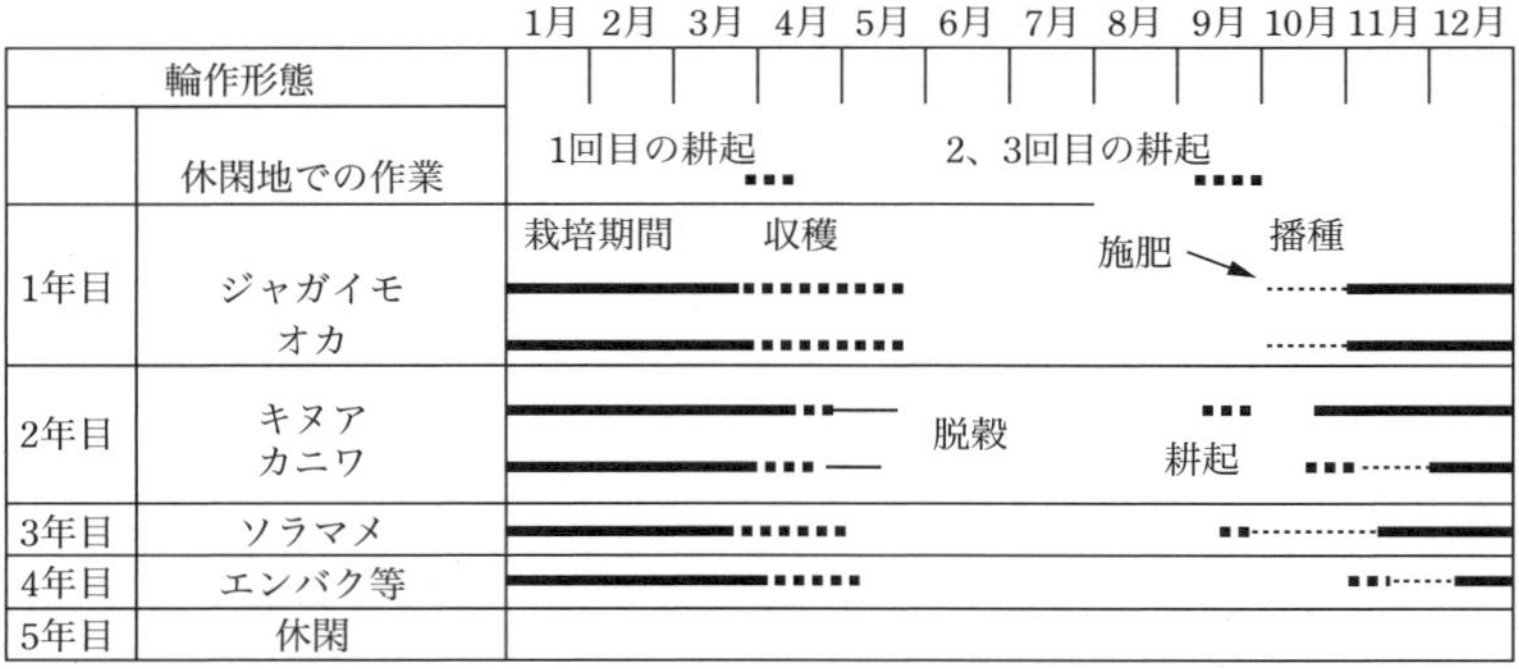

●図７　バタジャ村における栽培カレンダー

注20　*Chenopodium carnosulum*

注21　*Chenopodium petiolare* は染色体数一八本であまりみられない雑草種である。

ている。さらに標高をあげていくとカニワが栽培され、ここにも先程と同様の随伴雑草がみられる。また、カニワの栽培地周辺には、ママカニワとよばれている雑草性のカニワがある。この雑草は、学名はカニワと同じとされているが、播種していないのに生えてくることや、種子が黒いことなどから、栽培種とは区別されている。また、伝統農法を維持している共同体では、これらの多様なアカザ科の野生種も食用や薬用として利用されている。このため、こうした近縁種の多様性の維持に大きく貢献しているようだ。

(2) 播種から収穫まで

バタジャ村では、灌漑はおこなわれておらず、天水のみによる農業である。そのため、農作業は雨季のはじまりに合わせ、九月末から一〇月末にかけてジャガイモとキヌアが最初に播種される。生育期間の短いカニワや家畜飼料用に栽培されるイネ科作物はその後に播種される。キヌア栽培の前年には輪作によりジャガイモが栽培されているため、播種床の準備は、休閑していた場所にくらべると簡単である。雨季のはじまりに雨が降り、土壌が柔らかくなるのを待ってから耕起をはじめる。ユンタという犂を二頭のウシに引かせ耕していく。この作業は、土の状態を見ながら、大きな土の塊がなくなるまで二、三度繰り返しおこなう。播種は、犂でできた畝に沿うようにおこなわれるが、畝の中央に播くというよりは、散播に近い播きかたをする。カニワの場合、播種面積が小さく、完全な散播なので畝はみられない。また、カニワはキヌアよりも寒さに強いため、集落に隣接する共同耕地とは別に、さらに標高の高いところにある飛び地で栽培される場合もある。

各農家は、前年に自家採取した種子を翌年の播種に利用している。共同耕地を利用する農民は、各世帯が多数の品種を植えるため、キヌア耕地全体としては数多くの品種が栽培されることになる。これは、キヌアやカニワの多様性を維持するとともに自然災害からの危険分散も兼ねている。

注22　パイコ(*Chenopodium cambrosioides*)。

播種した種子に、覆土はしない。(注23) 播種後の雨や風により種子は土壌の間隙に入り込んでいくからである。雨が一度降ると、それから五、六日後には発芽してくる。これまでのキヌアに関する文献では、生育期間は一四〇〜二一〇日とされているが、播種後すぐに充分な降雨があった場合には、この生育期間は短縮されるようである。私たちがおこなった発芽実験では、キヌア、カニワともに水分条件さえ良ければ、正常な種子は播種後二四時間以内にほぼすべて発根した。なお、カニワは栽培期間が約一二〇日と短いため、その播種はキヌアより遅い一一〜一二月におこなわれる。

キヌアもカニワも、ともに種子には苦み成分のサポニンを多量に含んでいるが、若い葉にはサポニンが少ししか含まれていない。そのため、若い葉を摘んで野菜のように利用することがある。また、若芽が鳥による食害を受けることもある。さらに、耕起に使うユンタを播種前の耕起の方向と直角になるように走らせて、栽植密度を調整することもある。

わたしたちの観察によれば、本葉が八枚出ると分枝がはじまり、一二枚出ると花芽が見えはじめる。この頃までのキヌアの形態は、日本の耕地雑草であるアカザと非常に似かよっている。その後、キヌアは草丈が数十センチ〜二メートル近くまで生育し、分枝の長さ、葉と茎の色、花序の形などで大きな多様性がみられるようになる。これらの違いによって農民はキヌアを分類し、品種名を与えている（写真５）。

一方、カニワはキヌアよりも早く分枝する。本葉が八枚になった頃に四本の分枝が伸びはじめる。その後これら四本の分枝を軸にさらに細い分枝を発達させていく。ただし、カニワはキヌアほど大きくはならず、草丈は四〇〜五〇センチメートル程度である。しかし、キヌアほどではないが、カニワもさまざまな品種がある。表2は、毎年プノ市でおこなわれているキヌア・フェスティバル(注24)で展示されていたキヌアおよびカニワの在来品種数を示したものである。それによれば、プノ県の北西部に位置するアサンガロ地方では、九〇種類のキヌア、そして五四種類ものカニワを栽培しているのである。(注25)

注23　ウユニ地方では、ティティカカ湖畔に比べ乾燥しているため、異なる播種法をもちいている。タキサというクワを使い、穴を一〇センチメートルから深いときには二〇センチメートル近くまで湿り気が出るまで掘り下げ、そこに播種する。覆土も充分におこない、発芽のための水分をできるだけ効率的に使うようにしている。

注24　キヌア・フェスティバルは、プノ市において、県、アルティプラノ大学、国立農業試験場（INIA）が主催して、キヌアとカニワの普及を目的に毎

ところで、アルティプラノの農業では低温と霰が制限要因となっている。気温が零度近くまで急激に低下したり、霰が降りはじめると、キヌアとカニワは、葉をより垂直に立て、被害を回避するように反応する。やがて気温が上がりはじめると、一度は萎れかかった植物体も時間とともに回復し、枯れることはなかった。プノ市周辺での観察によれば、霜が下りジャガイモが枯れても、キヌアとカニワの葉は緑色に保たれていた。とくに、カニワはキヌアにくらべ低温や霰のダメージからの回復が早かった。

三月下旬になると、雨季も終わりをむかえる。この頃になると花序の乾き具合を見て収穫作業に入る。収穫は、根ごと引き抜く方法が伝統なものであったらしいが、近年では鎌で刈取る方法が増えてきている。キヌアの市場価値が上がり、根ごと引き抜く方法では脱穀するさいに土が混じり、市場での商品価値が下ってしまうからである。

収穫されたキヌアが湿っている場合は数日間耕地内に積み上げ、天日で乾燥させる（写真6）。乾燥した後、敷布やシートの上に穂をそろえるように並べ、ジャカニヤやワタナとよばれる棒で二人一組となり、リズムよ

表２　キヌアフェスティバルでの出展品種数

生産者組合	キヌア	カニワ
ランパス	60	40
アサンガロ	90	54
カバニージャ	33	8
ポマタ	22	4

●**写真５**　共同耕地アイノカにおける収穫期のキヌア畑。キヌアの輪作地は、いくつもの農家に分割され栽培がおこなわれる。さらに各農家は複数のキヌアの品種を栽培するため、収穫期にはきれいな芝模様に見える。ペルー、プノ県ランパグランデ村にて撮影

年おこなわれている。二〇〇二年度の参加者は、生産者団体三二、加工業者一五、料理関連団体七であった。

注25　アサンガロ地方は、ティティカカ湖畔に位置する平坦地で、霜が下りやすい地形であり、寒さに強いカニワの主要な栽培地になっている。

く交互に叩きながら脱穀していく[注26]（写真7）。同じ場所を最低三回は叩くようにする。脱穀されたキヌアは風選により選別され、この段階で、キヌアの種子、ヒピとよばれる種皮と花序の一部、さらに茎の三つの部分に分ける。

　プノ県ビルケ村で調査した、キヌアとその副産物の収量を表3に示した。聞き取り調査では、五人家族の世帯で約一五〇キログラムのキヌアを生産しているという。ヒピは、他の農産物の残渣よりも栄養価が高いため、ブタ等の経済的価値の高い家畜のエサに使われる。茎の中でも柔らかい部分はヒツジやウシのエサになり、残りの堅い茎は燃料にするか、またはコカの葉[注27]を噛むさいに使われる灰、ジプタの材料とする[注28]。なお、カニワの種子の脱粒性は高く、収穫時期に強い雨や霰にあたると容易に脱粒してしまうほどなので、脱穀は簡単に終わってしまう。

　なお、ランパグランデ村でのキヌアやカニワの収量については資料を得ていないが、一般にキヌアのヘクタールあたりの収量は約一〇〇〇キログラムである。ただし、良好な管理をおこなえば二〇〇〇～三〇〇〇キログラムにまで達するとされる。一方、カニワのヘクタールあたりの収量は五六二キログラムであり[・文献8]、キヌアよりかなり収量は低い。

●**写真6**　キヌアを並べ脱穀の準備。ペルー、プノ県ビルケ村にて撮影

注26　ペルー中部山岳地帯に位置するワンカーヨ地方では石臼の上にキヌアの穂をおき、それを石でたたいて脱穀していた。

注27　コカはコカノキ科の低木で、その葉を精製したものはコカインとなることで知られる。アンデスでは乾燥したコカの葉を噛んで嗜好料として使うほか、儀礼や祭りなどにも欠かせない。

注28　ジプタは、カニワやキヌアの茎を燃やしたさいに出る灰を固めてつくる。コカの葉を噛む時に、ジプタを削り一緒に口に入れて噛むと、これが抽出剤の役割を果たして、幻覚作用が高まる。

文献8　Mujica et al. 2002.

キヌアとカニワの利用

キヌアとカニワを利用する上で最大の問題は、種子の表面に付着している苦味成分のサポニンである。ただし、サポニン含量は品種によって異なっている。実際に、サポニン含量の低い品種は、収穫期になると鳥が子実を食べるので、適当な時期に素早く収穫をおこなう必要があるとされる[注29]。一方、ウユニ地方のキヌア品種は、サポニン含量の高いものであることが知られている。先述したように、ウユニ地方ではキヌアが主食であり、動物による食害を防いで収穫を確保するために、あえてサポニン含量の高い品種を選択して栽培しているのであろう。アンデスの人びとは、こうした植物の毒抜きする技術を持っている。その一つは、ジャガイモのソラニン（第二章二節参照）で、もう一つがサポニンである。

注29　実際に、鳥がキヌアの穂にとまり、子実を食べているのを、わたしたちもしばしば目にした。

それでは、アンデスの人たちはどのようにサポニンを処理してキヌアとカニワを利用しているのであろうか。その処理方法を以下に見ておこう。

(1) サポニンの毒ぬき

キヌアもカニワも、そのまま煮たり、煎ったりしただけでは、苦みがあって食用にならない。植物

表３　ビルケ村におけるキヌアの乾物収量（乾物ｇ/㎡ ±標準誤差）

種子	185	± 49
茎	172	± 50
種皮	79	± 5

●**写真７**　ジャカニャで脱穀されるキヌア。キヌアを乾燥した後、二人一組になって棒で叩いて脱穀する。足で踏んで脱穀することもある。ペルー、プノ県ビルケ村にて撮影

毒の一つであるサポニンを含んでいるからである。(注30)このサポニンは水溶性なので、毒ぬきは基本的には水晒しである。ただし、サポニン含量の多い場合、水晒しだけでは充分でないらしく、他のプロセスが加えられる。また、加工される量によっても処理方法は異なってくる。

そこで、まずキヌアの処理方法を述べておこう。キヌアの量が少ない場合はキヌアをバケツや鍋などの容器に入れ、水を加えて、手でよく洗う。サポニンは水に溶けると泡立つので、泡立たなくなるまで何度も水をかえて洗う。(注31)

キヌアを大量に処理する場合は、手で洗うにはたいへんな労力を要するため、ペカーニャという石を用いる（写真8）。さらに、水を使う方法と、乾燥させる方法の二つに分けることができる。水を使う方法では、水で濡らしたキヌアをペカーニャを使い、しごくように二〇分くらいこすりサポニンを落とす。ペカーニャは三日月型の石で、弧の下の部分をキヌアにあてるようにし、とがった部分を両手でもち、左右に揺すりながらキヌアへ押しつけるようにして使う。キヌアを水で洗ったあと、この作業を最低三回程度繰り返す。石がない場合は、足のかかとを使って同様の方法で、サポニンを落とすこともある。その後、天日で乾燥させてから保存する（写真9）。

乾燥させる方法では、脱穀したキヌアをまず土鍋で煎る。これを、ペカーニャで擦り、乾いた状

●**写真8**　ペカーニャを用いたサポニン除去。軽く水をかけた後、ペカーニャと呼ばれる石を使って擦る。その後水洗いし、水を切ってから、同じ作業を３～４回繰り返す。全行程1.5時間くらいかかる。ペルー、アルティプラノ大学イルパ農場にて撮影

注30　サポニンは、配糖体であり、糖類とトリテルペンやステロイドが結合した物質の総称である。

注31　キヌアを洗った水は石けんとして使えるので、かつてはキヌアを洗った水で洗濯していたといわれる。

態でサポニンを落とす。一度加熱することで、キヌアの表面が乾燥し、サポニンが落ちやすくなるという。これを風選して、夾雑物を取り除いた後に、後述するマサモラとよばれるキヌア粥などに調理する。

カニワは、キヌアよりもサポニン含量が高いために、水晒ししただけでは充分でなく苦味が残ってしまう。そのため、カニワの毒抜き処理はもっと複雑である。まず、カニワの種実を水でよく洗って水晒しをしたあと、これを天日で乾燥する。つぎに、これをジュキとよばれる土鍋で煎る。この時、カニワは音を立ててポップコーンのように弾ける(写真10)。その結果、弾けた種皮とともに残っていたサポニンが取り去られる。このあと、風選して、煎った実からはじけた殻やゴミを取り除いて処理は完成する。つまり、カニワの毒抜きでは水晒しに加熱処理が加えられるのである。

キヌアやカニワの畑に生えてくるアカザ科の随伴雑草であるアジャラの種

●写真９　キヌアの天日干し。通常午前中にキヌアを洗い、午後は天日干しする。ペルー、アルティプラノ大学イルパ農場にて撮影

●写真10　カニワを煎る様子。カニワを煎り、サポニンの付着している種皮をはがす。週に一度はこの作業をおこなう

子はカニワよりもさらにサポニン含量が高いが、これらの雑草種も食べられることがある。実際に、ランパグランデ村でも多くの農家で雑草種の種子を食糧用に保存していたのをわたしたちも観察している。聞き取りによれば、これらの雑草種の毒抜きでは水晒しや加熱処理に加えて、さらに先述したペカーニャで擦る物理的な処理が加えられるとされる。

(2) キヌアとカニワの調理法

毒抜き処理をした後のキヌアにはいくつもの調理法がある（表4）。このなかで、米のご飯のようにキヌアを炊く方法が一般的であり、おそらく伝統的なものであろう（写真11）。ペスケとよばれる牛乳粥も一般的であるが、牛はヨーロッパ人によって導入された家畜であり、これは比較的新しい調理法であろう。また、キヌアを肉やジャガイモなどと一緒に煮込んだスープは、地方よりむしろ都市部において一般的な調理法である。南米の中でもっともキヌアが食べられていると思われるのはボリビアで、レストランの昼の定食メニューなどでキヌアスープを食べることができる（写真12）。

アジャラとよばれる雑草種の名前は、穂の色や特徴により、さらにいくつもの細かい名前がつけられている。その中に、奇跡のアジャラ（Ayara Milagro）という名前がある。これは、雑草種が古くから病気をしたさいに薬用として食べられ、これを食べると元気が出たことから、こうした名前がついている。アジャラは、サポニン成分が強いため、より苦味を感じない調理法であるキスピーニョとして食べられる（写真13）。また、食べるだけではなく、打ち身や捻挫のさいに、野生種をすりつぶして、大きな葉の上に乗せ、これを患部にあててシップにも利用するという。

キヌアの利用法で、最近ほとんどみられなくなったものがあるので、それも紹介しておこう。それはキヌアを材料にした酒である。アンデスでの代表的な酒の材料はトウモロコシであるが、寒冷なアルティプラノではトウモロコシは栽培できない。そのため、かつてアルティプラノではキヌア

表４　キヌアとカニワの調理法

料理名	調理法	用途
グラネアーダ・デ・キヌア（炊き込みキノア）	蓋を開けたままにして、ご飯のようにして炊く。	昼食、夕食
ペスケ・デ・キヌア（キヌアの牛乳粥）	キヌアが柔らかくなるまで炊く。土鍋を火からおろし、牛乳、チーズを加え冷えないうちに、大きめのヘラでかき混ぜる。	昼食、夕食
キスピーニョ（練りキヌア）	キヌアをひいて粉にする。これに、少量に水を加え時間をかけて練り団子状にする。これを蒸す。チーズと一緒におやつとして食べられる。	おやつ
ピリ・デ・キヌア（キヌア団子）	キヌアの粉を沸騰したお湯に入れ、砂糖を加える。混ぜながら、水分を飛ばす。火を止め、少し冷めてから手で握りながら食べる。砂糖を入れず塩と石灰を混ぜることもある。	昼食、おやつ
マサモラ（キヌア粥）	キヌアの粉を水に入れ沸騰させる。とろみが出るまで待ち、塩、石灰をまぜる。	朝食
ソパ・デ・キヌア（キヌアスープ）	キヌアを水から煮込む。野菜、肉などを後から入れ、味付けは最後にする。	昼食、夕食
フゴ・デ・キヌア（キヌアジュース）	キヌアをお湯に漬け、温度が冷えないように注意しながら十分に給水させる。１度水分を切る。ミキサーに、キヌア、お湯、お好みの果物、砂糖を入れ混ぜる。	朝食
フゴ・デ・カニワ（カニワジュース）	ミキサーに、カニワコ、牛乳、お湯を入れ混ぜる。好みで砂糖を加えることもある。	朝食

注）いずれも、サポニンを抜いた後の調理法

が酒の一般的な材料になっていたとされるが、[文献9] 現在はほぼ消滅した状態になっている。道路網が発達し、ビール、その他の酒が容易に入手できるようになったからである。[文献10] (注32)

一方、カニワは、サポニンの苦味成分のために調理方法が限られる。ふつう、カニワはカニワコとよばれるきな粉のような粉にして利用される。カニワコは、毒抜きしたカニワを刻み目の入ったコナという石板の上に置き、マラウという石の棒ですりつぶし粉状にしたものである（写真14）。一度煎っているために、香ばしい香りがつき、サポニンの苦味はほとんど感じない。ランパグランデ村の人びとの伝統的な朝食は、アンデス産の野草でつくるハーブティーに、カニワコを混ぜたものである。(注33) アルティプラノの町では、市場やバスターミナルへいくと、必ずといってよいほど、フゴ・デ・キヌア、フゴ・デ・カニワの看板を目にする。キヌアやカニワコからつくるジュースのことである（写真15）。大人から子どもまで多くの人びとが屋台に並び、キヌアやカニワコのジュースとパンの朝ごはんを取っている。また、カニワ

●**写真11**　グラネアーダ デ キヌア（炊きこみキヌア）
炊きこんだキヌアを食べるケチュアの人たち。ボリビア、ラパス県アマレテ地方にて撮影

●**写真12**　ソパ デ キヌア（キヌアスープ）
ペルー、プノ県プノ市にて撮影

文献9　La Barre 1948.
文献10　山本　一九九五。
注32　ボリビアのラパス地方で得た情報によればキヌアの酒がふつうにつくられていたのは一九六〇年代頃までで、一九八〇年代末では一部の人しかキヌアの酒を知らなかった。
注33　現在でも、幹線道路か

コは、伝統的に赤ちゃんの離乳食としても使われているという。日本では、カニワはまったく知られておらず、まさに失われた作物という感じであるが、アルティプラノでは、予想以上に利用されていることがわかる。ただし、中央アンデス全体としてみればカニワコの利用は、パンの普及につれて、次第に減少しているようである。やはり加工に手間がかかることが一因であろう。

このようにアルティプラノにおける人びとの食生活の変化とともにキヌアやカニワの利用にも大きな変化がみられ、なかにはカニワコのように利用が減少しているものやキヌアの酒のように消滅したものもある。しかし、キヌアやカニワの栽培面積はけっして減少していない。とくに、キヌアは近年生産量が増加している。そこで、最後にキヌアおよびカニワの生産量を報告するとともに、これらの作物の将来性についても検討しておこう。

キヌアとカニワの今後

アンデスにおけるキヌアの栽培面積と生産量を図８と図９に、両国の県別のキヌアとカ

ら離れた山間地域の農民の多くが、カニワコを切らさないように、週に一度はカニワコづくりをしているといわれる。

●写真13　キスピーニョ（練りキヌア）。ペルー、プノ県プノ市で開催された、キヌアフェスティバルにて撮影

●写真14　カニワコの加工。煎ったカニワを刻み目の入った石板の上ですりつぶして粉状にする。この粉がカニワコとよばれる。石板はコナ、石の棒はマラウという。ペルー、プノ県ビルケ村にて撮影

ニワの生産量を表5と表6に示した。世界で最大のキヌア生産国はペルーであり、年間三万トン生産している。このうち、ティティカカ湖を含むプノ県では全体の八一パーセントにあたる二・四万トンを生産している。ボリビアでは、ティティカカ湖畔を含むラパス県で生産量がもっとも大きく、ボリビア全体の四二パーセントにあたる九〇〇〇トンを生産している。ウユニ湖の北側にあたるオルロ県と南側のポトシ県では、ボリビア全体の五八パーセントにあたる一・二万トンを生産している。このようにキヌアのおもな栽培地は、アルティプラノに位置するティティカカ湖周辺とウユニ湖周辺に集中している。

カニワは大部分が自家消費用に栽培され、資料は充分ではないが、ペルーのプノ県とクスコ県で四六〇〇トン生産されている。ボリビアでの統計資料は得られないが、農業関係機関が普及活動をおこなっていることからカニワの生産量も増加している可能性がある。

過去一〇年間におけるキヌアの生産量の推移を見ると、それまで減少していた生産量は増加に転じている。これは、ヨーロッパや北米においてキヌアの高い栄養価が注目され、輸出量が増加したためであると考えられる(注34)。じつは、ヨーロッパ諸国では、キヌアの育種もおこなわれ、イギリス、オランダ、デンマークなどでは、新しい品種さえ作られている(注35)。このようにアンデスのローカルな作物であったキヌアが近年では再評価され、欧米では栽培もはじまっている。

キヌアとカニワが栽培される高地では、多くの人びとは農業と畜産を生業としているが、経済的に厳しい状況にある。とくにボリビアは、南米最貧国となっている。一方、ペルーとボリビアでは、南米南部共同市場(注36)(MERCOSUR)の取り組みが進んでおり、これに正式加盟した後には、安い農作物

注34　アメリカでは、キヌアを朝食用のシリアルとして利用しており、有機栽培のキヌアを南米から輸入している。栄養価が高く、高圧をかけた際にポップコーン状にはじける、パサンカジャなどの品種を指定して、その契約栽培も始まっている。また、アメリカ合衆国

●**写真15**　市場の屋台で飲まれるカニワコ。カニワコに牛乳を混ぜ、ミキサーで混ぜてから飲む。ペルー、プノ県プノ市の中央市場にて撮影

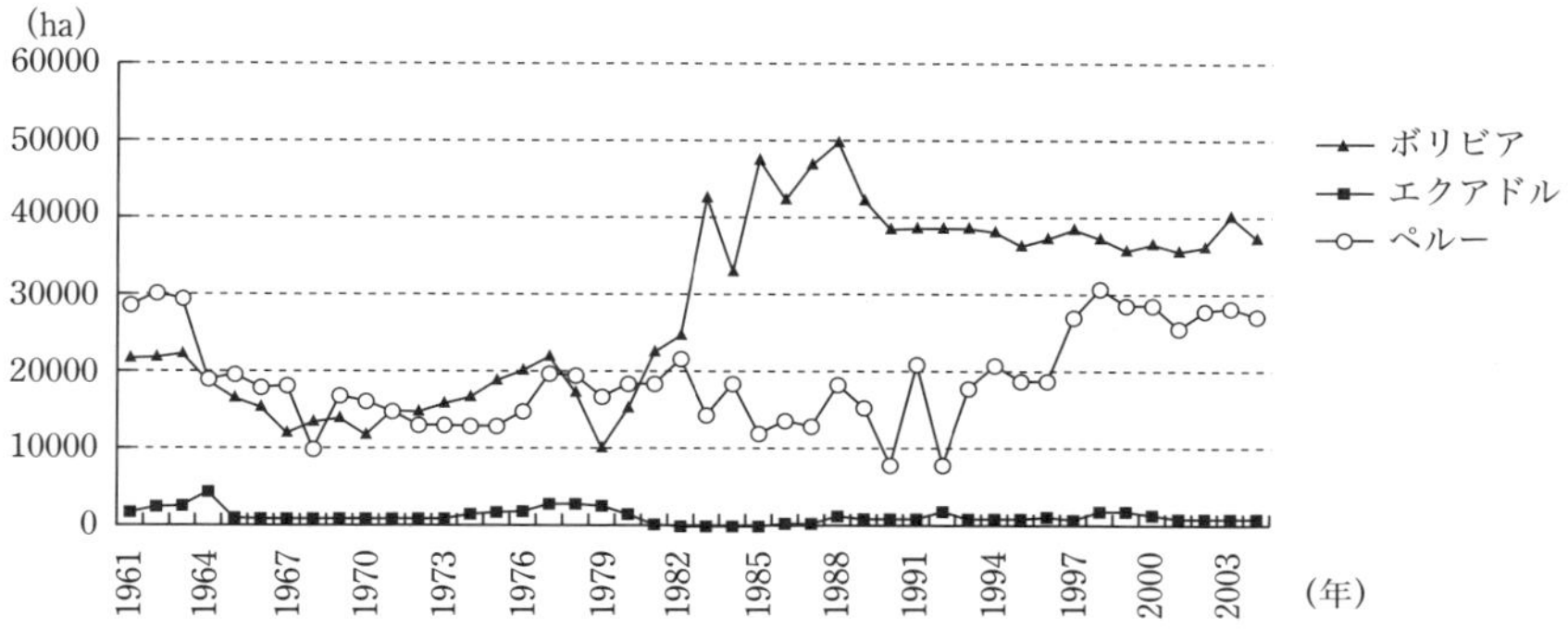

●図8　キヌアの栽培面積　出所：FAO Statistical Databases

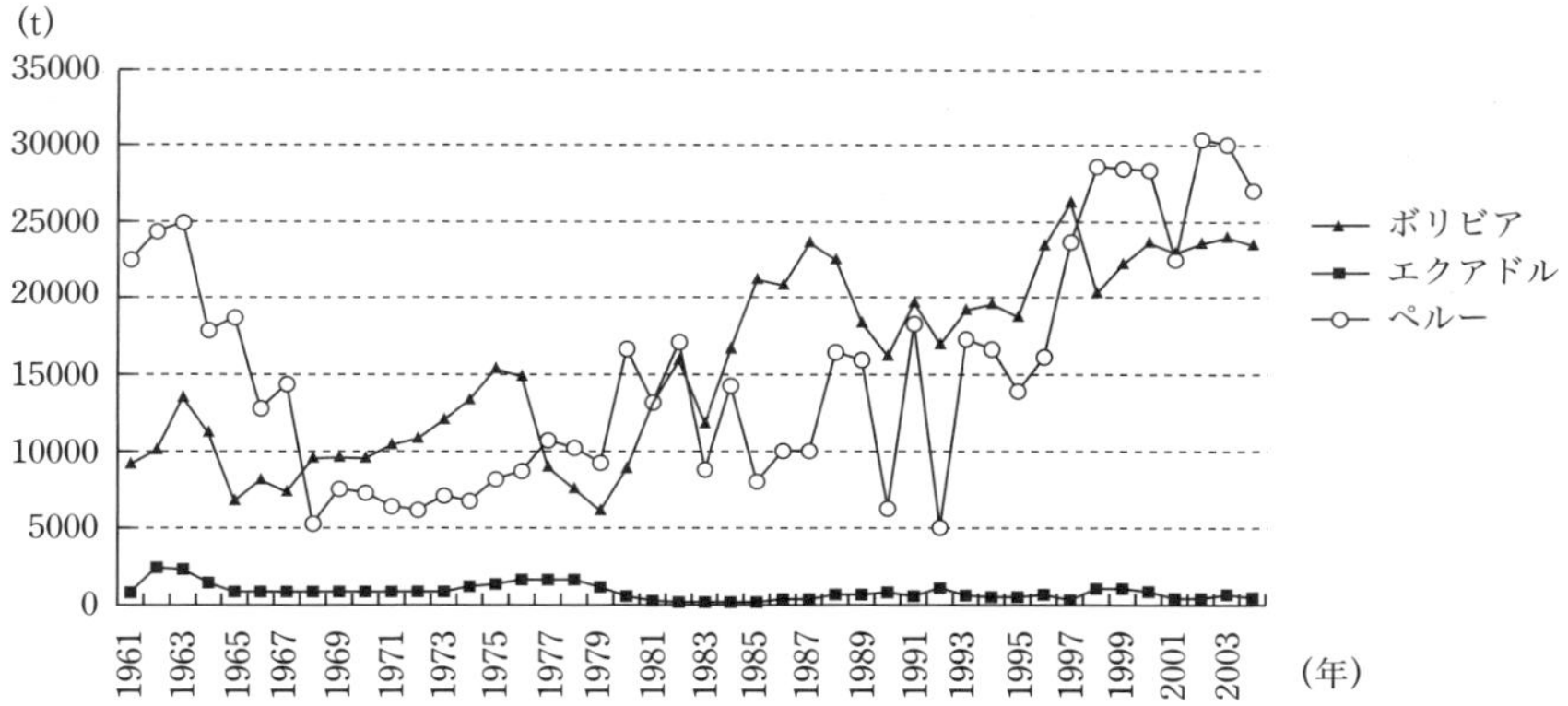

●図9　キヌアの生産量　出所：FAO Statistical Databases

表5　ペルーにおけるキヌアとカニワの生産量（2002年）

県名	プノ	クスコ	フニン	アヤクーチョ	アプリマク	その他	全国
キヌアの生産量(t)	24,542	661	1,507	1,151	605	1,694	30,159
カニワの生産量(t)	4,323	276	-	-	-	8	4,607

(Ministerio de Agricultura-Oficina de Información Agraria 2005)

表6　ボリビアにおけるキヌアの栽培面積と生産量（2000年度）

県名	チュキサカ	ラパス	コチャバンバ	オルロ	ポトシ	全国
栽培面積(ha)	71	14,100	249	9,420	10,088	33,928
生産量（t）	37	9,024	120	6,420	6,138	21,739

(Encuesta de Seguimiento y Evaluación de la Producción Agrícola,
Departamento de Información y Estadísticas, UPCS-MAGDR/SINSAAT. 2002)

が海外から流入することが想定されている。こうした中、キヌアとカニワは、アルティプラノの特産品として販売ルートが確立できれば、地域の経済発展に大きく寄与すると考えられ、アカザ科雑穀に対する期待はますます大きくなっている。

また、キヌアやカニワの環境に対する大きな適応性を考えた時、これらの作物の可能性は南米のみにとどまらず、世界の発展途上国においてもっと大きなものになるであろう。発展途上国のなかには、乾燥や寒さ、さらに塩分土壌などのために適当な作物がなく、食糧不足や栄養不良に苦しむ人たちが少なくないからである。(注37)

は、南米以外の国で最大のキヌア生産国となっている。

注35　チリの海岸タイプを育種材料として、ヨーロッパにおいて品種改良をおこなっている。チリのタイプは高緯度の低地でも栽培できるため、温帯での栽培に適している。

注36　一九九五年に発足した関税同盟。加盟国はアルゼンチン、ブラジル、パラグアイ、ウルグアイ。ボリビア、チリ、ペルー、エクアドル、コロンビア及びベネズエラが、限定的な連携協定を結ぶことにより準加盟国となっている。

注37　国連環境計画によると、世界の乾燥地帯の約二〇パーセントにおいて人類の活動が土壌劣化を起こしており、一〇億人以上の人びとの生計基盤が危険な状況にあるとされる。

引用文献

Jacobsen, S., H. Quispe, and A. Mujica. 2001 Quinoa: An alternative crop for saline soils in the Andes. *CIP Program Report* 1999–2000, pp. 403–408, Centro Internacional de la Papa.

La Barre, W. 1948 The Aymala indians of the Lake Titicaca plateau. *American Anthropologist*. Vol. 50.

Mujica, A., S. Jacobsen, R. Ortiz, A. Canahua, V. Apaza, P. Aguilar, y R. Dupeyrat. 2002 La cañihua (*Chenopodium pallidicaule* Aellen) en la nutrición humana del Perú, p. 68, *Univarsidad Nacional Del Altiplano*.

Pearsall, D. M. 1989 Adaptation of prehistoric hunter-gatherers to the high Andes: The changing role of plant resources. D. R. Harris, and G. C. Hilman (eds.) *Foraging and Farming*: The Evolution of Plant Exploitation, Unwin Hyman, London.

Risi J. and N. W. Galway, 1984 The Chenopodium grains of the Andes: Inca crops for modern agriculture. *Advances in applied biology*, 10: 145–216.

SENAMHI (SERVICIO NACIONAL DE METEOROLOGIA E HIDROLOGIA DEL PERU) より二〇〇二年気象データを直接入手。

Simmonds, N. 1965 The grain Chenopods of the tropical American highlands. *Economic Botany* 19: 223–235.

Tapia, M., H. Gandarillas, S. Alandia, A. Cardozo. y A. Mujica. 1979 *Quinua y Kaniwa, Cultivos Andinos. IICA.*

Tapia, M., Mujica, A., and Canahua, A. 2001 Zonificación agroecológica del cultivo de la quinoa (Chenopodium quinoa Willd.). Jacobsen, S., A. Mujica, y Z. Portillo (eds.), Primer Taller Internacional sobre QUINUA: *Recursos Genéticos y Sistemas de Producción*, pp. 17-28, Centro Internacional de la Papa.

Wilson, H. and C. Heiser. 1979 The origin and evolutionary relationships of 'Huauzontle' (*Chenopodium nuttalliae* Safford), domesticated Chenopod of Mexico. American *Journal of Botany* 66 (2): 198-206.

山本紀夫「中央アンデスにおけるジャガイモ栽培と休閑」『農耕の技術』一一：六四—一〇〇、一九八八年。

山本紀夫「幻のキヌア酒」山本紀夫・吉田集而編『酒づくりの民族誌』六五—七二、八坂書房、一九九五年。

第二章五節

現代に生きるインカの農具——踏み鋤をめぐって

Norio Yamamoto
山本紀夫

インカの伝統が生きる農具

アンデスで筆者がはじめて調査をおこなったのは四〇年前の一九六八年のことであるが、そのときティティカカ湖畔で見た農具にたいへん驚いた記憶が今も残っている。その農具がインカ時代のものとほとんど変わらないものであったからだ。インカ時代の農具については、年代記作者のワマン・ポマ[注1]の絵などで、その形態や利用方法を知ることができる[文献1]（図1）。そして、彼の絵で筆者もいくつかの農具の存在を知っていたが、その絵に描かれている農具が、インカ滅亡から数百年をへた現代でも使われているとは思っていなかったのである。

その代表的な農具が踏み鋤である。この踏み鋤は、アンデスでチャキタクヤまたは単にタクヤとよばれるもので、写真1にみられるように一本の木の棒に足をのせるための横木と鋤を操作するための握り、そして先端部に鉄製の刃先をつけた道具である。この農具はインカ時代においても使われていたことが知られており、インカ時代の踏み鋤と違うのは先端部に鉄製の刃先がつけくわえられた点だけである。

もちろん、アンデスの農業にもスペイン人たちの影響がなかったわけではない。先述したように、

注1　ペルーの年代記作者。一六一三年頃、『新しい記録と良い政治』を著した。著者自身の描いた挿し絵が数多く含まれ、この絵によってインカ時代以前からスペイン支配の時代に至るアンデスの状況を知ることができる。

文献1　Guamán Poma 1980.

スペイン人が導入した牛にひかせる犂はアンデスでも広く普及するようになり、この犂がアンデス本来の農具にとってかわった地域も少なくない。しかし、中央アンデスの高地部では現在でも依然としてインカ以来の伝統的な踏み鋤が使われ、しかもそれが農作業の中心的な役割をはたしているのである。

それでは、なぜインカ以来の伝統をもつ踏み鋤が依然として使われているのか。また、なぜ踏み鋤の使用が中央アンデス高地部だけに限定されているのか。本節は、このような問題をとおして、中央アンデスにおける農耕文化の特色を明らかにすることを目的とする。

●図１　インカ時代の踏み鋤。踏み鋤で穴をあけ、そこにイモを植え付けている。右端の人物がもつ道具は土砕き（文献１）

●写真１　踏み鋤による耕起（ペルー・クスコ地方）

踏み鋤の形態と構造

まず、中央アンデス高地の踏み鋤とはどのような農具なのか。それを形態や構造をとおして少し詳しく見ておこう。図２は本節で扱う地域であり、図３は中央アンデスでみられる主だった踏み鋤である。このように踏み鋤には地方的な変異があるので、はじめに筆者が長期に滞在したペルーのクスコ県マルカパタ村の踏み鋤を例にとって、その形態と構造を紹介しておこう。第四章二節で詳しく述べるようにマルカパタはアンデスの東斜面に位置しているため、その斜面に広がる大きな高度差を利用して、村びとの大半が世帯レベルでリャマやアルパカの家畜飼育とともにジャガイモとトウモロコシを主作物とする農業もおこなって自給を維持している地域である。[文献2]

さて、マルカパタの踏み鋤は写真２であるが、基本的に、つぎの四つの部分からできている。すなわち、木製の柄、この柄にほぼ直角につけられた足かけ、柄を支えるための握り、および先端部の鉄製の刃先である。カルサドールとよばれる柄の部分は、使用する人の身長にあわせて作られるが、ふつう一・五メートル前後で、直径は四〜五センチである。材料はキシュワルとよばれる硬い木である。

この柄の下端部につけられている二本の横木の部分はタキルポとよばれ、片足が乗せられるだけの幅（約二〇センチ）がある。タキルポのすぐ上につけられている握りはクモまたはマンゴとよばれる。タキルポもクモも、リャマやアルパカの皮ヒモで、しっかり柄につけられている。

ルラーナとよばれる刃先は幅が六センチあまり、全長が三四センチある。この材料はトラックなどのスプリングを再利用したもので、これだけは市場などで購入する。残りの部分はすべてマルカパタ村で材料を手にいれ、自分たちでつくる。リベロ・ルケ[文献3]によれば、この刃先に車のスプリングを使うようになったのは一九三〇年代からといわれており、マルカパタでも踏み鋤に鉄製の刃先が

文献2　山本　一九八〇。

文献3　Rivero Luque 1987.

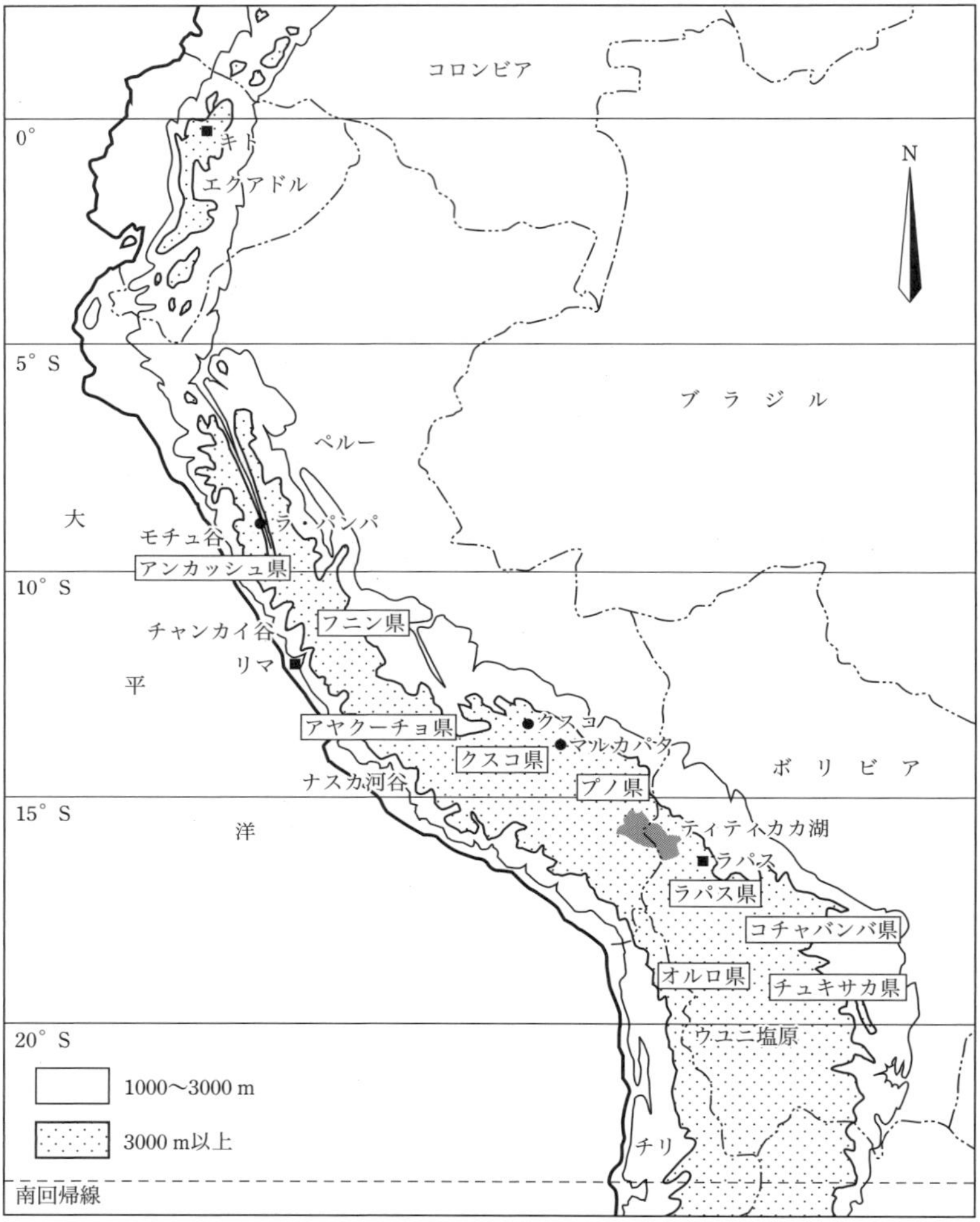

●図２　アンデス地域と本節で扱う主要な地点

つけられたのは最近のようである。

　さきの図1でもうかがえるようにインカ時代の踏み鋤は木だけでつくられていた。最後のインカ皇女とスペイン人貴族との間に生まれたインカ・ガルシラーソもその著書の『インカ皇統記』のなかで踏み鋤について次のように述べているが、金属製の刃先については何も述べていない。

> 彼らは長さ一尋（約一・七メートル）ほどの棒を鋤として用いた。全面が平らで裏側は丸くなっているこの鋤の幅は、指幅四つほどであった。そして、一方の先端を、土にささるように尖らせ、先端から半バーラ（一バーラは八三・六センチ）のところに、二本の小さな棒切れをしっかり縛りつけて、足掛けとした。インディオたちはそこに足を掛け、激しい勢いで力いっぱい鋤を打ち込むのである。[文献4]

現在でも地域によってはまだ鉄製の刃先をつけず、木製の柄の先端部を尖らせただけの踏み鋤もあるらしいが、中央アンデス全体で見た場合、鉄製の刃先をつけた踏み鋤が一般的である。鉄製の刃先をもった踏み鋤の方が耐久性もあり、使いやすいためである。

　つぎに、踏み鋤の地方的な変異についてもみておこ

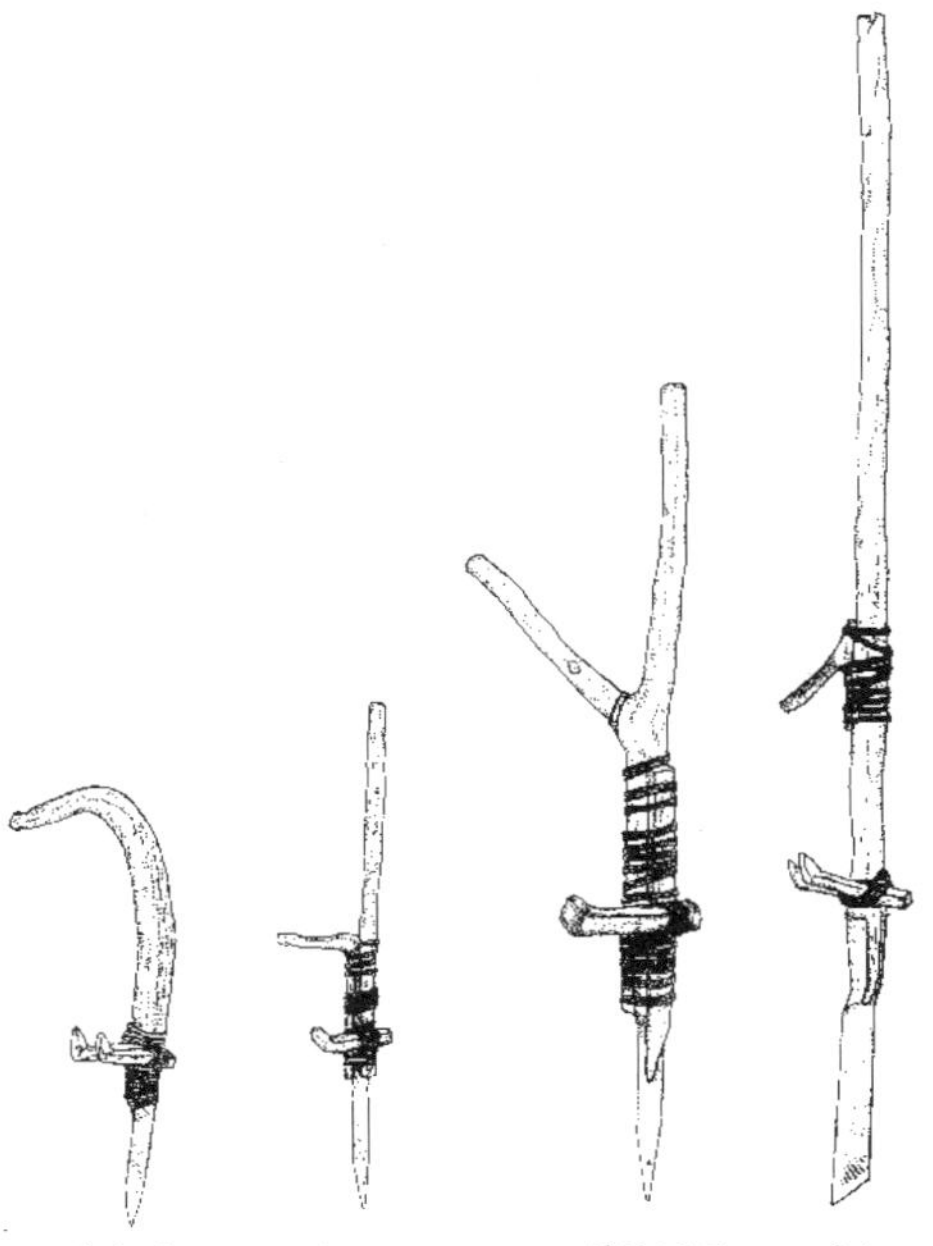

●図3　中央アンデスの主な踏み鋤

文献4　インカ・ガルシラーソ　一九八五（一六〇九）：三八四。

う。さきの図3でもみられたように、踏み鋤には大きさの点でかなりの変異がある。もっとも大きな踏み鋤では長さが二メートルをこすものもあり、小さいものでは一メートル足らずのものまである。また、写真3に示したものはこれまで見たなかでもっとも小さく、全長が五〇センチほどしかない。

さきに、マルカパタでは踏み鋤の大きさは使用者の身長にあわせて作られると述べたが、マルカパタの踏み鋤には、図3の右端ほどに大きいものや、写真3のように小さいものはない。つまり、踏み鋤の大きさは地域によってほぼ決まっているのである。おおまかに言ってペルーの中部地方では大型の踏み鋤がみられるのに対し、ペルー南部からボリビアにかけての地域では小型の踏み鋤がみられる。その理由としては使用される耕地の土壌の質や傾斜の程度などが考えられるが、この点に関する資料は残念ながら得ていない。

●**写真2**　ペルー、クスコ県マルカパタ村の踏み鋤

●**写真3**　小型の踏み鋤（ボリビア・コチャバンバ地方）

踏み鋤には、構造のうえでの変異もみられる。マルカパタの踏み鋤は四つの部分から構成されていると述べたが、地域によってはそうでないものもある。図3の左端のものがそれで、この踏み鋤はマルカパタでクモとよぶ握りの部分を欠いている。ただし、このタイプの踏み鋤はふつう柄の部分が極端に湾曲しており、写真3でもわかるように湾曲した部分がクモのかわりに握りの機能をは

たしている。

このような違いのせいか、このタイプの踏み鋤はチャキタクヤとはよばれず、一般にウイソまたはウイリとよばれている。しかし、これらの二つのタイプの踏み鋤の間に使用方法の違いはない。また、チャキタクヤのなかに、その部分名称にウイソまたはウイリをもつものがあることから、この握りを欠くタイプの踏み鋤も基本的には同一起源のものと考えてよいだろう。

ここで踏み鋤とともに、しばしば使われる農具の手鍬と土砕きについても紹介しておこう。手鍬は、ペルーでもボリビアでも、ラウカーナまたはリウカーナの名前で知られる。その構造は図４に示したように曲がった木を利用して、先端部に鉄製の刃をソケット状にはめこんだものである。この刃は大きさなどに若干の変異はあるものの基本的な構造はかわらない。また、つぎに述べるように使用法もどこでも変わらず、とくに踏み鋤を使うときの補助用の農具とされる点でも共通している。

一般にランパとよばれる土砕きはシンプルな構造をしており、ふつう図４の②や③でみられるように一本の木でできている。さまざまな大きさがあるが、基本構造は同じで、Ｔの字の形をしている。これらの土砕きおよび手鍬もポマの絵に描かれており（図１）、踏み鋤と同様に植民地時代以前から今日にいたるまで使われてきたアンデス伝統の農具である。ただし、手鍬につけられた鉄製の刃先だけは最近になってからのものである。

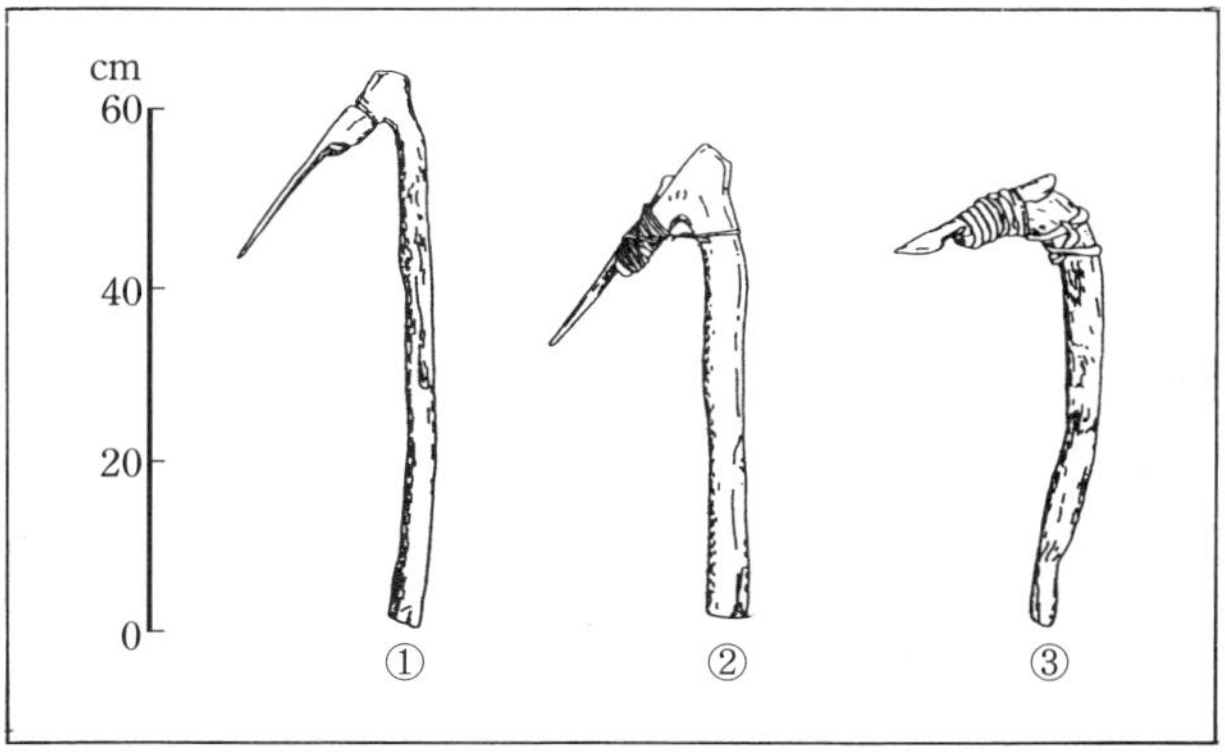

①：ペルー、プノ県
②：ペルー、クスコ県（マルカパタ村）
③：ボリビア、ラパス県

●図４　中央アンデスの主な手鍬

踏み鋤の使用法

つぎに踏み鋤の使用法について述べよう。これも、マルカパタ村での観察例を中心に報告する。マルカパタでは平坦な耕地がほとんどなく、踏み鋤も斜面に位置した耕地で使われる。踏み鋤の使用法は、横木に足をのせ、握りの部分に手をあてがって、全体重が鋤の先端にかかるように斜めに土中に突き刺す。このとき、体重が踏み鋤に充分にかかるように、横木に足をのせ、山側から谷側にむかって飛び下りるようにする。つぎに、両手で太い木の棒の先端部をつかんで、これを手前にひきさげ、テコの原理を利用して土を掘り起こす。そして、谷側から山側へと直線状に後退しながら耕起してゆく。

実際の農作業でもっともよく使用される場面は耕地の耕起作業である。マルカパタでは牛にひかせる犂は使われていないが、平坦な耕地のあるクスコ盆地やティティカカ湖畔などでは、牛にひかせた犂がしばしば使われる。このことからみて、踏み鋤の使用がアンデス高地で現在もみられる理由の一つは、それが急な傾斜地や幅のせまい階段耕地などでの耕起に効果的であることに求められそうである。

この耕起では、しばしば男女がそれぞれ数人ずつでチームをつくって作業をすることがある。男

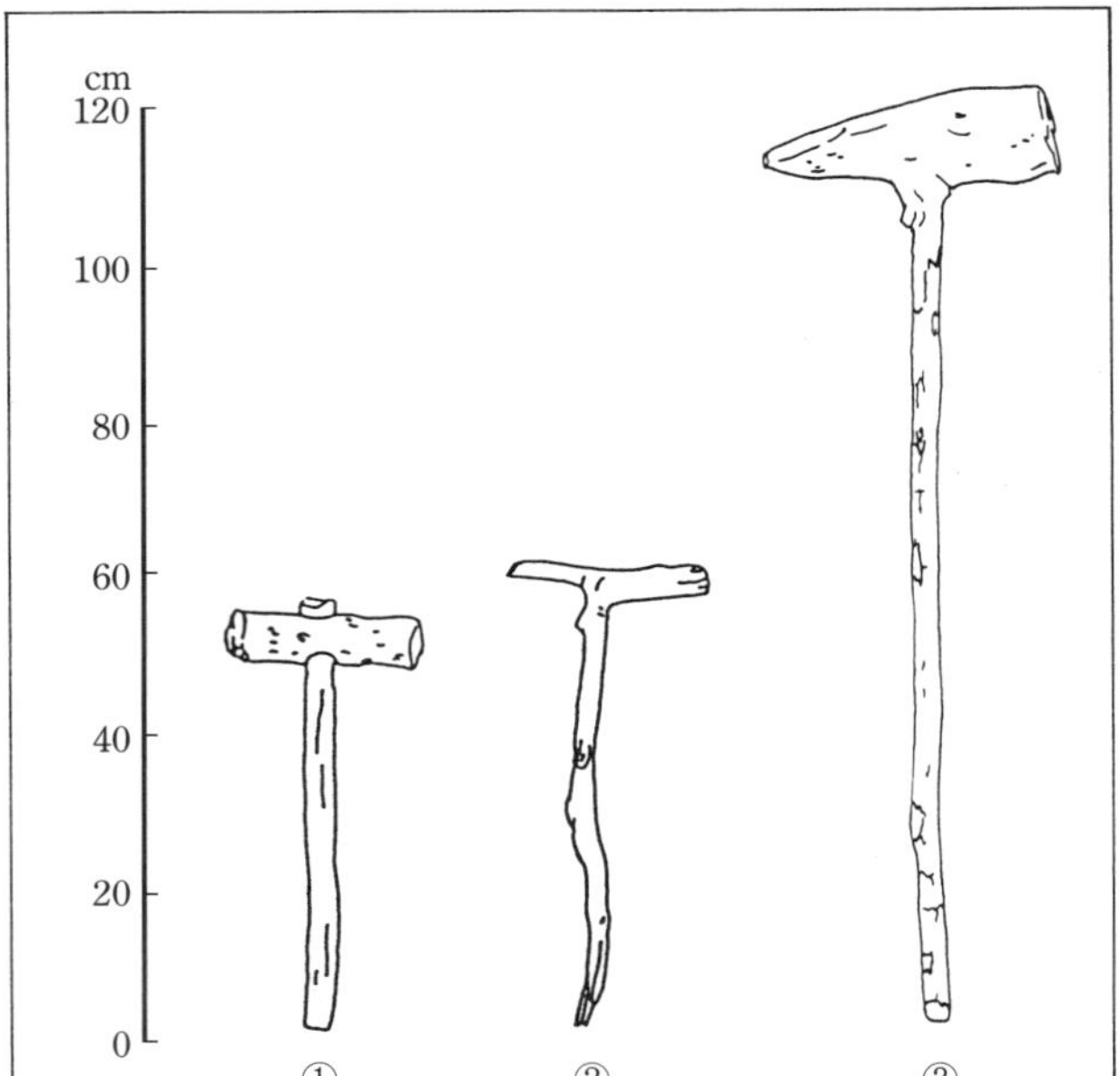

①および②：ペルー、プノ県
③：エクアドル、イバラ郡

●図5　中央アンデスの主な土砕き

性が横一列になって踏み鋤を使って耕起し、女性はそれにむかいあって起こされた土の塊をひっくり返したり、槌で砕く。この槌がさきに紹介したランパである。槌のかわりに手鍬のラウカーナを使ったり、素手で土塊をおこすこともある。これは、インカ時代も同じであったらしく、ポマもそんな光景を描いている（図６）。また、インカ・ガルシラーソも、さきの文章に続けてこう述べている。

彼らは親族、あるいは隣人同士で七〜八人の組をなして作業を行ない、全員一緒になって一つのことにあたるので、それを見た者でなければとうてい信じられないような、巨大な芝土の塊も平気で掘り起こしてしまう。（中略）女たちは男衆の反対側から、素手で芝土の塊を掘り起こすのを手伝い、雑草の根を引き抜く。そうすることによって雑草が枯れ、後になって除草の手間が省けるようにするためである。[文献5]

文献５　インカ・ガルシラーソ　一九八五（一六〇九）：三八五。

踏み鋤は、ジャガイモの植え付けのときにも不可欠である。マルカパタではトウモロコシの播種作業には手鍬のラウカーナが使われ（写真４）、ジャガイモをはじめとするイモ類の植え付けには踏み鋤が使われる。このジャガイモの植え付けでは、しばしば三人で組んで作業をする。すなわち、男性が踏み鋤で耕地に穴をあけ、そこに女性が種イモをほうりこみ、もうひとりがこの種イモに肥料を与える。これはインカ時代も同じであったらしく、さきのポマの絵でも三人でジャガイモの植え付けをする光景が描かれている（図１参照）。

このようにジャガイモとトウモロコシで植え付けの農具が異なるのは耕地の性質の違いによる。さきに述べたようにト

●図６　インカ時代の耕起作業。女性は素手で土塊をおこしている（文献１）

ウモロコシはふつう連作されるため、その耕地は鍬でも掘り起こすことができるからである。一方、ジャガイモ耕地は一年栽培すると数年間は休閑させるため、この休閑地はインカ・ガルシラーソの記述にもあるように雑草が生えたり、きわめて固くなっていて、鍬ではとても歯がたたないのである。

とくに、長期間にわたって休閑された耕地はきわめて固く、しばしば踏み鋤でさえ耕起できない。このようなときは雨季があける前の土壌が水分をふくんで柔らかくなっているときに踏み鋤を使って耕起する。おそらく、さきのインカ・ガルシラーソの記述も、この雨季の耕起作業についてのものであろう。雨季に耕起作業をして、雑草をひきぬき、それを乾季の間に枯死させる作業は現在もみられるのである。

●**写真4**　手鍬のラウカーナを使ってのトウモロコシの播種

なお、ジャガイモ耕地にはときどきマシュアが混植されるが、このイモの植え付けにも踏み鋤が使われる。さらに、二年目のジャガイモ耕地にはオカやオユコなどのイモ類が植え付けられるが、その際もやはり踏み鋤が使われる。また、ジャガイモ耕作では植え付け後、適当な時期に排水のために畝立てをおこなうが、このときも踏み鋤が不可欠な道具となる。この作業では耕地がたとえ平坦なところに位置していても、しばしば踏み鋤がつかわれる。

また、踏み鋤はタルウイとよばれるマメ類の播種のほか、トウモロコシの播種でも使われるらしい。(注2)このように、踏み鋤の使用はイモ類栽培に限定されるわけではないが、イモ類栽培では踏み鋤を不

注2　ポマの絵のなかにも踏み鋤によるトウモロコシの播種光景を描いたものがある。

可欠にしている場合が多く、踏み鋤の使用はイモ類の栽培、とくにジャガイモの栽培と密接な関係があるように思われる。

踏み鋤の分布

さきに述べたように踏み鋤がみられるのは中央アンデス地帯だけであるが、これをもう少し詳しくみてみよう。踏み鋤がふつうに使われ、またそれを不可欠な農具として利用しているのはティティカカ湖畔を中心とする中央アンデスの南部高地である。これまで調査したかぎりではペルーのクスコ県、プノ県、ボリビアのラパス県などでは、どこでもと言っても過言でないくらいに踏み鋤がふつうに使われている。

また、ペルーの中部地方ではフニン県やアンカッシュ県まではみられるが、これより北では踏み鋤は見られなくなる。一方、ボリビアではコチャバンバ県でみられたほか、チュキサカ県でも使用されているとの情報がある。[文献6] しかし、これよりも南になるとやはり踏み鋤はみられなくなる。つまり、踏み鋤の分布はペルーの中部からボリビアの中部あたりまでの地域に限定されるのである。

したがって、踏み鋤の分布域はジャガイモの分布域とは一致しないことになる。それというのも、ジャガイモ栽培の分布はアンデスのほぼ全域におよぶのに、踏み鋤の分布はその一部でしかないからである。それでは、さきに指摘したジャガイモ栽培と踏み鋤は密接な関係があると述べたのは正しくないのか。

じつは、踏み鋤の使用はジャガイモの栽培そのものではなく、その栽培のための休閑システムに密接な関係がありそうである。先述したように踏み鋤がもっとも効果を発揮するのは長期に休閑したジャガイモ耕地を耕作するときであり、じっさいに踏み鋤が使われているのもまさしくジャガイ

文献6　Donkin　1970：505–529.

モ栽培で休閑システムをとっているところである。ジャガイモ栽培のために休閑システムをとっている地域はペルー中部からボリビアにかけての高地部に限定されるのである。[文献7]

この休閑システムがいつ頃からはじまったのかは不明であるが、少なくともインカ期にはすでにおこなわれていた。第一章三節で引用したようにインカ・ガルシラーソが耕地の休閑について述べているからである。そして、この休閑システムはジャガイモの安定的な栽培のために大きな役割を果たしていることが知られている。[文献9] 休閑は地力の劣化を防ぐだけでなく、ネマトーダなどによる病気の発生もおさえる効果をもつからである。一方で、さきに指摘したように休閑された耕地はきわめて固くなっており、そこでの耕起は踏み鋤以外の農具ではむずかしい。これらのことから、踏み鋤が使用されているのはジャガイモ栽培地域のなかでも、とくにジャガイモを重要な作物として、その安定的な栽培のために休閑システムをとっている地域であると考えられる。

ところで、踏み鋤の分布はインカ時代においても現在とほぼ同じであったらしい。図7は一五〇〇年ころの主要な農具の分布であるが、この図によれば踏み鋤の使用はその頃も中央アンデスに限定されていたとされる。[文献9] 一方、手鍬は中央アンデスだけでなく、ペルーの海岸地帯から北部アンデスなどアンデスの広い範囲で使われていた。そしてメソアメリカでは金属製の刃先をもった掘り棒が使われていた。

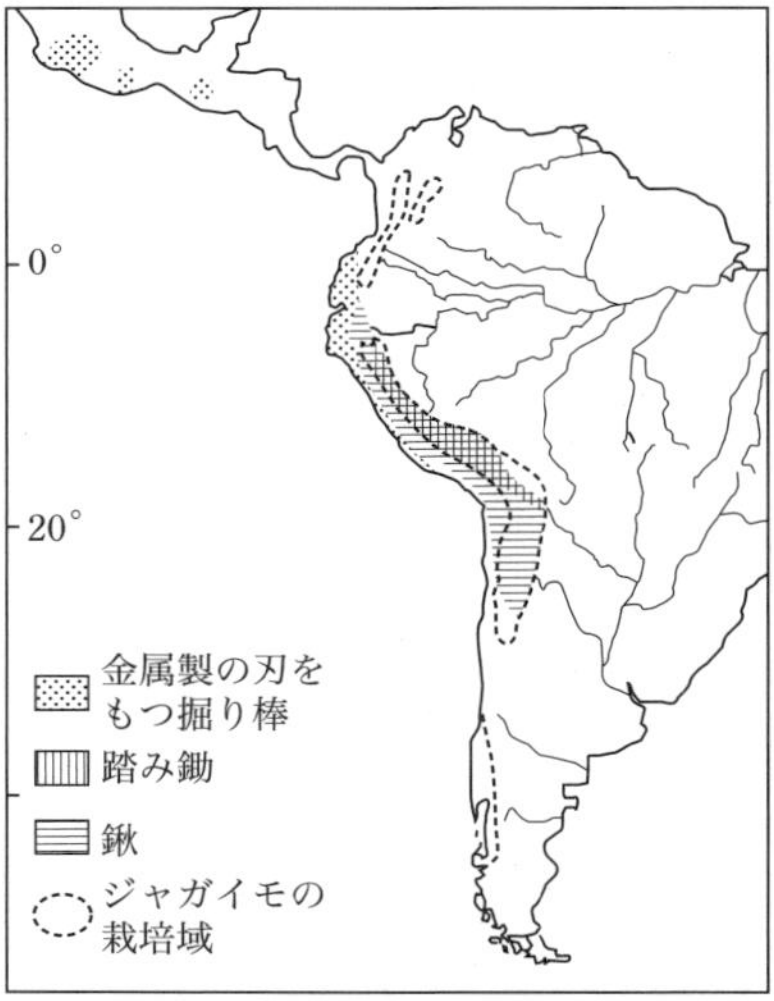

●図7　1500年頃の南アメリカ大陸の主要な農具の分布（文献8）

文献7　Orlove & Godoy 1986.
文献8　Donkin 1970.
文献9　山本　一九八八。

この図には当時のジャガイモ栽培の分布域も示されているが、これから当時もジャガイモの栽培地域すべてで必ずしも踏み鋤が使われていたわけではないことがわかる。すなわち、北の方ではエクアドルやコロンビア、そして南の方ではチリやアルゼンチンなどの地域ではジャガイモを栽培しながらも、踏み鋤を欠いていたのである。

おそらく、当時も、これらの地域ではジャガイモ栽培のための休閑システムはおこなわれていなかったのではないかと考えられる。そのことは、これらの地域でのジャガイモの重要性は中央アンデスにおけるほど大きくなかった可能性があることを示唆している。実際に踏み鋤が使われていない地域では、ジャガイモ栽培の重要性はあまり大きくなく、イモ類以外のほかの栽培植物を主作物にしているようである。つぎに、それを検討してみることにしよう。

掘り棒と鋤

踏み鋤の分布でもう一つの特徴的な点は、さきに述べたように高地部だけで使われることである。先に中央アンデスではどこでも踏み鋤はみられると述べたが、これは高地部に限ってのことで、低地部ではみられない。ゲイドたちも、踏み鋤は標高三五〇〇メートル以上のところでしか使われないと述べている。[*文献10] それでは、中央アンデスの低地部では、どのような農具が使われているのだろうか。

たとえば、マルカパタの近くに位置するケロはきわめて伝統的な文化を維持している村として知られるが、そこでも踏み鋤の使用は高地部に限られ、低地部にあるトウモロコシ耕地での播種には図8のような掘り棒が使われている。[注3] また、ペルー中部、アンカッシュ県のラ・パンパ地方でも掘り棒状の農具が使われている。ラ・パンパは標高二〇〇〇メートルたらずの温暖な気候のところで、

文献10　Gade 1972.

注3　ケロ村の住民は標高四〇〇〇メートル前後の高地に居住し、そこで家畜飼育とジャガイモ栽培を中心とする農耕をおこなっているが、彼らのトウモロコシ耕地はアマゾン川源流域の低地にある（Nuñez del Prado 1983(1968)）。

そこでの主作物はトウモロコシである。そして、このトウモロコシの播種のとき、写真5のような農具が使われる。これは一本の棒の先端部に少し幅をもった鉄製の刃をつけたもので、掘り棒と鋤の中間タイプとみることもできる。これを垂直に突きたてて穴をあけ、そこにトウモロコシの種子をほうりこんでゆくのである。

このような掘り棒または鋤のような農具はアンデス高地部でも使われている。たとえば南のほうでは、ボリビア中部、オルロ県のチパヤ族がそうである。[注4] 彼らはボリビアとチリの国境近く、ウユニ塩原にも近い標高四〇〇〇メートル前後のきわめて乾燥した高地で、農業と牧畜で生計をたてている民族である。そして、ジャガイモも栽培しているが、彼らは踏み鋤をもたず、図9の①および②のようなタキサとよばれる鋤を使っている。その理由としては、そこでの主作物がキヌアであることに求められそうである。調査期間が短いため詳細は不明であるが、チパヤの人びとによればジャガイモの重要性はあまり大きくはなく、副次的に栽培している程度であるといわれる。

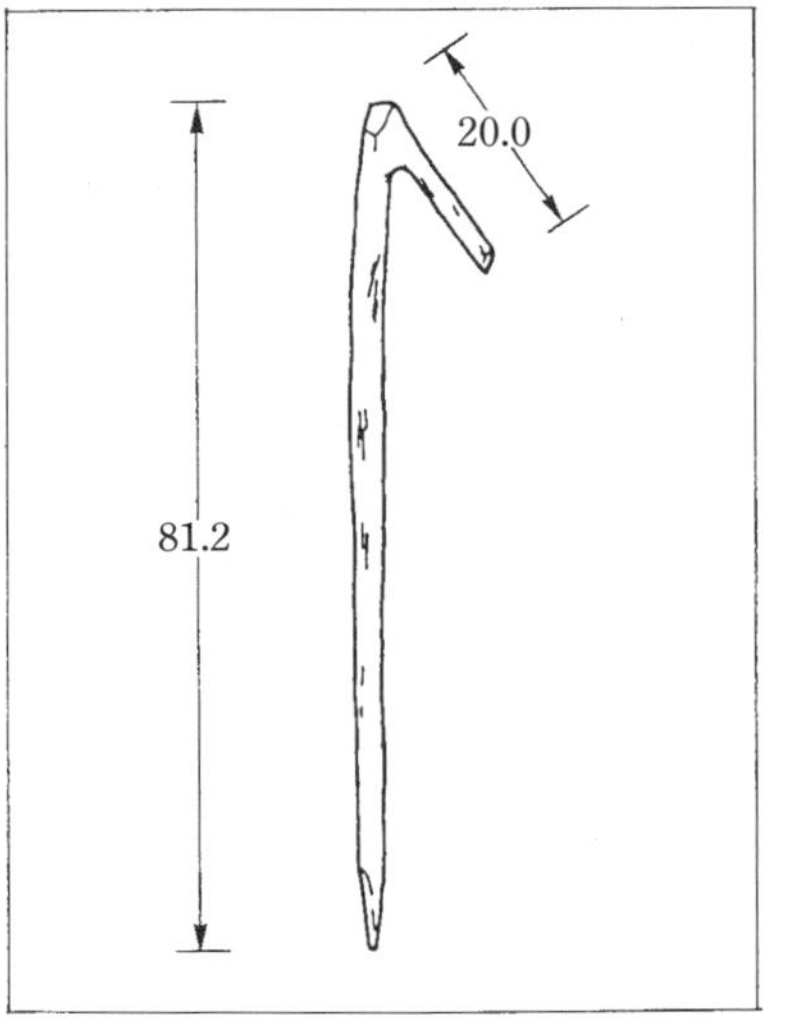

●**図8**　ケロ村（ペルー、クスコ県）の掘り棒

●**写真5**　掘り棒状の鋤（ペルー・ラパンパ地方）

注4　チパヤの人びとはケチュア族やアイマラ族とは異なるウル・チパヤ語族に属しているが、文化的にはウルとチパヤで異なる点がある。ウルの人たちが主として狩猟および漁撈に依存しているのに対して（第四章一節参照）、チパヤの人たちは牧畜を主としながら

さて、チパヤの人びとが使う鋤は、木の棒の先端に鉄製の小さな刃をつけたものである。キヌアの播種の時の使用法は、これを垂直に持ち上げて、地面に突き刺して穴をあけ、そこに種子をまくというものである。この使用法からみると、この農具は鋤ではなく、掘り棒であると考えることもできる。しかし、写真６にみられるように、鋤の刃の上部にしばしば足をのせて体重をかける、つまり踏み鋤のような使い方もする。この点からみれば、チパヤ族の鋤は掘り棒と踏み鋤の中間タイプとみることもできる。

しかし、この鋤では土地を深く掘りさげることはできないため、深く耕起する必要のあるときは写真７のような鍬を使う。この鍬にたいするチパヤ語による呼称はなく、スペイン語でアサドンとよばれる。つまり、このタイプの鍬はスペイン起源であり、アンデス本来のものではない[文献8]。踏み鋤を欠いていることなどからみても、チパヤ族の人びとはもともと深く掘る農具を欠いていたのかもしれない。

農業もおこなっていることである。この農業の中心となる作物がキヌアであり、この点でもトウモロコシやジャガイモを主作物とするケチュアやアイマラの人たちと大きく異なっている。また、彼らの衣装や住居も特異である。とくにチパヤ族の女性は細く多くの三つ編みをしており、このような外見だけでも他の民族との違いがわかる。現在の人口は約二八〇〇人とされる。

●**写真６**　チパヤ族の鋤。足をかけて踏み鋤のような使い方もする

●**写真７**　アサドンとよばれるスペイン起源の鍬（ボリビア・チパヤ族）

北のほうでは、エクアドルの首都、キト周辺の標高三〇〇〇メートル前後の高地に居住するオタバロ族もチパヤ族の鋤に似た農具を使う。彼らはトウモロコシ、ジャガイモ、麦類などを栽培するかたわら、ヒツジ飼育もおこなっている。そして、この農作業で中心になる農具が図9の③および写真8にみられるような鋤である。この鋤は一本の木で作られたものか、先端部に鉄製の刃先をつけたものであるが、基本的にはチパヤ族の鋤と同じ使用法である。

興味ぶかいことに、オタバロ族の間でも、さきのチパヤ族と同じようにスペイン起源の鍬が使われている。そして、そこでもジャガイモは栽培されているが、中心になる作物はトウモロコシである。これは、キト付近だけではなく、エクアドルの山岳地帯に共通する特徴のようである。そして、エクアドルの山岳地帯では大体どこでも掘り棒に似た鋤が使われているのである。

こうしてみてくると、ジャガイモを主作物とする地域では踏み鋤、トウモロコシやキヌアなどの穀類を主作物とする地域では掘り棒または鋤が使われるという図式がうかびあがってくる。それでは、はたしてこの図式は正しいのだろうか。この問題を検討するためにはトウモロコシの主要な栽培地帯であるアンデス山麓の低地部での伝統的な農具がどのようなものであるかを知る必要がある。それについてはケロ村とラ・パンパでの例を見たが、これだけの資料ではあまりに断片的すぎる。また、さきに述べたようにアンデス山麓の低地部、とくに海岸地帯はスペイン人の侵略によって早い時期に先住民文化は大きな変化を受けたため、現在の民族学的な資料ではこの問題を明らかにすることはむずかしい。

しかし、幸いなことにペルーの海岸地帯はほとんど降雨をみない砂漠地帯となっているため、木

●**写真8**　オタバロ（エクアドル）の鋤。この鋤では先端部に鉄製の刃先がつけられている

製の農具が考古学的遺物として残っている。さらに、この海岸地帯で出土した土器に描かれた農具の図像も資料となる。資料は充分ではないが、今後の見通しをえるためにもプレインカ期の農具について検討しておくことにしたい。

プレインカの農具

ペルーでは紀元数世紀ころ地方発展期とよばれる時代をむかえ、南海岸のナスカ谷を中心とする諸河川の流域でナスカ文化、北海岸のモチェ谷を中心とする地域でモチェ文化などの諸文化がうまれた。そして、この時期の土器には掘り棒とおもわれる図像がみられる。たとえば、図10はナスカ文化の土器に描かれた図像で、動物は宗教上重要なネコ科動物であり、それが手にするのはアンデスでアヒパの名前で知られるイモ類である[注5]。そして、もう一つの手にもつものこそは掘り棒であると考えられる[文献11]。おそらく、ア

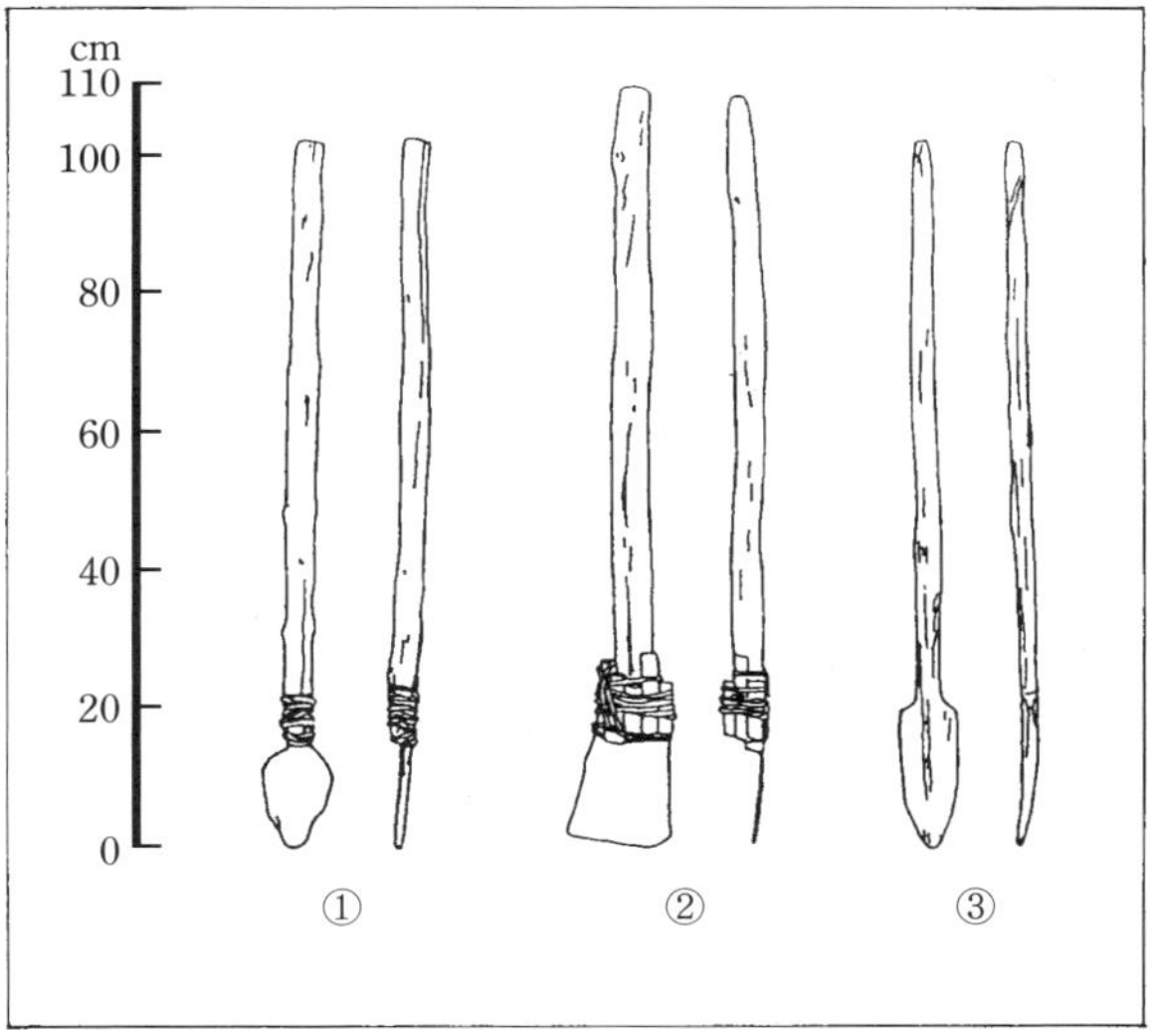

①および②：ボリビア、オルロ県アタワルハ郡
③：エクアドル、イバラ郡（リンコナータ村）

●図９　チパヤ族（ボリビア）とオタバロ族（エクアドル）の鋤

注5　アヒパ（*Pachyrhizus ahipa*）。アヒパはマメ科の植物で、中央アメリカで栽培されているヒカマ（*Pachyrrhizus erosus*）に近縁の植物である。地下に食用となるイモをつける。

ヒパのイモを掘り棒で掘りとった様子を図像にしたのであろう。

　このほかにも、ナスカ文化の土器には掘り棒とおもわれる棒をもつ人物が多い。当時、ナスカではアヒパのほか、マニオクやヤコン[注6]などのイモ類、さらにトウモロコシなども栽培されていたらしいが、少なくとも土器の図像からみるかぎり農具は掘り棒しかない。[文献12]

　同じころ、ペルー北部のモチェ河谷に興ったモチェ文化の土器にも図11のような掘り棒とおもわれる道具をもった人物がみられる。これらの人物は、播種する農耕神と考えられており、腰には布袋らしきものをつけ、右手に掘り棒をもつ。[文献13]当時、モチェではトウモロコシや豆類、さらにカボチャなども栽培されていたので、袋にはこれらの種子をいれていたのかもしれない。

　さて、ナスカでも、モチェでも、踏み鋤はもちろん、鋤や鍬も土器の図像にはみられない。もちろん、土器の図像に描かれていなかったからといって、これらの農具がなかったとはいえない。じっさいに、ナスカやモチェとほぼ同じころ、ペルー中部に興ったニエベリア文化の遺跡からは図12のような木製の道具が数多くみられ、これらは手鍬のような農具であった可能性が高い。[文献14]いずれにしても、土器の図像にみられる農具が掘り棒だけで、しかも農耕神とともに出現していることなどからみて、少なくとも掘り棒が中心的な農具の一つであったと思われる。

　その後、このような農耕神がもつ農具は掘り棒から鋤にかわる。ペルーでは一〇世紀ころからインカ帝国が成立する一五世紀頃まで地方王国期とよばれる時代をむかえるが、その一つがモチェ文化の衰退した後に興ったチムー王国であった。写真９はチムーの土器であるが、全体にトウモロコシの穂を様式化した模様がみられ、さらに両手に鋤をもつ人物がみられる。このようなトウモロコシを様式化した図像でおおわれた人物が鋤をもつ土器はほかにも多くみられることから、この鋤はトウモロコシ栽培と密接な関係をもっていた可能性がある。

　正確な年代は不明であるが、先スペイン期の海岸地帯では数多くの木製の鋤も出土している（写真10）。興味深いことに、写真11に示したようにチムーで出土した鋤には青銅製の刃先をもつもの

注6　ヤコン（*Polymnia sonchifolia*）。ヤコンはキク科の植物で、長さが二〇〜三〇センチの大きいイモをつける。このヤコンもアヒパも調理しないで、生食できる。

文献11　Yacovleff 1933.

文献12　山本　一九九二。

文献13　Carrión Cachot 1959.

文献14　Muelle 1935.

もある。チムー以前の時代には金属製の農具はほとんど知られていないので、青銅製の鋤の出現は海岸地帯における農耕の大きな発達を物語るものであろう。

ただし、鋤の出現によって掘り棒が消えてしまったわけではなく、この時代の海岸地帯では鋤とともに掘り棒も使われていたようである。チムーとほぼ同じ頃、ペルーの中部海岸で栄えたチャンカイ文化でも、出土した木製の鋤とともに先端を尖らせた棒が数多くみられる。その先端部は土に

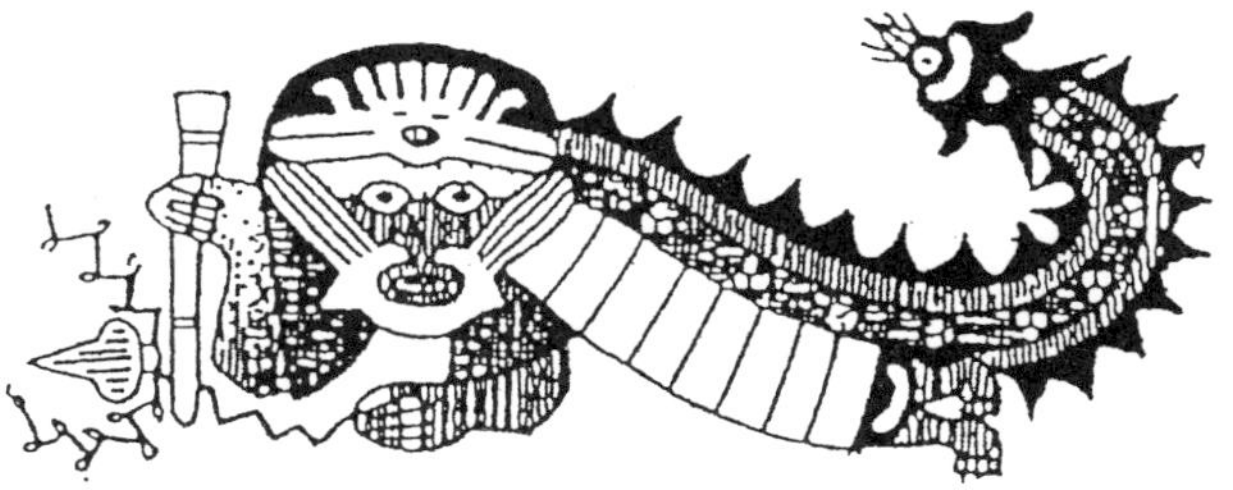

●図 10　イモ類のアヒパとともに掘り棒をもつ動物（文献 11）

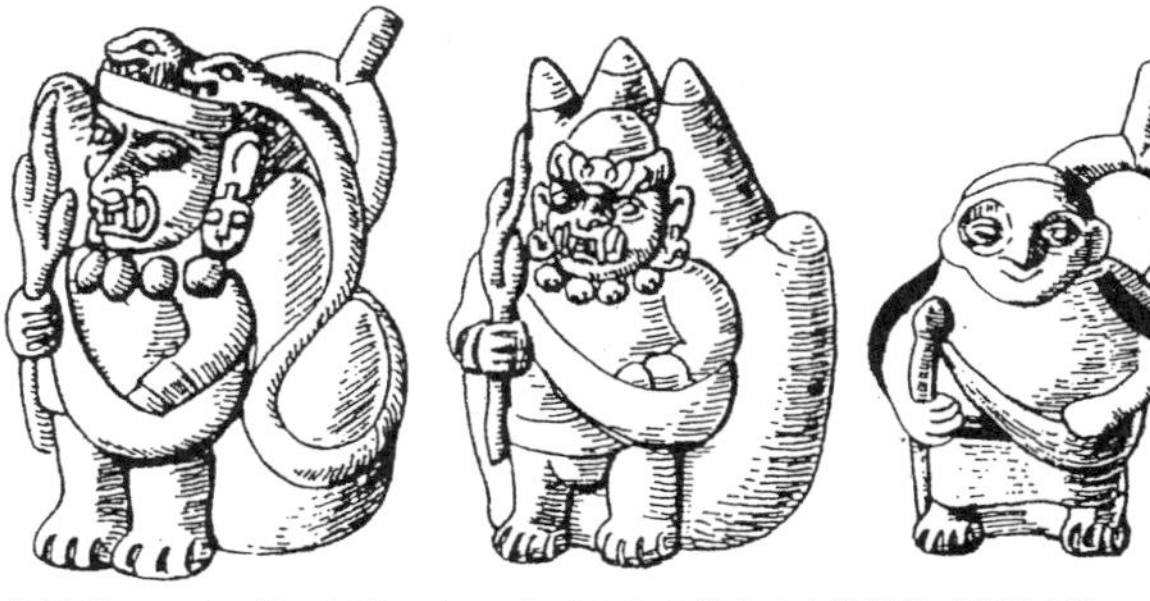

●図 11　モチェ期の土器モチーフにみられる種をまく農耕神（文献 13）

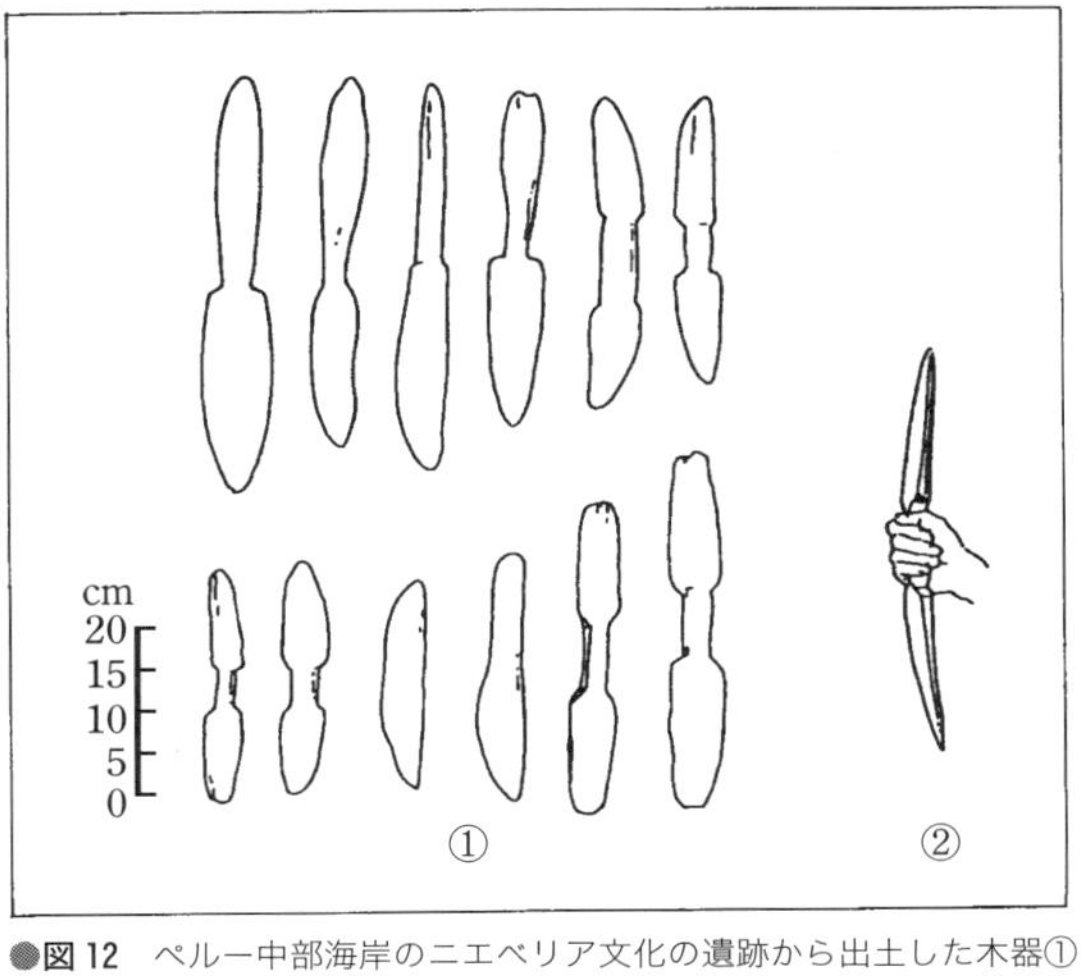

●図 12　ペルー中部海岸のニエベリア文化の遺跡から出土した木器①と使用法②（文献 14）

よる使用痕がみとめられるので、これは掘り棒と考えてよいだろう。また、この掘り棒のなかには上端部に精巧な彫刻をしたものもあり、重要な農具であったことをうかがわせる。

さて、これまで見てきたプレインカの農具はいずれも海岸地帯のものであった。それでは山岳地帯ではどのような農具が使われていたのであろうか。残念ながら、これは資料が得られない。乾燥した海岸地帯とちがって、雨が降る山岳地帯では木製の道具は腐ってしまい、ほとんど残らないからである。ただし、農具そのものは出土しないが、それにかわるものがインカ時代になるとあらわれてくる。それが踏み鋤を象った象形土器である（写真12）。この象形土器のほかにポマの絵などでも踏み鋤を使った農作業がさかんに描かれていることから、インカ時代には踏み鋤が中心的な農具であったことがわかる。

ここで注意しておかなければならないことがある。それは、インカ時代に踏み鋤を中心的な農具

●**写真９**　鋤をもった人物の浮彫のあるチムーの土器（ペルー，天野博物館所蔵）

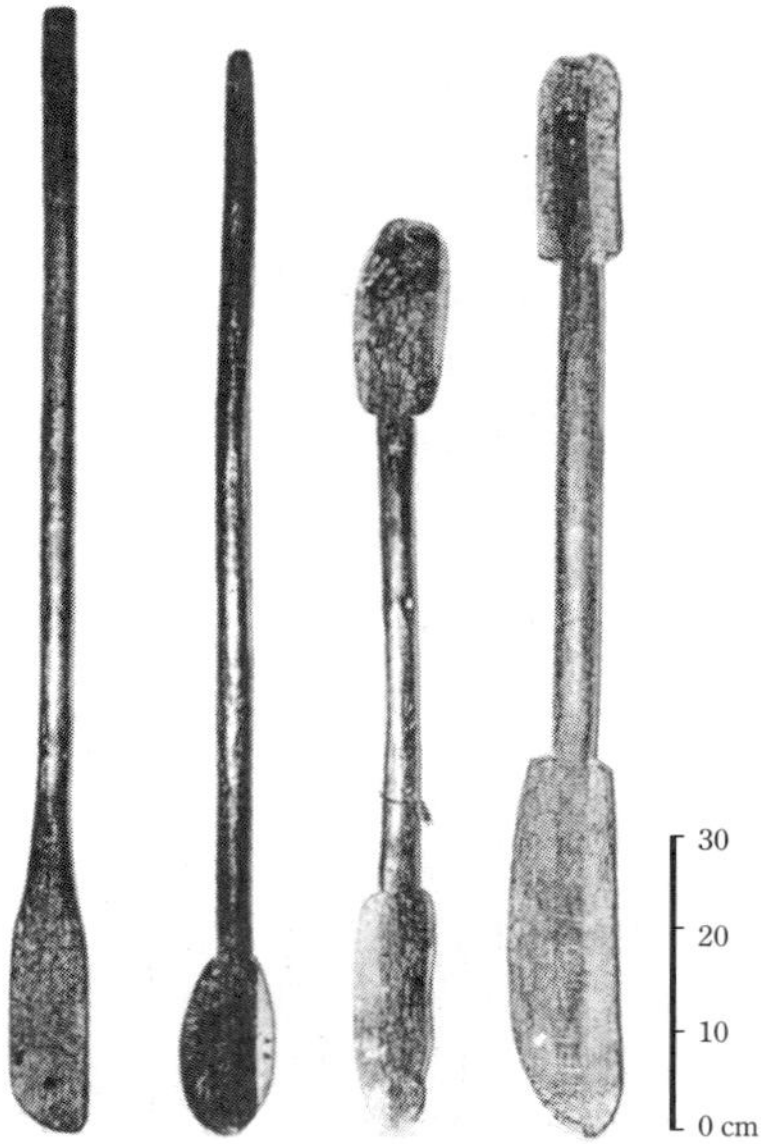

●**写真10**　プレインカ時代の木製の鋤

として使っていたのは山岳地帯であり、海岸地帯では使われていなかったことである。先に見たように海岸地帯ではインカ時代以前の農具が多数見つかっているのに、踏み鋤は見つかっていないからである。なお、山岳地帯でも踏み鋤そのものは出土していない。これは先述したように雨のせいで残らなかったのであろう。

これらの事実および踏み鋤がジャガイモ栽培と密接な関係をもつことなどから、踏み鋤は中央アンデス高地部でイモ類、とくにジャガイモ栽培のためにインカ時代の頃に開発された農具であったと考えられる。では、踏み鋤はどのような農具から発達したのであろうか。現在も踏み鋤が使用されている地域の周辺部では掘り棒あるいは鋤のような農具がみられること、さらに海岸地帯では掘り棒から鋤へと発達したことなどから、中央アンデス高地では掘り棒から鋤へ、さらに鋤から踏み鋤へと発達したのではないかと考えられる。

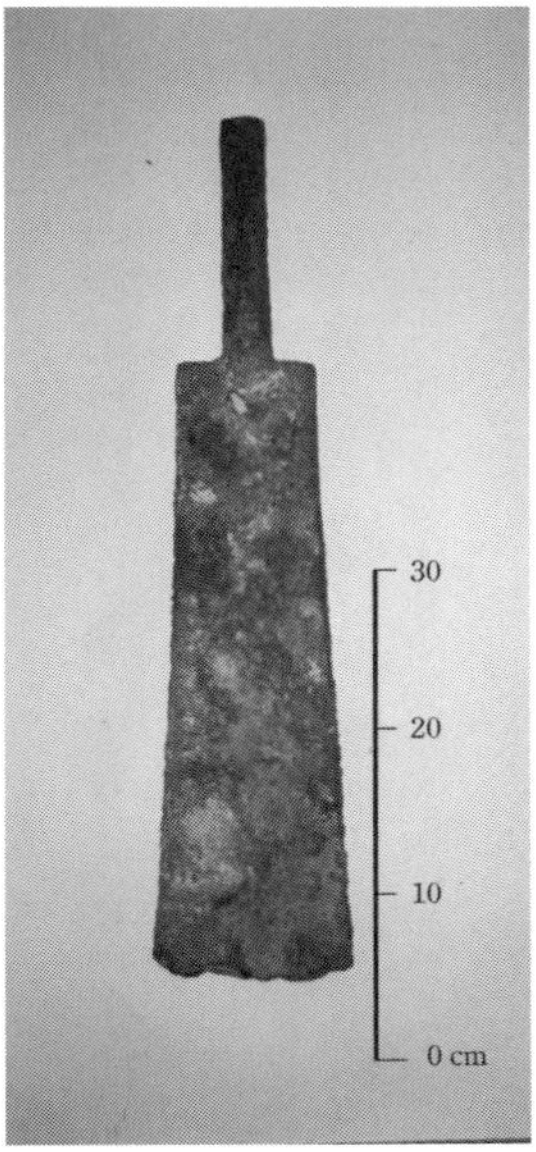

●**写真 11**　青銅製の刃先をもつチムー時代の鋤（ペルー，ラルコ・エレラ博物館所蔵）

●**写真 12**　踏み鋤を象ったインカ時代の象形土器（ペルー，ラルコ・エレラ博物館所蔵）

踏み鋤の使用が物語るもの——むすびにかえて

こうして見てくると、少なくともインカ時代においても海岸地帯では鋤や掘り棒が使われ、その高地部では踏み鋤を中心とする農具が使われていたと考えられる。その背景になる要因としては、低地部ではトウモロコシを中心に農耕文化が発達したのに対し、その高地部ではジャガイモを中心とするイモ類に基礎をおいた農耕文化が発達したことに求められそうである。そして、その伝統が少なくとも山岳地帯では現在まで引き継がれていると考えられる。

従来、中央アンデスにおいて海岸地帯と高地部で使われる農具が違っている理由として指摘されてきたのは両地域における土壌の性質の違いである。すなわち、海岸地帯の土壌が砂まじりで耕起しやすいのに対し、山岳地帯のそれは固くて耕起しにくいからであるとする説である。たしかに、このような要因もあるが、それがすべてではないであろう。というのも、踏み鋤の使用が山岳地帯の固い土壌のせいであるとするなら、踏み鋤はアンデス全域の高地でみられるはずだからである。

しかし、踏み鋤がみられるのはアンデス全体でみれば、かなり限られた地域である。すなわち、アンデスのなかでもその中央部の高地部だけである。また、そこはジャガイモ栽培のために休閑システムをとっている地域である。このことからみて、踏み鋤は休閑によって固くなった土壌の耕起を可能にするために開発された農具であると考えるのが妥当であろう。

しかし、踏み鋤の開発の効果はそれだけにとどまらなかった。たとえば、踏み鋤の開発はジャガイモの植え付けも容易にした。さらに、踏み鋤によって掘り棒や鍬、さらに鋤などよりはるかに深く耕すことが可能となり、それが土壌中の微生物の活動をよくするために必要な酸素の供給をも可能にした。また、踏み鋤を使うことによって高い畝をたてることも可能になり、それによって雨季の水のコントロールや土壌中の湿度の調節もできるようになる。つまり、踏み鋤の開発をとおして土壌のより有効な利用が可能になり、ひいてはジャガイモの生産性を高めることができたのである。

このように踏み鋤の使用は休閑をとおしてジャガイモの安定的な栽培をはかっただけでなく、その生産性を高める効果ももっていた。じつは、踏み鋤の使用地域はジャガイモの栽培、利用の点できわめて発達した地域である。さきに指摘したように、中央アンデス高地はジャガイモの倍数性の利用がみられ、しかもそこではイモ類の加工技術が特異的に発達した地域でもある。これらの特色にもう一つ加えたいものがある、それが、ここで見てきたような農具の発達である。したがって、踏み鋤は中央アンデスにおけるジャガイモ栽培を中心とした、次節で詳述する根栽農耕文化の発達を象徴する農具であるといえそうである。

付記

本稿は参考文献中の山本（一九九三）を改稿、加筆したものである。本稿のもとになった現地調査では数多くの方々のお世話になった。とくにペルー、リマ市の国立人類学考古学博物館、天野博物館、ラルコ・エレラ博物館では写真撮影の許可をいただいたほか、さまざまな便宜をはかってもらった。本稿の図を描いて下さったのは堺真理さん（国立民族学博物館元標本資料係）、中村ひさ子さん（同館元標本整備係）および溝田のぞみさん（大阪外国語大学院生）であった。お名前を記して謝意を表しておきたい。

引用文献

Carrión Cachot de Girardo, R. 1959 *La Religión en el Antiguo Perú*. Lima.
Donkin, R. A. 1970 Pre-Colombian field implements and their distribution in highlands of Middle and South

Ameirca. *Anthropos*, 65: 505–529.
Gade, D. W. & Robero Rios, 1972 Chaquiatacla. The native footplough and its persistence in Central Andean agriculture. *Tools and Tillage*, 1: 3–15.
Guamán Poma de Ayala, F. 1980 *Nueva Corónica y Buen Gobierno*. Siglo XXI Ed. México.
Muelle, J. C. 1935 Restos hallados en una tumba en Nievería. *Reivsita del Museo Nacional* (Lima) 4: 135–152.
Núñez del Prado, C., O. 1983 (1968) Una cultura como respuesta de adaptación al medio ambiente. J. A. Flores Ochoa y J. Nuñez del Prado B. (eds.) *Q'ero: El Último Ayllu Inka*, pp.14–29, Centro de Estudios Andinos, Cuzco.
Orlove, B. S. & R. Godoy 1986 Sectoral fallowing systems in the Central Andes. *Journal of Ethno-Biology*, 6 (1): 169–204.
Rivero Luque, V., 1987 *La Chaquitaclla en el Mundo Andino*. Corde Cusco, Cusco.
Yacovleff, E. 1933 La jíquima, raíz comestible extinguida en el Perú. *Reivista del Museo Nacional* (Lima), 2 (1) 51–56.
インカ・ガルシラーソ、デ・ラ・ベガ　『インカ皇統記一』（牛島信明訳）岩波書店、一九八五（一六〇九）年。
山本紀夫「中央アンデス南部高地の環境利用―ペルー、クスコ県マルカパタの事例より」『国立民族学博物館研究報告』五巻一号：一二一―一八九、一九八〇年。
山本紀夫「中央アンデスにおけるジャガイモ栽培と休閑」『農耕の技術』一一：六四―一〇〇、一九八八年。
山本紀夫「プレインカ期の土器モチーフにみるアンデスの食糧源」『モンゴロイド』一五：一〇―一八、東京大学総合資料館、一九九二年。

第二章六節

中央アンデス根栽農耕文化論

Norio Yamamoto
山本紀夫

ジャガイモ栽培の世界

本書では、おおよそ標高二五〇〇メートル以上のところを高地として想定している（第一章三節参照）。日本では標高二〇〇〇メートルくらいでも充分に高地といえそうだが、これくらいの標高は中央アンデスではあまり高地という感じがしない。低緯度地帯のせいで気温がかなり高く、暑いと感じることさえあるからだ。しかし、そこから一〇〇〇メートルほど登った標高三〇〇〇メートルあたりでは、どこかしら高地らしさを感じさせるものがある。高度に弱い人であれば高山病にかかるし、また朝夕は高地らしく空気もひんやり冷たいからである。

この標高三〇〇〇メートルという高さは、中央アンデスでは農業の上でも重要な境目になっている。アンデスの主作物の一つであるトウモロコシ栽培の上限になっているからである。場所によってトウモロコシ栽培はもっと高地でもみられることもあるが、標高三〇〇〇メートルをこすとトウモロコシ畑はまばらになる。それを象徴するものがインカ時代に築かれた階段耕地である。インカ時代の階段耕地はトウモロコシ栽培に使われていたと考えられているが、それは標高三〇〇〇メートル以下でしかみられない。トウモロコシは基本的に温暖な気候に適した作物だからである。

そのため標高三〇〇〇メートルをこすと、寒冷な気候に適した作物があらわれてくる。とくに、現地の環境区分でスニとかプナとよばれる寒冷高地では寒冷な気候に耐える作物だけが栽培されている。キヌアやカニワなどの擬穀類やタルウイといったマメ類も栽培されているが、特徴的なことはイモ類の種類の多いことである。ジャガイモ、オカ、オユコ、マシュア、さらにマカなどのイモ類が栽培されている。とくに、ジャガイモの栽培面積は他の作物を圧倒して大きく、標高三五〇〇メートルあたりから四〇〇〇メートルくらいにかけての高地はジャガイモ栽培の世界といっても過言でないほどである（写真1）。

ところが、これほど大量に栽培されているイモ類であるにもかかわらず、これまでイモ類栽培の重要性に注目する研究者は多くはなかった。そのためか、中央アンデス高地の農耕の実態もほとんど知られていなかった。あるいは、中央アンデス高地の農耕の実態が知られていなかったからこそ、イモ類栽培の重要性が知られていなかったのかもしれない。

そのような状況のなかで、かなり以前から中央アンデス高地におけるイモ類栽培の重要性を指摘し、独特の農耕文化論を提唱した研究者が少なくとも二人いた。ひとりはアメリカ人の著名な地理学者のカール・サウアーであり、もうひとりは照葉樹林文化論を提唱したことで知られる中尾佐助であった。

そこで、ここでは彼らの説を再検討し、中央アンデス高地における農耕文化の特色を明らかにしたい。

種子農耕と栄養体農耕

ジャガイモ、オカ、オユコ、マシュア、マカ、ラカチャ、ヤコン、アチラ、これらはいずれもアンデス原産のイモ類であるが、アンデスで生まれた穀類は一つもないため、アンデス高地での農耕の中心は本来的にはイモ類ではなかったのかと第二章一節で述べた。このように考えたのは筆者がはじめてではない。そのひとりが地理学者のカール・サウアーであり、彼は一九五二年に著書『農業の起原』[文献1]のなかで同様の指摘をしている。

すなわち、彼は農耕を種子によって繁殖させる種子農耕とイモなどの栄養体によって繁殖させる栄養体農耕の二つにわけた。つまり、栽培植物は、その繁殖の方法からみると大別して二つのグループにわけられるのである。

文献1　サウアー　一九五二（一九六〇）。

一つは、種子をまいて発芽させ、それを育てた後に種子を収穫するという方法である。イネやムギ、ヒエ、キビなどの穀類はすべて、このグループにはいるし、マメ類やトウモロコシもそうである。もう一つのグループは、植物を繁殖させるのに種子を用いないで、栄養体繁殖をさせる方法である。つまり、地下茎や塊根、さらに茎などの栄養体によって繁殖させるものである。このグループにはいる栽培植物としては、タロイモやヤムイモ、ジャガイモ、サツマイモなどのイモ類のほか、バナナやパンノキなども知られている。

そして、サウアーによれば、アメリカ大陸は、メキシコから中央アメリカにかけての種子農耕文化圏と南アメリカの栄養体繁殖農耕

●**写真1**　中央アンデス高地はジャガイモ栽培の世界（ペルークスコ県チンチェーロ地方、標高約 3800 m）

文化圏にわけられるというのである。実際に、メキシコから中央アメリカにかけての地域で生まれたトウモロコシをはじめ、インゲンマメやカボチャなどは、いずれも種子繁殖をさせる作物である。一方、南アメリカではマニオクやジャガイモ、オカ、マシュアなど、南米原産の作物の大半が栄養体繁殖のイモ類である。

たしかに中米から南米にかけての地域を歩き回ってみると、サウアーの指摘にはうなずける点が多い。たとえば、中米のメキシコやグアテマラではトウモロコシが他の作物を圧倒しているし、イモ類はわずかしか栽培されていない。一方、アマゾン流域を歩くと、そこでは大体どこでもマニオク（キャッサバ）が主作物である。そのマニオクの畑に混植されているのもヤウティアやヤムイモなどのイモ類であり、トウモロコシは部分的に栽培されているにすぎない。そして、中央アンデス高地もジャガイモをはじめとするイモ類を主作物にしている地域なのである。

根栽農耕文化

このサウアー説を発展させたのが、農耕文化研究で著名な民族植物学者の中尾佐助であった。中尾は栄養体繁殖農耕を根栽農耕とよび、その代表的な地域として東南アジアの熱帯降雨林地帯をとりあげた。そして、そのおもな特色として次のようなものをあげている。[文献2]

①無種子農業であること。すべての作物の繁殖は根分け、株分け、さし木など、栄養繁殖のみでおこなわれている。

②倍数体利用が進歩している。品種改良が多面的に進展し、なかでも倍数体利用がおどろくほど進歩している。

③マメ類と油料作物を欠くこと。根栽農耕文化はイモ類が主力で穀物を欠くことがまず特色とし

文献2　中尾　一九六六：五二―五六。

てあげられるが、マメ類と油料作物も欠く。そのため、根栽農耕文化の食事内容はデンプン質と糖分に集中して栄養的に偏っており、栄養のバランスをとるためには小規模の狩猟や漁撈が必要となる。

④掘り棒の農業。根栽農耕の農具は掘り棒だけである。掘り棒で植え付けをすると、点植え式になり、条植えやバラ播き型の植え方はやりにくい。

⑤裏庭から焼畑へ。根栽農耕の畑は裏庭型ともいうべきもので、キッチンガーデンともよばれる方式である。この方式から重点作物をもっと多量に栽培しようとして専用の畑になると、焼畑が生まれてくる。

さらに、中尾はアメリカ大陸における根栽農耕文化の存在についても次のように指摘している。

……このイモ栽培を特色とする農耕文化は東南アジアの熱帯降雨林の中だけで発生したものではない。(中略)アメリカでは東南アジアに発生した根栽農耕文化と性格的にきわめてよく似た根栽文化が独自に起源している。[文献3]

そして、南アメリカではマニオクを主作物とし、ベネズエラを発生地とする熱帯低地起源の根栽農耕と、ジャガイモを主作物としペルーやボリビアの高地を発生地とする冷温帯起源の根栽農耕の二つの根栽農耕文化圏があることも中尾は指摘した。[注1]

すなわち、サウアーは南アメリカ全体を根栽農耕文化圏であるとしたのに対して、これを中尾は熱帯低地と寒冷高地の二つにわけたのである。たしかに、同じようにイモ類を主作物にしているとはいえ、熱帯低地の根栽農耕とアンデス高地のそれとでは異なる点が少なくない。実際に、中尾自身も「いちばんアジアの根栽農耕文化に似ているのは南米の北部、カリブ海附近に発展した低地熱帯型の根栽文化で、キャッサバ（マニオク）が代表的なイモである」と述べているのである。[文献4]

文献3　中尾　一九六六：五〇―五一。

注1　中尾は、サツマイモを代表的イモ類とする根栽農耕文化圏の存在も指摘しているが、その発生地はメキシコであるとしているため、ここではふれないでおく。

文献4　中尾　一九六六：一八一。

それではアンデス高地の根栽農耕はどのような特色をもつのだろうか。そもそもアンデス高地の農耕は本当に根栽農耕といってよいのだろうか。それを次に具体的に検討してみよう。

アンデス高地は根栽農耕文化圏か

中尾は、根栽農耕の第一の条件として「無種子農業であること」をあげているが、この点に関してアンデス高地の農耕は条件をほぼ満たしていると考えてよいだろう。中央アンデス高地全体としてみれば、キヌアやタルウイなどのように栄養体繁殖ではなく、種子繁殖をさせるものもあるが、主作物のジャガイモやオカ、オユコ、マシュアなどはいずれも栄養体繁殖をさせるイモ類だからである。

第二の条件は「倍数体利用が進歩していること」であるが、これは中央アンデス高地に二倍種から五倍種までの倍数性の異なる八種のジャガイモが栽培されていることから、そこはまさしくこの条件を備えた地域である。これは見方をかえれば、ジャガイモの倍数体利用が進歩しているのはアンデスのなかでも中央アンデス高地だけなので、中央アンデス以外のアンデス地域は根栽農耕文化の特色を失っていると考えてよさそうである。そこで、以下では中央アンデス高地に地域を限定して論を進める。

第三の条件の「マメ類と油料作物を欠くこと」については、先述したように中央アンデス高地にはタルウイとよばれるマメ類が栽培化されており、この点では条件を満たさないが、このタルウイは食糧源のなかでの重要性はさほど大きくない。それでは、「根栽農耕の食事内容はデンプン質と糖分に集中し栄養的に偏っているとされる」点に関してはどうだろうか。残念ながら、先住民社会の食生活についての詳しい調査は乏しいが、その限られた資料によるかぎりでも、中尾の指摘は正しいようである。その一例を示しておこう。図１は、ペルー南部のプノ県のヌニョア村に住むケチュア族の食事に占める材料を示したものである。それによれば、ジャガイモやジャガイモを凍結乾燥したチューニョ、そしてその他のイモ類も加えると食事のうちの八〇パーセントをイモ類が占めている。[文献5] そして、イモ類のほとんどは栄養的にはデンプンなのである。また、後述するように筆者自身が調査したマルカパタ村でも食事の大半はイモ類であった。ちなみに、中尾によれば、栄養のバランスをとるために小規模の狩猟や漁撈が必要となるとしているが、アンデス高地では狩猟や漁撈はほとんどおこなわれておらず、ヌニョア村でもマルカパタ村でも家畜の肉が食べられている。この点に関しては後で検討してみよう。

　第四の条件の「掘り棒の使用」については前節で述べたように、掘り棒は中央アンデス高地でも一部地域で使われているが、そこは根栽農耕文化の特色をやや失った地域である。典型的な根栽農耕文化圏では、掘り棒から発達したと考えられる踏み鋤が使われている。踏み鋤は掘り棒よりもはるかに深く耕起することが可能であり、そのため休閑を必要とするジャガイモ耕地で不可欠な農具になっているのである。

　第五の条件の「裏庭から焼畑へ」という条件についてはまったく異なっている。その背景には、中尾が根栽農耕文化圏の念頭においていた地域が東南アジアの熱帯降雨林であったのに対

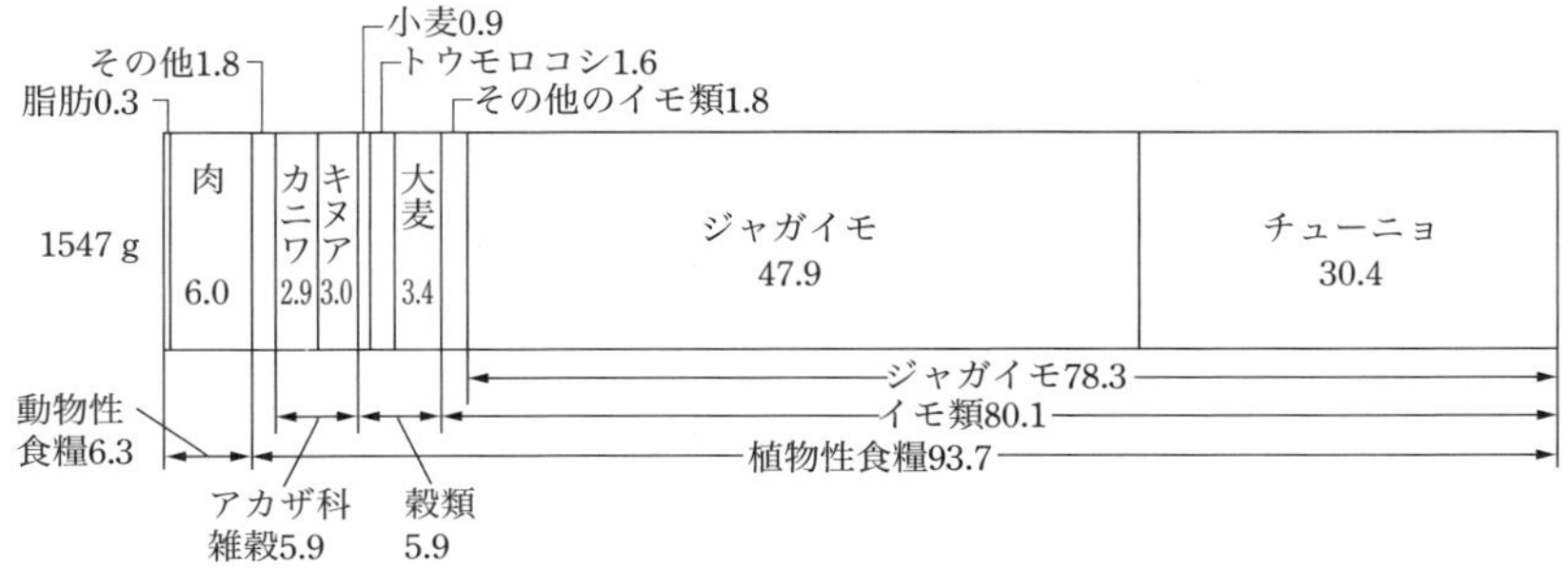

●図１　ヌニョア村（プノ県）における食糧消費（%）

文献5　Picón-Reátegui 1976.

し、中央アンデス高地は大部分のところが寒冷な草地帯であるという事情がある。そのため、中央アンデス高地では専門的な畑を作ろうとしても、それは焼畑にはなりえないのである。

こうして見てくると、アンデス高地の農耕は中尾が提唱した根栽農耕の条件を必ずしも満たしていないことが明らかである。それでは、はたしてアンデス高地を根栽農耕文化圏とする中尾の意見はまちがっているのであろうか。しかし、アンデス高地は世界でもほとんど例を見ないほど数多くのイモ類が栽培化されたところであり、またジャガイモの倍数体利用も発達している。そして、この中央アンデス高地ではジャガイモなどのイモ類を主作物として栽培する地域が広く、そこではイモ類を主食としている人が少なくない。さらに、中央アンデス高地は特異的なほどイモ類の加工技術を発達させてきたところであり、農具についてもそうである。

したがって、アンデス高地を根栽農耕文化圏とする中尾説はけっしてまちがってはいないだろう。むしろ、中央アンデス高地の根栽農耕は中尾が提唱した根栽農耕よりもはるかに進んだ技術段階に達していたと考えた方がよいのではないか、と私は考えている。このような見通しをもって、さらに中央アンデス高地の農耕文化に検討を加えてみよう。

ラクダ科動物との共生

中尾の定義による根栽農耕と中央アンデス高地のそれとの大きな違いの一つが、東南アジアでは栄養バランスをとるために小規模の漁撈や狩猟が必要になるとしている点である。中央アンデス高地では狩猟も漁撈もおこなわれておらず、そのかわりに家畜の肉が重要な役割を果たしている。そこで、中央アンデス高地における農耕と家畜飼育の関係を見ておこう。

中央アンデス高地での人びとの暮らしを可能にしたのは動植物の栽培化と家畜化であった。とくにジャガイモをはじめとする寒冷耕地に適したイモ類の栽培化は人間の安定的な食糧源の確保に大きな役割を果たしたと考えられる。また、リャマやアルパカの家畜化も食糧や衣類、さらに燃料や肥料を供給する点で大きな役割を果たしたにちがいない。(注2) そのため、その後も作物の栽培と家畜の飼育は相互に密接な関係をもって発達してきたようである。とくに、ジャガイモを中心とするイモ類栽培とリャマやアルパカなどの家畜飼育は農牧複合といえるような生業形態を生みだしたのではなかったか。

ラクダ科家畜の飼育とイモ類栽培の密接な関係には、いくつもの理由が考えられる。その一つは、第一章でみたようにアンデス住民が農耕開始以前からラクダ科動物と野生のイモ類をともに利用する生活を長く続け、これらの動植物を家畜化および栽培化したことである。その生活はやがて農耕を中心とするものに変化していったと考えられるが、イモ類を中心とする生活ではタンパク質が乏しく、そのためにもラクダ科家畜の肉が不可欠になったにちがいない。•文献6

一方、ラクダ科家畜の利用だけでは充分な栄養の摂取はむずかしい。アンデス住民は、ラクダ科動物を家畜化したものの、これらの乳の利用を知らなかったからである。そのため、アンデス本来の牧畜経済はイモ類栽培の存在なしでは発達しなかったことが指摘されている。•文献7

こうして農牧複合の暮らしがはじまったと考えられる。実際、中央アンデス高地では農耕と牧畜を複合させた、いわゆる農牧複合社会が多い。世帯レベルでも、農耕も牧畜もともにおこなっている人びとが少なくない。また、牧畜だけを専業にしている牧民も農耕民とつねに密接な関係をもっている。このような農牧複合の暮らしはプナやスニなどの高地部に中心をおいたものであっただろう。リャマもアルパカも放牧の中心はプナ帯であり、とくにアルパカはプナの環境に適応した家畜なので、その放牧のためには人びとも高地で暮らす必要があるからである。ジャガイモやオカ、オユコ、マシュアなどのイモ類もプナあるいはスニで栽培化された作物なので、これらも高地が栽培の中心になる。したがって、中央アンデス高地の農牧複合の暮らしとは寒冷高地適応型の暮らしと

注2　リャマおよびアルパカの糞は乾燥して燃料とするだけでなく、後述するように肥料としてもきわめて重要である。

文献6　Jensen & Kautz 1974.

文献7　Murra 1965, Webter 1973.

もいえる。

この農牧複合の暮らしについては具体例を第四章で紹介するが、このような暮らしのなかで作物の栽培と家畜飼育との密接な関係はさらに重要になったと考えられる。それは家畜の糞尿の肥料としての利用である。それがいつ頃からはじまったのかは不明であるが、遅くともインカ時代にはジャガイモ栽培にラクダ科家畜の糞が肥料として利用されていたことが知られている。この方法は現在も受け継がれ、ジャガイモ栽培にはリャマやアルパカ、さらにヒツジなどの家畜の糞尿が不可欠なものになっているのである。

休閑の慣行

ここで疑問が生まれるかもしれない。インカ・ガルシラーソが述べていたように、休閑もまたインカ時代には始まっており、それは生産性の低い土地を「休ませ」、「やせ地を見事に管理運営」していたはずだからである。実際に、現在もアンデス高地の農民に休閑の目的を聞くと、例外なく土地を休ませ、地力を回復するためであるという答えが返ってくる。それにもかかわらず、家畜の糞尿が肥料として不可欠なものになっているのは、なぜなのか。もし休閑が地力回復に充分に役立っているのであれば、中尾が指摘したように中央アンデス高地の根栽農耕の畑も焼畑のように施肥する必要はないのではないか。はたして、本当に休閑は地力回復のためなのか。そこで、次に休閑の方法を具体的な事例をとおして見ておこう。

事例としてとりあげるのは、筆者が長期にわたって調査をしたマルカパタ村である。マルカパタ村の農耕法については拙著や拙稿[・文献8、9]で報告したし、第四章一節でも述べるので、ここでは最小限だけを述べる。そのマルカパタ村はペルー、クスコ地方の農村で、約六〇〇〇人の村人の大半がケチュ

文献8　山本　二〇〇四。
文献9　山本　一九八〇。

ア族であり、今もインカ以来の伝統的な色彩の濃い暮らしを送っている。村の領域の大半がアンデスの東斜面に位置しており、その斜面にみられる大きな高度差を利用して農業も牧畜もおこなって自給自足的な暮らしを維持している。

さて、マルカパタのジャガイモ耕地は標高約三〇〇〇～四二〇〇メートルあたりまで連続している。すなわち、ジャガイモ栽培だけで一〇〇〇メートル以上もの大きな高度差を利用しているのである。そのため、このジャガイモ耕地は、高度によって植え付けや収穫の時期、栽培方法、さらに品種などが異なる四つの耕地にわけられる。そして、これら四つの耕地で栽培されるジャガイモは、それぞれ低い方からマワイ、チャウピマワイ、プナ、そしてルキと総称される。なお、これらの耕地はいずれもコムニダとよばれる共同体の共同耕地であり、そこに各世帯が使う畑がある。

図２は、マルカパタのなかを流れるチュンピ川流域に展開するジャガイモ耕地のうち、マワイおよびプナの共同耕地を示したものである。アラビア数字で示したところが、標高おおよそ三〇〇〇～三四〇〇メートルあたりにみられるマワイの耕地であり、アルファベットで示したところが標高三八〇〇メートル前後にあるプナの共同耕地である。実際には、これらの間にチャウピマワイの共同耕地、さらにプナの共同耕地よりも高地部にルキの

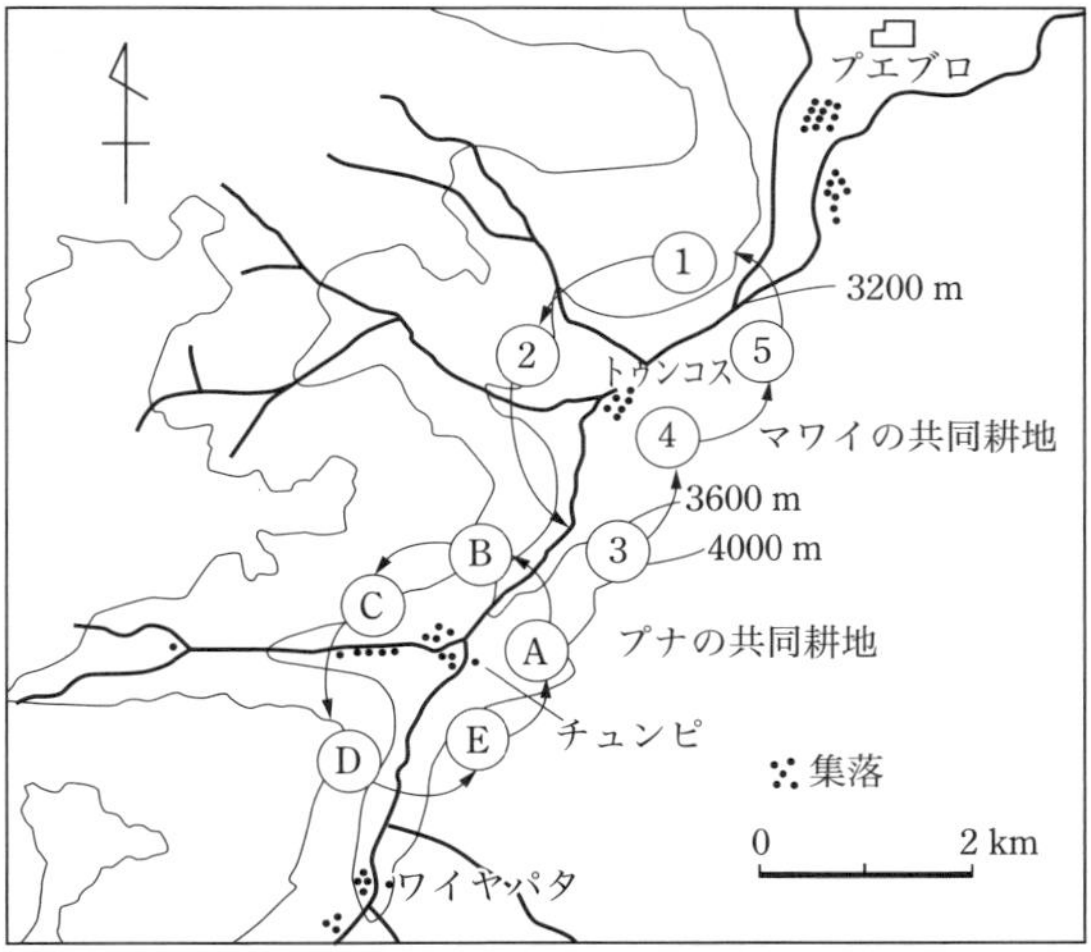

●図２　チュンピ川流域のジャガイモ耕地（文献９）

共同耕地があるが、いずれも先の共同耕地にくらべて小さく、また煩雑になるので省略した。詳細は拙稿[文献9]を参照されたい。

この共同耕地はマルカパタではマンダ・チャクラとよばれるが、それはマワイでは①から⑤まで、プナではⒶからⒺまでのすべてを含んだ地域である。そして、毎年、ジャガイモの耕作に使われるのは、それぞれ、これらのうちの一つだけで、残りはほとんど何も栽培されない。すなわち、ここではジャガイモは基本的に一年栽培、四年休閑の方法がとられ、矢印の方向で毎年耕作される耕地がかわってゆくのである（写真２）。実際には、ジャガイモを一年栽培したあと、次年度に耕地の一部を使ってオカやオユコなどのイモ類、さらにタルウイなどのマメ類を栽培することもあるが、その栽培面積はジャガイモとくらべて小さく、またジャガイモを連作することはけっしてない。

この結果、毎年、ジャガイモを栽培するためには少なくとも五つの耕区が必要となり、共同耕地は五つの区画にわけられている。この区画はケチュア語でムユとよばれるが、この五つのムユに各世帯が先祖伝来使ってきた耕地がある。そして、このうちの一つのムユで、その年のジャガイモが栽培されるのである。

これらの共同耕地の使用に際しては、植え付けにさきがけて重要な作業がある。ムユのまわりに張りめぐらされた垣根の修復の共同作業である。マルカパタの先住民は農牧民といった方がよいくらい、作物の栽培とともに多数の家畜を飼育している。そのため、これらの家畜が畑に侵入するのを防ぐ工夫として、彼らは耕区のまわりに岩垣や柵などで垣根を巡らしており、これを植え付け前に修復しておかなければならないのである。

植え付け後は、収穫にいたるまで、それぞれの耕地に共同体の村会で選出されたアラリワと称する番人がおかれる。休閑中のムユはしばしば放牧地として利用されるため、それに隣接する栽培中

●**写真２**　プナの共同耕地。手前が栽培中の耕地で、後方は休閑中。標高約4000 m

の耕地への家畜や害獣などの侵入に注意をはらうためである。ちなみにアラリワはインカ時代もいたことが知られており、ポマもアラリワが耕地に侵入する害獣を追い払う光景を描いている(図3)。

休閑は何のためか

さて、それでは休閑は何のためなのであろうか。従来の説では地力の回復にあると考えられていたし、筆者自身もそう思っていた。しかし、マルカパタでの滞在が長くなるにつれて、従来の説に疑問をもつようになった。プナのような高地では数年くらい休閑しても、そこは草地のままであり、焼畑のできる熱帯雨林のような地力回復は望めそうにないからである。

そこで、ジャガイモ耕地における地力回復の効果を知るために、筆者自身がマルカパタで休閑地の土壌の分析を試みた。マルカパタ村のジャガイモの共同耕地のなかからプナに位置するそれを選び、休閑中の四つの耕区の土壌を採取し、土壌の酸性度(pH)、有効態窒素、有効態リン、有効態カリについての休閑年数による変化の分析をした。その結果を示したものが表1である。*文献11

●図3　ポマが描いたアラリワ。インカ時代も耕地の害獣を追い払うアラリワがいた（文献10）

文献10　Guamán Poma 1980 (1613): 1056

文献11　山本　一九八八。

試料が少ないため、この分析で厳密なことはいえないが、おおよその傾向は知ることができる。すなわち、少なくとも四年間の休閑年数内では土壌養分は植物の栄養素として重要な窒素、リン酸、カリのいずれにおいてもほとんど変化していない。また、休閑がおわる前年の耕地でも、いずれの要素もジャガイモ栽培に必要な量にはるかに及ばない。つまり、この結果から休閑は地力回復にほとんど役立っていないことが明らかである。

だからこそ、アンデス高地ではジャガイモ栽培に家畜の糞尿が肥料として不可欠なのであろう。たとえば、表に示されているようにマルカパタの休閑地の土壌のpHは四・〇~四・一であり、かなり強い酸性を示している。ジャガイモ耕地のほとんどが傾斜地にあり、降雨量が比較的多く、しかも雨季は半年も続くため、雨水によってアルカリ性物質が洗い流されてしまうからであろう。家畜の糞尿はこのような環境の劣化を防ぐものとして有効に働いているとみられる。酸性度だけを例に取ってみても、プノ県のヌニョア地方でおこなわれた調査によれば、施肥していない耕地のpHは五・一であるのに対し、ヒツジの糞のpHは七・五、ヒツジの糞を施肥した耕地のpHは六を超しているのである。[文献12]

そのため、マルカパタでも休閑地に家畜を放牧して糞尿を利用するだけでなく、家畜の糞を大量に集めてそれを肥料として利用している。実際に、マルカパタでは種イモ一袋に対して同

表1　休閑地の土壌分析（文献11）

土壌養分の要素	ジャガイモ栽培のための平均値	休閑年数			
		1年目	2年目	3年目	4年目
酸性度（pH）	5.0 〜 6.8	4.0	4.0	4.1	4.0
有効態窒素（NO_3-N）（mg/100 g）	9.0	7.0	2.0	2.0	9.0
有効態リン（P_2O_5）（mg/100 g）	17.0	10.0	2.0	2.5	0.5
有効態カリ（K_2O）（mg/100 g）	12.0	0.0	0.0	0.0	1.5

資料は、それぞれの耕区につき数点ずつ、地表から10 〜 20 cmの深さの層から採取した。
なお、分析はFHK改良型土壌検定期（富士平工業株式会社製）をもちいた

文献12　Winterhalder et al. 1974.

じ大きさの袋一〇袋分の糞が肥料として与えられ、ときに、この種イモ対糞の比率は一対二〇になることもある（写真3）。また、植え付け前のジャガイモ耕地に移動可能な柵をもうけ、そこに家畜を入れ、毎日柵を移動させて耕地全体に家畜の糞尿を与える方法もアンデス各地でみられる（写真4）。これらの事実もまた、家畜の飼育とジャガイモ栽培との密接な関係を示すものであろう。

この点で興味深い事実がある。先に根栽農耕文化が発達したところとして指摘した中央アンデス高地こそは、リャマやアルパカが豊富に分布している地域なのである。[文献13] また、先に引用したようにインカ時代も「人びとはジャガイモやその他の野菜に家畜の糞を施し、それが他のいかなる肥料よりも有効だ」といわれていた。これらのことは、ラクダ科家畜が豊富に分布している中央アンデス高地でジャガイモ栽培が発達したことを雄弁に物語るであろう（図4）。

収穫の危険性を防ぐために

以上の検討の結果、休閑の主たる目的は地力回復のためではないことがわかった。じつは、休閑の最大の目的は病気の防除であると筆者は考えている。[文献11] それというのも、ジャガイモは病気に弱い作物であり、とくに連作すると病気の発生率が高くなるからである。この病気で最大のものがアンデスではセンチュウによるものであり、その有効な駆除策として知られているの

●**写真3**　施肥されたプナのジャガイモ耕地。肥料はリャマやアルパカの糞

文献13 Novoa & Wheler 1984.

が休閑なのである。しかも、「センチュウの棲息密度の高いときにジャガイモの収量を確実にするためには五年間に一度だけ栽培するようなローテーションが必要である」とされるのである。[文献14]

中央アンデス高地全体を広く見渡したとき、ジャガイモ耕地の休閑期間にはさまざまなバリ

●**写真４**　羊の糞尿によるジャガイモ耕地の施肥。柵囲いは毎日移動させられる。ティティカカ湖のタキレ島にて

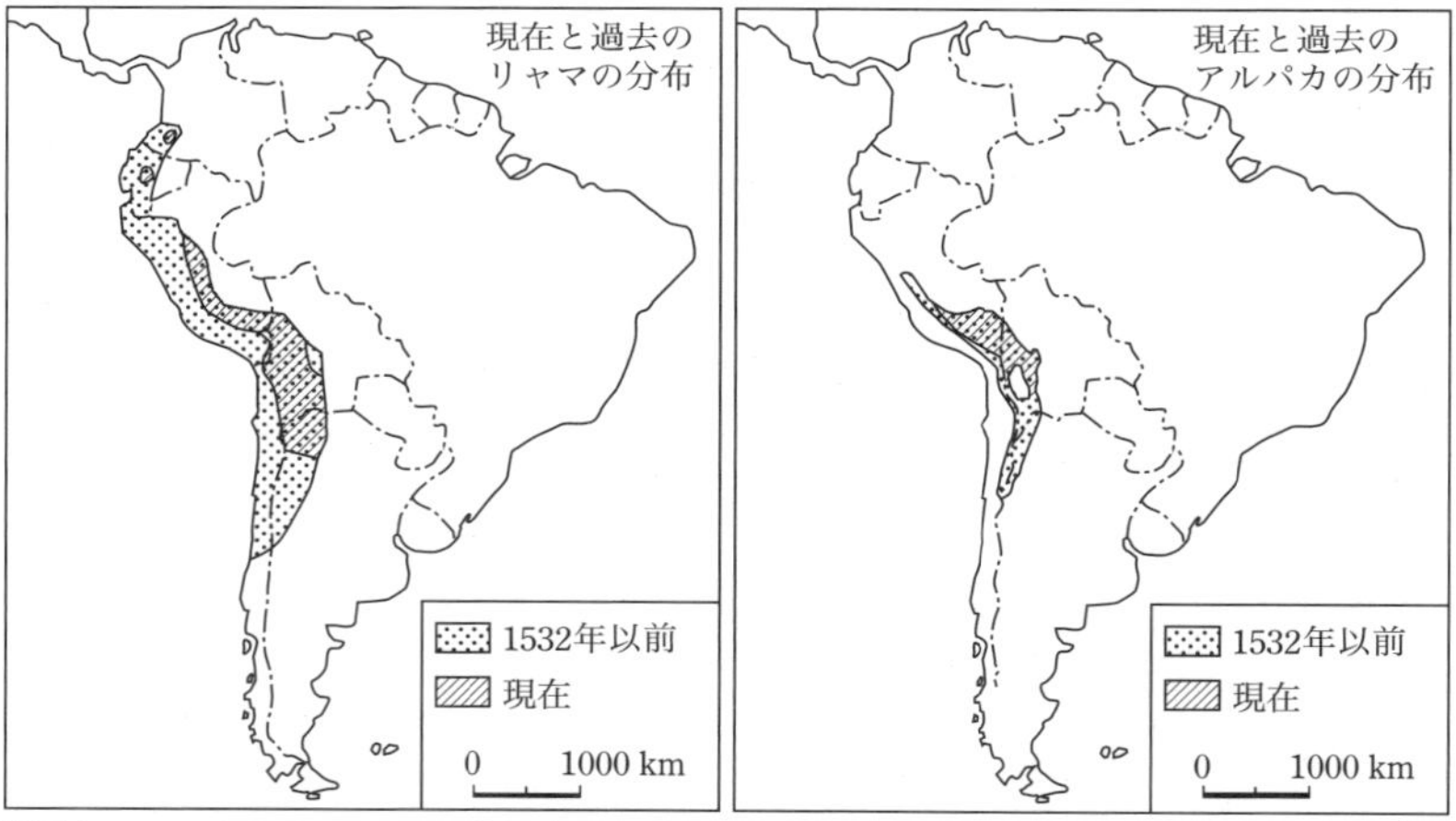

●**図４**　リャマおよびアルパカの分布（文献 13）.

文献14　Hooker 1981.

エーションがあり、十数年もの長い休閑期間をもうけているところもある。一方で2年目以降の耕地にさまざまな作物を輪作する方法もおこなわれている。しかし、いずれの場合でもジャガイモの連作の例はなく、少なくとも四年間は栽培しないという原則も守られている。

このような事実は、休閑の目的が地力の回復よりも、ジャガイモの病気の防除にあることを強く示唆するであろう。おもしろいことに、この休閑システムがみられる地域も、ほぼ中央アンデス高地に限られる。そして、この休閑システムの方法は中央アンデス各地で報告され、その事例をまとめて分析した報告が刊行された。[文献15] それによれば、ジャガイモの休閑システムはペルーの中南部およびボリビアの山岳地帯（標高二四〇〇〜四二〇〇メートル）だけにみられ、コロンビアやエクアドルなどではジャガイモが栽培されているにもかかわらず、そこでは休閑システムは知られていないのである。

ここで思い返していただきたいことがある。それは、前節で踏み鋤の使用がジャガイモ耕地の休閑システムと密接な関係をもっていると指摘したことである。数年間も休閑された耕地はきわめて固く、ときに芝生などが地表をおおっていて掘り棒ではとても耕起できない。そのため、踏み鋤は休閑によって固くなった土壌を耕起するために掘り棒から発達した農具であると筆者は考えている（第二章五節参照）。そのことを物語るように、中央アンデス高地では休閑がおこなわれているところで踏み鋤が使われているのである。

中央アンデス高地では、ジャガイモの病害虫を防ぐために別の方法もとられている。それは、一枚の畑に多数の品種をまぜて栽培する方法である。この方法は中央アンデスの各地で報告されているが、[文献16] ここでは筆者自身が観察したマルカパタの例を報告しておこう。

図5は、標高約三九〇〇メートルに位置するプナの共同耕地の一部であるが、例にとった四列の畝だけでも二倍体、四倍体、五倍体のジャガイモが栽培されている。[文献17] そして、品種レベルでは三〇種類をこす多くの在来品種がみられる。このうち、二倍体のジャガイモは一般に収量が低く、また

文献15　Orlove & Godoy 1986.

文献16　Jackson et al. 1980, Brush et al. 1981.

文献17　山本　二〇〇〇。

二倍体のジャガイモより四倍体のジャガイモの方が収量は大きい。それにもかかわらず、この畑では二倍体のものも、四倍体のものも、さらに五倍体のジャガイモも一緒に栽培されている。生産性だけを考えれば収量の高い品種だけを栽培すればよいが、そうはしていないのである。

その理由の一つとして考えられるのが、多様な品種の栽培による危険分散である。写真5にマルカパタで栽培されているジャガイモ品種の一部を示したが、これらの品種は形態が異なっているだけでなく、病虫害や気候、さらに環境などに対する適応性もさまざまに異なっている。実際に、二倍体のジャガイモのなかには耐寒性にすぐれた品種のあることが知られている。また、先述したように五倍体のジャガイモ（ルキ）も明らかに耐寒性に優れているし、病虫害にも強いといわれている。

したがって、一枚のジャガイモ畑に多様な品種を栽培するのは、収穫の危険性を回避するためと考えてよさそうである。耐寒性や耐病性などの点でさまざまに異なる品種を混植することで、天候の異変や病害虫の発生に対して収穫の危険を少しでも防ぐ工夫であると考えられるのである。この点で、先の例に示したジャガイモ畑には興味深い作物も植えられている。

それは、マルカパタ村でイサーニョ、一般的にはマシュアの名前で知られる、ジャガイモとはまったく別のイモ類である。図のなかで、一つの畝に一株または二株だけ植えられているのが、それである。この混植の理由を村びとに聞くと、しばしば「イサーニョをジャガイモとまぜて栽培すると、ジャガイモがよくできる」という答えが返ってくるが、これもジャガイモを病気から防ぐ工夫である。

じつは、マシュアをジャガイモやその他のイモ類と混植する方法はマルカパタだけでなく、中央

●**写真5**　マルカパタにおけるジャガイモの在来品種。マルカパタ村全体での在来品種は100種類を超える

アンデスでは広くみられる。また、一部地方ではマシュアを混植することによって、ジャガイモなどを病気から防ぐと考えられている。そして、先述したようにマシュアのイモに含まれる物質には

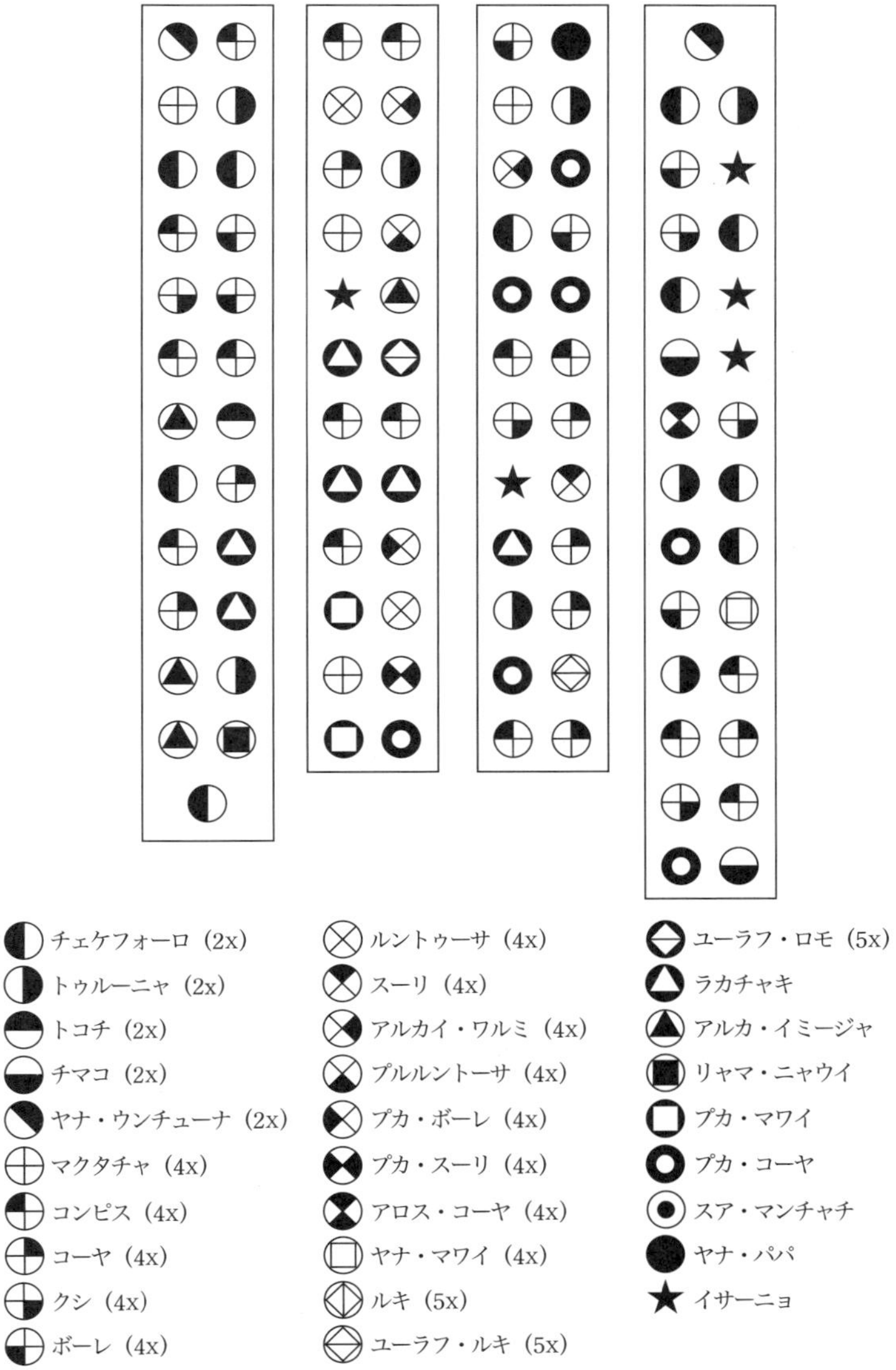

●図５　マルカパタ村のジャガイモ畑でみられる品種
（注）呼称はすべてケチュア語による。
（　）内の数字は倍数性を示し、無記入は未判定のもの。

ジャガイモの病気に原因になっているセンチュウの駆除に効果のあるものが含まれることが近年知られるようになっているのである。[文献18]

文献18　Johns et al.1982, Johns & Towers 1981.

寒冷高地型の根栽農耕

以上、中央アンデス高地でおこなわれている農耕を根栽農耕としてとらえ、その特徴を探ってきた。その結果、中央アンデス耕地の根栽農耕は、中尾が定義した東南アジアの根栽農耕と共通する特徴をいくつももちながら、一方で大きく異なる特徴をもつことも明らかになった。中尾の定義による根栽農耕との違いのおもなものは次のとおりである。

①作物栽培と家畜飼育が密接な関係をもつこと。家畜飼育は、栄養源としてタンパク質を供給するだけでなく、糞尿の利用によって肥料を供給し、施肥の慣行を生み出した。

②ジャガイモを持続的に栽培するために休閑システムを開発したこと。この休閑は、ジャガイモの病害虫の防除に大きな役割を果たしている。

③多様な品種の栽培による収穫の危険性の分散。

④踏み鋤の農業。踏み鋤は掘り棒よりも深く耕起することが可能であり、休閑地の耕起に欠かせない農具となった。

⑤イモ類の加工技術の発達。この発達により、水分を多く含み、腐りやすいイモ類を長期にわたり貯蔵可能にし、輸送にも便利なものにした。

では、このような違いはなぜ生まれたのだろうか。その最大の要因は両者における生態的な違いであろう。それというのも、中尾が典型的な根栽農耕文化としてあげた東南アジアや南米の北部などは熱帯低地に位置しているのに対し、中央アンデス高地は熱帯高地に位置しているからである。

おおまかにいえば、前者の地域は高温で湿潤な気候のところであり、後者の地域は寒冷で比較的乾燥した気候のところである。したがって、ここで検討してきた中央アンデス高地の根栽農耕は、寒冷高地という特異な環境のなかで人びとが適応するために技術的、社会的に発達させてきた生業といえそうである。

　このような特色をもった農耕文化が花ひらいたからこそ、中央アンデス高地は長年にわたり多数の人間が暮らすことができたのであろう。インカ帝国は一〇〇〇万とも二〇〇〇万ともいわれる大人口を擁し、その大半が中央アンデスの山岳地帯に住んでいたことが知られているのである。また、現在、中央アンデスは地球上の高地のなかでもきわめて多数の人口を擁する地域としても知られているが、「アンデス世界では農村部で餓死者が出たことがない」とされる。[・文献19] その背景にも、中央アンデス高地の農業が生産を第一目的とするものではなく、安定を第一に考えておこなっているからこそであると考えられるのである。

文献19　木村　二〇〇四。

引用文献

Brush, S. B., H. J. Carney and Z. Huaman 1981 Dynamics of Andean potato agriculture. *Economic Botany* 35 (1): 70–88.
Guamán Poma de Ayala, F. 1980 (1613) *Nueva Corónica y Buen Gobierno*. Siglo XXI/IEP. México.
Hooker, W. J. (ed.) 1981 *Comprendium of potato diseases*. The American Phytopathological Society, St. Paul, Minnesota.
Jackson, M. T, J. G. Hawkes and P. R. Rowe 1980 An ethnobotanical field study of primitive varieties in Peru. *Euphitica* 29: 107–114.
Jensen P. M. and R. R. Kautz 1974 Preceramic transhumance and Andean food producion. *Economic Botany* 28 (1): 43–55.

Johns, Timothy and G. H. Neil Towers 1981 Isothiocyanates and thioureas in enzyme hidrolysates of *Tropaeolum Tuberesum*. *Phytochemistry* 20（12）: 2687–2689.

Johns, Tinothy, W. D. Kitts, F. Newsome and G. H. Neil Towers 1982 Anti-reproductive and other medicinal effects of *Tropaeolum tuberosum*. *Journal of Ethnopharmacology* 5: 149–161.

Murra J. V. 1965 Herds and herders in the Inca state. In A. Leeds and A. Vayda（eds.）*Man, Culture and Animals: The Role of Animals in Human Ecological Adjustments*, pp. 185–215, American Association for the Advancement of Science, Washington D. C.

Novoa, C. and J. C. Wheeler 1984 Llama and alpaca. In I. L. Mason（ed.）, *Evolution of Domesitcated Animals*, pp. 116–128. Longman, London and New York.

Orlove, B. and R. Godoy 1986 Sectoral fallowing system in the Central Andes. *Journal of Ethnobiology* 6（1）/169–204.

Piocón-Reátegui, E. 1976 Nutrition. In P. T. Baker and M. A. Little（eds.）*Man in the Andes: A Multidiciplinary Study of High-Altitude Quechua*. Dowden, Hutchinson & Ross, Inc., Pennsylvania.

Webster, S. S. 1973 Native pastoralism in the south Andes. *Ethnology* 12（2）: 115–133.

Winterhalder, B., R. Larsen, and R. B. Thomas 1974 Dung as essential response in a highland community. *Human Ecology* 2（2）: 43–55.

木村秀雄「アンデスの自給経済とその変化」梅棹忠夫・山本紀夫編『山の世界』三〇九―三一八、二〇〇四年。

サウアー『農業の起原』（竹内常行・斎藤晃吉訳）古今書院、一九五二（一九六〇）年。

中尾佐助『栽培植物と農耕の起源』岩波新書、一九六六年。

山本紀夫「中央アンデス南部高地の環境利用――ペルー、クスコ県マルカパタの事例より」『国立民族学博物館研究報告』五巻一号、一二一―一八九、一九八〇年。

山本紀夫「中央アンデスにおけるジャガイモ栽培と休閑」『農耕の技術』一一号、六四―一〇〇、一九八八年。

山本紀夫「伝統農業の背後にあるもの――中央アンデス高地の例から」田中耕司編『自然と結ぶ――「農」にみる多様性』、二四―五一頁、昭和堂、二〇〇〇年。

山本紀夫『ジャガイモとインカ帝国』東京大学出版会、二〇〇四年。

第二章七節

チチャ酒の系譜——アンデスにおける酒造りの方法をめぐって

Norio Yamamoto
山本紀夫

インカ帝国では、トウモロコシから造ったチチャ酒がきわめて重要であった。第二章一節でも述べたように、チチャ酒はインカ帝国の国家宗教の祭典や祖先崇拝の儀礼に欠かせなかったのである。このような伝統は現在も受けつがれ、中央アンデス高地で暮らす先住民社会では今もチチャ酒を大量に造り、それを儀礼や祭りなどの機会にさかんに飲んでいる（写真1）。

それでは、このチチャ酒はどのようにして造られるのだろうか。本節は、南アメリカにおける伝統的な酒造りの方法のなかで、一般にチチャの名前で知られるアンデスの酒に焦点をしぼり、その酒造りの方法の特色を明らかにしようとするものである。近年、アンデスにおけるチチャ酒の果たす役割がきわめて重要であることが指摘されながら[文献1]、その酒造りの方法については充分な検討がされないまま伝統的なものであると扱われてきたからである。

文献1　Hastorf & Sissel 1993.

問題の所在——二つの複発酵酒

南アメリカにおける酒造りの方法についてのまとまった報告は、クーパー[文献2]によるものが唯一といってよい。そこで、この報告を中心として南アメリカにおける酒造りの方法について整理してお

文献2　Cooper 1946.

くことにしよう。まず、指摘しておかなければならないことがある。それは、蒸留酒はもともとヨーロッパ人が来るまでアメリカ大陸にはなかったことである。現在は、南アメリカの広い地域で蒸留酒が造られ飲まれているが、これらはいずれもヨーロッパ人との接触以降に導入されたものであり、アメリカ大陸における伝統的な酒は醸造酒に限られるのである。

この醸造酒のなかで、南アメリカでもっとも広く造られている酒はトウモロコシを材料にしたものであり、南アメリカのほぼ全域でみられる。すなわち、アンデス地域のほぼ全域、そしてアマゾン流域、さらにその周辺部地域まで含まれる（図1）。これに次ぐのがマニオクである。マニオクの酒はアンデスでこそ造られていないが、アマゾン流域およびその周辺部でも造られている。

これらトウモロコシ、マニオクの酒についで広く造られているのは、ヤシ類、アルガローバ(注1)、蜂蜜などを材料にしたものである。さらに、バナナ、パイナップル、サツマイモ、サトウキビなどの酒が右記の材料をもとにしたものに続く。このうち、バナナ、サトウキビはアメリカ大陸本来の作物ではなく、一六世紀以降にヨーロッパ人たちによって導入されたものである。また、アルガローバは主として乾燥地に自生するマメ科の低木で、中南米に広く分布する。マメの果肉が糖分を含んでいて甘く、これが酒の材料に利用される。アルガローバによる酒の分布は図1に示されている。

このアルガローバ酒が造られているボリビア南部からパラグアイにかけての地域は、もともとト

●**写真1**　チチャ酒を飲むケチュアの女性。ペルー・クスコ・チンチェーロ地方

注1　アルガローバ（*Prosopis* spp.）。熱帯と亜熱帯の乾燥地域に約四〇種が分布するが、その大半は熱帯アメリカに分布。そのなかに豆果の果肉が甘くて、これが酒の材料にもなる。食用にされるものがある。

ウモロコシもマニオクの酒も知られていなかった地域である。したがって、アルガローバはトウモロコシやマニオクにかわる酒の材料として利用されてきたと考えられる。そして、これよりも南部地域は気温が低く、しかも乾燥していて酒の材料になるものがほとんどない。そもそも、南アメリカの南部地域は狩猟採集民の世界であり、本来的に酒造りを知らなかった地域なのである。

　さて、クーパーによれば、これらの酒造りの主要な方法は、材料を噛んで唾液を利用するものか、そうでないか、の二つにわけられるという。ヤシ類の樹液や蜂蜜、サトウキビ、パイナップルなどのように糖分を多く含んだものを材料として酒を造るときは、噛まない方法で造られる。糖分を多く含むものは、自然界の酵母などによって簡単に酒になるからである。

　一方、マニオク、トウモロコシ、アルガローバなどのようにデンプンを多く含むものは、これらを噛んで唾液を利用して発酵させる。もちろん、材料そのままではなく、マニオクでは一般にイモを煮た上で潰し、その一部を噛んで唾液とともに吐き出して、これを発酵させる。[文献3] トウモロコシの場合は、後述するように穀粒を挽いて粉にし、これを口に入れて唾液とまぜる。とにかく、これら

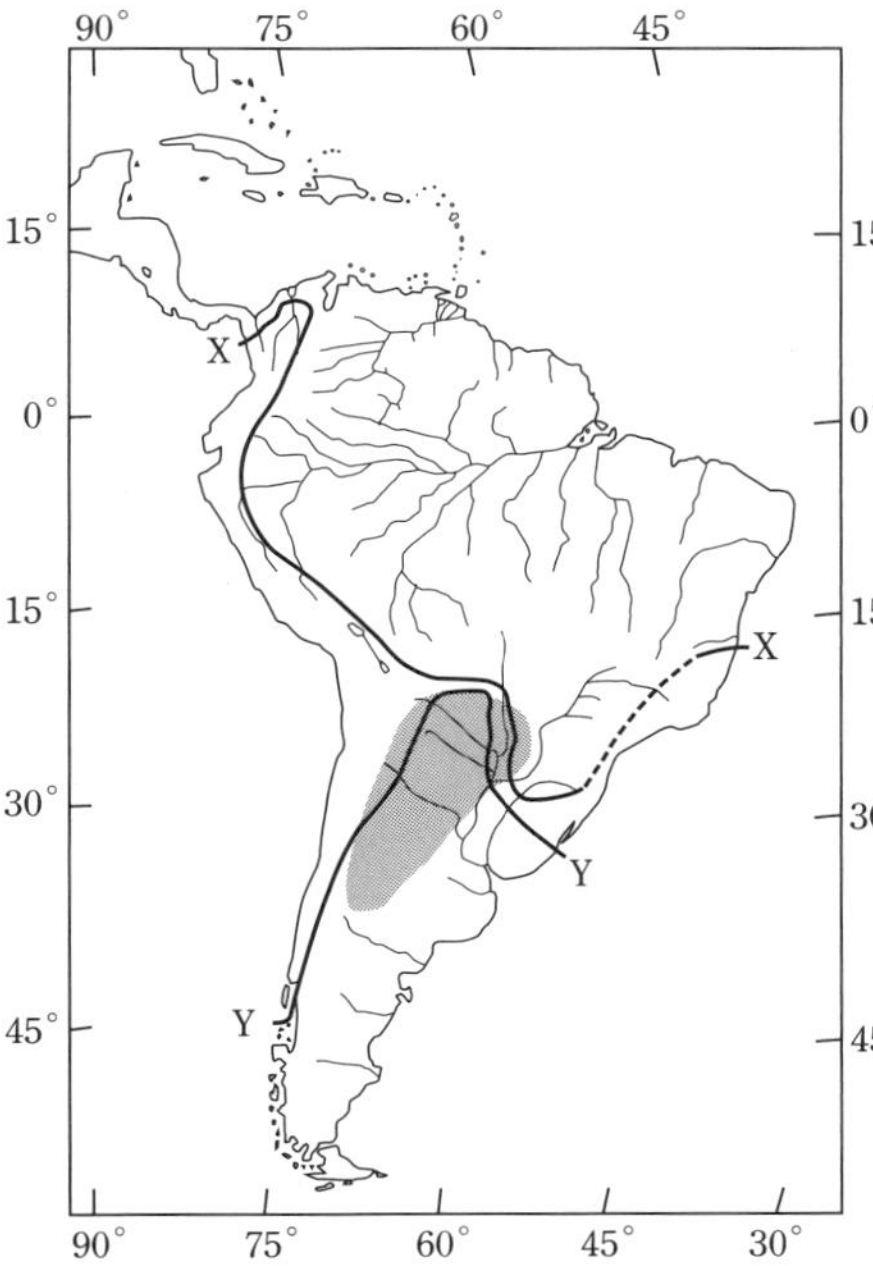

●図１　南アメリカにおける酒の材料の分布（文献２）
Ｘはマニオクを材料にした酒の分布の南限、Ｙはトウモロコシの酒の分布の南限、網で示した部分はアルガローバの酒の分布域

文献3　Mowat 1989.

の植物は、アルコール発酵しやすい糖分が少なく、デンプンを多く含んでいる。そして、唾液のなかにはデンプンを分解し、アルコールにかえる酵素が含まれているため噛んで唾液で発酵させるのである。

この方法でつくった酒が口噛み酒の名前で知られるものである。そして、この方法は南アメリカの伝統的な酒造りがおこなわれている地域では広くみられる。その分布は南アメリカのほぼ全域をカバーし、西インド諸島や中米でもホンジュラスより南部の地域でみられる。ちなみに、図２は一六世紀半ば頃に描かれた現パナマ地方の酒造りの光景であるが、この図でも明らかなように、そこではトウモロコシなどを噛んで、吐き出して酒を造っていたのである。[文献4]

ただし、クーパーはもう一つの酒造りの方法についても言及している。それは、穀物を発芽させる、いわゆるモヤシを利用する方法である。この方法で造られる酒は麦芽を利用したビールが有名であるが、南アメリカでもこの方法が知られている。ただし、この方法による酒の分布は南アメリカでは広くはなく、一部地域に限られる。筆者の観察によれば、その分布はアンデス地域にほぼ限定され、材料もトウモロコシだけである。

以上までで述べてきた酒の材料とその酒造りの方法を筆者自身の注釈をくわえながら整理しておこう。糖分を多く含む植物は、噛むこともなく、また発芽させることもなく、いわば自然に発酵させている。これは、一般に糖が酵母の働きによって自然にアルコールにかわることを利用しているのである。糖をアルコールにかえる酵母は自然界に広く分布しており、とくに糖分の多い花や果実に多いことが知られている。また、このような糖分を多く含んだ液体は自然界に分布するある種の細菌やカビなどでも発酵する。したがって、材料自体に糖分を多く含んでいるものは、それを液体

●**図２**　16世紀パナマ地方での酒造。図中央の女性はトウモロコシを噛んで吐き出している（文献４）

文献４　Benzoni 1565.

にしさえすれば、適度な温度条件下では放っておいても自然にアルコール発酵する。[文献5] このような方法で造られる酒を「単発酵酒」という。

一方、デンプンを多く含む植物を材料にして酒を造るためには、糖が重合してできているデンプンを分解する酵素が必要になる。この分解酵素は唾液にも含まれているため、デンプンを多く含む植物を材料に酒を造るときは噛んで唾液を利用するわけである。この場合、まずデンプンを糖にかえ、さらに糖をアルコールにかえるプロセスが必要となるため、さきの単発酵酒とはちがい、「複発酵酒」という。

このデンプンの分解酵素は唾液だけではなく、発芽穀物にもある。その代表的な例が麦芽である。大麦は発芽するとき、デンプンの分解酵素が種子のなかで造りだされる。麦はヨーロッパ人が来るまでアメリカ大陸にはなかった作物であるが、アメリカ大陸原産の穀物としてはトウモロコシがあり、これが酒の材料になる。とにかく、このような穀物酒も、まずデンプンを分解し、その上でアルコール発酵させていることから、複発酵酒なのである。

このような発酵のプロセスに注目して南アメリカにおける酒造りの方法を整理すると、表１のように①自然発酵（単発酵）、②唾液による発酵（複発酵）、③発芽を利用した発酵（複発酵）、の三つにまとめられることになる。このうち、単発酵による酒造りと複発酵によるそれとの違いは、先述したように材料の違いに起因する。また、この単発酵酒はほとんどアマゾン低地だけに限定されるが、その背景にはアマゾン低地には糖分を多く含んだ熱帯性の果実が豊富にあること、また気温が高く、自然発酵によい条件を備えていることなどの理由が考えられる。

表１　南アメリカにおける酒造りの方法（文献２をもとに作成）

	発酵の方法（材料）	分布
単発酵	自然発酵（ヤシ類の樹液，パイナップル，蜂蜜など）	アマゾン低地
複発酵	唾液利用（マニオク，トウモロコシ，キヌア，アルガローバなど）	南アメリカ全域
	穀芽利用（トウモロコシ）	アンデス地域

文献５　山本　一九九五a。

さて、それでは二種類の複発酵酒がアンデス地域にみられるのはなぜか。アマゾン低地にもトウモロコシの酒があるにもかかわらず、穀芽酒がアンデスだけに限定されるのはなぜなのか。この問題について、クーパーは何も答えていない。クーパーだけでなく、誰も答えていない。そこで、本節ではこの点に焦点をあてながらアンデスの酒造りの特色を探ることにしたい。

以下に、次のような順序で論を進めてゆくことにする。まず、アンデスでチチャとよばれる酒の造り方を、主として筆者自身の観察から報告する。その報告をとおして、南アメリカにおけるアンデスの酒造りの方法の位置づけを試みる。最後に、これらの酒造りの方法をヨーロッパ人とはじめて接触した頃の史料を利用して、歴史的にも検討することにしたい。

アンデス地域における酒造りの方法

さきに見たようにアマゾン低地ではさまざまな材料から酒が造られているが、アンデスでは酒の材料はきわめて限られている。とくにアンデスには数多くのイモ類があるにもかかわらず、イモ類からはほとんど酒が造られない。文献でみるかぎり、ペルー・アンデス高地でカタバミ科のオカから酒が造られるという記述があるだけである。[文献6] また、アンデスでは果実からも酒はほとんど造られない。したがって、アンデスで酒の材料となるのは、ほとんどトウモロコシと後述するキヌアとよばれる雑穀だけである。

アンデスでは、酒造りの方法もアマゾン低地のそれとは大きな違いがある。まず、先述したように、アンデスではアマゾン低地でみられたような自然発酵による酒造りはおこなわれていない。また、唾液を利用した方法はあるが、アマゾン低地ではほとんどみられない発芽による酒造りの方法が一般的である。そこで、唾液利用による方法と発芽による酒造りの方法をわけて紹介しよう。な

文献6　Cooper 1946: 542.

お、ここで紹介する酒は、地域によって民族によって呼称が異なるが、一般的にはチチャの名前で知られているものである。

（1）唾液利用による酒造り

唾液を利用した酒造りの方法はアマゾン低地では広い地域でみられるが、それとは対照的にアンデス高地では限られた地域でしかみられない。筆者自身もエクアドルやペルー、ボリビアなどの各地で唾液利用による酒造りを求めて調査をしたが、わずかにボリビア・アンデスの一か所でしかみられなかった。そこで、まず、筆者が一九九四年に観察した事例により、アンデスでの唾液利用による酒造りの方法を報告する。[文献7]

唾液利用による酒造りの方法を観察することができたのは、ボリビア、ラパス県のアイマラ族の一農村、イルパチコである。アイマラ族はティティカカ湖畔を中心とする標高四〇〇〇メートル前後の高地で暮らし、農業と牧畜で生計をたてている民族である。イルパチコ村もティティカカ湖畔に広がる標高約四〇〇〇メートル前後の高原台地に位置しており、寒さのせいでトウモロコシは栽培できず、ジャガイモやキヌアなどの寒冷地に適した作物を中心にした農業をおこなっている。酒の材料となるのは、このキヌアである。

第二章四節で詳述されているように、キヌアはアンデス原産の寒冷な高地でも栽培が可能なアカザ科の雑穀であり、アンデスでは標高四〇〇〇メートル前後の高地でも栽培される。この種実が酒の材料として利用されるのである。

さて、イルパチコ村でのキヌアを材料にしたチチャ酒の製法は次のようなものである。なお、この酒造りは完成までに約二週間を要するといわれ、筆者が観察できたのはその一部だけであった。そのため、聞き取りによる情報をも加えながら報告する。

文献7　山本　一九九五b。

①まず、キヌアをよく水で洗ったあと、天日で乾燥する。水洗いをするのは、キヌアに大量のアルカロイド性の物質、サポニンが含まれているからである。
②次に、キヌアの種実を篩いにかけ、風選して砂を取り除く（写真２）。
③この種実を石臼で挽いて、こまかい粉にする（写真３）。
④この粉の一部をスプーンですくい、口にいれて唾液で湿らす。噛むわけではなく、舌を動かして唾液がキヌアの粉にしみこむようにする。
⑤コップの水を口にふくみ、この水で口の中のキヌアの粉を団子状にし、皿に吐き出す（写真４）。
⑥④と⑤のプロセスを何度もくりかえし、団子状になったキヌアで皿がいっぱいになると、そのままの状態で天日にさらす。この状態で少し発酵させる。
⑦この間も、キヌアの粉ひきは続けられる。つまり、口にいれる粉は全体の一部だけである。聞きえた情報によれば、口に入れる粉は全体の約一パーセントほどである。

●写真２　キヌアを風選する

●写真３　キヌアを石臼でひいて粉にする

⑧翌日、この団子状のキヌアとともに粉のキヌアも一緒にして煮る。煮る時間は三時間ほど。ただし、これは写真5のように小さな甕の場合のことであり、一般にカンタロの名前で知られる大きな甕で煮るときは丸一日を要するといわれる。

⑨煮た汁は土製の甕に移し替える。その際、甕の口には布を広げて煮汁をこし、不純物を取り除く（写真5）。このあと、甕の口を布でおおい、土製の皿で蓋をする。この甕はキヌアの酒造り専用に代々使われているもので、発酵のための酵母が付着しているといわれる。

⑩この甕を毛布などでくるみ、家の中のできるだけ温かい場所（かまどの近くなど）において約二週間ほど寝かせて発酵させる。

以上、キヌアを材料にした酒造りの方法を報告したが、実際はこの酒造りはイルパチコ村でもほとんどおこなわれておらず、今や消滅寸前であるといわれている。キヌアの酒造りは発酵に時間がかかること、ほとんど薪が得られない高地であるにもかかわらず大量の燃料が必要となるなどの理

●**写真４**　キヌアの粉を唾液で湿らした後、皿に吐き出す

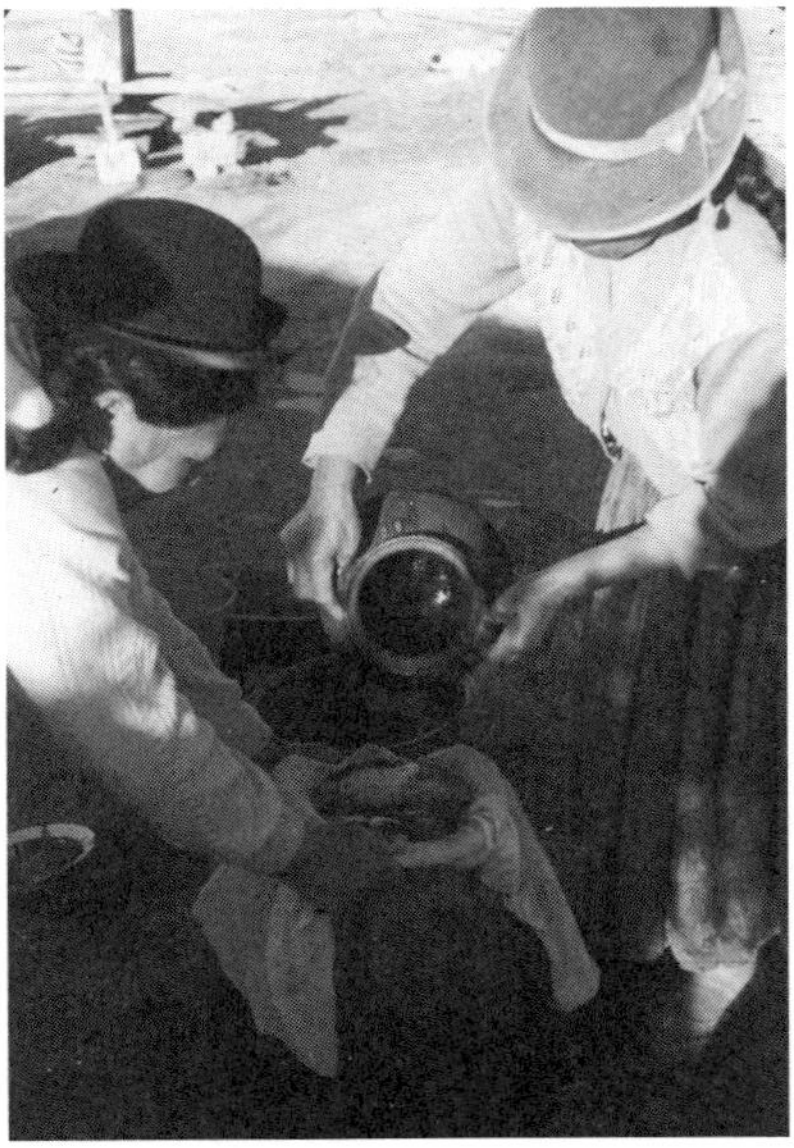

●**写真５**　キヌアを煮た汁は土製の瓶に移し替える。その際、瓶の口に布を広げて不純物を取り除く

由による。また、ビールその他の酒が村の店でも売られるようなり、購入すれば簡単に酒が手に入るようになったことも、その背景にあるらしい。[文献8] このような現象は、イルパチコ村だけではなく、ボリビア高地では広い範囲で生じており、キヌアのチチャ酒は急速に姿を消しつつあるとの報告もある。[文献9]

　しかし、現地でえた情報によればボリビア高地では三〇～四〇年くらい前までは唾液を利用してキヌアで酒を造る方法がふつうにみられたとされる。実際、アイマラ族の詳しい調査をおこなったチョピックによれば、かつてはキヌアだけでなく、トウモロコシ、大麦などでも、同様の方法で酒造りをおこなっており、その酒造りの方法は次のようなものであった。[文献10]

　まず、穀粒を乾燥し、粉にしたあと、この粉を二つにわける。このうちの一部を噛んで、タライなどに入れ、これを残りの粉と混ぜ合わせる。この粉を噛むのは、ふつうコカの葉を噛んで歯を汚していない若い女性である。こうして造った粉を、湯を入れた大口の壷に移して、かき混ぜる。ついで、この粉を煮てから別の細首の壷に移す。この状態で、二日、あるいはそれ以上、放置して発酵させる。発酵に要する日数がイルパチコ村と大きく異なるのは、場所の違いによるのであろう。高度が低く、気温が高いほど、発酵は早く進むからである。

　この報告のもとになった調査は今から四〇年ほど前のことであり、イルパチコ村でキヌアの酒造りをさかんにしていたといわれる時期と一致する。したがって、かつてはボリビア高地でのチチャ造りの方法は、材料の作物を噛み、唾液を利用したものがふつうだったと考えられる。

　一方、これとは若干異なる方法も知られている。筆者自身は一度も観察する機会を得ていないが、カトラーとカルデナスはボリビア・アンデスの東斜面の標高約二六〇〇メートルに位置するコチャバンバ地方でのチチャ造りの方法を次のように報告している。[文献11]

　①トウモロコシの穀粒を石臼で粉にひいて、唾とまぜる。この粉に少しだけ水を加えて湿らしたあと、舌をよく使って粉に唾が浸透するようにする。噛むわけではなく、唾液で粉を湿らすの

文献8　山本　一九九五ａ：七〇。
文献9　MACA, etc 1983.
文献10　Tschopik 1946: 557.
文献11　Cutler & Cárdenas 1947.

である。このあと、天日で乾燥させ、保存しておく。乾燥した粉は小さな固まりとなっており、この固まりはムコとよばれる。

②このムコを、トウモロコシの粉とともに大きな甕に入れる。ついで、この甕に約七〇度の湯を加える。一時間ほど、かき混ぜたあと、そのまま放置して冷やす。甕の中の液体は一部が沈澱し、その上の層にはゼリー状のものができる。最上層の濁った液体はウピとよばれ、これが酒の材料となる。この液体を容器でくみ出し、別の大型の壺に移す。この状態で発酵がはじまる。中層のゼリー状の液体はキャラメル状になるまで煮つめる。これはミシュキ・ケタとよばれ、あとで利用される。

③三日目、ウピの液体を平鍋で三時間ほど熱したあと、再び甕に移し、冷やす。最後に、この液体には準備しておいたミシュキ・ケタを加える。

④四日目、ウピにミシュキ・ケタを加えた液体は発酵をはじめており、激しく泡立つようになる。この状態が少しおさまったところで、カンタロの名前で知られる細首の甕に移す。この状態で放置しておくと、約六日間で発酵が完了する。なお、コチャバンバは標高が約二六〇〇メートルであり、気温の低い高地では発酵にもっと日数を要する。一方、気温の高い熱帯低地では二日ほどで発酵する。

ここで使われている甕は、いずれも素焼きの土製のものであり、通気性があるため発酵のスターターとなる酵母が付着しやすいといわれる。そのため、甕は強く洗うことを避ける。また洗うときも灰や水と一緒にモジェ(注2)やワイチャ(注3)などの枝で甕の表面をたたくということから、これらの植物に発酵のスターターとなる酵素が付着している可能性もある。

さて、キヌア酒造りが近年ほとんどみられなくなっていることを指摘したが、ムコによるトウモロコシの酒造りもみられなくなっているようである。たとえば、さきのムコによる酒造りについての報告は一九四七年に書かれたものであるが、それから約二〇年後の一九六九年には「ムコによる

注2　モジェ(*Schinus molle*)。ウルシ科の常緑の小高木。和名はコショウボクとよばれる。
注3　ワイチャ(*Senecio clivicolus*)はキク科キオン(セネシオ)属の植物。

酒造りは、もうほとんどおこなわれていない」と報告されている。[文献12]

また、ペルー、クスコ地方のビルカノータ谷で調査をおこなったゲイド[文献13]によれば、そこでも唾液を利用したチチャ造りは今世紀はじめ頃になくなったという。そして、今ではもっぱらトウモロコシを発芽させ、モヤシを使ったチチャ造りがおこなわれている。これらの事実は、かつてはボリビア・アンデスだけでなく、ペルー・アンデスでも唾液を利用した酒造りが広くおこなわれていたことを示唆するようである。この点については、後ほど検討することにして、もう一つのチチャ造りの方法を紹介しよう。

(２) 発芽による酒造り

カトラーとカルデナスによれば、発芽による酒造りはボリビアとペルーの高地部では一般的な方法であるが、それ以外の地域では珍しいとされる。しかし、エストレージャ[文献14]はこの方法がエクアドル・アンデスでも、一般的であるという。いずれにせよ、この方法は南アメリカのなかではアンデスだけ、しかもエクアドルからボリビアまでのアンデスの一部地域に限定されることはまちがいない。

さて、筆者がこの三〇年ほどの間に観察したかぎりでは、ペルーでも、ボリビアでも、中央アンデス高地では、どこでもチチャ造りはトウモロコシを発芽させ、そのモヤシを利用する方法が一般的であった。そこで、次にペルー、クスコ地方で観察した方法を報告する。

①まず、トウモロコシの穀粒を一昼夜ほど水につけておく。水を充分に含んだ穀粒を暗所に広げておくと、早ければ二、三日で発芽してくる。この発芽したモヤシをウイニャポまたはホラとよぶ（写真6）。

②ホラを天日にさらして乾燥したあと、石臼でつぶして粉状にする（写真7）。

文献12 Cárdenas 1969.
文献13 Gade 1975: 127.
文献14 Estrella 1986: 86.

③この粉を口の大きな甕に入れて、よくかきまぜながら一時間ほど煮る。
④ついで、別の甕に入れて少し冷やす。この煮汁を、バスケットのなかにワラを敷いたものの中に流し込み、液体以外のものを濾す。
⑤この甕を毛布やポンチョなどで包んで保温しておく。ふつう五日ほどで液体が泡だち、一週間ほどでチチャはできあがる（写真8）。ただし、泡立つのが遅いときは砂糖や潰したバナナ、あるいはコップ一杯ほどのチチャをくわえて発酵を促進させることもある。ここで使われている甕も、さきのコチャバンバの報告と同様に、素焼きの土製のものであり、やはり強く洗うことは避けられている。また、クスコ地方でも先述したモジェの実を潰したものを入れると強いチチャができるといわれている。また、エクアドル・アンデスではチチャの発酵を促進したり味をよくするためにイシュピンゴ[注4]などの実をくわえるとされる。[文献15] これらのことから、チチャ酒を造る甕や、モジェなどある種の植物には発酵のスターターとなる酵素が付着していると考えてよさそうである。

●**写真6**　トウモロコシの穀粒を発芽させたモヤシ

●**写真7**　モヤシを石臼で潰して粉状にする

注4　イシュピンゴ（*Ocotea quixos*）。クスノキ科の樹木
文献15　Nicholson 1960.

とにかく、細部においては異なるが、ペルーでは海岸地帯でも高地部でもトウモロコシのモヤシを利用したチチャ造りの方法はほとんど同じである[文献16]。また、さきのカトラーとカルデナスもボリビアでの類似した方法を報告している。さらに、エクアドル・アンデスでのチチャ造りの方法も同様である[文献15]。つまり、発芽によるチチャ造りの方法には地方的な変異がほとんどないのである。

●写真８　白濁した液体がチチャ酒

文献16　Johnson 1946: 249.

(3) アマゾン低地の酒造りとの比較

以上述べたアンデスにおける酒造りの方法の特色を、より明確にするためにアマゾン低地での酒造りの方法と比較してみよう。ただし、アンデス地域とアマゾン低地で共通している酒の材料はトウモロコシだけなので、この点にしぼって比較してみることにする。

アマゾン低地でのトウモロコシを材料にした酒造りは、以下のようなものである。たとえば、カリブ海に面した南アメリカ北部の低地では、穀粒を臼でついて粉にし、この粉の一部を女性が噛み、これを図３のような大きな容器にいれて、長時間煮たあと、発酵させる[文献16]。アマゾン本流に近いブラジル・アマゾン流域に住むボロロ族は、炒ったトウモロコシを噛み、それを水が張られた鍋に吐いて発酵させる[文献17]。ブラジル・アマゾンの一支流に住むトゥクナ族は、トウモロコシの粉を熱した湯の

文献17　Colbacchini & Albi-

なかでかきまぜ、やわらかくなるまで煮る。これを火からおろしたあと、そこに噛んだサツマイモを入れて発酵させる。[文献18]

これらの方法は、チョピックが報告したアイマラ族による酒造りの方法に近いものである。すなわち、トウモロコシを噛み、そこに唾液を直接吐きこんで、発酵させる方法である。この方法の方が、ムコによるものより、よりシンプルなものと言ってよく、またその分布も後者よりはるかに広い。これらのことから見て、材料の作物を噛み、そこに唾液を直接吐きこむ方法こそが南アメリカでの一般的な酒造りの方法であった可能性がたかい。

つぎに、トウモロコシを発芽させて酒を造る方法はほとんどアンデス地域に限定されることを指摘したが、文献によるかぎりではアマゾン低地でも一か所だけ知られている。それは、ボリビア・アマゾンの一支流のベニ川流域（ルレナバッケ地方）に住むタカナ族である。そして、その酒造りの方法は次のようなものである。[文献11]

トウモロコシの穀粒を水の中に一晩浸けたあと、これを篭の中に入れ、葉でおおっておく。少し芽が出た段階の穀粒を固い木板の上におき、石で挽いて粉にする。この粉の一部を口に入れて唾液とまぜあわせ、残りのやはり発芽したあと粉にしたものと一緒にする。これに温かい湯を加えて壷に入れる。これを三、四時間煮たあと、放置して発酵させる。

この方法は、先述した穀芽酒造りの方法と唾液利用によ

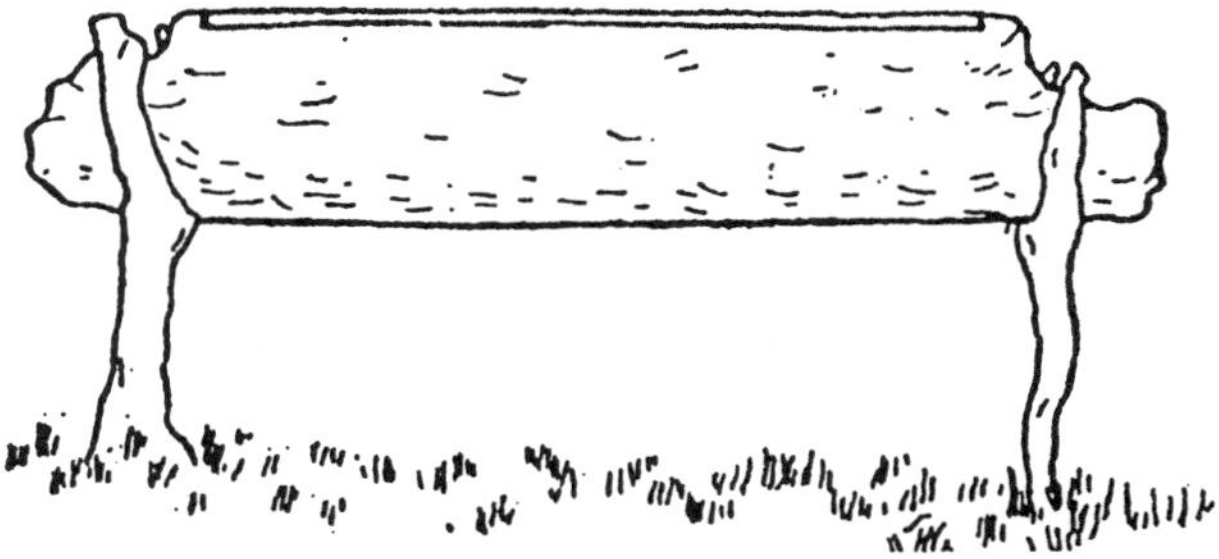

●図3　マニオクやトウモロコシを発酵させるための大型の容器。木をくりぬき中空にしたもので、アマゾン低地で広く使われている。図はコロンビア・アマゾンのモティロン族のもの（文献 19）

setti 1942: 67.
文献18　Nimuendajú　1952: 33.
文献19　Bolinder 1917.

る方法を一緒にしたものと考えられる。あるいは両者の中間タイプと見ることもできよう。さて、それでは、この方法は南アメリカの酒造りの方法のなかでは、どのように位置づけられるのであろうか。筆者は、以下のような理由でかなり新しい方法であると考えている。まず、先述したように発芽による酒造りの方法は、少なくとも筆者が調査したかぎり、アマゾン低地ではタカナ族以外では知られていない。また、タカナ族はもともと酒造りを知らなかった民族とされる[文献20]。これらのことから、右記の方法は近隣の民族などから比較的近年に受け入れたものと考えられる。そして、タカナ族が住むルレナバッケ地方はアマゾン低地に位置しているが、地理的にはアンデスに比較的近い。このような条件が、同地域でアマゾン低地の酒造りの方法とアンデス地域のそれとの折衷のような酒造りの方法を生み出したのではないかと考えられるのである。

以上、アンデスでチチャとよばれる酒造りの方法を見てきた。その方法は、基本的に唾液を利用するものと発芽によるものの二つである。その結果、以下のような特徴が浮かび上がってきた。

①アマゾン低地と同様、アンデスでも以前は材料となる作物を粉にして、それを噛んで唾液で発酵させて酒造りをおこなっていたと考えられるが、この方法は近年珍しくなっている。

②アンデスでの酒造りの対象となる材料はトウモロコシやキヌアなどの穀類であり、その酒造りの方法は一般に発芽による糖化作用を利用する。

③発芽による酒造りの方法はアマゾン地域では例外的なものであり、そこではトウモロコシを唾液を利用して発酵させている。

さて、それではトウモロコシを材料として酒造りをおこなうのに、アマゾン低地とアンデス高地では異なった方法をとっているのはなぜか。すなわち、アマゾン低地では唾液を利用した方法をとるのに対して、アンデスでは現在ほとんど発芽による方法をとっているのはなぜなのか。

南アメリカ全体でみれば、広い地域でマニオクもトウモロコシも唾液を利用して酒造りの方法をおこなっていることから、アンデスでももともと唾液による方法でもっぱらチチャ酒を造っていた

文献20　Cooper 1946: 539.

のではないかと想像できる。アンデスの一部地域で近年までトウモロコシやキヌアの粉を唾液で発酵させていたのは、そのことを物語るのではないか。しかし、これを明らかにするためには、ヨーロッパ人と接触したころのアンデスにおけるチチャの製法を知る必要がある。そこで、次に時代をさかのぼり、初期のスペイン人たちのチチャ酒に関する記録を追ってみることにしよう。

歴史的にみたチチャ酒造りの方法

先述したようにチチャ酒はアンデス社会ではきわめて重要なものであったため、チチャについて言及しているスペイン人が少なくない。ただし、その製法についてまで詳しく記述しているものは多くはなく、その意味では限られた資料であるが、以下にスペイン人たちの記録にもとづいて、一六世紀頃のアンデスの酒造りの方法について検討を加える。

(1) 一六世紀のチチャ造りの方法

おそらく、これまで知られているかぎりでチチャの製法について、もっとも早い時期に記録したものは、一五四四年に出版されたサラテによる『ペルーの発見・征服史』であろう。その部分を拙訳で紹介する。

(インディオは) ワインのかわりに、ひどい酒を飲む。それはトウモロコシを材料にしたもので、水を張り、土に埋めた甕に入れて、煮て造る。この甕には、生のトウモロコシのほかに、噛んだトウモロコシも入れる。男も女もトウモロコシを噛む。彼らが (発酵のための) 酵母を提供するのである。……この飲み物は、一般に（カリブの）島々の言語では「チチャ」、ペルーでは「アスーア」とよばれる。材料となるトウモロコシの色によって、ワインの赤や白のような色もあるが、スペインのワインよりも強く、すぐに酔っぱらう。[文献21]

この記録では、チチャ酒は噛んで、唾液を利用する酒造りの方法だけが報告され、発芽による酒造りの方法については何も言及していない。このように、チチャ酒の造り方について、噛む方法だけを述べているスペイン人には、ムルーア[文献22]（1964（1590））やコボ[文献23]（1956（1653））、そしてアリアーガ[文献24]（1984（1608））などもいる。アリアーガは、アンデスにおけるチチャ酒の重要性に気づいていたスペイン人神父のひとりであるが、彼はチチャ酒の造り方について断片的ながら次のような記述をしている。

チャンカイ以北の海岸において、ワカ（聖地）に捧げられるチチャはヤレとよばれ、かみくだいたトウモロコシをまぜた酒に、エスピンゴの粉を加えて作る。ひじょうに強く、濃厚である。[文献25]

ここで述べられているエスピンゴは先にエクアドル・アンデスで発酵を促進するめにくわえられるイシュピンゴと同じものであると考えられる。

これとはべつに熟しはじめたチョクロ（トウモロコシ）の初穂から作られることもある。……テクティとよばれるマサモラのように濃厚で強い酒が作られるが、そのため若い娘たちがトウモロコシをかむ。[文献25]

これらの報告だけを見ていればスペイン人がアンデスに来た頃、そこでは発芽による方法がなく唾液を利用したものだけであったように思えるが、同じ頃ペルーに来たスペイン人のなかには発芽

文献21 Zárate 1968 (1590).

文献22 Murrúa 1964 (1590).
文献23 Cobo 1956 (1653).
文献24 アリアーガ　一九八四（一六〇八）。

文献25 アリアーガ　一九八四（一六二一）：四二二。

によるチチャ造りの方法を報告している者もいる。たとえば、アコスタは、次のように噛む方法とともに、発芽させて造る方法も報告している。

インディオは、玉蜀黍を、パンの材料としてだけでなく、酒の原料にもする。玉蜀黍で作った飲み物は、葡萄の酒よりも早く人を酔わせる。玉蜀黍の酒は、ピルー［ペルー］ではアスーアといい、新大陸共通の言葉では、チチャといって、その作り方はいろいろある。麦酒風の、もっとも強い酒は、まず玉蜀黍の実を水にひたし、芽がでるまでおいてから、ある順序にしたがって煮ると、グッと飲むと足がとられるくらいに強烈なのができる。ピルーではこれをソラとよび、酔いすぎるといろいろひどい弊害があるため、法律で禁止されているが、無視同然で、結局は悪い使われ方をし、昼夜ぶっとおしに踊ったり飲んだりというありさまである。[•文献26]

アスーアつまりチチャを作る別の方法は、玉蜀黍をかみくだき、咀嚼したものから酵母を作り、そのあとで煮る。インディオの意見では、死にかかったような老婆にかまねばならないといい、聞くだけでゾッとするような話だが、インディオは平気でその酒を飲む。[•文献27]

文献26　アコスタ　一九六六（一六〇八）：三六九。
文献27　アコスタ　一九六六（一六〇八）：三六八。

アコスタは、一六世紀に中南米を広く歩き、その経験にもとづいて優れた記録『新大陸自然文化誌』を著したスペイン人であるが、この記録はきわめて客観的、科学的なものとして認められている。したがって、一六世紀のアンデスには発芽によるチチャ造りの方法がみられたことに疑いはない。

一方、スペイン人ではなく、インカの血をひく混血のインカ・ガルシラーソは、次のようにトウモロコシを発芽させて造る方法だけを報告している。

ペルーのインディオの中には、ひどく酩酊状態を好む部族があって、強い酒をつくっているが、彼らは

> まずサーラ（トウモロコシ）を水に漬けてしばらく放置し、サーラから芽が出はじめた段階で、それをつきつぶす。そして、そこに必要なものを少々添加して、同じ水で煮立てた上、よく濾して滓を取り除き、そのまま発酵するのを待つ。こうして造られるのが、ウイニャープ、あるいはソラとよばれ、わずかな量で人を酔わせる強い酒である。インカは、人びとが泥酔状態に陥るのを防ぐため、この酒の飲用を禁止した。しかし、最近では、一部の不品行な連中によってまた愛飲されているとのことである。[文献28]

文献28　インカ・ガルシラーソ　一九八六（一六〇九）：三一二。

インカ・ガルシラーソは、クスコ生まれで、一五六〇年にスペインにわたるまでの見聞をもとに、インカの風俗や習慣について詳しい記録を残した人物である。それにもかかわらず、彼は発芽による方法のみを報告し、唾液による方法については言及していない。この点に関しては疑問があるが、とにかく、これらの記録から一六世紀半ば頃のアンデスには唾液を利用した酒造りとともに、発芽による方法も知られていたことが明らかである。また、当時、唾液によるチチャ造りの方法は海岸地帯から山岳地帯まで広くみられた。

(2) 二つの系譜の意味

さて、それでは、同じ時期に、同じアンデスで、しかも同じトウモロコシを材料にしながら、なぜ、チチャ造りには異なった二つの方法があったのだろうか。用途によって、酒の造り方をかえていたのであろうか。たしかに、アコスタの報告からはトウモロコシを発芽させ、そのモヤシを利用したチチャ酒のほうが、唾液利用による酒より強かったことがうかがえる。しかし、それでは、なぜ発芽によるチチャ造りの方法が現在にいたるまでアマゾン地域でほとんどみられないのだろうか。また、もし用途によって酒の造り方をかえていたとすれば、なぜ現在のアンデスでは唾液による方法がほとんどみられなくなっているのかだろうか。

このようにアンデスにおける二つのチチャ造りの方法の存在については、いくつもの疑問がある。そこで、まず、なぜアンデスで唾液によるチチャ造りの方法がみられなくなってきたのか、この疑問から検討してみよう。

まず考えられることは、唾液利用による酒造りの方法がスペイン人たちによって禁止または排斥されたのではないかということである。それというのも、チチャ酒について言及しているスペイン人たちの大半がこの酒を「brebaje（酷い飲み物）」という言葉で表現しているからである。唾液を利用した酒造りの方法は当時のヨーロッパでは知られていないものであり、スペイン人にとっては軽蔑すべき「酷い飲み物」に見えたようである。それは、さきに引用したアコスタの記録のなかで唾液による酒造りについて「聞くだけでゾッとする」という表現をしていることでも明らかであろう。

じつは、アンデスにやってきた初期のスペイン人にとって、当時のアンデスの人びとの暮らしや考え方のなかには、無知あるいは迷信によるものとして排斥すべきものが多くあった。その最たるものが土着の宗教であり、キリストを唯一絶対の神とするスペイン人にとってアンデスの宗教は邪教以外のなにものでもなかった。そのため、土着の宗教は排斥され、それに従わない者に対しては投獄などの厳しい措置がとられた。そして、この土着の宗教と密接な関係をもっていたのが、ほかならぬチチャ酒であった。たとえば、このチチャ酒について、一六世紀末にカトリックの布教のためにペルーを訪れたスペイン人神父のアリアーガは、次のように述べている。

ほとんどの供犠で用いられる最重要かつ最良の供え物はチチャである。チチャにより、またチチャとともにあらゆるワカ（聖地）の祭典ははじまり、チチャで間をもたせ、チチャで祭りを終わる。チチャこそすべてである。[文献29]

すなわち、チチャ酒は当時のアンデスの人びとにとって祭りや儀礼にとって必要不可欠といえる

文献29　アリアーガ　一九八四（一六〇八）：四二二。

るのである。

ほどに重要な酒であった。そうであればこそ、チチャ酒はスペイン人たちにとって排斥の対象として考えられたのではないかと考えられる。実際、アリアーガは、別のところで次のように述べている。

偶像崇拝を育て、養い、温存してきたのは例の飲酒の習慣であるが、ときにはやさしく温和に、ときにはきびしく罰をもって臨みながら、その廃絶を誰かおこなわなければならないとしたら、それは聖職者である。・文献30

文献30　アリアーガ　一九八四（一六〇八）：五五二。

しかし、さきに見たようにチチャ酒は廃絶されることなく、現在にいたるまで造り続けられてきた。この間の事情は不明であるが、少なくとも唾液を利用した酒造りについてはさまざまな排斥運動があったと判断される。

もし、この考え方が正しいとすれば、なぜアマゾン低地では今なお広く唾液利用による酒造りがおこなわれているのかということが問題になろう。しかし、アマゾン低地は、大部分の地域が比較的近年までヨーロッパ人による影響が小さかったところである。もともとアマゾン低地における先住民は広大な熱帯雨林のなかに拡散して住んでおり、アンデスとくらべれば、大部分の地域でヨーロッパ人との接触がはるかに遅れたのである。

アマゾン低地とアンデス高地は南アメリカのなかで伝統的な色彩の濃い地域であるが、両地域ともにヨーロッパ人の影響が皆無であったわけではない。この意味では、両者をくらべるとアマゾン低地の方がより伝統的な色彩を濃く残したところとなっている。同じような意味で、ペルーからボリビアにかけての中央アンデスのなかでは海岸地帯よりも高地部の方が、高地部のなかではティティカカ湖畔あたりが、ヨーロッパ人の影響がより小さかったところとなっている。

そして、唾液を利用した酒造りが近年までみられたのは、まさしく南アメリカのなかでもヨーロッパ人による影響が比較的小さかった地域なのである。一方、穀芽酒がみられるのはアンデスのなかではヨーロッパ人による影響が比較的強いところである。このことは、アンデスにおける穀芽酒造りの方法がヨーロッパ由来のものであることを示唆する可能性をもつのではないだろうか。

しかし、さきに見たように一六世紀半ばにはクロニスタが穀芽酒造りを報告している。この事実は、穀芽酒がヨーロッパ人の到来以前から存在していたことを物語るものなのであろうか。おそらく、そうではなく、むしろヨーロッパ人がきわめて早い時期に発芽による酒造りの方法をアンデスに伝えたことを物語るのではないかと考えられる。最後に、この可能性について検討してみよう。

穀芽酒はアンデス伝統のものか——むすびにかえて

スペイン人たちはヨーロッパからさまざまな事物を早い時期に伝えていた。その背景について、インカ・ガルシラーソは次のように述べている。

……スペイン人が、祖国の事物をインディアスで手に入れることにかけた情熱にはすさまじいものがあり、彼らにとってはどんな困難や危険も、その願望達成のための努力を妨げるものではなかった。[文献31]

こうしてヨーロッパから伝えられたもののなかにはブドウ酒造りの方法もあった。ブドウは、もともとアメリカ大陸にはなかったが、一五五〇年頃にはクスコで栽培されだし、それからまもない一五六〇年にはブドウ酒も造られるようになった。さらに、ペルーでも別の地域ではもっと早い時期からブドウ酒は造られていた。

しかし、ブドウ酒は穀物ではなく、発芽によって酒を造るわけではない。もし、ヨーロッパの酒

文献31　インカ・ガルシラーソ　一九八六（一六〇九）：四七五。

造りが転用されてトウモロコシを発芽させる方法が生まれたとすれば、それは麦芽を利用するビールであったにちがいない。この大麦もブドウに劣らず、早くアンデスに伝えられ、栽培されるようになっていた作物である（図４）。たとえば、スペイン人のシエサ・デ・レオンは、一五四七年に現在のコロンビアから南下してエクアドルに入ったが、あちこちで小麦や大麦がすでに広く栽培されているのを観察している。そして、現エクアドルの首都のキトでは、つぎのように大麦の飲み物もみている。

……このキート（原文ママ）市に属する住民たちの多くは、小麦と大麦の有用さを知ると、その両方の種をまいて、食べる習慣がつき、大麦からは飲み物を作っている。[文献32]

文献32　シエサ　一九七九（一五五三）：三三三。

残念ながら、この大麦の飲み物がビールのような酒であったかどうかは不明である。しかし、小麦ではなく、大麦から飲み物を作るということ、さらに原文ではこの飲み物を「大麦の酷い飲み物」を意味する brebaje de cebada と表現していることなどから、チチャのような飲み物であった可能性がたかい。

したがって、アコスタやインカ・ガルシラーソがトウモロコシを材料にした穀芽酒造りの方法を記録したときには、すでにヨーロッパからブドウ酒やビール造りが材料となるブドウや大麦とともにアンデスに伝わっていたと考えてよいようである。

チチャ酒の材料となるトウモロコシもきわめて早い時期にヨーロッパに持ち帰られていた。おそらく、トウモロコシはコロンブス一行がヨーロッパにはじめて持ち帰ったらしく、第三次航海（一九四八年）の記録のなかで、彼自身が持ち帰ったこと、当時、すでにスペインにもトウモロコシがたくさんあることを述べている。[文献33] したがって、アンデスにやってきたスペイン人にとってトウモロコシはすでに馴染みのある作物になっていたと判断してよい。

文献33　コロン　一九六五。

●**図4**　植民地時代のペルー北部トゥルーヒーヨ地方での麦の刈り取り風景。16世紀半ば頃には麦はペルーでも栽培されていた。図は1780年頃、スペイン人のコンパニョン神父によって描かれた（文献34）

このようなスペイン人のなかには、麦芽を利用した酒造りの方法でトウモロコシから酒をつくったスペイン人がいたのではないか。それというのも、アメリカ大陸に移住したスペイン人にとって酒の入手はきわめて困難であり、彼らはあらゆる手段をとおして酒の入手に努力していたからである。実際、それを示唆する記録も残されている。そのため、現地で造られている酒を利用しようとしたこともあったにちがいないが、その現地の酒が唾液を利用して発酵されたものであったとすれば、それをスペイン人たちが飲んだとは考えにくい。さきに指摘したように、スペイン人たちは唾液による酒造りに対して酷い偏見をもっていたと考えられるからである。

そもそもスペイン人によるアメリカ大陸への最初の移住は一五世紀末にエスパニョーラ島（現ドミニカ）ではじまっており、そこからパナマなどの周辺部に広がっていった。冒頭の図で紹介したように、この地域での酒造りのおもな方法はトウモロコシなどを噛んで、唾液を利用する口噛みによるものであった。また、スペイン人によるアメリカ大陸への移住は最初の五〇年間だけでも約一五万人に及んだ。このような状況を考慮すれば、初期のスペイン人移住者がトウモロコシを発芽させて酒を造った可能性もうかびあがってくる。

もし、そうであれば、一六世紀半ば頃にアンデスでトウモロコシを発芽させた酒造りの方法があっても不思議ではない。むしろ、当時、発芽による方法と唾液による方法が併存していることの方が自然であろう。そして、その後、アンデス地域ではスペイン人による影響で唾液による酒造りの方法が次第に発芽による方法におきかえられていったと考えられる。いいかえれば、発芽によるチチャ酒造りの方法はアンデス伝統のものではない可能性が大きいのである。

文献34　Compañón 1985 [ca. 1780].

付記

本稿は参考文献中の山本（一九九八）を改稿したものであることをお断りしておきたい。

引用文献

Benzoni, Girolamo 1572 (1565) *History of the New World*. Venice: Press of Peter & Francis Tini, Brothers.

Bolinder, Gustaf 1917 Einiges über die Motilon-Indianer der Sierra de Perija (Kolumbien, Sudamerika). *Zeit. Ethnol.*, vol. 49, pp. 21–51.

Cárdenas, Martín 1969 *Manual de Plantas Económicas de Bolvia*. Imprenta Icthus, Cochabamba, Bolivia.

Cobo, Bernabé 1956 (1653). *Historia del Nuevo Mundo* (Libro XI-XVI). Biblioteca de Autores Españoles. Madrid: Ediciones Atlas, pp. 7–281.

Colbacchini, A. and C. Albisetti 1942. *Os Bororos Orientais: Orarimogodogue do Planalto de Mato Grosso* (The Eastern Bororo Orarimogodogue of the Eastern Plateau of Mato Grosso). Biblioteca Pedagógica Brasileira, Serie 5. a, Brasiliana (Grande Formato), vol. 4. Companhia Editora Nacional, Rio de Janeiro.

Compañón, Martínez 1985 [ca. 1780] *Trujillo del Perú*. Patrimonio Nacional e Instituto de Cooperación Iberoamericana.

Cooper, John M. 1946 Stimulants and Narcotics. J. Steward (ed.), *Handbook of South American Indians, Vol. 5; The Comparative Anthropology of South American Indians*; Smithsonian Institution Bureau of American Ethnology Bulletin 143: Cooper Square Publishers, Inc., New York.

Cutler, H. C. and M. Cárdenas 1947 Chicha, A Native South American Beer. *Harvard Botanical Museum Leaflets* 13 (3): 33–60.

Estrella, E. 1986 *El Pan de América; Etnohistoria de los Alimentos Aborígenes en el Ecuador.* Consejo Superior de Investigaciones Científicas, Madrid.

Gade, Daniel W. 1975 *Plants, Man and the Land in the Vilcanota Valley of Peru*. Dr. W. Junk B. V., Publishers, The Hague.

Hastorf, Christine A. and Sissel Johannessen 1993 Pre-Hispanic Political Change and the Role of Maize in the Central Andes of Peru. *American Anthropologist* 95 (1), pp. 115–138.

Johnson, Frederick 1946 The Caribbean Lowland Tribes: The Talamanca Division. J. Steward (ed.), *Handbook of South American Indians, Vol. 4, The Circum-Caribbean Tribes*. Smithsonian Institution Bureau of American

Ethnology Bulletin 143. Cooper Square Publishers, Inc., New York.
MACA, AID and RDS 1983 *Nuestros Conocimientos: Prácticas Agropecuarias Tradicionales en Bolivia Vol. 1: Región Altiplano*. Rural Development Services, New York.
Mowat, Linda 1989 *Cassava and Chicha: Bread and beer of the Amazonian Indians*. Shire Publications Ltd., UK.
Murrúa, Martín de 1964 (1590) *Historia general del Perú*. Madrid: Biblioteca Americana Vetus.
Nicholson, G. Edward 1960 Chicha Maize Types and Chicha Manufacture in Peru. *Economic Botany* 14 (4): 290–299.
Nimuendajú, Curt. 1952 *The Tukuna*. University of California Publications.
Tschopik, Harry 1946 The Aymara. J. Steward (ed.), *Handbook of South American Indians, Vol. 2, The Andean Civilizations*. Smithsonian Institution Bureau of American Ethnology Bulletin 143. Cooper Square Publishers, Inc., New York.
Zárate, Agustín de 1968 (1555) *Historia del Descubrimiento y Conquista del Perú*. In Biblioteca Peruana, Tomo II. Lima: Editores Técnicos Asociados S. A., pp. 105–413.
アコスタ、ホセ・デ『新大陸自然文化史（大航海時代叢書）』（増田義郎訳）岩波書店、一九六六年。
アリアーガ、パブロ・ホセ・デ「ピルーにおける偶像崇拝の根絶」『ペルー王国史（大航海時代叢書）』（増田義郎訳）岩波書店、一九八四年。
インカ・ガルシラーソ、デ・ラ・ベーガ『インカ皇統記二（大航海時代叢書・エクストラシリーズ）』（牛島信明訳）岩波書店、一九八六年。
コロン、クリストーバル「クリストーバル・コロンの四回の航海」『航海の記録（大航海時代叢書）』（林屋永吉訳）岩波書店、一九六五年。
シエサ・デ・レオン『インカ帝国史（大航海時代叢書）』（増田義郎訳）岩波書店、一九七九年。
山本紀夫「アマゾンのビール、パイナップル酒」『酒づくりの民族誌』二三一―二三〇、八坂書房、一九九五年ａ。
山本紀夫「幻のキヌア酒――ボリビア」『酒づくりの民族誌』六五―七二、八坂書房、一九九五年ｂ。

特異な牧畜文化の展開

第3章

アメリカ大陸のなかで大型の哺乳動物が家畜化された地域が一か所だけある。それが中央アンデス高地である。ここではラクダ科動物が家畜化され、主として輸送用に使われるリャマと獣毛用として利用されるアルパカが誕生、これらの家畜が後の人びとの暮らしに大きな影響を与えた。そこで本章では中央アンデス高地における家畜化および家畜飼育に焦点をあてて、動物利用の点からアンデス高地の環境と人間との関係を明らかにしようとする。

写真　標高4000メートルあたりで放牧されているアルパカ（ペルー中部山岳地帯、フニン高原にて）。アルパカは、リャマより少し体が小さいが、長く良質な毛をもつ

第三章一節

旧大陸の常識をくつがえすアンデス牧畜の特色

Tetsuya Inamura
稲村哲也

アンデス牧畜のユニークな特徴とその舞台

急な斜面に段々畑が刻まれたアンデスの険しい峡谷をさかのぼってゆくと、標高四〇〇〇メートルを超えるあたりから急に視界が開け、広々とした草原に出る。遠くに雪山が望まれ、小川の近くの湿原でアルパカが草を食んでいる。高地適応ができて頭痛がなくなれば、高さを忘れてしまうような、のどかな牧歌的光景である。また、運がよければ、背に振り分け荷物を積んだリャマたちが隊列を組んで進んでいくキャラバンを見ることができる。このアンデス固有のラクダ科の家畜たちはどのような特徴をもち、どのように飼われているのだろうか。

草原で自由に動き回っている家畜を見ると、「遊牧」という言葉が頭に浮かぶかもしれない。そして、その家畜を追う人たちは「ノマド（遊牧民）」というロマンチックな名前でイメージされるだろうか。アンデスの「リャメーロ（リャマ飼い）」とよばれる牧民たちも、そんな言葉が似合いそうだ。しかし、学術的にみていくと、アンデスの牧畜を「遊牧」とよんでしまうと、大きな誤解が生じることになる。中央アンデスの牧畜は、少なくともペルーにおいては「定住的」だからである。また、ユーラシアやアフリカ大陸のほとんどの遊牧民にとって、家畜から乳を搾って食糧にすることが牧畜のもっとも重要な活動の一つである。ミルクを利用すれば、いわば「元金」にあたる家畜を殺さず、「利息」で生活するかのように、栄養バランスの取れた食糧を持続的にえられるからである。しかし、アンデスの牧民はリャマとアルパカの乳を搾らない。それでも牧畜が成り立つのだろうか。実際、家畜だけを飼って生活する専業の牧民たちがいて、アンデスの牧畜はたしかに成り立っている。

では、このユニークな牧畜はどのようにして成り立ってきたのだろうか。そして、アンデスの牧畜は一体どのような特徴をもっているのだろうか。そのような視点からアンデスの牧畜について見ていくことにしよう。

本論に入る前に、まずアンデスの牧畜の舞台装置を知っておく必要がある。そこで、筆者が調査をおこなった、ペルーのアレキパ県ラ・ウニオン（La Unión）郡のプイカ（Puica）について、説明しておきたい。プイカは正確にはペルーの行政区分の最小単位であるディストリート（distrito）にあたり、いくつかの集落がある峡谷部と広い高原部を含み、面積が約一二〇〇平方キロメートルもある（図1）。その峡谷部すなわち標高四〇〇〇メートル以下の地域では農耕が営まれている。中心のプイカ村（以下ではプイカ中央村とよんでおく）は標高三六〇〇メートルあたりに位置し、ちょうどその集落より上の段々畑でおもにジャガイモ、それより低い段々畑でトウモロコシが作られている（写真1）。プイカ（混同しないため、必要に応じてプイカ行政区と表記する）には、プイカ中央村から北に伸びる峡谷を中心に、他に六つの属村があり、それらは下位の行

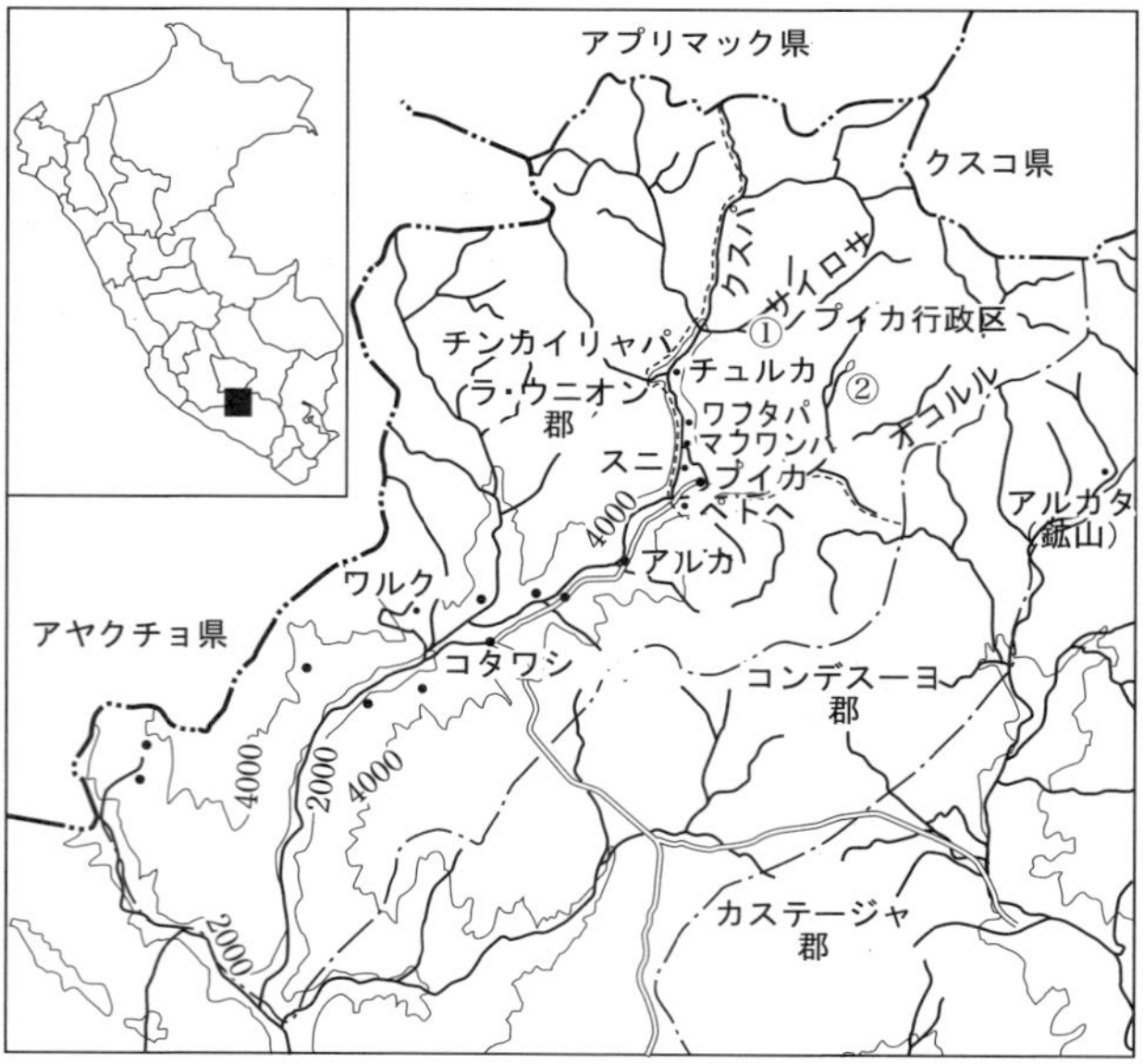

●図1　アレキーパ県（Departamento de Arequipa）ラ・ウニオン郡（Provincia de La Unión）プイカ行政区（Distrito de Puica）

政単位としてアネクソ（anexo）とよばれる。これらの村々は段々畑が刻まれた峡谷の斜面の標高三六〇〇〜三九〇〇メートルの間に位置している。この峡谷をさらに上っていくと、標高四三〇〇メートル辺りから高原となり、リャマとアルパカを飼育する牧民の居住地域にいたる。そこは二つの支流にわかれ、クスパとサイロサという二つのなだらかな谷をなし、それらも下位行政単位であるアネクソとよばれる。またプイカ村から東にも険しい峡谷が伸びている。その峡谷には農耕に適した斜面はほとんどないが、そこを上りつめたところに牧民が居住する高原が広がり、その地域はオコルルとよばれるもう一つのアネクソをなす（写真2）。

このように、プイカ行政区は、草原が広がる標高四〇〇〇メートルを超えるプナ（高原部）と、それ以下のケブラーダ（峡谷）からなっている。この高原と峡谷は牧畜と農耕に対応し、それはまた、牧民の社会と農民の社会に対応し、相互に緊密な関係を持っている。

このプイカの例のように、中央アンデスには、標高によって峻別される二つのエコシステム（生態系）があって、それらが互いに隣接していることが、アンデス牧畜のユニークな特徴を決定づける要因となっているようである。

●**写真1**　プイカの峡谷。正面の斜面にプイカ村が見える

●**写真2**　牧民が住む高原のU字谷

リャマとアルパカの管理と用途

牧民たちはアルパカとリャマの群を次のように分けて放牧している。すなわち、①メスアルパカとその仔と若干の種オスの群、②オスアルパカの群、③メスリャマとその仔と若干の種オスの群、④オスリャマの群、の四つのグループである。メスアルパカのグループはもっとも個体数が多い。一方、オスアルパカのグループは再生産に関与しないため優先的に肉として消費され、個体数が少ない。集団が小さい場合には、去勢されたオスアルパカもメスの群と一緒にされることもある。

アルパカの群は、なだらかな「U字型」をした氷食谷の湿地で放牧されることが多く、そこで、アルパカたちは長い首を下に向け、湿原の草をかじるように食べる（写真3）。一方、リャマの群は、谷の斜面やその上の乾燥した標高の高い高原で放牧されることが多く、イネ科草本のイチュをよく食べる。オスリャマのグループは、ふだんは囲いに集められないことも多い。また、オスリャマたちは荷役用の家畜として重要である。そのため、各個体に名前がつけられている。色や文様などの身体的な特徴だけでなく、「チョウチョ」など動物の名、出身地の名など、所有者が趣味的につける名前もある。また牧民たちは、家畜の色や文様に関する細かい名称のシステムを持っており、その組み合わせによって各個体を識別することができる。

種オスは数十頭のメスにつき一頭の割合である。(注1) 種オスを除いて、一般にアルパカとリャマのオスは、黒曜石のナイフで睾丸を切除する方法によって去勢される。

先に述べたように、アンデスの牧畜の大きな特徴の一つは、ラクダ科家畜のミルクを搾ることがなく、ミルクをまったく利用しないということである。どちらも肉は食用にされる。脂肪も重要で、食用にされる他、地母神パチャママや山の精霊に対する儀礼の供物として欠かせない。「ピチュ・ウィラ」(注2)とよばれる胸の部分の脂肪は、とくに儀礼用として好まれる。その他の用途として、皮は

注1　後に見る野生種ビクーニャは一般に、リーダーオス一頭につき数頭、多くて八頭くらいのメスとその幼獣によって「家族（ファミリア）」群を構成し、テリトリーをつくっている。家畜の群れの構成もそれに準じるが、種オス一頭あたりのメスの数は野生より多い。

注2　ピチュはスペイン語の

皮紐にされ屋根材の固定などに利用される。また糞はプナでは重要な燃料とされ、また、肥料としても有用なので、農産物を得るため、農民との物々交換にも用いられる。さらにアルパカとリャマは食用にされるほか、それぞれ次に述べるような重要な用途がある。

ふさふさとした毛をもつアルパカは、おもにその毛を生産するために飼われている（写真4）。ペルーの牧民にとってはアルパカの毛がもっとも重要な収入源である。毛は白が多いが、よく見ると、黒や茶や灰色のもの、斑のものもいる。

アルパカの毛刈りは、一二月から三月にかけての比較的暖かい雨季におこなわれる。石積みの家畜囲いに集められ、オスの場合は投げ縄を用い、メスの場合は素手でアルパカを捕まえて横倒しにし、四肢をロープで縛って動けないようにする。ふつう女性か子どもが頭部を押さえ、男が二人がかりで頭の方と尻の方からナイフで刈る。

アルパカの良質の毛は、古くから織物の材料とされてきた。現在でも、白、灰、黒、それにいくつかの色調の茶などの毛の色を組み合わせて、さまざまな文様の投石縄や織物が織られている。

リャマはアルパカと似ているが、アルパカよりも一回り大きく、頭までの

●写真3　湿原で放牧されるアルパカの群

●写真4　アルパカの毛刈り

pecho（胸）がケチュア語的になまったもの。ウィラはケチュア語で脂肪を意味する。

高さは人の背丈をちょっと越える。色は、茶や黒や灰色が混じったものが多い。毛はアルパカよりも少なく、とくに長い首のあたりが短いのでアルパカと区別がつく（写真5）。リャマの毛も刈られるが、リャマの毛はアルパカほど質がよくないので商品価値は低く、牧民たちはおもにリャマの背に積む荷袋用の布地などを織るために使っている。

　リャマのオスは、二歳頃から荷駄用として訓練される。まず、荷を積まずにキャラバンに加えて旅に慣れさせ、それから砂袋などを負わせる。去勢され、三歳ごろに一人前になったリャマは、一キンタル（四六キログラム）くらいまでの荷を負って、一日二〇キロメートルほど歩けるようになる。リャマの荷の積載は、荷袋を背に乗せてバランスを取り、ロープで直接固定するというやり方である。リャマが乗用や牽引用に使われることはない。通常、キャラバンは一〇数頭から数十頭で編成される。キャラバンの群はデランテーロとよばれるリーダーのリャマに先導させる。デランテーロには、群の中で自然に先頭を歩きたがるリャマを選び、牧民たちが石を投げたり、オンダ（投石縄）で追い立てたりして、常に先頭を歩くよう訓練する。

●写真５　リャマ

　リャマとアルパカの肉は食用にされ、牧民にとって重要なタンパク源となる。[注3] しかし、祭りのとき以外はそれほど屠殺されない。家畜の頭数を維持するためにはむやみに殺すことはできないから、肉を主食にすることはない。したがって、アンデスの牧民の主食は、農民と同じくジャガイモ、ト

注3　屠殺のやり方の一つは、四肢を縛って横倒しにして、わき腹を切って、手を差し込んで血管をちぎって内出血させる。この方法はグアマン・ポマの年

ウモロコシを中心とする農産物である。牧民がそれらの農産物を獲得する伝統的な方法は二つある。一つは、峡谷の農村にリャマのキャラバンを率いて下りていき、段々畑から農民の家まで収穫物をリャマの背に載せて運び、その一部を報酬として受け取るというものである（写真6、7）。もう一つは物々交換で、彼らは肉、干し肉、畜糞などの畜産物を農産物と直接交換するほか、岩塩、果実、土器などを産地に赴いて手に入れ、それを農村に運んで農産物と交換する。

以前はアルパカの毛も重要な交易の品目であったが、アルパカの毛が海外にも輸出されるように

●**写真6**　トウモロコシ運搬。牧民が袋にトウモロコシを詰めている。後の女性たちがトウモロコシ運搬を依頼した農民

●**写真7**　トウモロコシ運搬。トウモロコシを入れた振り分け荷物を積んで農民の家まで運ぶ

代記の挿絵にもあり、昔ながらの方法である。別のやり方として、荷袋を縫いあわせるための太い針を背骨の内側に刺し、血管に穴を開ける方法がよく取られる。どちらの方法でも、血液がほとんどこぼれず体腔に溜まる。皮をはいだあと、血液をすくい取り、それを腸に入れて腸詰をつくる。屠殺解体の一連の手順は、モンゴルのヒツジの解体とも似ている。

なり価格が上がったため、一九六〇年代から現金化することが多くなった。アルパカの毛は、プノ県から来る商人（仲買人）に現金で売ったり、彼らが持ってくる商品と交換することが多い。

農村では、乾季のはじめの四月から六月にかけてジャガイモやトウモロコシが収穫されるが、この時期、牧民たちは、先に述べたような方法で農産物を確保するため、リャマのキャラバンを連ねて活発に農村に下るのである（写真８）。彼らは主としてプイカ行政区の峡谷部に行くが、他県にまで赴くこともある。ジャガイモがよくとれ、チューニョ（凍結乾燥加工したジャガイモ）がよく作られる、クスコ県チュンビビルカス郡やトウモロコシが豊富なアプリマック県などである。

●写真８　リャマのキャラバン。峡谷の農村で手に入れた農産物を高原の居住地に運ぶ

牧民の居住地と「移動」

すでに述べたように、プイカの険しい峡谷を遡り、四〇〇〇メートルを超えるあたりでなだらかな高原に出ると、そこは「U字谷」ともよばれる氷食地形になっている。(注４) それは、チベットやヒマラヤでもみられる、氷河によって削られた谷である。そのなだらかな氷食谷（U字谷）の斜面には所々に湧水沢が形成され、高地特有の湿原が広がっている。そこはアルパカの放牧に適しており、

注４　二〇〇三年三月に、自然地理学・氷河の専門家である本書執筆者の岩田修二と共

牧民の石造りの住居の多くは、そうした場所に建てられている。氷食谷からはずれた広い高原は乾燥し、イチュとよばれるイネ科の草が多く、リャマはこれを好んで食べる。

プナ（高原）の牧民の家族[注5]はそれぞれが一定の放牧領域を占有し、その領域の範囲内で数百頭ほどのラクダ科家畜を飼養している。その放牧領域の境界は川や山の尾根や目立つ岩など自然の標識によって認識されている。平均の広さはプイカでは二〇平方キロメートルほどで、その範囲内にアルパカの放牧に適した湿地とリャマの放牧に適した乾燥地域があるのがふつうである。牧民はふつう、アルパカの群を湿地で、リャマの群を乾燥地に追って放牧する。

また、牧民はふつう、湿地の近くに建てられた主たる住居のほかに副次的な住居を持っており、この複数の住居の間で小規模な移動をおこなう。つまり、季節的な移動がたしかにおこなわれるのであり、そのためにアンデスで移牧（pastoral transhumance）がおこなわれるととらえられた。しかし、筆者はいくつかの場所で実際に居住地を計測し、牧民と家畜の「移動」を調べ、それが「移牧」とはいえないものであることを明らかにしてきた。

季節的移動は家族の放牧領域内に限定され、移動距離は長くても数キロメートルにすぎない。放牧地は、多くの場合、どちらの住居からでも日帰り放牧ができる範囲にある。それはヒマラヤなどでおこなわれているような「移牧」とはまったく異なる性格のものである[注6]。

たとえば、チュキプクユというエスタンシア（牧民居住地）の場合、二つの住居の間の標高差はほとんどないが、主住居は湧水沢に位置し、副住居はなだらかな台地上にある（図2）。一一月から四月頃までの雨季には、家畜はその副住居の囲いに集められる。副住居は水はけのよい場所にあるが、それでも雪や雨が降ると囲いの地面は泥まみれになる。そこで、副居住地の複数の囲いの間でローテーションがおこなわれる[注7]（図3）。

ラクダ科動物は同じ場所に糞をする性質をもっているため、雨季には家畜囲いの地面が糞と混じった泥になり、病原菌に汚染されやすい。雨季は家畜の出産期と重なることから、免疫力の低い

同で調査をおこない、氷食地形であることが確認された。高原のU字谷は典型的な氷河地形であり、各所の岩に氷塊で削られた擦痕が残されている。

注5　牧民の家族は、父系的な傾向をもった拡大家族を形成することが多い。牧地の細分化を避けるため、既婚の兄弟が同居することが多いからである。一方、農民の場合は基本的に核家族が多い。家族の形態については稲村（一九九五：七二－七八）を参照。

注6　稲村（二〇〇〇）、山本・稲村編著（二〇〇〇）、Inamura (2002, 2004) を参照。なお、ヒマラヤとの比較については終章で詳しく論じる。

注7　詳しくは稲村（一九九五：九一－九五）を参照。

幼畜の死亡率を抑えるためにはよい条件の家畜囲いを確保することが重要である。（注8）そのため、中央アンデスにおける家畜の移動は、草地のローテーションという目的だけでなく、「雨季に水捌けのよい家畜囲いを確保すること」が非常に重要な目的となっているのである。すなわち、「季節的移動」は、一定のテリトリーの中でおこなわれるものであり、その主たる目的は、幼畜の死亡率を抑制するための雨季の対策である。

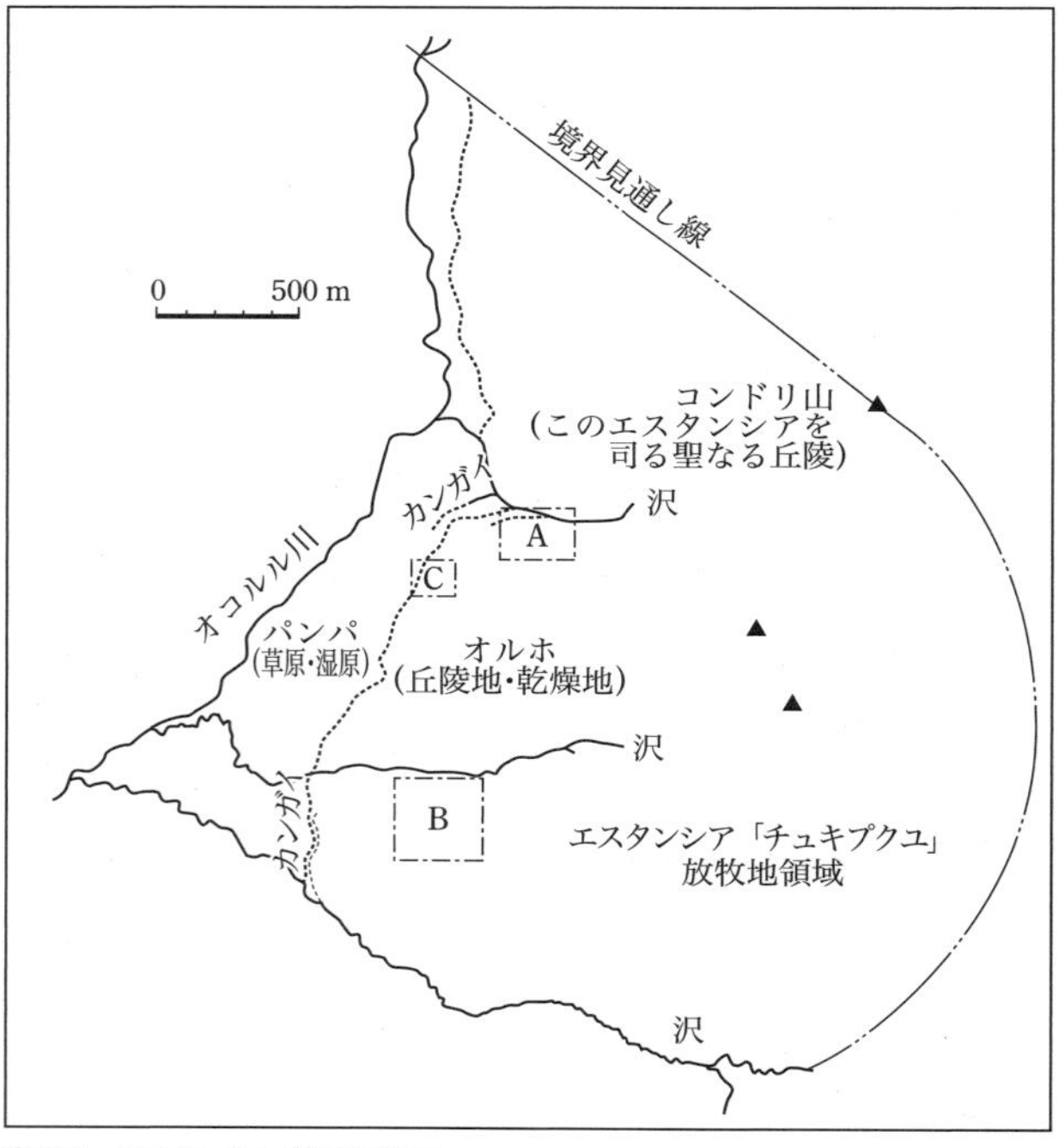

●図２　エスタンシア領域実測図

注8　この幼獣の死亡率を下げる技術は、Wheeler によって指摘された家畜化の根拠とされた（家畜化の初期に起こる）幼獣死亡率の上昇の問題と符合する（Webster 1973）。

中央アンデス東斜面の農牧複合

一口でアンデスといっても、西は乾燥しているが、東はたいへん湿潤で、地形によっても自然環境はかなり異なる。プイカ行政区は比較的乾燥し、高原と峡谷とが地形的にも生態学的にもはっきりわかれている。しかし、中央アンデスの東斜面には、斜面を一つの家族が牧畜地域から亜熱帯の地域まで利用しているというような農牧民が存在する。ケロでは、標高四三〇〇メートルのあたりに主たる居住地があり、彼らはこの近くでリャマ・アルパカを飼っている（写真9）。そこからアマゾンの方に下る谷を標高一五〇〇メートルの低地まで利用し、標高に応じて、ジャガイモ、トウモロコシ、トウガラシ、果物など多様な作物を自給している。[文献2]

本書編者の山本が調査したマルカパタもこのようなタイプの地域である。そこでは、アンデスの環境区分帯でいうプナ、スニ、ケシュア、ユンガの四つを含んでおり、それが四つの生産ゾーン（家畜放牧、ジャガイモ栽培、トウモロコシ栽培、熱帯作物栽培）にほぼ一致

文献1　Wheeler 1988: 51-52.
文献2　Webster 1973.

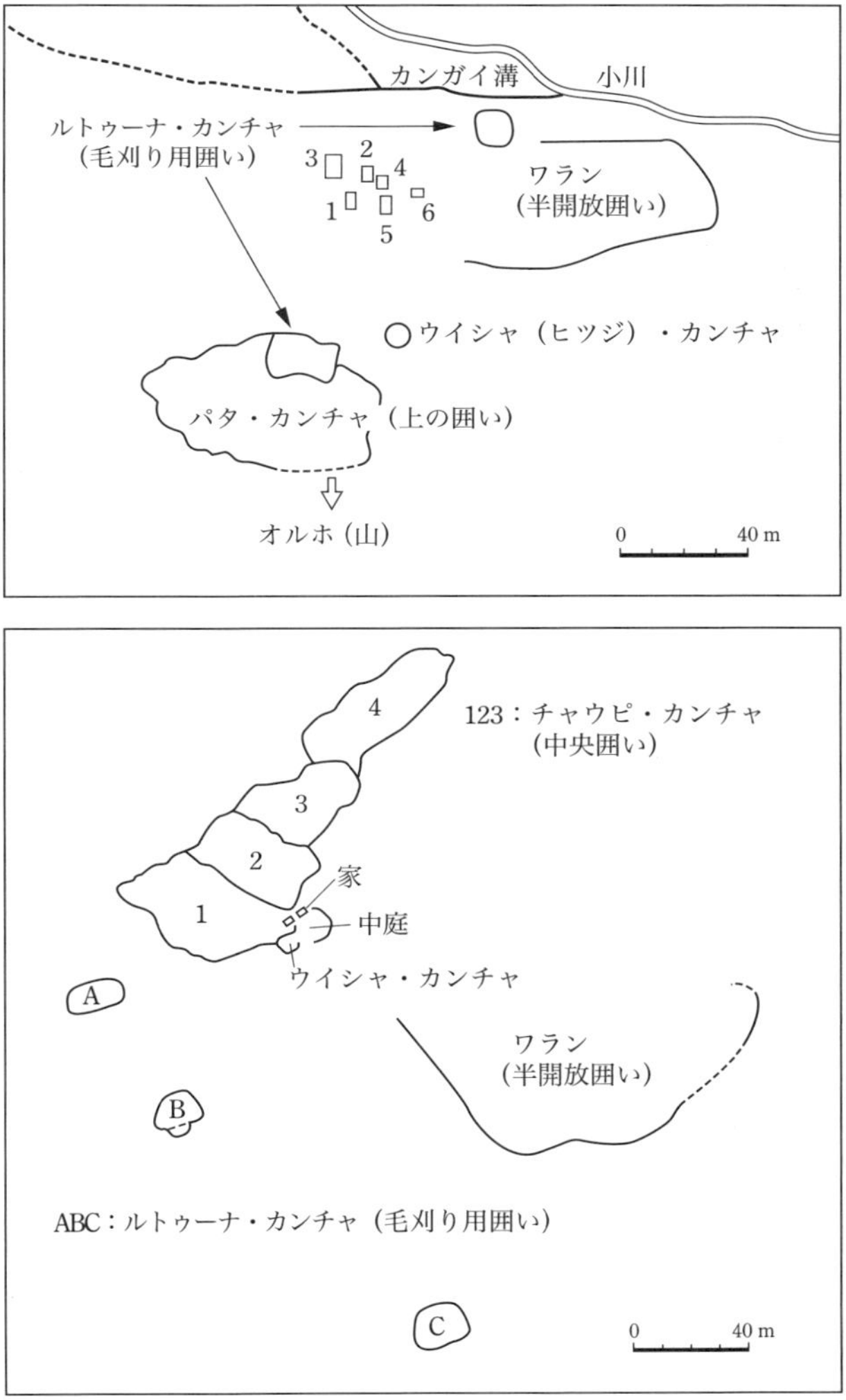

●図3　主居住地（上）と副居住地（下）

している。[文献3] インディオたちが常住する家屋は標高四〇〇〇メートルあたりの高原に位置している。ジャガイモやトウモロコシの播種や収穫のときには、下にある耕地に出向くわけだが、いちいち往復するのはたいへんなので、何か所かに出作り小屋が作られており、そこに何日間か滞在する。ジャガイモやトウモロコシの収穫時には、人びとはリャマを連れて耕地に下り、作物を入れた袋をリャマの背に載せて高地の家まで運搬する。

　プナ（高原）ではルキすなわち高地種ジャガイモ（凍結乾燥加工して食用にする）を栽培するとともに、一年をつうじてリャマやアルパカを放牧する。乾季には草がなくなるため、雪解け水でできる湿地帯でリャマやアルパカを放牧する。そこは常住の住居より数百メートル高いので、家族の一部が家畜番小屋に滞在して放牧に従事する。つまり、マルカパタではこのような家畜の季節的移動がみられるが、それは同じプナ帯の範囲内でのミクロな移動であり、冬期にあたる乾季により高い（より寒い）場所に移ることになり、この場合も、ヒマラヤの移牧とはまったく性格を異にするものである。

●写真９　ケロにおける農牧民のプナ（高原）の集落

　収穫時にはリャマをともなって谷を下り、農作物を高地の家に運搬するため、頻繁な家畜の上下移動をしているように見えるが、リャマの移動は放牧を目的とするものではなく、それは移牧ではない。つまり、東斜面でも牧畜は定住的な特徴を持っている。農牧民はプナに主な居住地を持ち、そこから農作業のために谷を下る。すなわち、農耕の方がトランスヒューマンス（季節的上下移動）

文献３　山本　一九九二。

の要因となっているのである。

プイカにおける牧と農の関係

プイカにおける牧畜と農耕の関係を論じる前に、その農耕の概要について触れておく必要があるだろう。プイカの峡谷部には伝統的な二つのタイプの耕地、すなわちライメ（Laime）とコムニダ（Comunidad）がある。ライメは、作物と耕地のローテーションのシステムをもつ一種の共同管理の農地である。各集落にライメがあり、それは通常六つか七つの部分に区分され、それぞれに名称がつけられている。そして、それらの間で輪作と休耕のローテーションがおこなわれている。ライメの主作物はジャガイモで、休耕後の畑にまずジャガイモが栽培される。翌年はその畑にオユコ（Olluco）やオカ（Oca）が作られ、三年目にはソラマメ、四年目にオオムギが栽培される。五年目からその畑は休閑され、ウシ、ウマなどの家畜の放牧地にされる。ライメが六区分されている場合、そのうちの四区分に上記のいずれかの作物が栽培され、二区分は休耕地となっているわけである。ライメのほとんどは灌漑がなく、天水農耕がおこなわれる。(注9)

コムニダの文字どおりの意味は「共同体」だが、ここでは、灌漑が施されトウモロコシの連作がおこなわれる。ライメは一般に標高三六〇〇～四〇〇〇メートルの高さに位置し、コムニダはそれより下に位置する。コムニダは、ライメ同様に、家畜の侵入を防ぐため耕地全体が石垣で囲まれており、全員がほぼ同時期に種蒔きと収穫をおこない、収穫後は石垣が開けられ、施肥のため刈り後に家畜が放牧される。

コムニダ、すなわちこの共同管理のトウモロコシ連作畑は、プイカの峡谷の上流部に位置するワフタパ、チュルカ、チンカイヤパの三村にはない。これらの村は谷底がトウモロコシの耕作の上限

注9　近年では、プイカ中央村やその北のスニ村に新しい灌漑水路が作られたため、ライメがなくなり、各家族が自由に耕作をする傾向が強くなっている。

に近いか、超えているからである。これらの村の住民は、下流のスニ村とマフワンハ村のトウモロコシ畑（コムニダ）に飛び地の耕地を持っており、トウモロコシの自給を確保している。また、チュルカ村とチンカイヤパ村の農民の一部は、村の中にある共有の放牧地や村のすぐ上のプナ（高原）を利用して、わずかながらリャマ、アルパカの放牧も補完的におこなっている。一方、峡谷に接している高原のクスパの牧民たちの一部も、峡谷部に若干のジャガイモ畑やトウモロコシ畑を持ち、補完的農耕をおこなっている。

このように、峡谷に住む農民は、高度差を利用して、もっとも重要な作物であるジャガイモとトウモロコシを自給している。その高度差利用の形態には、垂直的なもの（峡谷の斜面の利用）と水平的なもの（飛び地の利用）とがある。

また、峡谷と高原が接するところでは、峡谷の農民の一部が補完的な牧畜もおこない、一方、高原の牧民の一部が峡谷に飛び地を持って補完的農耕もおこなっている。つまり、プイカの場合、後で述べるように、牧民社会と農民社会が高原と峡谷に対応して明確に区分されているのであるが、「補完的に農耕をおこなう牧民」と「補完的に高原の家畜を飼う農民」とが存在することになる。つまり、プイカには、専業的な牧民と専業的な農民が存在する一方で、一種の農牧複合が存在する。しかし、それは農・牧のどちらかを主とする補完的な農牧複合であり、アンデス東斜面とは異なる形態である。

アンデスの生態学的条件と牧畜の特徴

これまでみてきたように、中央アンデスの牧畜の主要な特徴は、①定住的であること、②乳を利用しないこと、③農耕との結びつきが強いこと、などである。とくに、①と②は、旧大陸における牧畜の一般的な常識に反する特徴である。[注10] これらの特徴は相互に関係し、また、当然のことであるが、それは中央アンデスの自然環境、生態学的条件と関係している。

中央アンデスは熱帯に位置するために、低地の熱帯から標高が高くなるにつれて寒冷になり、地球上のほとんどの生態系を含んでいるといわれるほどに、多様な環境を持っている。そのなかで、プナ（高原）の環境は、寒さのためにほとんど農耕はできないが、一年間をとおして気温の変化が少ない。低緯度に位置するため太陽の日射が高角度で、しかも高地であるために日射が強く、草原植生の成長が促される。そのため豊かな草地が広がっている。気候は雨季と乾季にわかれるけれども、高地特有の湿原が発達しており、それは乾季でも枯れることはない。このように、プナは、一日の気温格差が大きいけれども、家畜にとっては安定した環境だといえる。そのため、中央アンデスの場合、一年間をつうじて家畜をプナの一定の領域の中だけで維持することが可能なのである。

さらに、熱帯の高地という環境は、比較的狭い空間の中に多様な作物の生産ゾーンを持っている。プイカのような地域では、プナ（高原）とケブラーダ（峡谷）とに対応して、牧畜地域と農耕地域とが明確に区分されながら、しかも隣接している。そのため、農耕と牧畜の結びつきが強く、安定している。現在のアンデス東斜面のように湿潤で生態系が連続的につながっているところでは、農耕と牧畜が結びついた農牧複合の形態が容易に発達したと考えられる。また、今日のプイカにみられるような専業の牧畜の場合でも、牧民は農民との親密な関係を結ぶことができ、容易に農産物を獲得できたと考えられる。

このような「環境の安定性」と「高原／峡谷の『区分』かつ『近接』」という生態学的特徴が、「定住性」及び「乳利用がない」という中央アンデスの牧畜のユニークな特徴を生み出したと考えられるのである（図4）。定住性については、最近明らかになってきたビクーニャの生態からも説明がつく。つまり、ビクーニャが高原で固定的なテリトリーを持って生息していることから、それと遺伝的な近縁性が強いアルパカの牧畜が定住的であることの説明がつくのである。[文献4]

注10　旧大陸の場合、少なくとも現在牧畜がおこなわれている地域のほとんどは乾燥地域や寒冷地であり、自然環境が一年のうちに大きく変化する。そのため、自然の草を利用するためには移動せざるをえない。また、牧畜が農耕地域から分離して成立するためには、乳の利用が不可欠であった。

文献4　稲村・川本　二〇〇五、Inamura 2006.

高原／峡谷の「区分」と「近接性」のうちの「区分」が強く作用した形態がプイカの場合のような「専業牧畜型」であり、一方「近接性」がより作用した形態がアンデス東斜面のような「農牧複合型」である（図５）。

中央アンデスは東西の極端な湿潤気候と乾燥気候にはさまれている。そうした環境の変異の中で、アンデスの東斜面の湿潤性は環境の連続性を生み出し「近接性」を強く作用させ、逆に西部高原の乾燥性が「区分」をより作用させているわけである。具体的にいえば、西部高原のプイカでは、高原と峡谷の間は若干の不毛地帯によって隔てられ、それが牧民社会と農民社会が社会的に明確に区分される、生態学的なベースとなっているのである。[文献5]

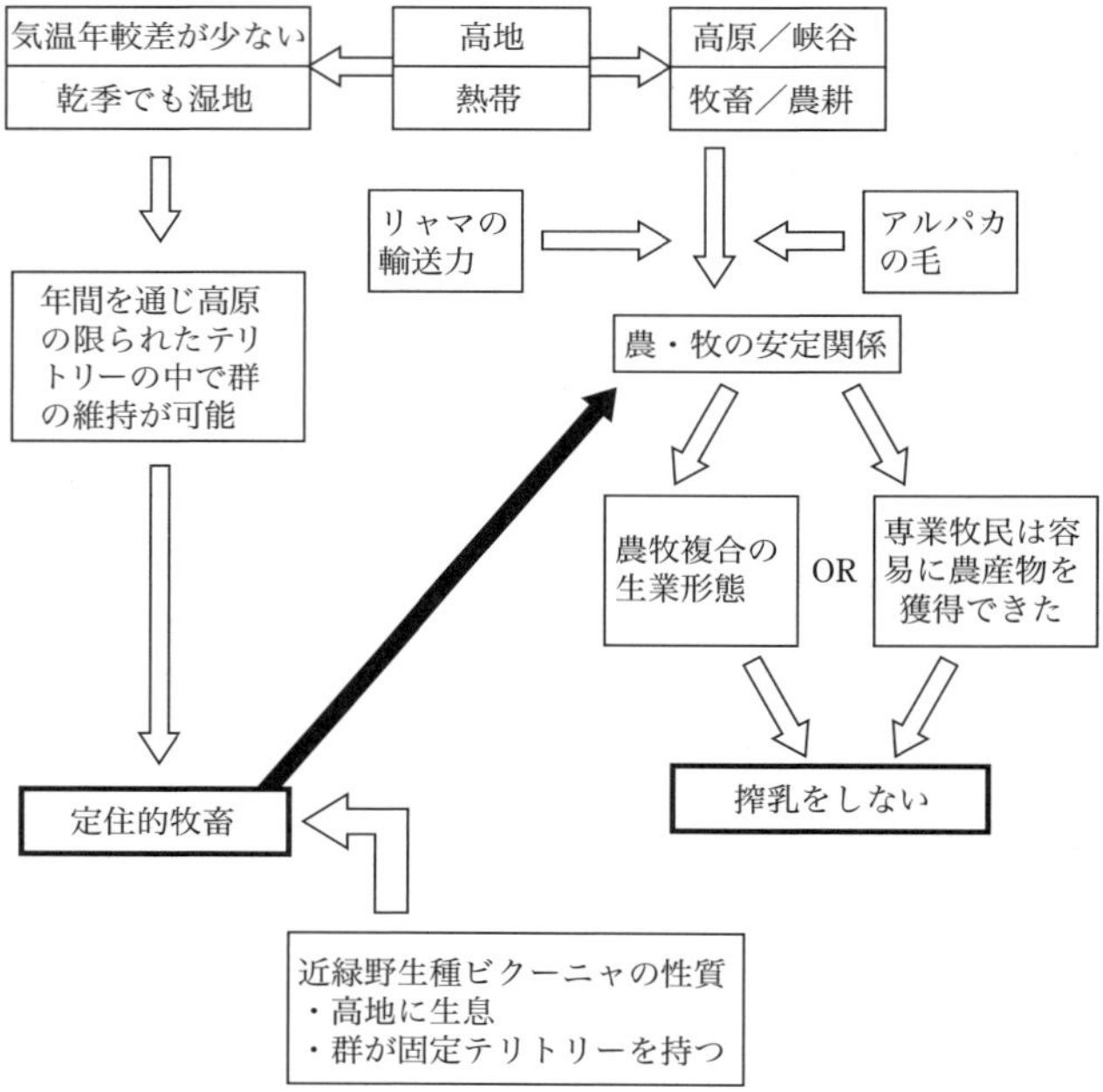

●図４　中央アンデスの牧畜の特徴とその要因

「生態系の安定」は牧畜の「定住性」の条件となり、それが定住的牧畜の成立を可能にした。そして「リャマの輸送力」が、西部高原のプイカのような地域では専業牧民と農民との緊密な関係を確立し、東斜面の農牧複合においては農耕サイクルに合わせた人びとの移動と農作物の輸送を容易に

文献５　稲村　一九九六、二〇〇〇、Inamura 2002, 2004, 2006.

した。

専業牧民の場合、「リャマの輸送力」とともに「アルパカ毛の生産」も農民との経済的関係を強めた。さらに、牧／農の「近接性」と牧畜の「定住性」は、農民との緊密な関係を安定化し、経済的関係のみならず、さまざまな社会関係をつうじて両集団の構造的関係を形成するにいたっているのである。(注11)

東斜面では、農民は、標高に応じた多様な作物を自給するために頻繁に谷をのぼりおりする。環境と生産ゾーンが多様であることが、むしろ農耕における移動性を生み出しているわけである。

専業の牧畜にせよ、農耕複合にせよ、牧畜地域が農耕地域と上下に分離され（そのため、家畜が作物を荒らす心配もない）、かつ両地域が近接していることで、牧畜（民）と農耕（民）との安定的な関

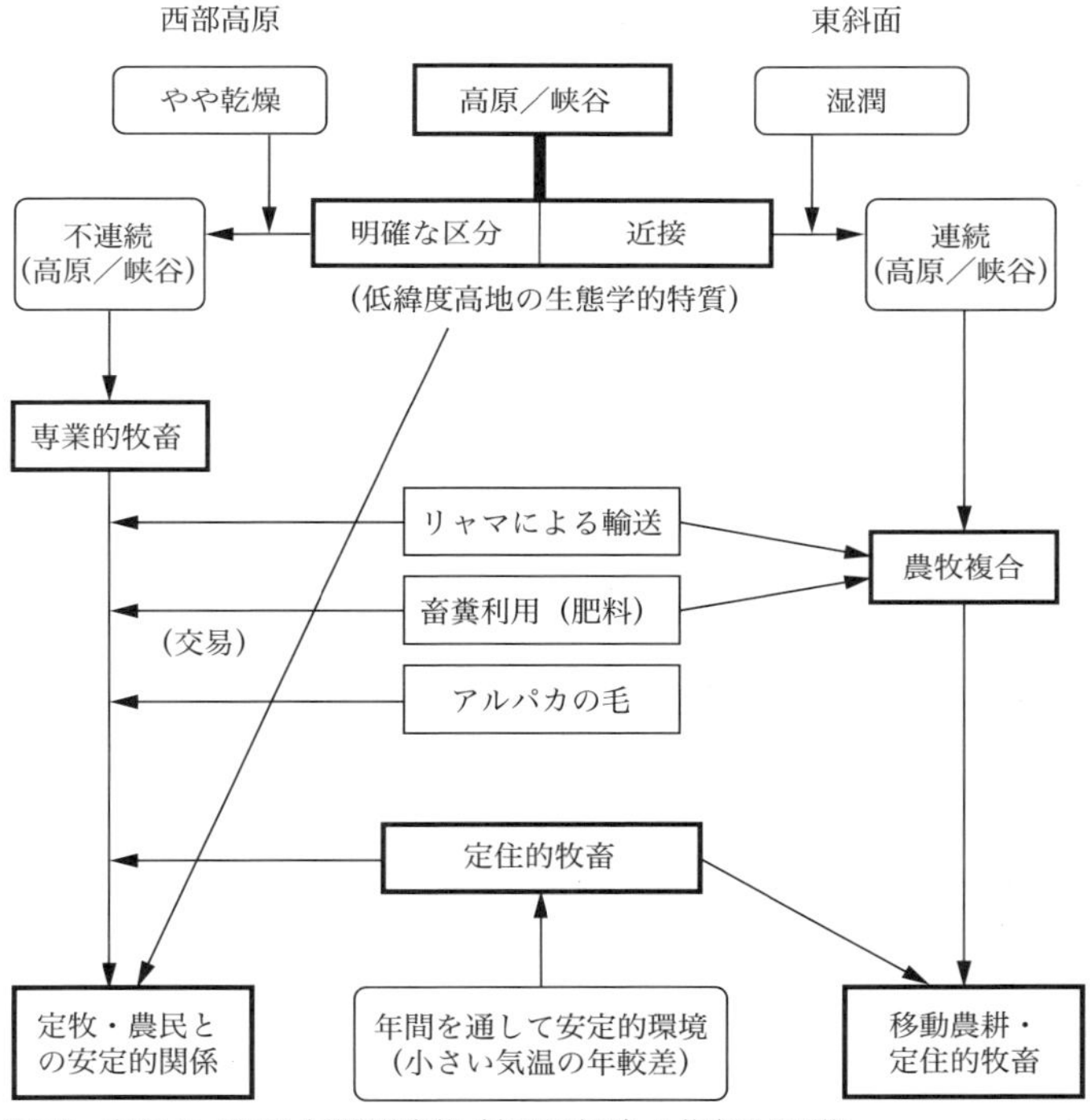

●図５　中央アンデスの生態学的条件（東西の変異）と牧畜の２形態

注11　牧民と農民の間のさまざまな社会的関係については稲村（一九九五：九六―一四七）を参照。

係が保たれた。そのため、中央アンデスの場合、専業的な牧民集団にとっても農産物の供給が保障されたことにより、「乳利用」の必要性が生じなかったのではなかろうか。このことは、後で述べるように、牧畜の起源論に一つの示唆を提供する。

引用文献

Inamura, Tetuya 2002 The Pastoralism in the Andes and the Himalayas. In *Global Environmental Research* Vol. 6, No. 1, pp. 85–102.

Inamura, Tetuya 2004 Las Características del Pastoreo en los Andes en Comparación con el Pastoreo en el Himalaya. 10–02–01 Sesión "Antropología Cultural de los Andes" In *Acta del XI Congreso de FIEALC* (the International Federation of Latin American and Caribbean Studies) 2003 (CDROM).

Inamura, Tetuya 2006 Las características del uso de camélidos en los Andes: El pastoreo y la resurrección del "chacu", la tradición incaica en el Perú. In *Desde el exterior: El Perú y sus estudios*. Tercer Congreso Internacional de Peruanistas, Nagoya, 2005, Millones, L. y T. Kato (eds.) Fondo Editorial de la Facultad de Ciencias Sociales: Universidad Nacional Mayor de San Marcos, pp. 35–70.

Wheeler, Jane C. 1988 Nuevas evidencias arqueológicas acerca de la domesticación de la alpaca, la llama y el desarrollo de la ganadería autóctona. In *Llamichos y Pacocheros: Pastores de Llamas y Alpacas:* 37–43. Jorge Flores Ochoa (ed.) Centro de Estudios Andinos, Cuzco.

Webster, Steven 1973 Native pastoralism in the Andes. *Ethnology* 12 (2): 115–133.

稲村哲也『リャマとアルパカ――アンデスの先住民社会と牧畜文化』花伝社、一九九五年。

稲村哲也「アンデスとヒマラヤの牧畜――高地適応型牧畜の家畜移動とその類型化の試み」『TR0PICS（熱帯研究）』五（三―四）：一八五―二一一、一九九六年。

稲村哲也「アンデス山脈とヒマラヤ・チベット山塊」川田順造・大貫良夫編『地域の世界史4　生態の地域史』二一四―二六七、山川出版、二〇〇〇年。

稲村哲也・川本芳「アンデスのラクダ科動物とその利用に関する学際的研究――文化人類学と遺伝学の共同」

『国立民族学博物館調査報告』五五：一一九―一七四、二〇〇五年。

山本紀夫『インカの末裔たち』日本放送出版協会、一九九二年。

山本紀夫・稲村哲也編著『ヒマラヤの環境誌――山岳地域の自然とシェルパの世界』八坂書房、二〇〇〇年。

第三章二節

野生動物ビクーニャの捕獲と毛刈り
──インカの追い込み猟「チャク」とその復活

Tetsuya Inamura
稲村哲也

はじめに──チャクとの出会い

アンデスには四種類のラクダ科動物が棲息している。それは、リャマ、アルパカという二種類の家畜と、グアナコ、ビクーニャという二種類の野生動物である。筆者は一九七九年から長期にわたって、アンデスの先住民社会の調査をおこない、とりわけ、標高四〇〇〇メートルを超える高原でおこなわれるリャマ・アルパカの牧畜の形態、牧民の生活と社会を研究対象としてきた。そして、二〇〇一年に再開した一連のフィールドワークの過程で、「チャク」という新たな研究対象に出会った。「チャク」はインカ時代におこなわれていた一種の追い込み猟である。スペインによる征服の後に、当時の生活慣習や自然環境やインカ時代の社会や歴史についてスペイン語で書かれた「クロニカ（年代記）」とよばれる一連の記録に「チャク」の様子が詳しく記録されている。それによると、何万という人びとが野生動物を取り囲み、その輪を狭めてゆき、素手で動物を捕獲していたという。そのおもな対象は野生のラクダ科動物とシカであった。シカは肉をえるために殺されたが、繁殖可能なメスは直ちに解放された。また、種オスにふさわしい大きなオスも解放されたという。ラクダ科動物のビクーニャは、その毛の質がとくによいため、毛を刈ったあと、生きたまま解放された。

インカ時代におこなわれていた「チャク」は、野生動物に対して、それを単に殺して食べるというのではなく、管理をし、保全しながら、合理的に利用するシステムとして、たいへん興味深く重要な事例である。(注1)この「チャク」のシステムは、インカ帝国の崩壊とスペインによる植民地化によって、消滅してしまった。そして、乱獲によって野生動物は激減し、ビクーニャも絶滅の危機に瀕した。ところが近年になってこの「チャク」が蘇った。インカ時代さながらの「追い込み猟」をこの目で見ることができるとは、以前は思いもよらなかった。

筆者にとって、この「現代版チャク」との出会いは、アンデス高地先住民社会の研究に新たな展望を与えてくれるできごととなった。つまり、これまで筆者の研究の中心は、アンデスの人びととリャマとアルパカ（ラクダ科の家畜）とのかかわりであったわけだが、「チャク」との出会いによって、アンデスの民とラクダ科動物のかかわりが、家畜としての利用だけでなく、野生のまま利用するということまでの、幅広い営みであったことを、改めて示してくれたからである。つまり、「チャク」は、動物の家畜化の問題、野生と家畜の関係など多くの重要な課題に対して、新たな問題提起を投げかけてくれるのである。また一方で、「チャク」の復活は、近代化とグローバル化の過程においてアンデス先住民社会が見せた新しい相貌でもある。(注2)

これらについての議論は後の節で論じることとして、本節ではまず、「チャク」との出会い、「チャク」の実態、「チャク」復活の経緯と背景などについて述べておこう。

二〇〇二年の新年をリマで迎えた後、アンデスがはじめてというメンバーを含め、広域調査を目的にペルー南部を一周することになった。(注3)一〇数年ぶりの本格的なアンデス調査の再開に期待が高まった。一〇年余りの間、アンデス高地の治安の悪化もあって、現地調査の中心をヒマラヤやモンゴルに移していたからである。

ペルー天野博物館のランドクルーザーを借りて、まずリマから海岸沿いのパンアメリカン・ハイウェイを南下。砂漠が延々と続くが、数十キロメートル進むと、アンデス高地から注ぐ川によって

注1　筆者は以前からインカ時代のチャクに着目し、それについて論じてきた（稲村　一九九五）。

注2　動物の家畜化、野生と家畜の関係については次節で、先住民社会の新しい相貌については第五章二節で述べる。

注3　このときの同行メンバーは、本江昭夫、川本芳、藤倉雄司、千代勇一の各氏（いずれも本書執筆者）に、ドライバーとして同行してくれた、ペルー天野博物館のシモン氏。

形成された緑の谷、そして灌漑によって広げられた耕地と町が現れる。そうした砂漠と河谷を交互に通り抜け、四〇〇キロメートル余り南下すると地上絵で有名なナスカ平原に到着する。

ナスカの町に一泊して、そこから東進してアンデス高地に上がっていくと、ビクーニャの保護区として有名なパンパ・ガレーラスに向かう（図1）。ナスカからクスコへ抜けるこの山岳道路を走るのは約二〇年ぶりのことであった。二〇年前はものすごい悪路で、猛烈な砂埃に苦しめられ、岩盤がむき出しのような場所もあった。途中でエンジンを岩盤にこすって油が漏れ、アヤクチョ県のアイマラエス郡の中心のカライバンバで修理のため数日を過ごしたことが思い出された。ところが、今はほとんどが舗装され、海岸に近いナスカ平原から標高四〇〇〇メートルのパンパ・ガレーラスまで約二時間で上ってしまった。何よりも驚いたことは、ビクーニャの数が増え、舗装道路のすぐ脇に群がみられるだけでなく、目の前で道路を渡るビクーニャがいたことである。二〇年前、はるか遠くにみえるわずかなビクーニャの群を望遠レンズで撮影した記憶が残っているが、今はそのころとは様変わりしていた。

パンパ・ガレーラスの小さな食堂で車を止めた。居合わせた動物保護区の警備員と話していると、「フジモリ政権下の一九九三年から、住民たちが集団でビクーニャを捕獲して毛を刈っている」というので驚いた（写真1）。クロニカ（年代記）に記録されているインカ時代の「チャク」の慣習が復活している、というのである。

その日は保護区官舎の宿泊施設に泊めてもらった。翌朝、知り合いになった保護区係官のサルミエント氏が、「近くのパンパにチャク用の罠の遺跡がある」というので、案内してもらった。四駆で街道からパンパに入り込んでしばらく進むと、標高四一〇〇メートル余りの草原に、何キロメートルにもわたって石積みの跡が続いていた。そして、その石列に沿って石造の罠（落とし穴）が点在していた（写真2）。同様の罠の遺跡はクスコ県の高原でも発見され、報告されているが(注4)、これほど大規模なチャク用罠の遺跡の報告は見たこと

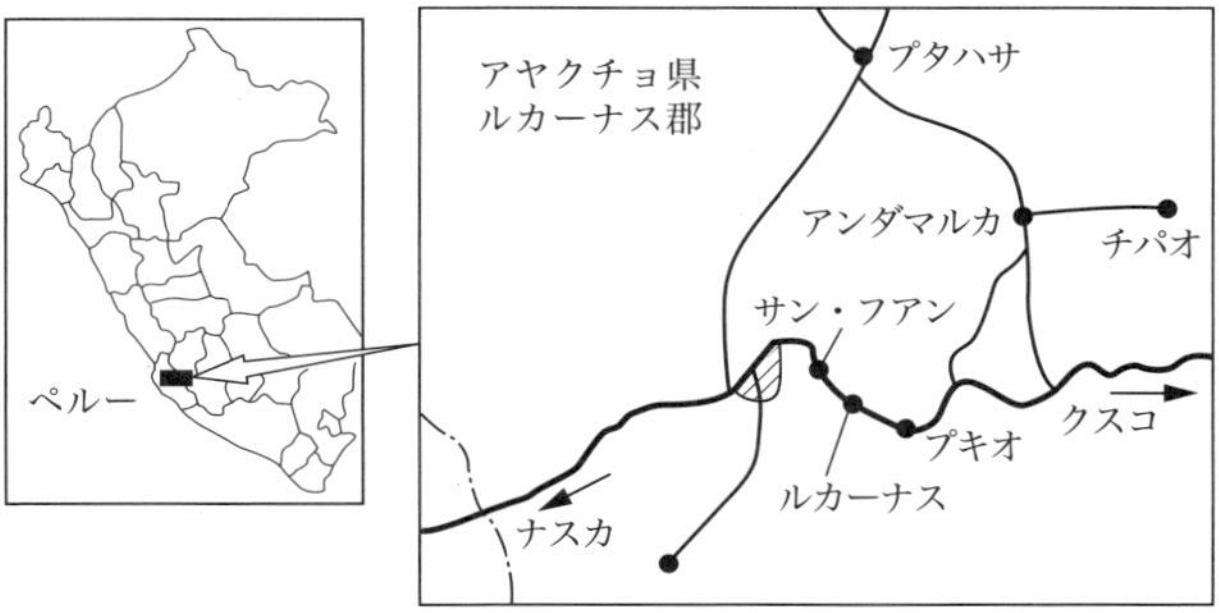

●図1　パンパ・ガレーラス地図（斜線部がパンパ・ガレーラス保護区）

がない。パンパ・ガレーラスのものは、長い石列にそって多数の小さな罠（幅八〇センチメートル、長さ二五〇センチメートル程度の落とし穴）が連続的にみられる複合的で大規模な構造をもっており、一度に大量の野生動物が捕獲されたことがうかがえる。ただし、現在のチャクのやり方を見る限り、落とし穴にビクーニャを落としたとは考えられず、正確な用途については不明である。

●**写真１**　パンパ・ガレーラスの警備兵

●**写真２**　チャク用罠

注4　Aguilar（1988: 59–65）に石積みの罠（落とし穴）が報告されている。またHosting（1988: 67–84）にチャクの岩絵が報告されている。稲村（一九九三：五三―五七、一九九五：二五一）でその一部を紹介している。

インカの追い込み猟「チャク」

野生ラクダ科動物ビクーニャの毛は、とくに繊細で質が高く、インカ時代には皇帝の衣装として珍重されていた。野生動物であるビクーニャの毛を取るため、インカ皇帝の指揮の下、「チャク」とよばれる一種の追い込み猟がおこなわれたことが知られている。インカ・ガルシラーソ・デ・ラ・ベガの『インカ皇統記』という年代記の中に次のような記述[文献1（注5）]がある。

> 歴代のインカ王が催していた数多くの大々的な行事の一つに、毎年、一定の時期におこなわれる盛大な狩猟があり、この狩猟はインディオの言葉でチャクとよばれていた。……その数は狩りの規模によって増減があるものの、二万あるいは三万にも及んだ。集まったインディオたちは二手に分かれ、それぞれが一列になって左右に長く横隊を組み、それは彼らが包囲しようとする狩場の大きさに応じて、二〇レグアから三〇レグア（一レグアは約五・八メートル）にも達する巨大な人垣となるのであった。……やがて、最終地点までやって来ると、インディオたちは、人垣を三重、四重にして徐々に包囲をせばめ、ついには、獲物を手で捕らえてしまうのであった。
>
> 　ところで、こうした狩猟に先立って、猟の獲物に危害を加えるピューマ、クマ、多くの種類のキツネ、……それらは、山野から害獣を一掃するため、直ちに殺された。……ワナクやビクーニャはといえば、これらは剪毛の後、解放された。なおインディオたちは、これらの野生動物の数を、それがまるで家畜ででもあるかのように勘定して、それを、言ってみれば彼らの歳事記録帳であるキープに、動物の種類別に、メスオスを分けて記録していたのである。……その繊細でしなやかな品質ゆえに、この上なく珍重されていたビクーニャの毛は、すべてインカ王に献上され、その一部を王がみずからの裁量で王族に分け与えていた。……殺されたワナクとビクーニャの肉はすべて庶民に配給され、クラーカ（地方首長）も相応の分配に与った。

文献1　インカ・ガルシラーソ　一九八六：二三—二七。

注5　インカ・ガルシラーソ・デ・ラ・ベガは、皇族出身の母とスペイン人の父の間に生まれたクロニスタ（年代記作者）である。

他にも、征服者フランシスコ・ピサロの弟のペドロ・ピサロが「チャク」について次のように述べている。[文献2]

毎年、人垣をつくって、それらビクニャ、グアナコをとらえ、首長たちのための衣服を作る毛を刈っていた。死んだ獣からは、塩なしで日にさらした、ひじょうに薄い肉を作り、これも首長たちに捧げた。生きた獣はそのまま放してやった。前に言及したが、それらの無人の地にはたくさんの番人がいる。そして、人垣をつくっておこなう狩りは、首長たちの命令によっておこない、彼ら自身もそれに加わって楽しむこともあった。こうした狩りは、この王国の人と住まぬ土地すべてでおこなわれた。

文献2　ピサロ　一九八四：一三〇―一三一。

ペドロはまた次のように、兄フランシスコらが「チャク」に立ち会ったことを記している。[文献3]

ドン・フランシスコ・ピサロやドン・ディエゴ・デ・アルマグロやそのカピタンたちが見物し、ハウハで巻狩りがおこなわれたことがある。それは、当時この王国の王であったマンゴ・インガがある谷でおこなったものであり、大勢のインディオに野原を取り巻いて動物を谷に集めさせ、それらのインディオたちが、好きな場所に動物たちを導いて集まってくると、互いに手をつないで人垣をつくり、その中のすべての野生の獣をつかまえるのであった。これはチャコとよんでいた。

文献3　ピサロ　一九八四：二七七。

以上の記述にみられるように、インカ時代におこなわれていた「チャク」はきわめて合理的に作り上げられた制度であった。ビクーニャは毛を刈られた後、生きたまま解放され、その数がキープ（結縄）に記録された。シカの場合も、ふつうのオスは食用とされたが、メス、及び「種オス」として相応しい立派なオスは解放された。こうして、インカ皇帝の管理のもとに、野生動物が合理的に利用されるだけでなく、有用な野生動物の保全が図られ、生殖の管理による一種の品種改良さえもおこなわれていたのである。

以前のアンデス地方には、現在よりはるかに多くの野生動物が棲息していた。しかし征服後、インカ帝国の崩壊とともに、野生動物の無秩序な狩猟によってその数は激減してしまった。インカ帝国崩壊後もしばらくチャクは続けられたが、規制がなくなり野生動物は乱獲された。[注6]

「グラン（大）・チャク」の祭

ビクーニャの捕獲は五月から一〇月にかけておこなわれ、六月二四日には「グラン（大）・チャク祭」として、ビクーニャ捕獲の祭りが催されるとのことだった。そこで筆者らは、その様子を実際に見るために再びパンパ・ガレーラスを訪れることにした。

半年後の六月二二日、筆者らはパンパ・ガレーラスから数十キロメートル先のルカーナス村に到着した。[注7] ルカーナスには、前回の調査時に知己をえたペルー政府機関のCONACS（Consejo Nacional de Camélidos Sudamericanos　国立南米ラクダ科動物協議会）リマ所長のホルヘ・エレーラ氏や、彼の友人でCONACS元会長のアルフォンソ・ロドリゲス氏が相前後して到着しており、二人から協力をえることができた。アルフォンソ氏はルカーナス出身で、ビクーニャ捕獲の復活の立役者である。ホルヘ氏はナイロン製ネットでできた現代式の捕獲用「罠」の開発を進めてきた人物である。「大チャク祭」を控えたルカーナスの村のオスタル（宿）は訪問客で満室だったが、アルフォンソの紹介で、学校の先生たちが下宿している民家に宿泊することができた。

ビクーニャの祭「グラン・チャク」は、二三日夕方の前夜祭からはじまった。ルカーナスの村の広場に仮設のステージが建てられ、さまざまなフォルクローレの公演がおこなわれる。広場には出店が並び、夜が更けるにつれて広場は賑わいを増した。ステージの圧巻は若者バンドのロックとアヤクチョ県の伝統的なアクロバティックな踊り「ダンサ・デ・ティヘーラス」（ハサミの踊り）の共

注6　ホセ・デ・アコスタの記述に、「あまり繁殖力はないようで、そのためインガの王たちは、王命による祭のためでなくては、ビクーニャの猟を禁じていた。エスパニャ人が来てから、狩猟やビクーニャの捕獲をあまりに許可しすぎて、数が減っていると嘆く人もいる」とある（アコスタ　一九六六：四四三）。

注7　この時の調査の同行者は、山本紀夫、川本芳、鳥居恵美子の各氏（いずれも本書執筆者）。

演である。

翌二四日朝一〇時、ルカーナス村から祭りに参加する人びとの車がつぎつぎと出発した。舗装道路をナスカ方向に三〇分ほど戻ったところに捕獲地点、つまりビクーニャを追い込む円形の罠（囲い）が設けられている。そこからさらに四キロメートル先が追い込みの開始地点であった。

アルフォンソ氏らに誘われ、丘の上に登って追い込みの全容を見ることにした。丘の上には自然保護局の関係者や大学生たちも集まっていた。アルフォンソ氏らがコカの葉を山々や大地に捧げるパゴ（神々への供物）の儀礼をおこなううち、追い込みがはじまった。捕獲地点を要として扇状に展開するネットの外側に作られた長い人垣が、肉眼でわずかに見えた。丘から望まれる広大なパンパに広がる蟻の列のような線が動きはじめたのである（写真３）。

丘から下り、捕獲場所に到着すると、ちょうどビクーニャの群れが追い込まれたところだった。数百頭のビクーニャがナイロン製の網の囲いに閉じ込められ、右往左往している（写真４）。その脇の舗装道路には何台ものバスが駐車し、テレビ局や大学生の団体（とくに畜産関係などの学生）を表示するサインなどがみられた。

しばらくして、円形の囲いの中でインカの兵士や女性に扮した若者たちの踊りがはじまった（写真５）。まもなく、輿に載せられた「インカ皇帝」が登場し、囲いの中央に作られていた石の祭壇の上に登った。インカに続いて「ニュスタ」（皇女）も祭壇に上った。オスメスのビクーニャが祭壇に上げられ、耳を切られ、その血を杯に注がれた。「インカ」は、杯を掲げてインティ（太陽）に捧げ、それを飲み干した（写真６）。それから数頭のビクーニャが素手で捕まえられ、地面に倒されてバリカンで毛が刈りとられ、その毛が皇帝と太陽に捧げられた（写真７）。

この儀礼パフォーマンスに出演しているのは、ルカーナスのコレヒオ（注８）（中高等学校）の先生と生徒たちで、衣装は先生や生徒やお母さんたちの手作りだそうであった。筆者らが宿泊した民家の下宿人であるマリア先生が、祭りへのコレヒオの生徒たちの参加について話してくれた。「私は一九九

注８　小学校六年の義務教育のあとに入る、中高等一貫の学校である。

郵便はがき

料金受取人払

左京局
承認

5108

（差出有効期限
平成２０年
9月30日まで）

606-8790

（受取人）

京都市左京区吉田河原町15-9　京大会館内

京都大学学術出版会

読者カード係　行

▶ご購入申込書

書　名	定　価	冊　数
		冊
		冊

1．下記書店での受け取りを希望する。

都道　　　市区　店
府県　　　町　　名

2．直接裏面住所へ届けて下さい。

お支払い方法：郵便振替／代引　　公費書類（　　）通　宛名：

送料　税込ご注文合計額３千円未満：200円／３千円以上６千円未満：300円／６千円以上１万円未満：400円／１万円以上：無料
代引の場合は金額にかかわらず一律200円

京都大学学術出版会
TEL 075-761-6182　学内内線2589 / FAX 075-761-6190または7193
URL http://www.kyoto-up.or.jp/　E-MAIL sales@kyoto-up.or.jp

手数ですがお買い上げいただいた本のタイトルをお書き下さい。

書名）

本書についてのご感想・ご質問、その他ご意見など、ご自由にお書き下さい。

お名前

（　　歳）

ご住所

〒

TEL

■ご職業

■ご勤務先・学校名

所属学会・研究団体

■E-MAIL

●ご購入の動機

A.店頭で現物をみて　B.新聞・雑誌広告（雑誌名　）

C.メルマガ・ML（　）

D.小会図書目録　E.小会からの新刊案内（DM）

F.書評（　）

G.人にすすめられた　H.テキスト　I.その他

●日常的に参考にされている専門書（含 欧文書）の情報媒体は何ですか。

●ご購入書店名

都道府県　市区町　店名

※ご購読ありがとうございます。このカードは小会の図書およびブックフェア等催事ご案内のお届けのほか、広告・編集上の資料とさせていただきます。お手数ですがご記入の上、切手を貼らずにご投函下さい。
各種案内の受け取りを希望されない方は右に○印をおつけ下さい。　案内不要

九年に赴任してきました。その年からはルカーナスの学校がグラン・チャクのインカのセレモニーをやるようになりました。年ごとに上達しています。私たちが少しずつインカの文化を調べて、いろいろ考えてつけ加えています。祭りへの参加によって、子どもたちは以前よりもコムニダ（コミュニティ）への愛着を持ち、コムニダの一員と感じるようになりました。生徒たちは、（グラン・チャクの祭りの時）寒い高原で薄い衣装だけで劇を演じていても、誰も嫌がっていないのがわかります。チャクをやる前に、教師は生徒たちにこの地域の歴史を教えます。そうすると、生徒たちはとても

●**写真３**　捕獲開始

●**写真４**　囲いに追い込まれたビクーニャ

●**写真５**　インカの兵士や女性に扮した若者たち

よく学びます。教えたことだけでなく、長老たちに自分たちで話を聞いてきて、それについて話したりします。とても興味深いことです。ルカーナスの伝承や神話を集めて、毎年少しずつ伝統を伝えていきたいと思っています」。

祭りへの生徒たちの参加

三日後の六月二七日、パンパ・ガレーラスの別の場所で学校の生徒たちによる「チャク」がおこなわれることになっていた。捕獲したビクーニャの毛を売ってえられる利益はすべて学校の収入になるそうである。そこで、筆者らは、その追い込みにも参加することにした。

朝八時四〇分ごろ、ルカーナス村を車で出発し、四〇分ほどでパンパに到着した。ちょうど、生徒とその親たちが、トラック三台に分乗して、現地に集まりつつあった。ナイロン製ネットで作られたビクーニャ捕獲のための罠の準備はすでにできている。罠は、草原に張る定置網のようなもので、たくさんの柱を地面に立て、そこにナイロン製の漁網を張る。上から見ると巨大な扇のような形に仕掛けられている。その扇の要の部分にビクーニャたちが追い込まれるというわけだ。

●写真６　ビクーニャの血を飲む「インカ皇帝」

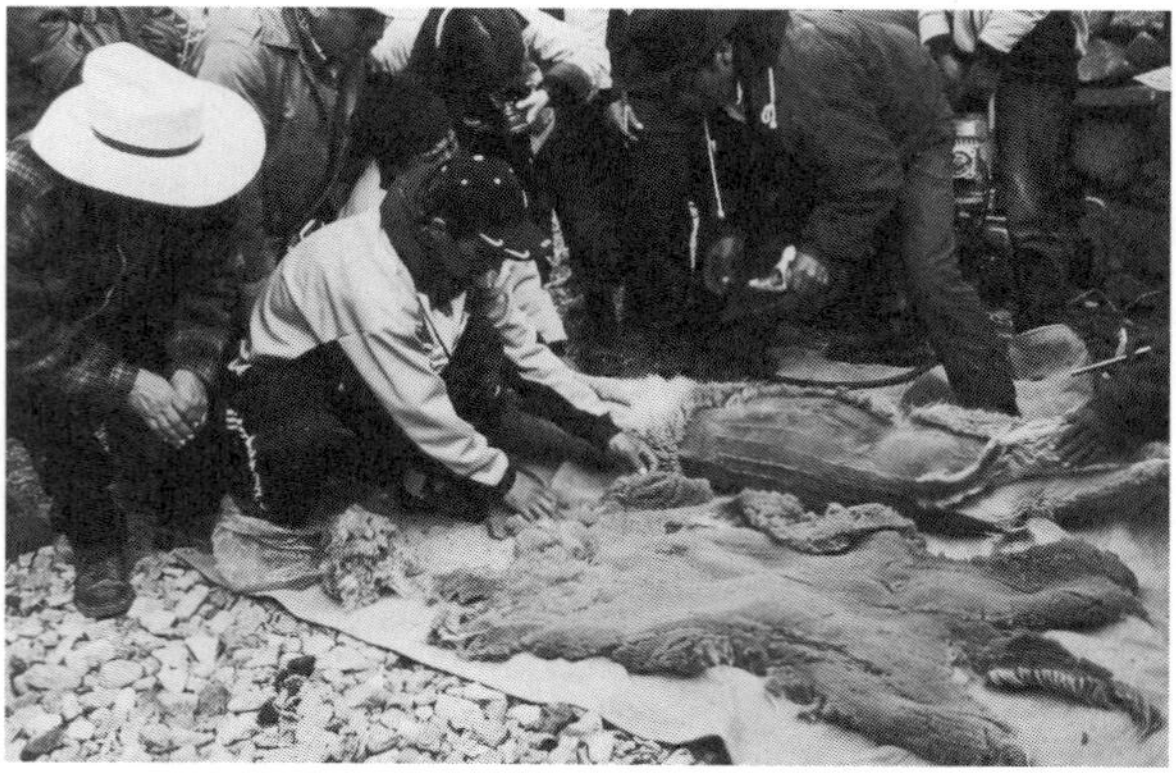

●写真７　ビクーニャの毛を刈る

専門の「チャク」技術者が生徒たちに各班の配置について説明した後、一〇時半、扇型に延びるネットの外側に沿って、追いこみ隊がトラックに分乗して二方向に分かれて出発した。パンパはおおむね平坦であり、トラックであれば走行可能な場所が多い。中間地点から追うグループは徒歩で出発した。筆者もその徒歩のグループに参加し、ビクーニャの追い込みの様子を観察することにした。

標高四〇〇〇メートルの高地のため、途中で息が上がり、生徒たちについていくことができなくなった。そこで筆者は中間地点のネットの外側の岩陰に隠れて待つことにした。一時間ほど経過して、遠方の丘を越えて近づく人垣が見えはじめると、ほぼ同時に、右往左往して駆け回るビクーニャの群が間近にみられるようになった。まもなく、手に派手な色の布切れを持つ先生と生徒たちが、ビクーニャを追って走りぬけた（写真８）。筆者もその後を追った。

喉が乾燥して痛くなったが何とか終着点までたどり着くことができた。ビクーニャの群が黒いナイロン・ネットの囲いに追い込まれ、その前で先生たちが成功を祝ってワインでティンカをしていた。ティンカとはケチュア語で、大地の女神パチャママなどに献酒して、共に飲むアンデス先住民の習慣である。

約三〇分後（一二時四五分）、毛刈りが開始された。囲いの脇に、ガソリンの発電機による電動バリカンが三台用意されていた。生徒たちがネットの中に入り、楽しそうにビクーニャを素手で捕まえ、毛刈りの場所に運ぶ。技師のひとりが健康状態をチェックするとともに、毛の長さを計り、長さが二・五センチメートルに満たないものは直ちに解放する。毛が充分にのびているものは、地面に引き倒し、電気バリカンで背中の部分だけを刈り、刈り終わると直ちに放つ（写真９）。

一度刈られたビクーニャの毛が充分伸びるのには二年かかる。つまり、一頭のビ

●写真８　ビクーニャの群を追い込む

クーニャは二年ごとに毛が刈られることになる。したがって、捕獲したビクーニャのうち毛を刈るのは約半分である。

草原で、生徒のお母さんたちが料理をはじめていた。草原にごろごろしている大きめの石を三つ並べるとすぐに竈ができる。トラとよばれる高原特有の燃えやすい灌木を集めて火を炊き、その上に巨大なナベを置く。まもなく、ジャガイモとアルパカの肉を放り込んでトウガラシと一緒に煮込んだギソ（煮込み料理）ができあがり、昼食が生徒たちに配られた（写真10）。生徒たちはピクニックのように友人同志で思い思いの場所に座って、ご馳走を食べる。家族で一緒に食べているグループもある。料理の材料は学校の経費から出されるが、料理はお母さんたちがボランティアだそうである。

先生のマリアさんから学校のチャクについて尋ねると、次のような話をしてくれた。「学校のチャクは一九九九年にはじめられました。この場所は、コムニダ（農業共同体）から、一五年間の期間の約束でコレヒオに提供されたのです。この土地は、一五年後には多分小学校に提供されます。この土地でビクーニャを捕獲して毛を刈ることによって、約五〇〇〇〇ソーレス（約一五〇〇〇ドル）の収入がえられるのです。昨年は九〇〇頭を捕獲しました」。

●写真９　毛を刈ったあと解放される

ルカーナス村がパンパの土地の一部を学校に提供し、先生や生徒とその親たちがそこでビクーニャの捕獲をおこなうことで、学校の経費を捻出するシステムが作られ、定着しているのである。

いままでは何もなかった学校に今はコンピュータも備わっているという。新しい校舎も建設された。

生徒たちにとってはこの共同作業は大きな楽しみにもなっている。先生と生徒たちが力をあわせてビクーニャを捕獲することで学校が運営できるというわけだ。仲間意識が自然に形成され、教育上の効果も大きいように思われる。コレヒオの生徒たちが「大チャク祭」でインカの儀礼を再現することで、自分たちの歴史を再認識するという、実際の教育にも大いに役だっている。

現代版チャク復活の経緯

以前のアンデス地方には、現在よりはるかに多くの野生動物が棲息していた。インカ帝国がスペインによって征服された一六世紀前半には、約二〇〇万頭のビクーニャがいたと考えられている。[文献4] しかし征服後、インカ帝国の崩壊とともに、野生動物の無秩序な狩猟によってその数は激減してしまった。一九四〇年に国立自然保護委員会が設立されたが、成果はえられなかった。[文献4]

一九六五年には、ペルーに棲息するビクーニャの数が一万頭に満たず、絶滅の恐れがあることが指摘された。調査の結果、アヤクチョ県ルカーナス郡にもっとも多くのビクーニャが棲息していることがわかった。国は保護区を設立するため、ルカーナス農民共同体（Comunidad Campesina de Lucanas）にパンパ・ガレーラス（標高約四〇

●写真10　チャクでの食事

文献4　Wheeler et al. 1997: 284.

〇〇メートル）の譲渡を求め、一九六七年五月一八日に国立保護区が設立された。[注9] その後、さらに一〇の農民共同体がビクーニャ保護のプロジェクトに加わり、保護区は七五〇〇〇ヘクタールに増加した。[文献4]

一九七二年からドイツが、保護区の設備や、武装警備員による監視システムなどのための援助をおこなった。しかし、保護区の中心地域からすべての家畜を強制的に排除しようと政府が試みたことで、保護区の役人とルカーナス共同体の間に対立が起こった。住民と政府の関係の悪化から、ドイツの支援団体は、一九八一年一月に援助を停止し、環境保全活動は後退した。さらに一九八三年三月、極左テロ集団「センデロ・ルミノソ（輝く道）」がパンパ・ガレーラスの警察署を襲った。さらに、一九八九年一〇月、パンパ・ガレーラスのビクーニャ事業の本部が二度にわたって襲われ、保護区警備員が殺害され、政府による保護区の管理は完全に放棄されてしまった。こうして、保護区設立によってビクーニャの個体数が回復してきたにもかかわらず、一九八〇年代後半には「センデロ・ルミノソ」がペルー山岳地帯に勢力を広げ、その資金源の一部としてビクーニャの密猟が盛んにおこなわれた。一般の密猟も盛んになり、ビクーニャの数は急激に減少したといわれている。

こうした大きな困難や密猟の脅威にさらされながらも、ペルーにおけるビクーニャの保護区の面積と個体数は徐々に増加した。[注10]

野生動物の利用と商取引はいわゆる「ワシントン条約」に規定される。[注11] ペルーは一九七五年に批准したが、この条約が発効した段階で、ビクーニャはもっとも規制の厳しい付属書一に分類され、商取引が禁止された。[注12] その後、アンデス諸国では、ビクーニャの棲息頭数が回復してきた段階で、ビクーニャを規制がゆるい付属書二へ移行したいという意見が強まった。そして、一九八六年にスイスで開かれたワシントン条約の委員会において、ペルー代表団はビクーニャの取り扱いについて、「毛刈りは経済的な面だけではなく、種の保存のためにも必要不可欠である」と主張し、例外条項案を提出し、一九八七年のオタワ会議において正式に認められた。こうして、ビクーニャの毛の国際

注9　以下、保護区設立については Wheeler et al.(1997: 284)に基づいて述べる。

注10　一九八七年の統計では、約三〇〇万ヘクタールの地域に六三二三頭が数えられた。Salinas Aguada Blanca 国立保護区約三三万ヘクタールとAncash県のHuascarán国立公園の二八〇〇〇ヘクタールが国の保護区に加えられた（Wheeler et al. 1997: 284）。

注11　CITES（Convention on International Trade in Endangered Species of Wild Fauna and Flora）すな

商取引への道が開かれ、生きたビクーニャから刈られた毛の布地などの製品はビクニャンデス・ペルー（Vicuñandes-Perú）という商標で市場に出されることになった。

一方、パンパ・ガレーラスでの経験から、政府当局者たちは、武装警備隊による管理はビクーニャの密猟から広大な地域を守るには不充分であること、また全国のビクーニャ棲息地にそのシステムを広げるにはコストがかかり過ぎることを認識するようになった[注13]。これらの問題を解決する方法として、現地住民にビクーニャの管理と利用を任せる方法が考え出された。そして、一九九一年、ペルーのビクーニャの合法的な管理権が、それが棲息する土地の農民共同体やその他の団体に付与され、同時にその生産物、とくに生きたまま刈られた毛を利用する権利が与えられたのである。その結果、一九九二年までに、二五九の共同体に地域のビクーニャ管理委員会が設立され。これらの委員会はＳＮＶ（Sociedad Nacional de la Vicuña　全国ビクーニャ協会）を組織し、一九九四年からＳＮＶはビクーニャの保全、管理、利用に参与する農民共同体及び団体の正式な代表として認知された。

一方、一九九三年ＣＯＮＡＣＳ[注14]が設立された。この機関は、農業省、ラクダ科動物研究機関、地方政府、農民共同体・団体及びＳＮＶからの代表で構成され、その権限領域はビクーニャ管理にかかわる農民共同体・団体への助言と便宜供与に務めることとなった。提供されるサービスは、技術供与、ビクーニャの保全と利用の普及、ビクーニャの毛の販売、商業科、加工のための便宜の供与、密猟への戦いのための後方支援と技術の援助、毛の生産事業のための資金の確保、国際的な法や規定に関する共同体の代表などである。また、ＣＯＮＡＣＳは国際的な入札の判定を含め、ビクーニャの毛の販売に対する責任を持つ。

こうして、フジモリ政権下の一九九〇年代になり、国内の治安が回復するとともに、農民によるビクーニャの合理的利用の法的な基礎が整った。

一九九三年、ＣＯＮＡＣＳはパンパ・ガレーラス保護区にフジモリ大統領を招いて「チャク」を実施し、伝統的な民族舞踊などのイベントを組み、祭りをおこなった。以後、毎年六月二四日に「大

わち「絶滅のおそれのある野生動植物の種の国際取引に関する条約」。この条約は、一九七三年三月三日にワシントンにおいて起草されたことから、一般にワシントン条約とよばれている。

注12　付属書一とは「絶滅の恐れのある種。商業目的の取引は禁止。学術目的の場合は、輸出許可書、輸入許可書が必要」。付属書二とは「商業目的の取引は可能だが、輸出許可書または証明書が必要」。ワシントン条約については山本（一九九四：三〇五―三一〇）を参照。以下、ビクーニャ毛の商取引認定までの経緯についてはPérezRuiz（1994: 270-274）を参照。

注13　ビクーニャ保護運動とビクーニャの捕獲・商取引開始のプロセスについてはWheeler et al.（1997: 285-286）参照。

注14　ＣＯＮＡＣＳはペルーの二五県のうちの一六県の標高三八〇〇～五〇〇〇メートルをその管轄下に置く。それらの地域には家畜および野生のラクダ科動物が棲息しており、その管理のために、技術、生産及び生産性の向上、またその結果としてそれらの資源の保全を達成し、国内・国際市

チャク」の祭りをおこなうようになったのである。

一九九四年には、イタリアの国際ビクーニャ共同企業体ＩＶＣ（International Vicuña Consortium）による三年契約のジョイント・ベンチャーが成立し、捕獲されたビクーニャ群から刈られた毛二〇〇〇キログラムがＳＮＶによってＩＶＣに売られた。イタリアとペルーの会社からなるこのコンソーシアムは、ビクーニャの原毛に対して一三〇万ドルの最初の支払いをおこなった。それは、毛刈りをおこなった三五の共同体に分配された。その七〇パーセントは公共事業に使われ、三〇パーセントはビクーニャの保全と利用のためのインフラ整備に使われた。これらの利益により、農民たちが生きたビクーニャを維持することで闇市場での密売を上回る収益がえられることを確信し、種の保全への強い発奮材料となったのである。

ビクーニャの利用の研究は一九六〇年代から開始され、一九七〇年代からはインカ時代におこなわれていた「チャク」の研究もおこなわれたという。インカ時代には数万の民が動員されたとクロニカに書かれているが、現代では多くの人を動員することは不可能である。そこで、網を使った罠が考案された。一九七二年にはジュートの網を使って実験した。一九七八〜一九八〇年にはナイロンで実験して成功した。現在はほとんどナイロンのネットが使われている。[注15] 先に、「グラン・チャク」祭と、学校による、比較的多数の参加による「チャク」の様子を紹介したが、ナイロン・ネットなどの技術により、通常の「チャク」は、数十名程度の少数で実施できるようになっている。

ルカーナス村において、二〇〇一年は七万ヘクタールの面積の土地で四九回の「チャク」をおこない、一一〇二六頭を捕獲した。そのうちの三八九〇頭のビクーニャから八九八キログラムの毛を刈りとり、生産した。ＳＮＶが二、三パーセントの手数料を取り、残りが共同体の収入となる。共同体のリーダーによれば、二〇〇一年には、汚れやセルダ（剛毛）などを除いて約七〇〇キログラムを出荷した。売り上げの一六万六〇〇〇ドルから手数料を引き、約一五万ドルの収入になったという。[注16] これは、先住民社会の収入としては、以前は考えられないほどの高額である。

場における競争力を高めることをめざしている。また、それらの資源の所有者でありながら、多くが極度の貧困状態にあるアンデス高地の住民たちの経済状態を高めることを目的としている（Ministerio de Agricultura 2001: 5）。

注15　以上の「現代版チャク」の実現まで、技術開発については、ＣＯＮＡＣＳリマ事務所元所長のJorge Herrera氏による。

注16　以上は、ルカーナス農

二〇〇二年現在で、ルカーナスにおけるチャクの専従者は、四名の技師と二三名の労働者である。捕獲のときに保護区の警備員四人が手伝い、合計三一人で捕獲をおこなう。技師と労働者の二七名で、両翼それぞれ約二キロメートルの罠を二時間ほどで設営する。技師は、毛刈りの機材を操作する。「チャク」による収入は現在までは、共同体のインフラ整備などに使っている。「チャク」はまた、農業共同体のメンバーに仕事を提供している。ルカーナス共同体には四一〇名のメンバーがいるが、労働者の仕事は主として若者に提供される。労働者には五月から一〇月までの期間に月給として六三〇ソーレス（約二〇〇ドル）が支払われる。また、現在八名の警備員を雇っているが、警備員にはもう少し多く支払われ、制服と銃も用意される。また、四〇人の女性たちが、セルダ（剛毛）を取り除く仕事をしている。[注17]

全国レベルでは、二〇〇〇年には、一五一の農民共同体で、三五、六三七頭のビクーニャを捕獲し、一六、九五六頭から三四二七キログラムの毛を生産した。ペルーでビクーニャの管理・利用をおこなっている団体は、二〇〇〇年現在、一六県で八四一団体にのぼり、登録されている面積は八五七万ヘクタール、その地域の累計の個体数は一一万八〇〇〇余頭となっている。統計によれば、ビクーニャの全体の棲息数も、一九九四年の六万七〇〇〇頭から一九九九年には一四万一〇〇〇頭に倍増している（表1）。

このように、ビクーニャの毛の生産が貧しいアンデス高地の住民にとって、多大な経済的収入源をもたらすようになったばかりでなく、それがビクーニャの保全に大きなインセンティブを与えている。[注18] アンデスの野生動物の「合理的利用」が住民の利益になり、それが環境の保全にもつながるという、

表1　ビクーニャの捕獲・毛刈り個体数と毛生産の推移（文献5）

年	1994	1995	1996	1997	1998	1999	2000	合計
捕獲個体数	6,128	16,204	15,683	22,118	28,612	29,859	35,637	154,241
毛刈り個体数	3,278	9,616	7,145	10,352	13,083	15,462	16,956	75,892
毛の重量	832	2,223	1,478	2,008	2,543	3,052	3,427	15,563
参加コミュニティ数	12	90	77	100	151	189	151	770

民共同体のビクーニャ捕獲責任者Walter氏による。経費は約一〇万ドルかかったが、すでに設備が整ったので、二〇〇二年以降は経費が軽減されさらに純収入が増加するとのことだった。

文献5　Ministerio de Agricultura 2001.

注17　女性によるセルダ除去の仕事は、一頭分の毛につき、二〇〇二年は七ソーレス（約二ドル）を支払うことになっていた。熟練度に応じて、一日あたり二～四頭分の仕事ができるという。

注18　ただし、環境の問題としてとらえた場合、野生動物

の保全が可能になったというプラスの側面だけでなく、個体数の増加とともに新たな問題が派生しているという指摘もある。たとえば、自然の地域における大規模な生産または飼育と半封じ込めでの飼育が進められており、これらがビクーニャの個体群に及ぼすかもしれない遺伝子学的なデメリットについては考慮がなされていないという（Wheeler et al. 1997: 286-287）。

「インカの知恵」の復活により、アンデスの先住民社会は大きく変わろうとしているのである。

引用文献

Aguilar Mesa, T. 1988 Las trampas para cazar camélidos. In *Llamichos y Pacocheros: Pastores de Llamas y Alpacas*, Flores Ochoa, J. A. (ed.), Centro de Estudios Andinos, Cuzco, pp. 59-65.

Hosting, R. 1988 Caza de camélidos en el arte rupestre del Departamento de Apurímac. In *Llamichos y Pacocheros: Pastores de Llamas y Alpacas*, Flores Ochoa, J. A. (ed.).

Ministerio de Agricultura del Perú 2001 *Consejo Nacional de Camélidos Sudamericanos.*, Lima.

Pérez Ruiz, W. 1994 *La Saga de la Vicuña*. Diálogo S. A. Lima.

Wheeler, J. C. and D. Hoces R. 1997 Community Participation, Sustainable Use, and Vicuña Conservation in Peru. In *Mountain Research and Development*, Vol. 17, No. 3, pp. 283-287.

アコスタ、ホセ・デ『新大陸自然文化史　上』（増田義郎訳）岩波書店、一九六六（一五九〇）年。

稲村哲也「動物の利用と家畜化」『アメリカ大陸の自然誌3　新大陸文明の盛衰』四九―九一頁、赤澤威・阪口豊・冨田幸光・山本紀夫編、岩波書店、一九九三年。

稲村哲也『リャマとアルパカ―アンデスの先住民社会と牧畜文化』花伝社、一九九五年。

ガルシラーソ・デ・ラ・ベガ、インカ『インカ皇統記二』（牛島信明訳）岩波書店、一九八六（一六〇九）年。

ピサロ、ペドロ「ピルー王国の発見と征服」（増田義郎訳）ペドロ・ピサロ他『ペルー王国史』一―三六二、岩波書店、一九八四（一五七一）年。

山本草二（編）『国際条約集』有斐閣、一九九四年。

第三章三節

アンデス発の牧畜起源論

Tetsuya Inamura
稲村哲也

ラクダ科動物家畜化の起源

動物の家畜化がいつどこで起こったかを知るのは簡単ではない。家畜化が、なぜ、どのようにして起こったかを知るのはさらにむずかしい。また、動物の「家畜化」が起こったということと、「牧畜」を生業とする社会が成りたった、ということも別の問題だと考えられている。こうした問題の解明には、考古学的研究がもっとも基本であるが、それだけでは限界がある。そこで、アンデス考古学の研究をふまえた上で、筆者による最近の調査で明らかになった民族誌的な知見から、どのようなことがいえるか考えてみたい。

アンデス考古学によって、ラクダ科動物の最初の家畜化の場所と時期がわかってきた。今のところ、紀元前四〇〇〇年前頃にペルーの中部の高原で起こった、という説が有力である。それは、ペルー中部のフニン高原のテラルマチャイ洞窟（標高四四二〇メートル）でおこなわれた発掘によるものである。(注1) そこでは、氷河の最終的な後退期である紀元前七〇〇〇年から紀元前一八〇〇年までの先土器時代だけで、約四〇万点の動物骨が発掘された。フニンの高原は、マンタロ川の右岸に位置し、北にフニン湖があり、多くの湧水地、小河川、湿地を擁し、ラクダ科動物に適した草が豊富で、

注1 以下のラクダ科動物の家畜化についての記述はWheeler (1988) による。家畜化については、Wheeler

「天然の家畜囲い」といった様相を呈している。J・フィーラーらの分析によれば、家畜化の時期は紀元前四〇〇〇〜三五〇〇年の間であり、最初の家畜化の場所はフニン高原である、という。ラクダ科動物の家畜化の根拠とされたのは、①ある時代以降に幼獣の骨の割合が急激に増加したこと、②その時代に現在のアルパカと同じ形態の切歯が出現したこと、の二点である。

先土器時代全期間をつうじて、同定された動物骨のほとんどはラクダ科とシカ科動物の骨である。ラクダ科の割合は、Ⅶ期（紀元前七〇〇〇〜五二〇〇年）の六四・七三パーセントからV下層二期（紀元前四八〇〇〜四〇〇〇年）の八一・六九パーセントへと次第に増加している。つまり、この時期にはフニン高原の住民は主としてシカとラクダ科動物の狩猟を生業としているが、次第にラクダ科動物への依存が大きくなったことになる。ラクダ科動物全体の骨の数に対する幼獣の骨の割合に注目すると、V下層二期以前では、約三五〜三七パーセントの範囲内であるが、V下層一期（紀元前四〇〇〇〜三五〇〇年）では五六・七五パーセントに急増する。幼畜というのは、歯のわずかな消耗から、そのほとんどが新生獣である。このように高い幼獣の死亡率は、狩猟によるものとは考えられず、その要因は動物を集めたことによる新生獣死亡率の上昇にほかならないとされる。

野生の状態ではラクダ科動物の新生獣死亡率はそれほど高くない。南米大陸最南端のフエゴ島におけるグアナコの死亡率はオスで四パーセント台であり、ペルー南部アヤクチョ県の高原の野生ビクーニャ保護区パンパ・ガレーラスにおける、ビクーニャの生後四か月の死亡率は一〇〜三〇パーセントと報告されている。一方、家畜であるリャマ、アルパカの新生獣の死亡率は高く、生後四〇日間で約五〇パーセントにも上る。死因は野生動物にはないバクテリアによる下痢で、夜間に家畜が集められる囲いの中の地面が病原菌で汚染されることによる。家畜の出産期は一二月から三月にかけての期間であるが、それはちょうど雨季にあたり、家畜囲いの地面が糞と混じって雨で泥まみれになるからである。

以上のことは、フィーラーがラクダ科動物の家畜化の証拠としてあげた、新生獣の死亡率の急激

(1988)を中心に、稲村(一九九三、一九九五)で論じている。なお、E・ウィングはかつて、最初の家畜化の場所はティティカカ湖畔の高原盆地であろうと予測していたが、一九八三年の論文で、フニンの出土骨資料がもっとも多いこと、他の地域への拡散の時期がフニン起源説と合致することを指摘してフィーラーの説を支持している(Wing 1983: 31-32)。

な増加と家畜化の相関を裏づけている。現在プイカの牧民がおこなっているような、ミクロな家畜の季節移動と雨季に副居住地でおこなわれる家畜囲いのローテーションのシステムは、まさに、長い牧畜の経験から生まれた、仔家畜の死亡率を抑えるための工夫であるといえる。

二番目の家畜化の根拠として、新生獣の死亡率が急上昇したV下層一期に、ラクダ科動物に歯の形態の変化がみられたことがあげられる。すなわち、V下層二期以前では、切歯の形態はグアナコ型とビクーニャ型の二タイプのみが出土しているが、この時期以後、新たなアルパカ型の切歯が出現したのである。ただし、もう一つの家畜であるリャマに関しては、その切歯がグアナコと同じであり、区別がつかない。

イギリスの考古学者ラッカムは、古い層位と新しい層位に出土する動物骨に次のような変化が起こった場合を、家畜化の証拠としてあげた。[文献1（注2）] ①ある動物種が、野生状態での自然分布域の外にある遺跡から出土する。②利用された動物種に変化があり、より新しい層において現在家畜となっている種の割合が多い。③殺された動物の年齢構成に変化があり、野生の群の狩猟ではなく管理された群に由来すると思われる年齢構成を示す。④推定したオス、メスの比率に変化があり、飼育動物に対してのみ可能な性別による選択がおこなわれた形跡がある。⑤野生の個体にくらべて著しく小型化している、または骨の形態に変化がみられる。

以上のラッカムによる基準に照らしてみると、フィーラーの分析では、家畜化の根拠として、③と⑤が採用されていることになる。

祖先種ビクーニャの生態と牧畜の定住性

さて、本章六節に示すように、川本による遺伝的学的分析の結果、アルパカとビクーニャの近縁性が

文献1　ラッカム　一九九七：八七―八八。

注2　ラッカムはその著書でテレルマチャイを例として取り上げているが、その表と記述に大きな誤りがある。ラクダ科の新生獣の骨の増加の時期をV―二期（紀元前四八〇〇～四〇〇〇年）としているが、正しくはV下層一期（紀元前四〇〇〇～三五〇〇年）である。

明らかになってきた。[文献2] このことは、アルパカの祖先種がビクーニャであるという説を支持するものである。交雑の可能性は残るが、少なくともビクーニャがアルパカの祖先として関与しているということまではいえるであろう。

また、第三章二節に示したように、「チャク」の復活によって、追い込み猟の実態が明らかになった。そして、本章五節で示すように、大山らの調査によって、ビクーニャの生態の特徴も明らかになってきた。ビクーニャは二種類の群を構成する。[文献3] 一つは、一定のテリトリーを占める「家族群」である（写真1）。「家族群」は、一頭のオス、数頭のメスとその子からなるハーレム形式の群である。もう一つのタイプは「若オス群」、すなわち特定のテリトリーを持たない若いオスだけの大きな遊動する群である。これらの新たな知見は、非常に興味深い問題を提起してくれる。

「チャク」によって数一〇〇頭のビクーニャの群々が追い込まれ、ナイロン網の囲いに閉じ込められたとき、ビクーニャたちはパニックに陥ることもなく、一群となって囲いの中を周回したり、たちどまったりと、まるで家畜であるかのような群行動をとる。素手で捕まえて地面に押し倒しバリカンで毛を刈る間も、それほどの抵抗は示さない（写真2）。「チャク」やビクーニャの生態はいくつかの新たな問題を提起する。

先に、中央アンデスの牧畜の主要な特徴として、定住的であることをあげ、それらがアンデスの生態学的条件に拠っていることを指摘した。アンデスの牧畜の定住性は、その祖先種であるビクーニャの生態、すなわち比較的狭い一定のテリトリーを持つ「家族群」の特徴からも説明がつくことになる。

牧畜の定住性は、他のいくつかの問題を提起する。たとえば、プイカの場合のように、中央アンデスの牧畜は、多くの場合に、一定の領域が家族ごとに占有されていることである。これは、「牧畜にとって、土地は私有ではなく、共有される」という、旧大陸の常識とまったく反するのである。そこで次に、家畜化と牧畜の起源についての議論に入る前に、こうした問題と関連して、文化人類学

文献2　Kawamoto et al. 2004, 2005.

文献3　Pérez Ruiz 1994: 42–43, 大山　二〇〇四：一〇〇—一〇六。

における「狩猟」と「牧畜」についての「常識」を再考しておきたい。

狩猟・牧畜二分論の再考

クラットン・ブロックは、その編書『歩く食糧貯蔵庫――家畜化、牧畜、捕食の型』のなかで次

●**写真１**　家族（ファミリア）群

●**写真２**　チャクにおけるビクーニャの毛刈り

のように述べている。[文献4]「肉食動物のように、捕食者と獲物との間の相互交渉に保護の要素がないのは、人間が狩猟者として生きるときだけである。動物が飼育されたり、家畜化されるやいなや、人間は捕食者よりもむしろ保護者となる」。

このように狩猟と牧畜を、捕食（略取）／保護の対立項によって峻別するとらえ方は、多くの研究者に受け入れられている。たとえば、谷は、牧畜の定義として「家畜化された動物を恒常的に人間の管理下で飼養することをつうじて、食糧をはじめ、生活に必要な動物資源を獲得する生活技術体系である」と述べたあと、「この牧畜という生業技法を開発する以前では、いわゆるナチュラルな生活条件下にある野生動物の狩猟をつうじて、動物資源を獲得していた。このことは、のちに家畜化された祖先野生種についても同じで、羊にせよ、山羊にせよ、牛にせよ、家畜化するまでは、それらを自然的所与として見出し、自然からの強奪対象として追跡・捕獲・殺害して、食べていたにすぎない」としている。[文献5]

このように、「家畜」と「牧畜」を明確に概念化するために、「野生動物」の「狩猟」をその対立項として置くという論理設定によって、二分論が生じてきたように思える。しかし、アンデスの「狩猟」（チャク）のような、管理され「保護」される「狩猟」を考慮すれば、狩猟と牧畜を、捕食／保護の対立として峻別する視点の有効性がゆらぐことになる。（注3）

じつは、通時的（歴史的）な観点においては、野生（wild）と家畜・栽培（domestication）を峻別しない視点は、何人かの研究者が表明している。（注4）ハリスは、人と動物の相互交渉による共進化の過程において、捕食（predation）と家畜化の間に、保護（protection）という段階を設定した。[文献6]「保護」は「環境の操作をつうじて選択された種の潜在的な再生産を高める」と定義され、「飼いならし」と「自由な棲息域で保護される群」をあてている。福井も、一九九五年の編書の序論で自然と文化の「共進化」について論じる中で、「完成されたドメスティケーションの状態ではなく、野生状態の生物になんらかの人為的な作用を加えることによって、それらをより効率的に利用していく、いわゆ

文献4　Clutton-Brock 1999: 279.

文献5　谷　一九九五：二二五。

注3　この狩猟・牧畜二元論の再考については稲村・川本（二〇〇五）でも論じている。

注4　一九六二年の著書で、ゾイナーは、前家畜化段階における人と動物の多様なかかわりを、「共生」「寄生」などの生物間の関係にモデルを求めるとともに、家畜化五段階説を提起した（ゾイナー　一九八三）。

文献6　Harris 1996: 140.

るセミ・ドメスティケーションの状態を観察していくこと」の重要性を指摘している。[文献7] なお、植物における「半栽培」の重要性については、中尾が一九七六年の著書で論じている。[文献8]

このように、通時的な視点からは中間的な段階が想定されながら、「歴史的にみれば、この狩猟と家畜飼養の中間型は充分想定することができるが、現在の民族誌をみるかぎり、対象を共有し、捕食だけしているのが狩猟であり、対象を私有化し、保護・管理、さらには増殖をおこなっているのが家畜飼養（animal husbandry）ということになる」[文献9]と福井が述べるように、民族誌的な視点からは、なぜか、狩猟と牧畜を捕食／保護の対立によって峻別する考え方が主流になっていると言えよう。(注5)

追い込み猟「チャク」を検討することによって、管理され、保護され、合理的に利用される「野生動物」の実態が明らかになった。インカ時代、「チャク」に先だって肉食の害獣が駆除されたという。また、インカ時代、「チャク」の対象となった動物には、シカのように殺して肉をとる野生動物もいれば、グアナコやビクーニャのように、毛を取って生きたまま解放する動物もいた。さらに、「捕食」されたシカの場合も、若いメスや種オスとしてふさわしい立派なオスは生きたまま解放された。

家畜の定義として「家畜とはその生殖がヒトの管理のもとにある動物である」[文献10]という考え方があるが、アンデスにおいては、野性動物に対しては、「保護」するだけでなく、明らかに、かなりの頻度で「生殖の管理」までおこなわれていたのである。このように、「チャク」においては、狩猟イコール捕食という図式はまったく成り立たない。したがって、「狩猟＝捕食／牧畜＝保護」という対立もまったく成り立たないのである。

以上のように、「チャク」によって、「牧畜」ではないが、たんなる「狩猟」ともいえない、動物と人間の柔軟な関係のあり方が示された。「チャク」の存在は、動物と人間のかかわり方の多様性を示し、私たちに「野生」概念に関する視点の再考を促す。「野生動物」＝「狩猟」＝「捕食」という固定観念によって、これまで、歴史的・民族誌的な資料の分析・評価に見落としはないだろう

文献7　福井編　一九九五：七。

文献8　中尾　一九七六：二三―二九。

文献9　福井　一九八七：一二―一四。

注5　その点で、松井健は「ドメスティケイションの過程について、具体的な像を構成するために民族誌的研究の成果を利用しよう」（松井　一九八九：四）と意図し、その「中間領域にセミ・ドメスティケイションをおいて、その中間領域の独自性を問題にしよう」（松井　一九八九：五〇）と提起している。

文献10　野澤　一九八一：三―四。

か。そして、「狩猟」や「野生」とされてきたものにおける「保護」や「管理」「牧畜」における「野生」の要素や関与、あるいは、「牧畜」とも「狩猟」とも言い切れない動物利用が軽視されてきたのではないだろうか。

このように、野生／家畜、狩猟／牧畜を対立的にとらえず、連続した人と動物の関係としてとらえ直すことが必要であろう。その意味でも、アンデスのラクダ科動物の利用において、「野生のままの利用」と「家畜化しての利用」が共時的に成りたったし、今また成りたっているという事実には、たいへん興味深いものがある。

家畜化の議論

動物の家畜化に関して、長い間、狩猟起源説と農耕起源説が議論されてきた。今西は一九四〇年代後半に書かれた「遊牧論」で、「狩猟からはいった牧畜も、農耕と結びついた牧畜も、どちらもあってよい」と、多元説を主張しながら、少なくとも内陸アジアの牧畜に関しては、狩猟起源説に歩があるとし、一定の領域内で遊動する性質をもつ野生の動物群に追随する「遊牧的な狩猟生活者」との間に一種の親和性が成立し、彼らが群を占有するようになり、さらに搾乳、去勢などの牧畜技術を取り入れ、牧畜という生活様式が成立した、という仮説をたてた[文献11]。梅棹も、多元説をとりながら、ステップ遊牧民に関しては、基本的に今西仮説と同じ狩猟起源説をとっている。さらに、遊牧民への転化のメカニズムとして、家畜の仔を「人質」にとることによって、母親を引き止め、群全体をコントロールすることができた、と指摘し、「仔の隔離・搾乳」と「オスの去勢」(それによって、多数のオスを群にとどめておくことができる)という二つの技術によって牧畜という生活様式が完成した、と論じた[文献12]。

文献11　今西　一九九五：二一四―二八五。

文献12　梅棹　一九九〇：二

しかし、その後の西アジアにおける考古学の成果は、今西・梅棹仮説を退けつつある。藤井は、今西・梅棹の（遊動する狩猟民による）「群れごとの家畜化」仮説は西アジアにおけるヤギ・ヒツジの家畜化には適用できない、とする。(注6)「というのも、最初期の家畜動物骨は定住農耕集落から出土しており、その周辺の短期小型キャンプからは出土していないからである。また、ステップのヒツジ化（つまり遊牧的適応のはじまり）も、農耕地帯のヒツジ化よりはやや遅れるからである」。(文献13)藤井によれば、西アジアにおけるヤギ・ヒツジの家畜化は、先土器新石器文化B中・後期頃（紀元前七〇〇〇年紀の中ごろ）から顕在化し、ヤギは西アジア全域で、ヒツジはその北半で、それぞれ家畜化された。家畜化は、群れの遊動に追随する狩猟採集民ではなく狩猟農耕民によって、群れの遊動域ではなく定住・固定集落の内部の囲いで進行したのである。

藤井は、家畜化が実際にどのような場所でどのように進行したかについても、次のような説得力のある議論を展開している。(注7)群れから離れた幼年個体の「飼いならし」仮説に関しては、それを個別的・単発的なものであるとみなし、家畜化の「初動装置」として、ナトゥーフ文化（紀元前一〇五〇〇～八三〇〇年頃）以降の遺跡に認められる囲いや網による「追い込み猟」を重視する。それが、家畜化初動のための最大かつもっとも安定的なチャンネルと考えられ、家畜化の契機を安定して生み続けたからである。追い込み猟では、捕獲後の獲物が逃走を封じられており、「集めて」から「殺す」までの間に獲物の生存余地があることから、追い込み猟の獲物を（農耕集落の遺跡に存在する）家畜囲いへ移送して生かしておくことがありえた。そして、追い込み猟は、母と子を中心とした群れを対象とする狩猟法であり、とくに春先の追い込み猟の獲物には妊娠メスが多くいたはずであり、生まれてくる子ヤギまたは子ヒツジは人的環境の「刷り込み」を受ける。妊娠メスとその子にかぎれば、馴化までのスピードはきわめて速い。こうしたことのくり返しが、囲いのなかでの長期飼育につながっていった。

西アジアでは、紀元前七〇〇〇年紀中ごろに大規模な定住・固定集落が出現した。それ以前から

六三―二六四、一九七六：一〇五―一三一。

注6　以下、藤井（二〇〇一：一九〇―一九三）に基づいて述べる。

文献13　藤井　二〇〇一：一九一。

注7　以下藤井（二〇〇一：一七五―一八九）に基づいて述べる。

おこなわれていた追い込み猟の展開として、群としての野生動物が集落内の安定的な囲いの中で飼われるようになり、そこで世代交代が生じ、それが形態としての家畜化につながった。以上が、藤井が論じる、西アジアにおけるヤギ・ヒツジの家畜化のシナリオである。

このような、西アジアにおける「追い込み猟」と家畜化の関係は、アンデスにおける「チャク」と家畜化の関係をも想起させる。また一方で、現在目のあたりにすることができる追い込み猟「チャク」の実態は、西アジア等での家畜化のプロセスと考える上でも参考になるのではなかろうか。

ビクーニャの生態については、「家族群」が高原で比較的狭い固定的なテリトリーの中で生息することがわかっている。その追い込み猟は容易であり、群の一部というよりも、むしろ多くの群れが一網打尽となる。「グラン・チャク」祭で囲いに追い込まれた数百頭のビクーニャ群は、翌朝になって毛を刈られてから解放されるまで、囲いの中に入れられたままにされた。その間のビクーニャたちが家畜同然におとなしくしていたのは驚きだった。つまり、藤井が指摘するように、追い込み猟で追い込まれた野生動物の群が一定期間囲いの中で生かされておくことの可能性が充分考えられるのである。

しかし、ここで、西アジアと中央アンデス高地の間の大きな自然環境の違いも充分考慮しておく必要がある。一般に、ビクーニャの生息地と峡谷の農耕地域とは明確にわかれている。つまり、追込みを実施する主体としてのコミュニティ（ルカーナス村）は、ビクーニャが生息するパンパ・ガレーラスの高原からやや下った峡谷に位置している。(注8)

パンパ・ガレーラスと同じくやや乾燥したペルー南西部高地に位置する、アレキーパ県プイカ行政区（筆者の調査地）でも、草地が豊富な高原の牧畜地域と、峡谷の農耕地域とは、距離的には隣接しながら、標高の違いによって、生態学的なフロア（階床）としては明確に区分されている。こうした中央アンデス固有の自然環境を考慮すると、西アジアの場合のように、野生のビクーニャの追い込み猟のあと農耕地域の囲いへ移送され、そこで世代交代が起こった、というシナリオは考えに

注8　コミュニティ（共同体）のメンバーの多くは農民であるが、かつてパンパ・ガレーラス保護区から排除され、別の場所でリャマ・アルパカ牧畜を営む牧民も含まれる。

くい。

では、中央アンデス自体における家畜化のプロセスは、どのように想定できるのだろうか。「チャク」がおこなわれるようになり、ルカーナス村や隣村のワユワ村での住民たちは、自分たちの野生動物に対する権利を確保するため、そして「家族」群の移動を制限するために、一定の範囲毎に常設のネットを張るようになってきた。[注9] つまり、囲いこまれた状態におかれる群も多くなってきたのだ。つまり、定着的なテリトリーを持つ野生動物であるビクーニャの（いくつもの）家族群を囲い込むということが、中央アンデスでは、少なくとも技術的には可能であったことを意味するのである。

テラルマチャイ洞窟における発掘からは、ラクダ科動物の専門的狩猟から家畜化への移行プロセスが認められた。そもそも、テラルマチャイがあるフニン高原は山や河に囲まれた「天然の家畜囲い」のごとき地形をもっている。このような場所は、アンデス高原のなだらかな氷食谷によくみられるのである。そこは、農耕には適さないが、動物にとっては、一年をつうじて気温の変化が少なく、枯れない湿地のある安定した条件に恵まれた土地である。新大陸の動物家畜化の舞台はこのようなアンデス高原であった。西アジアのように、追い込み猟によって捕獲された野生動物が農耕集落の囲いに運ばれたのではなく、野生動物はその生息域で群れのまま囲いこまれたはずである。[注10]

このように、内陸アジアではなく、中央アンデスでこそ、「狩猟民が野生動物を群として占有し、家畜化するにいたった」という今西・梅棹説が成りたつ可能性が高い。ただし、家畜化の主役は遊動する群を追う遊動する狩猟民ではなかった。アンデスにおいては、先土器時代における「定住的な狩猟民」の存在が示唆されており、[注11] 彼らが「定住的な」野生動物を群としてとりこんで家畜化したというシナリオが考えられるのである。あるいはまた、初期農耕をともなう狩猟農耕民であった可能性もある。

乳の利用がなかったアンデスでは、梅棹が想定したような「仔の隔離・搾乳」はなかったし、おそらく、家畜の仔を「人質」にとることによって母親を引き止めることも必要とされなかったであ

注9　通常は、若雄の群の移動までは制限しないように、開放部分をつけてある場合が多い。

注10　実際には現在の牧畜では、家畜は夜は囲いに追い込まれ、昼は放牧される。そこで、一定の区域内のビクーニャ群に対して、定期的に何度も追い込みがおこなわれることが家畜化の契機になったと考えられよう。

注11　ビクーニャの群は一年をつうじて一定のテリトリーを維持して棲息するため、ビクーニャの狩猟に依存していた二五名程度で構成される狩猟バンドが半径九キロメートル

ろう。

　ルカーナス村のある家で、親が死んだ仔ビクーニャを育てているという事例を見ることができた。人によく慣れ、人の手から直接パンを食べるほどになついていた（写真3）。このようなビクーニャの特徴を考えると、「飼いならし」も充分ありえただろう。しかし、大規模な群としての飼養という観点からは、やはり群の「追い込み」と、それに続く複数の家族群の「囲いこみ」、さらに囲いの中での「世代交代」というシナリオが自然ではないだろうか。

　アンデスの場合、ラクダ科動物を対象とする人間の側からの利用は、野生のまま利用することも、家畜化して利用することも、どちらもそれほどむずかしいことではなかったかに思える。つまり、「チャク」とビクーニャの生態に関する知見から、インカ期までラクダ科動物と人間との間の、多層的な相互交渉が続いていたことが明らかであり、現代においても、そのような状況への部分的な回帰が起こったわけである。

　高原における、家畜化への過程における農耕側からの関与は、今のところ考古学的研究からは明らかにされていない。山本による学際的な研究成果から、ジャガイモの栽培化とラクダ科動物の家畜化が相互に関連して同時期に起こった可能性が示された[文献14][注12]（第一章三節）。また、大山によって、ビクーニャの糞場にジャガイモの野生種が生育することが明らかにされており、山本説を傍証する可

●写真3　飼いならされたビクーニャ

の領域内に定住することが可能であったという（Rick 1988: 38-39）。

文献14　山本　二〇〇四。

注12　アンデス考古学の専門家である関も次のように述べ

能性が高い（第二章五節）。しかしながら、ラクダ科動物家畜化と植物の栽培化との関係については未だ明らかでなく、考古学的な証拠とそれに基づいた総合的な研究が望まれる。

引用文献

Clutton-Brock, J.（ed.）1999 The Walking Larder: Patterns of Domestication, Pastoralism, and Predation. Unwin Hyman Inc., London.

Harris, D. R. 1996 “Domesticatory Relationships of People, Plants and Animals.” In *Refinding Nature: Ecology, Culture and Domestication*. Ellen, R. and Katsuyoshi Fukui（eds.）BERG Oxford, pp. 437–463.

Kawamoto, Yoshi, Akio Hongo, Yuji Toukura, Tetsuya Inamura, Norio Yamamoto, Yuich Sendai and Emiko Torii. 2004 A preliminary study on blood protein variations of wild and domestic camelids in Peru. Rep. Soc. Res. Native Livestock 21: 297–304.

Kawamoto, Yoshi, Akio Hongo, Yuji Tokura, Yoshihiko Kariya, Emiko Torii, Tetsuya Inamura and Norio Yamamoto 2005 Genetic Differentiation among Andean Camelid Populations Measured by Blood Protein Markers. Report of the Society for Researches on Native Livestock, No. 22, pp. 41–51.

Pérez Ruiz, W. 1994 *La Saga de la Vicuña*. Diálogo S. A., Lima.

Rick, John W. 1988 “Identificando el sedentarismo pre-histórico en los cazadores recolectores: un ejemplo de la sierra sur del Perú”. In *Llamichos y Pacocheros: Pastores de Llamas y Alpacas*, Jorge A. Flores Ochoa (ed.) , Centro de Estudios Andinos, Cuzco, pp. 37–43.

Wheeler, J. C. 1988 Nuevas evidencias arqueológicas acerca de la domesticación de la alpaca, la llama y el desarrollo de la ganadería autóctona. In *Llamichos y Pacocheros: Pastores de Llamas y Alpacas:* 37–43. Jorge Flores Ochoa（ed.）Centro de Estudios Andinos, Cuzco.

Wing, E. S. 1983 Domestication and Use of Animal in the Americas. In Domestication, Conservation and Use of Animal Resources. pp. 21–39 L. Peel and D. E. Tribe（eds.）, Amsterdam.

稲村哲也「動物の利用と家畜化」赤澤威・阪口豊・富田幸光・山本紀夫編『アメリカ大陸の自然誌３　新大

山本説を支持している。「人間による生態系の攪乱は、たとえば高地でラクダ科動物を飼育化しようとする試みと関係しているという。具体的には大量の糞が堆積する動物の囲い場の建設などが生態系に影響を及ぼし、雑草型のジャガイモが生み出された可能性が指摘されている（山本　一九九三）。ここにラクダ科動物と高地性植物のドメスティケーション（飼育・栽培）が同時並行的に押し進められた情況を見て取ることができる」（関　一九九七：四二）。

陸文明の盛衰』四九―九一、岩波書店、一九九三年。

稲村哲也『リャマとアルパカ―アンデスの先住民社会と牧畜文化』花伝社、一九九五年。

稲村哲也・川本芳「アンデスのラクダ科動物とその利用に関する学際的研究―文化人類学と遺伝学の共同」『国立民族学博物館調査報告』五五：一一九―一七四、二〇〇五年。

今西錦司『遊牧論そのほか』平凡社、一九九五年。

梅棹忠夫『狩猟と遊牧の世界』講談社、一九七六年。

梅棹忠夫「乳をめぐるモンゴルの生態Ⅱ―乳のしぼり方、およびそれと放牧との関係」『モンゴル研究』中央公論社、一九九〇年。

大山修一「南米アンデスの高貴な動物―ビクーニャと人びとの暮らし」『地理』四九―九：一〇〇―一〇六、二〇〇四年。

関雄二『世界の考古学①　アンデスの考古学』同成社、一九九七年。

ゾイナー、F・E『家畜の歴史』（国分直一・木村伸義訳）法政大学出版局、一九八三年。

谷泰「家畜化の起源をめぐって―考古学的意味での家畜化とは何だったか」福井勝義編『講座地球に生きる４　自然と人間の共生』二二五―二四八、雄山閣、一九九五年。

中尾佐助『栽培植物の世界』中央公論社、一九七六年。

野澤謙『家畜と人間』出光書店、一九八一年。

福井勝義「序論　牧畜社会へのアプローチと課題」福井勝義・谷泰編『牧畜文化の原像―生態・社会・歴史』三―六〇、日本放送出版協会、一九八七年。

福井勝義編『講座地球に生きる４　自然と人間の共生―遺伝と文化の共進化』雄山閣、一九九五年。

藤井純夫『世界の考古学⑯　ムギとヒツジの考古学』同成社、二〇〇一年。

松井健『セミ・ドメスティケイション―農耕と遊牧の起源再考』海鳴社、一九八九年。

山本紀夫「植物の栽培化と農耕の誕生」赤澤威・山本紀夫他編『アメリカ大陸の自然誌３　新大陸文明の盛衰』一―四八、岩波書店、一九九三年。

山本紀夫『ジャガイモとインカ帝国』東京大学出版会、二〇〇四年。

ラッカム、ジェイムズ『大英博物館叢書②　古代を解き明かす　動物の考古学』（本郷一美訳）学芸書林、一九九七年。

第三章四節

アンデス高地でラクダ科動物が生き残った理由

Akio Hongo
本江昭夫
Yuji Toukura
藤倉雄司

はじめに

ラクダ科動物は、現在、地球上に六種生存している。このうちの四種は南アメリカ大陸のアンデス高地に生育している。ビクーニャとグアナコは野生の状態で生活しており、アルパカとリャマは家畜として飼育されている。六種のうちの残りの二種はヒトコブラクダとフタコブラクダであり、ユーラシア大陸の内陸部からアフリカ大陸にかけて飼育されている。動物分類学では、アンデス高地の四種はリャマ属（リャマ、アルパカ、グアナコ）およびビクーニャ属（ビクーニャ）として、ヒトコブラクダとフタコブラクダはラクダ属として分類されている。アンデス高地の四種は日本人にとってなじみのうすい動物であるが、アルパカのセーターだけはかなり広く知られているのではないだろうか。一方、ラクダという言葉を聞いて、加藤まさをの『月の沙漠』という歌に出てくる旅のラクダを思いうかべる人も多いことであろう。この歌にでてくるのはフタコブラクダである。

リャマ属およびビクーニャ属四種の間ではどのような組み合わせでも正常な子どもが生まれる[（注1）]（写真1）。ラクダ属二種の間でも正常な子どもが生まれる。ところがリャマ属とラクダ属を交配させると、妊娠はするけども流産または死産になることが多い。同じラクダ科に分類されていても、

注1　そのため、ビクーニャを別の属とせず、リャマ属に入れるべきであるとする説が有力になりつつある。本節でも以下ではビクーニャをリャマ属として扱う。

リャマ属とラクダ属は遺伝的にかなりはなれているといえよう。

この節では、ラクダ科と記してあればラクダ科六種すべてを、ラクダ属と記してあればヒトコブラクダとフタコブラクダの二種を、リャマ属と記してあればアンデス高地に生育する四種をさしていることを、あらかじめ申しそえておきたい。

ラクダ科の進化

ラクダ科の進化について簡単にふれておきたい。最初のラクダ科動物が地球上にあらわれたのは、始新世後期の三〇〇〇〜四〇〇〇万年前である。ヒヅメを二個もつ偶蹄類の中ではもっとも早くに出現したものの一つである。ラクダ科が誕生し、その中からさらに多数の種が進化したのは北アメリカ大陸である。そこでは第三紀の中ごろ、今から三〇万年前にラクダ科がもっとも繁栄した時代があった。化石から推定されているところでは、少なくみつもっても一三属二〇種のラクダ科動物が生息していたとされている。しかし、北アメリカ大陸では一

●**写真１**　父親がビクーニャで母親がアルパカのメスの雑種（右）と、この雑種にアルパカを交配してできた子ども（左）

万年前までにすべてのラクダ科は絶滅してしまった[文献1]。

二〇〇〜三〇〇万年前に、北アメリカ大陸に生育していたラクダ科のうちのあるグループはユーラシア大陸へ、別のグループは南アメリカ大陸へ移動していった。

南アメリカ大陸へ移動したラクダ科のうち、リャマ属の祖先種であるヘミアウチェニア族は南アメリカ大陸の平坦な低地に生活していた。この祖先種は、当時の他のラクダ科とおなじように体が大きく長い足を持っていた。やがて新たにリャマ属の祖先種が出現した。かれらは平地での生活をやめ、アンデス高地へ移動して、そこを生活の場にした。険しい山岳地帯へ適応するために、現在のリャマ属のように、体は小さくなり足も短くなっていった。アンデス高地の標高三〇〇〇〜四五〇〇メートルのところには、現在でも乾燥した草原（プナ）が広がっている。しかも、アンデス高地は南アメリカ大陸の太平洋岸にそって南北に約八〇〇〇キロメートルの長さにわたって走っている。アンデス高地の中に連なるプナをリャマ属の祖先種は住みかとし、やがてこの祖先種から現在の野生動物であるビクーニャとグアナコがうまれてきた。その後、人類がアンデス高地へ進出して、ビクーニャから家畜のアルパカを、グアナコから家畜のリャマをつくりあげたといわれている。

アンデス高地で進化したリャマ属の祖先種の一部は、逆のルートをたどって北アメリカ大陸へ移動していったことが化石からわかっている。しかし、それらは北アメリカ大陸ではすべて絶滅してしまった。また、南アメリカ大陸の低地に生活していたラクダ科もすべて絶滅してしまった。

このように見てくると、ラクダ属は砂漠という、リャマ属はアンデス高地という、いずれも特殊な環境を生活の場として選んだものだけが現在まで生きながらえてきたといえよう。両方の生育地に共通するのは、競争しなければならない他の草食哺乳類と、襲ってくる外敵が少ないか、またはまったくいないことである。このような特殊な環境を生活の場として選んだラクダ科は厳しい環境に適応するために、他の草食哺乳類ではあまりみられない、生理や繁殖についての特異な能力を持ちあわせている。その反面で、このような特異な能力は別の環境では生きていくうえで不利になる

文献1　Honey et al. 1998.

という側面も持っている。

そこで、この節ではリャマ属の持つ特異な能力のうち、交尾排卵という繁殖方式と採食戦略を中心にしてのべていきたい。というのは、多くのラクダ科が絶滅したことと、交尾排卵と採食戦略が関連していると考えられるからである。

メスの交尾排卵と妊娠

哺乳類のメスがオスを受け入れて交尾するのは、人間を別にすれば、発情したときに限られる。メスでおこる発情は、卵巣から分泌される卵胞ホルモンの働きによってひき起こされる。この卵胞ホルモンは排卵可能な卵胞から分泌されるが、排卵とともに分泌されなくなる。したがって、メスがオスを受け入れるのは受精が可能なときに限られる。

ラクダ科は、ウサギやネコと同じように、交尾の刺激が加わってはじめて排卵が起きるので、交尾排卵動物とよばれている。これに対して、ヒトや他の草食哺乳類のように、排卵のために交尾を必要としない動物は自然排卵動物とよばれている。

自然排卵動物では、排卵した卵が交尾の後に受精して妊娠にいたる。ところが、受精しなかった場合は一定の期間をへて次の排卵が起こる。この繰り返しを排卵周期とよんでいる。ところが交尾排卵動物は繁殖シーズンに入ると、いつでも発情した状態にあり、オスを受け入れることができる。ただし、リャマ属では多少異なっていることを、これから述べていきたい。

それでは、まず、メスの生殖器についてふれておきたい。リャマ属のメスの生殖器の外側は陰門であり、そこの陰唇はやや傾斜しており長さ四〜六センチである（図1）。膣に続いて子宮の入口に子宮頸があり、長さは二〜五センチ、直径は二〜四センチである。この子宮頸は二ないし三本のリングがはめ込まれた構造となっており、卵胞ホルモンの刺激がある時にのみ組織はゆるくなるが、その刺激がない場合は堅く閉ざされている。[文献2]

リャマ属の卵胞周期、つまり卵胞が発育し、やがて衰退していくまでの期間は一〇〜一二日である（図2）。一つの卵胞周期がおわりかけると次の卵胞周期がはじまることになり、卵胞ホルモンの分泌時期が重複することになる。このために、リャマ属はほぼ連続した発情期を持つことになる。[文献3]そこで妊娠していない大人のメスはいつでもオスをうけいれることができるわけである。このように卵胞が連続して生産されるので、卵胞ホルモンが生産されない期間は短く、繁殖シーズンをとおしてみると一五パーセント程度の期間だけである。

メスの排卵は、交尾の刺激と黄体ホルモンの働きにより引き起こされる。交尾の刺激とは、オスのペニスが子宮頸を突き抜ける刺激であり、子宮角の内膜への機械的な刺激でもある。さらに、オスの発する叫び声や、オスが前肢でメスの体を強く抱きしめることも重要な要素となっている。(注2)

排卵された卵子は、他の草食哺乳類では交尾後

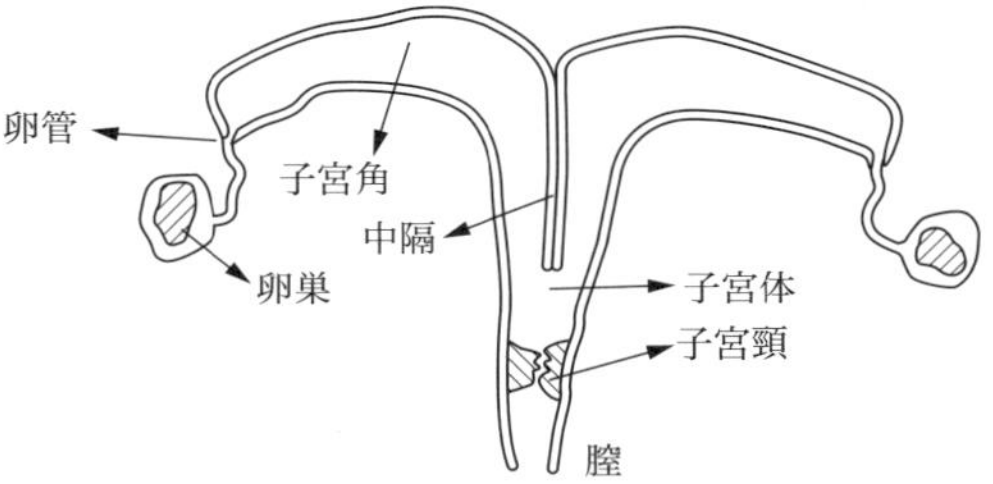

●図１　リャマ属のメスの生殖器模式図（文献４）

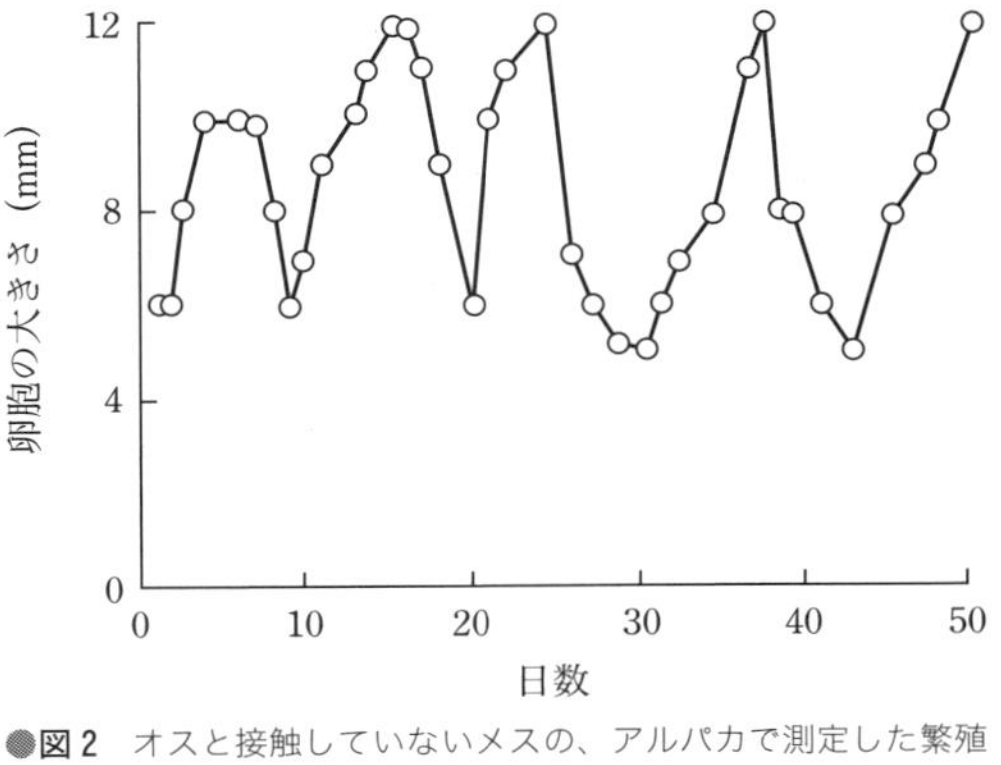

●図２　オスと接触していないメスの、アルパカで測定した繁殖期における卵胞の大きさの推移（文献４）

文献２　Fowler 1989.

文献３　Sumar et al. 1993.

文献４　Fowler 1989.

注２　交尾した後でいつ排卵がおきているのか、腹腔鏡検査によって調べることができる。ペルーでおこなわれた研究に

二時間程度で卵管に達し、そこで受精して三〜六日間留まる。ところが、アルパカでは受精卵が子宮にたどりつくのは交尾後六〜七日目である。子宮に到達した受精卵は、ふつうは左の子宮角に着床する。リャマとアルパカで調査した結果では、九五パーセント以上の胎児が左の子宮角で見られた。卵巣は左右に二個あり、同じような機能を果たしているので、左右の子宮角に同じ割合で胎児がいてもおかしくないはずである。ところが実際には左の子宮角にのみ大半の胎児がいる、という奇妙な現象がリャマ属では現実におきているのである。今のところ二つの理由があげられている。一つは、右の子宮角に到達した受精卵が左の子宮角へ移動するという説である。もう一つは右の子宮角に到達した受精卵は内膜に吸収されて消滅してしまうという説である。[文献5] ただ、この非常に興味深い現象についてこれまでほとんど研究されていない。哺乳類の繁殖様式の進化、とくに子宮という器官を介した繁殖を考えるうえで、非常に重要な問題を提起しているように思われる。

受精卵が無事に子宮に着床したとしても、リャマ属では妊娠初期における胎児の死亡率がひじょうに高いことが大きな特徴である。三〇〜五〇パーセントという高い割合で胎児は九〇日以内に流産していると推定されている。他の草食哺乳類では見られないほどの高い割合である。このような高い割合の流産は何が原因でおきているのか、今のところまったくわかっていない。考えられる要因として、受胎した後に胎児の周辺で生産される物質、ホルモンのアンバランス、染色体異常などがあげられている。[文献2]

メスの繁殖率が非常に低い理由として、最近の研究では、母親の栄養状態の悪さを指摘している。アンデス高地では七〜一一月が冬であり、しかも乾季にあたる。草地には枯れた草が残っているだけである。妊娠しているリャマ属の母親はこのような栄養価の低い草を食べざるをえない。当然のことではあるが、必要とするだけの栄養分を確保することがむずかしくなる。とくに、標高の高いところで飼育されているリャマ属では、タンパク質とエネルギーの不足が顕著になる。[文献6] さらに、最近の傾向として、リャマ属の飼育頭数の増加が草地の過放牧を引き起こし、栄養状態は一層悪化し

よると、三九頭のアルパカのうち、五〇パーセントは正常とされる交尾後三〇時間までの間に排卵がおこった。二四パーセントのアルパカではそれより遅れて交尾後七二時間までの間に排卵した。のこりの二六パーセントでは排卵は認められなかった（Sumar et al. 1993）。

文献5　Novoa 1970.

文献6　Reiner et al. 1986.

ている。そうなると、これからさらに繁殖率が低下する恐れがある。ここで指摘しておきたいことは、アンデス高地のこのような環境に適応し生き残ってきた動物がリャマ属であるということであり、母親の栄養状態の悪さを原因とする繁殖率の低さはやむをえないのかもしれない。

出産と外敵

リャマ属の妊娠期間は一〇〜一一か月である。雨季にあたる一二〜三月に、ふつう一子を立ったまま出産する。母親は生まれたての赤ん坊をなめることもしないし、出産後に排出する後産も食べない。他の草食哺乳類では、母親はなめることで自分の赤ん坊を認識しているといわれている。また、胎盤などの後産を食べないで残しておくことは、肉食性の外敵を呼び込むことにつながり、赤ん坊の安全がおびやかされる。ただし、リャマ属が後産を食べないことは大きな群れを作らない習性と関係しているのかもしれない。リャマ属の野生種であるビクーニャやグアナコでは、一頭のオスがなわばりを持ち、その中に三〜五頭のメスを囲っているのが一般的である。大きな群れをつくることはないので、母親は赤ん坊をなめたり、後産を食べるという行動をとらないのかもしれない。

赤ん坊は生まれおちて三〇分もすると動けるようになり、母親について歩く。メスは出産後二四時間で最初の発情をむかえるが、二週間程度は交尾をしない。母親は子どもに四〜八か月乳を飲ませ、やがて離乳する。

リャマ属の大人を捕食するのはネコ科のピューマであるが、子どもを襲うのはキツネである。子どもを連れたビクーニャの母親がピューマに襲われると、母親は身をていして子どもを守ろうとする。当然の結果ではあるが、母親はピューマに殺されてしまう。親をなくした子どもはひとりで草原をさまようことになる。運よく人間にであい、保護されたビクーニャの子どもをアンデス高地の村で時おり目にすることがある（写真2）。子どものころから人間に飼われていると、野生動物であるビクーニャも人間によくなつく。

ピューマの個体数は少ないが、キツネはふつうに見られる動物である。現在でも、リャマやアルパカの子どもがよくキツネに襲われる。アンデス高地の牧民はキツネを近づけないために空き缶を使っている。小石を数個空き缶に入れ、上の部分を閉じて、そこに穴をあけてヒモをとおし、この空き缶を子どものアルパカの首にぶらさげておく（写真3）。子どものアルパカが歩くと、カランカランと音がでる。キツネはこの音を怖がり、近づいてこないという。簡単で効果的な天敵の撃退方法である。

●写真2　生後1か月くらいのビクーニャの赤ん坊。コップから牛乳を飲ませている

●写真3　首に空き缶をつけているアルパカの子ども

オスの生殖器

オスの生殖器について簡単にふれておきたい。（注3）子どものオスでは、包皮はペニスにしっかり接着

注3　体重が一四〇キログラ

しており、二〜三歳になるまで包皮からペニスが突きでてくることはない（図3）。ペルーでは、将来の繁殖に使用するオスを選ぶ場合、できるだけ若いうちから繁殖に使うほうが望ましいとされており、一歳のオスで包皮がペニスにしっかり接着している個体は淘汰されることが多い（注4）。

睾丸を包む陰嚢は、他の草食哺乳類とは違って、腹部から垂れ下がることはなく、腹部からわずかに盛り上がっているだけである。また、陰嚢の部分の皮膚は他のところよりは厚くなっており、睾丸を守るために役だっている。陰嚢が垂れ下がっていないことは、オス同士が闘争した時に睾丸の損傷を避けるための重要な適応だといわれている。実際、リャマ属のオスでは陰嚢に傷跡が残っている個体をしばしば目にする。このような傷跡はオス同士が闘争した時につけられたものである。ということは、オス同士が闘争するときにはお互いに相手の陰嚢の部分を攻撃するということでもある。

ラクダ科の動物は、ウシ科の動物とは違って、鋭い犬歯を持っていることがこのような傷跡を残すことと関連している（写真4）。リャマ属は、生まれてくるときは上下の顎に六個の切歯（前歯）を持っている。上顎の中央に位置する四個の切歯はすぐに抜けおちてしまうが、両脇の二本は横むきに成長を続ける。大人になると、上顎には犬歯一個と犬歯のような形になった切歯一個が、下顎には犬歯一個がついている状態になる。大人のオスは繁殖シーズンになるとこれらの犬歯を使って相手を攻撃し、ダメージを与えようとする。また。時には人間を攻撃することもあり、ラクダ科を扱う時には注意する必要がある。この犬歯はラクダ科に特徴的なもので、他の反

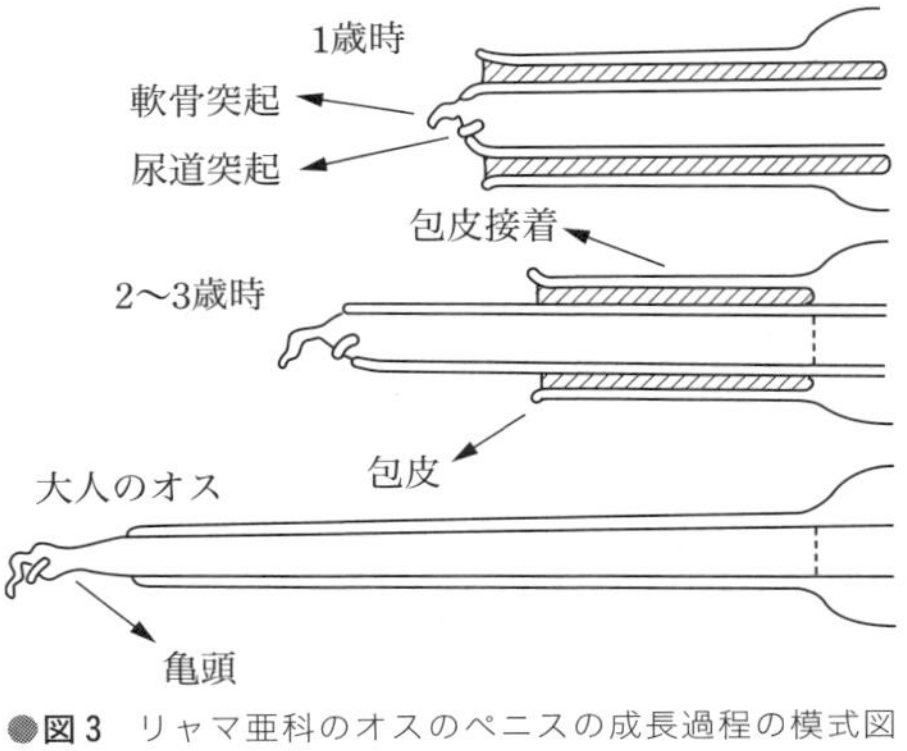

●図3　リャマ亜科のオスのペニスの成長過程の模式図（文献4）

ム程度のリャマのオスは、長さ三五〜四五センチのペニスを持っている。この長さは勃起していない時のものである（Johnson 1994）。ペニスは勃起しても膨らむことはないが、硬く長くなる。リャマ属のこのように長いペニスは、他の草食哺乳類とおなじように、通常はヒモのような形をした陰茎後引筋という筋肉で内側に引っ張られており、S状に曲がって腹腔内におさまっている。交尾の時には、この陰茎後引筋がゆるみ、S状のペニスがまっすぐに伸びてくる。大人のオスでは、ペニスの亀頭頸に相当する部分は九〜一二センチと長く、先端にむけて次第に細くなっている。先端には軟骨突起があり、それは時計回りの方向に少しラセン状を描いている。この軟骨突起は、ペニスの先端がメスの子宮頸を突きぬける時に必要なものといわれている。

注4　リャマ属の睾丸は卵型をしており、その大きさは変異が大きい。睾丸の大きさは繁殖に影響し、標準サイズの睾丸を持つオスと交尾させるとメスの妊娠率は七五パーセントであったのに対して、小さいサイズの睾丸を持つオスと交尾させると四五パーセントのメスだけが妊娠した。このよ

蹄動物では犬歯は退化してついていない。

オスの繁殖行動

　オスが示す一般的な性行動は、同じ囲いの中に繁殖可能なメスがいる場合、まずそのメスの後を追いまわすことからはじまる。やがて、オスはメスの後ろから乗りかかり、メスの腰部を押さえこむように力をくわえ、メスに座ることを促す。それでもメスが歩きまわると、オスは繰り返し同じ行動をとる。オスがメスの後ろから乗りかかった時に、オスの体の大きさと押さえこむ力が重要な要素となっている。つまり、オスが押さえこむ力が強くないと、メスは受け入れてくれない。

　メスが四肢を折りまげて座ると、オスも四肢を折りまげて後ろからメスの背に乗りかかり、ペニスを挿入する（写真5）。この後、リャマ属のオスはゆっくり腰を動かす。他の草食哺乳類のように激しく腰を動かすことはない。

　交尾をはじめてからしばらくして、オスは後ずさりし、メスから少しだけ離れることがよくみら

●**写真４**　鋭い犬歯を持つグアナコの下顎骨

●**写真５**　交尾中のアルパカ

うな結果を受けてペルーでは、一歳時の睾丸の大きさが一・一〜一・四センチの個体を将来の繁殖用オスとして選んでいる。そのなかでもできるだけ睾丸の大きな個体を選ぶのがよいとされている（Fowler 1989）。

れる。このような時にはオスのペニスは充分に勃起していないことが多い。オスは自分の位置を微調整するように、左右にすこしずつずれていく。そのうちにペニスが充分に勃起してくると再び前方へ移動する。充分に勃起したペニスはコルク抜きのようにねじれてくる。このような形の変化は、ペニスの先端がメスの子宮頸を突きぬけていく時に必要なことだといわれている。

交尾が順調に進んで、オスのペニスの先端がメスの子宮角に到達すると、オスの骨盤はメスの骨盤に密着した状態となる。このような状態になると、オスは「グォーグォー」という大きい叫び声をだしはじめる。この叫び声は交尾がおわるまで続く。喉をせばめて強く息を吐きだす時に出る音のように聞こえる。リャマ属は普段は「グーグー」という甘ったれたような小さい鳴き声をだしている。交尾のときの叫び声は普段の鳴き声とはまったく別のものである。かなり大きな声であり、遠くからでも聞きとることができる。このように大きな叫び声を出しながら交尾する例は、他の草食哺乳類では見られないことである。

交尾は五〜五〇分続く。平均すると二〇〜三〇分である。長いときは一時間以上も交尾を続けることがある。(注5)

交尾が終了すると、オスは立ちあがって歩きだす。メスはしばらく横になっているが、やがて立ちあがって歩きだす。この時、オスとメスが一緒に歩きだすと、翌日までにふたたび交尾することが多い。二回の交尾を済ませたカップルは三日目に再度交尾することもある。ただし、交尾の後でメスに排卵が起こると、メスは座ることを拒絶し、オスに唾を吐きかける。この唾吐きの行動から排卵の有無がおおよそ判断できるといわれている。

一つの囲いの中に繁殖可能なメスが複数いると、元気のいいオスは多い時で一日に六回程度交尾する。ペルーでは、精力的なオスのアルパカが、繁殖シーズンがはじまった最初の三日間で、一日に一八回も交尾した例が観察されている。しかし、このような衝動的な性行動はこの後に急速に減退することが多い。

注5　交尾時間の長さは妊娠の成否と強い関連性を持っている。一〇分以内の交尾ではまず妊娠することはない。交尾を一〇分以上継続した例だけを取りあげて、交尾の平均時間をもとめると二五分であった。交尾を一〇分以上継続し、この一回の交尾のみの場合、平均妊娠率は七〇パーセントであった。そこで、計画的に交尾させて子どもを作ろうとするには、同じペアの間で二週間で四回程度の交尾をさせるのが一般的である。この場合でも妊娠率は八〇パーセント程度である(Fowler 1989)。

交尾排卵と外敵

リャマ属の交尾排卵に基礎をおいた繁殖様式は、これまでみてきたように、いかにも原始的であり、しかも繁殖の効率は悪い。そして、なにより大きな特徴は交尾時間が長いことである。一〇分以上の交尾の刺激がないとメスは排卵しないので、これ以上の交尾時間が必要である。そして長いときには一時間も交尾を継続するので、座位の姿勢で交尾をする。他の草食哺乳類の交尾時間は非常に短いのがあたりまえである。ウシやヒツジでは、交尾をはじめて、いわゆる「一突き」で交尾は終了してしまう。

リャマ属は草原で生活する動物である。外敵からの攻撃を考えた場合、座位で長時間も交尾するということはあまりにも無防備すぎる行動といえよう。しかも、オスは「グォーグォー」という叫び声をだして交尾に熱中し、まわりのことに注意をむける気配はほとんどない。アンデス高地では、リャマ属の天敵はネコ科のピューマである。オスの発する叫び声を聞いたら、ピューマはリャマ属の存在に気づき、捕食するために近づいてくるのではないだろうか。そして、ピューマが襲いかかってきたとする。どうなるであろうか。ピューマに気づいたオスがなんとか立ちあがって逃げのびたとして、その後に立ちあがるメスには逃げのびる時間がほとんど残されていないであろう。このようにみてくると、座位で長時間の交尾をおこなう動物が生き残ることのできるところ、それは捕食者の数が非常に少ないところ、といえそうである。リャマ属はそのような場所として標高の高いアンデス高地を選び、そして今日まで生きのびてきた。ラクダ属は砂漠という環境を選んだ。これ以外の条件のよい環境で生活していたラクダ科はすべて絶滅してしまった。この絶滅の原因の一つとして、座位での長い交尾時間が関与していたのではないだろうか。

ラクダ科のヒヅメの特徴

現在、草原で生活している草食哺乳類の多くは有蹄類に分類されている動物である。有蹄類とよばれている動物は、体の大きさが小型から大型までいろいろであるが、すべて四肢の先端が角質化して硬いヒヅメになっている。草原という見晴らしのよい平坦なところで生活していると、外敵の攻撃から逃れるために外敵より早く走ることができなければならない。そのために草食哺乳類の多くは四肢の先端をヒヅメへと進化させた。四肢の先端が堅いヒヅメであれば、より強い力で地面を蹴ることができ、外敵であるイヌ科やネコ科の動物より早く走ることができる。

有蹄類はさらに大きな二つのグループにわけられる。四肢の先端が奇数のものを奇蹄目、偶数のものを偶蹄目とよんでいる。奇蹄目の代表的な動物はウマであり、偶蹄目の代表的な動物はウシである。ラクダ科は偶蹄目に分類されている。

ここで、ラクダ科のヒヅメについて一つの興味深い点を指摘しておきたい。ラクダ科の四肢の先端はウシのようなヒヅメではなくて、人間と同じように堅い爪となっていることである（図４）。研究者によっては、それをヒヅメとはよばずに、人間と同じように平爪と表現している。

ラクダ属は砂漠という環境に適応するために、ヒヅメで歩くことをやめ、そのかわりに大きな肢先を持つようになったという見方がある。砂漠を歩くためには、砂の中に足が沈まないように大きな足を持つ必要がある。ヒヅメになっていると肢先が固定されてしまい、大きな足を持つことができない。そこでラクダ属はヒヅメで歩くことを止め、現在のような大きな肢先に進化していったという見方である。しかし、このような考え方には二つの点で無理があるように思われる。一つ目は、砂漠といえば砂が主体のスナ砂漠を連想しがちであるが、

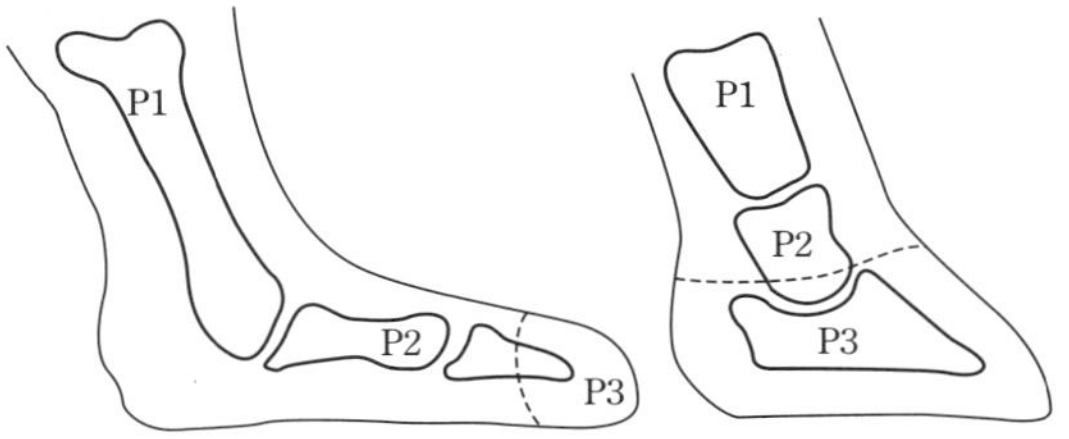

●図４　ラクダ科（左）と反芻類（右）の四肢の先端の模式図。点線より先端部がヒヅメにあたる。
P1：基節骨、P2：中節骨、P3：末節骨

実際にはそうではないということである。砂漠とよばれていても、ツチ砂漠またはイワ砂漠となっているところが多い。砂が主体のスナ砂漠が成立している面積はわずかであり、ツチ砂漠やイワ砂漠の周辺部にのみスナ砂漠が分布していることが一般的である。したがって、砂漠といえばすぐに砂の中に足が沈んでしまう、という見方は単純化しすぎていると思われる。二つ目は、図４に示したように、肢先の進化はラクダのタイプから反芻類のタイプへと向かっていることである。ある時期になって反芻類のタイプから逆に原始的なラクダのタイプへともどるということは考えにくい。したがって、ラクダ科の肢先はむかしから現在のような平爪であった、とみなすことができる。そうすると、ラクダ科を有蹄類として分類している現在の動物分類学はまちがっていることになる。

ラクダ属とちがってリャマ属では、足の大きさはふつうの有蹄類と同じくらいに小さい。リャマ属が生活しているアンデス高地という環境では、山岳地帯を走りまわるためには、むしろ小さい足の方がむいているのであろう。

ラクダ科の消化器官

ウシなどの家畜が草原でのんびりと草を食べている光景を、誰しも一度は目にしたことがあるであろう。ウシやヒツジなどは食べた草をもう一度口に吐き戻し、再度ゆっくりと草を噛みくだいて飲みこむ。このような行動は反芻《はんすう》とよばれている。反芻する動物は反芻動物であり、ラクダ科も反芻動物に分類されている。ところが、ウシやヒツジなどの反芻動物とくらべ、ラクダ科は異なった特徴をいくつも持っている。

まず指摘しておきたいのは、胃の数が違うことである。ウシやヒツジなどの反芻動物は四個の胃を持っているのに対して、ラクダ科は三個の胃しかもっていない。さらに重要なことは、ラクダ科は三個の胃すべてに消化液を分泌する胃腺があるのにたいして、ラクダ科を除くすべての反芻動物は四個の胃のうち、第一、第二、第三胃には胃腺がなくて、第四胃にのみ胃腺があるということである。この胃腺の有無はじつは非常に重要な意味を持っている。というのは、ラクダ科は他の反芻動物がたどった進化の道とはまったく別の道をたどってきたことを示している。

この胃腺の有無と胃の数の違いは、食べた草の消化と栄養素の吸収にかんして両者の間に大きな違いをもたらしている。

ラクダ科や反芻動物の第一胃と第二胃は醗酵タンクと見なすことができる（表1）。食べた草は多量の唾液とともに飲みこまれ、まず第一胃に収められる。第二胃は五秒間に一度くらいの割合で強烈に収縮し、内容物を第一胃の方へ送りだしている。つまり、第一胃の内容物を攪拌するうえで、第二胃は大事な役目を果たしているわけである。

第一胃と第二胃は草をためておくだけでなく、その中には、小宇宙を形成するといわれるほど多数の微生物が生活している。これらの微生物は、植物の細胞壁を破壊して、その中にある栄養豊富な細胞液をとりだすとともに、細胞壁を構成している繊維成分のセルロースそのものをも分解する。また、胃の中には繊毛虫や鞭毛虫といった原生動物も生活している。これらの原生動物たちは細菌を食べて栄養分をとり入れ、さかんに繁殖する。そこで、反芻動物の第一胃と第二胃は原生動物に依存したタンパク質の合成工場とみなすこともできる。第一胃と第二胃の内容物にふくまれるタンパク質の総量の二〇〜三〇パーセントはこれらの微生物に由来するものといわれており、反芻動物が微生物から受けている恩恵は測り知れないものがある。

ラクダ科を除く反芻動物では、第二胃と第三胃との結合部分に食道溝（第二胃溝）とよばれるすきまがある。食道溝は肉質な二枚の唇のような構造になっている。この食道溝はじつは非常に重要な働きをしている。植物の大きさをこの食道溝できびしく選別しているのである。体重五〇キログラムのヒツジでは一ミリメートル以下、体重五〇〇キロのウシでも二ミリメートル以下の植物片だ

文献7　Martin and Bryant 1989.

表1　リャマ、ウシ、ヒツジの胃内容物の容積割合（文献7）

リャマ（ウシとヒツジ）	リャマ	ウシ	ヒツジ
第一胃（第一胃と第二胃）	83	64	69
第二胃（第三胃）	6	25	8
第三胃（第四胃）	11	11	23

けがこの食道溝を通過していく[文献8]。つまり、このような大きさになるまで反芻動物は食べた植物を吐きもどし、噛みくだかなければならないのである。反芻動物はどんな植物でも食べる、と一般にみられがちであるが、実際には若くて柔らかい葉だけを選択的に採食するのがふつうの行動である。硬い茎はほとんど食べない。というのは、硬い茎を食べた場合、第一胃の中にいつまでも分解されないで残るからである。

反芻動物と同じように、ラクダ科でも食道溝を介して第二胃と第三胃はつながっている。ところがラクダ科の食道溝は反芻動物ほど機能的な構造となっておらず、一枚の唇がついているだけの単純な構造となっている[文献2]。そのために、食道溝は植物体の大きさを選別するという機能をほとんど果たしていない。このことは植物体が細かく砕かれなくても食道溝を通過してしまうことを意味しており、硬い茎などを食べてもそれが第一胃や第二胃に滞留することはない。ウマなどの奇蹄目と同じように、堅くて粗悪な草を食べて、それらを消化することができなくても、大きいままで食道溝を通過していき、小腸へ送られていく。

消化管全体にわたって中身を採取し、部位ごとに化学分析した結果によると、リャマ属では三個の胃で多くの栄養素を吸収している。ところがヒツジやウシでは、小腸と大腸で多くの栄養素を吸収している。これはラクダ科の三個の胃にはすべて胃腺があることと関連している[文献9]。

リャマ属が採食する植物

草原には多数の植物が混ざって生育しているのがふつうである。このような草原に家畜を放牧すると、家畜は自分の好みにあった植物を選んで採食する。ヒツジとリャマ属を使ってペルーでおこなった実験によると、ヒツジは草原に生育している植物の中から特定の植物を選択して採食してい

文献8　Poppi et al. 1980, Domingue et al. 1991.

文献9　Martin et al. 1989.

た。ところがリャマは多くの植物を採食し、選択採食の程度はもっとも低かった。アルパカはリャマとヒツジの中間であった。[文献6]

もう一つ、リャマ属の採食行動の特徴としてあげることができるのは、茎や硬い葉、あるいは枯葉も平気で食べることである。ヒツジがまったく採食しようとしないような、成熟した出穂茎でもリャマ属は好んで採食する。あるいは、イネ科の多い草原に放牧すると、ヒツジは緑の葉のみを選んで食べるが、リャマ属はあまり選択せずに緑の葉と枯れた葉や硬い茎を一緒に食べることも観察されている。[文献10] いずれにしても、リャマ属の選択性の低い採食行動には、第二胃と第三胃の間にある食道溝が植物体の大きさを選別していないこととも関連している。[文献11]

ヒツジと比較して、リャマ属は万能型の草食動物であると表現されることがある。幅広い草を利用するように適応したためである。このような採食行動をとるようになったのは、アンデス高地にはリャマ属と競争するような他の大型草食動物が存在しなかったためである。というのは、もし競争する相手がいたとすると、食べる植物を限定したり、あるいは生活する場所を分化させるようになったはずである。

文献10　Fraser 1998.
文献11　Pfister et al. 1989.

リャマ属の採食量

アンデス高地における放牧中の採食時間をくらべると、リャマ属はヒツジより明らかに長い時間を採食にあてることが多い。放牧中の家畜は採食以外に休憩、反芻、採食しない歩行などの行動をとる。自然草原にアルパカを放牧すると、チリでは放牧時間の六三〜七九パーセントを、ペルーでは七二〜七五パーセントを採食にあてていた。[文献12] このように長い時間を採食にあてると、当然、他の行動にあてる時間は短くなる。採食以外の行動として重要なものは反芻である。一般に、リャマ属

文献12　Raggi et al. 1994.

は日中の採食に多くの時間をあて、夜間は反芻に多くの時間をあてる傾向にある。

リャマ属とヒツジの採食量をくらべる実験は数多く報告されている。体の大きさが家畜によって異なるために、ふつう、食べた草の量を体重で割って比較することが多い。一日に食べる草の乾物量の体重に対する割合は、アンデス高地でおこなった実験ではヒツジで二・三パーセントであったが、アルパカでは一・八パーセントと明らかに低かった[文献9]。同じような実験によるとヒツジで三・三パーセントであったが、リャマでは二・〇パーセントであり、この場合もリャマの方が明らかに低かった。

動物は生きていくうえでエネルギーを消費している。動物が一日の維持に必要とするエネルギーを代謝エネルギーとよんでいる。リャマ属が一日の維持に必要とする代謝エネルギーはヒツジやウシよりも三〇〜六〇パーセントも低い[文献13]。このようなエネルギー要求量の低さは、リャマ属が一日に食べるエサの量は少なくてもいい、または、エサの質は悪くてもいい、ということを示している。また、このようなエネルギー要求量の低さは、選択性が低いというリャマ属の採食行動とも関連しており、硬い茎や枯葉も平気で食べてしまうこととも関連している。

このような体重あたりに必要とする代謝エネルギーが、ウシやヒツジよりリャマ属で低いということは、食べる草だけでなく別の意味も持っている。それは行動の活発さに関係してくる。一般に代謝エネルギーの高い動物ほど活発に行動する。代謝エネルギーが低いリャマ属の行動はあらゆる面でゆったりしている。さらに、リャマ属の代謝体重あたりに必要とする代謝エネルギーの低さは、瞬発的な走りだし、あるいは速い速度で長い時間走ることも制限している。このような走ることについての制約には四肢の先端がヒヅメではないことも関連している。つまり、他の反芻動物とくらべてリャマ属は明らかにハンディを持って生きていることになる。リャマ属が絶滅しないで現在まで生きのびてきたのは、やはり、外敵の少ないアンデス高地という環境があったためであろう。

文献13 Moseley 1995.

リャマ属の消化能力

家畜の消化能力を比較した研究によると、リャマとアルパカにイネ科の乾草を食べさせると、ヤギよりも効率よく消化した。この時に消化管内での滞留時間を測定すると、リャマ属では七一時間であり、ヤギの五四時間より三一パーセントも長かった。[*文献14] エサに含まれている粗タンパク質の含量が七パーセント以下という、品質の悪いエサを食べさせるとリャマ属の消化率はヒツジより明らかに高いことが、多くの実験で認められている（表2）。

このような結果から、リャマ属は粗雑で消化できない構造性の繊維を多く含む植物に適応した動物であるといえよう。このような植物の多い草原が、アンデスでは標高三八〇〇メートル以上のところに広がるプナである。ふつう、標高が高くなればなるほど、そこに生育する植物は少なくなり、繊維成分も多くなってくる。このプナでは、一年のうちの四か月以上は乾季であり、しかもこの乾季は年によって違った時期にやってくる。この長い乾季の間、リャマ属は粗悪な品質の草をたべて生きていかなければならない。そこでリャマ属は粗悪な品質の草を効率よく分解し、そこからできるだけ多くの栄養分を取り出せるよ

表2　粗タンパク質の割合が異なるエサをあたえた時の消化率の比較（文献7）

測定項目	粗タンパク質の割合					
	7%		11%		15%	
	リャマ	ヒツジ	リャマ	ヒツジ	リャマ	ヒツジ
有機物	51	41	60	52	73	75
NDF	43	33	43	32	40	40
ADF	47	42	40	34	46	41
粗タンパク質	24	19	38	37	68	73

NDF（中性デタージェント繊維）は植物の細胞壁を主体とする繊維成分で、動物の消化酵素では消化されず、微生物による醗酵によって分解される

ADF（酸性デタージェント繊維）は植物の細胞壁の中でもリグニンなどの分解されにくい成分

文献14　Sponheimer et al. 2003.

うに適応していったと考えられる。そのためにリャマ属が取った戦略とは、一つは食べる量を減らすことであり、もう一つは食べた植物体をできるだけ長く消化管の中にとどめることである。そのことによって、微生物によるセルロースなどの繊維成分の分解をたかめることができる。

リャマ属の採食戦略

アンデス高地でアルパカとヒツジの採食行動を比較した例では、アルパカはとくに草丈の短い草原に強い嗜好性を示し、そのようなところではアルパカはヒツジより効率よく短い草を食べることができた。また、ヒツジと比較した例では、リャマ属は早く食べることに重点をおいて採食していた。[文献11]

このようなリャマ属の採食戦略に、じつはリャマ属の上唇の形態が強く関係している。というのは、写真6に示したようにラクダ科の上唇は中央部で縦に裂けている。裂けている両方の唇を独立に動かして、できるだけ多くの草を口に入れ、下顎の切歯で引きちぎり草を採食する。下唇は比較的大きい。また、下顎の切歯の外周が作る形を切歯アーケードとよんでいるが、この切歯アーケードは細くて尖っている。[文献10] このような裂けた上唇がリャマ属の採食行動にどのような影響を与えているのかについてペルーで実験をおこない、その結果が図5に示してある。アルパカは葉の密度が低い時は九ミリメートルという低さまでの葉を採食していた。ヒツジはこのような低いところの葉を食べることはできない。このよ

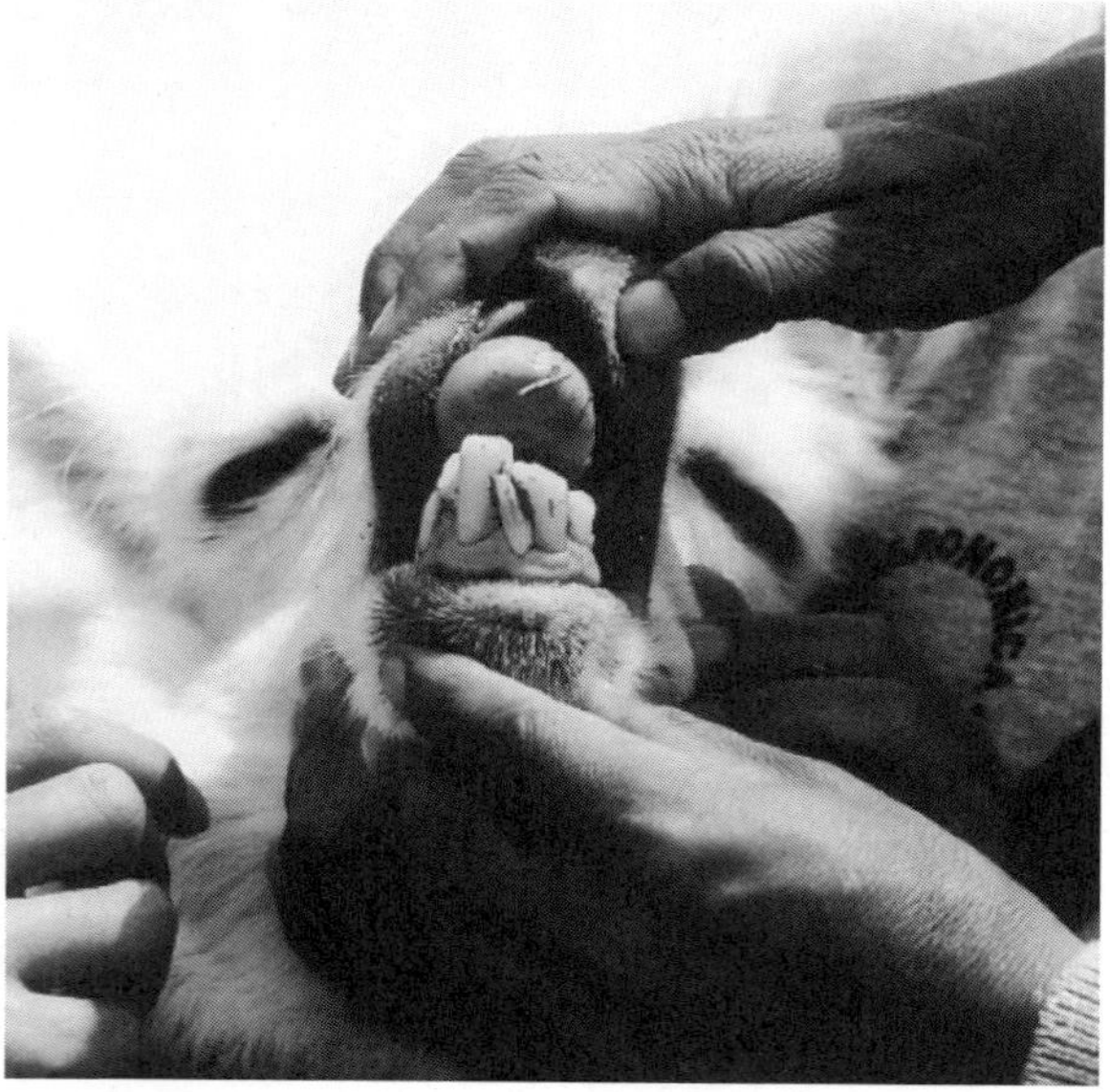

●**写真6**　アルパカの下顎の切歯と上顎の歯板

うに地表面に近い部分の草を採食する時に裂けた唇が重要な役割を果たしている。裂けた唇を両脇へ開くことで上顎の歯板と下顎の切歯の先端部を露出させることができ、その結果として地表面の非常に短い草を食べることができる。

ただ、このような特殊な採食方法をとることで、当然のことながら採食速度は低くなってしまう。この実験では採食速度の平均はヒツジで一分あたり二〇グラムであったが、アルパカでは一二グラムにすぎなかった。動物にとっては、低い草を食べることよりもある程度まで高い採食速度を確保するほうが重要である。アルパカのように低い採食速度で草を食べると、当然、採食時間を長くする必要がある。

文献15　Hongo et al. 2006.

おわりに

ラクダ科は分類上はウシなどと同じように偶蹄目の反芻動物に含められている。しかし、これまで述べてきたように、ラクダ科は三個の胃を持っており、すべてに胃腺があること、四肢の先端はヒヅメになっていないこと、上唇が裂けていること、交尾排卵により繁殖していることなど、反芻動物に含めるには無理と思われる特徴を多く持っている。これらの特徴を比較すると、胃の数が三個であることを除くと、ラクダ科にもっとも似ている動物はウサギである。ウサギは反芻をしないけれども、夜間、自分の糞を食べて再度飲み込んでおり、反芻の原始的な形と推定される行動をとっている。そうすると、ラクダ科はウサギのような動物から、反芻動物とはまったく別のルートで進化してきたものではないのか、という結論にいたってしまう。そこで、最後に、ラクダ科は偶蹄目ではなくてウサギ目に含めるべきである、という新しい説を

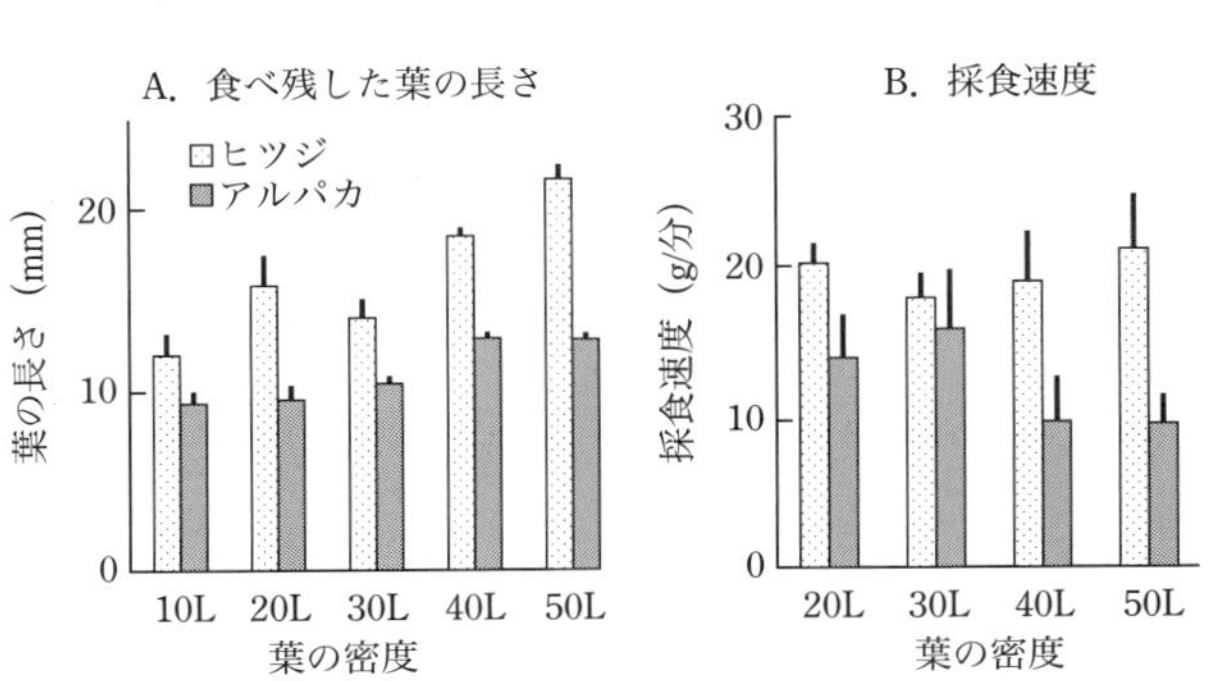

●図５　ヒツジとアルパカがイネ科葉身を採食した時の食べ残した長さと採食速度（文献15）。横軸は葉の枚数を示している。

提唱したい。

引用文献

Domingue, B. M. F., Dellow, D. W. and Barry, T. N. 1991 Voluntary intake and rumen digestion of a low-quality roughage by goats and sheep. *J. Agr. Sci.*, Cambridge, 117: 111–120.

Fowler, M. E. 1989 *Medicine and Surgery of South American Camelids-Llama, Alpaca, Vicuna, Guanaco*. Iowa State Univ. Press, Ames.

Fraser, M. D. 1998 Diet composition of guanacos（Lama guanicoe）and sheep（Ovis aries）grazing in grassland communities typical of UK uplands. *Small Rum. Res.*, 29: 201–212.

Honey, J. G., Harrison, J. A., Prothero, D. R. and Stevens, M. S. 1998 Camelidae. In: *Evolution of Tertiary Mammals of North America. Vol. 1. Terrestrial Carnivores, Ungulates, and Ungulatelike Mammals* ed. by Janis, C. M., Scott, K. M. and Jacobs, L. L., Cambridge Univ. Press. pp. 439–462.

Hongo, A., Toukura, Y., Choque, J. L., Aro, J. A. and Yamamoto, N. 2007 The role of a cleft upper lip of alpacas in foraging extremely short grasses evaluated by grazing impulse. *Small Rum. Res.*, 69: 108–114.

Johnson, L. W. 1994 Male reproductive tract. *Llamas*, 8: 22–24.

Martin, F. S. and Bryant, F. C. 1989 Nutrition of domesticated South American llamas and alpacas. *Small Rum. Res.*, 2: 191–216.

Moseley, G. 1995 Commercial management of small Camelidae in northern Europe. *Vet. Annual*, 35: 320–330.

Novoa, C. 1970 Reproduction in Camelidae. *J. Reprod. Fertil.*, 22: 3–20.

Pfister, J. A., San-Martin, F., Rosales, L., Sisson, D. V., Flores, E., Bryant, F. C. and Martin, F. S. 1989 Grazing behaviour of llamas, alpacas and sheep in the Andes of Peru. App. *Animal Behav. Sci.*, 23: 237–246.

Poppi, D. P., Norton, B. W., MinsoN, D. J. and Hendricksen, R. E. 1980 The validity of the critical size theory for particles leaving the rumen. *J. Agr. Sci.*, Cambridge, 94: 275–280.

Raggi, L. A., Jiliberto, E. and Urquieta, B. 1994 Feeding and foraging behaviour of alpaca in northern Chile. *J. Arid Envir.*, 26: 67–71.

Reiner, R. J. and Bryant, F. C. 1986 Botanical composition and nutritional quality of alpaca diets in two Andean rangeland communities. *J. Range Manag.*, 39: 424–427.

Sponheimer, M., Robinson, T., Roeder, B., Hammer, J., Ayliffe, L., Passey, B., Cerling, T., Dearing, D., and Ehleringer, J. 2003 Digestion and passage rates of grass hays by llamas, alpacas, goats, rabbits, and horses. *Small Rum. Res.*, 48: 149–154.

Sumar, J., Bravo, P. W. and Foote, W. C. 1993 Sexual receptivity and time of ovulation in alpacas. *Small Rum. Res.*, 11: 143–150.

第三章五節

ラクダ科野生動物ビクーニャの生態と保護

Shuichi Ōyama
大山修一

はじめに

調査地のパンパ・ガレーラス自然保護区(注1)近くの定食屋で、私は友人と食事をとりながら談笑していた。そのレストランを経営する女性は突然、私たち二人の会話に入ってきた。「私の夫は、五年前(二〇〇〇年)の一月に密猟者によって殺された。夫は、ビクーニャを保護するガード・パルケ(レンジャー)の仕事をしていたんだ。あんたの仕事を手伝っている、その友人と同じように。ビクーニャを密猟しようとする男数人との間で銃撃戦となり、夫はひとりで応戦した。しかし、相手は大勢、勝ち目はなかった。夫が死んでからは、わたしたちの生活は一変した。乳飲み子(現在六歳)を抱えて、わたしは生きるのに必死だった」。女性は、私の視線を感じ取り、続けて言った。「この子(二歳ほどの男の子)かい? 結婚せずに子どもを産むなんて、悪い女だと思うだろうね」。女性は、われわれの食事を料理するため、奥の調理場に入っていった。

来年四月に大統領選挙を迎え、二〇〇五年現在、ペルーの政治・経済情勢は不安定になっている。任期を終えようとするトレド政権の支持率は低迷を続け、首都のリマや地方都市ではデモやストライキが頻発している。若者は仕事を求めて、海岸地域の都市に出かけるが、仕事を見つけるのは容

注1 パンパ・ガレーラスは、アヤクチョ県ルカーナス郡に位置する。調査地域の地図は、第二章四節を参照のこと。

易ではない。

　このような経済状況の悪化とともに、パンパ・ガレーラスではビクーニャの密猟件数が増加する兆候にある。ビクーニャの毛は繊細で、高価で取引されるため、密猟が絶えないのである。二〇〇五年九月に、リマの農業省を訪問した。ビクーニャやアルパカの毛の取引、海外への輸出を管轄するＣＯＮＡＣＳ（国立南米ラクダ科動物協議会）の事務室前にあった掲示板には、「プノ（ティティカカ湖の近くの町）付近ではビクーニャの密猟が頻発し、七月一九日には一四頭、二六日には六三頭のビクーニャが相次いで密猟されている。今後、各地で密猟事件が増加するきざしがあるため、関係各位に周知するように」という通知書が張り出されていた。アンデスでの生活とビクーニャの生態調査を楽しんでいた私は、自分の呑気さを痛感するとともに、一見すると平穏な感じを受ける一方で、シビアな現実感覚から外れていることを恥じた。

ラクダ科野生動物ビクーニャ

　ビクーニャ[注2]が生育する地域は標高四〇〇〇～四八〇〇メートルであり、プナとよばれる。私の調査地であるパンパ・ガレーラスも、プナ帯に相当する（図１）。このプナ帯には樹木は生育せず、イネ科やキク科の草本が生育し、高地草原の景観を呈している。プナの面積は、ペルーの国土（一二九万平方キロメートル）の約一二パーセントに相当する。[文献1] ビクーニャは、南米にのみ生息するラクダ科動物の一種である。南米のラクダ科動物にはリャマ[注3]とアルパカ[注4]が有名であるが、これら二種は家畜である。一方、ビクーニャとグアナコ[注5]という野生動物が生息する。ビクーニャの体重は三〇～四五キログラムほど、体長は八〇～一一〇センチメートルであり、四種のなかではもっとも小さい。ビクーニャの毛色は、背、側部、首、頭の部分が栗色で、腹部、わき腹、あごが白い。ビクーニャの毛色は、その高級な

注2　*Vicugna vicugna.*

文献1　Cueto & Ponce 1985.

注3　*Lama glama.*

注4　*L. pacos.*

注5　*L. guanicoe.*

毛の質を表現するために、黄金色と称されることもある。華奢な感じ、すらりとした容姿は、高貴なイメージを感じさせる（写真1）。一方、グアナコの体重は七五〜一〇〇キログラムほど、体長は二〇〇センチメートルにもなる。背から側部にかけて褐色、または栗色を呈し、腹部は白色、頭部は灰褐色を呈している。大きな体つきで、人を寄せつけず、どんな急崖でも猛スピードで駆けの

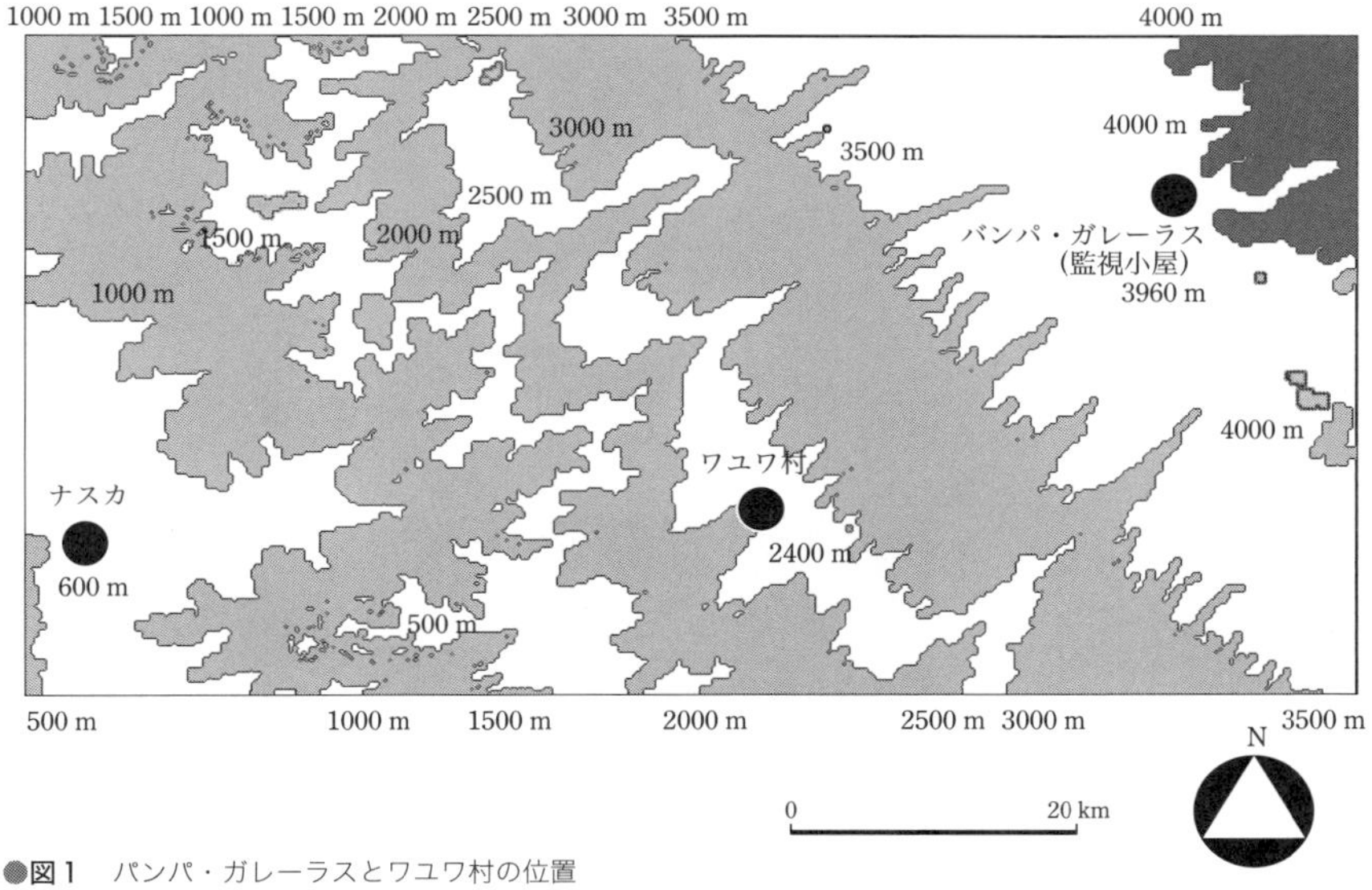

●図1　パンパ・ガレーラスとワユワ村の位置

●写真1　ビクーニャ。毛が繊細で品質が高いため、密猟が絶えず、絶滅の危機が何度もあった

ぼっていく姿には、力強さを感じさせる(写真2)。

グアナコは海岸地域から標高五六〇〇メートルの高地にまで生息する。現在では、中部ペルーから中部チリのアンデス地域、アルゼンチンのパンパ、パタゴニア、南アメリカの最南端のフエゴ島まで分布している。一方、ビクーニャは三八〇〇メートル以上の高地のプナ草原にのみ生息し、中部ペルーからアルゼンチン、チリ北部までのアンデス地域に生息する。[注6] ビクーニャは、体重にくらべて心臓の重量が重いこと、酸素を運搬する赤血球の高い能力が報告されている。[文献2] 野生種のグアナコや家畜のリャマ、アルパカと比較して、ビクーニャの心肺機能は高く、空気の薄い高地環境に適応したものだと考えられている。

●写真2　グアナコ。パンパ・ガレーラスのなかでもグアナコが生息するのはアンデス山脈の西側斜面に限られる

パンパ・ガレーラス自然保護区

調査地であるパンパ・ガレーラス自然保護区は、標高三八〇〇～四二〇〇メートルのなだらかな高原である。地上絵で有名なナスカから東へ八〇キロメートルの距離に位置し、車に乗ると、ナスカから二時間ほどでパンパ・ガレーラスに到着する。パンパ・ガレーラスは、ペルー政府によって国立自然保護区に指定されている。土地やビクーニャはペルー政府の所有となっているが、パン

注6　ビクーニャ (*Vicugna vicugna*) には、ssp. *mensalis* と ssp. *vicugna* という二種の亜種の存在する可能性が示唆されている。前者は北部アンデス山岳域 (ペルー、チリ、ボリビア)、後者は南部アンデス山岳域 (アルゼンチン) に生息するという。ssp. *vicugna* に関する生態学的な現地調査や遺伝学的な研究は少ないため、その差異は充分に明確にはなっていない(Wheeler 1995)。ssp. *mensalis* は胸に生える毛が長いこと、両者の毛色に違いがあることが報告されている。パンパ・ガレーラスに生息するビクーニャは、*V. v. mensalis* に分類される。

文献2　Jurgens et al. 1988.

パ・ガレーラスの周囲に分布する六か村はビクーニャを保護し、毛を利用・販売する権利が認められている。パンパ・ガレーラスでは各村がビクーニャを保護・管理し、それぞれの村が政府の許可のもとで六月〜九月にかけてビクーニャを生け捕りにするチャクを実施している。チャクに関しては、本章四節を参照にしていただきたいが、村びとはチャクによってビクーニャを生け捕りし、毛刈りをおこなっている（写真3）。毛刈りされたビクーニャは、ふたたび野に放たれ、ビクーニャの毛は販売に回される。ワユワ村は例年、二〇〜三〇回ほどのチャクを繰り返し、実施している。

一頭のビクーニャから採取される毛は、一〇〇〜二五〇グラムである。二〇〇三年にはビクーニャの毛は、一キログラムあたり五八〇ドル（六万円）で買い上げられている。この金額は、ペルー国内におけるアルパカ毛の買い上げ価格（四ドル）と比較すると、非常に高額であることがわかる。ビクーニャの毛が高価で取引されるため、密猟が絶えず、レンジャーがビクーニャの保護にあたらなければならない事情も理解できるだろう。

私は二〇〇三年一一月から、

●写真3　ビクーニャの毛刈り。電気バリカンですばやく刈り取られ、ビクーニャはふたたび野に放たれる

●写真4　ビクーニャを保護するレンジャー。ペルー陸軍の出身で、壮健な若者が選ばれる。任務には、双眼鏡とライフル、拳銃が不可欠である

パンパ・ガレーラスを管理している村のうちワユワ村にお世話になり、ビクーニャの監視小屋に住み込んで、二人のレンジャーとともに共同生活をはじめた（写真4）。毎日、レンジャーとともに双眼鏡を片手にビクーニャを追跡し、その行動や群れの構成などを調査する一方で、アンデス山脈の自然、とくに植物や気象、土壌、ラクダ科動物の環境利用、家畜化の歴史について学びはじめた。

パンパ・ガレーラスの気象条件

レンジャーの男性は、「夏にはナスカは暑くて、寝るときに毛布は必要ないし、ワユワの本村では毛布三枚で安眠できる。でも、パンパ・ガレーラスでは毛布五枚にくるまっても、寒くて眠れない」と語る。[注7] 私は寒さには強い方であるが、パンパ・ガレーラスで寝るときには七枚の毛布を使う。しかし、寒さのあまり、目が覚めるときもある。一方、日中に日だまりに座っていると、強い日差しと陽気で汗ばむほどである。上に着ているフリースを脱ぎ、長袖のシャツと肌着だけで充分なほどである。しかし、日没後には冷気を通さないナイロン製のジャンパーをフリースのうえに着込み、スキー用の帽子と手袋を着用しないと、監視小屋の屋内でも快適に過ごすことができない。

パンパ・ガレーラスの気象がどのようになっているのかを調べるために、レンジャーの住む事務所前に気象測器を設置し、降雨量と気温を計測した（写真5）。図2は、パンパ・ガレーラスにおける気温と降雨量の月別値を示したものである。[注8] 南半球のアンデスは日本の季節とは反対となるため、六月から九月までが冬季、一二月から三月までが夏季となる。平均気温の最低値は二〇〇四年七月の一・五度、最高値は二〇〇五年四月の五・四度であった。熱帯高地であるアンデスでは気温の年較差が小さい。[文献3] パンパ・ガレーラスにおいても、年較差は三・九度となり、月ごとの平均気温の変動は小さいといえる。

注7　ワユワ村の人びとは、寒冷で農耕に適さない標高四〇〇〇メートルのパンパ・ガレー

●**写真A**　ワユワ村の遠景

夜間の寒さは骨身にこたえるが、最寒月（二〇〇四年七月）の最低気温は零下五・八度であり、その後、一一月まで零下三度から零下一度くらいまでを推移する。夏季である二月以外には、最低気温が零下にまで低下することがわかる。零下にまで気温が下がる日は、一年間のうち二八七日になる。[注9] 一方、最高気温は月ごとの変動が最低気温よりも小さく、最寒月の二〇〇四年七月には一〇・

●**写真５**　気象観測。地上 1.5 m の高さに設置した気温計のほか、雨量計と風向・風速計を設置した

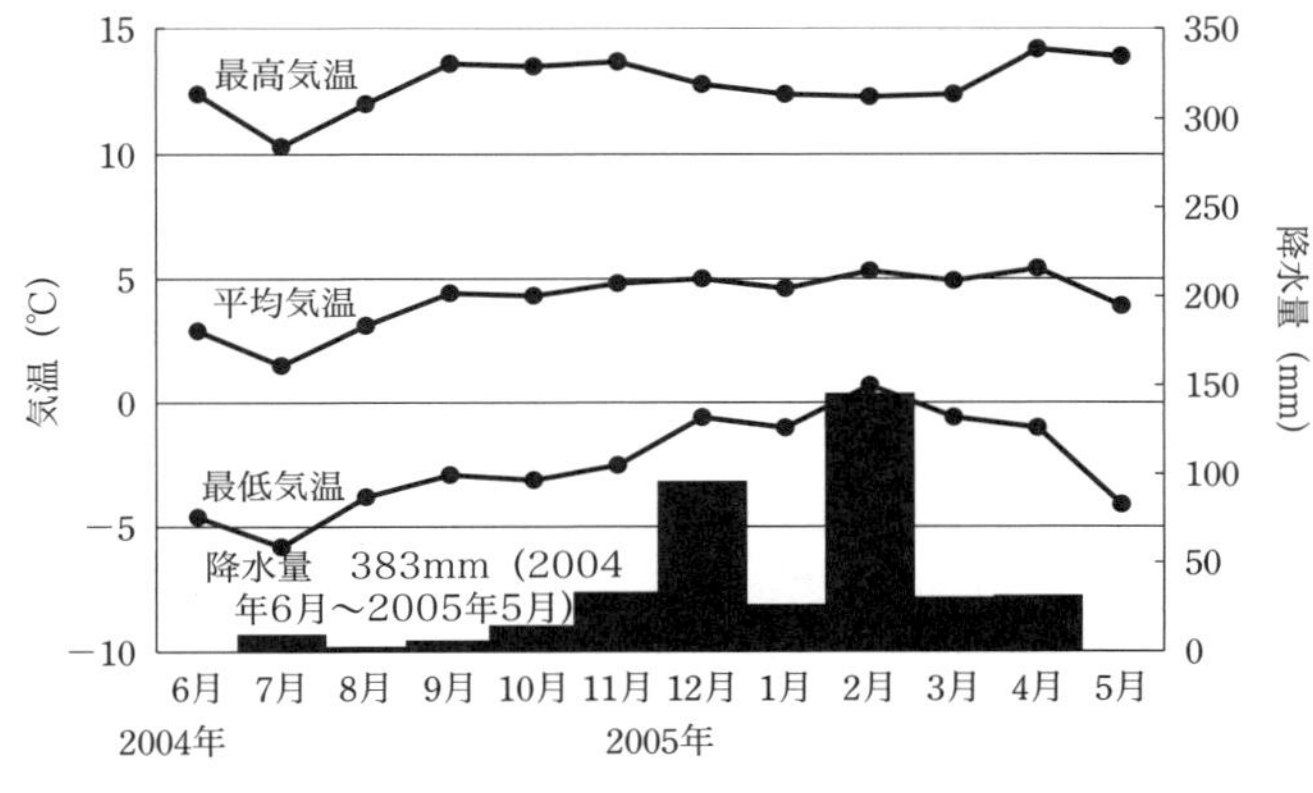

●**図２**　パンパ・ガレーラスの気温と降雨量
（2004 年 6 月 1 日～ 2005 年 5 月 31 日：筆者計測）

ラスには居住せず、標高二一〇〇～二六〇〇メートルに分布する谷沿いの本村に居住する（写真A）。また、ワユワ村に家と耕作地を持ちながら、ナスカの町（標高六〇〇メートル）に居住地をもつ人も多い。ワユワ村（comunidad Huayhua）の人口は二八〇人であるが、サンティアゴ、チュキマラン、ワユワの属村（anexos）に分けることができる。

注８　今回、使用したデータの観測期間は二〇〇四年六月一日から二〇〇五年五月三一日までである。観測のインターバルは一時間である。

文献３　Sarmiento 1986.

注９　気温が零下になる日数は、二〇〇四年では六月から八月にかけては毎日、九月には二九日間、一〇月に二七日間、一一月に二六日間、一二月に二一日間、二〇〇五年一月に一九日間、二月に八日間、三月に一八日間、四月に一八日間、五月に三〇日間あった。合計で二八八日間あった。一年のうち約二九〇日間、最低気温が零下になっていた

三度、それ以外の月には一三度前後を推移していた。

年間の降雨量は、三八三ミリメートルである。降水量の七割以上は、一二月から三月までに集中する。この期間には、パンパ・ガレーラスは緑に覆われる。一方、乾季は長く、五月から一〇月まで続く。パンパ・ガレーラスの低温と長期にわたる乾燥は、草本の生育と生長量に大きな影響を及ぼし、ビクーニャが食べる草本は減少する。雨季にビクーニャは良質の草本を食べ、皮下と筋肉、内臓に脂肪を蓄積し、草本の少なくなる乾季を乗り越えるといわれる[文献4・注10]。

急変する高地の気温

次に一日の気温の変化をみてみよう。図3は、ナスカとパンパ・ガレーラスの気温を示したものである。使用したデータは、二〇〇五年二月二一日午前六時から二四日午前七時までの三日間である。標高六〇〇メートルのナスカでは毎日、明け方ころに気温が二〇度前後まで下がり、日の出とともに気温が上昇する。気温の上昇とともにナスカでは強風が吹き、午後には地上絵を見る観光客の利用するセスナ機が欠航になることも多い[注11]。一四時から一五時にかけて最高気温に達し、気温は三〇度を超える。湿度が低いため過ごしやすいが、Tシャツ一枚でも、汗をかくほどの暑さである。夕方になると、気温は低下しはじめ、明け方には二〇度ほどになる。

標高四〇〇〇メートルのパンパ・ガレーラスにおいては、夏季にもかかわらず、日の出前には気温が〇度近くにまで低下する。その後、日の出とともに一一時から一三時ころに最高気温に達する。最高気温は、だいたい一〇～一二度である。日の出から正午までは、北東や東からの最大風速三～七メートルの風が吹いている。その後、ナスカから続く谷沿いに風が吹き上げるため、風向は南西、あるいは南南西からの風に変化する。最大風速は一〇メートル以上になることもある。夏季に谷か

文献4　Fowler 1998.

注10　南米原産の家畜であるリャマとアルパカは、畜産用として北米（アメリカ、カナダ）に輸出されている。アメリカとカナダで飼育されているリャマの推定頭数は一〇～一二万頭、アルパカは五〇〇〇～七〇〇〇頭とされている。これらのリャマやアルパカは常に給餌されているため、餌の少ない飢餓月がなく、皮下や内臓に脂肪が蓄積するため、肥満が問題になっていると報告されている(Fowler 1998)。

注11　ナスカは地上絵の観光地として有名である。観光客はセスナや小型飛行機にのって、ナスカの地上絵を見る。セスナが飛ぶことができるのは、だいたい午前中か、夕方である。日中には気温の上昇とともに、上昇気流が起き、気流が乱れるためである。

ら上がってくる空気は水蒸気を多く含んでいるため、午後になると雲がたちこめ、ガスのなかに入ることが多い。日によっては積乱雲ができ、パンパ・ガレーラスでは雷をともないながら雨が降ることもある。雨は、霰《あられ》や雹《ひょう》に変化することが多い(注12)（写真６）。

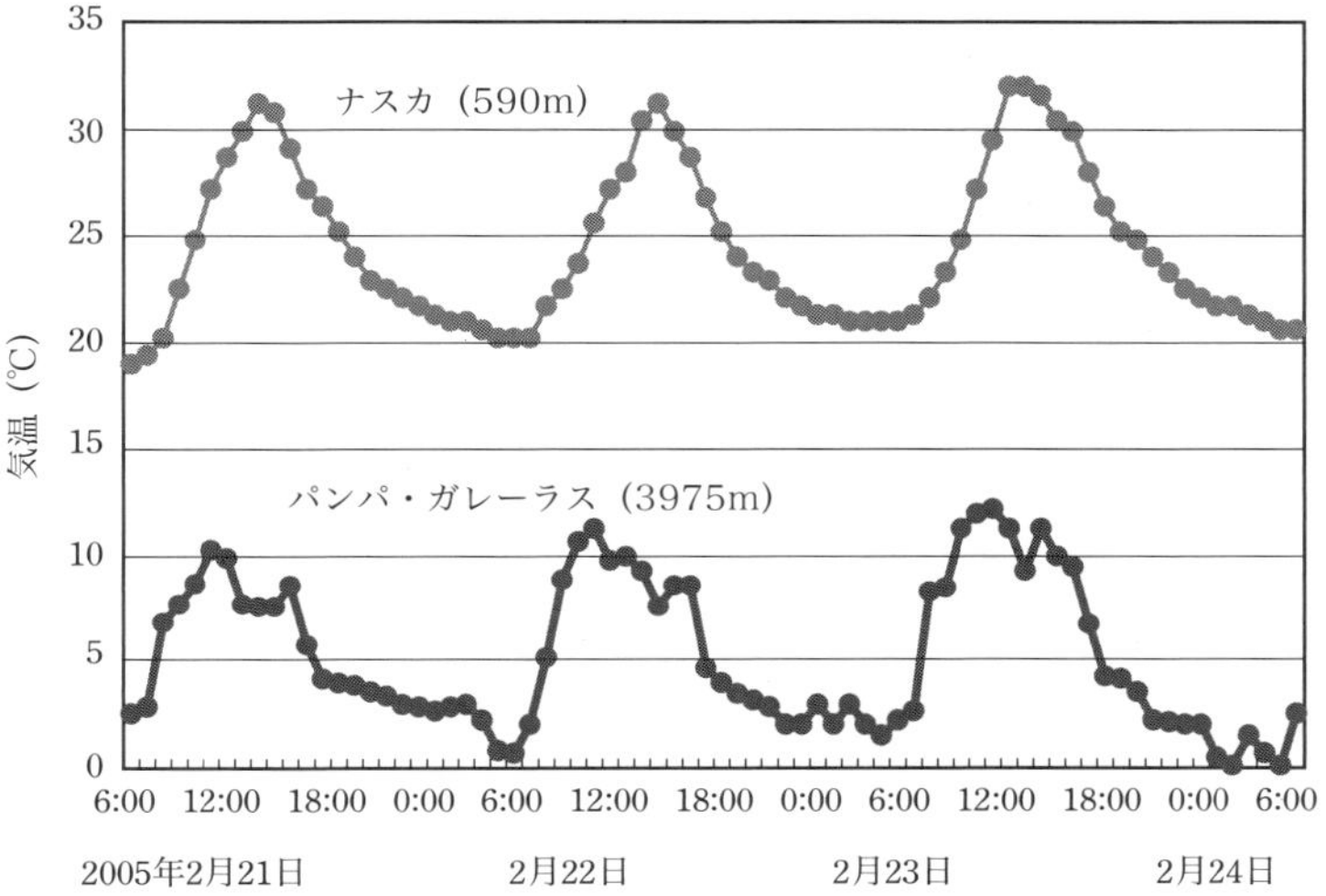

●**図３**　ナスカとパンパ・ガレーラスの気温変化（2005 年 2 月 21 日〜 24 日：筆者計測）

●**写真６**　パンパ・ガレーラスでは雨ののち、雹（ひょう）や霰（あられ）が降ることが多い

注12　雹と霰は、ともに降水の一種であり、不安定な気層から降る。両者は粒の直径によって区分されており、氷の直径が五ミリメートル以上のものが雹、五ミリメートル未満のものが霰と区分されている（市川ほか　一九八七）。パンパ・ガレーラスでは、直径三〜八ミリメートルの氷塊が降る。レンジャーの住む監視小屋はトタン屋根であるため、雹や霰があたると、耳が痛くなるほどの大きな音が発せられる。

昼間でも、雲がたちこめると、急速に気温が低下する。こういうときには、フリースのうえに、ナイロン製のジャンパーを着込む必要がある。たとえば、二月二三日には正午に一二・二度に達したのち、雲によって日が遮られ、一四時には九・三度にまで下がった。その後、日差しが照りはじめ、気温は上昇に転じ、一五時には一一・三度になった。標高四〇〇〇メートルの高地では気圧が低く、空気が薄いため、日が差すかどうかによって気温が大きく変化する。日射によって気温が上昇したり、あるいは雲による日差しの遮蔽によって気温が急速に低下したりするのである。人間は、こまめに上着やジャンパーを着用したり、脱いだりして体温を調節する必要がある。一方、ビクーニャは、直径一三〜一四ミクロンという繊細な毛をもっており、(注13) 繊細な毛は高地における寒さ、一日の大きな気温変化、そして短時間のうちに急速に変化する気温に対応し、体内を保温することと関係しているようにも思える。

注13　アルパカの毛の直径は平均二二ミクロン、リャマは二六ミクロン、グアナコは一八〜二四ミクロンである(Fowler 1998)。ビクーニャの毛の繊細さと高い品質がわかるだろう。

▼ビクーニャの行動圏と群れの種類

ワユワ村はパンパ・ガレーラスに二五〇平方キロメートルの土地を所有し、それを九地区に分割している。その九地区を二人のレンジャーが巡回し、ビクーニャの保護にあたっている。私は、そのなかのキコ・ロマという監視小屋の目の前に広がる、もっとも小さな地区を調査対象とした。面積は六・八平方キロメートルであり、その周囲にはフェンスが設置されている。フェンスの外でビクーニャを観察したこともあるが、変わりやすい天候、不慣れな高地での調査であったため、監視小屋にもっとも近いキコ・ロマ地区を調査対象に選んだ。キコ・ロマ地区では、二〇〇四年三月に三〇二頭のビクーニャが生息していた。単純に計算すると、一平方キロメートルあたり四五頭ほどで、生息密度が高い。(注14)

注14　Rabinovichら(Rabinovich et al. 1985)は、ビクー

生息密度は高いが、キコ・ロマ地区にビクーニャが均一に生息しているわけではない。植生の被覆状況によって、ビクーニャの生息密度には高低がある。パンパ・ガレーラスにはスティパ属やウシノケグサ属、ノガリヤス属をはじめとするイネ科草本が多い(注15)。これらの草本は、総称してイチュとよばれており、草丈は六〇～一二〇センチメートルもある。キツネやピューマなどの捕食者がイチュの草陰に潜むことができるため、イチュに生息するビクーニャは捕食者に狙われる危険性が高い。そのため、ビクーニャの生息数は裸地や岩場に多い。このように、ビクーニャが裸地や岩場に多く生息する習性を知ったうえで、ワユワ村の人びとはブルドーザで表土を剥がし、人為的に裸地を造成していた。このような裸地に、ビクーニャが多く生息していた。

三〇二頭のビクーニャのうち、性別を判別することができなかった一四頭をのぞく二八八頭の性別は、オスが一四四頭、メスは一四四頭であり、まったく同数であった（表1）。ビクーニャは一般に群れを形

表１　キコ・ロマ地区における全頭調査

推定年齢	オス			メス	不明	合計
	家族群	はぐれオス	若オス群			
1						0
2				43		43
3				18	1	19
4		1		13	3	17
5				28	2	30
6		1		9		10
7	6			15	2	23
8	11			14	5	30
9	16	4		4		24
10	14	3			1	18
11	1	5				6
12		3				3
13		3				3
14						0
15						0
合計	48	20	76	144	14	302

若オス群は頭数が多いため、年齢を調査することはできなかった。

ニャ頭数の推移をコンピュータによってシミュレーションしている。その結果、ビクーニャの生息環境を守ることができる持続可能な最適密度は一平方キロメートルあたり四〇頭ほどであり、六〇頭の生息密度であれば、毛刈りによる住民の収益が最大になると報告している。

注15　草丈が腰ほどの高さまでなるイチュを、ビクーニャが食べることはない。ビクーニャが食べる草はイネ科が中心であるが、草丈一～三センチメートルほどの軟らかい草本である(写真B)。

●写真B　ビクーニャの食草

成する。群れには、オスとメスのつがいである「家族群（familia）」、若いオスだけの「若オス群（tropilla）」、そして「はぐれオス（solitario）」の三種類がいる。

家族群は単雄単雌あるいは単雄複雌であり（写真7）、すべてのメスは家族群に属している。家族群であれば、オスとメスのなわばりは同じである。オスは一歳までの幼少期を母とともに家族群で過ごしたのち、家族群から追い出され、若オス群に移る。若オス群は一〇〜八〇頭くらいまでの集合（写真8）であり、離合集散を繰り返す。若オスは群れに属して成長し、メスとつがいになる機会をねらい、七〜九歳の間に家族群を形成するようになる。オスは一頭、あるいは複数頭のメスとともに家族群を構成する。単雄複雌の場合には、一頭のオスが二〜四頭のメスとともに群れをつくっている（図4）。まれに、一頭のオスが九頭のメスとともに群れを作っていることもある。

このような家族群は、なわばりをもつ。[注16] 同じ家族群のオスとメスであれば、なわばりは共有される。ほかの家族群がなわばりに侵入してきた場合、家族群のオスは追い出しにかかる。パンパ・ガレーラス自然保護区では、保護活動の進展とともにビクーニャの頭数が急増している。そのため、各家族群のなわばりがお互いに重複し、隣接するなわばりの家族群を追い出したり、あるいは逆に、追い出されたりすることもある。また、ビクーニャは決まった場所に糞を排泄する習性があり、糞場が形成される。家族群のなわばりには、彼らの糞場が複数、存在し、糞場は家族群の各個体によって共有される。ビクーニャは深夜や早朝に糞を排泄するため、寝床の近くには、各個体の糞場がそれぞれ存在する。

オスは一〇〜一一歳には家族群から追い出され、はぐれオスとなる。オスが家族群にとどまることができるのは一歳までの幼少期と、長くても七歳から一一歳までの四年間にすぎない。多くのオスはメスとつがいになってから二、三年で家族群から追い出されるようである。はぐれオスは一頭で行動することが多いが、ときに「若オス群」に合流することもある。

注16　家族群は明確ななわばりをもつが、若オス群やはぐれオスはなわばりをもたず、自由に移動し、家族群のなわばりに侵入することもある。また若オス群やはぐれオスは、家族群の糞場に糞を排泄することもある。

家族群の行動

夏季の二月から三月にかけて雨が降り、イチュの草原が緑色を呈する。この時期は、ビクーニャの繁殖期である。オスがメスをめぐって、頻繁に争いあう。(注17) はぐれオスや若オスは低姿勢になって家族群のオスに走りより、メスを奪おうとする。繁殖期である雨季は若オスにとってメスとはじめ

●**写真7**　家族群。1頭のオスと1頭、あるいは複数頭のメスから構成される

●**写真8**　若オス群。10頭から80頭、ときに150頭ほどのオスが群れを形成する

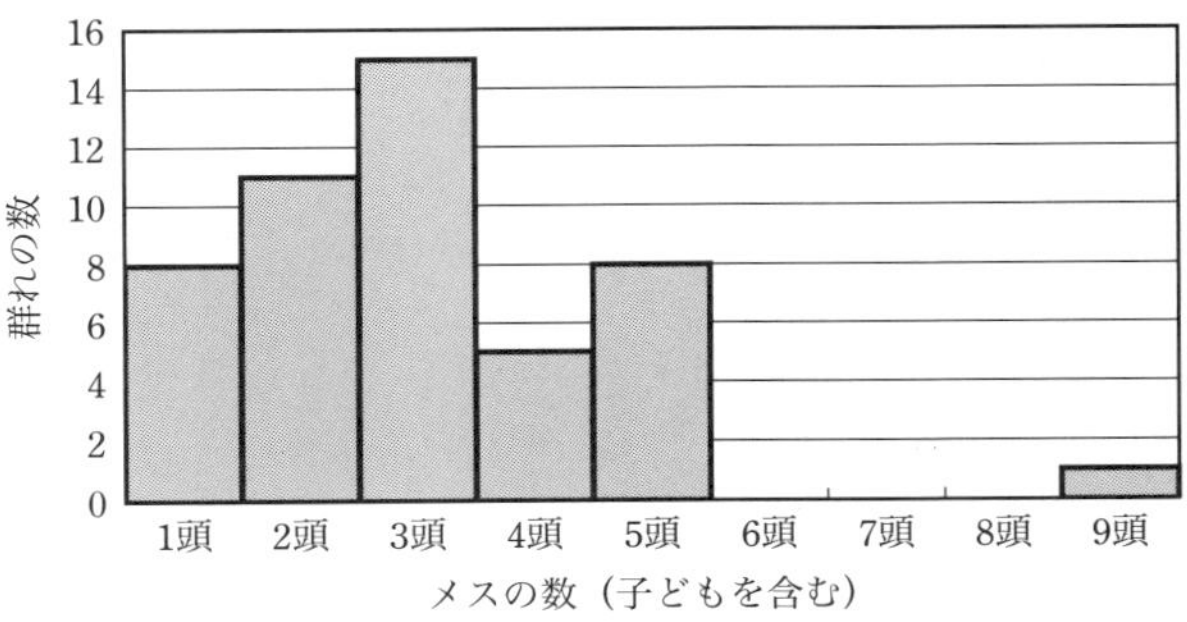

●**図4**　家族群におけるメスの頭数

注17　低姿勢になるのは、争いを挑むことをディスプレイす

てつがいになる機会であり、はぐれオスにとってはメスと再びつがいになる「敗者復活」のチャンスでもある。観察を続けていると、同じ組み合わせのオスどうしが毎日、争っていることも多い。

争いは、はぐれオスや若オスが一気に家族群のオスに走りより、一〇秒ほどのちに去っていくというケースが多い。これは、家族群のオスの体が大きく、明らかに優勢な場合である。しかし、両者の体つきや力が互角な場合には、高貴な容姿とは異なり、激闘に発展することもある（写真9）。つばのかけあいをし、時には一方が犬歯でかみつき、かまれたオスは負傷し、首のあたりが血まみれになることもある。あるいは、弱気そうなオスがじわじわと家族群のメスに近づき、相手のオスにストレスをかけることもある。このようなとき、家族群のオスは食草しながら、メスとライバルのオスとの間に割り込む。そして、家族群のオスは逆に、じわじわとライバルのオスの方へ歩み寄っていき、オスを遠くに追い出すことが多い（写真10）。このようにメスを奪うためのオスの戦略、そして家族群のオスがそれに対処する方法は、オスの個性が出ているようで、興味深い。しかし、度重なるメスへの求愛とオスへの攻勢によっても、はぐれオスや若オスがメスを奪うのは非常にまれである。

家族群のオスは常に周囲を気にしながら食草し、メスを狙うオスがいないか、人間や犬、キツネやピューマが接近していないかを見張っている（写真11）。オスの心配をよそに、メスは草を食べ続

●写真9　メスをめぐるオスどうしの争い。家族群のオス（写真右）がはぐれオスに反撃している。首のねもとにかみつくため、ときに血まみれになることがある

るためである（写真C）。若オス群は、群れ全体として家族群のオスと争うことはない。若オス一頭が一対一で、家族群のオスと争う。ただし、家族群のオスが争っている間に、すきができたとき、ほかの若オスがメスにアタックをかけることはある。

●写真C　争いを挑む

けることが多い。たとえば、二〇〇四年三月三日（一六時一八分から一八時〇五分まで）の一〇七分間（六四二〇秒）の観察(注18)によると、ある単雄単雌の家族群は一三回にわたって若オスやはぐれオスに攻撃された。家族群のオスは攻撃を仕掛けられるたびにライバルのオスを追いかけ、遠くにオスを追いやる。他のオスを追いやると、すぐにメスのところに戻るのではなく、ライバルのオスの近くで食草し、ゆっくりとメスの方へ戻ってくる。ライバルのオスも、争いがなかったかのように食草することが多い。食草行動をとることによって、家族群のオスはライバル・オスの行動を牽制し、

●写真 10　家族群のオス（左から３番目）はライバルのオス（左から４番目）との距離を縮め、ライバルにプレッシャーをかけている。左の２頭は、家族群のメスである

●写真 11　オスの見張り行動。首を持ち上げ、周囲を警戒している

注18　ビクーニャを観察する場合には、双眼鏡でビクーニャを観察し、行動の種類を記載するとともに、デジタル時計で行動の開始と終了の時間を秒単位で記録した。行動の種類は食草、見渡し、横たわり、毛づくろい、移動、走る（平常時、争い時）、警戒音の発声、糞の排泄（写真D）である。

●写真D　糞の排泄

無駄な争いを抑制しているようだ。家族群のオスが食草にかける時間は四八四〇秒（七五・四パーセント）と多いように思えるが、一回の食草時間は九五秒にすぎず、たえず周囲の状況に気をかけていた。首を上げ、周囲の状況を見渡していたのは合計一〇一〇秒、五一回であり、一回あたり二〇秒であった（表2）。家族群のオスは首を上げ、頻繁にメスの様子と周囲の状況を見渡していた。(注19)一方、メスは、つがいのオスが周囲のオスに反撃を加えている間も食草していた。食草時間は四二二一秒とオスよりも短いが、一回あたりの食草時間は二六四秒であり、食草に集中していたことがわかる。また、横たわって反芻していた時間は三〇分以上（一九八五秒）にもおよんだ。メスが周囲を見渡した回数は一四回、一回あたりの時間は六秒であった。メスは周囲への警戒をオスに委ね、食草に集中していたのである。(注20)

二〇〇四年七月、毛刈りのため生け捕りしたビクーニャにGPSのついた首輪(注21)を装着し、1年間にわたる行動を記録した（図5）。装着したビクーニャは推定年齢七歳のオスであった。このオスははぐれオスなのか、若オス群に属しているのかわからなかったが、レンジャーの話を聞いたり、翌年二月に確認したりしたところ、六歳のメスと家族群を形成していたことが判明した。フェンスのなかという移動が制約された条件のもとでの計測であるが、一年間にわたる家族群の位置が示されている。ビクーニャは夜、活動を停止し、同じ場所に寝るという先行研究(文献5)どおり、ほぼ毎晩、

表2　2004年3月3日夕方　家族群のオスとメスの行動

	オス（9歳）			1回の行動あたりの秒数	メス（7歳）			1回の行動あたりの秒数
	時間(秒)	(%)	回数		時間(秒)	(%)	回数	
食草	4840	75.4	51	95	4221	65.7	16	264
見渡し	1010	15.7	51	20	87	1.4	14	6
移動	256	4	16	16	82	1.3	4	21
走る	314	4.9	15	21	45	0.7	1	45
横たわる	0	0	0	0	1985	30.9	1	1985
	6420	100	133		6420	100	36	

注19　ビクーニャは人間や犬、キツネやピューマといった捕食者など外敵を見つけた場合には、「フィーフィ、フィフィフィ」という警戒音を発し、周囲のビクーニャに危険を知らせる。このような警戒音は、雌雄に関係なく、発せられる。飼い犬もビクーニャを襲うことがある。犬（写真E手前右）に対するとき、家族群のオスが前面に立ち、メスを守ろうとする。写真E奥に立っているのは、メスである。

注20　パンパ・ガレーラスには、海岸地域とクスコを結ぶ幹線道路が走っているため、トラックや乗用車の通行がある

●写真E　犬とビクーニャ

同じ地点に寝ていることがわかった。寝ている地点はイネ科のイチュが繁茂する場所ではなく、裸地であった。これは、キツネやピューマなどの捕食者によってビクーニャが襲われたとき、捕食者からすばやく逃れるためだろうと思われる。

　この家族群は、ほぼ毎日、朝七時にはすでに活動をはじめており、寝床から遠くに移動し、食草していた。一〇時には一度、寝床の周辺に戻り、食草していることが多い。これは、朝七時ころには、一〇〇頭以上の若オスが寝床周辺の裸地に多くおり、メスをめぐる争いを避けるため、家族群は移動していたのだと思われる。八時から九時には若オスが裸地より移動して、寝床の周辺にはいなくなるため、その後に家族群が寝床近くに戻っている。一三時には、水場の近くにいることが多い。ビクーニャはほぼ毎日、水を飲む[＊文献5]。水を飲むの

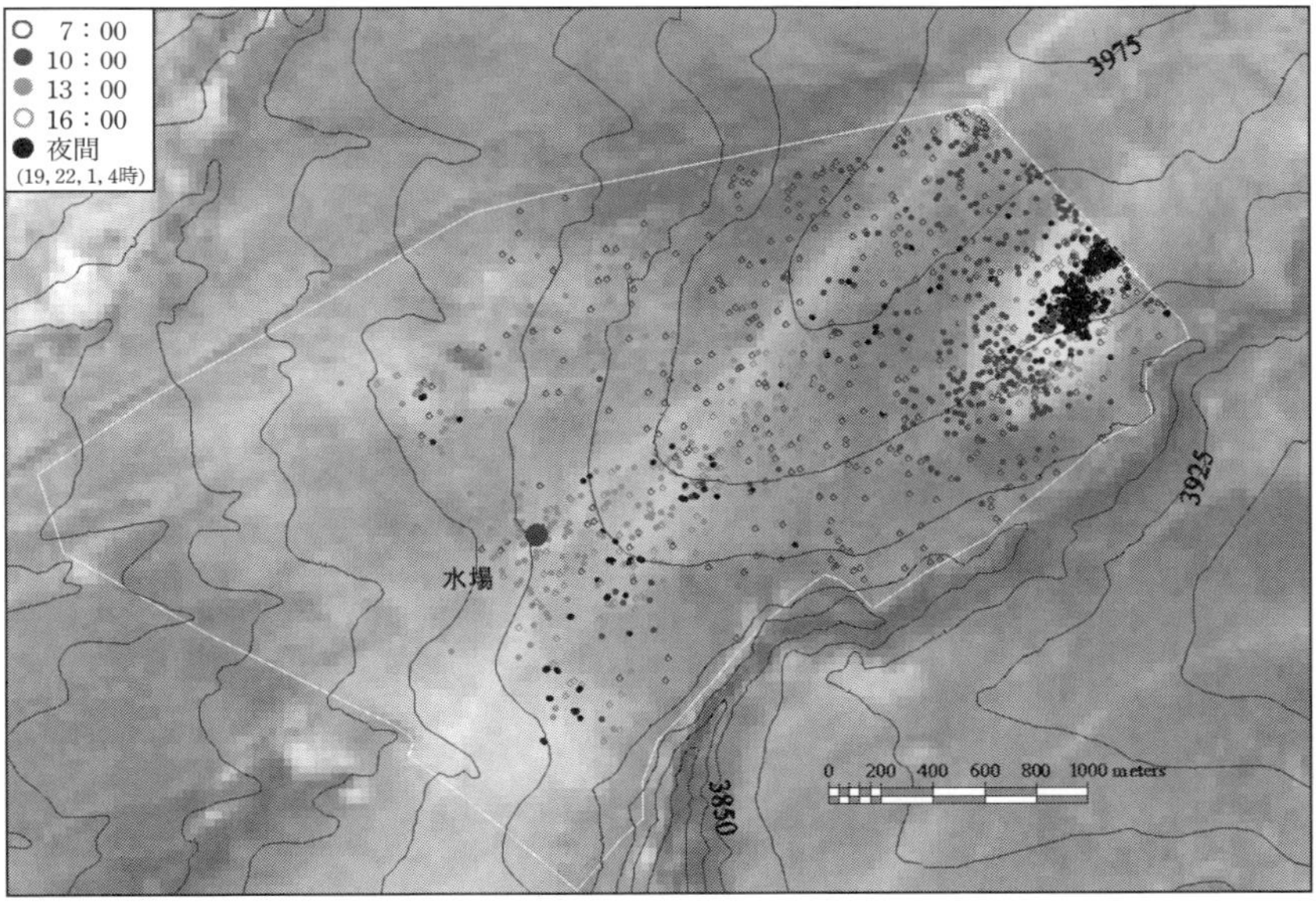

●図５　GPS首輪によって明らかとなった家族群のオス（7歳）の移動

●写真F　車の通行

(写真F)。登り坂ではトラックの時速は二〇キロメートルほどとゆっくりであるが、直線道路の下り坂で乗用車は八〇キロメートル以上の猛スピードを出す。ビクーニャが乗用車にはねられる事件がまれに発生する。とくにメスはオスに追いかけられると、状況判断ができずに道路に飛び出し、交通事故に遭遇することが多い(写真G)。

文献5　Koford 1957.

注21　使用した動物用GPS首輪は、テルビット社のテルスという器機を用いた。首輪の長さが四〇センチメートル、重さは六五〇グラムである。

は短時間であり、せいぜい二〇秒から長くて一分ほどである。そして、一六時には水場から離れて、寝床の方に向かい、一九時には寝床の周辺に到着している。二二時から四時までの夜間には、ビクーニャはほとんど動かない。キコ・ロマ地区はフェンスに囲まれているが、家族群の行動圏は寝床と水場の周辺に限られ、あまり大きくないのではないかと推察された。

ビクーニャを保護するレンジャーの仕事と生活

ビクーニャを観察していると、行動圏が広くなく、同じ場所に寝ていること、水場に多くのビクーニャが集まってくること、そしてビクーニャは好奇心が強く、ときに観察者に興味をもってビクーニャの方から近づいてくることから、銃やライフルを使用すれば、ビクーニャの狩猟は容易だったろうと想像できる。先行研究[文献6、7]にも示されているとおり、周辺住民がビクーニャ保護の重要性を理解すること、密猟を取り締まるレンジャーの任務がビクーニャの保護には重要である。

現在、パンパ・ガレーラス自然保護区においてワユワ村の管轄する土地では、だいたい二人のレンジャーがビクーニャの保護業務に就いている。それらの男性は二〇代から三〇代の壮年であり、ペルー陸軍で働いた経験をもつ。彼らは拳銃やライフルの扱い方に習熟し、ペルー国内のアンデス高地やアマゾンなどで兵員としての訓練を受け、テロや治安維持のための実戦訓練を積んできた。

標高四〇〇〇メートルでの生活やレンジャーとしての仕事は厳しい。彼らの日常業務をまとめると、七種類にまとめることができる。第一に、二人のレンジャーは毎日一区画を巡回し、ビクーニャの保護に努めている。朝八時ころに出発し、徒歩による移動を繰り返しながら、夕方四時ころまで不審者がいないかを双眼鏡で監視している。ビクーニャを捕まえる罠が仕掛けられていないか、密猟された痕跡がないかを注意深く見てまわる。パンパ・ガレーラスでは毎年一度、六か村のうち、

●**写真G**　死んだビクーニャ

バッテリーとの関係から三時間おきで（一日に八回）、位置情報を記録するようにした（写真H）。グリニッジ標準時で〇時、三時、六時、九時、一二時、一五時、一八時、二一時に計測するように設定されているため、ペルー時間では一時、四時、七時、一〇時、一三時、一六時、一九時、二二時の計測となった。

文献6 Jungius 1971.

文献7 Wheeler&Hoces1997.

文献8 Wheeler 1995.

文献9 市川ほか　一九八七。

文献10 Rabinovich et al. 1985.

注22　一九九〇年代以降、パンパ・ガレーラスでは降雨量が

どこかの村でレンジャーと密猟者との間で銃撃戦になっている。ワユワ村では五年に一度くらいの割合で銃撃戦になるという話を聞いたが、冒頭で記した女性の夫はワユワ村のレンジャーであり、二〇〇〇年に密猟者の銃弾によって殉職している。

第二に、傷ついたビクーニャがいないかを観察するとともに、各区画のビクーニャの頭数が長期的にどのように変動するのかを、定期的に記録している。レンジャーは双眼鏡でビクーニャの性別と群れの種類を判別し、それらの情報を専用の用紙に書き込んでいく。このようなセンサスは農業省の国立南米ラクダ科動物協議会に報告され、生息頭数のコントロールや干ばつ[注22]による頭数の変化を見極めるための基礎資料となっている。

第三に、水場の清掃がある。ビクーニャは毎日水を飲むため、水場は重要である。たとえばキコ・ロマ地区には人工的に整備された水場が二か所あり、湧水がパイプによって誘導されている。レンジャーは水場を清潔にたもつため、定期的に水場を清掃している（写真12）。また、埋設されているパイプが細いため、植物の葉やゴミがパイプにつまりやすい。そのためパイプを掘り起こし、詰まっている部分を特定し、ゴミを取り除くといった作業をしている。夏季に水場の清掃作業を手伝ったことがあるが、手が凍えるほど水は冷たく、つらい作業である。

第四に、フェンスの修理がある。保護区の一部

●**写真12**　水場の清掃。キコ・ロマ地区には湧水を利用した水場が整備されている

●**写真H**　GPSの取り付け

減少する傾向にあると村びとは話す。降雨量の不足によって、イネ科草本の生育も悪くなっているという（写真I）。

には、高さ三メートルほどの鉄製のフェンスが張られており、部外者や捕食者の動物、家畜が入らないようになっている。このフェンスは、ビクーニャがフェンス内から出ないようにという管理上の配慮もある。フェンスが風雨によって倒壊したり、破損したりしている場合には、レンジャーがフェンスを修理している。

第五に、牧夫がウシやヤギ、ヒツジ、ロバを連れて保護区内に入ってきた場合には、牧夫に説明し、家畜群を保護区内から出すように指示している。ただし、パンパ・ガレーラスに来る牧夫はワユワ村から来る知人が多いため、フェンス内に入らないかぎり、レンジャーは黙認している。牧夫のいない家畜群が迷い込んできた場合には、保護区から出て行くように、レンジャーが家畜群を誘導することもある。

第六に、ビクーニャの捕食者であるピューマやキツネを間引いている。肉食動物が多く棲息する岩窟（写真13）を巡回し、見つけた場合には、所持しているライフルで銃殺している。捕食者の間引きとビクーニャの頭数コントロールに関する問題は別に考えなければならないが、ピューマやキツネ（写真14）の被害に遭うビクーニャが多く存在するのも事実である。このような任務をおこないながら、常にレンジャーは密猟者に遭遇する危険性があるため、ライフルかピストルを携帯し、予備の銃弾も用意している。

彼らはパンパ・ガレーラスでは、だいたい朝、昼、夕方の三回、自炊し、食事をとっている。食事には、米やジャガイモ、パン、スパゲティやマカロニなどのパスタを主食とし、トマトやタマネギ、ニンジン、ピーマンなどの野菜類、牛やヤギ、ヒツジなどの肉類、魚類や牛乳の缶詰が副食材となる。朝や夜に飲む紅茶やコーヒー、マテ茶も、寒いパンパ・ガレーラスでの食生活には欠かせない。これらの食材や燃料となる薪、そして水については、ワユワ村の村長がナスカですべてを調達し、レンジャーのために支給している。

パンパ・ガレーラスでは、密猟者を監視するレンジャーの仕事だけではなく、健康を維持するの

●写真１　パンパ・ガレーラスの遠景

もむずかしい。軍隊出身の壮健な男性といえども、風邪や気管支炎、肺炎をこじらせることはよくあるし、下痢や腸チフスになることもある。レンジャーの仕事は雨が降るなかでも続けられるし、寒いなか重い荷物を運ぶことが多いため、腰痛に苦しむこともある。炊事だけではなく、毎日、皿洗いや洗濯などの家事もこなさなければならない。日中に湯を沸かし、水浴びをすることもあるが、使える水が限られ、寒いなかでは毎日欠かさず、体を洗うというわけにはいかない。体や髪の毛は、脂がべっとりとこびりつく。レンジャーの男性は健康管理と家族に会うため、ひとりをパンパ・ガレーラスの事務所に残し、ワユワ村やナスカの自宅に戻ることもある。

しかし、レンジャーの男性はパンパ・ガレーラスへ行くと、ふつう一か月間は自宅を留守にする。レンジャーの妻はまれにパンパ・ガレーラスに夫の様子を見に来ることもあるが、妊娠中の女性や乳幼児を抱えた女性はパンパ・ガレーラスに上がって

●**写真 13**　ピューマが多く棲息するという岩窟。このような険しい岩窟にはビクーニャは生息しない

●**写真 14**　アンデス・ギツネ（*Pseudalopex culpaeus*）は生息頭数が多いのか、よく見かける

来て、夫に会うのはむずかしい。レンジャーの妻はナスカの交差点で、パンパ・ガレーラスを通過するコンビ（乗り合いバス）の運転手に、バナナやリンゴ、ブドウ、オレンジといった果物の入ったビニール袋とともに、夫あての手紙を託していた。果物は、パンパ・ガレーラスの生活では欠如しがちなビタミンを補給するためである。レンジャーは人づてに妻からの手紙と果物を受け取り、灯油ランプのもとで手紙を読みふけっていた。

レンジャーの月給は、ワユワ村の村長との間で取り決められている。月給は、ビクーニャの売上金から捻出される。(注23) この月給は、もちろんレンジャーとその家族の重要な生活の糧となる。妻と二人の娘がいるレンジャーの友人は、「ビクーニャがパンパ・ガレーラスにいるからこそ、自分たちの生活が成り立つのだ」と強調する。

注23　レンジャーの月給は、ビクーニャ二～三頭から刈り取られる毛の売上金に相当する。監視小屋は屋内でも寒い。監視小屋で料理するレンジャーは、屋内でもしっかりと防寒具を身につけている（写真J）。

さいごに

パンパ・ガレーラスの人びとが歌う、スペイン語とケチュア語の混じった歌がある。

Uvas ñawicha　platanos chaquicha　（ブドウの眼　バナナの足）
Kintoy ninricha Ccoreccepicha　（コカの耳　背負う黄金）［ここまでを二回、繰り返し］
Intillas taytaypas Killallas mamaypas　（父なる太陽　母なる月）［二回、繰り返し］
Galeras panpapis ñya tiyane　（パンパ・ガレーラスに　私は来る）
Reserva panpapis ñucca yachani　（パンパ保護区を　私は知っている）
Lastapas parapas ponchuchayaysi　（雨が強く降る　私のポンチョに）
Huayrapas chiripas samaychayaysi　（冷たい風が　吹きやむ）

●**写真J**　監視小屋でレンジャーが料理しているところ

Señor llacata ccatarimuyna （イラカタ山が立ち上がる）
Señor Ayhuamarca riccharimuyna （アイワマルカ山が起きあがる）
Henemigoycunas mascamohasca （私の大切な友人［レンジャー］が）
Defendeycuay casadorcunamanta （密猟者から守る）
Defendeycuay yankikunamanta （愛しきあなた［ビクーニャ］を）

この歌はビクーニャを讃えるとともに、ビクーニャを保護するレンジャーの姿を題材としたものである。アンデス音楽にただよう、一種もの悲しい、しかしリズムのよい旋律には心をうつものがある。

ワユワ村は、乾燥したアンデス山脈の西側に位置する。村びとは湧水を利用してコムギやオオムギ、トウモロコシ、ジャガイモ、牧草のアルファアルファなどを耕作しながら、ウシやヤギ、ヒツジ、ロバ、ウマを飼養して生計を立てている。このような農村に住む人びとの生活は質素である。ペルーでは政治と経済の混乱によって、人びとの生活は不安定であり、ワユワ村にとってビクーニャの毛の販売は貴重な現金収入源となっている。二〇〇三年には、ワユワ村だけでも約一五〇キログラムの毛を販売し、七万ドル（八四〇万円）もの売上金を得ている。売上金は、ビクーニャの監視小屋やフェンスの建設・補修、レンジャーの月給に支出されるだけではなく、教会や小学校、警察官の駐在所の建設、各住居や耕作地に湧水を引く水道管の敷設といった村のインフラ整備や村びとの生活向上に使われている。また、アンデスの農村では若者が職を求めて海岸地域の都市へ出ようとする傾向があるが、ワユワ村では若者がレンジャーの職に就いたり、毛刈りのための集団猟チャクに従事したりすることによって現金収入を得ており、若者の離村を防止するといった効果もある。

ビクーニャの毛は柔らかく、さわり心地がよい。東京・銀座のデパートではビクーニャの毛でできた冬用マフラーが二五万円、セーターが一〇〇万円、毛布が三〇〇万円で販売されている。東京のデパートでは、ビクーニャ製品は、われわれ庶民が容易に手を触れることができる価格帯にはない。ビクーニャ製品の高額な値段に驚くことがあっても、誰がビクーニャの保護に命をかけたレンジャーの存在に気がつくだろうか。私は東京とパンパ・ガレーラスの間の往還を繰り返すなかで、ビクーニャ毛の生産地と消費地の隔絶された関係性に驚愕する一方で、現在、住民が積極的にビクーニャの保護に関心をもち、持続的な利用の仕方を学ぼうとする人びとの姿勢に注目していきたい。

アンデスの片田舎ではじまったビクーニャの保護と毛の販売。これらの活動によって村びとの生活が向上するという表の側面がある一方で、密猟者との銃撃戦によってレンジャーが殉職したり、密猟者が銃殺されたりすることもあり、アンデスの人びとの人生を狂わせてきた裏の一面もある。ビクーニャはまさに「アンデスの宝」であり、高品質の毛をもつがゆえに、アンデスの人びとの庇護を受けると同時に、人びとの欲望を駆り立てたり、あるいは人びとの生きざまに大きな影響を及ぼしたりしてきたのである。

引用文献

Cueto, L. J. and Ponce. C. F. 1985 *Management of vicuña: its contribution to rural development in the high Andes of Peru*. FAO. Rome.

Fowler, M. E. 1998 *Medicine and surgery of South American Camelids-llama, alpaca, vicuña, guanaco*. Second edition. Blackwell publishing. Iowa.

Jungius H. 1971 The vicuña in Bolivia: the status of an endangered species and recommendation for its conservation. *Zeitschrift für Säugetierkunde* 36(3): 129–146.

Jurgens, K. D., Pietschmann M., Yamaguchi, K. Keinschmidt T. 1988 Oxygen binding properties, capillary densi-

ties and heart weights in high altitude camelids. Journal of Comparative Physiology B 158: 469–477.
Koford, C. R. 1957 The vicuña and the puna. *Ecological Monographs* 27(2): 153–219.
Rabinovich, J. E., Hernandez, M. J. and Cajal, J. L. 1985 A simulation model for the management of vicuña populations. Ecological modeling 30: 275–295.
Sarmiento, G. 1986 Ecological features of climate in high tropical mountains. In Vulleumier F. and Monasterio M (eds.) *High Altitude Tropical Biogeography.* Oxford University Press, Oxford, 11–45.
Wheeler, J. C. 1995 Evolution and present situation of the South American Camelidae. *Biological Journal of the Linnean Society* 54: 271–295.
Wheeler, J. C. and Hoces D. R. 1997 Community participation, suitable use and vicuna conservation in Peru. Mountain Research and Development 17(3): 283–287.
市川正巳・福宿光一・正井泰夫・山本正三『地名・地理辞典』数研出版、一九八七年。

第三章六節

家畜の起源に関する遺伝学からのアプローチ

Yoshi Kawamoto
川本 芳

アンデス高地における家畜化

(1) いつ、どのように人間は定着したか

人類の祖先はベーリング海を渡ってユーラシア大陸から北米大陸、そして南米大陸へ南下したと考えられている。しかし、その時期が最終氷期の一番寒かった時（一三〇〇〇〜一四〇〇〇年前）なのか、それ以前なのかは定まらない。チリ南部のモンテヴェルデでは一二五〇〇年前よりかなり以前に人類が新大陸に到達していた証拠の石器が発見され、[・文献1] これまで北米最古の石器文化とされてきたクロビス文化（一三〇〇〇年前以降）以前に祖先が新大陸に渡っていた可能性が考えられるようになってきた。[・文献2] 北米大陸でクロビス石器を使った狩猟がマンモスなどの哺乳類を絶滅させたのと前後して祖先たちの人口が増加し、[・文献3] 絶滅は南米にも波及したと考えられている。[・文献4]

文献1 Meltzer 1997.
文献2 Dillehay 1999.
文献3 Schurr & Sherry 2004.
文献4 Agenbroad 1984.

(2) いつ、どんな動物を家畜化したか

南米大陸に進出した人間たちが、アンデス高地で家畜化した野生動物の種類はけっして多くない。哺乳類についていうなら偶蹄類（ラクダ科）とげっ歯類（テンジクネズミの仲間）だけである。この点はかれらが多数の栽培植物を作りだしたことと対照的である（第二章）。唯一の大型哺乳類という意味で南米における家畜の代表はラクダ科動物である。狩猟により多くの哺乳類が姿を消す中で、なぜかラクダ科動物は生き残り家畜化されたのである。

アンデス高地に現在も生息している野生のラクダ科動物の祖先は北米起源である。第三紀鮮新世に北米から南米に拡散したものは生き残れたのに対して、原産地の北米では更新世に絶滅してしまった。[文献5] 南米大陸に祖先が侵入したのは約三〇〇万年前頃と推定されており、現生種のグアナコとビクーニャの祖先は二〇〇万年前にはすでに存在した。[文献6] 家畜化のもとになった動物は人間たちがやってくるはるか前から南米に定着していた。したがって、南米で家畜化されたラクダ科のリャマやアルパカは、狩猟圧を生き延びた北米起源のラクダ科野生種から北米大陸をへて定着したモンゴロイドが一万年に満たない時間を要して作り上げた家畜である。

文献5 Martin 1973.
文献6 Martin 1984.

特異な家畜化——他地域とのちがい

さまざまな土地へ進出する過程で、高地は人間にとって物理的に生物的に特別な環境だったと考えられる（第一章）。高地に開花した文明の代表といえるアンデスとチベットの二つの文明では、他にはみられない独特の家畜が生まれた。アンデス文明ではラクダ科の動物が家畜化され、リャマとアルパカが登場した。チベット文明ではウシ科のヤクが家畜化され、さらに牛との交雑家畜が広く

利用されるようになった。これらの文明で家畜化された動物は、低地の動物が使えない高地環境で人間生活に不可欠の存在として利用されてきた。

家畜には物資や人間の運搬、衣類、飲食用、農耕での使役などさまざまな用途がある。二つの高地文明では家畜利用にちがいが認められる。チベット文明では、ヤクと牛の交雑家畜が右記の目的に利用されている。一方、アンデス文明で利用されたラクダ科家畜は物資運搬、毛皮、食肉には利用されたものの、農耕や人間の運搬への利用が乏しく、とくに搾乳に利用しなかった点が、チベット文明だけでなく旧世界のいろいろな地域の家畜利用とくらべてもちがう特徴である。同じラクダ科動物がベーリング海を西に渡ったあと家畜化され盛んに乳が利用されたのとは、まったく対照的である。

草食獣である偶蹄類を家畜化したことで、世界の他地域と同様に草地の確保と管理が重要になったことは明らかである。独特な高地植生にうまく合った飼養や繁殖の方法をつくることがアンデス高地での家畜化に重要だったと考えられる。またこの方法をつくりあげた結果として、アンデス高地での牧畜は農耕との関係において旧世界とは異なる独特の形態をもつものになったと考えられる（第二章三節および本章の他節）。

機械化文明以前に物資運搬を担う動物が必要とされ、それにふさわしい家畜としてリャマが生み出されたのは文明を支える原動力になった点で他所と同じである。一方、飢えから人間を救う存在としての家畜、つまり食物として畜産物のもとになる家畜という観点から考えると、アンデス文明の性格は他地域との共通性が薄くなる。アンデス高地の食生活は豊富な栽培植物に支えられたこととは対照的に、肉や乳を利用するための改良の痕跡が乏しい。肉利用はあったものの、乳については利用もされてこなかった。畜産物として特化した需要は毛皮の利用であり、高地や高緯度の低温をしのぐために毛皮が利用された。一方、糞を燃料や肥料に利用する点は、チベット文明や他地域の家畜利用と共通している。

アンデス高地のラクダ科動物

(1) 各種のプロフィール

分類学的に別種として学名で区別される四種のうち、野生種はグアナコ[注1]とビクーニャ[注2]である。各々はさらに生息地の異なる二ないし四亜種に分類されることがある[文献7、8]（表1）。一方、家畜種はアルパカ[注3]とリャマ[注4]である。家畜については毛の形質特徴からタイプのちがいが区別されることがある。アルパカには毛質のちがいから、長く細い光沢のある柔らかい感触をもつスリ（Suri）、毛足が短く光沢が乏しく繊細さに欠けるワカヨ（Huacayo）が区別できる。リャマには毛の量のちがいから、毛足が短く量の少ないカラ（Ccara）と長くて量の多いチャク（Chaku）が区別できる。

別種と記載される四種のラクダ科動物は互いに交雑可能で、産まれる個体は雌雄とも繁殖能力を示す[文献9]。一方、グアナコをヒトコブラクダと交雑させた実験では新旧両大陸のラクダ科動物の間に生殖隔離があることが確認されている[文献10]。南米のラクダ科四種の間に生殖的な隔離がないということは特異的なことである。先に述べた学名では属名を二つに区別しており、生殖隔離の有無を問題にする生物学的種の概念（biological species concept）から考えると、すべてを同一の属以下に分類すべき状況だといえよう。

ラクダ科動物の現状をくらべると、生息地域についても特異な状況がある。南米では野生種と家畜種がすぐ間近に生息しているが、旧世界ではヒトコブラクダやフタコブラクダの家畜化のもとになった野生種は絶滅し残っていない。ヤク、スイギュウなどで類例がないわけではないが、多くの家畜とくらべると南米のラクダ科動物のように野生種と家畜種が共存することは珍しい状況だといえる。

注1 Guanaco. 学名で *Lama guanicoe* (Müller, 1776).
文献7 Wheeler 1995.
文献8 Ojasti 1996.
注2 Vicuña 学名で *Vicugna vicugna* (Molina, 1782).
注3 Alpaca. 学名で *Lama pacos* (Linnaeus, 1758).
注4 Llama. 学名で *Lama glama* (Linnaeus, 1758).
文献9 Gray 1972.
文献10 Skidmore et al. 1999.

家畜化にともなって顕在化する特徴の一つに諸形質の多様化があることはよく知られている。[文献11] こうした特徴は南米のラクダ科動物でも同様に認められる。南米のラクダ科動物四種の体格、妊娠期間、出生時体重等を表2にまとめた。体高や体重でくらべると、家畜化された動物の方が野生種にくらべて大型化している（リャマ>グアナコ、アルパカ>ビクーニャ）。しかし妊娠期間では差が認め

文献11　Darwin 1868.

表1　南米ラクダ科動物の分類と分布

目	Artiodactyla Owen, 1848	
亜目	Tylopoda Illiger, 1811	
科	Camelidae Gray, 1821	
亜科	Camelinae Gray, 1821	
族	Lamini Webb, 1965	
亜族	Lamina Harrison, 1979	
属	*Lama* Cuvier, 1800	
種	*L. glama* Linnaeus, 1758	リャマ
	L. pacos Linnaeus, 1758	アルパカ
	L. guanicoe（Müller, 1776）	グアナコ
亜種	*L. g. guanicoe*（Müller, 1776） パタゴニア、アルゼンチン南緯35度以南	
	L. g. huanacus（Molina, 1782） チリ	
	L. g. cacsilensis Lönnberg, 1913 ペルー南部	
	L. g. voglii Krumbiegel, 1944 アルゼンチン南緯21–32度	
属	*Vicugna* Miller, 1924	
種	*V. vicugna*（Molina, 1782）	ビクーニャ
亜種	*V. v. vicugna*（Molina, 1782） 南緯18–28度	
	V. v. mensalis（Thomas, 1917） 南緯9.5–28度	

られない。一方毛色や毛質では野生種と家畜種のちがいが著しい。野生種では均一性が高く、グアナコとビクーニャは茶色の非アグチタイプの毛色で腹部付近が白色を呈する。[文献12(注5)] 家畜種では多様化が顕著で、オチョアとマックァリー[文献13]によれば、アルパカの場合、色や紋様のちがいで一〇〇〇種類以上が区別できるという（図1）。

(2) 分布特性

高地環境に適応した二種の野生種ではその生態的特徴や分布にちがいがある。ビクーニャは低地に生息しておらず、その分布の下限は標高三七〇〇〜三八〇〇メートル、上限は四八〇〇メートルに達し、プナ（高地の寒冷な草地帯）に限定されている。[文献7、14] 一方、グアナコは海岸域から四六〇〇メートルくらいまで幅広い環境に生息する。[文献14] 現在の自然分布は、グアナコがエクアドルからフエゴ島までの広い地域に及ぶのに対して、ビクーニャはボリビアとペルーにしかいない。両種が同所的にいる地域は必然的にビクーニャの生息地域の一部ということになる。

　しかし、過去の分布は現在と異なっていたらしく、グアナコの化石は現在の分布地域より東側の地域（パラグアイやアルゼンチンの一部）で発見されていて、エクアドルやコロンビアでは化石が見つかっていない。おそらく九〇〇〇〜一二〇〇〇年前頃に環境条件が変化するまでは現在のようにプナには広く分布していなかった

表2　南米ラクダ科動物4種の形質比較（文献7、17）

形質	グアナコ	ビクーニャ	リャマ	アルパカ
体高（cm）	100–120	70–90	109–119	94–104
成体体重（kg）	96–130	40–55	130–150	59.4±7.3
妊娠期間　（日）	345–360	342–345	348–368	330–350
出生時体重（kg）	8–15	4–6	8–16	6–7
頭長（mm）	244–280	225	250	221
染色体数	74	74	74	74

文献12　Searle 1968.

注5　毛の中に黒色メラニンと黄色メラニンが層状に分布して色ちがいのバンドがみられる場合をアグチタイプとよぶ。非アグチタイプでは反対に毛に色ちがいのバンドがみられず、色素が一様に分布する。

文献13　オチョア・マックァリー　一九九五。

と考えられている。[文献14]

二種の家畜でも飼育地の標高限界にちがいがある。輸送に利用されてきたリャマは海岸から五〇〇〇メートルを越える幅広い土地でみられるのに対して、アルパカはビクーニャと似て低地で飼育するのがむずかしい。このため、アルパカの産地はペルー、ボリビアを中心とする広いプナのある地域が中心である。

家畜化をめぐる検証

(1) 単系説と多系説

アンデス高地でラクダ科動物の家畜化がどのように進んだかについて、グアナコとビクーニャの二種以外が起源になりえないという点ではウシ、スイギュウ、ブタな

●図１　アルパカにみられる毛色パターンの事例（文献13）

ど旧世界の家畜とくらべると単純である。しかし、現在もこれら野生種や家畜の間に生殖隔離がないので、家畜化が特定の野生種を馴化・選抜して進んだだけか、他の動物（野生種や家畜種）との交雑を介して進んだのか、その可能性がいろいろ考えられる。

家畜化の研究は現存する四種の生物学的な特徴の比較、遺跡から出てくる過去に存在した動物の考古学的な検討、の二つのアプローチで進められている。現存種の比較研究では、形態、行動、生態そして遺伝子の特徴が調べられてきた。このうち、形態は化石や古骨を使った考古学的研究ともかかわりがある。

形態の特徴は表1にまとめた体高、体重など体格のちがいのほかに、歯、骨等の比較解剖でわかる特徴がある。形態のちがいとして興味深いのは、門歯の形状である[文献15]。乳歯が萌出するときには上顎と下顎には六本ずつ門歯がある。しかし上顎では内側の四本が早い時期に抜け落ちてしまう。永久歯として二本だけ残る上顎の門歯は犬歯のような形になっている。リャマやグアナコでは下顎の門歯の形がスプーン状で歯冠の全面がエナメルで覆われている。しかしビクーニャには歯根がない。また、形もスプーン状でなく断面はほとんど正方形で、外側（頬側）の表面だけにエナメルがある。アルパカでは門歯の形状が中間的である。断面は正方形より長方形に近くなっており、エナメルはビクーニャに似た付き方だがリャマやグアナコのように歯根がある。

行動や生態は動物を利用するのに、馴らし繁殖させられるかどうかに関係してくる。社会構造やなわばりといった野生動物がもつ本来の性質が、どのように家畜化に影響したかが問題になる。[注6]

以上のような比較から大きく二つの仮説が提示されている（図2）。第一はリャマもアルパカもグアナコから家畜化したと考える単系起源説である。[注7] 第二はリャマやアルパカの家畜化にはグアナコもビクーニャも関係したと考える多系起源説である。さらに多系起源説には家畜化に交雑が関係したと考える立場[注8]と考えない立場がある。交雑なしの場合は、リャマはグアナコから、アルパカはビクーニャから家畜化されたと考える。[注9]

文献14　Novoa & Wheeler 1984.
文献15　Miller 1924, Wheeler 1982.

注6　たとえば、本章五節、Tomka（1992）。
注7　たとえば、Cook(1919), Herre（1952）。
注8　たとえば、Hemmer（1975, 1990）。
注9　たとえば、Darwin（1868）, Wheeler（1991）。

(2) 考古学からの検証

ペルー中部のフニン高原にあるテラルマチャイ遺跡から発掘された獣骨の詳細な研究から、この場所での家畜化は紀元前四〇〇〇年〜三五〇〇年の間だと報告された。[文献7] つまり、一番古い証拠になるこの遺跡の発見から、家畜化の時期は遅くとも五五〇〇〜六〇〇〇年前ということになる。家畜化がはじまった証拠としてこの考古学研究が根拠にしたのは、門歯にアルパカの特徴をもつ動物が出現するようになったことと、幼獣の遺骨が増えたことであった。門歯の歯根があるかないかというちがいは、歯の基本的な形のちがいと考えられる。一般に歯の形態特徴は変化しにくい保守的な形質だと考えられ、遊離歯の形態特徴から進化を論ずる古生物学研究は、この基盤に立っている。しかし、南米のラクダ科家畜の起源論では家畜化にともなって歯根の消失が起こったと考えなければビクーニャからアルパカが家畜されたという考えが成り立たないことになる。はたして哺乳類の歯の形態が短時間で変化しうるかという問題が南米ラクダ科動物の家畜化問題と重なっているのである。

(3) 遺伝学からの検証

遺伝学の研究方法はさまざまだが、染色体研究の結果では南米のラクダ科動物にはっきりした種のちがいは認められていない。[文献16、17] 分子標識を使った研

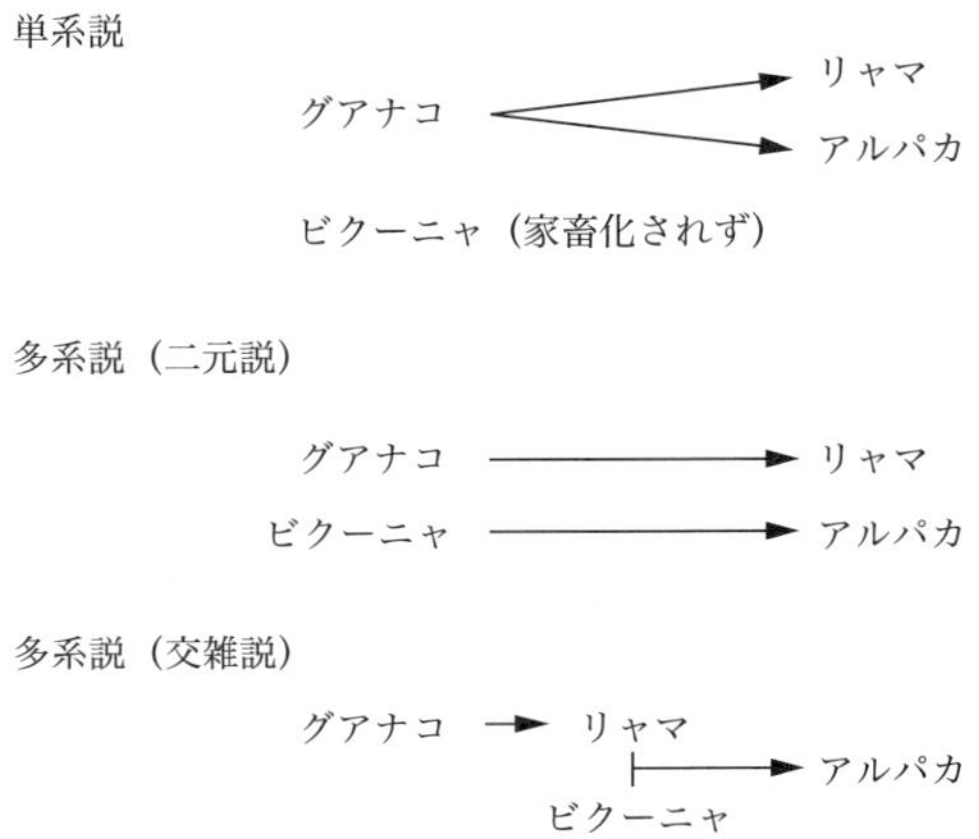

●図2　家畜化に関する仮説の模式図

文献16　Bianchi et al. 1986, Bunch et al. 1985.

究からしだいに遺伝的なちがいが明らかになってきた。初期の研究はタンパク質の生化学的な性質を電気泳動法で分析したり血液型のちがいを調べたものである。[文献18〜20]その多くは畜産学や育種学の興味からリャマやアルパカを調べた研究である。同様の興味で九〇年代以降はＤＮＡの特徴を調べる研究がおこなわれるようになった。[文献21〜23]これらの多くは特定の種にみられる遺伝子変異や遺伝子多様性を記載したもので、系統関係や家畜の起源について論じたものは少ない。

マイクロサテライトＤＮＡ反復配列の特徴を制限酵素による消化パターンで比較し四種のちがいから系統関係を調べた研究では、グアナコとリャマに高い共通性が観察されたものの、ビクーニャはこれらとは異なり、さらにアルパカでは両者の中間的なパターンが観察されている。この結果から、アルパカはグアナコとビクーニャの交雑から生まれた家畜という推論が報告されている。[文献24]

スタンレーら[文献23]はミトコンドリア遺伝子（mtDNA）のチトクロームｂ遺伝子（cytb）にみられる塩基配列のちがいを調べている。この遺伝子は母性遺伝といって母から子に遺伝し、父から子には遺伝しない性質があり、短い時間でも突然変異が起こりやすいので進化速度が大きい。このため、近縁な生物の系統関係を調べるのに便利な遺伝子標識である。しかし、交雑起源の可能性を調べるときには、母方からしか遺伝しない性質のため、父方で他の動物が関与していてもその影響を評価できないのがこの標識遺伝子の弱点である。スタンレーらは四種のラクダ科動物の遺伝子構造をくらべて系統関係や家畜化を検討した。この結果、集団レベルで野生種グアナコと家畜種リャマ、ならびに野生種ビクーニャと家畜種アルパカの近縁性が認められた（図３）。しかし、種内には個体変異があり、とくに家畜種では交雑の影響が予想され、個体レベルで家畜種を完全に二グループに分けることはできなかった。家畜化についてリャマの起源はグアナコという考えが支持される一方、アルパカの起源については、①ビクーニャからアルパカを家畜化したあと交雑が起こった、②アルパカはリャマとビクーニャの交雑により生まれた、③アルパカもグアナコ起源でグアナコの家畜化は二回独立に起こった、の三とおりの可能性があると予想された。

文献17　Hsu & Benirschke 1967, Hsu & Benirschke 1974.
文献18　Juneja et al. 1989, Miller et al. 1985.
文献19　Penedo et al. 1988.
文献20　Penedo & Juneja 1989.
文献21　Kadwell et al. 2001.
文献22　Lang et al. 1996, Mariasegaram et al. 2002, McPartlan et al. 1998, Obreque et al. 1998, Obreque et al. 1999, Penedo et al. 1999a, Penedo et al. 1999b, Sarno et al. 2000, Semorile et al. 1994.
文献23　Stanley et al. 1994.
文献24　Vidal-Rioja et al. 1994.

二〇〇一年に同じ研究チームが出した報告では四か国（アルゼンチン、チリ、ペルー、ボリビア）で集めた試料についてミトコンドリア遺伝子のチトクロームｂ遺伝子と四種類のマイクロサテライト遺伝子座を分析している。[文献21] ミトコンドリア遺伝子の分析結果ではグアナコとビクーニャが明瞭に区別でき（図４）、祖先の分岐年代は二～三〇〇万年前と推定され定説に矛盾しなかった。しかし、リャマとアルパカはグアナコやビクーニャに特徴的な遺伝子タイプのグループに二分できなかった。割合でみるとリャマではほとんどの個体がグアナコタイプのミトコンドリア遺伝子なのに対して、アルパカではビクーニャタイプのミトコンドリア遺伝子が二七パーセントだった。一方、マイクロサテライトＤＮＡは核遺伝子で、両親から遺伝子を半分ずつ受け取る点でミトコンドリア遺伝子とちがっている。四種類のマイクロサテライト遺伝子座のうち二種類では野生種ごとにちがったタイプが発見できた。これを手がかりに家畜種との関係を調べた結果、グアナコにはリャマとの、ビクーニャにはアルパカとの近縁性が認められた。しかし、個体変異の幅が大き

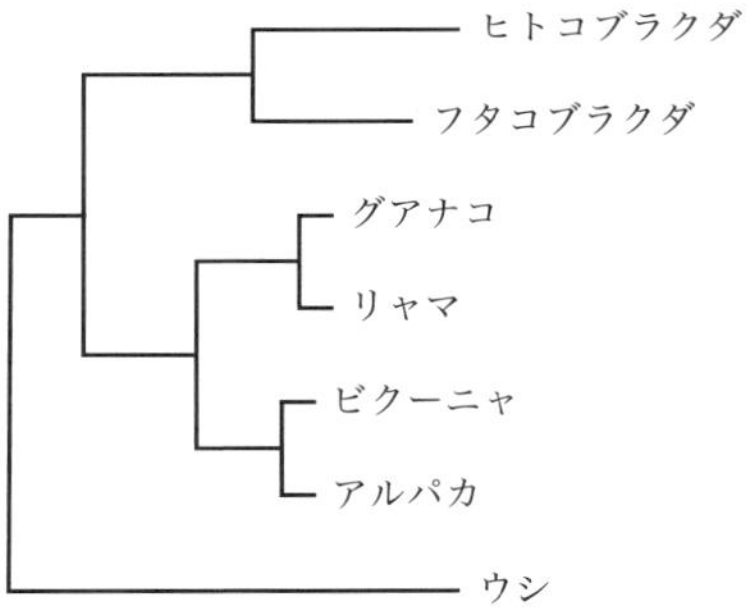

●図３　ミトコンドリア遺伝子のチトクロームｂ遺伝子の480塩基配列から推定された近縁関係（文献23）

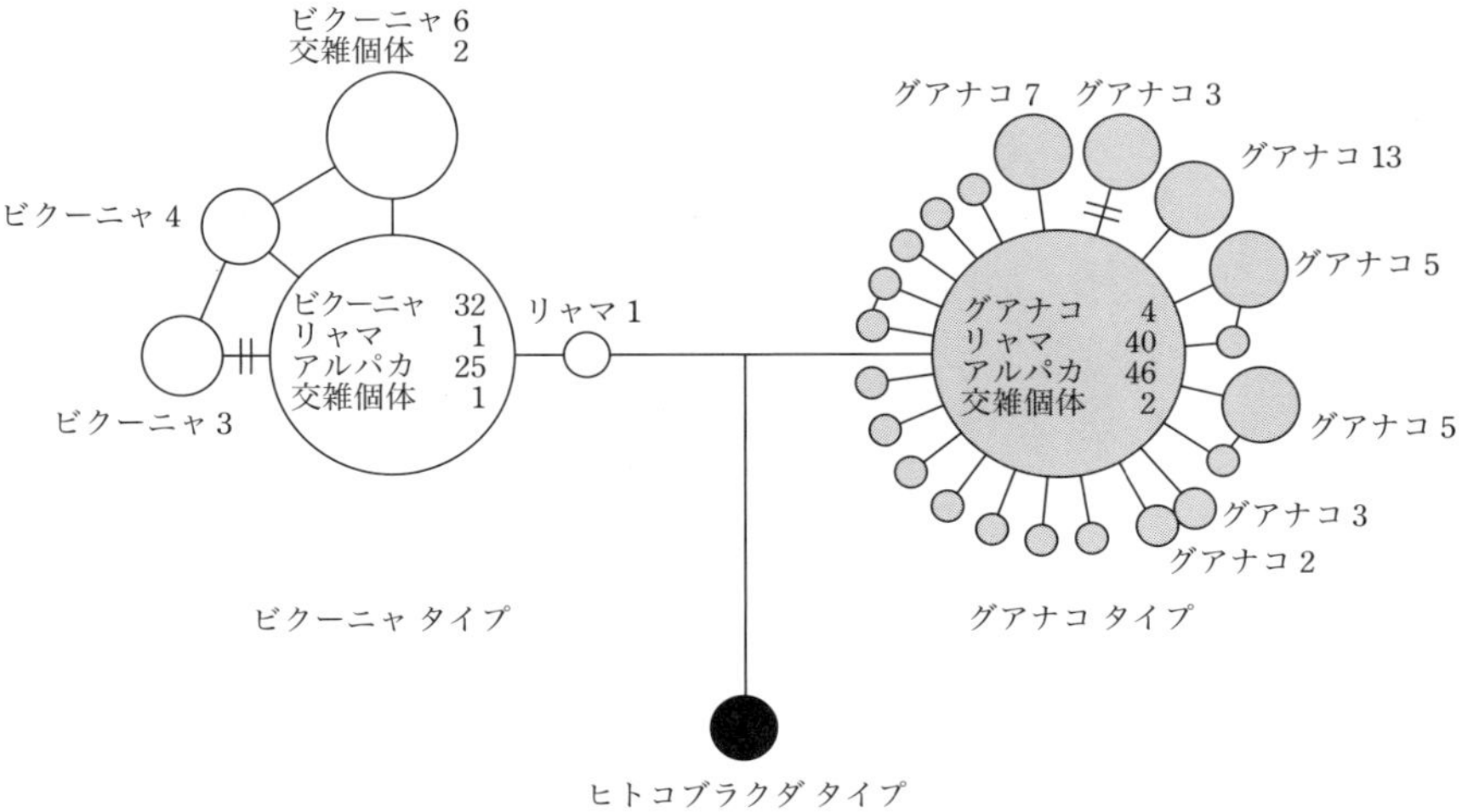

●図４　Kadwellら（文献21）によるミトコンドリア遺伝子の系統関係と分布。数字は試料数を示す。ミトコンドリア遺伝子でビクーニャタイプと判定されたものは白、グアナコタイプと判定されたものは灰色で示している。家畜のリャマとアルパカのタイプは混在している点に注意

く、交雑の影響も無視できないと予想された。最終的に、リャマとアルパカでは交雑の影響があると判断したうえで、アルパカの祖先はビクーニャの可能性があると結論し、家畜化は二元的に、つまりリャマとアルパカはそれぞれ別の野生種に由来するという仮説が提示された。

この遺伝学的研究は、以前にフィーラーが考古学研究から提案したビクーニャからアルパカが家畜化された可能性やヨーロッパの植民地化後にリャマとアルパカの交雑が進んだ可能性を支持する結果にみえる。[文献7、25] しかし、スタンレーらにくらべてカドウェルらの研究ではビクーニャとアルパカのミトコンドリア遺伝子近縁性が弱い結果になっており、ミトコンドリア遺伝子が系統関係の評価で真に有効な標識遺伝子かどうか疑問が残る。さらに、マイクロサテライトＤＮＡは変異しやすい標識遺伝子なので、遺伝子タイプから系統関係や交雑を述べるには判断のもとになる野生種の遺伝子分布特性を多数個体について調べて慎重に確認しておく必要がある。カドウェルらの研究ではリャマやアルパカには交雑の影響で両野生種に特徴的な遺伝子タイプが混在すると判定しているものの、集団調査の不足から特異的だとみなした野生種タイプの仮定が崩れる可能性も考えられる。

文献25　Wheeler et al. 1995.

アンデス高地での遺伝学研究——遺伝子標識の開発

遺伝学的方法を利用し南米のラクダ科動物の系統関係や家畜化の起源を研究するには、系統群の性質のちがいを評価することに有効な標識遺伝子を探すことが必要である。これまでの研究ではミトコンドリア遺伝子がきれいにグアナコとビクーニャのちがいを区別しているようにみえる。しかし、この標識から提案された二元説の妥当性は、別の標識遺伝子を開発して調べる必要がある。そこで筆者らはこの評価に有効な新しい遺伝子標識を探しそれを利用した集団調査から系統関係、家畜化起源を検討することを計画した。(注10)

注10　科学研究費による「ア

九〇年代以降の先行研究では、こうした問題の検討に使う標識がDNA標識に偏っている。一方、八〇年代から分析結果が報告されていたタンパク質変異を利用した研究はアンデス高地にいる動物集団を対象におこなわれておらず、野生種についても家畜についても出自のはっきりした試料を使って体系的に調査をおこなった研究がきわめて少ない。種間の遺伝的なちがいを評価する方法として、タンパク質変異を利用する分析方法は現在では古典的な手法とみなされている。しかし、種特異的な変異が発見できる可能性があり、多数個体をわりあい簡単に分析できるという利点は筆者らの研究課題にとって大いに有効だと考えた。さらに他の研究への制約として、偶蹄類動物では口蹄疫という病気の汚染地域で採取した血液などの試料は日本に持ち帰ることが法律で禁止されている。また、グアナコやビクーニャのように絶滅の恐れがある野生の希少動物については輸出入に特別な許可が必要である。したがって、日本の実験室ではなく調査国に実験室をつくり、そこで分析結果を出すことを計画した。DNAを分析する実験環境は簡単には設けられないが、タンパク質の電気泳動分析をおこなう実験環境は比較的容易に設けることができる。野外調査地に近いところに実験室をつくり、そこで分析結果を出すというスタイルはこれからの海外調査でも必要になってくるだろう。[注11] 今回の分析では、血液タンパク質の電気泳動変異で、これまで分析されていないものや断片的な情報しかないものを中心に種に特徴的な変異を示す遺伝子を探すことができた。

はじめに分析したのはペルーのリマ市動物園のグアナコ、ビクーニャ、リャマ、アルパカ（各二個体）と、パンパガレーラス保護区のビクーニャ（一九個体）から採取した血液試料だった。血漿や赤血球のタンパク質を支配する一八種類のタンパク質遺伝子座を調べた結果、六種類の遺伝子座で個体変異を検出した[・文献26]（図5、6）。これらのタンパク質遺伝子座のうちトランスフェリン（Tf）、ビタミンD結合性タンパク質（Gc）、グルコン酸-六-リン酸脱水素酵素（PGD）はこれまでの研究でも変異が報告されている。[・文献19、20] 一方、ディアフォラーゼ（Dia）、エステラーゼD（EsD）、リンゴ酸脱水素酵素（MDH）では、はじめて各種の特徴にちがいがあることが明らかになった。とくに、DiaとEsD

ンデス高地における環境利用の特質に関する文化人類学的研究―ヒマラヤ・チベットとの比較研究」（基盤研究（A）、課題番号一三三七一〇一〇、二〇〇一～二〇〇四年度、代表者・山本紀夫）

注11　今回の研究では、調査隊関係者が長年お世話になっているペルーのリマ市にある天野博物館のご厚意で博物館の一画に実験場所を設けることができた。調査地で採取した血液試料をこの実験室へ持ち込み、順調に分析を進めることができたのは全面的に同博物館関係者ならびに機材の輸入にご尽力いただいた在ペルー日本大使館の関係者に負うところである。

文献26　Kawamoto et al. 2004.

は動物種の間でちがいが大きく、有効な標識になると予想できた。

図５には電気泳動で区別できた各種のタンパク質の表現型のちがいをまとめた。この中で、トラ

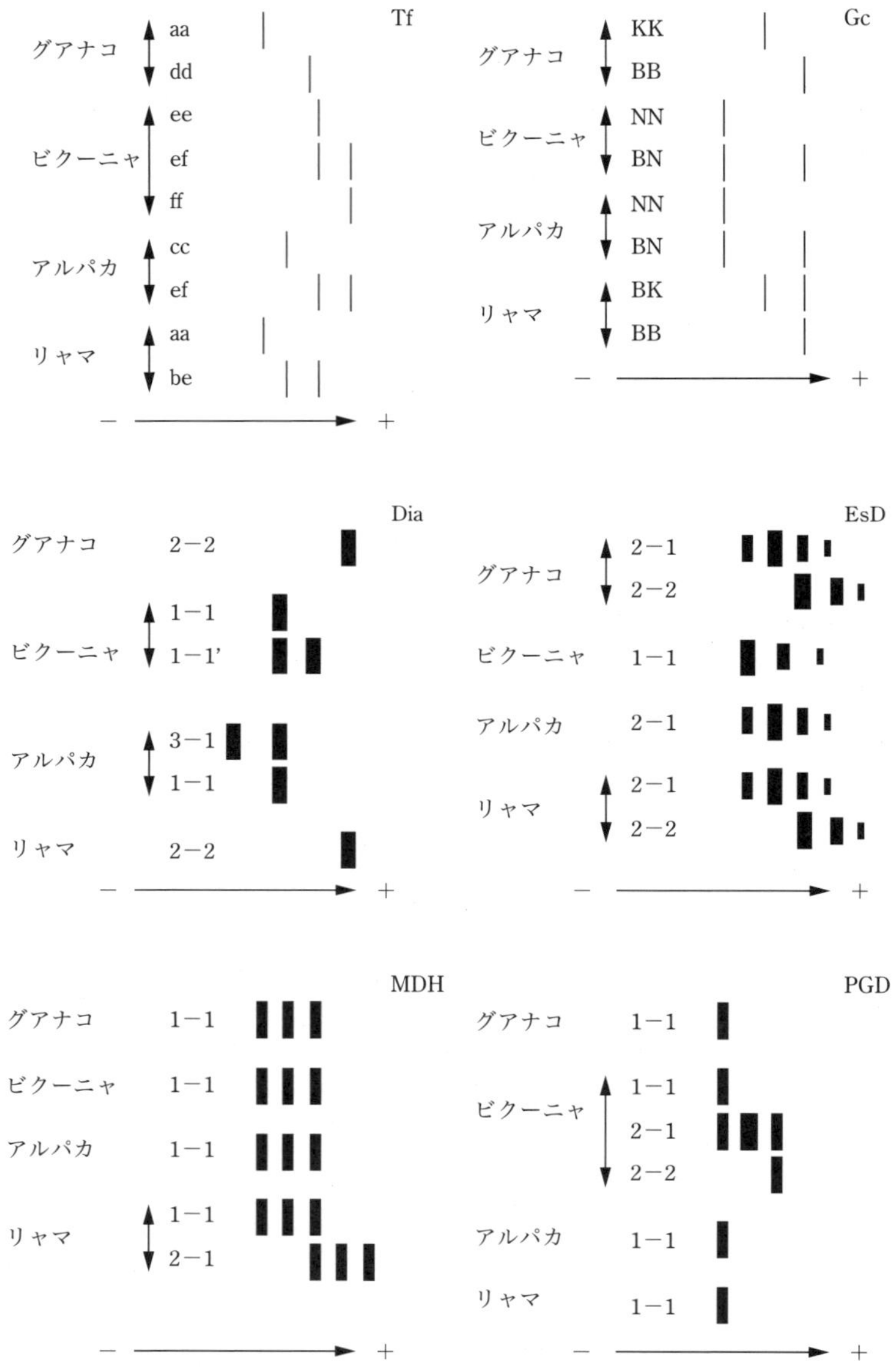

●**図５**　電気泳動法で区別できた血液タンパク質変異。血液タンパク質の電気泳動分析で検出できた個体変異の模式図。トランスフェリン（Tf）、ビタミンＤ結合性タンパク質（Gc）、ディアフォラーゼ（Dia）、エステラーゼＤ（EsD）、リンゴ酸脱水素酵素（MDH）、グルコン酸−六−リン酸脱水素酵素（PGD）の６種類にちがいが発見できた

ンスフェリン（Tf）では多数の対立遺伝子（同じ遺伝子座にあるタイプの異なる遺伝子）を検出した。このタンパク質遺伝子座に多数の対立遺伝子があることは以前の研究でも報告されており、[文献19] 系統関係を評価するには多くの検体をくらべる必要があると判断した。ビタミンD結合性タンパク質（Gc）では、Bタイプが四種に共通にみられる一方Kタイプはグアナコとリャマに、Nタイプはビクーニャとアルパカに、それぞれ特異的に検出できた。ディアフォラーゼ(Dia)ではグアナコ・リャマのグループとビクーニャ・アルパカのグループが区別できた。エステラーゼD（EsD）、リンゴ酸脱水素酵素（MDH）、グルコン酸-六-リン酸脱水素酵素（PGD）では共通する対立遺伝子が多くの検体で観察された。

図６には、一八種類のタンパク質遺伝子座の分析結果から四種類の遺伝子頻度を計算し、互いの近縁性を遺伝距離に基づく枝分かれ図で表した。この結果では、グアナコとリャマ、ビクーニャとアルパカの二グループが区別できた。アルパカはグアナコから離れた位置にあり、ビクーニャと近縁と判定されたことから多系起源説を支持する結果といえる。しかし、比較した動物種を代表する検体の数が少ないため、この分析に用いた遺伝子頻度推定値の誤差は大きく、この予備実験の結果だけでは系統関係の評価は不充分である。

さらにDNA標識の開発も試みた。母性遺伝するミトコンドリア遺伝子が標識としてすでに利用されているので、オス特異的に遺伝するY染色体遺伝子の変異を探すことにした。動物園で得た血液から抽出したDNA試料を許可をもらって日本に持ち出し、実験室で塩基配列を解読した。この分析では、Y染色体上にある *Sry* 遺伝子

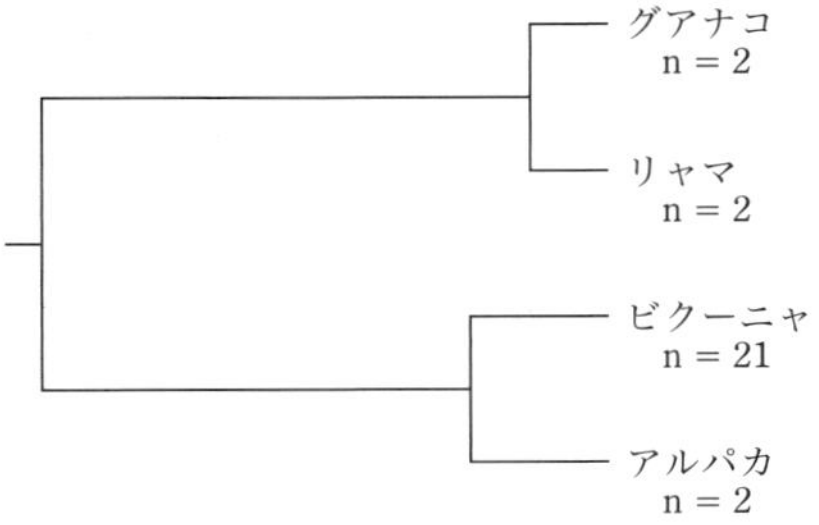

●図６　18種類の血液タンパク質遺伝子座の分析結果をもとに遺伝距離を計算して描いた４種のラクダ科動物の系統関係（文献26）。グアナコとリャマ、ビクーニャとアルパカの近縁性が予想できた。nは検体数を示す

を分析した。この遺伝子についてはドリューら[文献27]が塩基配列に種差があることを報告していた。そこで、リマ市動物園のオスについてこの遺伝子を調べたところ、四種とも同じ塩基配列を示し、既報と異なる結果になった。おそらく種内にある個体変異が原因と考えられる。種差を測る道具としてこの遺伝子標識は有効でないと判断し、これを利用した調査はおこなわないことにした。

文献27　Drew et al. 1999.

アンデス高地の調査

ミトコンドリア遺伝子やマイクロサテライトＤＮＡ以外の遺伝子標識として、血液タンパク質の変異が使える目処がたった。そこで、いよいよアンデス高地を巡って試料を集め分析することにした。いざ調査というところで、試料の採取計画が問題になった。中心調査地となったペルーでは近年道路網の発達がめざましく、物資運搬ではリャマに代わり自動車が使われるようになった。さらに、予備調査で巡った地域の一部では、毛の収量を増やすために毛質が悪くなることを承知で意図的にアルパカとリャマを交雑させる飼養者がいることを知った。そこで、試料を集める際には調査地を慎重に選ぶことが重要と考えた。

道路網発達の影響が少なく、伝統的な家畜の飼養方法を残している地域や、地方都市の祭りで開催される家畜の品評会、そして大学牧場などで交雑の影響を受けずに飼育されている純粋なリャマやアルパカを探すことにした。また、逆に交雑による撹乱を受けていそうな地域で標識遺伝子がそうした実態を反映する結果を出すかについても調べるよう計画した。

二〇〇三年の調査ではリャマとアルパカに重点をおき、ペルーのアレキパ県のプイカ村周辺で観察と試料採取の調査をおこなった[文献28]（図7）。この地域を選んだ理由は、稲村[文献29]の長期研究により牧畜の実態が詳細にわかっており、近代化の影響が少なく伝統的な生活習慣を残していたからである。調

文献28　Kawamoto et al. 2005.
文献29　稲村　一九九五。

査をおこなった一〇月は高地で家畜を飼う時期にあたり、標高四八〇〇メートル付近でリャマ四五、アルパカ六五、ワリ（リャマとアルパカの交雑個体）八の試料を得た（写真1）。この試料のほかに、共同研究者である帯広畜産大学の本江昭夫教授と藤倉雄司氏の尽力でボリビアのティワナクとサンタクルス、アルゼンチンのブエノスアイレスで集めたグアナコ計二〇、リャマ計二五、アルパカ計三〇を分析した。さらに、二〇〇二年にペルーのプノの品評会で採取したリャマ一五とアルパカ一〇、ならびに人為撹乱（交雑）の可能性がある同地のアルパカ一〇についても分析をおこなった。

　血液タンパク質の三遺伝子座（*EsD*、*PGD*、*Dia*）の変異をもとに種内、種間の近縁性をくらべてみた。図8は遺伝子の頻度から、調査した集団の近縁関係を多変量解析（主成分分析）で評価し散布図にした結果である（図中の集団略称については表3を参照）。第一主成分軸（図中のX軸）方向に現れた集団のちがいでは、グアナコ（アルゼンチンとボリビア）とビクーニャ（ペルーのパンパ・ガレーラス）を両極として調査した集団が散在している。家畜種と野生種の関係に注目すると、リャマの三集団はすべてグアナコに近縁な位置にあり、アルパカでは五集団のうち三つがビクーニャに近縁な位置にあるが、二つは外れた位置にある。外れているうちの一つは交雑の影響があると予想したプノのアルパカ集団（略称APA）である。この集団はリャマとアルパカの交雑家畜であるワリと似た位置に

●図7　リャマとアルパカの調査をおこなったアレキーパ県のプイカ村周辺の地図。分析に使った血液試料は星印のカピーリャとハチュで採取した

あり、グアナコとビクーニャの中間的な位置を占めた。したがって、このアルパカ集団には予想したような交雑の影響があると考えて矛盾がない。もう一つの例外はボリビアのティワナクで得たアルパカ集団（略称ABL）で、第二主成分軸（図中のY軸）方向で他から大きく外れた位置になった。この原因は不明だが、ボリビアのアルパカがペルーのアルパカと遺伝子構成に

●**写真１**　調査風景。アレキーパ県ハチュ（標高四七八〇メートル）での採血作業

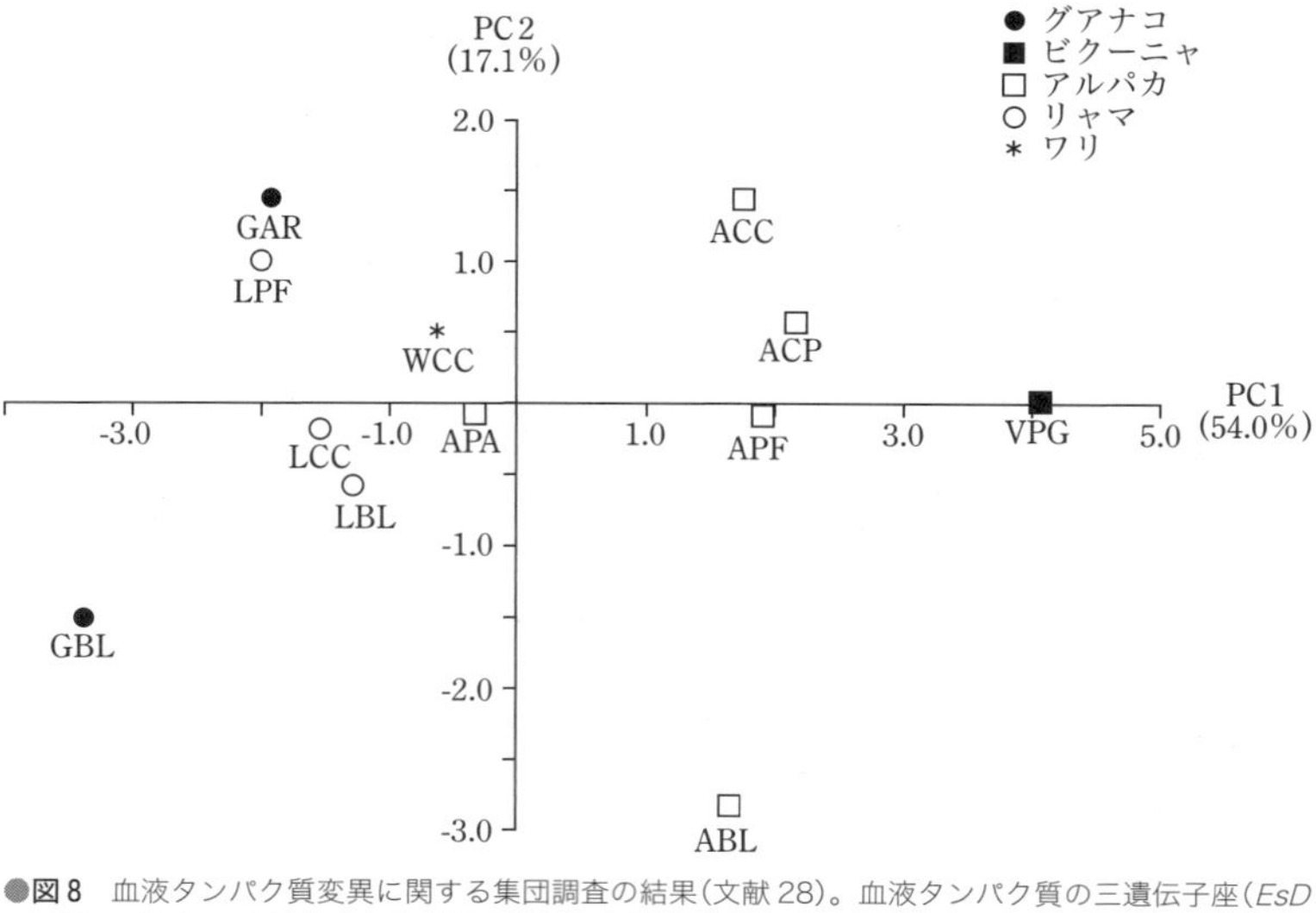

●**図８**　血液タンパク質変異に関する集団調査の結果（文献28）。血液タンパク質の三遺伝子座（*EsD*、*PGD*、*Dia*）の変異をもとに種内、種間の別地点（アルファベットで表記）の近縁性をくらべた結果。遺伝子頻度の推定値から、主成分分析で各集団の関係を散布図として描いた。ワリはリャマとアルパカの交雑家畜を意味する。集団の略称については表３を参照

ちがいがあることは、家畜に（さらには野生種でも？）地域的な遺伝的分化があることを示唆する結果で興味深い。野生種の地域分化については、図９でくらべたグアナコの二集団（ボリビアとアルゼンチン）にもある程度ちがいが認められたが、そのちがいはアルパカの例にくらべれば小さい。

アルパカで認めた二つの例外のうち後者の原因は今後検討を要する問題であるが、図９に描かれた関係を総合的に評価すると二種の家畜と二種の野生種の関係について結論が下せるように思う。つまり、グアナコとリャマ、ビクーニャとアルパカがたがいに近縁であり、野生の二種間の遺伝子構成には大きなちがいがある。しかし、家畜化の過程に交雑が関与したかについては明確な結論を出すことができない。ミトコンドリア遺伝子やマイクロサテライトDNAで指摘された傾向は今回の調査結果でも支持でき、野生種と家畜種の遺伝的近縁性から南米ラクダ科家畜の起源は多系的と考えられる。

表３には調査した集団の遺伝的変異性(注12)をまとめた。この結果では、家畜種にくらべ野生種の変異性が低い傾向がうかがえる。もし先に予想した起源の異なるリャマとアルパカの間で交雑が進んでいるなら、この

表３　血液タンパク質３遺伝子座の分析から推定した集団の遺伝的変異性（平均ヘテロ接合率）

動物種	集団（国名）	略称	試料数	平均ヘテロ接合率
グアナコ	ブエノスアイレス（アルゼンチン）	GAR	10	0.132
	サンタクルス（ボリビア）	GBL	3	0.000
ビクーニャ	パンパ・ガレーラス（ペルー）	VPG	19	0.092
アルパカ	ティワナク（ボリビア）	ABL	10	0.217
	カピリャ（ペルー）	ACP	16	0.128
	ハチュ（ペルー）	ACC	49	0.167
	プノ１（ペルー）	APA	10	0.333
	プノ２（ペルー）＊	APF	10	0.245
リャマ	ティワナク（ボリビア）	LBL	10	0.220
	ハチュ（ペルー）	LCC	44	0.245
	プノ（ペルー）＊	LPF	15	0.153
ワリ＊＊	ハチュ（ペルー）	WCC	7	0.221

＊　祭りの品評会にて採取した試料
＊＊　リャマとアルパカの交雑家畜

変異性が高くなるはずである。人為的撹乱の恐れがあると予想したプノのアルパカ集団（略称APA）ではこの変異性がもっとも高い値になり、リャマとの交雑の予測を裏づける結果となった。

筆者らの調査からリャマやアルパカには地域や飼養状況による遺伝子構成のちがいがあることがわかってきた。古くからの飼養習慣を残しているプイカ周辺で調べた家畜の集団と、都市化しつつあるプノ周辺の地域で調べた家畜の集団で遺伝子変異性や野生種からのちがいといった性質にちがいが認められた。こうしたちがいは先に述べたように近代化にともなう交通網の発達、運搬用リャマの需要低下、アルパカの毛の収量増加を意図した交雑に原因があるだろう。

近年の人為撹乱による交雑が進む状況で遺伝学調査を進めることは容易でない。一方で野生種の方は絶滅を危惧した保護により個体数を回復しており、ビクーニャは伝統猟法「チャク」を利用して新たに資源として利用されるようになった。ビクーニャの資源価値が再認識され、保護区の整備や他所への移植も盛んになっている。こうしたリャマやビクーニャの利用変化は、新たな遺伝的変化の引き金になると考えられ、遺伝子の特徴から系統関係や起源を評価する研究は今後一層むずかしさを増すように思う。

筆者らの調査結果は以下のようにまとめることができる。

①タンパク質遺伝子の新標識を使い、野生種と家畜種をくらべたところ、リャマはグアナコに、アルパカはビクーニャに近縁性を示した。

②タンパク質遺伝子で測った各種の近縁関係が野生種の系統や家畜化を反映するなら、ラクダ科動物は単系的ではなく多系的に家畜化されたと予想される。しかし、家畜化の過程で交雑が関係したかはいまのところ不明である。

③ペルーでは近代化や都市化と関係する地域的な集団のちがいが認められた。系統関係や家畜化起源を遺伝学的に調査にすることは人為撹乱で今後一層むずかしくなると考えられる。

注12　ヘテロ接合率で測った値を示した。ヘテロ接合とは、対立遺伝子（同じ遺伝子座にある遺伝子）の組み合わせが違っている状態で、ＡＢとかＡＣといった形で一個体に一つずつ認められる状態を意味する。ヘテロ接合率とは調査する動物の集まりの中でのヘテロ接合個体の比率を意味する。この比率が高いほど集団レベルの遺伝的変異性が高いと評価できる。

これからの課題

遺伝子による系統や家畜化の研究は今後さらに標識を増やして検証を深めることに加え、地域集団の比較調査を進めてゆくことが大事であろう。道路網の発達や近代化が進むにつれて、人間と家畜の関係は変化している。「チャク」のような野生種の利用が進むにつれて、新たな家畜化ともよべるような変化が起きつつある（本章二節）。保護区を囲ってビクーニャの個体群を管理し、他地域へ移植するといった人間活動は動物を変化させる。系統や起源の研究とは別に、こうした変化について遺伝子を使ったモニタリングをすることも今後の研究課題といえよう。

家畜化の検証を遺伝学的手法でさらに進める方法として、遺跡から出土する獣骨に残る遺伝子の分析が有効だろう。血液タンパク質の分析はできないが、ミトコンドリア遺伝子の配列は分析可能であり、考古学の研究成果に遺伝学の情報を重ねた評価から新しい発見が期待できる。時間に関係するこのような問題を物証で究明するためには、現生の動物のもつ性質、多様性や人間との関係についてフィールドをベースに情報を集める研究の蓄積が重要であり、撹乱の拡大を考えるとこうした研究は早急に進める必要がある。

引用文献

Agenbroad, L. D. 1984 New World Mammoth Distribution. In: *Quaternary Extinctions: A Prehistoric Revolution*, Martin PS and Klein RG（eds.）, The University of Arizona Press, Tucson, pp. 90–108.

Bianchi, N. O., Larramendy, M. L., Bianchi, M. S., Cortes, L. 1986 Karyological conservatism in South American camelids. Experientia, 42: 622–624.

Bunch, T. D., Foote, W. C., Maciulis, A. 1985 Chromosome banding pattern homologies and NORs for the bactrian camel, guanaco and llama. Journal of Heredity, 76: 115–118.

Cook, O. F. 1919 Domestication of animals in Peru. Journal of Heredity, 10: 176–181.

Darwin, C. 1868 *The Variation of Animals and Plants under Domestication* (publication in 1998, The Johns Hopkins University Press, Baltimore and London).

Dillehay, T. D. 1999 The late Pleistocene cultures of South America. Evolutionary Anthropology, 7: 206–216.

フローレス・オチョア、F・K・マックァリー、J・ボルトゥス『アンデスの宝——その貴き動物たち　第2巻』(村岡佳子訳) 一九九五年リーフ。

Gray, A. P. 1972 *Mammalian Hybrids 2nd ed.*, Commonwealth Agricultural Bureaux, Slough, England.

Hemmer, H. 1975 Zur Herkunft des Alpakas. Zeitschrift des Kölner Zoo, 18: 59–66.

Hemmer, H. 1990 *Domestication: The Decline of Environmental Appreciation*, Cambridge University Press, Cambridge.

Herre, W. 1952 Studien über die wilden und domestizierten Tylopoden Südamerikas. Der Zoologische Garten, 19: 70–98.

Hsu, T. C., Benirschke, K. 1967 *An Atlas of Mammalian Chromosomes*, Vol. 1, Folio 40, Springer-Verlag, New York.

Hsu, T. C., Benirschke, K. 1974 *An Atlas of Mammalian Chromosomes*, Vol. 8, Folio 389, Springer-Verlag, New York.

稲村哲也『リャマとアルパカ——アンデスの先住民社会と牧畜文化』花伝社、一九九五年。

Juneja, R. K., Penedo, M. C., Larsson, H. E., Gahne, B., Bowling, A. T. 1989 Two-dimensional electrophoresis of the plasma proteins of alpacas and llamas: Genetic polymorphism of α_1B-glycoprotein and three other proteins. Animal Genetics, 20: 395–406.

Kadwell, M., Fernandez, M., Stanley, H. F., Baldi, R., Wheeler, J. C., Rosadio, R., Bruford, M. W. 2001 Genetic analysis reveals the wild ancestors of the llama and the alpaca. Proceedings of the Royal Society of London. Series B. Biological Sciences, 268: 2575–2584.

Kawamoto, Y., Hongo, A., Toukura, Y., Inamura, T., Yamamoto, N., Sendai, Y., Torii, E. 2004 A preliminary study on blood protein variations of wild and domestic camelids in Peru. Report of the Society for Researches on Native Livestock, 21: 297–304.

Kawamoto, Y., Hongo, A., Toukura, Y., Kariya, Y., Torii, E., Inamura, T., Yamamoto, N. 2005 Genetic differentiation among Andean camelid populations measured by blood protein markers. Report of the Society for Researches on Native Livestock, 22: 41–51.

Lang, K. D., Wang, Y., Plante, Y. 1996 Fifteen polymorphic dinucleotide microsatellites in llamas and alpacas. Animal Genetics, 27: 293.

Mariasegaram, M., Pullenayegum, S., Ali, M. J., Shah, R. S., Penedo, M. C. T., Wernery, U., Sasse, J. 2002 Isolation and characterization of eight microsatellite markers in *Camelus dromedaries* and cross-species amplification in *C. bastrianus* and *Lama pacos*. Animal Genetics, 33: 385–387.

Martin, P. S. 1973 The discovery of America. Science, 179: 969–974.

Martin, P. S. 1984 Prehistoric overkill: The global model. In: *Quaternary Extinctions: A Prehistoric Revolution*, Martin PS and Klein RG (eds.), The University of Arizona Press, Tucson, pp. 354–403.

McPartlan, H. C., Matthews, M. E., Robinson, N. A. 1998 Alpaca microsatellites at the VIAS A1 and VIAS A2 loci. Animal Genetics, 29: 158–159.

Meltzer, D. J. 1997 Monte Verde and the Pleistocene peopling of the Americas. Science, 276: 754–755.

Miller, G. S. 1924 A second instance of the development of rodent-like incisors in an artiodacyl. Proceedings of the US National Museum, 66: 1–4.

Miller, W. J., Hollander, P. F., Franklin, W. L. 1985 Blood typing South American camelids. Journal of Heredity, 76: 369–371.

Novoa, C., Wheeler, J. C. 1984 Lama and alpaca. In: *Evolution of Domesticated Animals*, Mason IL (ed.), Longman, London, pp. 116–128.

Obreque, V., Coogle, L., Henney, P. J., Bailey, E., Mancilla, R., Garcia-Huidobro, J., Hinrichsen, P., Cothran, E. G. 1998 Characterization of 10 polymorphic alpaca dinucleotide microsatellites. Animal Genetics, 29: 461–462.

Obreque, V., Mancilla, R., Garcia-Huidobro, J., Cothran, E. G., Hinrichsen, P. 1999 Thirteen new dinucleotide microsatellites in alpaca. Animal Genetics, 30: 397–398.

Ojasti, J. 1996 *Wildlife Utilization in Latin America: Current Situation and Prospects for Sustainable Management.*

(*FAO Conservation Guide - 25*), FAO of the United Nations, Rome.

Penedo, M. C. T., Fowler, M. E., Bowling, A. T., Anderson, D. L., Gordon, L. 1988 Genetic variation in the blood of llamas, *Llama glama*, and alpacas, *Llama pacos*. Animal Genetics, 19: 267–276.

Penedo, M. C. T., Juneja, R. K. 1989 Polymorphic plasma postalubumin (Po) of llamas and alpacas identified as Gc protein. Animal Genetics, 20: 221–223.

Penedo, M. C. T., Caetano, A. R., Cordova, K. I. 1999a Eight microsatellite markers for South American camelids. Animal Genetics, 30: 166–167.

Penedo, M. C. T., Caetano, A. R., Cordova, K. I. 1999b Six microsatellite markers for South American camelids. Animal Genetics, 30: 399.

Sarno, R. J., David, V. A., Franklin, W. L., O'Brien, S. J., Johnson, W. E. 2000 Development of microsatellite markers in the guanaco, *Lama guanicoe*: utility for South American camelids. Molecular Ecology, 9: 1922–1924.

Schurr, T. G., Sherry, S. T. 2004 Mitochondrial DNA and Y chromosome diversity and the peopling of the Americas: Evolutionary and demographic evidence. American Journal of Human Biology, 16: 420–439.

Semorile, L. C., Crisci, J. V., Vidal-Rioja, L. 1994 Restriction site patterns in the ribosomal DNA of Camelidae. Genetica, 92: 115–122.

Skidmore, J. A., Billah, M., Binns, M., Short, R. V., Allen, W. R. 1999 Hybridizing Old and New World camelids: *Camelus dromedaries* × *Lama guanicoe*. Biological journal of the Linnean Society of London B, 266: 649–656.

Stanley, H. F., Kadwell, M., Wheeler, J. C. 1994 Molecular evolution of the family Camelidae: A mitochondrial DNA study. Proceedings of the Royal Society of London. Series B. Biological Sciences, 256: 1–6.

Tomka, S. A. 1992 Vicuña and llamas: Parallels in behavioral ecology and implications for the domestication of Andean camelids. Human Ecology, 20: 407–433.

Vidal-Rioja, L., Zambelli, A., Semorile, L. 1994 An assessment of the relationships among species of Camelidae by satellite DNA comparisons. Hereditas, 121: 283–290.

Wheeler, J. C. 1982 Aging llamas and alpacas by their teeth. Llama World, 1: 12–17.

Wheeler, J. C. 1991 Origen, evolución y satus actual. In: *Avances y Perspectivas del Conocimiento de los Camélidos Sudamericanos*, Fernández-Baca (ed.), Santiago, FAO, pp. 11–48.

Wheeler, J. C. 1995 Evolution and present situation of the South American Camelidae. Bilogocal Journal of the Linnean Society, 54: 271–295.

Wheeler, J. C., Russel, A. J. F., Redden, H. 1995 Llamas and alpacas: Pre-conquest breeds and post-conquest hybrids. Journal of Archaelogical Science, 22: 833–840.

第三章七節

ラクダ科動物の毛を利用した染織文化

Emiko Torii
鳥居恵美子

アンデス高地で育てられたアルパカの毛は、その質が高く評価され、世界的に有名になった。そのため、現在アルパカの毛は仲買人をとおして工場へ運ばれ、アンデスの特産品となるコートやセーター、マフラーなどになっている。しかし、アンデス高地では依然としてインカあるいはそれ以前からの伝統的な機織りを続けて暮らしている人びとがいる。彼らの生活の中に残る習慣をとおして、ここではラクダ科動物の毛を利用したアンデスの伝統的な染織文化の特色を探ってみよう。

古代アンデス社会における織物と獣毛

古代アンデス文明というと、まずマチュピチュ遺跡に残る壮大な建築物やナスカのパンパ平原に描かれた地上絵などを思いおこす人びとが多いようだが、ここで生まれた豊かな染織文化も忘れることができない。それというのも、アンデスでは三〇〇〇年以上も昔から豊かな染織文化の花がひらき、さまざまな技法を駆使した素晴らしい織物が作られてきたからである。そして、幸いなことに、今から一〇〇〇年も二〇〇〇年も前の織物を博物館などで見ることができるのである(写真1)。

このような織物のほとんどはペルーの海岸地帯で出土したものである。そこは年間降雨量がわずか二五ミリメートルほどしかない砂漠地帯であり、ほとんど雨が降らないので腐りやすい織物が保存されたのである。じつは、繊維製品は乾燥にも弱いが、これもペルーの海岸地帯特有の気候のおかげで防ぐことができた。ペルーの海岸砂漠は、沖合を流れるフンボルト寒流と標高の高いアンデス山脈が織り成す深い霧のおかげで、染織品や木製品が埋められた当時のまま保存されうる適度な湿度を保ってきたのである。

一方、アンデス山岳地帯と東斜面の熱帯雨林地域ではかなりの降雨があるため、大地に埋められた染織品や木製品の類はほとんど残ることがなかった。そのため、これらの地域では古い時代の織物はほとんど残されていない。しかし、アンデスの低地部では綿が織物のおもな材料となり、アンデス高地ではラクダ科動物の毛（獣毛）が欠かせない素材となっていったことは明らかである。

ペルーの海岸では今から約三〇〇〇年前の古い遺跡から獣毛が出土しはじめる。古いものは紀元前一三〇〇年頃のオスマ川河口付近のアシア遺跡から出土したもので、木綿製品の中に染められた獣毛の糸が少し発見されている。[文献1] 紀元前八〇〇年ごろのチャビン時代になると、獣毛を利用した痕跡がわずかにみられるようになる。そして、紀元前五〇〇年以降のペルー南部海岸に位置するパラカス文化の遺跡からは、獣毛をふんだんに使った極彩色の染織品が出土するようになる。おそらく、当時のペルーでは海岸地帯とアンデス高地との交易が盛んにおこなわれていたのであろう。獣毛の

●**写真１**　パラカス文化の小貫頭衣。ペルー国立人類学考古学博物館所蔵

文献１　Engel 1963.

繊維は綿のそれにくらべて染料を容易に吸収定着させることができるので、獣毛の大量使用は染織技術の発展に大きな役割を果たしたにちがいない。このことから、ラクダ科動物の家畜化とアンデスの染織文化の発展には大きな関係があるのではないかと推察される。

このパラカス時代の染織品の中で際立っているのが、平織り地に多彩色の細い糸で細かく意匠を刺繍した作品群である（写真1、2）。その後に続くナスカ文化でも獣毛糸にて色彩豊かな染織品が数多く作られ、染織技術はアンデス文明のなかでもっとも発達した。そして、アンデスの織り技術はインカの時代まで発展し続けたのである。

伝統的な糸紡ぎ

ではここで、獣毛が織物になるまでの最初の工程である糸を作る方法を見てみよう。

アンデスでは、糸紡ぎ用に刈り取った獣毛は、洗わず汚れを手で丁寧に取り除いていく。動物特有のにおいは残るものの、毛についている脂が紡ぎを助け、また脂は織物に防水効果をもたらしてくれる。しかし近年では、民芸品として染織品を販売する人びとは原毛を洗うようになってきた。洗濯用の粉石鹸を使って湯で洗浄するため毛からは脂が落ちて随分と紡ぎにくくなるが、匂いが取れ、何よりも白色の毛を均一に染色することができるようになる。

●**写真2**　パラカス文化の刺繍。貫頭衣の首の部分。ペルー天野博物館所蔵

アンデスでは梳毛機《そもうき》（注1）を使わず両手で繊維を伸ばし、ほぐしながら毛の流れを均一に整えて（梳《そ》毛《もう》）太い紐状にしていく。しかし、汚れを落とした柔らかく質のよいアルパカの毛は、ほぐしただけで簡単に糸紡ぎができる。

現在、スペイン期以降ヨーロッパよりもたらされた糸車を利用する者もいるが、ほとんどの家庭では細い棒に錘《おもり》をつけた簡単な紡錘《ぼうすい》（注2）を使う。女性は移動中や話中でもしばしば紡錘を使って糸を紡いでいる。アンデスの村々を旅すると、そのような光景をよく目にする（写真3）。アンデス高地の村の子どもたちも、紡錘を遊び道具として慣れ親しみ、小さいころから糸紡ぎを覚える。女の子だけでなく、男の子も糸紡ぎを覚えるのだ。そして、女性が忙しいときには、男性も糸紡ぎを手伝う。

糸紡ぎの原理は簡単で、紡錘棒の頭に繊維を絡みつけ、垂直に保ちながら時計回りに回転させると、左撚《よ》り（Z撚り）の単糸《たんし》（注3）ができる（垂直法）（注4）。逆に回すと右撚り（S撚り）の単糸ができる。持つ方と反対側の紡錘棒の先に繊維を絡みつけ、水平に保ちながら時計回りに回転させると、右撚り（S撚り）の単糸ができる（水平法）。逆に回すと左撚り（Z撚り）の単糸ができる。単糸二本を一緒に単糸の撚りとは逆方向に回転させて撚り合わせると、丈夫な双糸《そうし》（注5）ができる。

ちょうど、コマを回すように、右手の親指と人差し指、中指に挟んだ紡錘棒を楽に回転させられる方向は時計回りの方向である。（注6）ペルーアンデス北部では、紡錘を水平に持って紡績することが多

●**写真3**　チンチェーロ村（クスコ）の女性の糸紡ぎ

注1　毛の流れを一定の方向にする櫛。遺跡から出土する遺物の中に、現在でも熱帯雨林地域で利用されているような櫛がある。もしかしたら、古代においてはそれらを利用していたかもしれない。

注2　つも、つむともよばれる。糸紡ぎをする道具で、古くから世界中で使われてきた。二〇～三〇センチメートル、または、さらに長い棒（紡錘棒）に、紡錘車とか駒とよばれる錘をつけている。他の地域では、長い紡錘棒をももやすねに当て、手で回転させて撚りをかける方法もある。

注3　短繊維を並べて、左右いずれかの一方向に撚りを加えてできた一本の糸のこと。片撚（かたよ）り糸（いと）ともいう。

注4　垂直方では、紡錘の先を地面や受け皿にたてて、回転させて撚る方法もある。

いためか、S撚り単糸二本をZ撚りした双糸で、南部では垂直法が主流なのだろう、Z撚り単糸二本をS撚りした双糸で織物が織られていることが多く、中部ではその両方が混在している。この習慣は、伝統的に古代より受け継がれているようである。[文献2]

このような女性たちの糸紡ぎを見ていると、「あんたもやってみるかい」という声が必ずかかる。わたしは、アンデス伝統の織物の勉強をはじめたころ、糸紡ぎができなければ織物は学べないといわれ、先生について学んだことがあった。慎重に糸紡ぎをしていると「なかなか上手に紡げるじゃあないか」などと褒められ、調子に乗り過ぎて決まってプツリと糸が切れた。獣毛の繊維は細くて絡みやすいが、切れた先端をほぐせばまた元どおりに紡ぐことができる。アンデスの女性たちは切れた糸と繊維を手に取ると、瞬く間に双方の繊維を絡ませ再び細い糸を紡ぎはじめる。織物を織っている最中、やむを得ず切れた糸は結んで繋げられるが、糸紡ぎの最中に切れた糸を結ぶことは厳禁である。経糸《たていと》に結んだ玉があれば、糸の操作がスムーズにいかなくなる。また、織りあがりは、美しさに欠けるようになってしまう。良質の織物を織るためには、均一に紡がれた糸が必要不可欠なのである。

糸紡ぎのための道具や方法などは、ペルー国内でも地域により異なっている。糸紡ぎをする際、準備をした毛の繊維(注7)を紡錘竿《ぼうすいざお》につけ、それを脇に抱えて紡ぐのはカハマルカ地方など北部山岳地帯である。左手に持ったYの字型の紡績竿に太い紐状の繊維を絡ませるのは、アヤクーチョ、アプリマック地方などの中部山岳地帯である。準備した綿の繊維(注8)を体から離れた棒につけているのはピウラやチクラヨ地方などの北部海岸地帯であり、中央熱帯雨林地帯のシピボ族では太く長い帯状にした綿の繊維を左手で持ち、南部のアンデス高地では左の手首に巻きつけている（写真3）。そして、繊維の繰り出し方もそれぞれ特徴的となる。

紡錘車となる錘には、紡ぐ糸の太さにより使い分ける大小異なった木製、石製、土器製、骨製の物などさまざまあるが、地方によっては錘になるものは家庭の台所から出る野菜の切れ端でも、道

注5　単糸二本からできている糸。二子糸（ふたこいと）ともいう。単糸を二本以上あわせて、元の撚りと反対方向の撚りをかけた糸を諸糸（もろいと）という。

注6　左手で持つときには逆方向になる。糸紡ぎは基本的に右手に紡錘を持ち、左手に紡錘竿（ぼうすいざお）、または繊維を保持し紡績していく。ほとんどの紡ぎ手は右利きだが、時折左利きの紡ぎ手に出くわすことがある。カハマルカのラ・コンガ村、アプリマックのオンゴイ村、クスコのウイヨク村で出会った左利きの紡ぎ手は、右手に繊維を持ち、左で紡錘棒を持ち、右で紡ぐのと同方向に紡錘を回させ糸紡ぎをしていた。また、クスコのウイヨク村で出会った別の左利きの紡ぎ手は、左手に持つ紡錘棒を回転させる時、右とは逆の方向に紡いでいた。もう一人別の左利きの紡ぎ手は、右手に紡錘棒を持ち、右利きの紡ぎ手と同じように糸を紡いでいた。

文献2　Wallace 1973, 中島一九七〇。

注7　ここでは、梳毛後の(羊)毛を布状にし、円柱形にまとめたもの。

注8　ここでは、逆円錐型に

で取れる木の実でも何でも利用している。織機の性質上、経糸とする糸は強い張りや綜絖《そうこう》（緯糸を通すために経糸を上下に開く装置）の開口操作による摩擦に耐えうる必要があるので、強度が求められる。それゆえに、アンデスでは強撚糸《きょうねんし》(注9)が紡がれてきた。その上、細く均一に紡がれた糸は上質の織物に仕上がるというだけではなく、細い糸でぎっしりと目の詰まった織物は風をとおしにくくし、撥水性《はっすいせい》(注10)に富み、そして使い心地のよい織物となる。

古代アンデスにおいては、ワリ時代(注11)の染織品の特徴の一つに、極細の強撚糸を撚り、それを双糸にした糸で作られた綴れ織りがある。どの織物も美しく鮮やかな色をもち、たいへん薄い仕上がりとなっている。その中には、一インチ間に三〇〇〜四〇〇本近くもの緯糸《よこいと》を打ち込んでいる作品があり(注12)、染織品の薄さには目を見張るものがある。当時の職人の技術の高さをうかがい知ることができる。

まとめ、紐で縛られている形をとっている。

注9　回転数が一〇〇〇〜三〇〇〇回／メートルと高く、強い撚りが掛かった細い糸。

注10　織物などの布地が、表面で水をはじく性質。

注11　現在のペルー、アヤクチョ県を首都に、ペルーを中心とする海岸地帯と山岳地帯を統一した文化。八〜一〇世紀ごろ栄える。

注12　ペルーの天野博物館、ラルコ・エレーラ博物館所蔵。

伝統的な染色

古代よりアンデスでは、植物や動物、または鉱物の染料や色を定着させるための媒染剤《ばいせんざい》を利用して、繊維を美しい色に染め上げていた。糸紡ぎの前に染色すると染め斑《むら》ができやすく、糸紡ぎの後の繊維に染色すると、糸を均一に染めることができる。しかし、古代においてはそのどちらの方法もとられていたようだ。植物染料には、さまざまな植物の樹皮や葉、果実、根などが利用された。藍(注13)や茜を含む植物、コセンダングサ、ノウゼンカズラ科の植物、ベニノキ、地衣類、ペルー胡桃などがある。動物性染料には、赤色から紫色系統の色を出すコチニールというカイガラムシの一種（写真４）、またアクキガイ科のアワビモドキのパープル線、イカの墨がある。コチニールは現在でも染色に使われるが、ペルーではすでにアワビモドキやイカの墨による染めの伝統は途絶えてし

注13　藍（*Indigofera suffruticosa* Mill）、茜を含む植物（*Genipa oblongfolia* R＆P）、コセンダングサ（*Bidens polosa* L）、ノウゼンカズラ科の植物（*Arabidaea chica*

まった。媒染剤には鉄分を含んだ鉱物、硫酸鉄、硫酸銅、明礬や石灰、またコショウボクやキヌアの灰や尿などが使われてきた。

　このような染料で染められたのは、紡がれた糸ばかりではなかった。古代の染織品の中には手描き染めの作品、絞り染め（写真５、６）、防染染めなどの作品もある。(注14)

　一九～二〇世紀に化学染料が入ってくると瞬く間に天然染料に取って代わり、アンデス地域から伝統的な染色が消えていった。その後、天然染料による染色を復活させる援助の手が入り、現在で

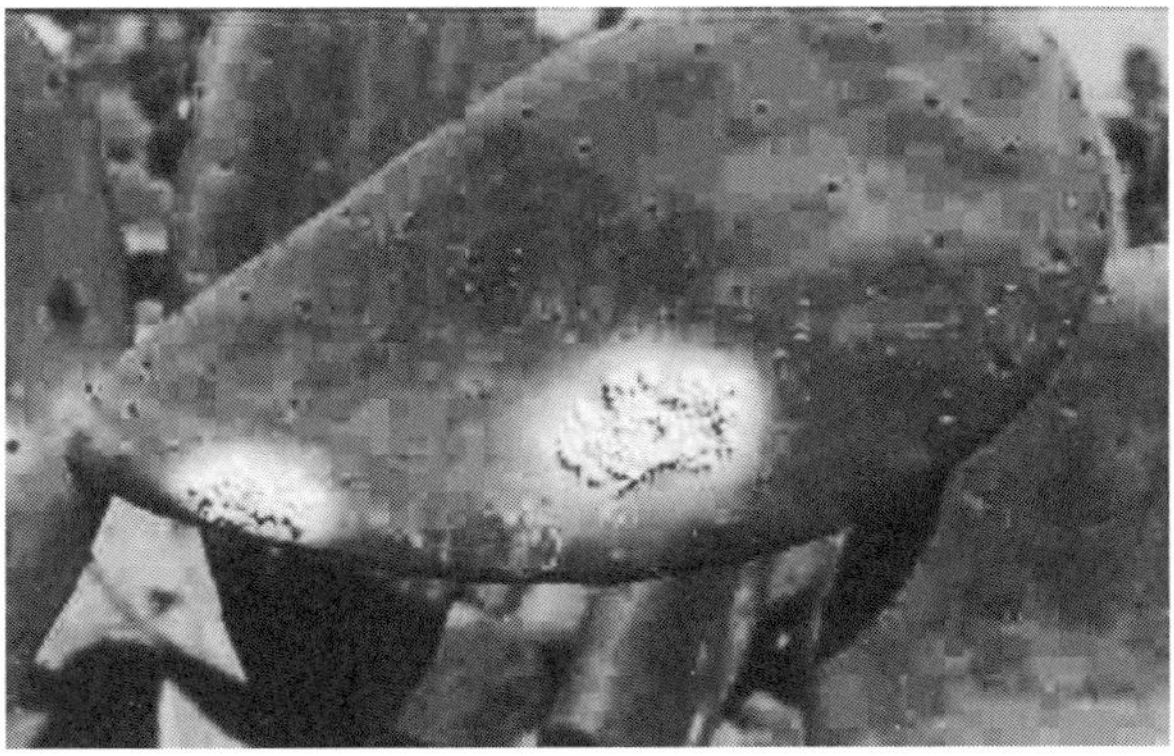

●**写真４**　ウチワサボテンで育つコチニール

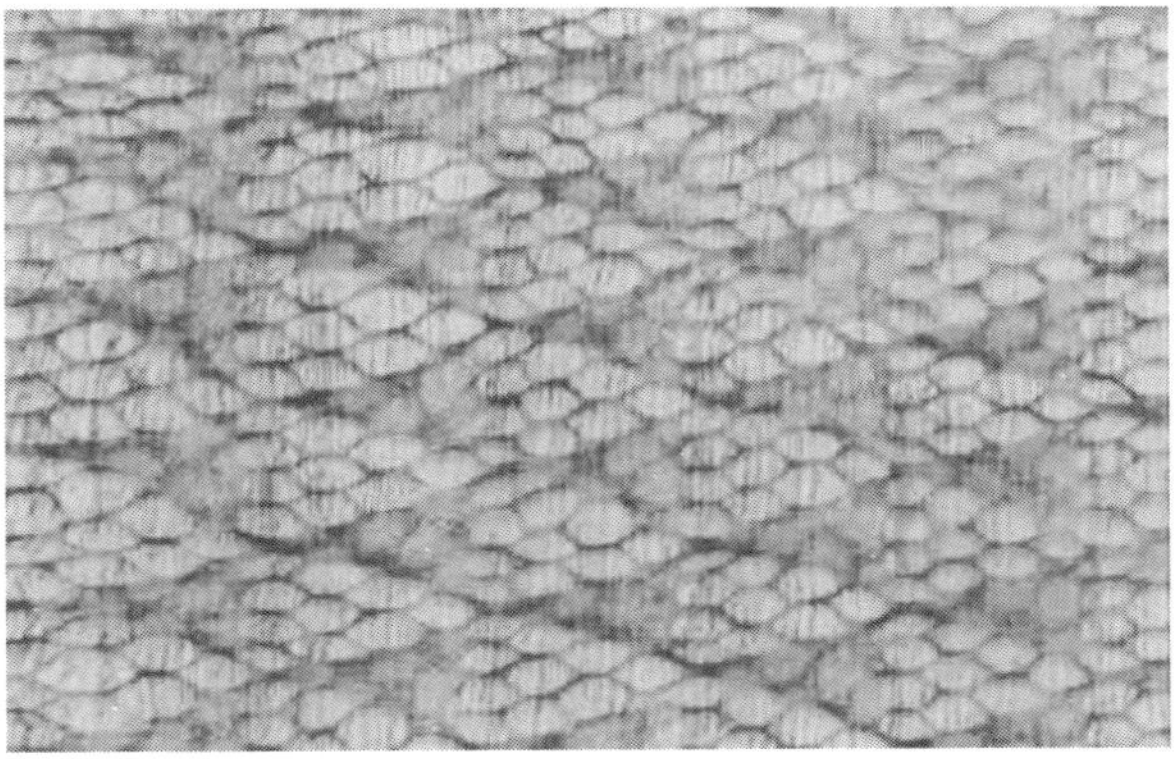

●**写真５**　チャンカイ文化の羅織りに絞り染め（徳光ゆかり撮影 © Museo Amano）

●**写真６**　チャンカイ文化の絞り染め。ペルー天野博物館所蔵

エ＆B)、ベニノキ（*Bixa rellana* L.）、地衣類(Parmelea Americana)、ペルー胡桃(*Juglans neotropica* Diels)、コチニール(*Dactilopius coccus*)、アワビモドキ(*Concholeppas* sp.)、イカ(*Sepia officinalis*)、コショウボク(*Schinus molle* L.)。

は新たに天然染料による染色を復活させている村々が各地にある。また、天然染料と化学染料を併用し染色する地域もある。アマゾン熱帯雨林地帯には綿に濃い色を染めることのできる天然染料が存在するようである。

伝統的な機

手織り機といえば、鶴の恩返しに出てくる大きな高機《たかばた》（写真７）を思い出すのではないだろうか。足でペダルを踏み、経糸を開口させると緯糸をとおし、トントンと打ち込むと、またペダルを踏んで経糸を開口し、緯糸を打ち込むという繰り返しで織られていく。この機で織られる織物は、織り終わったときに経糸を切断しないと機から外せない構造になっている。だから、高機で織られる織物の織りはじめと織り終わりは必ず切れており、当然耳（織り端）となるのは左右の端だけとなる。この高機は旧大陸で発明された手織り機である。

アンデス地域では、インカ帝国が崩壊した後、現在にいたるまでに多くの染織技術が失われてきた。スペイン人により西洋からは高機が導入され、生活様式もずいぶん西洋の影響を受けてきた。しかし、彼らが長年使用してきている機の形はほとんど変化することなく、また失われることなく現代のアンデス高地に伝えられ利用されてきている。その伝統的な手織り機にはさまざまな種類があるが、腰機[注15]（図１）、水平機、垂直機、枠機[注16]がおもに利用されている[注17]。

●写真７　高機。ペルー、クスコ県マルカパタ村

注14　現在エクアドルのクエンカ地方、ペルーのカハマルカやクスコ地方、ボリビアでも経絣の作品が作られている。

注15　日本の八丈島でかっぺ

機の構造はみなほとんど同じである。これらの機の大きな特徴は、掛けた経糸はすべて緯糸と組織されて織物となり、しかも、切らなくても機からはずせるために、四方が耳になるというところにある。

　地面に打ちつけられた二本の棒の間に経糸となる糸を、出来上がりに合わせて配色や本数をまちがえずに八の字状に掛けていく（整経《せいけい》の行程）。掛け終わると、今整経した経糸をしっかりした糸にとおして、別の二本の棒（経糸保持棒・図1 aa'）に括りつける。つまり、経糸をかけた杭はそのまま経糸保持棒になるのではな

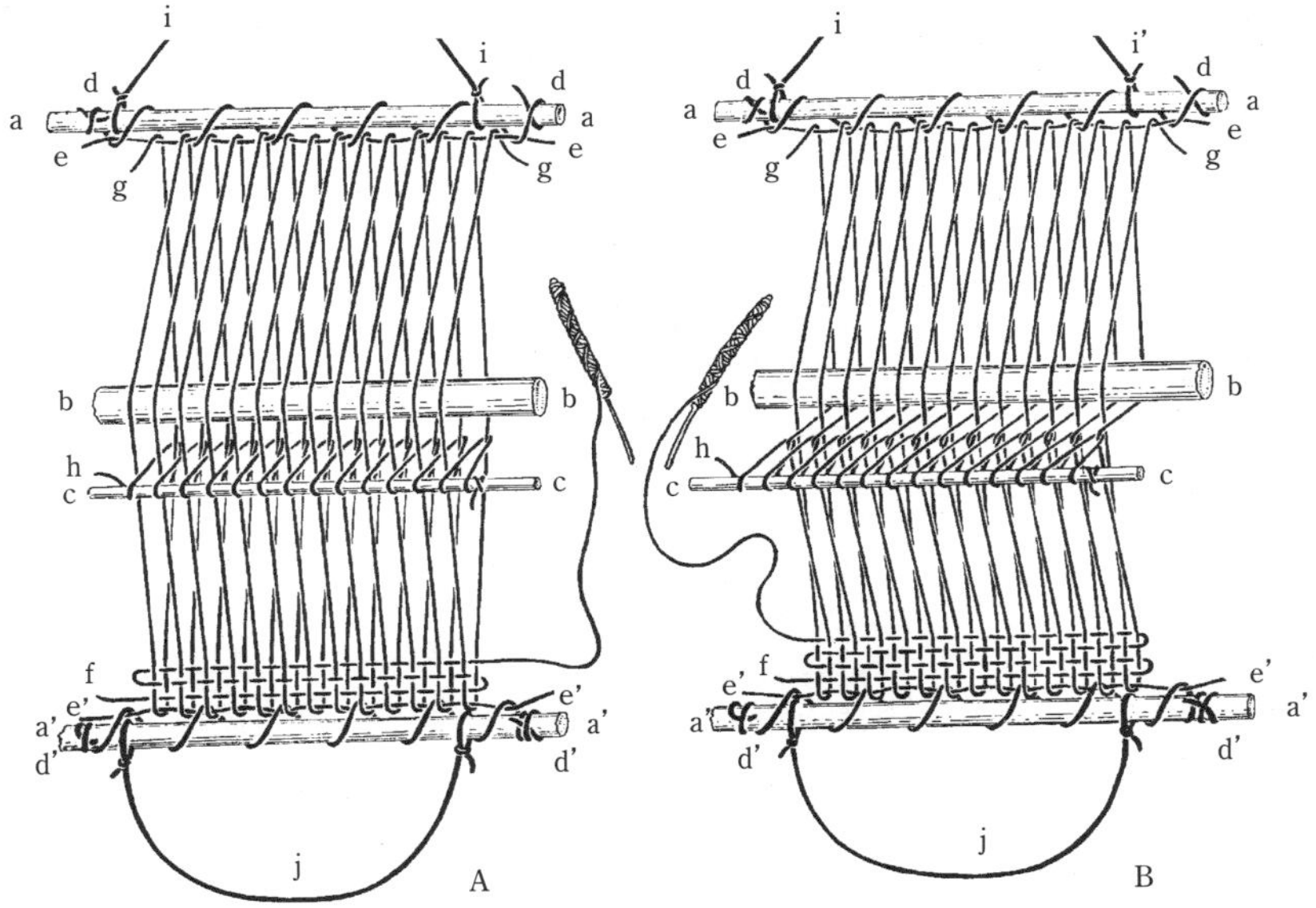

●図1　腰機　A：中筒により奇数列の経糸が引き上げられている。
B：綜絖により偶数列の経糸が引き上げられている。
aa'：経糸保持棒、b：中筒、c、h：綜絖。偶数列の経糸をhの糸で輪状に掬い上げ、cの棒に括りつけている。dd'：経糸をee'に通し、その糸を堅く経糸保持棒に固定する糸、f：緯糸、g：経糸、ii'：機を安定した場所に固定するための紐、j：腰帯（図のように紐状のもの、さまざまな大きさと形の腰帯が使われる）。織り手の腰に回して掛け、機を支える（文献3を改変）

た織りとよばれる単純な機と似ており、日本やアンデスだけでなく、世界中で古くから利用されてきた。英語の back strap loom を直訳し、腰帯機ともよばれる。

注16 Frame loom の直訳。

注17 コロンビア、エクアドル、ペルー北部海岸など一般的に腰機が主流であるが、高地アンデスでは、おもに水平機が女性により利用されている。また、ティティカカ湖のタキレ島や、ボリビアのチュキサカやコチャバンバ地方などでは水平機を長方形の枠に括りつけた枠機を利用するなど、地方により伝統習慣や好みも変わってくる(Oakland 1997)。

文献3　Harcourt 2002: 8.

く、その部分に丈夫な糸をとおし、その糸を経糸保持棒に括りつける。したがって、経糸が経糸保持棒から独立してつけられるということになる（図1 ee’、dd’）。そして、両端から織ることにより四つの耳ができ、経糸を固定した糸を外すことで、経糸を切らなくても機からは外せる構造となっている。[注18]

　水平機は、腰機と同じように整経した経糸保持棒を、四本の地面に打ちつけた杭に固定した機である（写真9）。垂直機はその機を垂直に、枠機は長方形の枠に固定したものになる（写真10）。

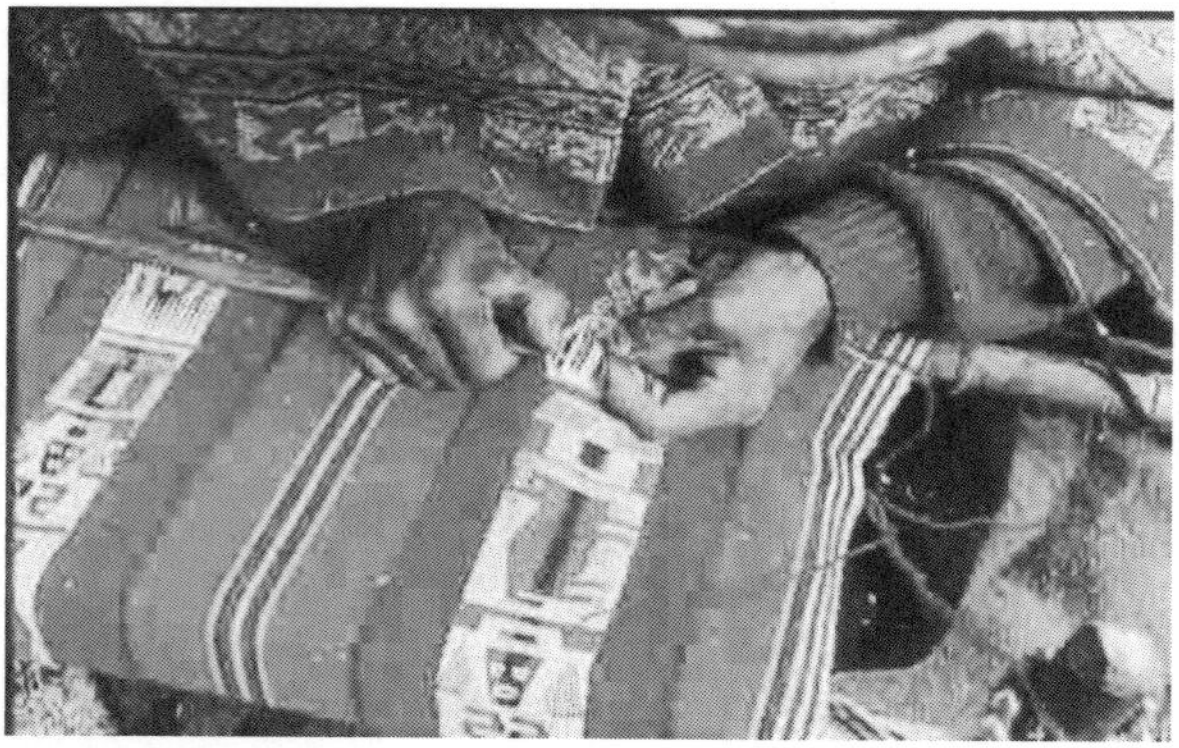
●写真8　織り終わっているところ。ペルー、クスコ、ウイヨク村

●写真9　水平機で機を織っている女性。ペルー、クスコ、マルカパタ村

注18　織り始めて数センチメートル織ると機を逆にし、改めてもう一方の端から織り始める。織り終わり間近で刀杼（とうひ：緯糸をとおして経糸と組織したあと、打ち込む緯打ち具）が通らなくなると綜絖は外され、緯糸を針にと

経糸を開口させ、緯糸を通す道を作る綜絖は、糸で絡めあげる簡単な半綜絖で、幅広の織物を織る場合には棒に括りつけられる（図1c、h）。複雑な文様を織り込むときも、基本的に綜絖は三本ほどしかつけず、指や細長い棒を使って糸を落としたり拾ったりする。(注19)

これらのアンデスの機は簡単に持ち運べる。これは、一つの利点といえるだろう。アンデス山中では、家畜を餌場に連れて行き、草を食ませる横で女性が水平機を利用してショールや帯などを織っている光景をよく目にする。天気のよい日は、木陰に陣取り機織りをするが、日暮れ後や急な雨が降ってくれば急いで機を片づけ、家の中でその続きを織ることもできる。さらに、機の材料となる適当な太さと長さをもち、真っ直ぐで堅い棒を拾ってくれば、機を簡単に作ることさえできる。また、細い帯や小さなものを織るときには、道具を使わず、経糸の一方を地面に釘などで固定し、他方を紐で腰に巻いて織ることができる。(注20)そのため、素材と技術さえあれば、誰でもいつでもどこででも織物を織ることができる。これがアンデスの機の特徴である。また、貴重な経糸は切られることなくすべて製品となり、経糸保持棒に経糸を括りつける糸、綜絖の糸など、機織りに使われる糸は何度でも利用することができる。アンデスの織物は無駄を出さず、自然の恵みを充分に生かす工夫を念頭において考え出された技術の賜物といえるのではないだろうか。

しかも、このような簡単な機で、平織り、綾織りをはじめ、両面が表となる二重織り、三重織り、四重織り、六重織り、浮き織り、複数の技法のある紋織り、縫い取り織り、綴れ織り、さらに羅、紗、絽などさまざまな技法の染織品を作り出してきた。また、これらの機は、経糸の張り具合（伸張度）を自由に調節することができるので、旧大陸にはみられない特殊な技法

●写真10　タキレ島の枠機

おし、手で織り終わる（写真8）。

注19　現在カハマルカ地方では、縫い取り織りの長い敷物を織る場合、紋綜絖を二〇本もつけることがある。

注20　一方の経糸を地面ではなく、自分の足に掛けて織ることもできるためか、body loom とよばれることもある。

の織物が数多く織られてきた（写真11）。また、簡単な綜絖のみを利用し、手で糸を操るため、一枚の織物を二種類から五種類の異なる技法を組み入れて織り上げることも可能であり、それがアンデスの染織品の特徴の一つとなっている。

裁断されない織物と伝統的な衣装

では、そのような機で織られた織物からできている衣服は、どのようなものであったのだろうか。アンデスには伝統的に織物を「裁断して縫製する」という習慣がまったくなかったため、すべての染織製品は出来上がりの寸法に合わせて厳密に整経され、織られている。[注21] 機の構造上、経糸の長さが織物の長さとなり、肩幅およそ九〇センチメートルが織物の最大横幅となるため、それ以上に幅の広いものが必要な場合には、計算して織られた織物を縫い合わせている。[注22] そのために、衣服は平面的で四角張った形をしているのが特徴的である。

インカ時代の男性は、襟と袖のないシンプルな頭からかぶるだけの貫頭衣《かんとうい》（ウンク）を着ていた。そして、ウンクの下にはワラという褌《ふんどし》をつけ、肩にはヤコリャというマントを掛けていた。腰にはチュンピという腰帯を巻き、チュスパというコカ入れ袋を肩に掛け、通常ラクダ科の動物の皮から作った、ウスタとよばれるサンダルを履いていた。[文献4] プレインカ時代にもこの形の衣服が着用されて

●写真11　チャンカイ文化の見本織り。多くの紋様が少しずつ技法を変え織られている三枚の織物が縫い合わされている（徳光ゆかり撮影 © Museo Amano）

注21　経糸の切られた例外的な織物もモチェの時代にみられる（Bird 1974, Stone-Miller 1992）。さらに、現在ではとくに大量生産される民芸品などには、長く織った反物を裁断して縫製している染織品も多くみられるようになった。

注22　古代においては例外もあり、横幅が二メートル前後するものもある。

文献4　Castañeda 1981.

いただろう。プレインカ時代の袖付きの貫頭衣も出土している。人物像を描いた土器や織物の紋様には、貫頭衣に褌、または腰巻を巻いた戦士、長い貫頭衣に腰帯をつけたもの、装飾性の高い小さなポンチョのような胸当てをかぶり、豪華な頭飾りをつけている様子を確認することができる。

インカの女性は、アクスまたはアナクとよばれる大きな布を腕の下から体に巻きつけ、肩のところでいくつかのトゥプというピンで留めていた。そして、リクリャという別の肩掛けを掛けて、胸のところで一本のトゥプで留め、額にビンチャという頭帯を巻くか、パンパコーナという上質のクンビ[注23]でできている布を前は額から後ろは背中まで垂らすように被っていた。[文献4] 男性のように、膝まである長い貫頭衣を纏うだけの簡素な姿も、モチェ時代[注24]の土器や、チャンカイ時代[注25]のミニチュアの人形に見ることができる。

インカ時代は、皇帝、貴族、平民みな同じ形の服装をしていたが、織物の質とその装飾により身分を区別していた。[文献4] 一般庶民は、繊維が太く粗いリャマの毛か綿で織られた衣服を身につけていた。インカの皇帝や貴族たちが身につけていたのが先述したクンビであった。これは、もっとも良質なビクーニャの繊維、または厳選された綿を丹念に細く紡いだ糸で作られ、[文献4] 非常に柔らかく絹のようで、織りは滑らかで糸が見えないほどであった。[文献5] このような上質の織物を身につけることがインカの王や貴族の特権とされ、ビクーニャの織物を無許可で使用することは極刑に値したほどであった。

一六世紀にインカ国家が崩壊してからおよそ五〇〇年たった現在ではスペイン人たちの影響により衣服の形態も変容してきた。しかし、古代の伝統習慣がまったくなくなってしまったわけではない。

現在アンデス高地の先住民にみられる衣装は次のようなものである。まず、男性は、ズボン、ベスト、ジャケット、セーター、シャツ、ポンチョ、手編みの帽子チューヨ、そしてモンテーラとよばれる帽子か西洋的な帽子を身につけている。ただし、腰帯のチュンピやコカ入れ袋のチュスパは

注23　またはクンビ。上質の織物。

注24　ペルー北部海岸に四～五世紀にもっとも栄えた文化。

注25　ペルー中部海岸に一三世紀から一五世紀に栄えた文化。

文献5　Murra 1962.

いまだに伝統的なものが使用され（写真12）、足にはなめしていない皮から作られるサンダルをはいている（現在は古タイヤを再利用したものがよく見かけられる）。女性はブラウス、セーター、ポジェーラとよばれるギャザースカートを何枚も重ね着し、ボレロのようなジャケット、ショールであるリクリャ（アワヨ）を肩に掛ける（写真３）。男女とも各村により丈の長さ、色、装飾など非常にバラエティーに富んでいるが、たいていこのような服装となる。[文献4]

シャツやズボン、ベストにジャケット、スカートなどは、バジェタとよばれる羊毛の甘く撚りの掛かった単糸で織られる生地からできている。この生地は高機で織られるが、大きな市場では現在メーター売りされている。

一方、クスコのパウカルタンボ郡やボリビア高地では依然として貫頭衣が着用されている。また、ボリビアのボリーバル地方では、儀礼時に男性がマントを掛ける習慣が未だに残っている。タキレ島では、インカ時代の女性のように、ほとんどの女性が黒い布を頭に覆っている。さらに、インカ時代の女性が身につけていた服アクスも、現在ボリビアのアイマラの間で長方形に織られた織物に縫い合わせたギャザースカートにした形で残っている。また、ボリビアのコチャバンバ、ポトシ、チュキサカなどでは一枚の織物を巻く形が残っている。

●**写真12**　クスコ県ケロ村のポケット付きコカ入れ袋。

古代アンデスにおける織物の役割

最後に古代アンデスにおける織物の役割についてあらためて検討しておこう。古代アンデスでは、織物は衣類や袋、敷物などのような単なる道具としてだけではなく、もっと重要な価値も付加されていたからである。とくに現在博物館などで展示されている色彩豊かで豪華絢爛な古代アンデスの織物には高度な技術を駆使したさまざまな宗教紋様が織り込まれ、宗教的にも重要な意味をもっていた。では、これらの織物は何のために作られたのだろうか。

まず指摘しておきたいことは、織物はシンプルなもの一枚を織り上げることでさえ、非常に大きな労力と時間がかかることである。たとえば綿糸を使った織物では綿を栽培し、収穫するまでの労働はもちろんのこと、綿畑に水を引く灌漑用水路の整備も必要になってくる。綿の収穫後も、いくつもの工程を経て糸を紡ぐ作業へと至る。さらに、紡績、染織、機織などの作業もある。いずれも技術と時間のかかる工程である。

獣毛の場合、家畜の毛を刈り取るまでに、その繁殖や健康管理をも含めた労力や長い期間を必要とする。さらに、織物の質の向上や技術の開発は、一個人の時間とエネルギーだけではとても難しい。そこで、古代アンデスでは、染織品をつくる技術のなかに、個人レベルだけではなく、国家レベルにまで引き上げられたものがある。とくに、高品質の織物は国家レベルで作られ、それが社会的、政治的にも利用されていった[文献6]のである。

おそらく当時のアンデスには専門の職人集団があり、彼らによって上質の織物は織られていたのだろう。国は織物の技術開発に財を投じ、織物のなかに彼らの信仰対象である神々を鮮明な色彩で描かせた。そして、それらの豪華な衣装を身につけることで、国王や神官、さらに武将たちが見る者を圧倒させたに違いない。さらに、衣服の中に彼らが信仰する神像を織り込むことにより神と一

文献6　Stone-Miller 1992.

体化することができた。そして、その衣装を身にまといながら神をどこへでも連れて行くこともできたのである。

　また、織物は、土器や木製品、金属製品と比べると、非常に軽く、持ち運びが便利である。また、折りたたむこともできるし、落としても壊れない。そのために、遠くまで持ち運ぶことができた。そのため、国家権力は織物を通して思想や宗教、世界観などを国の内外に広めることができたのである。

　ここで注意していただきたいことがある。それはアンデスでは文字が使われていなかったことである。では、文字のない社会で、どのようにして人びとは情報を伝達していたのであろうか。この点で重要な意味をもったと思われるものが織物であった。古代アンデスの人びとは文字のかわりに織物を情報伝達の手段として利用したと考えられるのである。

　その例をひとつあげておこう。クスコ県パウカルタンボ郡ケロ村周辺は、インカ時代の生活習慣を色濃く残す村として知られている。そこでは、文字を持たなかった人びとが、織物を情報伝達する手段として利用してきた習慣が依然として残っている。彼らの織物には、生活の上で大切な空間と時間の情報、また、伝統的な彼らの世界観が表わされている。そのなかには、上下に二分割されていた首都のクスコ[注26]や四分割されていたインカ国家[注27]の縮図としての村の地理的空間も含まれる。さらに、作物の種まきの時期や収穫期、家畜を移動させる時期などの情報も織り込まれている。[文献7]

　このような情報伝達の手段としての織物では、インカ時代に有名なものがある。それはキープの名前で知られる結縄である（図２）。これは文字にかわる唯一の記録法であり、紐の結び目を使ってインカ帝国では人口や穀物倉庫の貯蔵量、さらに軍隊の数なども記録していた。また、紐の色によっても内容が伝えられ、たとえば黄金は黄色、軍隊は赤色、銀は白色、穀物は緑色の紐によって表されたとされる。

　このようなキープによる情報伝達の伝統がケロの織物にも生きつづけているのである。ケロの織

注26　プレインカ時代からアンデスにみられた双分制（社会を二分割にする体系）を反映して、ハナン（上）クスコ、とウリン（下）クスコに分かれていた。インカ時代、親族集団を基盤に二つに分けられた社会は、お互いに互恵関係（補完関係）にあった。

注27　チンチャイスーユ、コリャスーユ、アンティスーユ、クンティスーユの四州から成っていた。インカ国の正式名称は

物に織られている縞模様が、村で栽培される多種多様の農作物や、大切な家畜、さらに灌漑用水路や土壌の情報を表象しているのである。[文献7] おそらく、古代アンデスでは、より複雑な情報が織物の端々に織り込まれていたにちがいない。

さらに、古代アンデスでは織物に特別な価値をおいていたことも忘れてはいけない。インカ時代、

●図２　キープ（結縄）をもつ役人。キープはインカ時代の計算具で紐の結び目や色で数を表した（文献８）

タワンティンスーユ（四つの州）である。

文献７　Silverman 1994.

文献８　Guamán Poma de Ayala 1980 (1613).

祝いの品や、褒美、贈答には織物が欠かせなかった。外交の際にも織物が大活躍をした。質の高い織物が贈られることで、友好的な話し合いが進んだのである。また、日常的におこなわれていた宗教儀礼では、貴重なリャマと同じかそれ以上に価値のある生贄として極上の織物が神々に捧げられ、燃やされていた。戦いにおいては、敵が身につけていた衣類に打撃を与えることにより、実際に相手に攻撃が加えられると信じられていた。[文献4] 現代の価値観ではとても想像することはできないが、このように織物は利用されていたのである。また、当時織物は金と同等か、それ以上の価値があったといわれる。インカ軍がスペイン軍との戦いで退却を余儀なくされたとき、金や食糧、その他のものは奪われてもいいが、織物だけは敵に渡してはいけないと、大きな倉庫に詰まった織物をすべて自ら焼き払ってしまったという。[文献4]

これらの事例はいずれもアンデスにおける織物がきわめて重要であり、かつ特異な価値をもっていたことを物語るであろう。インカ帝国が征服されてから約五〇〇年たった現在、アンデス高地でもさまざまな伝統が失われてはいるものの、織物の重要性はかかわらない。また、その織物の材料となるアルパカは近年むしろ増加傾向にあり、その重要性も大きい。そうであればこそ、わたしは今後も織物を通してアンデスの人びとの暮らしや文化を明らかにしたいと願っている。

引用文献

Adelson, Laurie and Arthur Tracht 1983 *Aymara Weavings Ceremonial Textiles of Colonial and 19th Century Bolivia.* Washington D. C.

Bird, Junius B. 1974 The Technical Features of a Middle Horizon Tapestry Shirt From Peru.: *The Textile Museum Journal* 4-1: 5-13. Washington D. C.

Castañeda, Luisa León 1981 *Vestido tradicional del Perú.* Lima.

Engel, Frederic 1963 A Preceramic Settlement on the Central Coast of Peru: Asia, Unit I.: *Transactions of the*

American Philosophical Society, new series 53-3. Philadelphia.

Guamán Poma de Ayala, F. 1980 (1613) *Nueva Corónica y Buen Gobierno*. Siglo XXI/IEP, México.

Harcourt, Raould' 1962 *Textiles of Ancient Peru and Their Techniques*. University of Washington Press.

Murra, John V. 1962 Cloth and Its Function in the Inca State. *American Anthropologist*, 64-4: 710-728.

中島章子「アンデスの染織物の構成要素について」『民族学研究』三五—二：一四八—一五三、一九七〇年。

Oakland, Rodman Amy 1997 Weaving in a high land: A Continuous Tradition Traditional Textiles of the Andes, 16-27, edited by Lynn A. Meich, San Francisco.

Silverman, Gail P. 1994 *El Tejido Andino: Un Libro de Sabiduría*. Lima.

Stone-Miller, Rebecca 1994 To Weave for the Sun: An Introduction to the Fiber Arts of the Ancient Andes: *To Weave for the Sun Ancient Andean Textiles*, 11-24, Boston.

Wallace, Dwight T. 1973 The Process of Weaving Development on the Peruvian Coast. The Junius B. *Bird Pre-Columbian Textile Conference*, 27-50. Washington D. C.

アンデス高地の民族誌

第4章

アンデス高地では古くから独特な農耕や牧畜がおこなわれてきた。そのような伝統的な農牧生活を今も送る人びとがいる。アイマラおよびケチュアとよばれる民族で、中央アンデス高地の先住民の大半が彼らである。一方で、農業や牧畜よりも商業に特化した暮らしを送るエクアドル高地のオタバロ族のような人びともいる。さらに、一部地域に限られるが特異な暮らしを送るウル・チパヤ族のような少数民族の人たちもいる。ここでは彼らの暮らしを通してアンデス高地の特色を明らかにしようとする。

写真 標高約四〇〇〇メートルでのジャガイモの収穫（ペルー、クスコ県マルカパタ村）。これよりも高くなると寒さのせいで畑は次第に姿を消し、かわりにリャマやアルパカなどの家畜の放牧が目立つようになる

第四章一節

ティティカカ湖に生きる——採集漁撈民の暮らし

Norio Yamamoto
山本紀夫

少数民族、ウロ

アンデス高地を紹介する観光用のポスターやテレビで、しばしば取り上げられるものがある。その一つがティティカカ湖の湖上を行き交う葦舟である。ティティカカ湖は、先述したように富士山の頂上よりも高い標高三八〇〇メートルあまりの高地に位置しているし、ティティカカ湖の後方には六〇〇〇メートル級の雪山が連なっている。そのため、雪山を背景にした葦舟はアンデス高地の特徴をよく示すものと言ってよいだろう。

しかし、この葦舟は観光用ではない。いまも葦舟を必要不可欠にしてティティカカ湖を生活の舞台にする人たちがいる。それが、ティティカカ湖畔でいくつもの人口の島をつくり、そこで湖上生活を送る、ウルとかウロとよばれる少数民族の人たちである。彼らは言語的にはアンデス高地の農牧民であるケチュア族やアイマラ族と異なるウル・チパヤ語族に属する。その居住域はペルー領ティティカカ湖に人口の島をつくって居住するグループのほかに、湖岸の北側とボリビア領ポーポ湖畔にも居住しているグループがあるといわれるが、[文献1] 筆者が接したことのあるのはティティカカ湖で湖上生活を送るグループだけである。

文献1　La Barre 1963.

ここをはじめて訪れたのは今からちょうど三〇年前の一九七七年のことであった。当時、すでにウロの特異な生活が知られていたせいで一部の島は観光化されていたが、観光ルートから少しはずれると訪れる観光客の姿はほとんどなく、観光化の影響の小さい暮らしを見ることができた。当時の人口は一〇〇〇〜一五〇〇人といわれ、その生業の中心は漁業と狩猟であった。ただし、湖岸に住むアイマラ族の影響で、ウロ語をはなす者はほとんどなく、ふつうはアイマラ語がはなされ、スペイン語も普及しつつあった。印象的だったことはティティカカ湖に自生するトトラという植物に全面的に依存した暮らしであった。冒頭で述べた葦舟もこのトトラで作られるのである。

ただし、そこでの筆者の滞在は三週間ほどと短く、彼らの暮らしについての調査は充分にはできなかった。そこで、ここでは彼らが必要不可欠にしているトトラという植物の利用をとおして彼らの暮らしを素描することにしたい。その暮らしもまた、アンデス高地という環境に強く影響されたものであると考えられるからである。ただし、ウロの人たちの暮らしはその後も大きく変化している可能性があり、ここで報告するものはあくまで一九七〇年代のものであることを断っておきたい[*文献2]。

文献2　山本　一九八〇。

トトラとは何か

ペルー領のティティカカ湖の東岸にプノという町がある。このプノの町を取り囲むようにティティカカ湖に突き出た半島が二つある。現地では、北の半島がカパチカとよばれ、南はチュクイト半島とよばれている。これら二つの半島に囲まれ、湾状になった浅瀬にトトラは密生している。そして、このトトラの茂みのなかでウロの人たちは暮らしているのである。

そこで、まずトトラという植物について紹介しておこう（写真1）。トトラはティティカカ湖だけに分布が限られるわけではなく、アンデスでは海岸地帯から高地部まで広く自生している。そして、トトラは湖畔の浅瀬や湿地などの沼沢地に群生して生育する多年草である。その根茎は太く、長く、横にはい、節からひげ根をだす。また、この節から、直径一～二センチメートル、草丈が二～四メートルに達する、ほぼ円柱形の茎が直立している。この茎は、内部がつまっており、表面はなめらかで、濃い緑色を呈している。茎の先端は細く、その先端より、多数の小穂からなる花序がある。

さて、このような特徴をもった植物は何か。先に葦舟もトトラで作られると述べたので、トトラは葦であると考えられるかもしれないが、そうではない。葦はイネ科の植物であるが、トトラはカヤツリグサ科ホタルイ属の *Scirpus californicus* である。つまり、葦舟という名称は正しくないのである。おそらく、誰かが誤って名づけたのか、あるいは葦のような植物で作られた舟という意味で葦舟としたのであろう。ただし、葦舟という名前はすでに定着しているので、ここでもそれに従っておくが、ティティカカ湖の葦舟は葦ではなく、トトラとよばれるカヤツリグサ科の植物で作られることを指摘しておきたい。

なお、ウロの人たちは、トトラを二つのグループにわける。オルコ・トトラとカチュ・トトラである。オルコ、カチュは、それぞれオス、メスの意味なので、オスのトトラとメスのトトラのグループにわけるのである。

彼らの表現をかりると、オルコ・トトラはカチュ・トトラより、草丈が大きく、茎が太く、丸いものである。また、オルコ・トトラが一部地域でしかみられないのに対し、カチュ・トトラはどこにでもある、といわれる。これまでの報告からみるかぎり、ティティカカ湖畔に自生するトトラは、すべて *S. californics* であると考えられ、またこの種に雌雄異株は知

●**写真1**　トトラ。葦ではなく、カヤツリグサ科の植物

られていない。したがって、これら二つのトトラの違いは、異なる環境条件によって生じた生態的変種である可能性がある。とにかく、彼らは後に詳しく述べるように、トトラを葦舟や彼らの居住する島、家などの材料とするほか、食用や燃料としても利用し、これらの用途に応じて、オルコ・トトラとカチュ・トトラをつかいわけているのである。

浮島

ウロの人たちが暮らす人口の島は、先述したようにプノの町の沖合に位置するティティカカ湖畔の浅瀬だけでみられる。彼らがが、いつごろから、なぜ、湖上で生活するようになったのか、という点については明らかではないが、遅くともスペイン人が侵略してきた時代にはすでにティティカカ湖で湖上生活を送っていたことが知られている。

一六世紀、クロニスタのひとりのアコスタも、ウロ族の湖上生活について次のように述べている。

ウロ族の部落は、すべて、湖の上に浮かぶトトラのバルサ舟の上にあって、それぞれの間で結び合わされ、岩に固定されている。そして、その場所から動きだして、村ごと別の場所に移ってしまい、昨日あったと思う場所を今日探しても、人も村も跡かたもなく消えているようなことすらある。[文献3]

文献３　アコスタ　一九六六（一五九〇）。

当時のウロ族の集落がアコスタの記述どおりのものであったとすると、現在ウロ族が居住する人口の島は、これとはかなり異なったものである。先述したように、彼らはプノの町の沖合の浅瀬で暮らしている。ここにはトトラが密生しているが、彼らが居住する島は、このトトラの茂みを利用して造られる。この島は、一般にスペイン語で isla flotante（浮島）の名前で知られているので、以下でもトトラで造られる人工の島を浮島として記述してゆくことにする。

浮島造りについては、これまで実際に観察する機会を得ていないが、聞き得た情報によれば、それはつぎのようなものである。ティティカカ湖は、雨季と乾季でかなり湖面が上下するが、浮島のつくられるトトラの茂みあたりは水深二〜三メートルの浅瀬で、トトラの茎は湖面から一メートル前後出ている。このトトラの基部をすこし残して刈りとる。

トトラの刈りとりには、簡単な道具がつかわれる。長さ二〜三メートルの棒の先端部にナイフをくくりつけた鉤状のもので、キニーニャ（kiniña）とよばれるものである。湖水はきわめて透明なので、葦舟の上からトトラの根元を見ながらキニーニャをつかって切りとるのである。この刈りとった跡に、トトラの茎や根、古くなった葦舟などを湖面まで積みあげる。さらに、この上に大量のトトラの茎を、湖面より二〇〜三〇センチメートルほど高くなるまで積みあげる。

これで、一応浮島は完成したわけであるが、浮島の周囲のトトラの茂みは、葦舟をつける部分だけ刈りとり、残りはできるだけ刈りとらないでおく。このトトラの茂みが、島に積みあげたトトラの流出を防ぐと同時に、風を防ぐ役割もはたす。後述するように、ウロの人たちの家もほとんどがトトラでできており、強い風には耐えないからである。したがって、その家も、浮島の周囲のトトラの茂みとほぼ同じ高さに作られている。

なお、このような状態にしていても、浮島の周囲のトトラの流出はさけられず、また浮島の水面下にあるトトラは腐ってきて、その部分は沈下してくる。ここには、新しいトトラを補充するほか、島の周囲も流出したトトラをかき寄せて、しばしば補修がおこなわれる（写真2）。

いずれにしても、この浮島は、アコスタが記述しているように葦舟の上にあるわ

●写真2　浮島の補修

けではなく、まして移動もしない。ただし、浅瀬の湖底から大量のトトラを積みあげただけの島なので、その上を歩けば厚いマットの上でも歩いているような感じになる。また、ときに足が沈み込んで靴を濡らすこともある。

さて、ペルー領ティティカカ湖畔には、このような浮島が約一〇〇あるといわれる。しかし、作業だけをするような小さな浮島を除き、家があって、実際に居住している浮島は約六〇といわれる。この浮島は、大きさも、形態もさまざまであるが、比較的大きいものとしてはトラニパタ、ワカワカニ、サンタマリア、ヤチュプンコ、カラネグロなどが知られている。このうち、もっとも大きく、また家屋数も多い浮島はトラニパタ島で、ついでワカワカニ島である。

ワカワカニ島

ここではワカワカニ島を例に、具体的に浮島の利用方法を示しておこう。図1は島の実測図である。最大幅が約五〇メートル、面積は約一〇〇〇平方メートルである（写真3）。近年、浮島は観光の対象となっていて、ワカワカニ島もその例外ではなく、トラニパタ島についで観光客がよく訪れるところとなっている。浮島の北側で半島状にのびている部分は、観光客用の船をつける波止場というべきもので、最近この浮島につけ加えられたとされる。

浮島の周囲は、この波止場の部分をのぞくと、ほとんどがトトラの茂みで囲われている。部分的にトトラの茂みが切れているところがあるが、ここは各家族が所有する葦舟をつけるための空間である。また、図1の右下部の半島状になったところは、ジャガイモの菜園である。この耕地の土は

●写真3　浮島の全景。一部の家はトタン屋根でできている

浮島にはないので、湖岸から運んできたものである。また、家の周囲にみられる乾燥中のトトラの束は、燃料、家の補修、その他につかわれる。なお、図には示さなかったが、家の周囲にトトラでつくった小屋に若干のクイも飼われている。

この浮島でみられる一〇戸の家（ウタという）のうち一軒だけはトタン屋根であるが、これは島の住民共有の倉庫となっている。残りの九戸は、先述したように、屋根も壁もトトラでできており、大きさもほぼ等しい。図2は、これらの家の家族構成を示したものである。家屋番号7は夫婦ともにすでに死亡していて、現在は無住である。家屋番号4は未亡人がひとりで居住している。残りの家の家族構成は、いずれも核

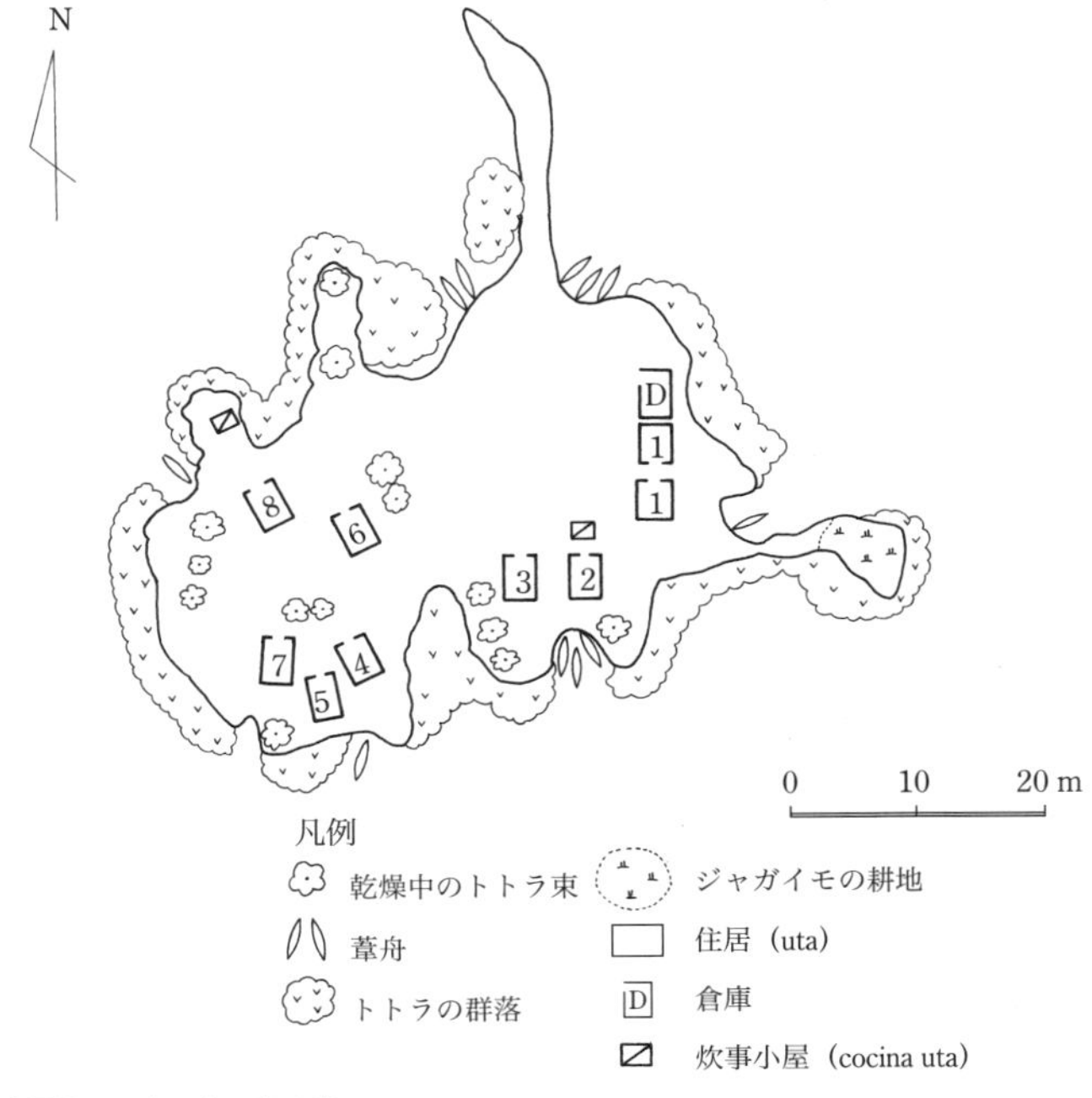

●図1　ワカワカ二島の家

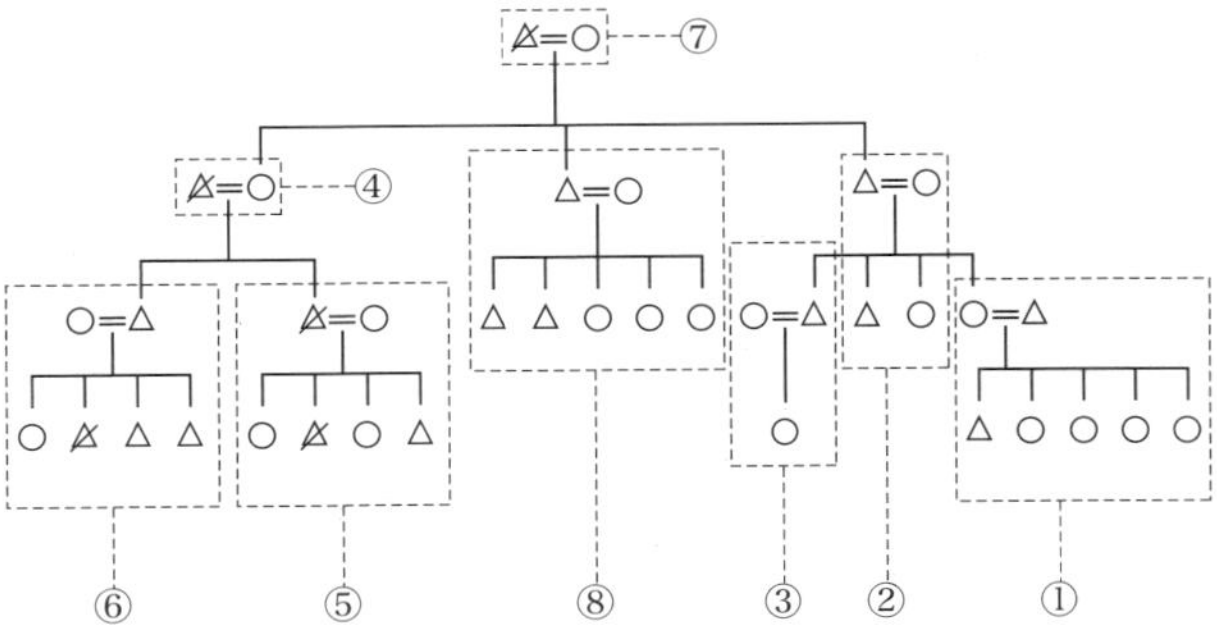

●図2　ワカワカ二島の家と家族

家族で、この浮島全体でみると親族のみで構成されている。

これらのうちで、家屋番号1に居住する世帯だけが二戸の家をもっているが、隣接する二戸の北側の家はもっぱら倉庫および調理用につかわれている。居住するのは南側の家である。この世帯は、家屋番号8と同様、家族が七人と、この浮島では家族数がもっとも多いため、居住する家のほかに作業用の家ももつのである。家屋番号8の場合も、家の外にコシナ・ウタとよばれる調理用の小屋をもっており、そこで調理がおこなわれる。

このコシナ・ウタという調理小屋は、土製の炉の少し外側に雨や風を防ぐためにトトラで小屋がけをしただけの簡単なものである。この炉の燃料は乾燥したトトラであり、炎があがるため、天井のひくいウロ族のトトラの家ではつかえない。家屋番号8以外では、家屋番号2の世帯だけが、屋外に炉を所有しているが、その他はすべて灯油用のコンロをもっており、家の中で使用している。

なお、結婚して新世帯ができると、新しく家がつくられ、そこに新夫婦は移り住むことになるが、浮島が小さい場合は、浮島を拡張するか、両親の住む浮島の近くに新しい浮島がつくられる。

●**写真4**　トトラでできた家。屋根も壁もトトラを編んで作られる

家屋

彼らが居住する家は、一般に間口が二メートル前後、奥行きが三、四メートル程度の長方形をしている（写真4）。そして、この屋根および壁がトトラで作られる。ティティカカ湖畔では材木の入手はきわめて困難であり、森林限界を超えた高地でみられる樹木といえば灌木くらいしかない。そ

のため、細く折れ曲がった灌木の枝を数本、柱にして彼らの家は作られる。壁はトトラを厚く編んだ、一枚のむしろ状のものである。これを長方形に立てた柱の周囲にまきつけ、その一部を入り口用に切り取って壁にする。

屋根作りの作業は材料選びの段階から慎重におこなわれる。まず、屋根用の材料となるトトラは先述したオルコ・トトラでなければならない。そのなかでも、よく乾燥し、茎の太さがほぼ等しく、丸く、そして傷のないものが選ばれる。こうして、選びぬかれたトトラの上下をそろえた後、この茎の中央に長い針で糸をとおしてゆく。その数本のトトラを針で刺したところで、一本おきに茎の上下を逆にする（写真５）。トトラの茎は上部が細く、下部が太くなっているので、トトラとトトラの隙間をなくすのである。最後に、このトトラの両端にも糸をとおして目のつんだ、すだれ状のものを作る。これを、ふつうは二枚ほど重ねて屋根とする。

この屋根は目が詰まっているとはいうものの、やはり隙間がかなりある。実際に、家の中に入ると太陽の光が結構差し込んで明るい。雨漏りが心配になるほどであるが、トトラの屋根は雨に濡れると水を含んで膨張し、トトラとトトラの間の隙間は完全にふさがれてしまう。

なお、この家づくりには釘は一本も使わず、屋根も壁もすべて縄でゆわえられている。

葦舟の製作方法

湖上生活を送るウロの人たちにとって、どこへ行くのにも

●**写真５**　屋根作り。トトラの茎の上下を一本おきに逆にして、隙間をなくす

欠かせないものが葦舟である。そのため、平均すればひとりに一隻くらい、一家族で数隻の葦舟をもっている。子どもたちも学校に行くとき、水くみのとき、さらに遊ぶときも葦舟を使っている。

この葦舟は現地ではワルサとよばれるが、大きさの異なる三種類の葦舟がある。(注1) これらは小さい方から、ヒスカ・ワルサ、ナサニ・ワルサ、ハチャ・ナサニ・ワルサとよばれる。それぞれ「小さい葦舟」「鼻のある葦舟」「大きい鼻のある葦舟」の意味である。全長だけを示しておくと、それぞれ三一〇センチメートル、三六〇センチメートル、四一〇センチメートルである。なお、「鼻」とは船首部分のことである。

これらの三種類の葦舟は利用法も異なるが、それは後述することにして製作の方法を少し詳しく紹介しよう。きわめておもしろい工夫がなされているからである。

(1) 採　集

葦舟の製作は、まずトトラを刈り取ることからはじまる。そのため、葦舟を使ってトトラが大量に生えている茂みに出かける。トトラなら、どれでもよいというわけではない。曲がりがなく、長く、また適度の太さをもつトトラ、すなわちオルコ・トトラだけが材料となる。この作業には先述した道具、キニーニャが使われる。これでトトラを根元から切りとる。トトラの茎は刃物を使えば簡単に切り取ることができる。

葦舟のまわりは、切りとられ、浮き上がってきたトトラで埋められてしまう。このトトラは、そのままの状態で、一～二週間ほど放置される。黄熟と適度の乾燥を待つためである。急激な乾燥は茎のひび割れや曲りを生じさせるといわれる。ただし、大量に刈り取った場合や、島の補修用に使えるトトラは島に持ち帰る。

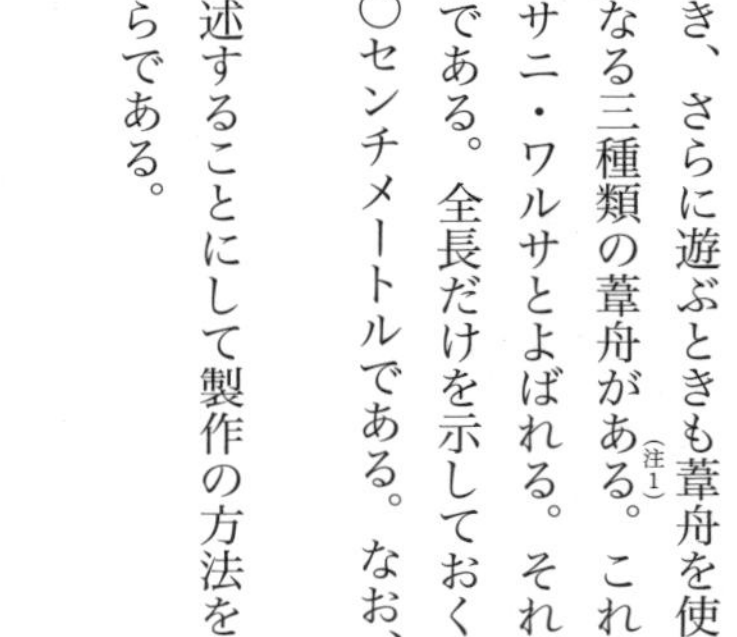
●写真A　アイマラ族の葦船

注1　ボリビア領のティティカカ湖畔でもアイマラ族の人たちが葦舟を使っているが、彼らの葦舟はウロ族の人たちのそれよりも全体にスマートな形をしている(写真A)。ただし、やはり大中小の三種類の葦舟がある。アイマラ族の人たちが使う葦舟の利用方法や製作方法についてはŠolc(1967)の報告がある。

(2) 乾燥

浮島に持ち帰られたトトラは、少しずつ束ねたものを立てて乾燥する。乾燥期間は季節によって異なるが、ふつう一～二週間ほどである。ただし、葦舟用のトトラは、浮島の家の壁や屋根の材料と異なり、完全に乾燥するわけではない。完全に乾燥したトトラは、作業中に折れやすく、またひび割れをおこしやすいからである。このようなトトラを葦舟の材料、とくに船体部分につかうと、破損した部分から浸水して、浮力を損なうとされる。したがって、葦舟作りの作業中でも乾燥しすぎていると思われる部分には打ち水をするなど、この点にはとくに注意が払われる。

(3) 準備

舟作りをする場所は、完成後運ぶのに都合がよいように、浮島の端の水辺近くの場所が選ばれる。そこに、葦舟作りに必要なトトラがすべて運びこまれる。葦舟作りの前後に、儀礼的な行事は一切なく、過去においてもなかった、といわれる。葦舟作りをする特別な季節というものもなく、葦舟製作は必要に応じておこなわれる日常的な作業なのである。

葦舟作りは、かなり力を要する作業なので成人男子の仕事になっている。しかし、葦舟製作に必要な縄作りは、一般に女性や子供の仕事になっており、葦舟製作の前に必要な縄がすべて作られる。この縄の材料は、チジワとよばれるイネ科の植物（*Festuca dolicophlla*）である。チジワは、もちろん浮島にはなく、アンデスの高原地帯に自生している野生植物なので、採集してくるか、購入したものをつかう。このチジワは、草丈が五〇～七〇センチメートルに達し、茎の太さが一ミリメートル程度と細いものである。これを水につけて濡らし、さらにレケーニャとよばれる木槌でよくたたいて（写真6）、やわらかくしてから編む。

このようにして、やわらかくした数本のチジワの茎を一本にしたものを、両手をつかって、よりあわせ、三つ組に編む。この縄は丸組ではなく平組で、この方が葦舟製作、とくに船体の胴を締めるのに都合がよいとされる。この縄はカナとよばれ、一つの葦舟の胴の製作だけで数十メートルもの長く結び目のないカナが二本必要とされる。なお、葦舟製作に必要な道具は前述したレケーニャという木槌のほかにはカラバトという手鉤だけである。

(4) 胴作り

葦舟を作ろうとする場所に、まずサオを横にして置く。このサオは、本来は葦舟を操作するためのものであるが、ここでは船体の長さや幅を決めるための物差しとして利用される。このサオの上に、サオとは直角に数本の縄を平行におく。ついで、この縄の上に、サオをはさんで、等量のトトラを平行に置く。これが船体を構成する二本の胴になる部分である。

トトラ一本の長さは二〜三メートルになるが、大きい葦舟は、それ以上の長さになる。また、トトラの茎の先端部は細く、根元に近い部分は太い。したがって、トトラの置き方は一方向にそろえるのではなく、中央部でトトラの先端部がかさなるように、両側から積みかさねてゆく。これらのトトラを束ねたとき、太さが等しく、しかも長いトトラの円柱ができるようにする工夫である。

つぎに、下に敷いたトトラの上のちょうど中央に、さらに、ひとかかえほどの太さのトトラの束を積みあげる。このトトラ束とその下に敷いたトトラを、はじめに置いた縄で一つに束ねて仮締めをする。そして、この束からトトラを少しずつひきだし、また両端部にトトラをさしいれ、このト

●写真６　葦舟製作用道具の木槌と手鉤

トラ束の太さを整えてゆく。

分担して作業を進める場合、右記の作業と平行して芯束作りがおこなわれる。この芯束（チュイマとよばれる）は、スペイン語でコラソン（心臓）とよばれているが、中央部が一〇センチメートルあまりの細長い紡錘形をしたトトラの束である。芯束の製作方法は基本的に胴作りと同じであるが、縄ではなく、トトラをつかって束ねる。

（5）船体の製作

二本の太い円柱状のトトラ束と一本の細長い紡錘形の芯束、これらを一体にして船体にする（写真7）。その作業にさきがけて、これらのトトラ束に水をかける。芯束は軽いので、湖水につけて、濡らす。いずれも乾燥を防ぐためである。トトラが乾燥しすぎると、縄で締めて一体化するときに折れたり、ひび割れをおこすからである。

この段階で、二本のトトラ束の間に置いたサオはとり去り、かわりに芯束をおく。これからは、この芯束が船体の長さを知る目安となる。こうして、少し間隔をあけて平行に置いた三本のトトラ束の下に、前後に二本、トトラを束ねたものを枕として置く。これでトトラ束をうかし、縄をとおしやすくするのである。

縄のとおし方は、芯束と一本の胴が一つの輪のなかに、はいるように巻く。そのためふつうはひとりが二本のトトラ束の間にはいり、芯束をまたいで縄をとおしてゆき、これを両側にいる人間が助ける（写真8）。つぎに、もう一本の縄で、

●**写真7**　葦舟の胴は、三本のトトラ束で作られる。中央のトトラ束は「心臓」とよばれる

残りの胴と芯束がやはり一つの輪のなかに、はいるように巻く。このようにして二本の縄をつかって交互に巻いてゆく。全部巻きおえたあと、巻きはじめの部分にもどり、二本のトトラ束（胴）の両側から縄をひいて締めあげてゆく。この作業によって、芯束は、両側からそれぞれ一本の縄でひっぱられる。胴部のほうも二本とも、それぞれ同じ一本の縄で外側に引かれるため、三本のトトラ束は芯束を中心にして一体になってゆく。その結果、両側のトトラ束ではさまれた芯束は、両端部を残して、ほとんど見えなくなる。

●**写真８**　三本のトトラ束を縄で巻いて一体にする

（6）船体の整形

トトラ束の下に置いた枕をとりはずし、今度は船体の上に乗って、さらに強く縄をしめ上げる。また、これを裏がえしにし、同様にして船体を締める（写真９）。体重をかけて、強く縄をひくため、これまで円柱状だった胴は扁平になり、全体として船体は厚い板状になる。この状態から芯束のもつ役割がうかがえる。すなわち、芯束の存在によって、二本の胴の間の窪みはほとんどなくなり、平坦な船底および平底を提供することになるのである。

しかし、この段階では、まだ船体となる胴の両端部は不ぞろいで、しかもそこからは芯束がとびだしているため、これを船らしく整形する。具体的な作業としては、胴のトトラ束を芯束の長さにあわせると同時に、その形も船らしく流線形にする。このために、再度、二本の枕の上に、船体を置き、この上にのって体重をかけながら縄をひく。この作業によって、これまで扁平であった船体の両端部がそり上がってくる。また、この両端部から少しずつトトラをひきだして、胴のトトラ束を芯束の長さにあわせる。胴部から、ひきだしたトトラだけでは充分ではないので、先端部からも新しいトトラをさしこんで形をととのえる。

整形が終わると、再度、縄を締めなおしてゆくが、さらに強く締めあげるために、道具がつかわれる。さきに縄作りでつかわれた木槌と手鉤である。この木槌で、船体を締めている縄の周辺部をたたいて、ゆるみを生じさせ、これに手鉤をとおして強くひく。はじめに縄作りで、結び目をつくらずに長い縄を作ると述べたのは、このためである。つまり、結び目のある縄では、強く締められた二本の胴の間を縄がとおらないので、船体を固く締め上げることができないのである。

船体作りの締めくくりは、船体の両端の形を整え、船首と船尾を作ることである。この船体の両端部は、これまで見てきたように、二本の胴と芯束の計三本のトトラ束が集合するところとなっている。したがって、この部分が葦舟のもっとも重要なところになっていて、作業もきわめて慎重におこなわれる。

(7) 舷側のすえつけ

もっとも小さい葦舟（ヒスカ・ワルサ）と他の葦舟との大きなちがいは、前者の舷側は船体の一部として作られるのに対し、後者のそれは、別個に舷側となるトトラ束をつくり、これをすえつけることである（写真10）。まず、ヒスカ・ワルサの方からみてゆこう。船首に少し残されているトトラ束の両側に、それぞれ数本のトトラの茎を縄でむすびつける。この縄は、船体を締めてきたものである。つぎに、トトラの茎をすべて船体の側に折り曲げ、縄で折りまげたトトラが一つの輪のなかにはいるように、船端部から船体を巻いている縄にとおしながら、この縄とトトラで舷側のフレームをつくる。そして、このフレームのなかに、トトラ

●写真 9　船体の整形

をつめて舷側を作るのである。

これに対して、ナサニ・ワルサやハチャ・ナサニ・ワルサでは、さきの芯束作りのように、船体の大きさにあわせて、トトラで仮締めしたトトラ束をつくる。これを船体の上に乗せたうえで、やはり船端部から船体を締めている縄にとおしながら舷側のトトラ束をすえつけてゆく。この作業と並行して、芯束の形を整えて舷側を作るのである。

●写真 10　舷側のすえつけ

葦舟の利用法

ウロ族の大きさの異なる三つのトトラ舟は、それぞれ用途が異なっているが、それについて述べる前に、葦舟全体として、その利用法で注意しなければならない点についてふれておこう。さきの製作法のところで見たように、ウロ族の葦舟は、船首と船尾が構造的にもっとも重要な部分となっており、この部分には絶対に足や腰をかけてはいけないとされる。この部分を損傷すると、船体を構成する三本のトトラ束および舷側が分解してしまうからである。そのため、ウロ族の葦舟の耐用期間は、この部分のとり扱い如何によって、大きく異なってくるといわれる。すなわち、この船首(尾)を慎重に扱えば、約一年は使用可能であるが、そうでない場合は半年もつかえない、とされる。いずれにしても、葦舟は次第に水をすい、浮力を失ってくるので、せいぜい一年くらいで新しい葦舟にかえられる。

さて、利用方法について具体的にみてゆこう。もっとも小さい葦舟、ヒスカ・ワルサは主として狩猟用で、狩猟の対象は鳥である（写真11）。ティティカカ湖は水鳥の多いことでよく知られているが、とくに多いのは湖畔のトトラの茂みである。狩猟の方法は、オンダやボーラとよばれる投石具が使われるとされるが、[文献4] 現在は猟銃などが使われるようになり、投石具による方法はほとんど消滅している。

ただし、筆者が観察した方法には次のようなものもあった。トトラの茂み近くに水鳥を発見したとき、ヒスカ・ワルサで茂みの反対側から接近する。舟をあやつる道具はサオである。トトラの生えているあたりは比較的浅いのでサオをついて進み、できるだけ水鳥に近づく。水鳥が逃げそうになると、サオを強くついて、鳥にむかって突進する。水鳥は急には飛び上がれず、トトラの茂みに逃げこむ。茂みのなかでは、鳥は密生するトトラの茎が邪魔になって、それほど遠くへは逃げられない。その逃げこんだと思われるところに、葦舟を乗りいれ、そのあたりをサオで強くたたいて、鳥をとる。このほか、ヒスカ・ワルサをつかって鳥の巣を探し、卵を手に入れることもある。いずれにしても、狩猟は機敏な動きが要求され、またそれをつかう場所がトトラの茂みのなかなので、小さな舟とサオでの操船がもっとも目的にかなっているものとおもわれる。

中間の大きさの葦舟、ナサニ・ワルサの用途は主として漁撈用である。このティティカカ湖の漁撈法については詳しい報告があるので、[文献5] ここでは漁撈活動における葦舟の利用にかぎって報告する。ナサニ・ワルサは二～三人は充分乗れるが、さし網漁も追い込み漁もひとりで葦舟に乗る。舟をあやつる道具はサオとカイである。浮島近くで

●写真11　狩猟によって得られた水鳥

文献4　La Barre 1963, Tschopik 1963.

文献5　Tschopik 1963. et al.

は船のなかで立ち上がってサオをついて進むが、遠く離れると水深が深くてサオを使用することはできない。座った状態で、カイをあやつって進む。とくにさし網漁の場合は、片手でカイをあやつりながら、もう一方の手で網を操作する（写真12）。追い込み漁の場合は、二隻の葦舟をつかう。舟にはそれぞれひとりずつ乗って、平行に走らせ、魚の群れを探す。魚の群れがみつかれば、魚の進む前方にまわりこんで網をおろし、二隻の葦舟は離れて、網を広げる。つぎに、サオで湖面をたたきながら、魚を網のほうに追いやり、網をしぼる。これは、さし網と異なり、狩猟と同様、かなり機敏な動きが要求され、また深いところでは網が底につかないため浅瀬での漁法となっていて、もっぱらサオが利用される。

このような方法でとれる魚は、ほとんどがカラチとよばれる一五センチメートル程度のフナに似たメダカ科のものである（写真13）。これは自家消費するだけでなく、大半は生のまま、あるいは天日で干し魚にしたり、後述する方法で焼き魚にしたりして交易用とする。浮島にはほとんど耕地がないため、これらの魚を湖岸の市にもってゆき、そこで農産物などと交換するのである。農産物で多いのは彼らが主食とするキヌアやジャガイモ、さらに乾燥ジャガイモのチューニョなどである。

もっとも大きいハチャ・ナサニ・ワルサは遠距離の旅行用であり（写真14）、湖岸のチュクイトの市などに出かけるときなどにつかう。操船の道具は、サオ、カイ、帆がある。サオは浮島から離れるとき、また接岸するときにつかうくらいである。カイは風がなくて帆だけでは進まないときの補助手段としての役割のほか、舵としての役割が大きい。帆は、最近布製のものが多くなっているが、ティティカカ湖本来のものとしては、家の屋根と同じようにして作られるトトラ製のものである。

帆をはるマストにあたる柱は二本であり先端でむすばれてVの逆の字の形になっている。マス

●写真12　葦舟を使っての刺し網漁

トは船首から三分の一くらいのところの舷側の両側に、穴があけられ、そこに立ててある。マストを支えるのは船首と船尾から張られた縄である。マストの先端部には、さきに葦舟作りでみたカラバトとよばれる木製の手鉤がついていて、これに縄をとおして吊り下げている。帆の下端部は一方だけ固定して、もう一方の端の縄は、船をあやつる男が握り、帆を操作する。

以上、みてきたように、ウロ族の三つの葦舟は、それぞれ用途が異なっているが、これらの葦舟が、ここで述べた用途以外に利用されないというわけではない。先述したように、彼らは浮島に住んでいるため、どこへ行くのにも葦舟が欠かせないのである。したがって、狩猟用とされるヒスカ・ワルサや漁撈用のナサニ・ワルサもしばしば浮島間の交通に利用される。

●**写真 13**　カラチ。フナのように見えるがメダカの仲間

●**写真 14**　旅行用の葦舟。三種類の葦舟の中で最も大きい。この葦舟は、帆もトトラで作られている

食料、その他の用途

彼らはトトラを食料としても利用する。そのため、ウロの人たちは「水草を食べる人」という異名をもつ。食用とされるのは、トトラの茎の基部三〇センチメートルほどのところで、これを「チュヨ」とよぶ（写真15）。この部分の皮をはいだ髄を生食するのである。また、彼らは茎だけでなく、根茎も食用にする。これには「サッカ」とよばれるものと「シピ」とよばれるものがあり、前者はその年にでた新しい根茎でやわらかく、後者は古い根茎なので固いが、いずれも調理の必要はなく、やはり生食される。

ただし、少なくとも現在は、トトラは主食ではなく副食的な役割をはたしているにすぎない。葦舟や家の製作、島の補修などで、大量のトトラが刈りとられたときに、茎の基部が食用に供されるのである。また、浮島の対岸にあるチュクイトやプノの市にもってゆき、そこで売ることもある。

この食用のほか、彼らは燃料や飼料としてもトトラを利用している。先述したように、現在浮島の住民の大半は灯油用のコンロをもっていて、それで調理をしているため、燃料としてトトラが使われるのは限られた時だけである。それが、先述した焼き魚を作るときである。

この焼き魚の加工は、一週間に一度、一般に土曜日におこなわれる。湖岸のチュクイトなどで、日曜日ごとにひらかれるアイマラ族の市にむけて、おこなわれるのである。その方法は、焼き石を作り、それで魚を焼く（写真16）。石は、湖岸から運んできたものであり、いずれも二〇～三〇センチメートル大の扁平なものである。この石を焼くための簡単な炉があり、これに乾燥したトトラが

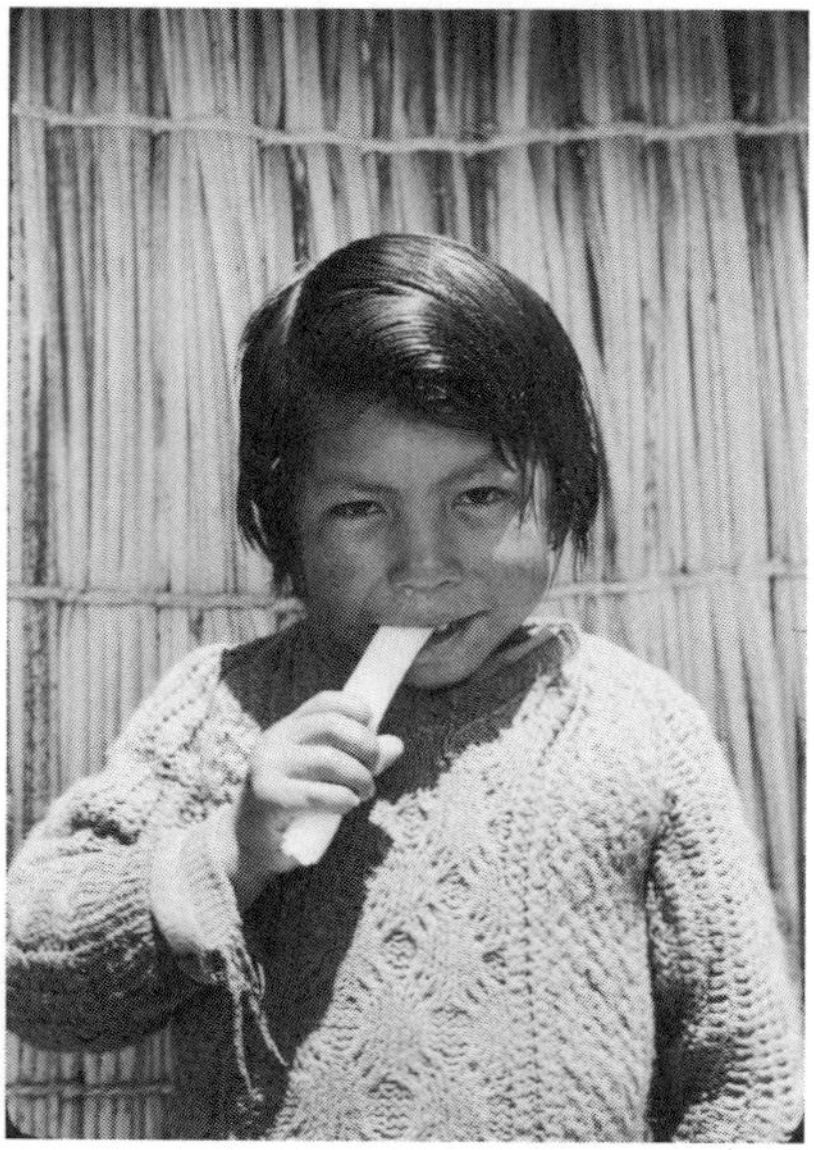

●写真 15　食用にされるトトラの基部。「チュヨ」とよばれる

燃料としてつかわれる。焼きあがった石を、直径二〜三メートルの円状に敷き、この上に魚をならべ、さらにその上に焼き石をおくために、大量のトトラが必要となるのである。

最後に飼料としての利用についても述べておこう。一部の浮島ではクイや牛を飼っているところがあり、そこではトトラを飼料としても利用している。

ティティカカ湖に生きる──トトラとともに

以上見てきたように、ウロの人たちはトトラを彼らが暮らす島作りに使うほか、葦舟や家作りにも利用している。さらに、彼らはトトラを食料や飼料、そして燃料としても使っている。おそらく、これほど一つの植物を多面的に利用している暮らしは世界的にみてもほとんど例を見ないことであろう。それでは中央アンデス高地の何がこのような特異な暮らしを生み出したのであろうか。冒頭で述べたように、筆者の調査は充分ではないが、この点について最後に検討しておこう。

まず、指摘しておかなければならないことは他民族との関係である。現在、ティティカカ湖畔の北部は主としてケチュア族が住み、南部はアイマラ族が暮らしている。前者は人口が数百万、後者も人口が一五〇万を超す大民族である。また、インカ帝国時代もティティカカ湖畔にはアイマラ王国がいくつもあり、先述したチュクイトにも人口が一〇万とも一五万ともいわれるルパカ王国があった。このような力関係のなかで少数民族としてのウロは辺境の地しか与えられなかったのであろう。実際に、現在もウル・チパヤ系の人たちはティティカカ湖上やポーポ湖の湖畔、さらにボリビアとチリとの国境に近い砂漠のようなきわめて環

●写真16　焼き魚の加工。市に出かける前に大量に加工される

境の厳しいところに住んでいるのである。

　そのため、そのようなところでは農耕はほとんどできず、彼らの暮らしは採集や漁撈、狩猟に特化したものにならざるをえなかったようである。幸いに、これらの湖には魚のほか、水鳥も多数棲息していた。とくに、ティティカカ湖には魚や水鳥が多く、これらを手に入れることで周辺の農民と農産物との物々交換も可能になった。魚や水鳥はティティカカ湖以外では手に入れにくいものだからである。

　このような魚や水鳥がティティカカ湖でもっとも多く棲息しているのがトトラの茂みであり、そこで暮らすことは彼らの生業活動にとってきわめて好都合である。こうして、トトラの茂みのなかに浮島を作り、そこで暮らす生活が始まったのであろう。そのような暮らしのなかでトトラを多面的に利用する方法も開発されたにちがいない。そして、トトラの多面的な利用の開発があったからこそ、ティティカカ湖の湖上生活も可能になったといえる。

引用文献

La Barre, W. 1963 The Uru-Chipaya. In J. H. Steward (ed.), *Handbook of South American Indians* 2: 575–585.
Šolc, P. V. 1967 Los botes Yampu de totora en el lago Titicaca. *Annals of the Naprestek Museum* 6. 95–110.
Tschopik, H. Jr. 1963 The Aymara. In J. H. Steward (ed.), *Handbook of South American Indians* 2: 501–573.
アコスタ『新大陸自然文化史（大航海時代叢書）』上巻（増田義郎訳）一八四―一八五、岩波書店、一九六六（一五九〇）年。
山本紀夫「アンデス地域、トトラの民族植物誌」『国立民族学博物館研究報告』五（四）：九五一―一〇〇七、一九八〇年。

第四章二節

農牧複合民の暮らし——食糧の生産と消費を中心に

Norio Yamamoto
山本紀夫

知られざる食生活

異なった民族の暮らしを知るうえで、衣食住はもっとも基礎的な知識である。ところが、異文化を専門にする民族学（文化人類学）でも衣食住はさほど大きな関心がもたれているわけではない。とくに、食について関心をもつ研究者は少なく、食に関する報告もきわめて乏しい。その一因は、食文化を研究しようとすればさまざまな困難がともなうからであろう。異民族と暮らしをともにし、できれば一年をとおして彼らの暮らしを観察しなければならないのである。

そのせいか、アンデスでも食についての研究はきわめて乏しい。その結果、「アンデスの主食は何か」といった基礎的な疑問に答えられる研究者さえほとんどいない。たしかに、一般的にはアンデスの主食はトウモロコシであるといわれてきた。たとえば、日本の高等学校の歴史教科書を見てみると、ほとんど例外なくアンデス文明はトウモロコシ農耕によって築かれたと書かれている。[*文献1]

しかし、これは本当なのだろうか。実際に調査をした上での結論なのだろうか。このような疑問を筆者はアンデスで何度も調査をするうちにもつようになった。それというのも、筆者の観察によれば、アンデス高地の主作物はトウモロコシではなく、ジャガイモをはじめとするイモ類であった

文献1　山本　二〇〇二a、二〇〇二b。

からである。また、アンデス高地で暮らす人の大半がトウモロコシではなく、イモ類を主食にしているらしいという印象をもったからでもある。

それでは、はたして、この印象は正しいのか。それを知るために、自分自身で調査をしてみようと思った。この調査のためには、できるだけ伝統的な色彩を残している地域がのぞましい。そうであれば、それは農業も牧畜もともにおこなっている農牧社会でなければならない。さらに、ジャガイモなどのイモ類だけでなく、トウモロコシも栽培し、さらに家畜も飼って自給自足的な暮らしを送っている人びとを対象にすべきである。また、これらの人びとを対象として食糧の生産から消費まで一貫して調査をする必要もある。

こうして、筆者が調査地に選んだのが、ペルー南部クスコ地方のマルカパタ村であった。この村に最初に住み込んだのが一九七八年の一〇月のことで、それから一九八七年までほとんど毎年のように通い、通算で約二年間暮らした。その後、十数年の中断をはさんで二〇〇四年に再訪し、しばらく滞在したが、一九八〇年代当時とは村人の暮らしは大きく変わっていた。そのため、ここでは一九八〇年代に時期を限定して、そのときの調査結果のなかから食糧の生産と消費に焦点をしぼって報告する。なお、マルカパタ村の先住民の暮らしの詳細については拙著[文献2]を、環境利用の方法については拙稿[文献3]を参照されたい。

文献2　山本　一九九二。
文献3　山本　一九八〇。

「高原の人」

マルカパタ村は、図１に示したように、かつてのインカ帝国の中心地であったクスコの東方約一〇〇キロメートル、東山系を越えたアンデスの東斜面に位置し、交通が不便で地理的にはかなり隔絶したところである。面積はおおよそ一七〇〇平方キロメートル、村のもっとも低いところは標高一〇〇〇メートルほど、もっとも高いところは標高五〇〇〇メートルにおよぶ。つまり、村域は高度差にして四〇〇〇メートルもあり、そのなかには熱帯降雨林から氷雪地帯までのさまざまな環境がみられる。アンデス住民の環境区分でいうと、ユンガ、ケチュア、スニ、プナの環境がすべて含まれる。地形的には、六〇〇〇メートル級の高峰をもつヴィルカノタ山脈に深く刻み込まれた谷の一つにマルカパタは位置しており、この谷にはアマゾン川の源流の一つであるマルカパタ川が流れている。この川は上流で三つの谷が合流して半開きの扇のような形をし、険しい渓谷となって東のアマゾン川低地にくだっている。

　そこに約六〇〇〇人の住民が暮らしているが、その大半がケチュア語を母語とするインディオとよばれる人びとで、あと一部にミスティとよばれるメスティソ、そして比較的近年に移住してきた入植者がいる。このうち、標高四〇〇〇メートル前後の高地部に散在して居住地をもっているのがインディオとよばれる先住民で、低地部の森林地帯にまばらに住んでいるのが入植者、そしてその中間の標高約三一〇〇メートルのプエブロ(ヤクタ)とよばれる集落に集中して住んでいるのがミスティである(写真1)。

　このような高度による住民と居住形態の違いは彼らの環境利用の方法と密接な関係をもっているが、以下

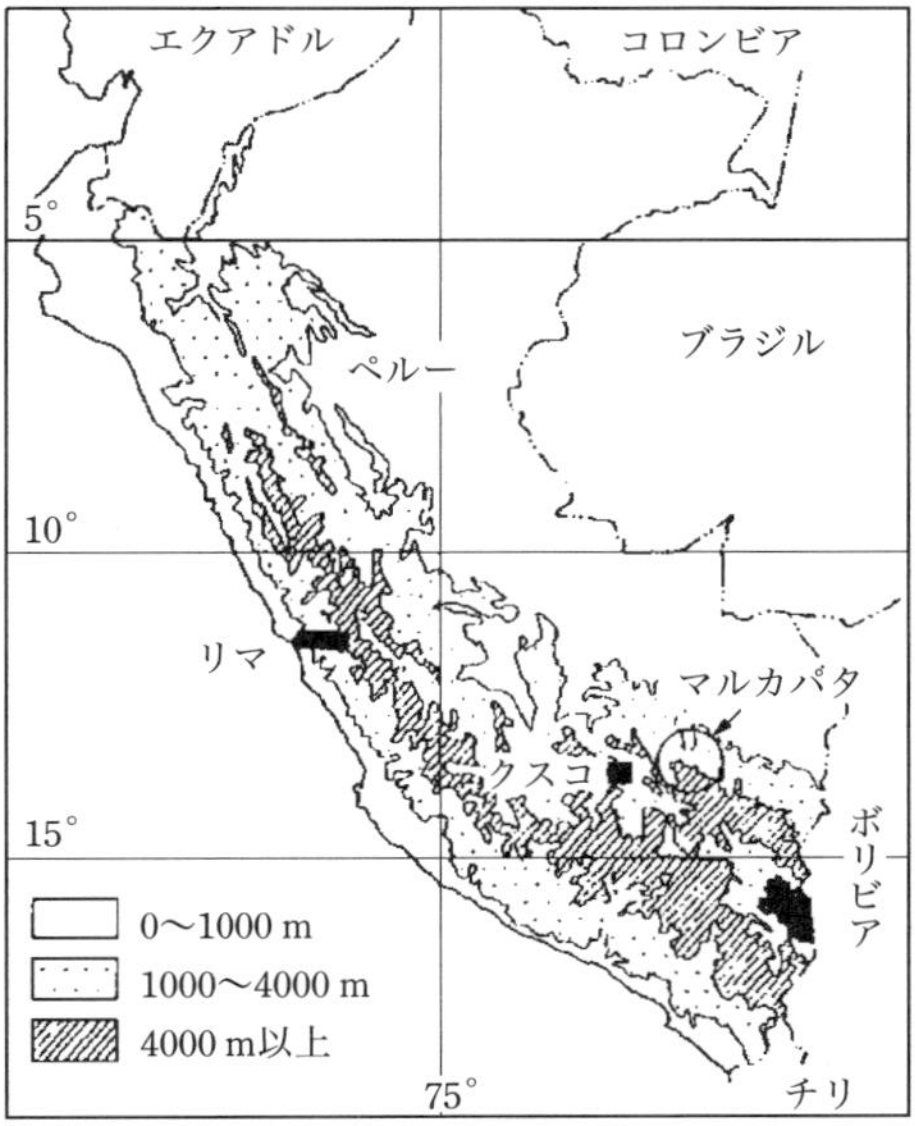

●図1　マルカパタ村の位置

ではインディオのそれについてのみ述べることにしよう。それというのも、彼らこそがインカ時代あるいはそれ以前からの伝統である大きな高度差を利用した暮らしを送り、食糧に関してはほぼ自給しているからである。それを雄弁に物語るものがある。マルカパタには食糧などを売る商店がミスティの暮らすプエブロに数軒あるが、高地部には一軒もないことである。もちろん、インディオも谷を下り商店に買い物に来ることがあるが、買うものは食糧ではなく、マッチや灯油、砂糖など、主として自分たちでは自給できないものばかりである。

さて、インディオは、先述したように標高四〇〇〇メートル前後の高原に住むが、この高原は現地でプナとよばれている。そのため、インディオは、プナで暮らす人を意味するプナ・ルナ、つまり「高原の人」ともよばれる[注1]（写真2）。プナは第一章でも述べられているように森林限界を超えた高地であり、寒冷な気候のせいで草地帯となっているところである。このような高原に彼らの住居が点在している。ここで簡単に彼らの住居についても紹介しておこう。食生活だけではなく、アンデス高地の先住民が暮らす家についてもあまり知られていないからである。

インディオの家は基本的に熱を逃さない構造になっている。広さは畳でいえば一〇畳ほどしかなく、家の壁は石を積み上げ、その隙間に泥を詰め込んだ厚いものである（写真3）。アンデスでは先住民の家の多くはアドベ（日干しレンガ）を積み上げて壁にしているが、マルカパタでは雨が多いせいか、日干しレンガ造りの家はほとんどない。また、寒さを防ぐため、この壁にふつう窓はない。入り口も小さく、大人は腰をかがめないと頭をぶつけるほど低く造ってある。また、屋根はイチュというイネ科の藁で厚く葺いてある。そのため、部屋のなかは昼でも薄暗い。

●**写真1**　マルカパタ村の中心地。スペイン語でプエブロ、ケチュア語でヤクタとよばれる

注1　一方、ミスティは、商店があり、マルカパタの行政の中心地でもあるプエブロ（ケチュア語でヤクタ）に住むので、ヤクタ・ルナ（「町の人」の意）とよばれる。

また、家のなかにかまどはあるが、煙突はない。これも熱を逃さない工夫であろう。煙は藁葺きの屋根の隙間から出てゆくだけである。こんなとき、家の外から見ていると、屋根のあちこちから立ち上る煙がまるで火事かと思わせるほどである。当然、家のなかは壁も藁屋根の天井も煙の煤で真っ黒になっている。そして、調理のときは煙が部屋に充満し、煙くて屋外に逃げ出したくなるほどとなる。

かまどは一間切りの土間の片隅にある。その燃料はリャマやアルパカ、そして牛などの糞を乾燥したものが中心になる。森林限界を超えた高地では薪になるような樹木が手に入りにくく、薪は貴重品なのである。リャマやアルパカの糞は燃料としてだけでなく、肥料としても使われるので、暖房のために使うことはない。かまどが使われるのは調理のときだけで、あとは火の気がまったくなく夜などは寒いので、食事がおわればみんなサッサとベッドにもぐりこむ。

そのベッドはかまどの反対側にある。ここで家族が一緒に寝る。客があるときは土間に毛皮を敷き、そこで寝る。ちなみに、

●写真 2　「高原の人」ともよばれるインディオの人たち。標高 4000 m 前後の高地に住む

●写真 3　インディオの家屋。わらぶき屋根で、壁は石を積み上げ、すき間に泥を詰めこんでいる

筆者もいつも土間で毛皮を敷いて、そこで寝袋で寝ていた。食器や鍋類を除けば、そこに家具らしいものはほとんどない。したがって、食卓といえるものもない。食事をするときは、かまどのまわりに家族が集まり、それぞれは小さな椅子に腰をかけ、鍋や食器は土間に直接おかれる（写真4）。

インディオの家で忘れられないものがある。それは屋内で飼われるクイである。クイはテンジクネズミ、つまりモルモットの一種である。アンデスでは古くから食用の家畜として飼われ、その肉は現在も祭りや儀礼のときのご馳走として欠かせない。そのため、どこの家でも一〇〜二〇匹くらいのクイを屋内で放し飼いにしており、その名前の由来を物語るように「クーイッ、クーイッ」と鳴きながら土間を走り回っている。

谷を上り下りする暮らし

このように、インディオは標高四〇〇〇メートル前後のプナとよばれる高地に居住地をもつが、彼らの暮らしは高地に限られない。すなわち、アンデス東斜面にみられる大きな高度差を利用し、家族ごとに放牧の対象となる家畜を飼い、主作物であるジャガイモもトウモロコシも栽培している。そして、これらの耕地のなかには家から遠く、毎日、通うことのできないものもある。このような耕地には植え付けや収穫のときに一時期移り住んで作業をするための出作り小屋をもち、また放牧地にも家畜番小屋をもつ。それを模式的に示したものが図2である。この図を使いながら、彼らの暮らしをもう少し具体的に述べておこう。

高地部の方から見てゆくと、農耕限界は標高四三〇〇メートルあたりである。ただし、標高四〇

●写真4　インディオの食事風景。奥の女性の後ろに見えるのがかまど

○○メートルをこすと耕地はまばらになる。気温が低いため、寒さに強いジャガイモであっても、耐寒性の強いルキ・ジャガイモくらいしか栽培できないからである。そのため、標高四○○○メートル以上の高地では主として家畜が放牧され、その上限は標高四八○○メートルあたりにまで達する。放牧の中心となる家畜はアンデス産のリャマやアルパカのほか、ヨーロッパから導入されたヒツジも少なくない。このうち、リャマは牧草があまり限られないため低地部を含めて広い範囲を行動できるが、アルパカはプナの牧草しか食べないため放牧はプナ帯に限られる。

　このようにアルパカの放牧がプナ帯に限られることはインディオの暮らしを考えるうえで重要である。それというのも、このような家畜飼育こそが、インディオがプナを中心とした高地で暮らしを送る大きな要因になっていると考えられるからである。なお、雨期のプナは牧草が豊富にあるため、家畜は家の近くで放牧されるが、牧草の乏しい乾季は家族の一部が家畜を連れて谷の源頭部にある家畜番小屋に移り住む。そこは雪解け水によって乾季でも牧草が絶えないところなのである。

　標高約四○○○メートルから下、標高三○○○メートルあたりまでは主としてジャガイモが栽培される。したがって、インディオの家は家畜の放牧ゾーンとジャガイモの栽培ゾーンの中間に位置しているとみることもできる。先述したように、リャマやアルパカなどの家畜飼育とジャガイモの栽培は密接な関係があり、それゆえに彼らはその中間地帯に居住地をもつと考えられる。

　さて、そのジャガイモは一○○○メートル以上もの大きな高度差のなかで栽培されるため、植え付けや収穫の時期も、そこで栽培される品種

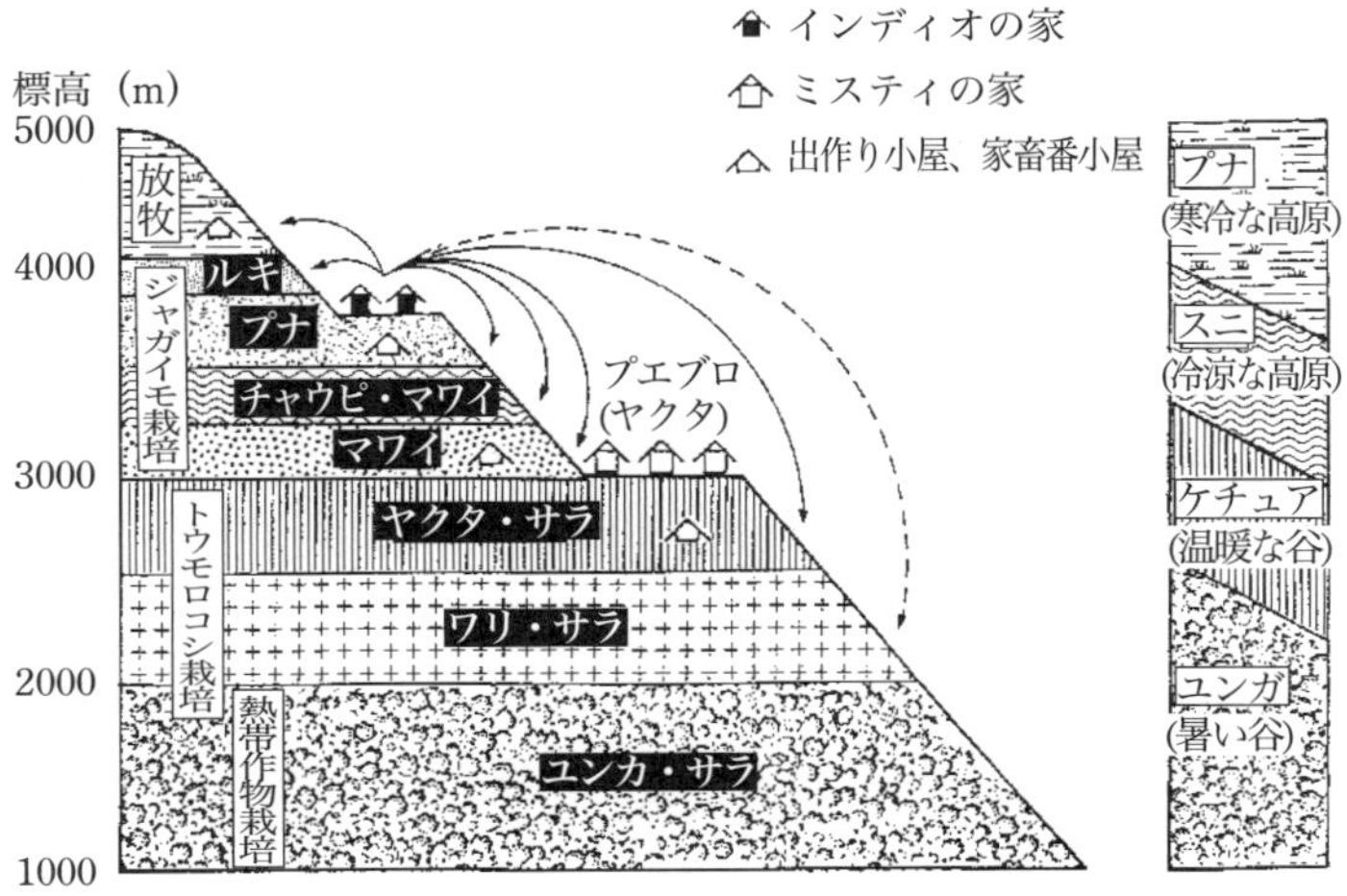

●図2　マルカパタ村における高度差利用と出作り小屋の位置

も異なる四つの耕地にわけられる。これら四つの畑で栽培されるジャガイモが、第二章六節でも紹介したように低い方からそれぞれマワイ、チャウピマワイ、プナ、そしてルキとよばれるものである。これらのジャガイモ耕地のうちで出作り小屋がみられるのはマワイとプナの畑である。マワイの耕地は家から遠く、プナの耕地は面積が大きくて植え付けや収穫に時間がかかるためである。

さらに、低いところにある耕地がトウモロコシ用のものである（写真５）。トウモロコシも栽培される高度により三つのグループにわけられ、それぞれ、ヤクタ・サラ、ワリ・サラ、ユンカ・サラとよばれる（サラはケチュア語でトウモロコシのこと）。インディオでワリ・サラやユンカ・サラを栽培する人は少なく、ほとんどの人が標高二五〇〇〜三〇〇〇メートルあたりでヤクタ・サラを栽培する。そして、このトウモロコシ耕地も家から遠くに位置するため、そこに出作り小屋をもつ。

こうして、彼らは出作り小屋や家畜番小屋を利用して、一年中、アンデスの東斜面を上り下りする暮らしを営む。なお、これらの作物の栽培および家畜の飼育は基本的に家族単位でおこなわれているが、各家族で勝手に植え付けや収穫をしているわけではない。さきに述べた耕地は、それぞれが成員権をもつコムニダとよばれる共同体の共同耕地であり、その植え付けも収穫もコムニダの寄り会いで決められた時期におこなわれるのである。

●写真５　トウモロコシの共同耕地。上の方はジャガイモ（マワイ）の畑

雨の恵み——一年の暮らし

つぎに、彼らの一年の暮らしを見ておこう。第一章で述べたように、ペルー・アンデスは明確な乾季と雨季が存在する熱帯山地に位置しており、一年をとおして気温の変化はあまりないが、雨量が大きく変化する。そのため、一年の暮らしのサイクルも降雨量と密接に関係している。図3に示したように、マルカパタの村びとも一年をチラウ（乾季）とポコイ（雨季）の二つの時期にわける。マルカパタは雨が比較的よく降るアンデス東斜面に位置しているため、灌漑をほとんどおこなわず、自然の降水のみによって農耕をおこなうので、作物の栽培も雨季に集中する。

ただし、雨季の始まりも雨量も高度によって少しずつ異なる。低いところほど雨季は早く始まり、また雨量も多い。このため、最初に植え付けるのが、ジャガイモ畑のなかではもっとも低地部に位置するマワイの耕地である。マワイは早生というような意味で、そのなかにはいくつもの品種が含まれる。このマワイの耕地では、乾季の終わり頃の八月に休閑地に生えた灌木や雑草を燃やし、この灰を肥料にしてジャガイモを植え付ける。このため、プナに家をもつインディオは山をくだって出作り小屋に一時期移り住

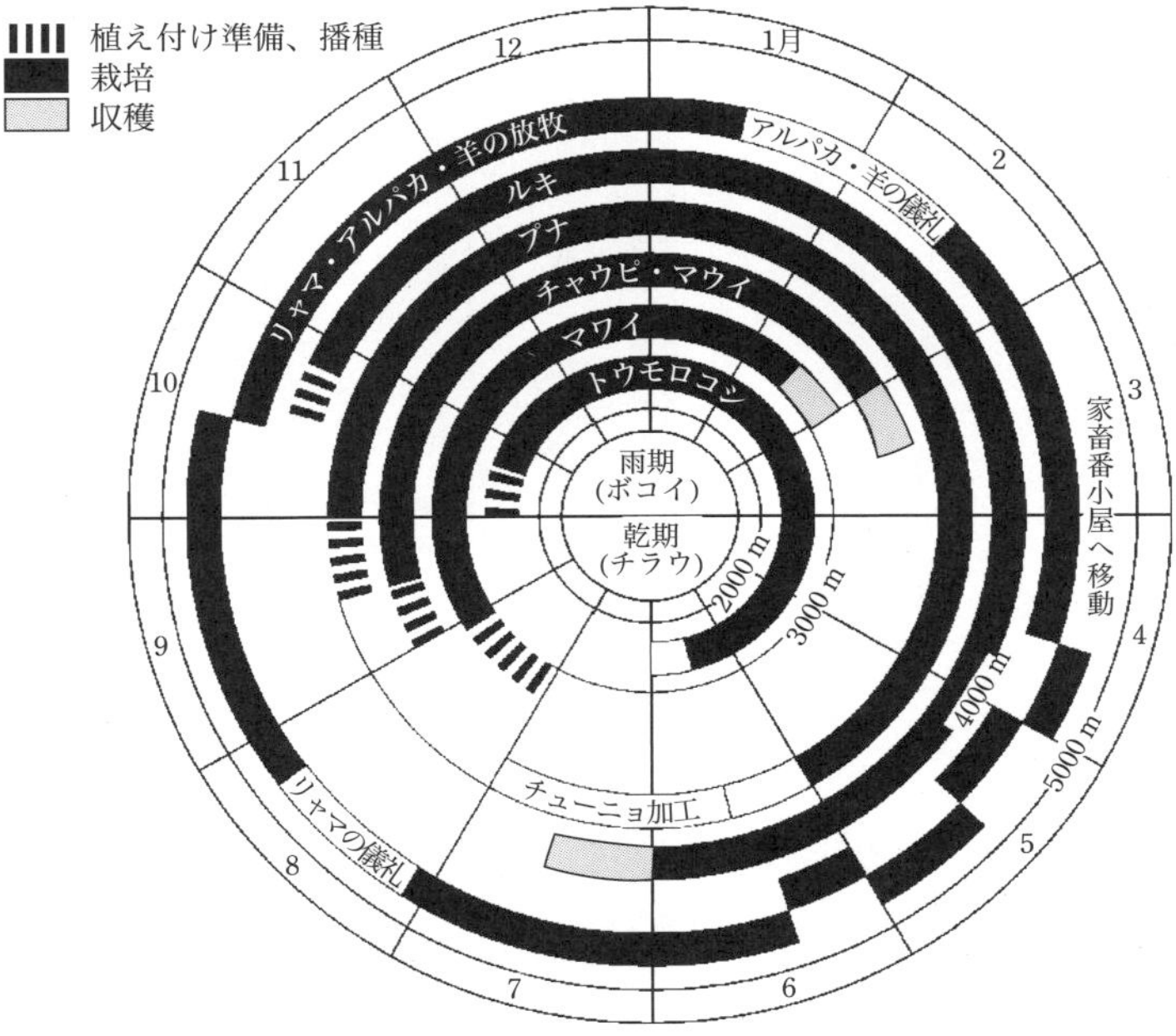

●図3　マルカパタ村における農民の一年の動き

む。

九月はじめ、マワイの植え付けを終えると、こんどは標高三六〇〇メートルあたりにあるチャウピ・マワイの畑でのジャガイモの植え付けをおこなう。チャウピマワイの畑は家から近いこともあり、毎日、家から通って作業をおこなう。数日で植え付けを終えると、肥料として家畜の糞と灰を半々の比率で与える。この高度では休閑地に生える植物はわずかで、それを灰にしても肥料としては充分ではないため、家畜の糞で補うのである。

つぎは、九月中旬、標高三八〇〇メートルあたりでのプナのジャガイモの植え付けである（写真6）。これがジャガイモ畑としては最大のもので、そこには数多くの品種が植え付けられる。そして、これらのジャガイモの栽培のためにリャマやアルパカ、ヒツジなどの糞が肥料として大量に与えられるのである（第二章六節参照）。

●**写真６**　ジャガイモの植え付け

●**写真７**　トウモロコシの種とり

プナのジャガイモの植え付けがおわると、今度はトウモロコシの播種の準備をはじめる。トウモロコシの穂から種をはがし、種とりの作業をする（写真７）。そして、九月の末頃、家族で山をくだり、トウモロコシの出作り小屋に一週間ほど移り住む。トウモロコシ畑は家のある高地から高度差にして一〇〇〇メートルほど下った標高三〇〇〇メートル以下のところにあり、毎日、この畑に家から通うわけにはゆかないからである。

植え付けの最後はルキとよばれるジャガイモである。これは耐寒性にすぐれ、ほかの作物が寒さのためにほとんどできない標高四〇〇〇メートル以上の高地でも栽培できるジャガイモである。このジャガイモ栽培にも、もちろん家畜の糞が肥料として与えられる。

こうして、八月からはじまった植え付けは一〇月の末あたりにようやく終わる。このころには雨季も本格的になり、毎日のように雨が降り、それは三月末頃まで続く。このあとも時々、畑に行って雑草をひいたり、畝たての修復をおこなうために谷を下るが、このときは出作り小屋に泊まることはなく、日帰りである。

収穫は二月頃からはじまる。植え付けた順に収穫作業は進められ、マワイ、チャウピマワイ、プナなどのジャガイモ、トウモロコシ、そして最後がルキのジャガイモと収穫は続く。とくに、本格的な収穫期をむかえるのが乾季の六月頃で、この時期の彼らは出作り小屋ですごす日がおおくなる（写真８）。そして、収穫物はリャマや馬などで輸送し、プナにある家に持ち帰る（写真９）。

この六月は乾季のなかでも、もっとも乾燥し、一日の気温変化がきわめて激しい時期である。プナのような高地では、夜間の気温は水点下にまで下がり、気温の日較差は二〇度前後に達する。このような熱帯高地特有の気候条件を

●**写真８**　トウモロコシの出作り小屋。内部は暗いので、日中は屋外で作業をする

利用して、この時期には食品加工がおこなわれる。一つはチャルキとよばれる干し肉の加工である。もう一つは第二章で紹介したチューニョの名前で知られる凍結乾燥ジャガイモの加工である。

▼主食はジャガイモ――食糧の消費

さて、このようにして生産した農産物を彼らはどのように消費しているのだろうか。それを筆者が一番長く滞在させてもらった家の例から紹介してみよう。例にとる家族は標高約三八〇〇メートルの高地に住み、夫婦とその子どもが四人である。そして、もっと高地部でリャマやアルパカ、ヒツジなどの家畜約五〇頭を飼い、低地部でトウモロコシ、これらの中間地帯でジャガイモを主作物として栽培している。ジャガイモやトウモロコシの生産量については具体的なデータを得ていないが、ともに家族で消費する以上の収穫があり、これらを物々交換あるいは売って得た金で、砂糖や塩、灯油、衣類など、主として食料品以外のものを手に入れている。

食事は、朝、昼、夜の三食が基本であるが、昼食は家畜番や農作業のために屋外でとることが多い。図4は、これら三食の九月における食事の一か月間の主材料を示したものである。九月はジャガイモの植え付け時期にあたっていたので、昼は畑で食事をとる回数が多かった。なお、この図では主食、副食という明確なカテゴリーがないため、飲み物と調味料を除いた食事の主材料すべてがあらわれる頻度を示している。したがって、たとえばチューニョのスープという場合、ふつうは

●写真９　リャマによるトウモロコシの輸送

ジャガイモや肉なども含まれているが、ここでは主材料となるチューニョだけを数えて計算している。そのため、図に示されている割合は実際に食べられている量とは一致しないが、あくまで全体の傾向を知るためのものである。量的な問題に関してはコメントを加えながら、以下に具体的に見てゆくことにしよう。

この家の食事であらわれた主材料は総計で二一四あったが、それらの原材料は米、麦、トウモロコシ、キヌア、豆、ジャガイモ、オカ、オユコ、それに肉の九種類に限られる。九〇回の食事に二一四の主材料が出現するのは、ふつう一度の食事に複数の料理を食べるからである。この主材料のうち、米、麦、キヌアを除く食料はすべてマルカパタで生産されるものである。また、米、麦の出現頻度は高いものの、量的にはさほど大きいものではない。

さて、図で明らかなように、朝、昼、夜の三食とも食事の主材料はほとんど変わらない。そして、各食事とも、ジャガイモとチューニョを含むイモ類の出現頻度がきわめて高い。すなわち、朝食で四九パーセント、昼食で五八パーセント、そして夕食にいたっては七五パーセントをイモ類が占めるのである。一方。トウモロコシは朝食で二二パーセント、昼食で一一パーセント、夕食ではわずかに三パーセントを占めるに過ぎず、イモ類にくらべると、その割合は著しく低い。

これを出現頻度ではなく、重量でみれば全食事のなかでイモ類が占める割合はさらに大きくなるはずである。たとえば、彼らの食事に主食と副食の区別はないと述べたが、内容から見て主食的なものはある。それは、パパ・ワイコとよばれる料理で、土鍋でジャガイモを蒸したものである（写真10）。ときに、ジャガイモだけでなく、オカやオユコ、マシュア、チューニョなども一緒に蒸されるが、とにかくイモ類が材料である。これは一年をとおしてほとんど毎食供される。たとえば、ここで

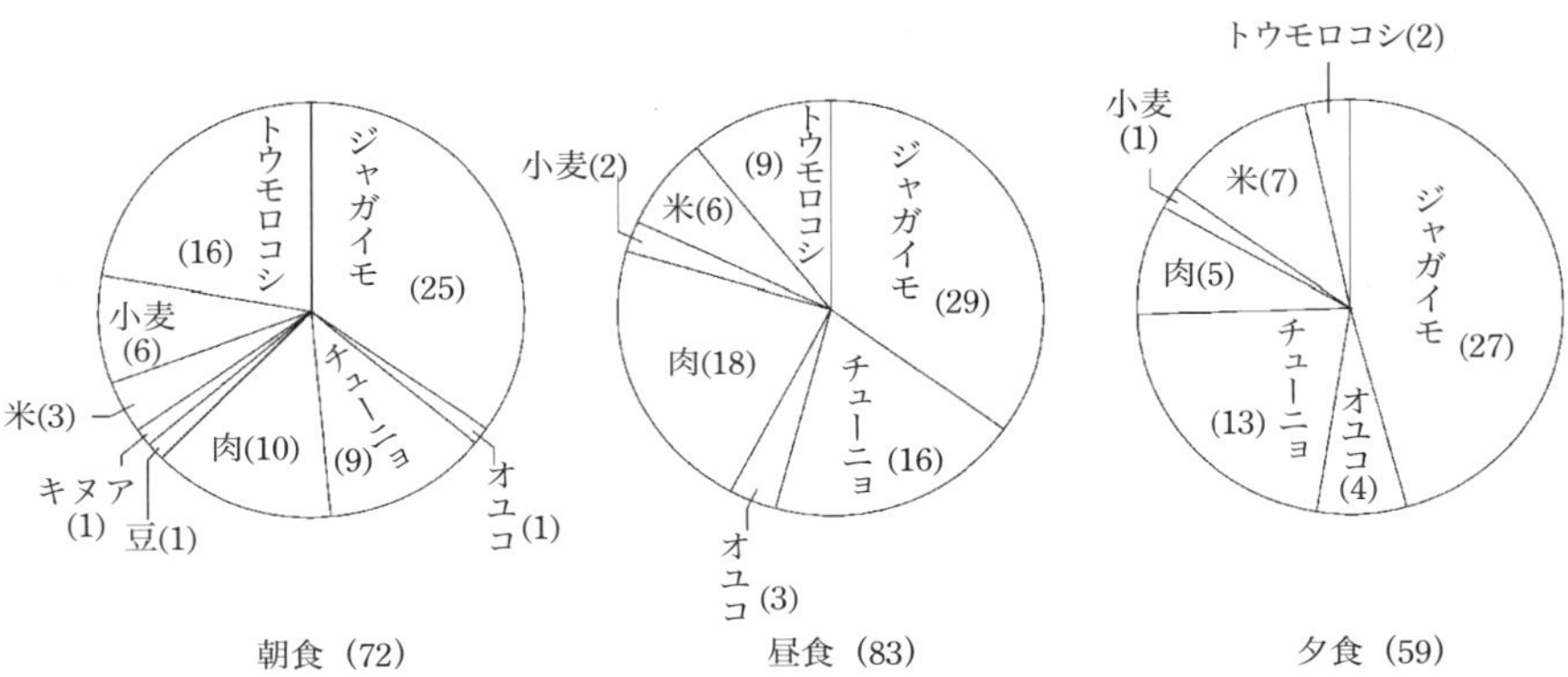

●図４　マルカパタ村の高地における食事の主材料

例にあげた九月の一か月間のうち、朝食と昼食でともに二五回、夕食で二六回供されている。そして、このパパ・ワイコにわずかばかりの干し肉とつけ汁としてのトウガラシ汁だけで食事をすますことも少なくないのである。

欠かせない肉類

残念ながら、筆者の調査では食事の内容を量的に示すことはできなかった。しかし、図に示した家の食事に占めるイモ類の割合は八割近くに達するだろうという印象をもっている。そして、それは、この家族のことだけでなく、どこの家でも同じように大量にイモ類を食べているとの印象ももっている。その背景には、どこの家でもジャガイモを中心とするイモ類の栽培にもっとも大きな労働力をさいているという事情がある。

ここで、気になることがある。それはイモ類の栄養分はほとんどデンプンであり、タンパク質に乏しいことである。そのため、イモ類中心の食事では栄養的に偏ったものになりそうである。それでは、この偏った栄養を何で補っているのであろうか。それは肉類のようである。図4では朝食と昼食で肉の占める割合がチューニョなどより多くなっているが、これは量的にはもっと少なくなる。しかし、この肉の消費に関して特徴的な点は、量的にはわずかでも、ほとんど毎食のように肉が使われ、きわめて出現頻度が高いことである。

肉を使った料理で、もっとも頻繁に出現するのはジャガイモやチューニョなどと一緒に煮込んだスープである。また、先述したように昼食は屋外でとられることが多いが、そのときも干し肉がし

●写真10　ジャガイモを蒸かしたパパ・ワイコ。これが日本のご飯にあたるようなもの

ばしば供される。さらに新しい肉が手に入ったときは、それをかまどの熾き火で焼いて食べることもある。これらの食事から見ていると、デンプン質を主体にする彼らの食事のなかで肉は欠かせないものになっていることがわかる。先にジャガイモ栽培に家畜飼育が不可欠であると述べたが、これは食事をとおしてみた消費の点からもいえそうである。

しかし、彼らは飼っている家畜を頻繁に屠殺して食事に供しているわけではない。むしろ、リャマやアルパカを屠殺することはほとんどない。前者は荷物輸送に欠かせないし、後者は毛をとるために貴重だからである。ただし、アルパカは動作が鈍く、しばしば放牧中に崖から落ちたり、川にはまって死ぬことがある。このようなときは、もちろん解体して毛は織物用に、肉は食用に利用される。そして、この肉は一度に消費しないで、大半は干し肉として貯蔵されるのである（写真11）。

このように家畜をかなり飼っている家でも肉は充分にあるわけではない。そのため、このような世帯ではしばしば農産物を肉と交換する。この農産物のなかでは、とくにトウモロコシを肉と交換することが多い。マルカパタでは大半の農民がトウモロコシよりジャガイモを大量に栽培しているが、ジャガイモはあまり交換に用いない。この点もトウモロコシの特異な価値を示すとともに、肉が彼らにとって貴重なものになっていることを物語るであろう。

肉の供給源として忘れてはならないものがある。それが屋内で飼われるクイである。先述したようにインディオの家では大体どこでも一〇〜二〇頭くらいのクイを飼っている。そして、クイはもっぱら肉として消費されるのである。ただし、クイは日常的に食べられるわけではない。祭りや家に来訪者があったときなど、いわばハレの食に欠かせないも

●写真11　アルパカの解体。肉の大半は干し肉にして貯蔵される

のである。クイは小さな動物であり、量的に大きな役割を占めているわけではないが、それでも七月から八月頃にかけての祭りの多い時期はかなり頻繁にクイを屠殺し、食事に供するのである（写真12）。

特異な価値をもつトウモロコシ

インディオの家に滞在し、彼らと食生活をともにして驚いたことがある。それは、彼らの食生活に占めるイモ類の大きさにくらべてトウモロコシがあまり食卓に出現しないことであった。ただし、トウモロコシも食べられていないわけではない。図４にも示されているように、夕食にはほとんど出現しないものの、朝食では一か月のうち一六回も出現している。しかし、トウモロコシが主食として利用されることは少ない。もっとも多い利用法は、穀粒を石臼で潰し、これをスープなどと一緒に煮込んだサラ・ラワとよばれるものである。また、穀粒を土鍋で炒ったカンチャは畑仕事や家畜番の時の携行食としてしばしば利用されるが、全体として見ればトウモロコシはとても主食とはいえそうにないほど、量的にはわずかしか消費されていないのである。

たしかに、一年をとおして見たとき、もっぱらトウモロコシばかり食べている時期もある。それは、トウモロコシの収穫のために一時的にトウモロコシ畑にある出作り小屋に移り住むときである。このときは、朝も昼も夜も、そして間食にも収穫したばかりのトウモロコシを食べている。ときに物々交換で得たチーズや肉も食べることもあるが、主食はトウモロコシを茹でたモテなのである。これには、いくつもの理由が考えられる。

●**写真12**　クイの料理。毛や内臓をとったあと、腹には香辛料をいれ、油を塗ってこんがり焼く

まず、収穫時期は新鮮なトウモロコシが食べられる唯一の機会なのである。また、この新鮮なトウモロコシの穀粒は比較的柔らかいので料理がしやすい。さらに、トウモロコシ畑は標高三〇〇〇メートル以下の森林地帯に位置しており、燃料となる薪も得やすい。一方、乾燥したトウモロコシの穀粒は固く、とくに高地部では気圧が低いこともあり、調理がしにくい。こうして、高地部でのトウモロコシの調理法は石臼で挽いて粉にしてから煮るか、粒を炒るものとなり、茹でたモテは収穫時期を過ぎるとほとんど出現しないのである。

さきにクイがハレのときの食材であると述べたが、トウモロコシもハレの日の食事としての性格をもつようである。じつは、日頃寒冷な高地で暮らす彼らにとって、森林地帯に位置する温暖なトウモロコシ畑は非日常的な世界である。そして、トウモロコシの収穫時期にはマルカパタ以外の地域からもトウモロコシとの物々交換のために多くの人が集まる機会でもある。かつてインカ時代には農作業が祭りでもあったとされるが、このトウモロコシの収穫はそのような雰囲気を漂わせているのである。

それを象徴するような料理がトウモロコシの収穫時期には準備される。それが、マルカパタでラドリージョ、アンデスで一般にウミタまたはウミンタとよばれるものである（写真13）。これは収穫したばかりのトウモロコシのなかで穀粒がまだ柔らかいものが材料になる。この穀粒を石臼などでつぶし、砂糖あるいは塩などをまぜてトウモロコシの皮に包み、これを熱した石の間にはさんで焼くのである。これはトウモロコシの収穫時期だけの料理であり、インカ時代も、夏至のあと帝国最大の祭りであった「太陽の祭典」に大量に供されたことが知られている。

●写真13　収穫したばかりのトウモロコシで作られるラドリージョ

トウモロコシがハレとしての性格をもっと具体的に示すものがある。それはトウモロコシから造られる酒のチチャである。チチャ酒は、インカ時代、農作業や祖先祭祀の儀礼、さらに祭りなどに欠かせないものであったが、この伝統がマルカパタでは今も生き続けているのである。たとえば、農作業や家の屋根の葺き替えなどの作業で手伝ってくれた人たちには必ずといってよいほどチチャ酒がふるまわれる。また、家族ごとにおこなわれる家畜儀礼や共同体の祭りでもチチャ酒は欠かせない。とくに、四年ごとに村人総出でおこなわれる教会屋根の葺き替えの祭りでは大量のチチャ酒が一週間近くにわたって村人全員にふるまわれるのである（写真14）。

●**写真14**　祭りの参加者に振る舞われるために大量に造られたトウモロコシの酒、チチャ

なぜ大きな高度差を利用するのか

以上、食糧の生産と消費に焦点をあててマルカパタ村における先住民の暮らしを見てきたが、もっとも印象的なことは彼らが大きな高度差を利用した暮らしを送り、少なくとも食糧に関してはほぼ自給を維持していることであった。それでは、このような大きな高度差を利用した暮らしの目的は食糧を自給するためなのであろうか。しかし、食糧を自給するためだけであれば、これほど大きな高度差を利用する必要はなさそうである。

実際に、マルカパタ村の先住民の食事の中心はジャガイモを中心とするイモ類であり、これにリャマやアルパカ、さらに屋内で飼っているクイなどの肉を食べれば食糧は自給できる。一方、低地部での主作物であるトウモロコシは食糧としてよりも、主として儀礼や宗教上に欠かせない酒の材料として消費される。

このようにジャガイモを中心とするイモ類を主食とし、トウモロコシを主として酒の材料として利用する方法は中央アンデスでは一般的である。そして、それはインカ時代以来の伝統のようである。じつは、インカ時代も集落ごとにアンデス東斜面の大きな高度差を利用した暮らしを送っていた民族が知られている。[文献4] そして、彼らも高地部で家畜飼育やジャガイモ栽培をおこないながら、低地部でもトウモロコシのほか、やはり儀礼に欠かせないコカを栽培していた。トウモロコシも、コカも暖地産の作物であり、気温の低い高地では栽培できない。そして、低地部で栽培される作物は、食糧としてよりも儀礼や宗教上に重要なものであったと考えられるのである。

このようなインカ時代の大きな高度差利用はアンデスを専門とする人類学者の間で大きな関心を集め、「垂直統御（バーティカル・コントロール）」論としてさまざまな角度から論じられてきた。そのなかで、人類学者は大きな高度差利用をおこなう理由を主としてアンデス住民の世界観やシンボル体系に関連するものと考えてきた。

しかし、それだけではなさそうである。生態的に見たとき、大きな高度差利用はアンデスの厳しい環境のなかでの生存戦略の一つの方法、とくに収穫の危険を分散する方法として機能しているのではないかと考えられる。収穫の危険分散については第二章六節でも休閑や多様な品種の栽培の例を紹介したが、アンデス高地の生業は二重にも三重にも危険分散の方法を張りめぐらしているのである。

ここで、あらためて指摘しておかなければならないことがある。それは、中央アンデス高地は低緯度地帯に位置しているため気候は比較的温暖であるが、そこが農業をおこなう上でけっして適しているわけではないことである。むしろ、農耕限界に近い標高四〇〇〇メートル前後の高地は農業をおこなう上で極限状態にあるといっても過言でない。絶対的な気温の低さ、ときに雹や霰をとも

文献4　Murra 1975.

なう気候の激変は、しばしば収穫に壊滅的な被害をもたらす。また、アンデス高地は全般的に降雨量が乏しいことに加えて、年によって降雨の時期や降雨量の変動が大きいことも知られている。さらに、農薬をほとんど使っていない先住民にとって病害虫の発生も大きな脅威である。

このような環境や状況のなかで農業をおこなうためには、大きな生産性を目的とするよりも、安定的な生産性を求める必要がある。不作の影響は危機的な状況を当該社会にもたらすと考えられるからである。[文献5] そのため、中央アンデス高地の農業の特徴を、木村は「何重にもはりめぐらされたリスク分散システムがめざしているのは利益の極大化ではなく、被害の最小化である」という。[文献6] また、ブローマンも、アンデス在来の経済システムは市場経済に特徴的な最大化モデルではなく、安全第一モデルにそったものである、と指摘している。[文献7]

そして、そのような危機を回避する方法の一つが大きな高度差を利用して高度によって異なる作物を栽培したり、家畜を飼って自給する暮らしではないかと考えられる。では、大きな高度差利用の何が収穫の危機回避に役立っているのであろうか。それを具体的に見ておこう。

文献5　山本　二〇〇〇、二〇〇四。

文献6　木村　一九八八：二八。

文献7　Browman 1987: 121.

安定第一の農業をめざして

世帯ごとに見たとき、マルカパタでもっとも大きな高度差を利用しているのはジャガイモ栽培である。それについで大きな高度差を利用しているのは家畜の放牧である。前者は標高三〇〇〇メートルから四三〇〇メートルあたりまでの高度域でおこなわれているし、後者は主として標高四〇〇〇メートルあたりから四八〇〇メートルあたりまでの高度差のなかでおこなわれている。

つまり、家畜の放牧とジャガイモの栽培だけでマルカパタのインディオは二〇〇〇メートル近い大きな高度差を使っているのである。この家畜飼育とジャガイモ栽培の密接な関係については何度も指摘したことがあるし、[文献8] 本書でも第二章六節で述べた。ここで、もう一つ注目しておきたいものがある。それは、ジャガイモ栽培だけでケシュア、スニ、プナの三つの異なる環境区分を利用していることである。

それでは、なぜ彼らは一〇〇〇メートルもの大きな高度差を使ってジャガイモを栽培しているのであろうか。また、何のために一年に四回もジャガイモを収穫するのであろうか。この四つのジャガイモ耕地での栽培のために、彼らは植え付けだけで三か月くらいの期間を要するし、さらに収穫にも三、四か月を要する。つまり、ジャガイモの植え付けと収穫だけで半年近くもの長い期間を要するのである。

この疑問に対して村人は「いつでも新鮮なジャガイモが食べられるようにするため」であると答えるが、はたしてそれだけであろうか。これこそは収穫の危険性を分散するためではないか。さきにアンデス高地は作物を栽培するうえで厳しい環境、すなわち収穫の危険性が大きい環境であると述べたが、この危険性は高度の増加とともに大きくなる。高地ほど気温が低く、雨量も少なくなるからである。とくに乏しい降雨はジャガイモ栽培に深刻な影響を与える。アンデスではジャガイモを伝統的に自然の降水のみに頼って栽培してきたからである。

このような危険性を回避し、減少させる方法の一つが大きな高度差のなかで生じる気温や雨量の違いを利用して少しずつ時期をずらして植え付けることだと考えられる。具体的には、標高の低いところほど早く植え付け、高地にゆくほど植え付け時期を遅らせるのである。実際に、マワイの耕地での植え付けは八月であるのに対して、もっとも高いところにあるルキの耕地での植え付けは一〇月末頃と、その間には三か月ほどのズレがある。

こうして各家族は生育状態が異なる四グループのジャガイモを栽培することになる。その結果、たとえば気候異変のときでも、それによる影響は標高によって異なることになる。これは病害虫による被害に対しても同様である。したがって、大きな高度差のなかにジャガイモ耕地を分散させて

文献8　Yamamoto 1982, 1985, 1988.

いるのは、収穫のさまざまな危険性を分散させる目的をもっていると考えられるのである。

もちろん、このような危険分散を目的とする農業の生産性はきわめて低いものにとどまらざるをえない。実際、欧米諸国のジャガイモの単位面積（ヘクタール）あたりの収量は約三〇トンに達するのに対して、アンデスの農村ではその一〇分の一の三トンほどでしかないことも指摘されている。この生産性という点では、収量だけでなく、労働生産性もきわめて低い。さきに耕地の分散は危険の分散に効果的であることを指摘したが、それは一方で農作業に投下する労働量をきわめて大きいものにしているからである。

それにもかかわらず、収穫の危険分散にむけてさまざまなリスク処理の方法を張りめぐらしているのは、それだけ彼らの農業が生産性よりも安定性を求めたものであるといえそうである。

引用文献

Browman, D. L. (ed.) 1987 *Arid Land Use Strategies and Risk Management in the Ands: A Regional Anthropological Perspective*. Westview Press, Boulder.

Murra, J. V. 1975 *Formaciones Económicas y Políticas del Mundo Andino*. Instituto de Estudios Peruanos, Lima.

Yamamoto, N. 1982 A Food Production System in the Southern Central Andes. En L. Millones y H. Tomoeda (eds.), *El Hombre y su Ambiente en los Andes Centrales*. Senri Ethnological Studies, No. 10: 39–62. National Museum of Ethnology, Osaka.

Yamamoto, N. 1985 The Ecological Complementarity of Agro-Pastoralism: Some Comments. In: S. Masuda, I. Shimada & C. Morris (eds.). *Andean Ecology and Civilization*, 85–99. University of Tokyo Press. Tokyo.

Yamamoto, N. 1988 Papa, llama, y chaquitaclla. Una perspectiva etnobotánica de la cultura Andina. En: S. Masuda (ed.), *Recursos Naturales Andinos*, 111–152. Universidad de Tokio, Tokio.

木村秀雄『リスク処理・相互扶助・歴史変化――アマレテ生産システム』亜細亜大学経済研究所、一九八八年。

山本紀夫「中央アンデス南部高地の環境利用——ペルー、クスコ県マルカパタの事例より」『国立民族学博物館研究報告』五（二）：一二一—一八九、一九八〇年。

山本紀夫『インカの末裔たち』日本放送出版協会、一九九二年。

山本紀夫「伝統農業の背後にあるもの——中央アンデス高地の例から」田中耕司編『自然と結ぶ「農」にみる多様性』昭和堂、二〇〇〇年。

山本紀夫「歴史教科書の記述は正しいか——アンデスの農耕文化をめぐって（上）」『民博通信』九五号：七六—一二四、二〇〇二年a。

山本紀夫「歴史教科書の記述は正しいか——アンデスの農耕文化をめぐって（下）」『民博通信』九六号：一〇—一五九、二〇〇二年b。

山本紀夫「山岳文明を生んだアンデス農業とそのジレンマ」梅棹忠夫・山本紀夫編著『山の世界』岩波書店、二〇〇四年。

第四章三節

アンデスの牧民の社会と暮らし

Tetsuya Inamura
稲村哲也

アンデスの牧民のフィールドワーク

筆者がペルーでアンデスの牧民のフィールドワークをはじめたのは一九七八年、大学院生のときである。山岳地域の治安悪化により一九八〇年代後半から調査がしばらくできなかったが、数年前からまた本格的な調査を再開した。その間に大きく変わったこともあれば、あまり変わっていない部分もある。ここでは、フィールドワークをはじめたころの思い出をつづりながら、当時のアンデス先住民社会と牧民の暮らしを振り返ってみたい。

筆者のペルー研究は、科研費によるアンデス民族学調査団に参加したのがきっかけだった。当時は大学院生で時間が充分あったため、調査団の解散後もひとりで現地に残り二年余りペルーに滞在することになった。調査団メンバーとして滞在した最初の半年間は、経験豊富な先生方に同行して広くアンデスを知る機会に恵まれた(注1)。はじめてアンデスの高地を巡った時は、猛烈な頭痛と吐き気をともなう高山病を初体験し、アンデス研究のイニシエーションを受けた。しかし、旅の途中、何度か目にしたリャマのキャラバンに魅了された。振り分け荷物を背に積んだリャマの隊列が突然目の前に現れ、草原の起伏の向こうに消えて行く。標高四〇〇〇メートルを超える高地に広がる茫々

注1　科研は増田昭三(義郎)東京大学教授(当時)を代表とする「中央アンデス南部の垂直統御研究――民族歴史学的アプローチによる」であった。研究代表者の増田先生に同行し、阪根博氏とともにペルー海岸地方を走りまわり、大貫良夫氏、友枝啓泰氏らに同行して車でアンデス山岳地方を一巡する機会をえた。さらに本書の編者である山本紀夫氏とともにマルカパタに入り調査を手伝う機会にも恵まれた。

たる草原で、どこからともなく現れては去ってゆくアンデスの「コブナシラクダ」たち。彼らを追って旅を続けるインディオたち。そうした、どこか現実離れした光景が脳裏に焼きついた。

彼らは一体何のためにどこから来てどこに行くのか。リャメーロ（リャマ飼い）とよばれる彼ら牧民たちはどのような生活をし、どのような社会を作っているのだろうか。文献を読んで調べたが、満足のいく答えはえられない。そもそも、当時、日本の文化人類学のテキストには「アンデスには伝統的な牧畜は成立しなかった」と書かれていた。アンデスの牧畜社会のことをもっと知りたいというという気持ちがふくらんだ。しかし、調査をどこでどのようにはじめるか。牧民社会への最初のアクセスはそう容易なことではなかった。

筆者は一九七三年にメキシコに留学し、翌年はメキシコ南部のオアハカ州やグアテマラの高原で先住民の農村に滞在した経験がある。しかし、アンデスの牧民の場合はちょっと勝手がちがった。農民が対象であれば、調査する村を決めて、そこに行って住む家を探せばよかったのだが、牧民は広い高原にちらばって住んでいるからだ。しかも標高の高いアンデス高原の生活環境はたいへん厳しい。

現在もリャマやアルパカの牧畜がおこなわれているのは、ペルーの中でも高くて広い高原が広がる、ほぼ南半分の地域である。調査地を決めようという段になった時、一巡したアンデス高地の景観を思い出しながら地図をにらんで、ペルー南部アレキパ県の山岳地域のラ・ウニオン郡コタワシ峡谷に目をつけた。そこは太平洋に注ぐオコーニャ川の上流にあたり、アプリマック県やクスコ県と接する地域で、アンデスの西側の山脈の分水嶺にいたる地域である。地図で見ると、海岸のパンアメリカンハイウェイからそこにいたる道路は袋小路になっている。道路がなければリャマのキャラバンの重要性は失われていないに違いない。また、あるスペイン語の論文の中に、郡都のコタワシの近くのワルワという村に岩塩の鉱山があり、そこに交易のための塩を求めて、牧民たちのキャラバンが集まるという記述があった。

首都リマから南に一〇〇〇キロ余り下ったところに、ペルー第二の都市アレキパ市がある。白い石灰岩がよく採れるため、市全体がコロニアル（植民地風）の白い石造建築でおおわれた美しい町である。標高二三〇〇メートルの台地上に位置するため気候は穏やかで、住民の多くはミスティ（メスティソ）とよばれる混血の人たちだ。その町外れにコタワシ行きバスの小さな発着所があった。一九七九年四月中旬、そこから筆者のフィールドワークの旅がはじまった。

地元の人たちが乗るローカルな路線のため、屋根の上に沢山の荷物が積み込まれると、バスは午前三時にアレキパの停車場を出発した。まず台地上をリマ方面に北上してマヘス川沿いの谷に下ると、カスティージャ郡の中心のアプラオという町でバスが停車した。夜が明けると、低地特有の熱気に包まれる。乗客たちの朝食のメニューはマヘス川の名物カマロン（川海老）のスープだ。そこからは、マヘス川に沿ってずっと遡り、コンデスーヨス郡の郡都チュキバンバ（標高二九〇〇メートル）まで上る。ここで昼食のために再び停車する。ここまで上がると、空気はすっかり乾燥して涼しい。食堂のメニューは山岳地域らしいジャガイモのスープに変わる。ここからは斜面をジグザグに上り一気に標高四五〇〇メートルを超える高原に出る。急にバスに寒気が入り込んできて、乗客たちはセーターを着てさらにポンチョを羽織る。雪に覆われたコルプナ山が間近に見える草原を四、五時間走ると、高原の縁にいたる。そこからは、標高差にして二〇〇〇メートルの斜面を二時間ほどかけて下りきると、ラ・ウニオン郡の中心コタワシの町に到着する（写真1）。

コタワシは標高約二七〇〇メートルで、気候は温暖。町の街道はコロニアル風なたたずまいを残している（写真2）。ここの住民の多くはミスティ（メスティソ）だ。こんな山奥でも、郡の中心であるために、役所、学校、病院などの公共施設が多いからである。中心の街路には店が軒を連ねている。周辺の村々にはインディオの農民た

●写真1　峡谷の対岸から見たコタワシの町の遠望

ちが住んでいて、彼らが必要に応じてコタワシに降りてきて買い物をする。

このコタワシの安宿に一か月ほど滞在して、まずは周辺の村々を回って予備的な調査をすることにした。まず、岩塩の鉱山があるというワルワに行ってみた。コタワシから谷底に下って吊り橋を渡り、約一五〇〇メートルを上らなければならなかった。よれよれになって辿りついたワルワの村の岩塩鉱山は、なんと入り口がコンクリートで封鎖されていた。数年前に政府の役人たちが突然やってきて採掘を禁じ、坑口を塞いでしまったのだという。村人たちにその理由は知らされなかった。それでも、脇に新しい坑道が掘られて、細々と採掘が続けられていた。そして、遠くアヤクチョ県のアンタバンバから、塩を求めてリャマ飼いたちが来ていた。

その後もコタワシ周辺の調査を続けるうちに、プイカ行政区がたいへん興味深い場所であることがわかってきた。プイカ行政区はその領域の中に広い高原と峡谷を含んでいて、高原に牧民たちが住み、峡谷に幾つかの農耕村落がある。その中心のプイカ村でおこなわれるカトリックの祭にたくさんの牧民たちが高原から下ってくる、という情報をえたのである。

コタワシ峡谷の底をコタワシ川（オコーニャ川の上流）に沿ってバスでさらに一時間ほど上流に進んだところにアルカという村がある。当時はそこが道路の終着点だった。そこで、アルカ村にベースキャンプを移して、そこからプイカ村に向かうことにした。偶然コタワシのホテルで給仕をしていたマリアーノという少年出会って、筆者の馬の世話などをしてくれることになった。そこで、アルカで馬を手に入れて準備を整え、マリアーノをともなってまずはプイカに向かった。

川沿いの段々畑が連なる斜面の道に馬を進めていくと、農民たちがチャキタクヤ（踏み鋤）を使っ

●写真２　コタワシ郡役場前。祭りでにぎわっている

て畑を耕すのが見える。道を下ってくるインディオの家族とすれ違う。色鮮やかなポジェーラ（スカート）を身につけ、手織りのリフリャ（風呂敷包み）を負った女たちは、立ち止まって道を譲ってくれる。チチャ（トウモロコシ濁酒）をあおって、ちょっと気が大きくなった男が、大げさに手を広げ、「マエストゥロ・ア・ドンデ・バ（先生、どこへ行くんだね）」と声をかける。筆者を学校に向かう教師と思っているらしい。この辺りでは、よそ者といえば教師と相場が決まっているからだろう。

プイカ村は標高三六〇〇メートルあたりの峡谷の斜面に位置している。斜面に刻まれた段々畑の真ん中に、アドベ（日干しレンガ）で作られた家々が集落を成している。ちょうど、その集落より上の段々畑では主としてジャガイモ、それより下の段々畑でトウモロコシが作られている。

村に入ると小さな広場があり、そこにひときわ背の高いミスティの老人と数人のインディオ住民に出会った。彼に村長の所在を尋ね、会いに行くと、先ほどの老紳士の使いがよびに来た。ドン・ファビオというその紳士は、筆者を広場に面した家に招き、食事を用意してくれた。「日本から来た学生で、牧民の生活と文化を学びに来ました」と話すと、いつでも泊まりに来なさいと言ってくれた。それ以後は、そこが新しいベースキャンプとなった。牧民の世界にもう少しで手が届くところまで、ようやく辿りついたのである。

七月下旬、プイカ村で「サンティアゴの祭」がはじまると、カラカラカラとにぎやかな音が村に響きわたった。牧民に率いられて、銅の鈴をつけたリャマの一群が高原から下りてきたのだ。リャマたちは、面飾り、胸飾り、そして背に紅白の旗を立て、盛装している。祭の日には、サンティアゴの聖人像が教会から運び出され、神輿にのせられてプロセシオン（聖行列）がおこなわれる。牧民たちが、リャマを聖行列の前後に参列させるためにわざわざ盛装させて、高原から数日かけて連れて来たのだ。

スペイン植民地になったあと、インディオたちはカトリックに改宗させられた。今ではどこの村に行ってもカトリックの教会がある。教会には、いくつかのカトリックの聖人像が安置されていて、村の守り神のように扱われている。もともと多神教的で自然崇拝的な信仰をしていたインディオたちは、カトリックの聖人たちを彼らの信仰に加えることにはそれほど抵抗はなかったとされる。だから、スペインからもたらされたカトリック信仰は、アンデスの先住民の間に比較的容易に広がった。しかし、それは土着とカトリックの信仰が融合した形態としてであった。多くの年代記に、カトリック司祭や修道士が如何にして先住民に異端の儀礼をやめさせようと努力したか、またそのむずかしさが記されている。(注2) 表面的にはカトリック教徒になっても、アンデスの先住民の社会には土着の信仰が根強く残り、今もシンクレティズム（宗教融合）の様相を呈している。プイカでカトリック聖人の祝日に催される祭も、その信仰の側面よりも、社会的な機能に目を向けると、祭のアンデス的な特徴と重要性が明らかになる。

リャマたちを連れて高原から下りてくる牧民は、祭でカルゴとよばれる役を果たす者たちである。後で詳しく述べるが、カルゴにはいくつかの役割とランクがある。そして、彼らは大量の食べ物と酒を用意し、親しい農民の家を借りて宴会を開き、一週間以上にわたって大盤振る舞いをする。そこには大勢の農民も招かれる。その結果、牧民と農民の親密な関係が築かれ、またその関係が再生産されるのだ。

祭の間に、筆者はカルゴを果たした牧民の一家と親しくなることができた。そして、祭が終わって彼らが高原に戻るときに、彼らのキャラバンに同行させてもらった。こうして高原に拠点ができ、ようやく牧民の社会に入り込むことができた。コタワシの町に入ってから三か月後のことだった。その後は、マリアーノとともに高原の牧民居住地を巡り歩き、彼らの暮らしや家族の構成、社会のしくみや儀礼などを知ることができた。それでは、以下に、プイカの牧民社会の基本的な諸側面を紹介してゆきたい。

注2　土着の信仰の根強さとカトリック教会側による先住民の強制改宗についてはアリアーガ（一九八四）に詳しく記録されている。

牧民のコミュニティ、アイユ、家族

プイカ行政村は、プイカ村から北に伸びる峡谷を中心に、他に六つのアネクソ（属村）が存在する。この峡谷を遡っていくと、標高四三〇〇メートル辺りからリャマとアルパカを飼育する牧民の居住地域にいたる。そこは二つの支流に分かれ、クスパとサイロサという二つのU字谷（氷食谷）となっている。プイカ村から東にも峡谷が伸びているが、地形的に険しく乾燥しているため、ほとんど農耕に適した斜面はない。しかし、その上流にオコルルとよばれるU字谷が続き、牧民が居住している。(注3)

U字谷は、そのなだらかな斜面にはしばしば湧水がみられ、ボフェダルとよばれる高原特有の湿地が形成されている。そのような湿地がアルパカの放牧に適しているため、牧民の住居の多くは、その近くに立地している。したがって、U字谷を上流に進んでゆくと数キロメートルごとに牧民の居住地がある。三〇キロメートルほど進むとついに分水嶺にいたり、そこがクスコ県などとの県境となっている。

このように、牧民の居住地は分散しているのがふつうだが、U字谷が地域的なまとまりとしての牧民のコミュニティの地理的なベースとなっている。そして、それが峡谷部の属村と同様に行政的にはアネクソとして区分されている。

このように、プイカ行政村は、面積としては非常に広く草原が広がる標高四〇〇〇メートルを超える高原部と、それ以下の峡谷からなり、高原はプナ、峡谷はケブラーダとよばれる。このプナとケブラーダは牧民の社会と農民の社会に対応する。さらに、高原の東にのびるオコルル谷は、ケチュア語でハトゥン（大）・アイユとよばれ、一方、北のクスパとサイロサはあわせてウチュイ（小）・アイユとよばれる。同じように、峡谷部の七村は二つに分けられ、それぞれウイチャイ（上）・

注3　第三章一節の図1（プイカ行政区の地図）を参照。

アイユ、ウライ（下）・アイユとよばれる。このように、プイカ行政村は、プナ（高原、牧民社会）とケブラーダ（峡谷、農民社会）とが明確に区分されると同時に、それぞれが二つの双分的なアイユに分けられている。つまり、全体として四分されており、[注４]インカにおける四分構造やアナン（上）・ウリン（下）の二分構造を受け継いでいる（図１）。ちなみに、現在のプイカ村のすぐ上の標高三九〇〇メートルの台地上に、インカ遺跡「マウカ・リャフタ（古い村）」が残されている。

プイカにおける牧民の居住地の構造と、放牧領域内でのミクロな移動があるものの、定住的な牧畜であることを第三章ですでに述べた。牧民のハトゥン・ワシ（ケチュア語で大きな家）、すなわち主居住地は、多くの場合U字谷の湿原の近くに立地している。アルパカが湿地を好み、食べる草も限られているからである。U字谷からはずれた平坦な広い高原（谷より二、三〇〇メートルほど高い）は、乾燥しイチュという先が尖った細い草が多く、リャマはこれを好んで食べる。このように、牧民の居住地はふつう、その放牧領域内にU字谷とその上の乾燥した高原部という異なる生態系を含んでいる。

アンデスでは、農民の場合は（一組の夫婦とその未婚の子供からなる）核家族が基本だが、牧民の家族構成はそれとは異なる。一般には、近親関係（父子、兄弟など）にある複数の夫婦からなる一種

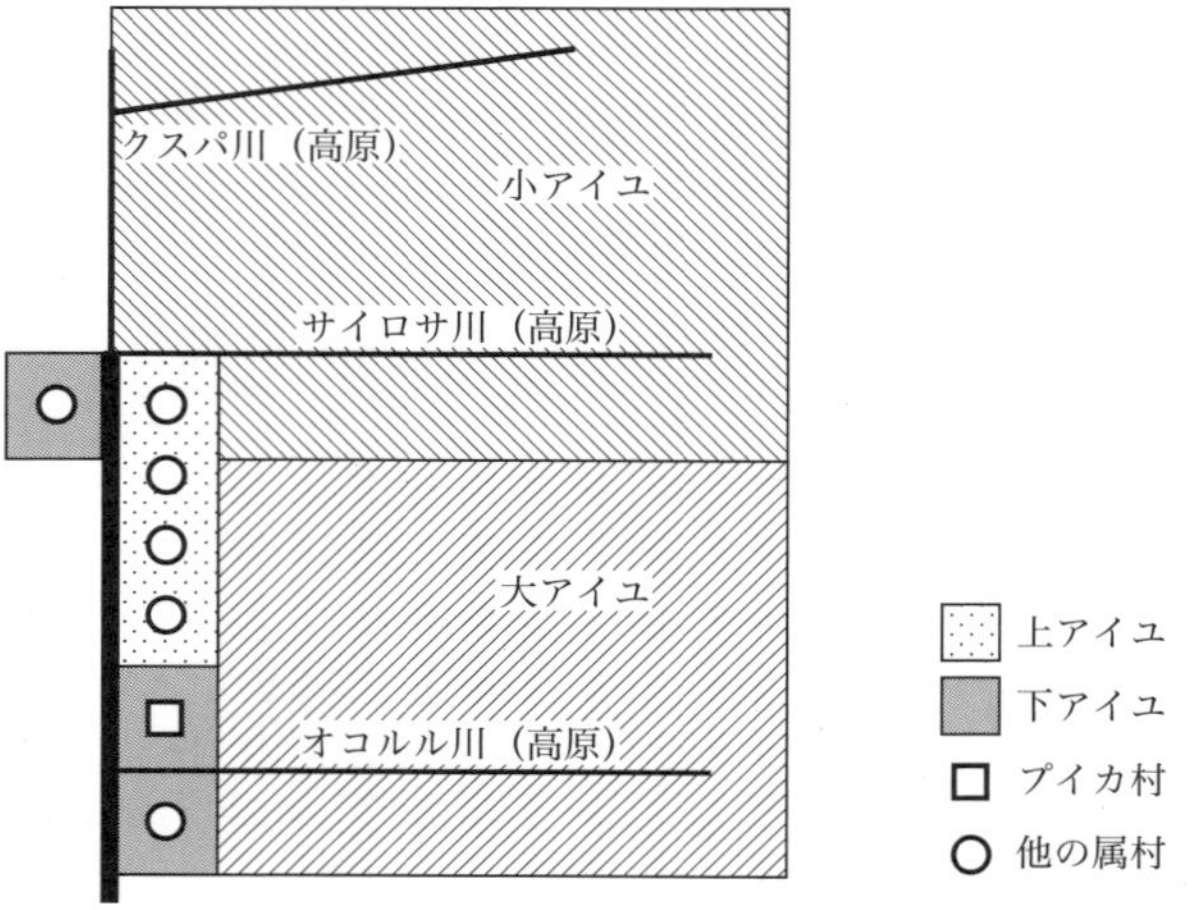

●図１　プイカ行政区の４分構造

注４　このプイカ行政村の四区分には、世俗と宗教のカルゴの組織が対応している。詳しくは稲村（一九九五：一一四—一四七）を参照。

の「拡大家族」の形態をとり、そのサイズも「大家族」になる傾向がある。また、その機能は重層的で複雑である。典型的な家族の一例として、「フイサ」というエスタンシア（居住地）に住む家族の場合を見てみよう（写真3）。

この家族は、二人の兄弟サントスとフランシスコを中心として、サントスの三人の既婚の息子とその家族、ひとりの未婚の娘、それにフランシスコの養女によって構成されていた（図2）。また、サントスの末息子のマルセリーノは、実子がいないフランシスコの養子となっている。

●**写真３**　家畜儀礼をおこなっている拡大家族

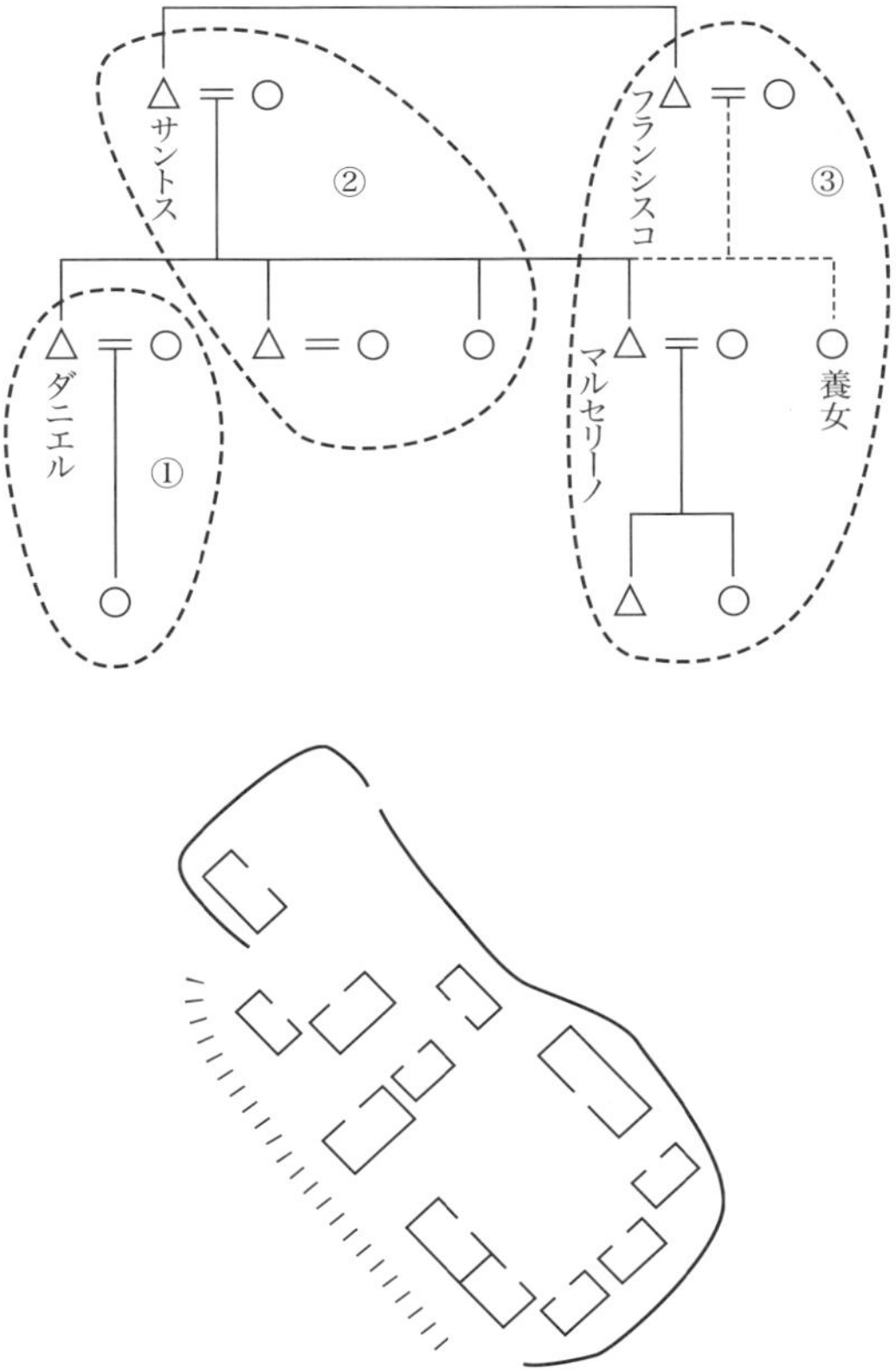

●**図２**　「フイサ」の家屋系譜図（上）と住居配置図（下）

「フイサ」の家族の成員のうち、点線で囲まれた者が同じ家屋に住み、寝食を共にしている集団である。これを仮に「生活共同家族」とよんでおこう。「生活共同家族」は三つあるが、その内の一つダニエルの家族（①）は、夫婦と未婚の娘からなる「核家族（nuclear family）」である。他の二つ（②と③）は、二世代の夫婦が同居するという形をとっている。このような形態を文化人類学の用語で「直系家族（stem family）」とよぶ。

この地方の牧民は、結婚のときに「夫方居住」をする傾向をもっている。すなわち、嫁入り婚である。息子とその嫁は結婚当初は両親と同居するが子どもが生まれ少し成長するころに、親の家の近くに自分の家を建てて独立し、家畜の一部を相続し、独立した生計を営むようになる。しかし、両親と（複数の）息子夫婦は、いわば「同じ屋敷内」に住み、日常生活を共にし、家畜の群れを一緒に飼い、儀礼も共同でおこなう。

「フイサ」の場合、点線で囲んだ「生活共同家族」①②③のうち、①は既婚の息子（長男）夫婦が独立して新しい家族を形成した状態である。②は既婚の息子（二男）夫婦が独立する以前の段階である。③は養子が結婚したあとまだ独立していない段階である。

このように、「生活共同家族」にも「核家族」と「直径家族」がある。「核家族」はやがて息子の結婚を契機に「直径家族」となり、息子夫婦の独立によって再び「核家族」となるが、息子の数に応じてこのサイクルが繰り返されることになる。(注5)

牧民の「生活共同家族」は、これらの機能や要素をいずれも満たしている。しかし、一方、石囲いで囲まれた同じ敷地内に住む「フイサ」全体の集団も「ファミリア（家族）」とよばれる。その形態は文化人類学的な類型に従えば「父系的」な「拡大家族」である。(注6)この屋敷地を共有する「拡大家族」も「血縁」の要素をもち、「教育」については第二義的な機能をもっている。また「経済」に関していえば、家畜や食糧、家計の共同については「生活共同家族」がその単位となっているが、放牧地や家畜囲いの共有、および生業活動（牧畜労働の協同）については「屋敷地共有家族」がその単

注5　マードックは、家族の重要な機能として、性、経済、生殖、教育の四つをあげる（マードック　一九七八：二三、三二）。中根は、家族構造の比較にとって不可欠の要素として、血縁、食事、住居、経済の四つをあげる（中根　一九七〇：五）。

注6　ただし、アンデスの先住民ケチュア族は全般に、親

位となっているのである。また、それぞれのエスタンシア（居住地と放牧地）には、カマッフとよばれる固有の聖なる丘（それが家畜の「真の所有者」と考えられている）があり、これは屋敷地共有の「拡大家族」の共通の信仰対象であり、「拡大家族」が家畜増殖儀礼などの一連の儀礼を共同でおこなうのである。つまり、信仰に関しては、「拡大家族」その執行の単位となっているわけである。

このように、牧民の「家族」の構成は複雑で、その形態と機能において、重層的構成をもっているといえる。(注7) 一方、アンデスの農民の家族は単純な「核家族」の形態をとっている。ケチュア族という同一民族に属し、同じ行政区を構成しているのにもかかわらず、生業が異なることによって家族の形態が異なるのはなぜだろうか。その理由は、農民の場合は子どもたちに農地を均分に相続するため、細分化することが可能だが、牧民の場合は一定の広さの牧地が必要なため、簡単に分割できない。そのため、兄弟が牧地を共同で占有する傾向にあることが、そのおもな要因であると考えられる。また、放牧地や家畜囲いを共有する他に、大家族のメリットとして、家畜の放牧、アルパカの毛刈り、去勢、病気治療などの牧畜労働の協同があげられる。また、キャラバンの旅のため成人男子が長期間居住地を留守にするという要素もあげられる。

族ないし出自のシステムとしては「双系」である。牧民もその点では変わりはないが、家族構成に関しては「父系的」な傾向をもつ。それは結婚後の居住が「夫方居住」（嫁入り婚）の原則をとるためである。

注7　中根千枝によれば、「さまざまな土俗的な用語によってよばれる『家族』には必ずしも単一の構成、機能をもたず、いくつかのレベルの集団の範疇が重層、交錯しているものがある」（中根　一九七〇：六）。

牧民の暮らし

アンデスの牧民たちの暮らしをうまく描きだすのはなかなかむずかしい。私たちにとって、高原の自然環境はあまりに厳しい。調査のために高原に上っていくと、多かれ少なかれ高山病にかかる。高度順応の時間をかけずに高原に行くと、夜に激しい頭痛に襲われて眠れないことが多い。しかし、二日ほど我慢をすれば頭痛は和らぎ、何とか生活できるようになる。しかし、高地の日射は強く、帽子を被っていても顔は数日で真っ黒に日焼けし、唇は乾燥してバリバリになってしまう。直射日光は肌を焼くが、日がかげると急に気温は急に下がる。日が落ちると家の中に入り、かまどの火で暖をとりながら料理ができるのをじっと待つのだが、今度は煙に燻される。牧民の家は小さく、かまどに煙突もない。ただでさえ空気が薄いところに煙の攻撃である。唯一の防御策は、頭を低くして、かまどから小さな戸口に向かう煙の流れを避けるくらいだ。

しかし、厳しい自然の中に生きる人びとには、その代償が必ずある。美しい自然と家畜の群、そして、家族の団欒だ。日常的な牧民の一日の生活は、家畜の世話と食事につきるといってもいいだろう。夜が明ける前、女は暗いうちに目覚めると、身づくろいをしてまず水汲みに行く。家から数十メートルの距離に湧き水が流れてくる小さな川がある。水汲みが終わり、かまどの灰を掘り起こすと、熾《おき》が残っている。それに乾燥したアルパカの糞を放り込んで火をおこす。火がおきると、土鍋に水を入れて、アルパカの肉をナイフで切って入れ、ジャガイモか石臼で挽いたトウモロコシ粉を入れる。ゆっくりと煮こんで、岩塩で味つけする。

男たちはまず家畜を見回る。囲いに寝ていたアルパカの群れは、腹ばいになったまま首だけ持ち上げている。仔アルパカが母アルパカのかたわらにぴったりと寄り添っていてかわいい。日がさしてくると、アルパカたちは起き上がる。棒にリフリャ（牧民が織るショール）を掛けてふさいであった石囲いの入り口をはずすと、家畜の群は草原に列をなして進んでゆく。

牧民たちは、ゆっくりと朝食を済ますと、家畜の番に出かけて行く。女たちは群の見張りをしながら、糸紡ぎや機織りをして過ごすことが多い（写真４）。男たちも、アルパカの毛を撚って複雑な文様のオンダ（投石縄）を作ったりしながら一日を過ごす。

牧民の食事は一日二回である。日暮れ前、家畜を草原から石囲いに追いこんだあと、女たちは再び夕食の準備をはじめる。ジャガイモかチューニョ（凍結乾燥ジャガイモ、水でもどしてから料理する）、大麦などのスープ、ゆでたジャガイモやトウモロコシ、ソラマメ、火であぶったアルパカやリャマの肉などである。夕食が終わるころに、高原の長い夜がはじまる。牧民たちは、土の床にアルパカの毛皮をしき、眠りにつく。

牧民の一年は、雨季と乾季に大きく分かれる自然のサイクルにそった暮らしである。一一月から四月にかけての雨季は、雪や雹が降る日も少なくないが、日中は比較的暖かく、草原が緑豊かになり、家畜が太る。この時期にリャマやアルパカが出産する。したがってこの時期は、幼畜が小川や湿原の溝に落ちたり、キツネやコンドルに襲われないよう気を配らなければならない。アルパカの毛刈りも、一二月から二月頃までの暖かい時期におこなわれる。アルパカの毛刈りは、家族が総出で、また近隣の牧民たちも集まって、アイニ（相互扶助）の形でおこなわれる（写真５）。家畜の本来の持ち主とされる山の精霊「オルコ」と、水と草を与えてくれる大地の女神「パチャママ」に対して儀礼がおこなわれたあと、アルパカをとらえて地面に倒し、四肢を縛って、毛をナイフで刈りとってゆく。

また、二月から三月のカルナバル（カーニバル）の頃、プフヤイとよばれる家畜の増殖と成長を祈る儀礼がおこなわれる。メサとよばれる儀礼では、家族毎に代々受け継いでいる儀礼用具を囲いの中の石のメサ（テーブル）に広げ、木や貝殻の皿に色とりどりのトウモロコシ粒、リャマの脂肪、カーネー

●写真４　家畜番をしながら機織り

●写真５　アルパカの毛刈り

ションの花びら、香などを並べ、神々の名を告げたあと、香木を焼いた火に投じる。また、アルパカを犠牲にして心臓を捧げる（写真６）。

乾季がはじまる四月から六月にかけては、農村でジャガイモやトウモロコシが収穫される。この時期以後、牧民は、農産物を確保するため、荷役用のリャマのキャラバンを編成して、活発に旅をする。プイカ行政区の峡谷に下りていくことが多いが、クスコ県チュンビビルカス郡やアプリマック県の方まで何日もかけて出かけてゆく牧民もいる。そこで、農産物を段々畑から運搬してその一部をえたり、肉やワルワで購入した塩などと物々交換する。

おもなカトリック聖人の祭があるのも、収穫期から、雨季の初期にあたる一二月初旬までである。それはスペイン起源の祭がアンデス社会に適応して独特の発達をとげたものである。カトリック聖人の祭への参加は、彼らの一生の人生の段階とかかわりがあり、また、農民との親密な関係を維持・強化するために重要な意味をもつ。そこで次に、農民との関係とカトリック聖人の祭について述べることにしよう。

カトリック聖人の祭とカルゴ（役職）

先にも触れたように、牧民たちはプイカ村でおこなわれるカトリック聖人の祭に参加し、カルゴ（役職）を務める牧民は、高原からリャマたちにたくさんの肉を積んで峡谷に下りてくる（写真７）。峡谷の村に着くと、親しい農民の家を借りて宴を催し、村人たち（その多くは農民）を招待する。宴のためには、大量の農産物を農民から手にいれる必要がある。また、料理やチチャ酒の醸造などの

●**写真６**　家畜儀礼プフヤイ

ために、農民の手助けを受けなければならない。牧民はそれに対し、習慣的な贈物（肉、脂肪、薬草など）で返礼をし、酒や料理の振舞いをする。つまり、祭宴のため、牧民に農民たちが協力し、また連日村中の農民が宴に加わることによって、牧民と農民の関係はいやがうえでも強化されるのである。

宴はまた、カルゴ受任者をアイニ（相互扶助）・システムの網の目の中心に組み込む。アイニは一般的には、耕起、播種、家の建築などさまざまな労働における相互扶助を意味するが、祭宴のコンテクストにおいても使われる言葉である。マユキもその一つであるが、それは宴に招待される人びとがカルゴ受任者に持ちよる金銭的扶助(祝儀)を意味する。カルゴ受任者はそれを記録し、自分が招待を受ける立場になったときには、それ以上の返礼をする義務がある。

カルグヨフ（カルゴをもつ人）は、プイカ村の教会に安置されているカトリック聖人の祝日におこなわれる祭ごとに選ばれる。プイカ村でおこなわれてきたもっとも重要な聖人の祭は、七月のサンティアゴの祭と、九月のナティビダ(誕生の聖母）の祭と、一二月のサンタ・バルバラとサン・フアンの祭である（写真8）。

聖人サンティアゴの祭のおもな行事は「闘牛」と「草競馬」と「聖行列」である。闘牛は、ラテンアメリカに広く普及している「田舎闘牛」である。教会の前の広場に、普段は農民が放し飼いにしている牛を集め、村人がポンチョやリフリヤを使って牛をかわすだけである。牛を殺すことはなく、逆に村人の方が怪我をすることが多い。怪我人が出ると次の年は豊作になるといわれる。草競馬は、人びとが自分のウマに乗って広場を走りまわるものである。

「聖行列」は、盛装したリャマの群が、神輿に乗せた聖人像の前後につき従っ

●**写真７**　高原の居住地でプイカ村の祭に向かうため準備をする牧民のカルグヨフ

て進むという珍しいものである（写真９）。この祭に参加するリャマを提供するのが、ハペルとよばれる牧民のカルゴである。

サンティアゴの祭で農民が果たすカルゴは、アルフェレス、トレロ、アルタレロの三種である。アルフェレスは、聖行列とミサを実行する責任を持つ。トレロは、村人たちから牛を借り集め、「闘牛」を実施する義務がある。アルタレロは、教会前の広場の四隅に特設のアルタル（祭壇）を設ける義務を持つ。この三つのカルゴは、それぞれ食事と酒と楽団を用意し、祭の期間中人びとに振る舞いをしなければならない。司祭はなかなか来てくれないので、ミサがおこなわれることはめったにないが、アルフェレスは最高位のカルゴで、人びとへの大盤振る舞いをするための出費はもっとも大きい。

ナティビダの祭は、農民の祭で、農民たちがアルフェレス、トレロ、アルタレロのカルゴを果たす。「闘牛」とリャマをともなわない通常の聖行列がおこなわれる。

聖バルバラと聖フアンの聖像は牧民たちに属するのであるが、プイカ村の教会に安置されている。これらの聖人の祭はプイカ村で開催されるが、もっぱら牧民たちの手でおこなわれる。プナの二つのアイユの内一つが聖バルバラを祝い、他が聖フアンを祝うが、これらの聖人は二年ごとに二つの

●写真８　聖行列に参加するリャマの群が教会前に集められている

●写真９　盛装したリャマの群が聖行列の聖人像の前後について進む

アイユ間で交換される。祭の主要行事はリャマをともなう「聖行列」だけである。カルゴは、アルフェレス、アルタレロ、トゥタマヨール（二種類の踊りを提供する牧民のカルゴ）、ハペルの四種だが、すべて牧民によってその任が果たされる。これらのカルグヨフは、大量のアルパカやリャマの肉をリャマに積んで、プナからプイカ村に下りて来て、一週間以上にわたる宴を張って人びとに大盤振る舞いをする。

各行政区の公式の役人は、ゴベルナドール（行政長）、アルカルデ（村長）、フエス・デ・パス（判事）の三役である。これらの役人は、以前は県政府によって任命されていたが、一九八〇年、政権が軍政から民政に移管されてから、国政選挙とともにアルカルデの選挙もおこなわれるようになった。

プイカのインディオ住民の間には、これらの公式の役人とは別の役人の組織が存在し、その役職もカルゴとよばれる（写真10）。カルゴは植民地時代の地方行政組織のなごりであり、新しい行政制度ができたあとも、並行的に維持されてきたものである。この伝統的な役職制度はペルーの地方でも消滅したところが多く、プイカの場合はむしろ例外的によく残っているといえる。

これらの役人は、地位の象徴として銀の頭のついたバラ（杖）を携帯することから、バラヨフとよばれる。これは、スペイン語のバラとケチュア語のヨフ（持つ）の合成語である。バラヨフの役職の種類は、峡谷部ではセグンダ、アルカルデ、マンドン、アルグアシルの四種があり、高原ではセグンダ、アルカルデ、アルグアシルの三種がある。

一九六〇年代までは、高原と峡谷の計四つのアイユにそれぞれこの組織が存在した。バラヨフたちは、交代でプイカ村に詰め、ゴベルナドールの指揮の下に警察、連絡、清掃等の公共の奉仕をおこなっていた。

バラヨフたちの役割は、政治的なものというより、現在は儀礼的な名誉職的なことの方がより重要になってきている。祭の際には、杖をもって聖行列に必ず参列し、秩序の維持に務める。また、祭の主催者（カルグヨフ）の家々をまわり、丁重なもてなしを受ける。

「再分配」としてのカルゴ・システム

ポランニーは、経験的経済がいかに制度化されているかを研究することが「非常に少数のパターンの組み合わせを通じて達成される」と述べ、それらのパターンを「統合の形態」をよんだ。そして、「互酬」（対称的な集団構成の相対する点の間の財の移動）、「再分配」（中心に向かい、そしてそこから出る財の移動）、「市場交換」（市場体系下での人と人の間での可逆的な財の移動）の三つの形態を提示した。（注8）

筆者自身は、これらの概念は「統合の形態」としてとらえる必要はないと考えている。ここではむしろ、財やサービス（経済的価値）が移動をすればその逆に威信（社会的・心理的価値）が移動する、と規定したい。わかりやすくいえば、人から何かを与えられたり、助けてもらえば負い目が生じる、ということである。たとえば、家族・親族や友人間における（半）義務的な贈与は「互酬」であるが、それが相互方向になされれば、あるいはそれが期待されていれば、両者の関係は対等である。プイカにおける、農・牧民間の慣習的な贈答や、労働交換、祭などにみられる相互扶助などはみなこれにあたる。ところが経済的価値の移動が一方に片寄れば、威信ないし地位に上下差が生じるのである。いずれの場合も、経済的価値の移動によってその「二者間の関係」は強化される。

価値の移動が非対称的な「二者間の関係」が「一対多の関係」に集束したものが「再分配」である。ふつう、政治的、社会的、宗教的権威など、なんらかの権威の中心が形成される。（注9）中心の人物から財が多数に分配されることによって、その人物に権威が集中するのである。プイカの祭におけ

●写真10　バラヨフの交替式

注8　ポランニー（一九七五）を参照。

注9　筆者はこの「再分配」が

るカルグヨフによる大盤振る舞いがこれにあたる。

市場交換は利潤動機に基づく取引であり、近代社会に住むわれわれが、もっとも親しんでいる（と思われている）様式である。プイカでも、次第に市場交換が重要性を増している。アルパカの毛は、一九六〇年代から、物々交換ではなく、現金化することが多くなった。

インカ時代、地域社会は「アイユ」とよばれる地縁的・血縁的共同体を最小単位として構成されていたが、先に述べたように、現在のプイカ行政区においても、四つのアイユに区分されている。それぞれのアイユにはそれぞれ独立の政治宗教階梯（カルゴ・システム）があり、それら四つの階梯が全体として一つの「階梯組織」を構成する。より正確にいえば、高原（牧民社会）と峡谷（農民社会）に、それぞれ一対の政治宗教階梯が対応していた。それは、プイカ行政区の四分的アイユ構造にまったく対応していたわけである。

各アイユの成員は、そのアイユの政治宗教階梯のカルゴを務めることを通じて、共同体成員としての帰属意識を強め、それは共同体としてのアイユの内的統合性を高める。高原の二つのアイユ間の双分的関係——対立を内包した統合——は、「聖フアンと聖女バルバラの祭」において、カルグヨフ間での聖人の交換にきわめて象徴的に示されると同時に、祭を通じてその関係は再強化されてきた。

さらに、プイカ行政区全体としての統合が、祭の共同主催を通じて、また祭や新年におこなわれる役職者の交代式などの機会に、四つのアイユの階梯（を構成するカルグヨフ、バラヨフたち）が一堂に会するなどの形で、明示されるのであった。

プイカ行政区では、牧民と農民は、個人的にも親密な関係を維持している。彼らは、友人関係のネットワーク、アイニ（相互扶助）、コンパドラスゴなど、農民との間の社会的関係を拡大・安定させるため、あらゆる機会を活用している。カトリックの祭は牧民と農民の間の互酬的関係を反映し、一方で、そうした関係を拡げ活性化するものである。また、プイカ村でおこなわれている祭は、農民と牧民の集団間の象徴的および構造的関係を表象するものでもある。

二つのタイプにわけられると考えている。第一のタイプは、中心を占める人がまだ定まっておらず、「(再)分配」によって権威が形成されるというタイプである。これは小規模で平等性や流動性が比較的高い社会に特徴的である。このタイプでは「財」の中心への移動は高度に制度化されていない。カルゴ・システムはこのタイプである。このタイプでは、中心からいかに気前よく財が放出されるかが重要であり、それによって、中心の権威を形成・確立する機能をもつ。第二のタイプは、中心がすでに確定しており、中心への財やサービスの集中が貢ぎ物、税、労役などの形できっちりと制度化している場合である。このタイプにも、小さな首長制社会から、皇帝を中心とするインカ帝国の再分配機構のような巨大なものまで、さまざまな規模のものが存在する。このタイプの「再分配」制度は中心の権威の維持・強化の機能をもっており、その効力は集中した財をいかに効果的に——たとえば、他地域の特産物を分配する、災害時に援助するなど——再分配するかにかかっている。

以上に述べてきたカルゴの社会構造と機能は、最初の調査時から三〇年近くへた現在では崩壊の過程にある。そうしたアンデス世界の変容については、第五章で述べることにしたい。

引用文献

アリアーガ「ピルーにおける偶像崇拝の根絶」『ペルー王国史』三六三—六〇六、岩波書店、一九八四（一六二一）年。

稲村哲也『リャマとアルパカ—アンデスの先住民社会と牧畜文化』花伝社、一九九五年。

マードック『社会構造—核家族の社会人類学』（内藤莞爾訳）新泉社、一九七八（一九四九）年。

中根千枝『家族の構造—社会人類学的分析』東京大学出版会、一九七〇年。

ポランニー「制度化された過程としての経済」『文明の経済史』（石井ひろし訳）二五九—二九八、一九七五（一九五七）年。

第四章四節

商業民族オタバロの暮らし

Yuichi Sendai
千代勇一

パラモと北部アンデスの先住民

一九九九年八月、アンデス高地に住む人びとの生活を知るため、筆者ははじめて中央アンデスから北部アンデスへとバスで旅していた。南北アメリカ大陸を縦断するパンアメリカン・ハイウェイを南のペルーから北のエクアドルに抜けようとしていたとき、突然、海岸地帯の赤茶けた砂漠が緑豊かなマングローブ林に変わっていった。それは、まさに自然の国境ともいえるほどの明確な変化であった。高地部はたしてどうなっているのだろうか？　そんな疑問を抱きながらエクアドル高地を歩くと、そこには「パラモ」とよばれる緑の濃い土地が広がっていた。中央アンデスの高地部が「プナ」とよばれる草原で、主として先住民がリャマの牧畜に利用している。これに対し、ベネズエラ、コロンビア、エクアドルが位置する北部アンデスの高地部であるパラモは湿潤で植生が豊かではあるが、プナほどは利用されていない。エクアドルでは、パラモのやや低い部分にある大農場でウシ、ヒツジ、ヤギの飼育がおこなわれている程度であった。これらの家畜の導入に際しては、パラモ固有の植物が牧草としては不適格であるため焼き払われることが多く、近年では環境破壊が懸念されている。ここで重要なことは、これらの家畜はスペイン人たちによって一六世紀以降に旧大陸から持ち込まれたものであり、パラモは先スペイン期にはほとんど利用されていなかったと推測されることである。

そもそも、パラモには明確な定義はない。一般的にパラモは、北部アンデスの標高三〇〇〇〜三五〇〇メートル以上の高地部を指す。そこは年間をつうじて湿潤かつ降霜があり寒冷なので人間の居住には適していない。パラモは、イネ科草本の群生の中に、大型のキク科植物であるエスペレティアが混在し、地面は硬いクッション状の植物で覆われている（第一章一節参照）。そのため、北部アンデス高地は、中央アンデス高地にくらべて緑が濃いとの印象を受ける。また、霧が深く、降雨が多いだけでなく、気温も低いことから、人びとはパラモを「寒く、ジメジメした嫌な場所」として表現することが多い。

このようにパラモでは先住民による農耕や牧畜への利用がほとんどなく、期待していたアンデス先住民の生活は見られなかった。しかし、標高二五〇〇メートルあたりまで下りたとき、三階建ての鉄筋コンクリートの家屋に居住し、最新モデルのアメリカ車を所有する商業民族「オタバロ」の村落にたどり着いた。(注1)

「オタバロ」はおもにオタバロ郡のインバブラ山（標高四六〇〇メートル）の麓に広がるサン・パブロ湖周辺に散在する村落に居住する民族である（写真1）。インバブラ山の位置するインバブラ県は標高一一〇〇メートルの熱帯林地帯から四七〇〇メートルの高地を含んでいるが、オタバロの人たちが暮らすオタバロ郡は標高約二五〇〇メートルの高原となっている。その年間平均気温は一四度であるが、「一日の中に四季がある」といわれるほど気温の日較差は大きい。

このようなオタバロ郡の政治、経済の中心地がオタバロ市である。そして、そこでは毎日大きな民芸品市が開かれており、オタバロ族の人びとが羊毛製品を中心とした民芸品を販売していた（写真2）。さて、はたしてこれが彼らの現代的な生活の経済基盤なのだろうか、現代的な家や車を所有しながら、彼らはどのような生活を送っているのだろうかという疑問がわき上がってきた。それが

注1　オタバロとよばれる先住民の人びとは、エクアドル共和国インバブラ県オタバロ郡のオタバロ市と、その周辺の先住民の村とよばれる農村を中心に約六万人が居住している（二〇〇一年）。オタバロ市はオタバロ郡の政治、経済の中心であるだけでなく、年間一四万人以上が訪れるという通称「ポンチョ広場」で開かれる民芸品マーケットで広く知られている。首都キト市からオタバロ市まではパンアメリカン・ハイウェイを使えばバスで二時間の距離という立地条件の良

オタバロ族の集落で筆者が調査をおこなうきっかけとなった。(注2)

トウモロコシの民――オタバロ族の食文化

パラモからオタバロの集落まで下りると、ゆるやかな起伏をともなうトウモロコシ畑の高原が目

●写真１　オタバロ族が居住するインバブラ山の麓のサン・パブロ湖周辺

●写真２　オタバロ市の民芸品マーケット

さも、観光客を引き寄せる上でも重要な要素となっている。なお、オタバロ市には約一八〇〇〇人のオタバロの先住民が居住しているほか、約一万人が国外に出かけているとされる。

注2　筆者は一九九九年の予備調査に続き、二〇〇〇年から二〇〇二年までオタバロ市及びペグチェ村を中心において調査をおこなった。

に入ってくる。（注3）ジャガイモ、インゲンマメ、カボチャの畑も見られるが、まずはトウモロコシに圧倒される（写真3）。その背の高いトウモロコシの隙間からオタバロの家々が姿を見せる。鉄筋コンクリートの近代的な家も、周りはトウモロコシに囲まれているほどである。家の軒先には数多くのトウモロコシが干されており、中庭ではその乾燥させたトウモロコシの粒をむしりながら談笑する民族衣装の女性たちの姿が見える（写真4）。

オタバロの人びとの主食はトウモロコシである。中央アンデスの高地に住む人びとがジャガイモ

●**写真3**　オタバロの主作物、トウモロコシ

●**写真4**　トウモロコシの天日乾燥

注3　さらに低地に下りるとセルバとよばれる熱帯林地帯となるが、この高原には特別な名前がない。

●**写真A**　上より時計回りにトルティージャ、アレパ、トスタード

を主食にしているのに対して、北はメキシコの「トルティージャ」から、ベネズエラ、コロンビアの「アレパ」をへて、南はエクアドルの炒った乾燥トウモロコシ「トスタード」まで、トウモロコシを主要な食糧とする地域が広がる。[注4] このため、オタバロの村落はアンデス山中にあるにもかかわらず、その景観はジャガイモの紫色の花がきれいなペルーの農村よりも、背の高いトウモロコシ畑が広がるメキシコの農村と重なる。

オタバロの食卓には、乾燥させたトウモロコシの粒を炒ったトスタードが欠かせず、毎食、スープなどとともに食される。[注5] また、このトスタードは日持ちの良さから携帯にも適しており、行商、農作業に出かけるときに重宝する。乾燥トウモロコシの粉から作るクリームスープ「コラーダ」は、日常のメニューであるほか、儀礼、集会の際には必ず用意される一品でもある。トウモロコシの発酵酒であるチチャも儀礼等の際には各家庭で造られる。

筆者が滞在した村では、食卓のトスタードを切らさないようにすることが女性の第一の仕事とされるほどであった。また、みずからの民族衣装はトウモロコシの包葉を象ったものであると形容し、乾燥トウモロコシを炒る際の「トス、トス、トス」という音を題材にした民謡が広く好まれるように、生活のさまざまな場面でトウモロコシの重要性は高い。

これに対して、ジャガイモはスープに入れて調理したり、ふかしたりして食されるが、トウモロコシとくらべて調理方法も少なく、また消費量も少ないため副次的な食材といえる。この他、ソラマメ、インゲンマメ、ムギ等の穀物、カボチャなども消費される（写真５）。

家畜については、ウシ、ヒツジ、ニワトリ、ウサギを自家消費及び余剰を販売する目的で飼育する世帯もある。[注6] その一方で、多くの世帯がアンデス原産のモルモットであるクイを台所や飼育小屋で繁殖させている。[注7] これはクイが儀礼における料理、または贈与の品として不可欠なためである。

オタバロの人びとの生業活動の中心は、後に述べるように羊毛製品の生産、販売である。しかし、農村では自家消費のために農耕、牧畜もおこなう世帯は多い。農業に依存する度合いは世帯によっ

注４　トルティージャはタコスの「皮」としても使われるトウモロコシの粉を練って作られる。アレパは地域差もあるが、基本的にはトウモロコシをすりつぶしてパン状にしたものである。

注５　トスタードは、マイス・トスタード（スペイン語で「炒りトウモロコシ」）が省略された形と考えられる。中央アンデスでもカンチャという先住民のケチュア語による名称で知られているが、オタバロのように毎日食べられることは少ない。

注６　筆者が滞在していた家では四頭のヒツジと一頭のウシがいたが、ヒツジは儀礼の場合の食肉用、ウシは牛乳を得るためであった。

注７　同様に、筆者がお世話

て大きく異なり、羊毛製品の生産、販売による現金収入のみで生計を立てる世帯もある。一般には、羊毛製品の生産の合間に、家の周囲の土地を利用してトウモロコシを中心とした農業をおこなっている。

商品としての民族衣装

トウモロコシ畑で働くオタバロの人びとと同じ民族衣装を、じつは世界各地で見ることができる。オタバロの人びとが、彼らの民族衣装をつけてニューヨーク、パリ、東京など、世界中の大都市で民芸品の行商をおこなっているからである。男性は、腰までの長さのある三つ編みにソンブレロ（つば付き帽子）、濃紺のポンチョに白いサンダルを身につけ、女性は白と黒を基調とする衣装に金色に輝く首飾りをつけ、トウモロコシ畑の中でもエッフェル塔の下でもひときわ目を引く（写真６）。「中南米の先住民の民族衣装といえば原色の派手な衣装」というイメージとはかけ離れている。知恵の象徴とされる男性の三つ編みは、オタバロの精神的な強さも表している。町に行けばその三つ編みによって差別されることは少なくない。長い三つ編みを引っ張られていじめられるオタバロの子供も多いという。それでも、三つ編みを切ることはかたくなに拒んできた。革ジャンやスニーカーを着用するようになっても、民族の象徴だけは捨てることはなかった。また、女性の衣装も近代化の中で変容してきたが、その独特の形は維持されている。そんな民族衣装を着けるオタバロの女性は、みずからの衣装を世界でもっと

●**写真５**　オタバロの食事風景

になった家庭では常時二〇匹以上を飼育していた。近年は鉄筋コンクリートの家屋も増えたため、クイの飼育場所を確保することが困難となっており、飼育場所のある親族に飼育を委託する人や市場で購入する人も増えている。

も美しいと自慢する（写真７）。

　オタバロ女性の民族衣装は次のとおりである。下半身は、アナコとよばれる布を二枚重ねて腰に巻きつけるだけのいわゆる「巻きスカート」である。下に白いアナコ、その上に黒または紺色のものを重ね、黒いアナコのスリットから白いアナコが見えるのがアクセントとなっている。これら二枚のアナコはチュンビとよばれる刺繍入りの腰帯で留められる。上半身は刺繍の施されたブラウスとその上に羽織る黒または紺色のファチャリーナとよばれるショールで構成される。このほか、両

●写真６　オタバロ男性の典型的な服装

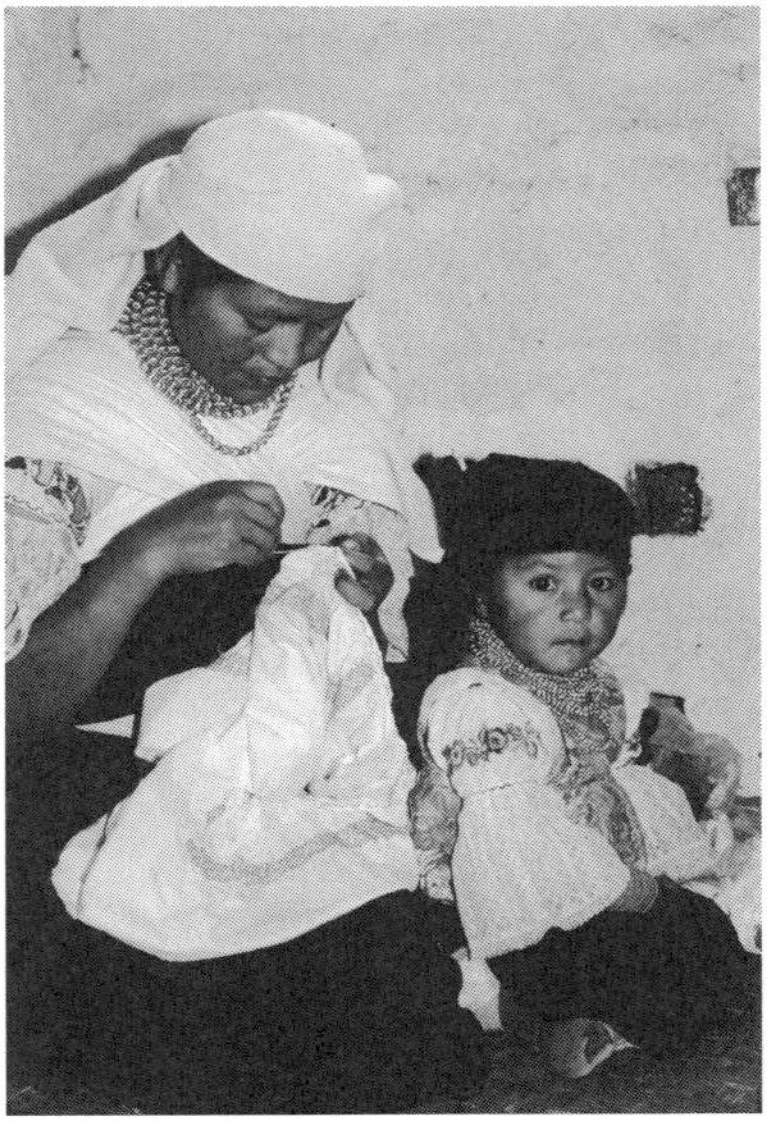

●写真７　オタバロ女性の服装

腕には赤色の貝またはビーズで作られたマキ・ワタナとよばれるブレスレット[注8]、首にはおもにチェコ産の金色のビーズで作られたグワルカとよばれるネックレスをつける。冠婚葬祭など正式な集まりに出席する際には頭にウマ・ワタリーナとよばれる頭巾が使われている（写真８）。

アンデス高地では、女性がみずからの着用する民族衣装のための糸紡ぎから染織、縫製を手作業でおこなうことが日常となっている先住民社会が多く見られる。しかし、オタバロの女性はみずからのために民族衣装を製作することはほとんどなく、町の「民族衣装ブティック」で購入するか贔屓にしている製作者のところで「オーダーメイド」することが一般的となっている。つまり、民族衣装が「商品」として取引されているのである。とくにブラウスはレースの飾りや刺繍が凝っていることもあり、デザインや縫製の腕前によって価格が大きく異なっている。安いもので一〇米ドル、刺繍の細かいものとなると三〇米ドル以上の値がつけられる。縫製と刺繍のためのミシンがあれば一週間に一〇枚のブラウスを製作することができるため、民族衣装の製作をおこなう女性の間でミシンの人気は高い[注9]。

オタバロの民族衣装は、かつては地域によるデザインの違いがあり出身地域を表していた。しかし、オタバロ社会が羊毛製品により経済発展を遂げる一九七〇年代には、外国産の高級な生地やビーズ等が流入するようになり、民族衣装は出身地ではなく経済的なステータスを表象するように

●**写真８**　金色のビーズで作られた首飾りをつけるオタバロ女性

注８　赤色の貝はスポンディルスとよばれる貝であり、先スペイン期にはメソアメリカまで交易されたという。基本的には母から娘へと受け継がれていく。現在は品薄であることもあり、売買される場合には一〇〇〇ドルもの値がつくこともある。他方、ビーズはイタリア製、中国製が主流である。

注９　多くの女性は未婚期にブラウスの製作で家計を助け、結婚を機に引退する。一部、腕の良い製作者は結婚後もブラウス製作を継続する。筆者が調査をしたペグチェ村で最

なった。今日では、オタバロの人びとは経済的な成功を誇示するために、民族衣装を舞台に激しい競争を繰り返しているのである。

また、オタバロの人びとが外国に行商に行くようになると、テレビや雑誌に現れる流行の衣服を買ってくる者も少なくない。興味深いことに、これらの人びとは村で最新のファッションに身を包み注目を集めることを好むが、オタバロ市、キト市などメスティソや外国人がいるところに出かけるときには民族衣装に着替えることを忘れないのである。オタバロの村ではステータス・シンボルとして流行の洋服を着るが、「外」に対しては先住民としての誇りを示したいのだという。

初にミシンを導入したのは、音楽演奏家であった。一九五〇年代に音楽演奏のためにメキシコを訪問した際、ミシンを目にして購入したのである。まだエクアドルでもミシンが普及していなかったこともあり、キト市の先住民からも民族衣装の製作依頼があったという。報酬は現金のみならず、オタバロの習慣であるクイ、ニワトリをはじめ、食べ物等も受け取り、報酬の多い仕事を優先的に引き受けたために競争が生じ、大儲けができたと語っている。

インカとケチュア語

民族衣装とともにオタバロの人びとが誇りを感じているのが、インカ帝国の公用語でもあったケチュア語である。(注10) オタバロの人びとはバイリンガルである。先住民同士ではケチュア語を話し、メスティソや外国人とはスペイン語を話す。観光客に聞かれたくない会話ではケチュア語を使う。インカ帝国に由来するケチュア語を話すことから、オタバロの人びとはみずからをインカの子孫と考えている。

しかし、オタバロの地域では、一五世紀後半にインカ帝国に征服される以前、カラとよばれる文化が栄えており、独自の言語が存在していた。その後、この地はケチュア語を公用語とするインカ帝国に征服された。一六世紀にはスペイン人によって再び征服されたため、インカ帝国の支配は五〇年にも満たなかった。したがって、スペイン人がやってきたとき、人びとがインカ帝国の公用語ケチュア語ではなくインカ征服前のカラの言語を話していたことは不思議ではない。[文献1] 現在、オタバロの人びとがケチュア語を話しているのは、スペイン人による征服の際、スペイン人宣教師がオタ

注10　ペルーではケチュア語、エクアドルではキチュア語とよばれる。ここではケチュア語で統一する。

文献1　Meisch 1987: 17.

バロの人びとにケチュア語教育をおこなったためである。スペイン人宣教師は、アンデス地域ではケチュア語によるキリスト教化政策を採っていたため、オタバロのキリスト教化に先立ってまずケチュア語教育が強制されたのである。[文献2]

しかしながら、ケチュア語話者である現代のオタバロの人びとは、みずからの祖先がインカであり、自分たちはケチュア語の民であるとの認識を強く持っている。(注11) また、インカ帝国の末期、二人の異母兄弟の王が対立していたのだが、そのひとり、アタワルパが現在のエクアドル領で生まれたという説を根拠に、多くのオタバロの人びとはみずからをインカ直系の子孫であると考えている。(注12)

二回の征服

現在のエクアドルが位置する地域には多くの地方文化が栄えてきたが、中央アンデスのインカ帝国のように広大な地域を統合する政治組織は発達しなかった。オタバロ族が居住する地域においても、一五世紀後半のインカ帝国による侵略以前にはチブチャ系のカラ文化の影響を受けたカランキ、カヤンビ、オタバロという三つの首長国家レベルの政治組織が存在していたにすぎなかった。[文献3]

一五世紀後半、中央アンデスから北進してきたインカ帝国は現在のエクアドル北部地域に到達するが、先述のカランキ、カヤンビ、オタバロが連合して激しく抵抗した。その結果、インカ帝国がこの地を征服できたのは一五世紀末になってのこととされる。(注13) インカはアルパカ、リャマといったラクダ科動物の飼育とその毛を用いた織物を導入し、この織物を税としてインカに収めることでオタバロ地域は一定の自治を許されていた。[文献4]

その後、アメリカ大陸に到着したスペイン人はアンデス各地を征服し、一五三四年にはサン・フランシスコ・デ・キト市（現在のエクアドルの首都キト市）を建設した。これにより、現在のエクア

文献2　Arellano 2001: 32-34.

注11　インカの子孫であるとの言説は、インカ帝国の世界的な知名度により観光客を相手に商売をするうえで有利であることも事実である。実際、インカ帝国をモチーフとした民芸品も数多く売られている。

注12　エクアドルではしばしばエクアドルの「良い」皇帝アタワルパとペルーの「悪い」皇帝ワスカルという対比がなされる。また、オタバロ市に隣接するイバラ市にはアタワルパの宮殿とよばれる遺跡があり、アタワルパはここで生まれたと考える者もいる（千代　二〇〇六）。

文献3　Meisch 1987: 14.

注13　オタバロの北にケチュア語で「血の湖」を意味するヤワル・コチャとよばれる湖があるが、これはインカの軍が虐殺したカラの人びとの死体を湖に次々と投げ込んだために湖が真っ赤に染まったという伝説に由来している。

ドル北部地域はわずか半世紀の間に、インカ帝国とスペイン人によって二回も征服されることとなった。

このように短期間のうちに二回も征服されたのであるが、現代のオタバロの人びとにとって、インカは建築、織物などの技術革新をもたらした尊敬すべきみずからの祖先であり、スペインは祖先からすべてを奪った略奪者と考えられている。この対照的なとらえ方は、現在でも先住民とメスティソ[注14]の対立に深い溝を作っている。

ヒツジの導入と「ラテンアメリカのセーター・ショップ」

スペイン人による軍事征服が終わると、エンコメンデーロ[注15]とよばれる役職を得たスペイン人が各地で先住民を酷使するようになる。しかし、エクアドルには、中央アンデスのペルーやボリビアと違ってめぼしい鉱山がなかった。そのため、スペイン人たちはオタバロ地域にすでに存在していた織物に目をつけ、これを発展させることにした[注16]。その原料として、スペインからヒツジが導入されたのである。寒冷な高地部のパラモはけっして豊かな牧草地帯ではなかったが、粗食に耐えるヒツジの牧畜には充分であった。こうして、それまで利用価値のなかったパラモを中心にヒツジの大規模飼育がおこなわれ（写真９）、オブラへとよばれる織物工場が各地に設置された。エクアドル北部高地（オタバロ市、カヤンベ市周辺）からキト市を越えて中部高地（アンバト市、リオバンバ市周辺）にいたる地域では、広大なパラモにおけるヒツジの牧畜が盛んになり、とくにオブラへが集中した。一五八五年頃までに、キト市周辺には約一五万頭、キト市南部のラタクンガ市及びリオバンバ市周辺には約六〇万頭のヒツジが飼育されていたとされ、一七世紀末までに少なくとも八〇のオブラへが存在したとされる[文献5]。ヒツジの牧畜とオブラへの生産活動はまさに植民地経営の柱であった。その

文献4　Ariel 2002: 85.

注14　メスティソとは、スペイン人による新大陸の征服によって生じた先住民とスペイン人の混血を指すが、生物学的に厳密な意味での混血ではなく、むしろ文化的に先住民との対立において用いられている。

注15　エンコメンデーロは、先住民の保護とキリスト教化を義務づけられる反面、先住民から貢納、賦役を徴収することを許されていた。

注16　インカ帝国による征服以前には、東部のアマゾン地方から入手した綿を使って織物が製作されていた。インカ帝国による征服後には、導入されたラクダ科動物の毛を使った織物が作られるようになっていた（Meisch 1987: 14－15）。

文献5　Meier 1996: 74.

後、一九世紀の繊維業の不況、二〇世紀後半の化学繊維の登場によってヒツジの原毛の需要が減少し、これらの地域では次第に乳牛の飼育へと移行していくことになる。[文献6]現在、これらの地域には牛乳工場、乳製品の加工工場も数多くあり、エクアドル有数のウシの牧畜地域となっている。

オブラヘでは約一万人もの先住民が労働力として酷使された。[文献5]これにより、オブラヘで生産される織物はおもに他のラテンアメリカ植民地に供給され、エクアドルは「ラテンアメリカのセーター・ショップ」と称されるほどの発展を遂げた。[文献7]オタバロ地域にも一七世紀までに合計一六のオブラヘが設置され、そのうち二つはスペイン王室直営のオブラヘであった。[文献8]このような王室直営のオブラヘの一つが先住民の共同体であるペグチェ村に設置され、現在でもその廃墟が残っている。(注17)オブラヘにおける労働は過酷であったため多く

●写真９　パンアメリカン・ハイウェイを横切る放牧中のヒツジ

文献6　Gómez 1989: 145.

文献7　Salomon 1981: 437.

文献8　Meisch 2002: 23.

注17　ペグチェ村のオブラヘは、一六二二年、スペイン王室への税の支払いを目的に設置され、

の犠牲者を出したが、その一方でオタバロの人びとはオブラへでの労働から効率的な生産性に関する知識や種々の技術を獲得したとも考えられている。[文献9] その一つが後に触れる分業システムである。

オタバロ族の自立への道

一八世紀には、オタバロの人びとの中にオブラへの外で織物の仕事をおこなう者も現れた。また、一九世紀には安価なイギリスの工場製品が輸入されるようになる。このような影響を受け、オタバロ地域のオブラへは次第に衰退していった。

それまでオタバロの人びとは伝統的な腰機しか所有していなかったが、二〇世紀はじめになってはじめて近代的なスペイン製の織機を手に入れることができた。これにより、先住民による商業目的の織物生産が開始されたのである。このスペイン製織機の所有者はペグチェ村に移り住み、この織機の利用をオタバロの人びとに普及させた。[文献10] その結果、現在、ペグチェ村はオタバロ地域で最大の織物生産地の一つとなっている。

一九一七年にはオタバロ地域の大農場に居住していたメスティソの家族がオタバロの織った布の品質の高さにヒントを得て、毛織物のカシミアを与えたところ、良質の模倣品を生産することに成功した。[文献10] このサクセス・ストーリーはオタバロの人びとの技術力の高さを示すエピソードとして、現代のオタバロの人びとの間でもよく語られている。[注18]

それというのも、高価な輸入品のカシミアにくらべて、オタバロで織られた模倣品は安価で、しかも品質が良かったからである。そのため、これは国内販売のみならず近隣諸国にまで輸出されてオタバロ社会に大きな収入をもたらした。[注19]

ちょうどその頃、エクアドル政府及び国際社会による先住民に対する開発支援が開始された。こ

所有者を変えながら一八五一年まで稼働していた。先住民約三〇〇人を酷使する中規模のものであった。オタバロ市のオブラへは一五六三年に設置され、五〇〇人の先住民を使っていた（Jaramillo 1996: 42–46, Meisch 2002: 23）。

文献9　Meisch 2002: 21.

文献10　Parsons 1945: 25.

注18　模倣技術の秘密を守るために地下室に閉じこめられた話、模倣を成功させた者が後にカシミアの模倣品によって村の有力者になった話など、そのバリエーションは多彩である。

うした動きもオタバロにおける織物生産の発展を促した。一九五一年、政府は先住民の織物生産の振興のためにオタバロ市に織物センターを設置したほか、同時期に民族学的調査とその技術的応用を目的としてエクアドル人類学・地理研究所（ＥＩＡＧ）を創設した。[文献11] 一九五四年には国際労働機関（ＩＬＯ）等の支援を受け、エクアドル文化院においてエクアドル在住のオランダ人芸術家のヤン・シュロイデルがタピストリーの技術とデザイン向上のための指導をオタバロ、サラサカ[注20]の人びとに対しておこなった[注21]（写真10）。

▼米国を訪問するエクアドル先住民

少し時代はもどるが、一九四九年一一月に後にオタバロの人びとに大きな影響を与える出来事があった。エクアドルの民芸品の輸出と観光の振興に関心を持っていたエクアドル大統領ガロ・プラサが、ペグチェ村に住んでいたロシータ・レマ夫人と娘のルシア、そしてロシータ・レマの従兄弟のダニエル・キンチュキを観光省の文化使節団として米国に派遣したのである。[注22]

文化使節団の目的は二つあった。第一は、北米からエクアドルへの観光を促進するための観光資源の紹介であり、第二は、先住民が村を発展させるための刺激を米国から得ることであった。[文献12] 文化使節団は、トルーマン大統領や国連事務総長等を訪問する一方で、持参した高機での機織りの実演

●**写真10**　オタバロ族にタピストリーの販売交渉をしているサラサカ族

注19　しかし、第二次世界大戦後は安価な工場製品が大量に欧米から流入し、カシミアの模倣品に対する需要は激減した。

文献11　Walter 1981: 324.

注20　エクアドル中部高地に居住する先住民で、タピストリーをはじめとする織物の生産を主におこなっている。現在ではオタバロの人びとがサラサカのタピストリーを主に購入し、それをバッグに加工してオタバロ市の民芸品マーケットで販売している。

注21　ヤン・シュロイデルは安価な外国製の工場製品に対抗するため、織物に動植物や幾何学模様といった先住民独自のデザインを導入した（Walter 1981: 324）。また、一九七四年、米国政府のボランティア機関である平和部隊（ピースコー）は、だまし絵で知られるM・C・エッシャーの絵を織物のデザインとして導入するなど、先住民の民芸品の質の向上に寄与した（Salinas 1954: 318-321）。

やエクアドルの民俗楽器ロンダドールによる音楽演奏等の文化紹介をおこなった。雑誌『ライフ』『タイム』等の雑誌、さらにマスメディアの取材にも積極的に応じた。このため、ロシータ・レマの米国訪問は、七〇年代以降のオタバロ地域の観光ブームの下地となったと考えられている。(注23)

帰国後、ロシータ・レマは生まれ育ったペグチェ村で祭を主催するなど有力者として活動する傍ら、みずからの経験を米国など外国に憧れる若者に伝えたという。(注24)

オタバロ族によるレコンキスタ（再征服）

一九七〇年代になると、ロシータ・レマの住むペグチェ村で「グルーポ・ペグチェ」という音楽と舞踊のグループが結成された。このグループは、エクアドル国内のコンクールで数々の賞を受賞するだけでなく、国外の音楽祭にも参加するようになった。この外国への渡航の際、彼らは民芸品も持参し、それを販売したことで利益を上げた。その経験をつうじて、音楽演奏と民芸品販売を組み合わせるという典型的な現在の行商スタイルが確立された。(注25)

また、観光業が盛んになる七〇年代、八〇年代には、多くのオタバロの人びとがオタバロ市周辺の先住民の村から市内に移住するようになった。これは、観光業により所得が増加したためだけではなく、民芸品販売やレストラン、ホテル、旅行会社の経営といった観光業に積極的に参加するためにオタバロ市に居住することが有利であったためである。こうしたオタバロ市への移住現象は、先住民によるオタバロ市の「レコンキスタ（再征服）」と称されるほど、これまでの先住民社会では考えられない「快挙」であった。(文献13) これ以前、オタバロ市の一等地はメスティソの人びとによって占められていたのだが、メスティソの人びとは経済発展の著しいオタバロの人びとに土地、家屋を市場価格より高値で売却してオタバロ市の郊外へと移り住んでいったという。こうしたメスティソの

注22　ロシータ・レマの父がガロ・プラサ大統領所有の農場における家畜飼育責任者であったこともあり、ガロ・プラサ大統領はロシータ・レマと旧知の間柄であった。また、米国の人類学者エルジー・クルーズ・パーソンズが一九四〇年及び一九四一年にオタバロでフィールドワーク（野外調査）をおこなったときの協力者がロシータ・レマであり、その成果である民族誌『ペグチェ』が一九四五年に米国で出版されたこと(Meisch 1998: 51)で、ロシータ・レマは当時の米国ですでに知られる存在となっていた。

文献12　Parsons 1945.

注23　また、文化使節団の動向を日々伝えていたエクアドルのエル・コメルシオ紙（一九四九年一一月一六日付）は、エクアドルにおける先住民問題の解決には同化政策ではなく先住民族の再評価が必要であると訴えており、ロシータ・レマの米国訪問がエクアドル政府の対先住民政策にも影響を与えようとしていたことを示している（Rep blica del Ecuador 1949: 3）。

注24　筆者は二〇〇一年から二〇〇二年にかけてロシータ・レマにインタビューをおこなった。年を追うごとに文化使節

人びとは、先住民はモノの価値を知らないから相場より高い金額でもお金を払うのだと言って笑うが、これについてオタバロの人びとは、どんな高値であっても先祖の土地を買い戻すことができる経済力があることを証明しているのだと譲らない。今ではオタバロ市に数多くある観光客向けホテル、レストランの中でもっともよい施設は、オタバロの先住民がオーナーとなっている。(注26)

毛糸仲買人のサクセス・ストーリー

これまで環境、歴史から見てきたように、オタバロは中央アンデスの先住民とは異なる状況にあったといえる。中央アンデスのプナと違い、北部アンデス高地のパラモは寒冷、湿潤で利用困難な環境であった。また、この地を征服したスペイン人も中央アンデスのような豊かな鉱山を見つけることはできなかった。しかし、織物工場オブラへの設置をきっかけとして、エクアドルでは近代的な織物業が盛んとなった。

羊毛製品の生産、販売をおこなっている先住民はアンデス各地にいるにもかかわらず、オタバロ族ほど経済発展を遂げた例はない。先ほどの「レコンキスタ」がよい例である。そのような現代のオタバロの経済活動を理解する上でもっとも重要なのは毛糸と毛糸の仲買人である。毛糸が羊毛製品の原料として不可欠なことはいうまでもないが、それ以上にオタバロ社会にとって外部社会との接点となる戦略的物資であり、また、それを扱う毛糸の仲買人はオタバロ社会と外部社会の調整者として重要な役割を担っているのである。

アンデスの多くの先住民社会では毛糸の生産は女性の仕事とされている。実際、アンデスの農村では、スピンドルを指で弾いて回転させて毛糸を紡ぎながら歩く女性の姿をあちこちで見ることができる。アンデスの女性は歩きながら、話をしながら、毛糸を紡ぐ作業を止めようとはしない。こ

団の話を知る者はペグチェ村でも少なくなったが、二〇〇二年に村の祭に出席するためにペグチェ村を訪問したノボア大統領は、訪米の話を聞くためにロシータ・レマの家を訪れて三〇分以上も歓談している。

注25　当時の「グルーポ・ペグチェ」のメンバーは、筆者とのインタビューにおいてこのように語っている。また、民芸品販売が不振であっても音楽活動により利益は確保できる利点もあると説明している。

文献13　República del Ecuador 1949: 43-44.

注26　このほか、二〇〇〇年にはオタバロ市に初めて先住民の市長が誕生し、その後もオタバロの閣僚が輩出されるなど、政治的影響力も獲得している。

うして女性たちの手によって紡がれた毛糸は、おもにみずからの民族衣装の製作など自家消費されるのである。ところが、オタバロ社会では毛糸が外部社会に向けた商品生産のための原料として扱われており、「商品」として取引されている。

一九七〇年代までは、羊毛製品を作る各世帯がそれぞれヒツジの原毛を購入して毛糸の生産を独自におこなっていたので、オタバロ社会にはヒツジの飼育をおこなって原毛を売る人びともいた。毛糸の生産は、原毛の洗浄→乾燥→カーダーによる梳き→紡ぎ→染色→毛糸の完成と手間と時間のかかるものであった（写真11）。

このため、七〇年代になるとオタバロの村の一つカラブエラが毛糸の生産、染色を専門におこない、その毛糸を他の村のオタバロの人びとに販売して利益を上げるようになった。多くのオタバロの人びとが、毛糸作りの手間を省くためこの毛糸を購入したのである。これにより、「毛糸の生産」をおこなう村と「織り」をおこなう村とに分かれ、村落間の分業化が進んでいった。*文献14

七〇年代半ばになると、電動織機を購入する者が現れはじめた。電動織機は一週間でセーター二五〇〜三〇〇着分の布を織ることができる。し

●写真11　羊毛の整理

文献14　Meisch 2002: 66.

かし、毛糸に強いテンションがかかるため、撚りにムラのある手紡ぎの毛糸では細い箇所で切れてしまう。そこで、工場で生産され太さが均質な毛糸の需要が増大したのである。さらに、工場製の毛糸は手紡ぎの糸と異なり、化学繊維を混ぜて毛糸に光沢を出すことが可能であった。これも工場製の毛糸の人気の理由である。

この頃、織物の大生産地となっていたペグチェ村に仕事を奪われ、隣接するキンチュキ村は不景気に見舞われた。このため、キンチュキ村からは綿や毛糸の織物を持ってエクアドル国内各地に行商に出る者が現れた。とくにエクアドル中部高地のアンバト市は、南北に伸びるパンアメリカン・ハイウェイが通るだけでなく、海岸地方、アマゾン地方を結ぶ要所でもあり、多くの行商人がここをめざした。(注27)

また、アンバト市に隣接するボリバル県、チンボラソ県は平原が多く、ヒツジの飼育が盛んであった。さらに、先述のようにアンバト市は交通の要所であったため、毛糸の紡績工場が集中していた。(注28)ここを拠点としていたオタバロの行商人は、商売をつうじてこれらの紡績工場とも繋がりを深めていったのである。

アンバト市に居住していたオタバロの行商人は、オタバロの地域で工場製の毛糸の需要が増加したことをきっかけに、紡績工場との繋がりを活かし、また、行商で得た資金により、オタバロの織物生産者に対する毛糸の仲買業をはじめた。毛糸仲買人は、オタバロ市の中心部に大量の毛糸の在庫を保管する倉庫兼店舗を持ち、一週間に平均二回、アンバト市の紡績工場から毛糸を直接仕入れる。通常、工場製の毛糸は数十キログラム単位で取引される。このため、小規模の織物生産者は毛糸の小売店から買う必要があった。豊富な資金を持つ行商人だけが大量の毛糸を保管する場所とそれを仕入れる代金を用意できたため、毛糸の取引を独占することができたのである。(注29)

注27　アンバト市に出かけた初期の行商人の一人が「布の反物だけを抱えて行商に出かけた。妊婦を見かけたときにいずれ子どもを背負うための綿布が必要となるであろうと考え、その後は見かけるたびに追いかけていき布を売った。それによってやがてアンバト市に店を構えるまでになった」と当時を振り返るほど、行商には苦労が多かったが、大きな成功をつかんだ者も少なくなかった。

注28　アンバト市の紡績工場の大手は、当初、周辺地域のヒツジの原毛を使っていたが、品質、金額を理由に現在ではペルーのアレキパから陸路、大量の原毛を仕入れている。

注29　毛糸販売の独占により富を得た毛糸仲買人は、オタ

毛糸仲買人の戦略

毛糸の仲買人は、先住民の織物生産者に対してだけでなく、メスティソのセーター製作者に対しても毛糸を販売している。しかし、それは独特な毛糸販売システムであり、これによってメスティソに対して経済的優位に立っている。もともとエクアドルでは、一般にメスティソが先住民に対して社会的、経済的優位に立っているのだが。(注30)オタバロでは驚くことにこの関係が逆転しているのである。

エクアドル北部のカルチ県及びインバブラ県には、家でセーターを編むことを生業としているメスティソ女性が多い。注文に応じて製作する場合もあるが、通常はオタバロ市のバスターミナルでトラックに乗って待ち受けるオタバロのセーター仲買人に売るか、セーターの取引をおこなっている毛糸の仲買人に売る。注文の場合を除けば、いずれの場合も買い取り価格は主要販売先の欧米諸国の需要に応じて変動する。つまり、北半球が冬に入った直後はすでに輸出には遅すぎるためにセーターの取引価格は安くなり、北半球が夏から秋にかけて輸出のピークとなるため取引価格が上がるのである。(注31)

メスティソの製作者の場合は零細経営である。セーターの取引価格が上がるまでセーターの販売を待つだけの経済的ゆとりも在庫セーターを大量に保管するスペースもなく、取引価格が安い時期でも販売するしかない。しかし、大きな倉庫と豊富な資金を持つセーターの仲買人や毛糸の仲買人は、取引価格が安い時期に大量に購入して保管し、国際価格に合わせて出荷することで多大な利益を得るのである。

毛糸の仲買人がおこなっているもう一つの戦略が、毛糸の掛け売りである。セーターの原料が毛糸である以上、セーター製作者は毛糸を購入するために必ず毛糸の小売店に行かなければならない。

バロ市のバスターミナルや民芸品マーケットの開催される広場付近などの一等地に店舗を購入し、また、行商を兼ねた外国旅行を頻繁におこなうなど、さらに有利な商業活動を展開している。

注30　これはスペイン人による征服以降、歴史的に形成され、アンデス諸国でよく見られる現象である。

注31　二〇〇一年の調査時点で、一一月から五月にかけてのオフ・シーズンに五ドルだったセーターの買い取り価格は、六月から一〇月のハイ・シーズンには八ドルへと五割増し以上となっていた。

このとき、セーター製作者は毛糸を購入するが、代金の支払いはせずに台帳にツケ代金の記帳だけをする。後日、完成したセーターを同じ毛糸店に販売し、セーターの買い取り金額から先の毛糸購入代金を差し引いた残額を受け取るのである（写真12）。これにより、零細の家内工業を営んでいるメスティソ女性は「大枚をはたいて毛糸を購入したにもかかわらず、製品が売れずに利益を得られない」というリスクを回避することができる。また、セーターの販売時点で毛糸の代金を支払うため、事前に毛糸購入のための資金が不要という利点がある。しかし、セーターを毛糸仲買人の言い値で売らざるをえない。事前に毛糸の仲買人にとっては、毛糸の販売だけでなくセーターの仲買による利益も保証され、さらにメスティソの製作者に対して有利な価格による取引を強制できるという利点がある。

　オタバロの毛糸の仲買人は、毛糸という資源のマネージメントを独占することによって、オタバロの織物生産者だけでなくメスティソに対しても優位に立ってきた。しかし、二〇〇〇年、この独占状態が崩壊する危機に直面した。アンバト市周辺の紡績工場が直接、村の織物生産者に毛糸を販売しようとしたのである。紡績工場は生産ラインの経費増加にともなって毛糸の値上げを検討した際、仲買人を通さず生産者に直接販売することで、生産者に対する値上げ幅を可能なかぎり低くしようとしたのである。毛糸販売を仲介することで利益を得ていた仲買人は、紡績工場の方針に反発し、対抗策を講じた。まず、羊毛製品の生産者を味方につけるため、工場による毛糸の値上げを問題として毛糸の不買運動をよびかけた。つぎに、アンバト市の紡績工場主（注32）をオタバロ市近郊に呼び寄せて、オタバロの毛糸仲買人、羊毛製品の生産者を交えた会合を開催することにした。会合は、先住民運動家の演説により「メスティソによる不当な毛糸価格の値上げにより伝統文化消失

●**写真12**　毛糸の小売店（右側に販売する毛糸、左側に買い取ったセーターが見える）

注32　会合に招待されたアンバト市の紡績工場主には、五〇年代にアンバト市に出て民芸品販売をおこない、六〇年代に毛糸の織物を商い、九〇年

の危機に直面する先住民」と「先住民から搾取するために不当な毛糸価格の値上げを押しつけるメスティソ」の対立という構図にすり替えられ、工場主が一方的に非難される形となった。また、紡績工場にとって主要な顧客であるオタバロの人びとが毛糸不買運動を継続したことが経営に響き、(注33)結局、紡績工場側が従来の価格と販売方法を維持することで決着がついた。

これらの事例は、オタバロの人びとが近代的なビジネスを単に取り入れるだけではなく、先住民としていかに近代に対処しているかを示している。

ポンチョ広場での販売

布を織る作業は基本的に世帯単位でおこなわれる。現在では電動織機が用いられることが多くなっているものの、動物や風景などの細かい図像を織り込む場合には手動の高機が使われている（写真13）。

毛糸の購入、織りの段取りなどの作業は基本的に世帯主がおこなうが、世帯主が行商に出ているときにはその配偶者がおこなう。織りは賃金雇用された結婚前の若者（男性）がおこなうことが一般的である。親戚、近所に住む若者が食事付き、時には住み込みで働く場合が多い。若者はこの機会に毛糸の購入から製品の仕上げまでの工程を習得し、結婚を契機に独立して新たな事業主となる。

●写真13　オタバロ族が販売するタピストリー

年代から紡績工場の経営を始めたというオタバロ族の工場主もいたが、会合が先住民とメスティソの対立となることをあらかじめ予想していたため会合を欠席した。

注33　アンバト市周辺の紡績工場で生産される毛糸は、例えば Telantex 社の場合、二〇〇一年の時点で七〇パーセントがオタバロ向けとなっている。

多くの世帯は、月曜から金曜までは村の家屋兼工場で生産活動に従事し、土曜日のみオタバロ市の通称ポンチョ広場に出て行き露店を開いて販売をおこなう。生産活動をまったくおこなわず、よそで製品を購入して露店販売だけに従事する世帯もある。(注34) 金曜の夜ともなれば、翌日のオタバロ市における民芸品マーケットでの観光客への販売のための生産、また、マーケットをつうじて受けた大口注文の納品のための最終仕上げで大忙しとなり、徹夜をする世帯も多い（写真14）。

ポンチョ広場には、毎日民芸品の露店が立ち並ぶ（写真15）。広場内だけでも八七二軒の組み立て

●写真 14　タピストリーを用いたバッグを製作しているオタバロ族

●写真 15　タピストリーを用いたバッグ

注34　ポンチョ広場の露店区画は厳密に割り当てられている。このため、土曜のみ出店する織物生産者から月曜から金曜までの間、場所を借りることができる。これにより複

露店が市当局に登録されており(二〇〇一年調査時点)、土曜日の民芸品マーケットの市日になると更に周辺の道路にも立ち並び、多くの観光客や羊毛製品を買い付けに現れる商人で賑わう。早朝五時には広場に組み立て式の簡易販売所が建ち並びはじめ、熱いコーヒーをすすりながら早起きの観光客を待つ。

数の露店を出店する販売者もいる。

土曜のマーケットは観光客を相手にした民芸品の売買だけでなく、毛糸や綿糸などの民芸品の材料や電動織機や高機の部品を修理、販売する店も数多く現れる。また、大口の注文を発注する仲買人も国内各地や近隣の国々からやってきて商談をおこなうため、世帯主はこれらの対応に追われ、店番は子どもの仕事となっている。こうして子どもたちは小さい頃から商売人としてのイロハを学んでいくのである。平日には小学校に通っているような小さな子どもが、大人の観光客相手に堂々と値切り交渉をしている姿もあちこちで見かける。もう一人前の「あきんど」である。

世界各地への行商

オタバロ市以外での販売としては、大きく分けて国内各地での販売と外国への行商がある。国内各地の場合、まず、オタバロの村で生活をしながら、観光客が集まる週末や市場がたつ日に行商に出かける場合がある。また、国内の観光地や市場が開かれる町に住んで民芸品を作りながら販売をおこなう者もいる。

外国には、近隣のコロンビア、ベネズエラ、ペルーをはじめ、メキシコ、アメリカ、カナダ、オランダ、ベルギー、フランス、スペインなど、世界各地に販売に出かけていく(注35)。エクアドル国内の場合と同様に、居住して民芸品作りをする者から、数週間から数か月の行商をおこなう者までいる。行商の場合、そのサイクルは次のとおりである。

注35　二〇〇一年時点で、約六万人のオタバロ族のうち、外国への長期出稼ぎ労働者が約四〇〇〇人、外国への短期行商が約六〇〇〇人となっている(Ariel 2002: 86)。

商品の主要な販売先がヨーロッパや北米など北半球であるため、クラフト・マーケットなどのイベントが数多く開催され、観光客が集まる六、七、八月から、クリスマス・プレゼントとしての需要が見込まれる一二月初旬までが行商期間となる。消費も気温も冷え込む一二月から二月末頃までは故郷に戻って仕入れをおこない、三月から五月になると再び行商に出かけていく(注36)。

外国に出かけて行商をおこなうきっかけは、親族、知人の紹介が多いが、新しいビジネス・チャンスを求めて見知らぬ土地へ旅立つ場合もある。行商はその日その日の売り上げがすべてであるため、どこでどのような商品が売れるかは「企業秘密」である。このため、ひとたびよい儲けがあると知られれば、行商人が殺到することとなる。たとえば、二〇〇一年、メキシコには当時二、三人のオタバロの行商人が商売をしていたとされるが、帰国のたびに大量の商品を仕入れていたことから「大儲けしている」との噂が広がった。その結果、数か月後には約三五〇人にふくれあがり、二つのホテルがオタバロの行商人でいっぱいになった。

注36　このため、三月から一二月頃までの約一〇か月間は、行商をおこなう主に世帯主の男が村に不在となる。その間は配偶者が生産活動を総括し、村の行事を切り盛りする。

創られる伝統——カーニバル

これまで見てきたように、オタバロの人びとは近代的なビジネスの世界で大成功を収めてきた。その一方で、食文化や民族衣装など、時代の変化に対応しつつ伝統を維持してきた。多くの先住民社会が近代化とともに伝統文化を失っていく中で、オタバロの人びとはどのように文化の変容に立ち向かっているのだろうか。

筆者が調査をおこなったペグチェ村では、六月に村でもっとも盛大な祭である聖人サン・ペドロ祭が開催される（写真16）。これまでに見たように、六月には多くの行商人が欧米諸国に出払っているため、行商人が聖人祭に参加することは不可能である。一九九〇年代前半には、持ち回りの名誉職である祭の主催者（プリオステ）を引き受けた者が聖人祭を主催せずに外国へ行商に出てしまう事件が起きた。このため、聖人祭が数年にわたり中断される事態が生じ、それ以後、行商人にはプリオステの役職が引き渡されなくなった。（注37）

また、大多数がカトリック教徒のオタバロ社会でも、六〇年代からプロテスタントの信者が増加しはじめた。一九九九年、プロテスタントのモルモン教徒がペグチェ村に教会を建設しようとして争いが生じた際、（注38）カトリック教徒はモルモン教徒に対してみずからの力を誇示するため、これまで以上に経費をかけた盛大な聖人祭を開催した。聖人祭はひとたび盛大になると、プリオステは祭のための出費を競うようになった。*文献15

現在、ペグチェ村のサン・ペドロ祭に行商人が参加することはない。また、聖人信仰に対する考え方の違いからプロテスタントの人びとが参加することもない。このため、サン・ペドロ祭はカトリック教徒でペグチェ村に常に居住する人びとが参加する「保守的な祝祭」と認識されている（写真17）。

他方、行商や信仰上の理由で聖人祭に参加ができない行商人やプロテスタント教徒の人びとは、みずからが参加できる新たな「伝統」的な祝祭を創りだしたのである。行商に出ていた人びとが村に戻ってくる二月のことである。

一九九五年、後にオタバロ族の民芸品生産・販売者組合の会長を務めることとなる行商人の若者が、行商

●写真16　サン・ペドロ祭の風景

注37　サン・ペドロ祭を主催するプリオステは、行商人やプロテスタント教徒など村の新興勢力が参加しないサン・ペドロ祭こそが真の「伝統」的フィエスタであると主張している。

注38　一九九九年、ペグチェ村でモルモン教の教会建設が開始されたことで、これに危機感を感じたカトリック教徒とモルモン教徒との間で投石等による激しい争いが生じた。火炎瓶や銃器の使用にまでエスカレートし、負傷者まで出したが、結局、教会は建設されずに事態は沈静化した。しかし、この一件により、ペグチェ村のカトリック教徒とモルモン教徒は表面的には平静を装いつつも、常に緊張関係にある。

文献15　Meisch 2002: 164.

に出ている仲間との再会を楽しむため、ペグチェ村において「カルナバル（カーニバル）」と称したサッカー大会を主催した。その後、一九九九年にはインバブラ県の先住民団体であるインバブラ県先住民・農民連盟（ＦＩＣＩ）で広報と文化事業を担当していた若者が実行委員長に就任し、はじめてカルナバルにおいて文化行事が実施された。また、祝祭の名称も「カルナバル」から先住民語のケチュア語で花の祭を意味する「パウカル・ライミ」へ変更した。先住民の祭は征服者の言語であるスペイン語ではなく、先住民言語であるケチュア語で表記すべきであるという主催者の考えによる。(注39)

　この「カルナバル」あるいは「パウカル・ライミ」の特徴の一つは、プリオステが全額出資する聖人祭と異なり、スポンサー契約や寄付によって資金が得られていることである（写真18）。二〇〇〇年にはエクアドルの大手ビールメーカー、大手自動車販売代理店(注40)とのスポンサー契約にも成功している。実行委員会の設置にはじまり、組織運営、広報活動などにも、欧米におけるビジネス経験が活かされている。

●写真17　聖人祭におけるサンタ・ルシア像の行進

●写真18　「パウカル・ライミ」の開会式典の様子（観客席上部にスポンサーの広告が見える）

注39　「パウカル・ライミ」の名称はペルーのケチュア語文献を参考にして付けられたとのことであるが、二〇〇一年の「パウカル・ライミ」において、ケチュア語の単語であってもエクアドルにない用法を使用していることに対して批判が出ている点が興味深い。

また、「パウカル・ライミ」はスポーツと先住民文化の祭とされる。このため、聖人信仰とは無関係であり、カトリック教徒と対立していたモルモン教徒をはじめプロテスタントの信者も参加が可能である。これまでの「カルナバル」に実行委員として参加している行商人の若者は、多くの宗教、宗派の人びとによって構成される米国社会での生活経験により、オタバロ族の社会、文化もあらゆる宗教、宗派の人びとが支えていくべきであると考え、カトリックもプロテスタントも広く参加できるイベントを開催していると述べている。

　これまでエクアドルの先住民は、国内においてはメスティソから見下されてきた。しかし、行商先の米国、欧州などではその音楽、衣装、民芸品といった先住民文化が賞賛された経験を持った。また、経済活動においても先住民としての誇りを持ちながら成功を収めてきた。こうした経験によって、オタバロはエクアドル国内のみならず、世界各地の大都市を民族衣装を身にまとって威風堂々と闊歩するのである。

引用文献

Arellano, Gonzalo Ortíz 2001 *El quichua en el Ecuador*, Ediciones Abya Yala, Quito.
Ariel, Anath de Vidas 2002 *Memoria textil e industria del recuerdo en los Andes*, Ediciones Abya Yala, Quito.
Gómez, Nelson E. 1989 *Elementos de Geografía del Ecuador*, Ediguias C. ltda, Quito.
Jaramillo, Hernán Cisneros 1996 El trabajo textil de Peguche, *Sarance* (23), Otavalo, pp. 41–59.
Meier, Peter 1996 *Artesanos Campesinos: Desarrollo socioeconómico y proceso de trabajo en la artesanía de Otavalo*, Banco Central del Ecuador, Quito.
Meisch, A. Lynn 1987 *Otavalo Weaving costume and the market*, Ediciones Libri Mundi Quito.
Meisch, A. Lynn 1998 Otavalo, Imbabura Province, In *Costume and identity in highland Ecuador*, Ann Pollard Rowe (ed.), University of Washington Press, Seattle, pp. 50–83.

注40　実行委員はこのビールメーカーに対して独占販売権と引き換えに資金援助を求めたが、ビールメーカーはインディヘナが独占販売権という概念を理解しているはずがないと考え、当初、この要求を断った。その後、多くの観客が集まる「パウカル・ライミ」会場でビールを販売しようとしたところ、他社とすでに独占契約を結んだことを理由に販売を拒否されたため、後日、ビールメーカーはインディヘナに対して謝罪をして翌年からの契約をした。また、自動車販売代理店は実行委員会に対して毎年二〇〇〇ドルほど寄付をおこなっており、その代わりに「パウカル・ライミ」会場で新車の展示ブースを設けている。代理店によると、二月、三月は行商で収入を得た多くのオタバロ族が自動車を買い換えるため、ビジネスチャンスとのことである。

Meisch, A. Lynn 2002 *Andean Entrepreneurs*, University of Texas Press, Austin.
Parsons, Elsie Clews 1945 *Peguche*, University of Chicago Press, Chicago.
República del Ecuador 1949 *Misión Cultural Indígena a los Estados Unidos*, Talleres Gráficos Nacionales Quito.
Salinas, Raúl 1954 Manual Arts in Ecuador, *América Indígena 14 (4)*, pp. 315–326.
Salomon, Frank 1981 Weavers of Otavalo, In *Cultural transformations and ethnicity in modern Ecuador*, Norman E. Whitten, Jr (ed.), University of Illinois Press, Urbana, pp. 420–449.
Walter, Lynn 1981 Otavaleño development, ethnicity, and national integration, *América Indígena 41 (2)*, pp. 319–337.
千代勇一「文化遺産の政治学」新木秀和編『エクアドルを知るための六〇章』九六―九九、明石書店、二〇〇六年。

第四章五節

アイマラ族の信仰と生活

J. M. AroAro
J.M.アロ アロ
Yuji Toukura
藤倉雄司
Akio Hongo
本江昭夫
Emiko Torii
鳥居恵美子

アイマラ族

アイマラ族はペルーからボリビアにかけて広がるアンデス高地に二〇〇〇年以上もの昔から暮らしてきた民族である。インカ帝国に長い間支配されていたので、その間にアイマラ族が守り続けてきた生活習慣は大きな変化を受けた、と信じられがちである。しかし、アイマラ族はインカ帝国の支配下においても自主独立の精神、民族としてのアイデンティティを保ち続けてきた。

その一つの例をアイマラ族の農民の家に見てみよう。アイマラ族は固めた土を円錐型に積み重ねて家を作る（写真1）。この時に使う土は草原から運んでくる。植物が密生しているところを選び、そこの表土をレンガのような形に切りとる。土の中に植物の根がたくさん含まれているので丈夫な建材になるといわれている。このような円錐形の家はアイマラ族に固有のものであり、アンデス高地に生活する他の民族ではみられないものである。

アイマラ族は独自の文化と言語を持っている。ペルーにおけるアイマラ族の人口は約一二〇万人と推定されており、ペルーの総人口に占める割合は約五パーセントにすぎない。ボリビアでは約二〇〇万人のアイマラ族が生活しており、ボリビアの総人口に占めるアイマラ族の割合は約二五パーセントと高い。アイマラ族の半数以上はペルーとボリビアの国境にあるティティカカ湖周辺で生活している。とくに、湖の南部に集中している。つまり、アイマラ族はティティカカ湖抜きでは語ることのできない民族なのである。しかし、アイマラ族だけで暮らしている小さい村はアンデス高地全域に分布している。

ここで、「アイマラ」という言葉の起源についてふれておきたい。アクセントがある部分を傍線で示すと、ふつう、アイマラ、またはアイマラと発音する。「アイマラ」というよび方は、古いことを意味する「ハヤ Haya」と、遠い時代を意味する「マラ Mara」と、さらに言語を意味する「アル Aru」という三つの古代アイマラ語に由来している。かなり古い時代からアンデス高原のティティカカ湖周辺に生活していた人びとに与えられた名前が「アイマラ」である。

さて、アイマラ語はインカ帝国の人びとが話していたたくさんの言語のうちの一つである。インカ帝国を支配していた民族はケチュア語を使っていた。このケチュア語は、現在でも地方によって大きく異なっており、たくさんの方言をもっている。ところが、アイマラ語は、一つの方言を除くと、共通した言語である。アイマラ族はアイマラ語とともにその独自の文化を現在にまで伝えてきたのである。

アイマラ語にも一つだけ方言がある。ペルー中部に位置するリマ県北部の山間地に、アイマラ族が千人程度住んでいる小さな村が散在している。たとえば、リマ県ヤウヨス郡トゥペ村のようなところである。ここではアイマラ語の方言である、ハカル語またはカウキ語とよばれている言葉が話されている。多くの言語学者はこのアイマラ語の方言を中部アイマラ語として分類している。これに対して、ティティカカ湖周辺で話されているアイマラ語は南部アイマラ語として区別するのがふつうである。

●**写真 1**　アイマラ族の典型的な家。固めた土を円錐形に積み重ねて家を作る（ペルー領ティティカカ湖畔）

アイマラの社会

アイマラ族は、民族（歴史、人びと、場所）、言語（用法、語彙）、習慣（精神世界、儀礼、信仰）、芸術（工芸、音楽、踊り）の四つの領域において独自の文化を持っている。

アイマラ族は、先人たちが発展させてきた農業技術を使いながら、牧畜や農業に何千年も従事してきた。アイマラ族の中には、家畜を飼育する牧民がいる一方で、盛り土を効果的に利用する伝統的な農耕をおこなっている農民もいる。牧民といっても牧畜だけで生計を立てている農民はほとんどいない。牧民とよばれていても、標高の高い土地で小規模にジャガイモや雑穀のカニワなどを栽培している。これら牧民と農民との間では物々交換することが一般化している。このような習慣は、アイマラ語の互恵関係を意味する「アイニ」という言葉で表現される。アイマラ族の間では「今日、人のために働けば、将来は自分に返ってくる」といういい伝えが伝承されており、お互いに助け合う精神はすべてのアイマラ族に共通しているものである。

アイマラ族の伝統的な社会では、家長とその配偶者、結婚した息子たちとその家族、そして、未婚の息子や娘が大家族を形成して生活している。一つの大家族は、それぞれの核家族が住む家々が集まって小さな集落を作っているのが一般的である。大家族の中では、子どもたちは小さいころから大人のいうことをよく聞くようにしつけられる。また、子どもたちは小さいうちから家事だけでなく、放牧や農作業の手伝いなどをするのがあたりまえである。

一つの村には二つの異なった側面が共存している。「アイユ」とよばれる伝統的なアイマラ族の共同体という側面と、スペイン化された田舎の村という側面である。「アイユ」とは一つの地域にあるアイマラ族の村々の集合体のことである。一つの村はたくさんの大家族から成っている。ふつう、村の中心部には教会と公共の建物が面する広場があり、これらの建物をとりかこむように農民の家々が建ちならんでいる。このような村の構図はスペイン人の影響を受けてできたものである。

近年、異常気象による農作物の被害、あるいは子どもたちに教育を受けさせたいという親の願いなどから、町へ移住するアイマラ族が増えてきている。アイマラ族は商売と貯蓄に非常に長けているといわれており、移住先の町で仕事を見つけ成功する人が多い。それにはアイマラ族がふつうに持ちあわせている自立心の強い性格も役立っている。

宗教と信仰

アイマラ族は、一連の村のきまりと独自の宗教的世界を次の世代にしっかり教育することを大切にしている。アイマラ族は、山々「アプ」と太陽「インティ」と母なる大地「パチャママ」をとりわけ大切にしており、このような自然崇拝を長い間大切に守ってきた。

アイマラ族は、現在生活している環境そのものと一体化して生活することが大事であると信じている。それは同時に豊かさを与え続けてくれるアンデス高地の高い山々への深い信仰心につながっている。

現在のアイマラ族の信仰はいろいろな宗教の要素が混在したものとなっている。その信仰の中には、先スペイン期、つまりスペイン人の征服者たちが来る前から伝えられてきたアンデス高地に土着の先住民たちの信仰と、カトリック教を伝えたスペイン期以降の信仰の二つの要素が混在している。宗教的にみると、自然とそこで暮らす人間を神聖化して、先祖を敬う伝統的な自然崇拝を基礎とした宗教が一方にあり、他方で、キリスト教のシンボルと儀礼をも受け入れてきた（写真2）。しかしながら、アイマラ族が大切にしているのは自然崇拝である。一年という時の流れの中で自然の周期に見あったいろいろな儀礼をおこなっている。

それでは、アイマラ族が古くから信仰してきた自然崇拝の一例をしめそう。村の近くにあって、村を見おろすようにそびえたっている大きな雪山を村人は神そのものとして敬っている。そこには「アチャチラス」と「マユクス」という神々が住んでいると信じている。「マユクス」は、春先の雪解けのころになると、山の白い頂から命の源である水をゆっくりと落としてくれる。そのために「マユクス」は命の源である水を授けてくれる神として信仰されている。「マユクス」はコンドルの中に宿っていると村人は信じている。コンドルは威厳があり、村人が尊敬している動物である。毎年、一月と八月になると山の頂上で「マユクス」への儀礼が執りおこなわれる。アイマラ族は、崇拝の重要性に順番をつけるとすると、多くの神々の中でも「マユクス」は頂点である。「マユクス」はまた、保護と処罰という二つの相反する事柄にもかかわる神である。

アイマラ族は尊敬の念をこめて山の神々のことを話し、また、山の神「アチャチラス」と直接に対話することが最大の信仰心の表れと信じている。「アチャチラス」と対話できるのは司祭「ヤティリ」である。司祭をつとめることができるのは、儀礼のやり方を熟知している村の長老である。アイマラ族は、自分たち独自の言語、服装、供物を捧げることで「アチャチラス」と交信できると信じている。

山の神「マユクス」が与えてくれる水という恵みをもらい、母なる大地「パチャママ」はたくさんの食料を生み出してくれる。そこで農民たちは、母なる大地「パチャママ」と蛇「アマル」への儀礼を欠かさない。蛇「アマル」は水の神であり、農地に潤いを与えてくれると農民たちは信じている。アイマラ族の世界では、母なる大地「パチャママ」

●**写真2**　カトリックの祝祭で町の守護聖人のカンデラリアを御輿にのせ、町中を練り歩く（ペルー領ティティカカ湖畔の町、プノ）

は肥沃さ、食料、庇護と結びついている。母なる大地「パチャママ」も司祭をつうじてアイマラ族の社会と交信し、両者は良好な相互関係を保っていく必要があると信じられている。「彼女」は、農民が費やす努力に対して食料という成果を与えてくれる。人間はそのお礼として、一年に二回、種まき前の八月と収穫期の一月または二月に、お酒とたくさんの貢物「パゴ」を捧げる。一月または二月のお祭りは「フロレオ」とよばれる。家畜の囲い場の中で執りおこなわれる祭りである。この祭りでは、いろいろな色の花々でヒツジを飾りつける。同時にいろいろな色の花々を地面にまきちらしていく。母なる大地「パチャママ」が、あふれんばかりの命と水を、そして、家畜の繁殖と繁栄をもたらしてくれるように祈りをささげる。

母なる大地「パチャママ」という言葉は、大地「パチャ」と母「ママ」という二つの単語が一つになってできたものである。アイマラ語の「パチャ」は一般に大地として訳されるが、本来の意味では空間と時間をもあわせ持っている。よく混同されるのであるが、母なる大地「パチャママ」は自然の大地「ウラケ」とはまったく異なるものである。

母なる大地「パチャママ」を崇拝する祭りの一つとして、食物と生命を捧げる祭り「パチャリヤンピ」がある。この祭りでは、ジャガイモの種イモを植えつける動きをとりいれた踊りを披露する。この祭は一年のうちに二回おこなわれる。一回目はジャガイモの収穫期である五月で、二回目は種イモの植えつけ時期にあたる一一月である。この祭りは、村の世話役が陣頭指揮をとっておこなう、村のいわば公式行事である。

蛇「アマル」は川や山の斜面を流れる水と関係がある。作物が芽生えてから大きく育つまでに水は不可欠である。アンデス高地の中でも農業に適した平坦な地形のところで、蛇「アマル」への信仰がさかんである。この蛇「アマル」への崇拝は、アイマラ族の中でももっとも古い儀礼の一つであり、村人は命を与えてくれる水と豊穣に対して感謝の意を表する。

織物と衣装

アイマラの女性は手織り機で織物を器用に織る。織物のもつ色彩や文様は、ある特定の集落の風景を映し出していることがあり、さらに、村の歴史、または共通認識の出来事の一場面を描写するなど、村人が語り継ぐ記号の役割を果たしている。縦糸と横糸をうまく操り、複雑な模様を織りあげる技術のことを「パリャイ」とよんでいる。「パリャイ」の技術を使うのは、織物の中で一番装飾性の高い部分で、その色彩を見れば、その織物がどの地方で作られたものなのか一目でわかるといわれている。

また同様に、織物に使われる原料は、アルティプラノに生息するリャマ、ビクーニャ、アルパカなどのラクダ科の動物の毛であり、それぞれの地方ごとに特有のものが使われる。

先スペイン期の時代でも、農民たちは衣服として毛の織物を使っていた。男性は下着としてふんどしをつけ、その上に袖がついていない体に密着する丈の短い貫頭衣をきて、腰帯でしばり、さらにマントを羽織っていた。女性はシュミーズの上に袖がなく体に密着する丈の長い衣類をきて、太い腰帯でしばり、肩にはショールをかけていた。

今日でも、伝統的な衣装を身につける場合は、衣服の色や形からそれをきている人の出身地、年齢や社会的身分（既婚か未婚か）などがわかることが多い。アイマラ族にとって特徴的な衣類とは、ポンチョ、縁なし帽、男女が被るさまざまな種類の縁のある帽子、ある地方、もしくは特別なお祭りのときに女性はスカート「ポジェラ」を何枚も重ねて着る（写真３）。ところが、最近は市販の布を使用した西洋式の洋服が、とくに男性の間で一般化してきている。

伝統的な手工業製品として、かご細工、織物、網や縄製品、毛皮、焼き物、金属、木材、石の作品などをあげることができる。これらの品物の製造はお金儲けを目的としていることが多い。これらの中でも、リャマ、アルパカ、ヒツジの毛を素材として織られた織物は高額の収入が期待できるので、農民たちはこれらの作業に熱心にとりくむ。女性だけでなく男性も同様に糸を紡ぎ、織物を織る。スペインの影響を受けている例もあるが、一般的には伝統的な技術を使っている。

農業と牧畜

標高が三六〇〇～四〇〇〇メートルのアンデス高地に広がるアルティプラノでは、気候は寒冷であり、降霜日は一八〇日ほどである。平均気温は七～一一度の間である。土地面積は一二万三〇〇〇平方キロメートル（ペルーの国土の約一二パーセント）に達し、ペルーの総人口の三四パーセントにあたる人びとが暮らしている。

年間降水量は三〇〇～六〇〇ミリメートルであり、かなり乾燥していて、しかも土壌は痩せている。畑ではジャガイモ、雑穀のキヌア、ソラマメ、根菜類のオユコやオカなどを栽培している。主要な作物はジャガイモであり、そのまゆでて食べるか、または乾燥ジャガイモのチューニョに加工して保存する。

雨季のはじまりは九月である。雨季に入ると畑を起こして、九月末から作物の播種がはじまる。ただし、一度にすべて播種するわけではなく、同じ作物を三か月にわたって三回播種する。このような余分な手間をかけるのはアンデス高地という環境にあわせるためである。標高が高いために予期しない時に霰や雹が降ったり、あるいは集中豪雨があったりする。このような異常気象にあっても作物が収穫できるよう、播種時期をずらすことで危険分散しているのである。

●写真３　ポジェラとよばれるスカートを重ねて穿いたアイマラの女性たち。帽子やショールも身につける（ボリビア、ラパス）

アルティプラノでは大半が乾燥地である。ただし、川の近くでは灌漑用水路を整備して、川の水を畑に引きいれている。このような条件のよい畑ではソラマメを栽培することが多い。ソラマメは長い生育期間を必要とするので、他の作物より一か月近く早い、九月上旬に播種する。

畑として使えない土地にはラクダ科家畜のリャマやアルパカ、あるいはヒツジやウシなどを放牧する（写真4）。乾燥した草原プナにはイネ科植物とかん木が生育しており、これらの植物を家畜に食べさせる。

現在の牧畜業と農業は、伝統的農法と現代的農法とのはざ間にあり、いろいろ深刻な問題を引き起こしている。改良された作物品種を導入した結果、農地から多量の養分が収奪され、土壌の肥沃度は劣化することが多い。また、改良された家畜品種を導入しても、エサを充分に確保できず、家畜が本来持っている能力を充分に引き出せないでいる。アンデス高地はもともと農業には適していないところである。というのは、土地の肥沃度が低く乾燥しているだけでなく、岩石や塩分を含むところが多いからである。また、水はけが悪く、有機物に乏しい土地が多い。さらに、日照りや雹まじりの嵐など、厳しい気象条件の下にある。また、最近では牧畜をとりまく環境も厳しくなっている。とくに、家畜頭数の増加による草原の過放牧は、草原の生産性を低下させ、植生の荒廃をもたらしている。

本章一節で述べたように、ティティカカ湖の湖畔にはトトラという大型植物が生育しており、家畜の重要なエサとして利用されている。トトラは草丈が二メートルにも達する大型の水生植物であり、水深が二メートル近くのところまで生育している。農民はトトラを鎌で刈取り、それを細かく刻んでエンバクや牧草と混ぜ、家畜に与えている。トトラの刈取りに対して、古くからのいい伝

●写真4　ウシやヒツジなどの家畜を放牧するアイマラの女性（ペルー領ティティカカ湖畔）

えがある。「適切な時期に、トトラが傷まないように、そして明日もっとたくさん手に入るように、注意を払って刈取ること」といわれている。

トトラはまた湖水の環境を回復させる上で重要な役割を果たしている。過剰な栄養分を吸収し、湖水の水質浄化に果たしている役割は大きい。そこで、ティティカカ湖の周辺で生活している農民たちはトトラを移植し、生育範囲の拡大にとりくんでいる。

アンデス高地では多数の作物が栽培されているが、栽培方法はそれぞれの地域の気象条件によって多様である。農民たちは農作業に従事しながら日々の努力をおしまない。しかし、充分な収穫が得られるためには、超自然の力の助けが必要であると農民たちは信じている。そこで、農民たちはいろいろな儀礼を厳粛にとりおこなう。収穫は、その後一年間の農民の生活の明暗を分ける。また、お酒は幸福感を増やしてくれる働きがあり、逆に絶望を軽減してくれる。農民たちはどのような状況においてもたくさんのお酒を飲む。

リャマ、アルパカ、ヒツジ、ブタ、ニワトリ、テンジクネズミなどの家畜の世話をするのは女性と子どもたちの仕事である。荷物を運ぶのはリャマとロバである。

アンデス高地でも標高の高いところでは、段々畑（アンデネス）が広がっている。山の斜面を切り開いて階段状に作られた畑で作物を栽培する。段々畑とはいっても、一枚の畑は水平にはなっておらず、いくぶん傾斜している。そこで斜面にそって水平状に畝を作り、そこで作物を栽培する。このような栽培方法をスカコリュとよんでいる。このような所では、数種類のジャガイモを栽培することが多い。しかし、それらの栽培面積は広くはない。作物栽培に利用されない大半の土地ではリャマやアルパカ、ヒツジが放牧される。

農産物の保存には乾燥処理を利用することが多く、干し肉、乾燥ジャガイモのチューニョやトゥンタなどを作っている。

アイマラ族の多くはティティカカ湖周辺で生活しており、そこで漁業で収入を得ている人も少なくない。最近では、マスなどの養殖がさかんになってきている。

料　理

毎日の食卓に上る料理、あるいはお祭りの時にだけ準備される料理など、その種類は多い。代表的なものをあげると、まずメインディッシュとしては、魚料理「チャウリャ」、溶けたチーズ、小魚「イスピ」のフライ、蒸したチューニョ、つぶしたチューニョ入りスープ、豚スライスの焼き、牛乳ダレとキヌアを練りあわせた料理「ペスケ」、オユコと干し肉のスープ、マスのフライと蒸したジャガイモ、チューニョにたくさんの唐辛子「ハリュパ・ワイカ」、また、新鮮なヒツジ肉とキヌアの柔らかい葉をベースにしたスープなどである。さらに刻んだチューニョ入りのスープ、少量の石灰を入れたキヌアのおかゆ「マサモラ」、オオムギのスープ、熱湯で固めた血の料理「ウィラ・パルカ」、蒸したキヌア「ピサラ」、固めた血をサイコロ状に切りタマネギと炒めた料理「ペフト」、または蒸したキヌアをつぶした料理「アリュピラ」などを温かい料理としてあげることができる。広く知られているものとして、チーズをのせた丸パン「サルニタス」がある。また、三角形のパン「ラス・トレス・エスキーナス」、ドーナッツ状のパン「ラス・ロスカス」もよく食べられる。

デザートとしては有名な「キウィ」がある。「キウィ」とはアイマラ語で動かすという意味である。大きな鍋の中央に大きめの鍋を置き、そこに氷と塩を入れておく。周りの空いたスペースにジュースを入れ、ゆっくりかき混

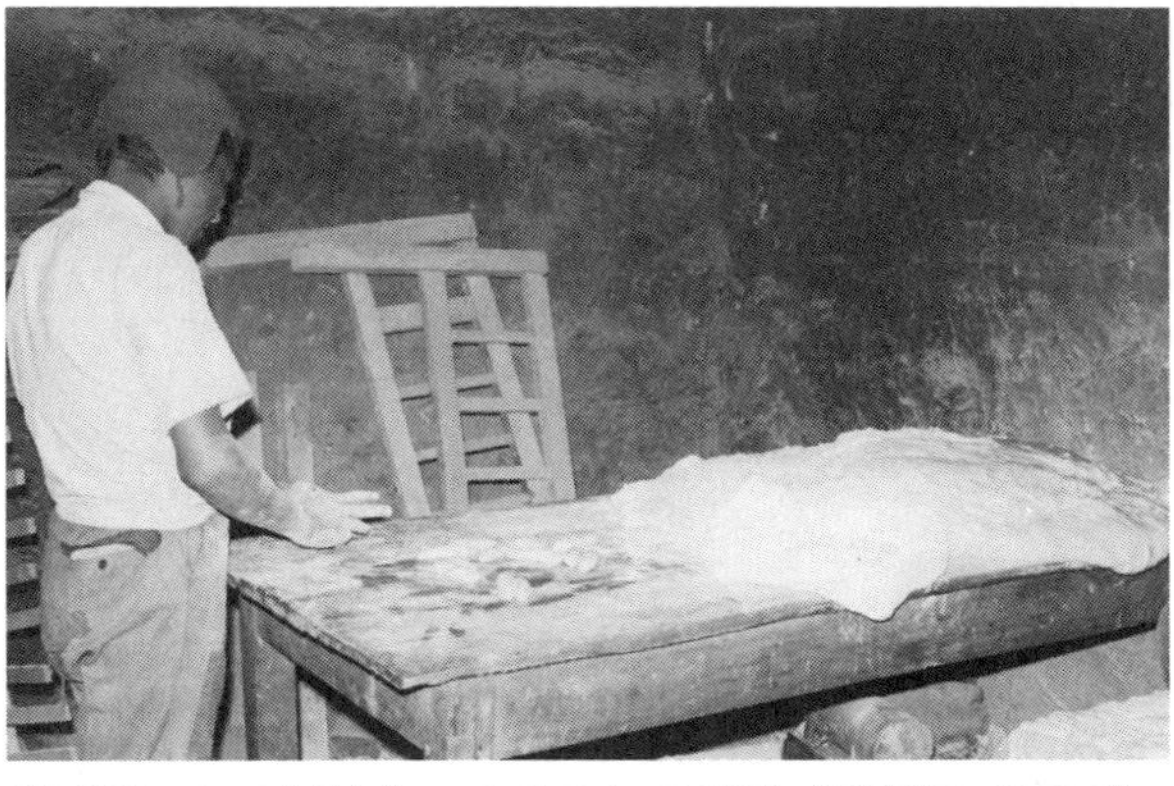

●**写真５**　パンの生地を作っているアイマラの男性（ボリビア、ラパス県ココロ）。最近では田舎の村にもパン焼き窯があり、パンを食べる機会も多くなっている

ぜる。やがてジュースはシャーベット状に固まってくるので、それをデザートとして食べる。

このようにたくさんの料理があるが、ここでは伝統的な料理のピカンテについて述べてみよう。ピカンテはアイマラ族が好んで食べる料理であり(写真6)、祭りの時や葬儀の後で出されることが多い。ぶつ切りにした牛肉を辛く味付けしておく。蒸したジャガイモを粉砕して、牛肉とともにシチュー「エストファード」に加える。ご飯の上にこのシチューを盛り付け、さらに白いチューニョ、サラダ、タマネギの輪切りをいっしょにそえる。

祝祭日

ティティカカ湖の周辺にあるイラベという町でおこなわれているアイマラ族の祝祭日についてふれておきたい。イラベは、ティティカカ湖周辺では最大の都市プノから南へ五〇キロメートル離れたところにあり、住んでいる住民の大多数がアイマラ族である。以下、一月から一二月まで順にみていこう。

一月一日は正月のお祭りである。伝統音楽をかなでる一〇人程度の楽団「チャカーリョス」が演奏するリズムに合わせて、踊り子「カウィリス」が町の中を行進する。楽器を演奏するのは町の住民である。

一月六日は、イラベの町のサン・ミゲル丘とサンタ・バルバラ丘において、いろいろな物のミニチュアを売る縁日「アラシータ」が開かれる。自分が手に入れたいと願っている物のミニチュアを買うと、その年のうちに願いがかなえられるといわれている。そのために、たくさんの人出があり、

●写真6 アイマラ族が好むジャガイモ料理のピカンテ

それぞれの人が自分の欲しい物のミニチュアを買っていく。

二月にふつうカーニバルがある（写真7）。この時は二つの楽団が組織される。一つの楽団「タルカダス」では現代的な楽器を演奏する。木を削って作った「タルカ」という楽器が使われるので、このような名前でよばれている。もう一つの楽団「ピンキーリョス」は正月のお祭りの時に編成される「チャカーリョス」とほぼ同じ伝統的な楽器を演奏するが、一個か二個の太鼓が入る点が違っている。長いケーナ（縦笛）「ピンキーリョス」という楽器を演奏するので楽団は「ピンキリャーダ」とよばれている。これら二つの楽団が演奏する音楽のリズムに合わせて、住民は気に入った楽団とともに踊りながら町を行進する。

四月には復活祭「イースター」のお祭りがある。キリストの復活を祝うお祭りである。

五月三日は十字架のお祭りである。楽団がかなでる音楽にあわせて、町の世話役「アルフェラド」が行列の先頭に立ち、町を行進する。

六月二四日は農民の日の祭りである。それぞれの村で農民たちは伝統的な踊りを披露し、たいへんにぎやかに祝う。

七月には独立記念の日を祝う。村役場が中心となってお祭りを企画し、農民たちは町の中を行進する。

八月一五日は聖母マリアの昇天を祝うお祭りである。手工芸品や焼き物の市が立つ。鍋、皿、かまど、オモチャなどの焼き物を売る露店がたくさん出る。また、竹のサオ、材木、糸を紡ぐ時に使う棒、ケーナなどの楽器、あるいは、熱帯地方の品も売られる。

九月には守護聖人のミカエルの祭りがある。伝統的に九月二八日の夜明け、朝の三時からお祭りははじまる。その日の夜は前夜祭となり、前に紹介した三

●写真7　カーニバルで踊るアイマラの人たち。中央に縦笛を吹く楽団が見える（ペルー、プノ）

つの楽団が編成され、人びとは町を行進する。人びとは、いろいろな建物や動物を象ったモニュメントを手にしている。その中に火薬がしのばせてあるので、火をつけてパチパチと音をたてながら行進する。また、夜空を彩り豊かに染める花火が打ちあげられる。二九日の祭り当日には、式典のミサが挙げられ、その後、聖人ミカエルの衣装をまとった村人が道路を練り歩く。この行進には町の役人とすべての楽団が参加し、音楽を演奏する。行進が終わると、踊りの競技会が開かれる。その前に、踊りの順番を決める抽選会「グラン・パラーダ」がおこなわれるが、お祭りはここで一気に盛り上がる。踊りの競技会が終わると、ついで守護聖人への礼拝がおこなわれる。祭りはその後数日間も続く。

一一月一日は聖人の日の伝統的なお祭りがある。

一一月二日は死者の日である。村人たちは喪服を身につけてお墓のまわりに集まり、あの世へと旅立っていった愛する人のために祈りを捧げ、親しかった故人を偲ぶ。この日には、おいしいケーキ、トウモロコシのクッキー、ビスケット、小さいパン「ウエリョス」などの供物を必ず捧げる。

一二月二五日は世界的な祭りである、クリスマスを祝う。

結婚の条件

これまで紹介してきたお祭りの期間中、中でもとくにカーニバルの期間中、アイマラ族の世界では結婚前の若者が知り合う期間とみなされている。若い独身男性「ワイナナカ」と独身女性「タワクナカ」が出会い、知り合うチャンスがめぐってくるといわれている。そこで、アイマラ族の若い男女がお互いに出会い、結婚するまでの過程をイラベという町での例をとりあげ、紹介する。ここで紹介する話は、昔から今日にいたるまでずっと続いてきている、アイマラ族に特有の習慣である。

アイマラ族の世界では、結婚の適齢期は、男性は二八歳から三一歳まで、女性は二四歳から二六歳までの間とされている。つまり、成熟した大人になってようやく結婚できるということである。結婚を約束した新しいカップル「ハキナカ」ができると、以下に述べるような手順を踏まなければならない。三月から四月にかけたある時期を「タウラ・ヤウィ」とよび、新しいカップルがお互いの家族を紹介しあう。この言葉の意味は、新しいカップルの体のまわりに毛布を巻きつけて、二人は離れないということである。この後の四月から五月にかけたある時期を「アンカ・リャマユ」とよぶ。結婚に必要なものを取り揃える時期である。しかし、新しいカップルが結婚を約束していても、すぐには結婚できない。結婚の前に、村で決められているいくつかの規則を守っていること、村が要求するある条件をあらかじめ満たしていることが必要とされる。

男性にとって、結婚の必要条件としては、まず、村の役割をいくつか務めなければならない。たとえば「ワタチュ」とよばれる役割である。これは謝肉祭でおこなわれる夜の踊りのためにいろいろな準備をし、踊りの当日は監督者の仕事をこなすことである。また、謝肉祭やクリスマスの時には、「イルパ」とよばれる行進の案内役をつとめなければならない。さらに、「ワイタ・シニャ」または「チャマタ・ハウクタシニャ」とよばれる力くらべの競技会に参加していなければならない。この競技会の勝者は「ウィリュカ」とよばれ、たいへん名誉なこととされている。敗者は「タカヤ」とよばれる。結婚の条件は競技会に参加することであり、勝敗は無関係である。もし、若者が孤児であったなら、「ヒラカタ」とよばれる村の役割についていなければならない。以上のような必要条件を無難にこなすことは非常に重要なこととされている。それは村の行事に対して責任ある行動が取れることを証明したことであり、さらに、新しい家族を持っても責任ある行動が取れるであろうと判断されるわけである。

さらに、男性にとっては別の条件もある。それはその男性がすでに洗礼の代父「ワワ・イチカタシニャ」になっていて、「名づけ子」がいることも重要とされている。また、充分な衣服を持っていること、二頭立てのウシで畑を耕すことができること、家が建てられること、織物が織れることなども結婚のために必要な条件となっている。もしもこれらの条件を満たすことができなければ、「リュリュ・リュカリャスキワ」といって、いまだに未熟者であると判断される。

女性にとっての条件も男性と似ている。「ワタチュ」や「イルパ」という役割をこなしていなければならない。また、充分な衣服を持っていることと、子どもの洗礼の代母になっていることも必要とされている。さらに、種まきの仕方を知っていること、あるいは男性同様に織物を織れることも重要なことである。

もし、男性も女性も以上のような条件を満たしていれば、結婚できる人間「ハキ」とみなされる。このような村の慣習に従って結婚するのが一般的であるが、慣習にしばられることなしに結婚することはできる。しかし、現在でもそれは例外的で稀なことである。村人は、結婚のために必要な条件は、忘れ去られた過去の時代「ナイラ・チャマクパチャ」から受け継いできた大切なものであると信じている。

結婚までの道のり

アイマラ族の村では、都会でみられるような恋愛とか婚約期間というものはない。そういう現代的な結婚観「イルプナカシニャ」は都会でのみ許されることである。農村では、結婚する女性は正式の結婚式まで嫁ぎ先の家に住み込み、いろいろな家事を経験しなければならない。この三週間から四週間続く住み込みの期間を「シルウィシニャ」とよんでいる。この期間中に、嫁「ヨフゥチャ」は姑に従って家事を学んでいき、それが終わると晴れて村の一員となることが許される。

二人の若者が結婚にいたるまでの道のりは、村によって多少は異なっている。そこで、イラベという町でおこなわれている結婚までの過程を紹介しよう。結婚が決まると、まずはじめに、男性が婚約者を自分の家に連れて行く「ワイナ・イルパンタシ」がおこなわれる。若い二人が結婚を伝えると、男性の両親は結婚に賛同できないという素振りをするのが常である。時として両親のどちらかが強い口調で反対の言葉を述べることもあるが、一般的にはハッピーエンドとなって終わる。そこで、二人の結婚は男性の両親と親族に委ねることになる。彼らはすぐに女性の両親に結婚を知らせにいく。女性の両親は、男性の親族と話し合いをはじめた途端に、気を高ぶらせて結婚に賛同できないという反応を示すのが常である。しかし、話し合いはなごやかな雰囲気の中で進んでいく。この最初の話し合いが終わると、男性の親族はお酒や食事を取らずに、女性の両親に敬意を表して別れを告げる。この正式な結婚の申し込みを「サルタニャ」とよんでいる。

ついで、男性の親族は新郎をともない新婦の家を訪問する。これが最後の訪問になるため、酒「ウマニャ」や食事「マンカニャ」を持参する。なぜ最後になるかというと、この訪問で結婚式の日程など、細かいことをすべて決めてしまうからである。この最後の訪問は「イルパカ」、または「イルパカシニャ」とよばれ、ふつうは夜にとりおこなわれる。話し合いの中で、どうして結婚の約束をするにいたったのか、あるいは、二人の約束に勘違いはないのか、などと若い二人に質問をしながら、会話は明け方まで続く。

この最後の訪問の終わりに、若い二人を正式の夫婦とみなし、新婦の父親が次のようにいうのが慣わしである。「お前はもう私の娘ではない。お前は舅と姑の娘になる。品行方正に努めなさい。そして、けっして私の名前や私の名誉を口にしないように。いつも前や後ろをよく見ながら歩いていきなさい」。この最後の訪問には、楽団が同伴しており、明け方、新郎は心地よい音楽に合わせて「ハラヤシントゥワ、ハラヤシントゥワ」（彼女を連れて行くよ、彼女を連れて行くよ）と歌いながら、彼女を正式に連れて行くのである。結婚の正式決定であるこの訪問の日から、村人たちは二人がいっしょになることを知るのである。

また、時として新婦が自発的に新郎の家に同居することもある。このほうが面倒なことはなく、物事は簡単に進んでいく。もし新婦が妊娠すると、村人は彼女とその家族をからかうのが常であるが、そこに悪意はなく、冗談半分に話しかけるだけである。

また、どこにでもあることであるが、若い男性がよく知らない女性に恋することもある。このような時には、男性の両親が女性の両親と話し合い「カナ・アルタ」をはじめる。話し合いがまとまると、最終的には男性の両親と親族は夜に女性の家を訪れ、結婚の約束を取りつける。その時に、女性やその家族を歓待するために料理、お酒、コカの葉などを持参する。このような求婚のやり方は、言葉による方法「パルラタバ」とよばれている。今でもこの方法で結婚が決まることがかなり多いといわれている。

アイマラ族の村では、婿「トルカ」と嫁「ヨフゥチャ」は結婚をとおしてようやく完全な人間になったと判断される。このことを、村人は、ようやく人「ハキ」になった、または、ようやく人になることができた「ハキチャシニャ」という表現で表す。そこで、新婚の二人は新人「マチャカ・ハキ」とか、新しい家「マチャカ・ウタ」とよばれることがふつうである。

アイマラ族の世界では、代親の役は非常に重要である。このような習慣は昔から残っていたといわれている。カトリック教会が村で布教をはじめる時に、このような習慣をうまく利用していったといわれている。代親は若い夫婦に対して直接的な責任を負っており、二番目の両親とみなされる。若い夫婦がうまくいくか、または失敗するか、代親の責任は大きい。キリスト教の代父は精神的な側面が大きいが、アイマラ族の代親は村の一員としての仕事を教え、時にはいろいろな援助もする。

代親には二つの種類がある。一つは大きい代親という意味の「ハチャ・アウキ」または「ラ・ハチャ・タイカ」とよばれる。もう一つは小さい代親という意味の「ヒスカ・アウキ」または「ラ・ヒスカ・タイカ」とよばれる。都市化した地域では、前者を「ハチャ・パリノ」または「ハチャ・マリナ」とよび、後者を「ヒスカ・パリノ」または「ヒスカ・マリナ」とよぶが、代親としての役割は同じである。

大きい代親は若い夫婦に対して全面的な責任を負っており、ふつう、新郎の両親により選ばれる。時には志願してみずから大きい代親になる村人もいる。小さい代親は、新婦の両親により選ばれるか、もしくは大きい代親の指名により選ばれる。小さい代親は乳離れの代親「タカ・アウキ」またはは「タカ・タイカ」とよばれることもある。これは、新婦の親離れを意味することに由来している。最近は、村とは無縁の人が代親になるケースも増えている。この場合は大きい代親は「カラ・パリノ」とよばれ、小さい代親は「アラ・パリノ」とよばれる。小さい代親の意味は結婚指輪の代金を融資することからきている。

代親、つまり代父と代母になるにはそれなりの資格が必要である。一般に、大きい代親になるためには村の役職を経験したことが求められる。さらに、品行方正で、非の打ち所のない立ち振る舞いをする人でなければならないといわれている。それは、若い夫婦は代親夫婦の生まれ変わりのように二人を投影したようになると、アイマラ族の人びとは信じているからである。

結婚式

結婚式には立会人が必要である。これが古い習慣にもとづくものなのか、スペイン人が侵略した後に習慣化したものなのか、正確なことはわかっていない。ふつう、代親または新郎の両親が立会人（通常は四人）を指名する。彼らもまたクリスマスの時の「イルパ」とよばれる案内役の仕事を経験していなければならない。立会人にはふつう男性がなるが、けっして男やもめであってはならない。新郎新婦の義理の兄弟姉妹が立会人になることもある。

結婚式の初日は、新郎の日「トゥルカン・ウルパ」とよばれている。この日は、ニワトリが最初に鳴くことを意味する午前三時ごろの「マイル・ククリチュ・アルタ」からはじまる。代親、立会人、親族などすべての人びとは新郎の両親の家に集まり、準備をはじめる。ふつう、前夜からの振る舞い酒を飲んでいるので、軽く酔った状態になっている。大勢の招待者や村人のために、ご馳走やお酒「チチャ」の準備を整える。

ニワトリが三回目に鳴くおよそ午前五時ごろの「キムシル・ククリチュ・アルタ」になると、正装した新郎新婦は代親といっしょにグラスに注がれたお酒を飲み干す。テーブルには特別な食事が準備されている。ついで、山の神「アチャチラ」とそこにいるコンドル「クントゥル・ママニ」に儀礼のお酒を捧げる。その後、音楽のリズムに合わせて近くの村「マルカ」に全員そろって歩きだす。婚姻届を村役場に提出するためと、カトリック教会で結婚式をあげるためである。

このような儀式を終えると参加者は村に戻り、しばらく休憩を取る。結婚式初日のために、新郎の両親は色とりどりのご馳走や飲み物を準備する。あふれんばかりのご馳走は、新婚の二人にとって吉兆を示すものである。

披露宴に参加する村人は、一人ひとりが贈り物「アルク」を準備する。「アルク」には二種類ある。一つは、長い携帯用の支柱からできており、先端に白い旗「ウィパラ」がはためいているものである。もう一つは、花で飾られた小さなかごである。そのかごには小さな切れ目のついた紙幣が入っている。村人は若い夫婦に「アルク」を贈ることで、相互援助の気持ちを伝えている。

披露宴の会場には二種類のテーブルが準備される。テーブルといっても足があるのではなく、土を盛り上げて作る平らな壇である。長方形の形をしたメインテーブルは、高さ五〇センチメートル、幅二メートル、長さ三メートルくらいの大きさである。テーブルの上にはテーブルクロスの代わりにワラが敷きつめてあり、その上に、三枚か四枚の手製の布「バジェタ」が広げてある。この上に、食べ物「マンカニャ」をたくさん盛り付ける容器がたくさん置かれている。食べ物は、ジャガイモ、チューニョ、トゥンタ、キヌアの粉を固めて油で揚げた「トルティリャ」、大粒のトウモロコシの水煮、ソラマメの蒸かしたものなどである（写真8）。

メインテーブルとは別にもう一つのサブテーブル「カラシニュ・メサ」または「アウチテャトゥシニュ・メサ」を準備する。大きさはメインテーブルよりやや小さい。この上に背負い用の風呂敷「アワユ」や小さめの風呂敷「インクニャナカ」で包んだたくさんの食べ物を、新郎新婦の親類が置いていく。

披露宴の準備が整ったころ、新婦の両親と親族が到着する。新婦の親族は、ジャガイモ、オカ、チューニョなどをたくさん入れた荷物を持参する。この荷物は親族が総出で準備したものであり、壁の近くに置かれる。新婦の父親はこの上に二頭の屠殺したブタをのせる。ついで、新郎の親族は従順と敬意を表して、チチャの大瓶二本、蒸留酒、そしてコカの葉の束を捧げる。

披露宴がはじまると、新郎は代親に先導されて入場し、メインテーブルの中央に座る。椅子はなく、全員が土間に腰を下ろす。ついで、新郎の両親が「花嫁の御両親に、その一族様に。どうぞこれらすべてのご馳走をお召し上がりください」と歓迎の挨拶をする。この挨拶がはじまると同時に新郎新婦の親族が入場し、サブテーブルの方へ向かう。このサブテーブルでは、一方の側に新婦の親族が、もう一方の側に新郎の親族が向かい合って座る。

まわりが暗くなってくると、若い女性たちが腕を組み輪になって踊る。やがて楽団を担当している新郎の代父が出てきて長い行列の先頭に立つ。音楽のリズムに合わせて女性たちは踊りながら行進する。踊り終わるのを見届けてから、新郎新婦は両親や親族に挨拶をし、退席する。

結婚式の二日目は新婦の日「ヨフゥチャ・ウルパ」である。新婦とその両親や親族を歓迎する日ともよばれている。朝の七時に、新郎新婦は朝食にハーブ茶「フゥン

●写真8　披露宴での新郎と新婦（中央）。その両隣は代親、手前はジャガイモやチューニョ、トウモロコシ、ソラマメなどのご馳走

トゥマ」と細かく刻んだチューニョのスープをみなに給仕する。その後で、新婦の両親が準備した食事を村人に振る舞う。

朝食が終わると、親族総出で村人からの贈り物「アルク」の中身を確認し記載していく。後でこれらの贈り物に対して献酒をし、お礼を述べるためである。

結婚では、音楽が重要な役割を果たす。この日は、お祭りの時に編成される楽団「ピンキーリョス」が二組作られる。一つは新郎の両親が雇った楽団であり、もう一つは新婦の両親がよんだ楽団である。楽器を演奏する村人は各自で楽器を持参し参加する。新郎新婦と村人は長いケーナ「ピンキリャーダ」の演奏に合わせて行進し、やがて新婦の家に到着する。新婦の家では、白い手製布「バジェタ」を床の上に広げて、その上に伝統的な食事をのせて待っている。新郎の両親は別室で食事をするので、彼らを除いたすべての村人たちはこの周りに腰を下ろす。この日は、お酒「チチャ」を少しだけ飲むことが許される。またこの日は、新郎新婦の親類の中でもとくに女性たちの間で友好的な関係を結ぶ日とされている。

やがて、新婦の父親はまじめな顔つきで新郎に社会や家庭における立ち振る舞いの仕方などを教える。同じように、新婦の母親も娘に成熟した女性になれるように、現在のこと、未来のこと、社会のこと、家事などについて助言をする。代親たちもまた、新郎新婦が果たすべき責任についていろいろな忠告を与える。

長い忠告が終わると、新婦の父親は新郎に、背広を一着、ポンチョを一着、振り分け袋を一つ、去勢ウシを一頭贈る。新婦の母親は娘に、背負い用風呂敷「アワユ」を一枚、数枚のスカート「ポジェラ」、相続財産でないその他のものを贈る。第一子「タイナ」または初孫「アルチ」が産まれたときにも同じような贈りものをする。日が暮れて夜になるころ、新郎新婦は両親から贈られた衣装を身につけ、村人と踊る。やがて、長いケーナ「ピンキリャーダ」の音にあわせて踊りながら家路に着く。

結婚式では、新郎はオレンジ色または鮮やかな赤色のポンチョを身につける。しかし最近の結婚式では、町で購入した落ち着いた色の布「ガバルディーナ」の背広に手製布「バジェタ」の白いシャツを着て、花か色紙で飾った羊毛の縁あり帽子をかぶる。首から色とりどりに飾った小さな袋「チュスパ」を、肩にはハンカチーフを、右の肩には振り分け袋をかけ、サンダルを履く。新婦は多彩色の背負い用の風呂敷「アワユ」を身につけ、ピンクや橙色の手製布のスカートを履く。白い手製布の下着「アルミリャ」をつける。帽子はたくさんの花で飾りつけられており、顔が隠れてしまうほどである。サンダルを履くが、時には履かないこともある。

結婚式をあげてから最初に来るカーニバルの時に、若い夫婦はドーナツ型のパン「ピリュ」を作って代親をもてなす。カーニバルはふつう水曜日におこなわれるので、その前日の火曜日「ハチャ・アナタ」に代親を自分たちの家によぶ。その後、第一子の髪切りの祝い事や、家を新築した時の祝い事など、いろいろな祝い事がやってくる。

第5章 アンデス高地の諸相

最終章の本章では、まず何がアンデス高地で文明を生んだのか、その要因を主として生態史観的に探りたい。そのため、アンデスだけでなく、ヒマラヤやチベットも視野に入れ、これらの山岳地域での人の暮らしと環境の関係についても検討する。これは未だ試論の域を出ないものであるが、これまで誰も究明を試みなかった問題であり、それに対する挑戦と理解していただければ幸いである。また、本章ではアンデス高地における諸相を社会の変容とエコツーリズムの観点からも明らかにしようとする。

写真 インカ時代に築かれたサクサイワマンの城塞。標高約3400メートルのクスコの町の郊外にある。インカ軍がスペイン軍からクスコの町を守るために戦った城塞として知られる

第五章一節

アンデスにおける高地文明の生態史観——ヒマラヤ・チベットとの比較

Norio Yamamoto
山本紀夫
Tetsuya Inamura
稲村哲也

前章で紹介した人びとの暮らしは、主として標高三〇〇〇～四〇〇〇メートルを舞台として展開されているものである。ときに、この暮らしは標高五〇〇〇メートル近い高地にまで達する。このような高地での人びとの暮らしこそはアンデスを大きく特色づけるものにほかならない。そして、その背景には第二章で述べた農耕文化や第三章で報告した牧畜文化の発達があったことも指摘しておかなければならない。

さて、このような高地での暮らしはアンデスだけに限られるわけではなく、ヒマラヤやチベットでもみられる。そのため、筆者たちはヒマラヤやチベットでも環境や人びとの暮らしに関心をもち、環境利用の方法に関する調査をおこなってきた。ここで本書の最終章としてアンデス高地での人びとの暮らしをヒマラヤやチベットのそれと比較することによって、アンデス高地の環境や文化、暮らしなどの特徴をさらに明らかにすることにしたい。

アンデスとヒマラヤの地形的な違い

アンデスとヒマラヤは世界を代表する山岳地域であるが、両者をくらべると大きな違いもみられる。そこで両者の環境を比較しておこう。

まず、アンデスは先述したように南北に長い山脈であるのに対して、ヒマラヤはほぼ東西に走る山脈である。先述したようにアンデスの長さは南北約八〇〇〇キロメートルにおよび、北緯一二度あたりから赤道をこえて南緯五六度まで伸びている。一方、ヒマラヤは東端のナムチャルバワから西端のナンガパルバットまで、東西二二〇〇キロメートルにわたり、やや南に膨らみながら伸びている。このような両山脈の長さと走向の違いは人びとの暮らしに大きな影響を与えているが、それについては後述することにして、もう少し違いを見ておこう。

両山脈における大きな違いの一つは高さである。山脈を構成する高峰の高さをくらべるとヒマラヤが多数の八〇〇〇～七〇〇〇メートル峰を擁するのに（写真1）、アンデスでは最高峰のアコンカグアでも七〇〇〇メートルに達することがなく、せいぜい六〇〇〇メートル台である。これは両山脈の形成過程に由来する。ヒマラヤはその北がチベット高原につながっており、両地域をあわせてヒマラヤ・チベット山塊ともよばれるが、この山塊はインド亜大陸がユーラシア大陸に衝突して沈みこんで形成されたものである。アンデス山脈も太平洋の海洋プレートが南米大陸の下に沈み込むことによって形成されたが、両者を比較するとインド亜大陸とユーラシア大陸の衝突のインパクトの方が大きかったため、ヒマラヤ・チベット山塊はアンデスよりも大きく高いのである。

また、ヒマラヤは高いだけでなく、地形が厳しく傾斜も急である。そのため、そこでは高原のような平坦地がほとんどない。これもアンデスとの大きな違いである。アンデスのなかには、中央アンデスのように広大な高原が広がるところが存在するからである。ここで大急ぎで付け加えなければならないものがある。それがチベット高原の存在である（写真2）。このチベットの高原は世界でも最大の面積かつ最大の高度をもつところなのである。実際に、チベット高原の南端に位置する都市のラサあたりから車で北上すると数日くらい走っても草におおわれた広大な高原が切れ目なく連続している光景を見ることができる。

このようにヒマラヤでは高原のような平坦地がほとんどないこと、そしてチベットでは広大な高原が存在することなども人の暮らしに大きな影響を与えているが、この点についても後ほど検討することにしよう。

低緯度地帯の高地

さて、アンデスだけでなく、ヒマラヤやチベットでも高地で人びとの暮らしがみられると述べたが、そのようなところは全体としてみれば一部地域に限られる。いま、かりに標高二五〇〇メートル以上のところを高地とすれば、このような高地でも人びとが暮らしているのはアンデスではコロンビア、エクアドル、ペルー、ボリビアである。これは、緯度の上では熱帯ないしは亜熱帯圏に位置するところであり、そこは熱帯高地とよべるところである。このなかで、本書ではペルーからボリビアにかけての中央アンデス高

●写真1　世界最高峰のサガルマータ（エベレスト）もヒマラヤにある

●写真2　チベット高原でのヤク飼育

地に焦点をあててきたが、それは、そこがアンデスのなかでもとくに多数の人びとが暮らしているところだからである。

一方、ヒマラヤやチベットではどうだろうか。ヒマラヤもチベットも高地でも多数の人びとが暮らすところとして知られているが、[文献1] そこもやはり緯度が低いところに限られる。この点で重要なことは、先述したようにヒマラヤが「南に膨らみながら」東西に伸びていることである。ここであらためてヒマラヤ全体の地形を見ておこう（図1）。ヒマラヤのなかで中部ヒマラヤ（ネパール・ヒマラヤ）はもっとも南に張り出しており、そこは日本でいえば奄美大島あたりの亜熱帯圏に位置するところである。また、中部ヒマラヤが南に張り出している分だけ、そこではチベット高原がもっとも南にまで広がっている。そして、このような亜熱帯圏に位置するヒマラヤ・チベット地域こそが高地でも多数の人が暮らすところとなっている。この背景には、すでに指摘したように低緯度地帯では高地であっても気候が比較的温暖であるという事情が存在する。

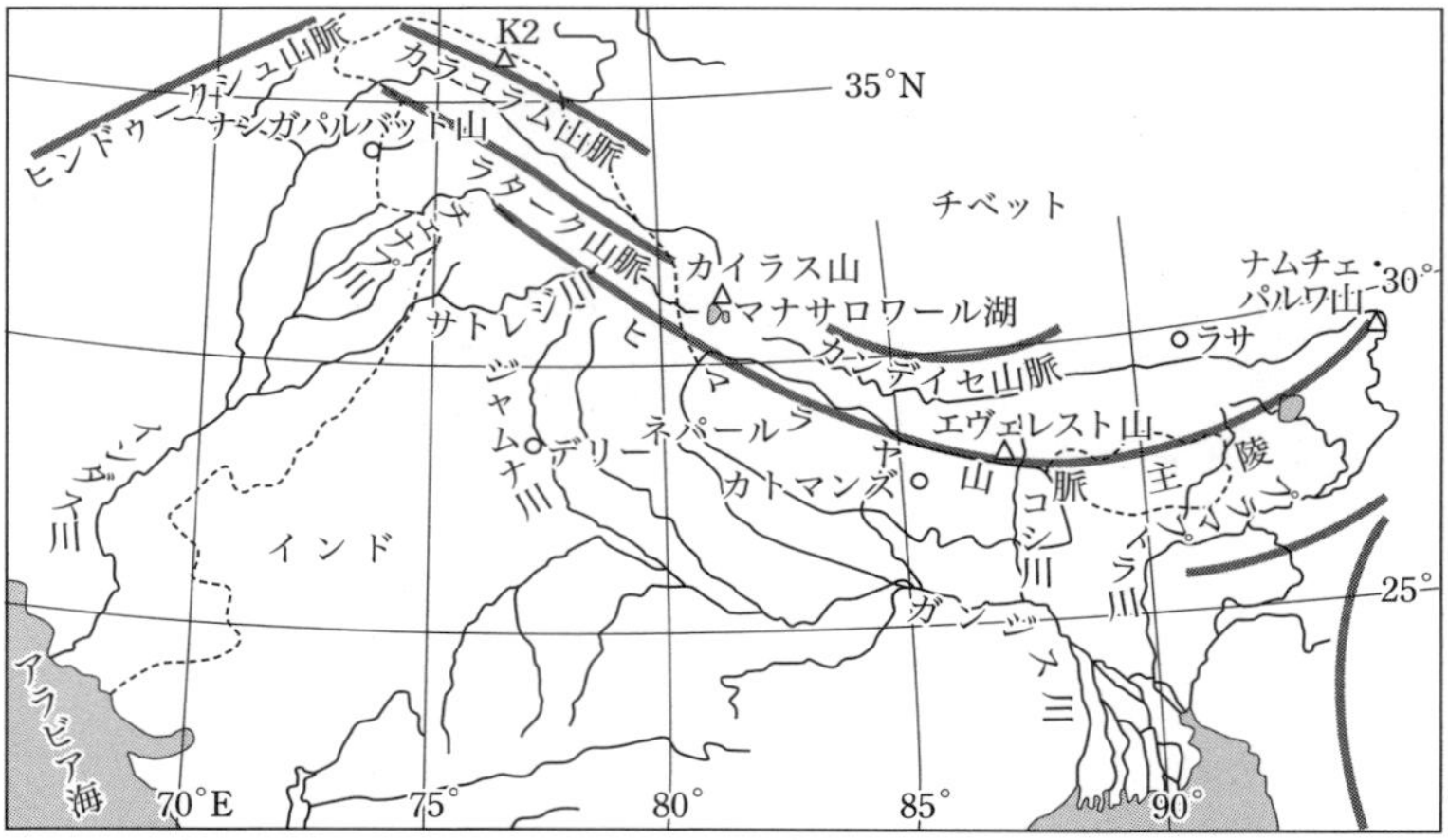

●図1　ヒマラヤ山脈とチベット南部の地形

文献1　Pawson & Jest 1978, 山本 二〇〇六。

文献2　山本・稲村 二〇〇〇。

ただし、このようなヒマラヤ・チベット山塊の最南端部であっても、そこは緯度の上では中央アンデスより一〇度以上も高緯度側に位置している。このことが両地域における気候に重要な違いを生み出している。

中央アンデス高地では気温の日変化は大きいが年変化はほとんどない。他方、ヒマラヤ高地では、気温の年変化がかなり大きく、明瞭な季節変化がある。このような気候の特色は、農業や牧畜などの生業はもとより居住形態にも大きな影響を与えている。

ここで具体的な例を一つ紹介しておこう。図2は、ネパール・ヒマラヤにおける標高と土地利用などの関係を示したものである。この図でも明らかなように、ネパール・ヒマラヤも低緯度地帯に位置しているため中央アンデスと同じように人びとの生活圏の高度域は幅広く、もっとも高いところは標高五〇〇〇メートルに近い。ただし、ネパール・ヒマラヤでは明瞭な冬があり、高地では多量の降雪をみる。そのため、一般に人びとが居住しているのは標高三〇〇〇メートルあたりまでであり、耕作の上限もこのあたりである。クンブ地方のように標高四〇〇〇メートル前後のところでも耕作がおこなわれているところもあるが、それはネパール・ヒマラヤ全体のなかでは例外的である。

このネパール・ヒマラヤと中央アンデスにおける生産ゾーンを比較したものが表1である。ジャガイモとトウモロコシは新大陸原産の作物であるが、現在はヒマラヤでも重要な作物になっている。また、アンデスでも旧大陸からもちこまれたオオムギやコムギなどが現在はかなり栽培されている。そのため、高度によって異なる両地域の作物はかなりパラレルな関係にある。シェルパ族が住むクンブ地域など、場所によってはジャガイモの栽培の上限は標高四〇〇〇メートルを超え、家畜の放

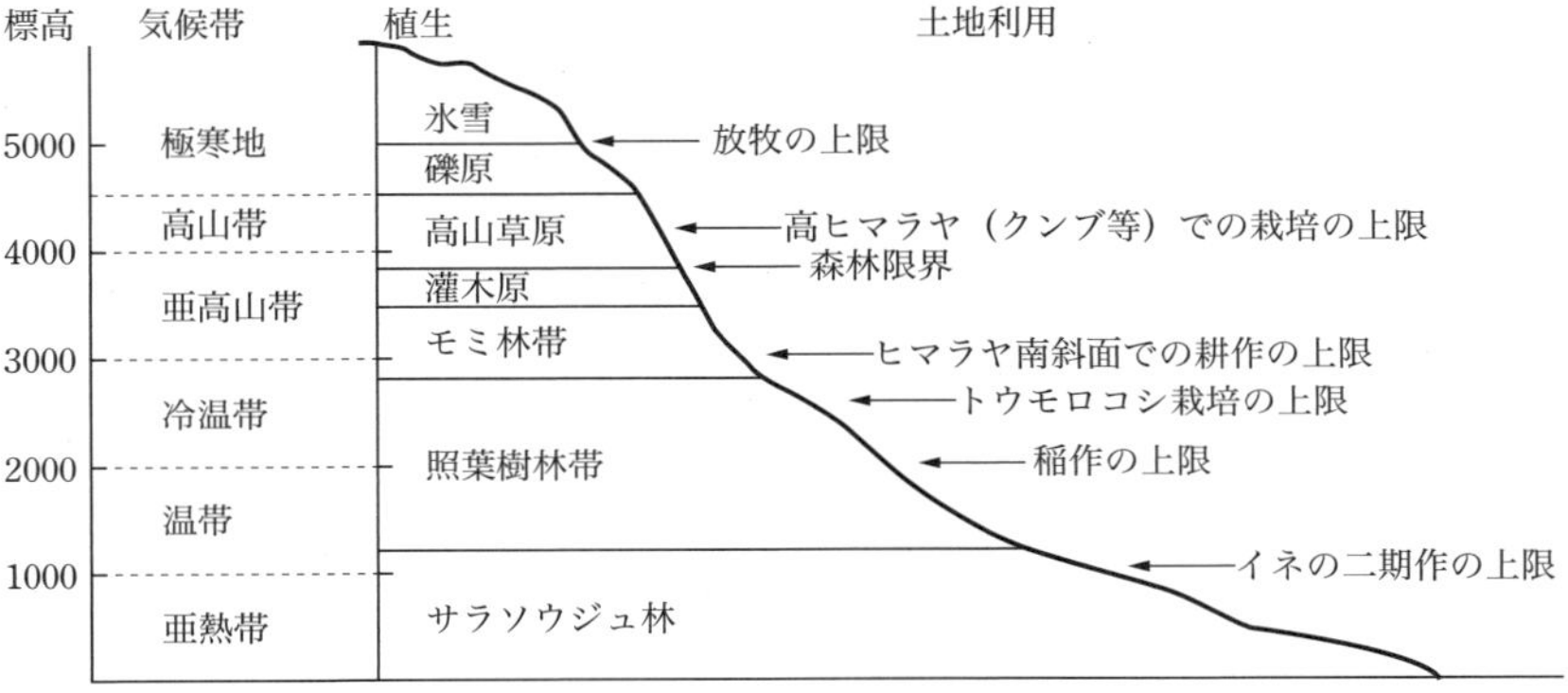

●図2　ヒマラヤ垂直利用図（文献2）

牧の上限は標高五〇〇〇メートルにおよぶ。

　このように両地域に生活する人びとの間では高度差を利用した多様な作物の栽培、高地に適した家畜の飼育など、生業形態にも共通点のあることがわかる。そのため、これまではアンデスとヒマラヤにおける環境およびそこでの環境利用の方法の類似性のみが強調されてきた。

　しかし、はたして本当にそうなのだろうか。このような疑問をもった私たちは一九九四年から三年間にわたりネパール・ヒマラヤ東部のソル地域で環境とその利用に焦点をあてて総合的な調査を実施した(注1)。さらに、一九九九年とその翌年には、チベット高原においてやはり環境とその利用に関する調査をおこなった(注2)。いずれも、アンデス高地における環境利用の特色を明らかにするための比較調査であった。そして、その調査の結果から環境利用の方法における違いが大きいことがわかった。それを以下で詳細に検討してみよう。

中央アンデスとネパール・ヒマラヤにおける環境利用の比較——農耕を中心として

　地域間比較をするためには、類似した環境のなかで展開される人びとの暮らしを比較検討することが有効である。そこで、まず中央アンデスの東斜面とネパール・ヒマラヤの東部

表１　アンデス、ヒマラヤにおける生産ゾーン（文献３を改変）

生産ゾーン	ペルー・アンデス		ネパール・ヒマラヤ	
	およその高度	生産物	およその高度	生産物
高地帯	4000-5000	草地	4000-5000	草地
準高地帯	3000-4000	イモ類（おもにジャガイモ）	3000-4000	森林
中高度帯	1500-3000	穀物（おもにトウモロコシ）	2000-3000	穀物（オオムギ、コムギ、トウモロコシなど）、ジャガイモ
低地	1500 以下	サトウキビ、コカ、果実	1500 以下	コメ、果実

文献３　Brush 1976.

注１　この調査は、文部科学省の科研費による「ネパール・ヒマラヤにおける草地・森林利用の動態に関する民族学的研究」（研究代表者・山本紀夫）である。その成果は、山本紀夫・稲村哲也編著『ヒマラヤの環境誌――山岳地域の自然とシェルパの世界』（八坂書房・二〇〇〇年）として刊行されている。

注２　この調査は、本書執筆者の本江昭夫教授を研究代表者とする「中国チベット高原の農業生態系における継続性ある生物生産に関する基礎的研究」であった。

南斜面の人びとの暮らしを農耕に焦点をあてて比較してみよう。どちらも降雨量が比較的多く、そのおかげで植生が豊かなところだからである。

　中央アンデスで例にとるのは、第四章二節でも報告したマルカパタである。マルカパタは南緯約一四度のアンデス東斜面に位置している。そのため、低地部はアマゾン源流域の熱帯降雨林であるが、高度が上昇するにつれて植生は変化し、標高四〇〇〇メートルあたりでは高山草地帯となっている。そして、やがて植物は高度の上昇とともに姿を消して氷雪地帯となる。

　一方、ネパール・ヒマラヤで例にとるのは、サガルマータ（エベレスト）山麓に位置するソル・クンブ地方のソル地域である（図3）。緯度は北緯二七度前後から二八度あたりまでである。とくに、このソル地域のなかで、筆

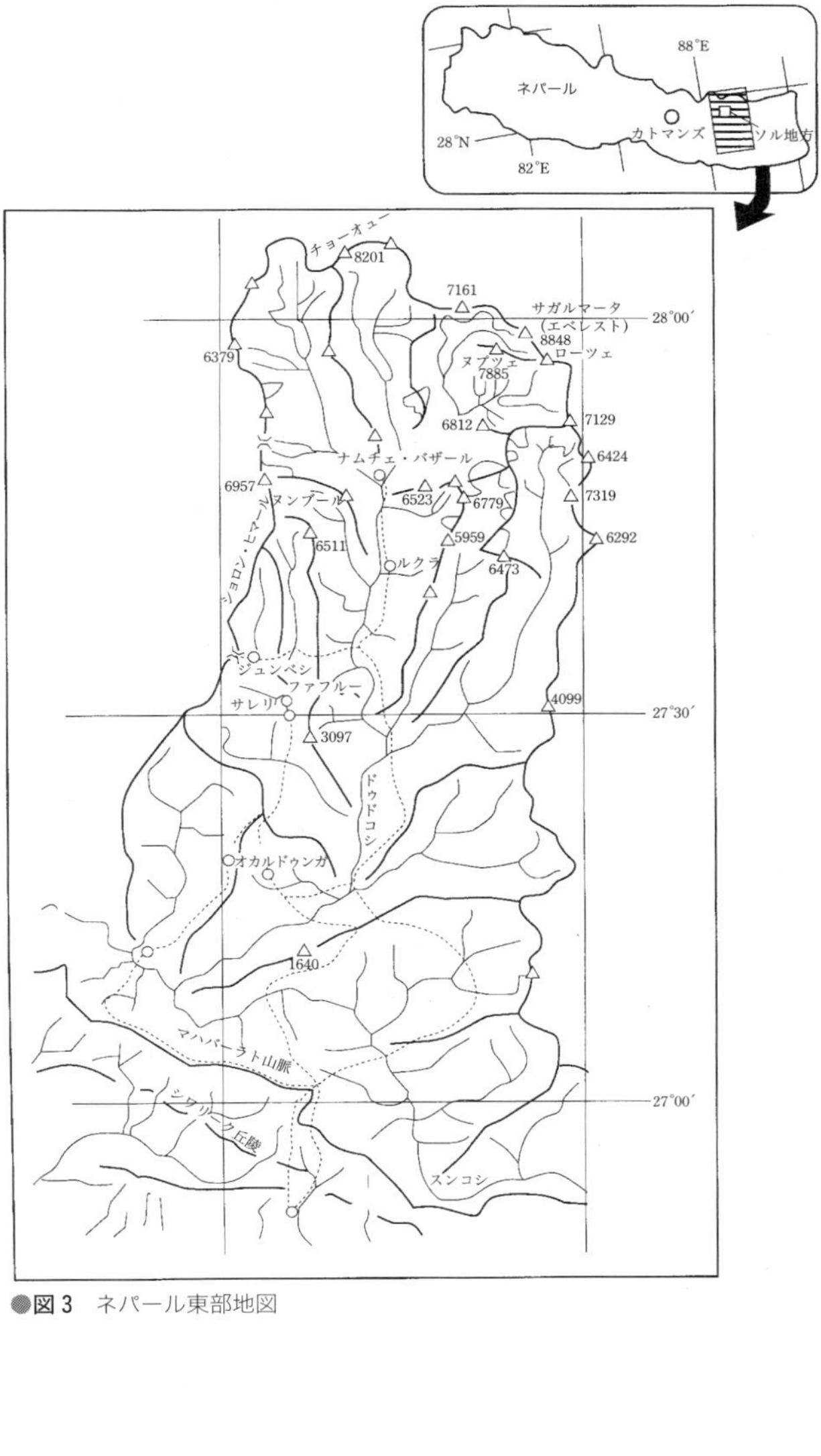

●図3　ネパール東部地図

者らが焦点をあてたのはジュンベシ村から北にのびる谷（ジュンベシ谷）であった（写真3）。この谷の下流域は亜熱帯降雨林地帯であるが、ここも標高が上昇するにともない植生が大きく変化し、やはり標高四〇〇〇メートルあたりから上は高山草地となっている。そして、ここでもマルカパタと同じように、やがて植物が姿を消して氷雪地帯となる。

したがって、植生そのものは大きく異なるものの、全体としてみれば両地域の自然景観はきわめて類似している。両地域の環境がきわめてよく似ているという印象を与えるものが他にもある。それが栽培されている作物である。それを具体的に検討してみよう。表2と表3は、マルカパタおよびジュンベシ谷で栽培されている作物を示したものである。[文献4] どちらも多種多様な作物が栽培されていて、そのなかにはアンデスおよびヒマラヤ地域に固有の作物もあるが、主作物という点でみれば共通のものが栽培されている。それが、先述したトウモロコシとジャガイモである。前者は比較的低く暑いところで、後者は冷涼な高地で主作物となっている。両方ともアメリカ大陸原産の作物であり、ヒマラヤにはアメリカ大陸から導入されたものであるが、現在ではヒマラヤでも主作物として広く栽培されるようになっているのである。その結果、ジュンベシ谷を下流域から登ってくると、「ここはアンデスか」と、ときに錯覚におちいるほど景観が似ていることになるのである。

●写真3　共同調査を実施したジュンベシ谷。後方の雪山はヌンブール峰（6957 m）、手前にジュンベシの集落も見える

文献4　山本　一九八〇、山本・本江・藤倉　二〇〇〇。

表 2　マルカパタの栽培植物とその栽培高度域

作物名	現地名	学名	栽培高度（m）
パイナップル	piña	*Ananas comosus*	
グアバ	guallava	*Psidium guajava*	
インゲンマメ	frijol	*Phaseolus vulgaris*	
パカイ	pácay	*Inga* sp.	
* サトイモ	uncúcha	*Colocasia esculenta*	
マニオク	yuca	*Manihot esculenta*	
* バナナ	plátano	*Musa* sp.	
アチオテ	achiote	*Bixa orellana*	
タバコ	tabaco	*Nicotiana tabacum*	
グラナディーヤ	granadilla	*Passiflora* sp.	
アボガド	palta	*Persea americana*	
* サトウキビ	caña	*Saccharum officinarum*	
トマト	tomate	*Licopersicum esculenrum*	
* 柑橘類	limón, naranja	*Citrus* spp.	
アチラ	achira	*Canna edulis*	
ペピーノ	pepino	*Solanum muricatum*	
サツマイモ	apichu	*Ipomoea batatas*	
パパイヤ	papaya	*Carica papaya*	
* モモ	durazno	*Prunus persica*	
カボチャ	zapallo	*Cucurbita* spp.	
トウモロコシ	sara	*Zea mays*	
* コーヒー	café	*Coffea* sp.	
ラカチャ	viráca	*Arracacia xanthorrhiza*	
トウガラシ	locoto	*Capsicum pubescens*	
* タマネギ	cebolla	*Allium cepa*	
* キャベツ	col	*Brassica deracea*	
ヤコン	llacón	*Polymnia edulis*	
カプリ	capli	*Prunus capollin*	
* ソラマメ	haba	*Vicia faba*	
タルウイ	taruhui	*Lupinus mutabilis*	
キヌア	quinua	*Chenopodium quinoa*	
マシュア	isaño	*Tropaeolum tuberosum*	
オユコ	olluco	*Ullucus tuberosus*	
オカ	oca	*Oxalis tuberosa*	
ジャガイモ	papa	*Solanum* spp.	

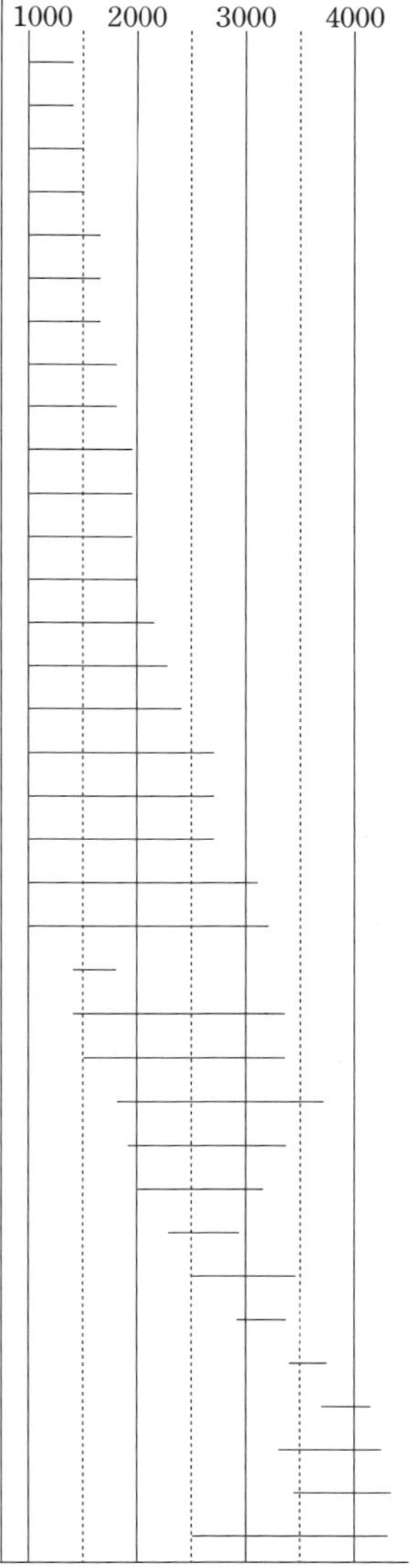

* 印の作物は旧大陸起源の栽培植物（1979 年 1 ～ 2 月の観察にもとづく）

表３　ジュンベシ谷での高度による作物の変化

作物名	ネパール名	学名
コロハ	methi	*Trigonella foenum-graecum*
*キャッサバ	simal tarul	*Manihot esculenta*
*パイナップル	bhui katar	*Ananas comosus*
スイカ	tarbuja	*Citrullus lanatus*
サトウキビ	ukhu	*Saccharum officinarum*
マンゴー	ap	*Mangifera indica*
*タバコ	surti	*Nicotiana tabacum*
*パパイヤ	meva	*Carica papaya*
シナモン	dalchini	*Cinnamomun verum*
ウコン	besar	*Curcuma domestica*
ナスビ	bhanta	*Solanum melongena*
バナナ	kera	*Musa* sp.
ショウガ	aduwa	*Zingiber officinale*
イネ	dhan	*Oryza sativa*
柑橘類	suntala	*Citrus* spp.
*グアバ	amba, belauti	*Psidium guajava*
*サツマイモ	sakhar kand	*Ipomoea batatas*
アブラナ	tori	*Brassica campestris*
タマネギ	pyaj	*Allium cepa*
*トウガラシ	khursani	*Capsicum* spp.
*トマト	golbheda	*Lycopersicon esculentum*
シコクビエ	kodo	*Eleusine coracana*
ダイズ	bhatmas	*Glycine max*
ニガウリ	barela	*Momordica* spp.
*トウモロコシ	makai	*Zea mays*
*カボチャ	pharsi	*Cucurbita* spp.
コリアンダー	dhaniya	*Coriandrum sativum*
ニンニク	lasun	*Allium sativum*
ダイコン	mula	*Raphanus sativus*
*ジャガイモ	alu	*Solanum tuberosum*
ソバ	phapar	*Fagopyrum* sp.
コムギ	gahun	*Triticum aestivum*
*コダチトマト	amilo	*Cyphomandra betacea*
カラシナ	raye ko sag	*Brassica juncea*
カリフラワー	phulkovi	*Brassica oleracea*
ネギ	hariyo pyaj	*Allium* spp.
キャベツ	bandakovi	*Brassica oleracea*
ニンジン	gajar	*Daucus carota*
*インゲンマメ	dalo simi	*Phaseolus* spp.
モモ	aru	*Prunus persica*
スモモ	aru bakhara	*Prunus* sp.
リンゴ	syau	*Malus pumila*
エンドウ	kerau	*Pisum sativum*
ニラ	ramba**	*Allium* sp.
オオムギ	uwa	*Hordeum vulgare*
ダッタンソバ	tite phapar	*Fagopyrym tataricum*

栽培高度（m）

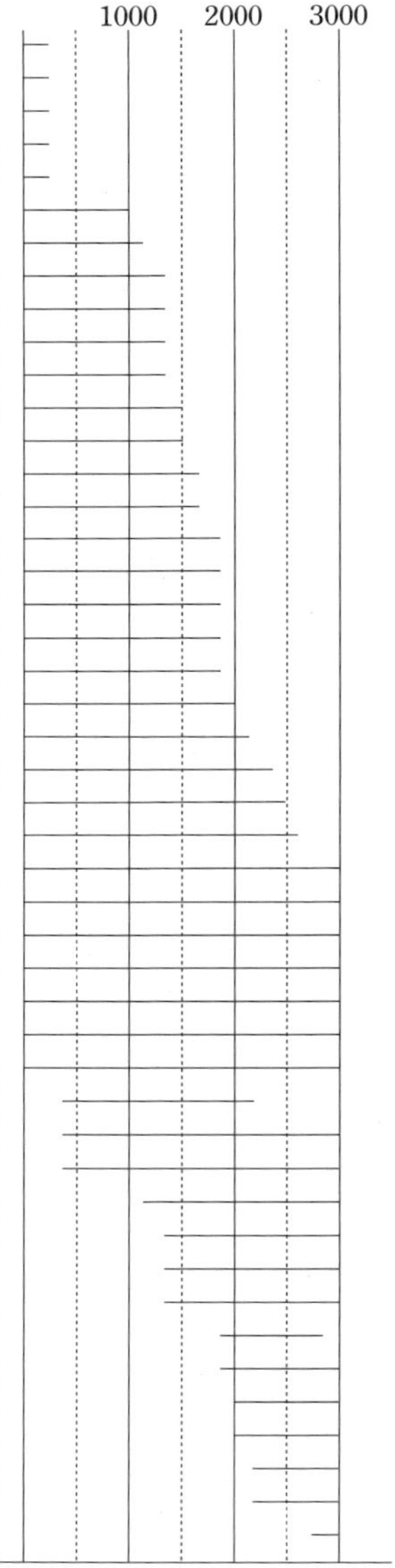

＊印の作物は新大陸原産のもの。なお、このリストは道路沿いだけの観察に基づくため、すべての作物が網羅されているわけではない。
＊＊印の作物名はシェルパ語名。

中央アンデスとネパール・ヒマラヤにおける農耕では、大きな違いもある。それは高度差利用の方法の違いである。マルカパタでは先述したように各家族が三〇〇〇メートルにおよぶ大きな高度差を利用してトウモロコシもジャガイモも栽培し、さらに農耕のできない寒冷高地でも家畜を飼って自給自足的な暮らしを達成しているが、このような暮らしはネパール・ヒマラヤではみられない。ネパール・ヒマラヤでは一般に標高に応じて異なるエスニック・グループが住み分けており、ソル地方もその例外ではない。そして、筆者らが調査をしたジュンベシ谷の上流域に位置するジュンベシ村（標高約二七〇〇メートル）も、さらにその上流にあるパンカルマ村（標高約二九〇〇メートル）もシェルパの人たちだけが暮らしており、彼らは基本的に寒冷な高地部だけを生活圏にしている。そして、彼らが栽培する作物は基本的に寒冷高地に適したものであり、家畜もそうなのである。[文献5]

文献5　山本・本江・藤倉　二〇〇〇。

中央アンデスとネパール・ヒマラヤの環境利用の比較──牧畜を中心として

ネパール・ヒマラヤでは大きな高度差を利用した暮らしはみられないと述べたが、そのような暮らしをおこなっている人たちが一部にいる。ただし、それはアンデスのように多様な作物を栽培するためではなく、基本的に家畜の放牧のためである。ここで重要になってくることがヒマラヤでは明瞭な冬が存在することである。ヒマラヤでは標高の高い放牧地は冬になると雪に埋もれてしまうため、家畜は雪のない低地に移動させなければならないのである。そこで、次に牧畜に焦点をあてて両地域の比較をしてみよう。ただし、中央アンデスの牧畜については第三章で詳述されているので、以下ではネパール・ヒマラヤの例を中心に述べることにする。

まず、筆者たちが調査をしたパンカルマ村の例を紹介しよう。パンカルマ村は、ジュンベシ谷のもっとも上流に位置する、一三戸だけの小さな集落であり、これよりも上に集落はない。その標高は先述したように約二九〇〇メートルであり、耕地も三〇〇〇メートルあたりまでに限られている。その耕地での主作物はジャガイモやオオムギである。このように住民のほとんどの世帯は農耕を営んでいるが、そのうちの一部の世帯は、兼業として、ヤク（雌はナクとよばれる）またはヤクとウシを交配させた種間雑種のゾム（雄はゾプキョとよばれ駄獣として利用される）、さらにナクに種ウシをかけたディムズなどの群をも飼養している（写真４、５）。ヤクやゾムを飼う牧者たちは、谷沿いに点在するクランの土地で放牧しながら、谷の高度差を利用し、季節的な上下移動（トランスヒューマンス）をおこなっている。(注３)

●写真４　雌ヤク（ナク）の乳搾り

●写真５　ゾムの乳搾り

ヤクとゾムのトランスヒューマンスは、おおまかにいえば、冬の間集落の近くの森まで下ろし、ときには干し草を与えて過ごさせた家畜を、春から徐々に谷の上流に移動させ、夏には標高四〇〇〇メートル以上の夏営地で放牧させ、秋に再び下流に移動させるというサイクルである。(注４)図４はジュンベシ川上流のバサ谷を利用するラマ・クランの二つの世帯の移動経路の模式図である。細い実線矢印は、ヤク群を飼養するある世帯の一九九三年の移動の事例で、標高では三一五〇メートルと四三〇〇メートルの間を上下している。これは牧者が居住する小屋の高さであり、ヤクは標高四

注３　谷はクランの土地に細かく区分されており、それぞれの区画は原則としてクラン成員しか利用できない。他のクラン成員やグルン族が許可を得て利用する場合は、クランの長に年間一五〇〇ルピーを支払う。こうしたクランの土地は、谷の源頭部から村落

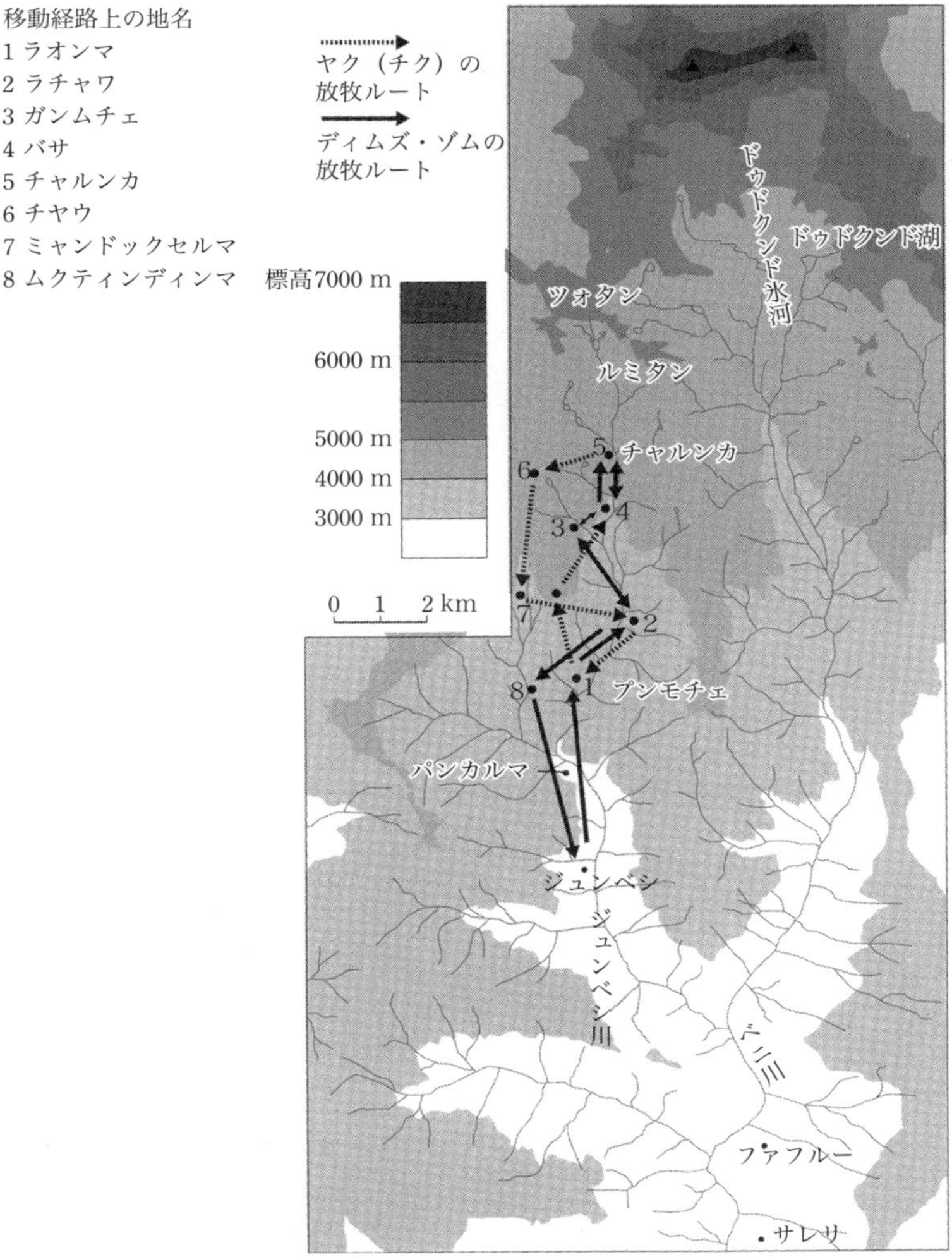

●図４　家畜移動ルート図

周辺まで点在しており、それらの土地には牧地の性質や形状にちなんだ名前がついている。

注４　ゾムはヤクより乳量が多いという利点があり、またヤクより低い高度に適している。ソル地域で飼養されているゾムには二種類ある。ナク（ヤクの雌）に種ウシをかけたものをディムズといい、雌ウシに種ヤクをかけたものをウランという。ディムズとウランでは、ウランの方がより低い高度に適している。ジュンベシ谷で群として飼われているゾムはディムズの方である。

六〇〇メートルのツォタン湖のあたりまで上がって採食する。標高約四〇〇〇メートルの夏営地チャルンカやその上のキャウなどに、七月はじめころから二か月半ほど滞在し（写真6）、もっとも低い冬営地には一二月から五か月ほど滞在する。

太い破線矢印はディムズ群を飼養するある世帯の一九九二年の移動の事例である（写真7、8）。冬は一二月から約五か月間、ジュンベシ周辺あるいはそれよりさらに低い森の中で過ごす。ヤク群とくらべると冬営地は五〇〇メートルほど低い。また、七月ころ夏営地のチャルンカでヤク群と合

●**写真６**　夏の放牧地キャウ（チャルンカの上、標高 4200 m）

●**写真７**　家財道具一式、それに赤ちゃんも背負って移動する

●**写真８**　営地に到着。石壁に棟木をわたして竹のマットを葺いて家をつくる

流するが、そこでの滞在期間は一か月余と短い。

以上の例でみられるようにネパール・ヒマラヤでは家畜の放牧のために大きな高度差を利用しているが（図5）、これは中央アンデスではみられない方法である。中央アンデスでの家畜の放牧は一年をとおしてプナとよばれる高地のみでおこなわれている「定住」的なものであり（第三章一節参照）、ほとんど高度差利用はない。中央アンデスにおける高度差利用は、基本的に多様な作物を栽培するためであり、この点がネパール・ヒマラヤと大きく異なるのである。

文献6　稲村・古川　二〇〇〇。

両地域に共通する農牧複合的な暮らし

以上、中央アンデスとネパール・ヒマラヤにおける農業と牧畜を比較し、その違いを中心にみてきたが、高地部だけに限ってみれば共通する点が少なくない。そのなかで、高地という環境と人間の暮らしの関係を考える上で重要な共通点を一点だけ取り上げておこう。それは、農業と牧畜が結びついた、いわゆる農牧複合である。

中央アンデスにおける農牧複合の具体的な事例やその要因については第三章一節および第四章二節で述べたので、ここではネパール・ヒマラヤにおける事例を中心に紹介しておこう。先にパンカルマ村の村人は農耕をおこない、その一部に兼業としてヤクやゾムを飼養している世帯があると述べたが、これらのヤクやゾムのほかにウシを舎飼いしているシェルパの人たちも少なくない。そのウシは、

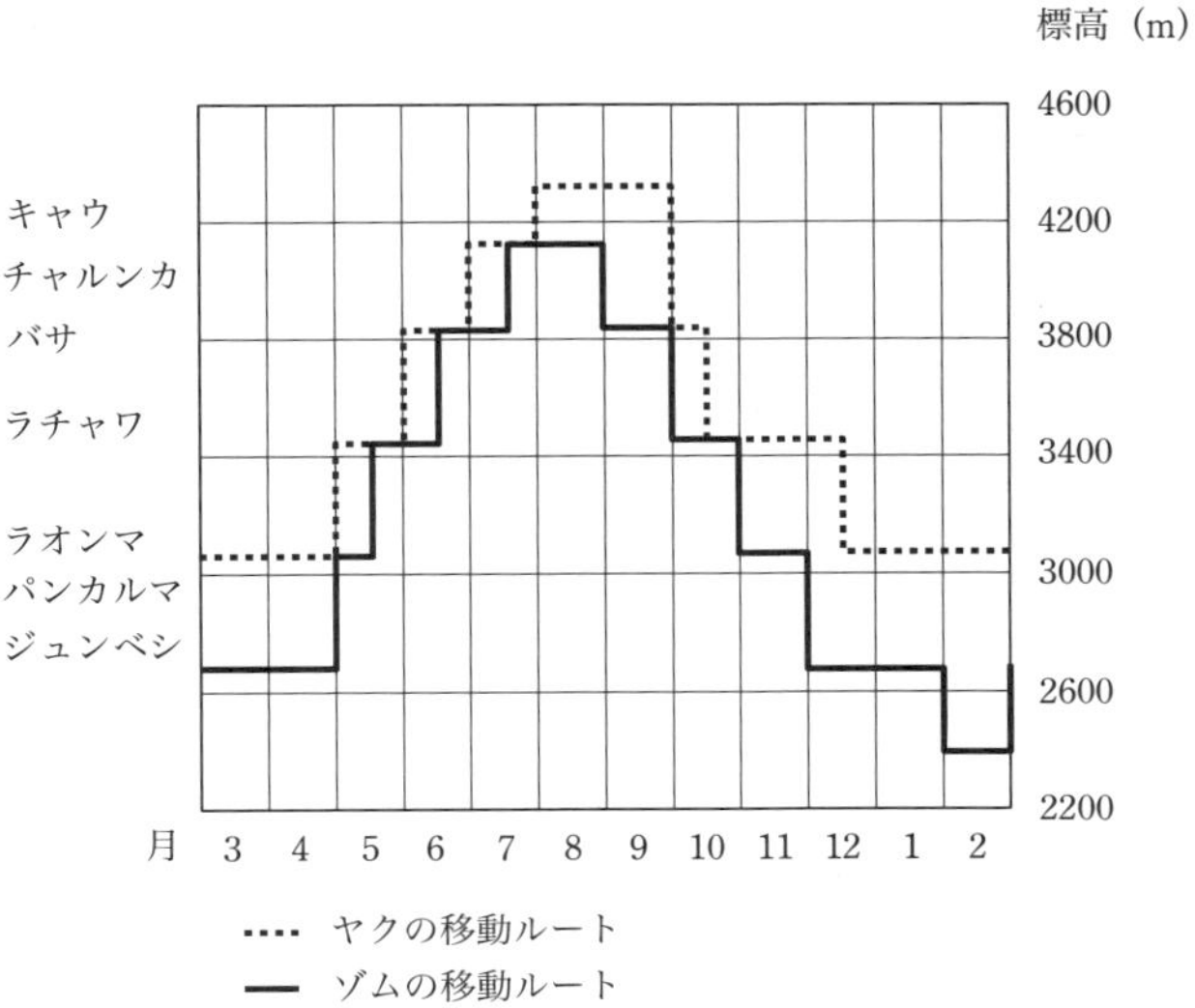

●図5　トランスヒューマンス高低図（文献6）

乳をしぼったり、農作業にも使ったりするが、最大の目的は肥料を得ることにある。一三頭もの多くのウシをもつ世帯もあるが、一世帯あたりのウシの頭数は五〜一〇頭くらいである。このように限られた家畜の糞尿を肥料として利用するために彼らはさまざまな工夫をしている。その一つが家畜の糞尿を枯れ草などと混ぜて堆肥をつくる方法である（写真９）。もう一つの方法は、畑にウシを入れ、そこで糞尿を排泄させるというものである。また、家畜を多数飼っている異民族に施肥してもらう方法もある。とにかく、彼らの作物栽培は糞尿の利用をとおして家畜飼育と密接に結びついており、このような暮らしこそが中央アンデス高地と共通しているものである。

農業と牧畜の結びつきは高度の上昇とともに強くなるようである。その例も紹介しておこう。それが、これまで何度か言及したクンブ地方の高地に住むシェルパの人たちである。ここではソル地方のシェルパと区別するために彼らのことを「高地シェルパ」とよんでおこう。(注５) 彼らは標高三〇〇〇メートル以上に生活の本拠としての村をもつ。彼らの生活は、ジャガイモやオオムギ、コムギ、トウモロコシなどを主作物とする農業と、ヤク、ウシ、及びその両者を交配して得られる第一代雑種を主要な家畜とする牧畜、チベットとネパールの丘稜地域、インド平原を結ぶ交易、さらに近年の交易の衰退にともなって盛んになった出稼ぎなどによって支えられてきた。

●写真９　堆肥による耕地の施肥

注５　「高地シェルパ」のよび方は、鹿野による（鹿野　一九七八、一九七九など）。

高地シェルパの村は一般に標高約三四〇〇〜四〇〇〇メートルの間に位置している。そして各々の村の人びとが農業や牧畜のために日常的に利用する土地は、この村を含む一つないしいくつかの特定の谷の流域の一定範囲にほぼ限定されている。鹿野はこれを「生活圏」と名づけている。[文献4] 高地シェルパは、こうした生活圏の内部で家畜のトランスヒューマンスをおこなってきた。

各世帯は、その「生活圏」の中に、ふつう三〜四軒またはそれ以上の家をもっていて、これらの家々によって形成された小集落がいくつも存在し、その上限は五〇〇〇メートル付近まで達する。標高四三〇〇メートルの農耕限界をこえる集落以外は、その周辺に耕地をともなっている。これは、耕地を異なる高さに分散させることによる、労働力の時期的な分散による生産性の増加と、危険の分散の意味をもっている。また、高地シェルパの場合、少なくとも年二回の上下移動のサイクルによる家畜のトランスヒューマンスがおこなわれている。それは、春から秋にかけての自然の飼料のみに依存する時期と、晩秋から早春にかけてのある程度貯蔵飼料に依存する時期に分けられる。このうち後者の時期での移動は分散している畑への施肥も目的としている。このようにクンブの高地ではソル地方よりももっと明確な農牧複合を生業の形態としているのである。

さて、このような農牧複合は、家畜の種類の違いはあるものの、中央アンデスでもみられるものである。それでは、遠く離れたネパール・ヒマラヤと中央アンデスの間で何がこのような共通性を生んでいるのだろうか。それは山岳地域、とくにその高地部での環境に大きな原因が求められそうである。それというのも、山岳地帯の土壌は一般に貧弱であり、そこで継続的に生産性を維持しながら農業を営むことは容易でなく、それを補完するものが家畜の糞尿の肥料としての利用であると考えられるからである。ヒマラヤでもアンデスでも、山岳地帯の耕地の多くは急な傾斜地にあり、そこでは土壌養分が雨などによって流し出される結果、両地域での耕地の土壌はきわめて貧弱である。とくに、山岳地帯のなかでもその高地部は気温が低いことなどのために土壌養分の回復が困難であることも知られている。[文献7] したがって、中央アンデスおよびネパール・ヒマラヤの高地における

文献７　Ghildyal 1990, Winterhalder 1974.

農牧複合的な暮らしこそは、このような高地での環境条件のなかで持続的な生業を可能とするために開発されたものであると考えられる。

高地文明の比較

しばらくチベットについては言及しないまま論を進めてきたが、もう一度あらためてヒマラヤとチベットをあわせて、アンデス高地と比較してみよう。興味深い共通点が一つ浮かび上がるからである。それはアンデスでもヒマラヤ・チベットでも、その高地部で古い時代から高度な文明が誕生し発展してきたことである。すなわち、前者はアンデス文明であり、後者がチベット文明である。このような高地で誕生した文明のことを筆者のひとりの山本は「高地文明」と名づけたが、[文献8]アンデスとヒマラヤ・チベットを比較したときの興味深い共通点の一つがこの高地文明の誕生である。[注6]なお、第一章で述べたようにアンデスでは高地部だけでなく、海岸地帯でも文明の発達があったが、本書は高地に焦点をあてているので、ここでは海岸地帯のそれについてはふれないでおく。ここでは高地文明としてのチベット文明について少し紹介しておこう。

チベット文明の先史時代については明らかになっていないが、伝承によれば最初のチベット人はチベット高原の南端を東西に流れるヤルツァンポー川の南のヤルルン渓谷に住んでいたとされる。チベット研究者のスタンによれば、そこは「森に覆われた山国であり、比較的温暖で、農耕に適し」ており、この地方に最初の王権が誕生したという。そして、古代チベット人は、「北方の高地ステップにいてヤクや馬の飼育にあたる遊牧民についての観念とは異なり」、その生活の舞台は「鬱蒼とした森の上方の山の放牧地が想像され、森と放牧地の間を往来する人びとの姿が浮かび上がる」としている。[文献9]これは先に紹介したジュンベシ谷のシェルパの人びとの暮らしを彷彿とさせるものである。

文献8　山本　二〇〇六。

注6　アンデスとチベット以外では、中米やエチオピア高地でも高地文明が誕生したと山本は考えている。

文献9　スタン　一九九三。

その後、ヤルルン地方にチベット王朝があらわれるや、権力は急速に東北地方にも拡大し（七〜八世紀ごろ）、チベット高原に割拠していた諸部族を統一して国を建てた。これが古代チベット王国の吐番《とばん》である。そして、一六四二年にはダライ・ラマ五世がチベット全土を統一し、チベット文明は黄金期をむかえることになる（写真10）。アンデスでインカ帝国が滅亡してから約一〇〇年後のことであった。

このようにチベット文明も高地を舞台に誕生し、発展した文明なのである。では、何がチベットの高地でも文明の誕生を可能にしたのであろうか。これについてはさまざまな要因がありそうであるが、ここではもっぱら環境と人間の暮らしの関係からのみ検討してみよう。これを検討する上で参考になるものが本書で報告してきたアンデス高地の人びとの暮らしである。

まず、アンデスの高地で多数の人びとが暮らしているのは緯度の低い北部アンデスや中央アンデスであるが、チベットもそうである。チベット高原といえば、人口が希薄な遊牧世界を思い浮かべるが、そこは緯度が高く、また標高も四〇〇〇メートルをはるかに超えた高原地帯となっているところである。一方、チベット高原の南部は標高がやや低くなり、四〇〇〇メートル以下のところも少なくない。また、緯度も北緯二八度くらいと比較的低く、そこでは農耕が大規模におこなわれていて人口も多い。その代表的な地域がチベット高原の南端をほぼ東西に流れるヤルツァンポー川流域である。ここは穀倉地帯といってもよいほど耕地が連続しており、また「畑のあるところ集落あり」といえるほど集落が多く、都市さえみられる。

このような高地での数多くの集落や都市の存在はアンデス高地でもみられる。そして、その背景には、そこが緯度の低い高地であるだけでなく、平坦地の多い

●写真10　チベット文明の華、ポタラ宮

ことも第一章で指摘したが、これはチベット高原でもいえることである。「高原」という言葉に象徴されるようにチベットは大部分の地域が平坦な高原地帯なのである。もう一つの文化的な背景も指摘しておかなければならない。それは寒冷高地で栽培および飼育できる作物および家畜の開発である。アンデス高地におけるそれらについては詳述したが、チベット高原でも寒冷高地に適した作物や家畜が開発されているのである。

その代表的なものがヤクの家畜化である。ヤクについてはネパール・ヒマラヤについての記述のなかでも言及したが、ヤクはチベット高原で家畜化されたものである。そのため、ヤクは低い気温や薄い酸素のところでも飼育が可能な動物である。そして、その毛は敷物や外套、そしてテント地などに利用できる。また、その肉はしばしば干し肉とされるほか、乳からもミルクやチーズ、ヨーグルトなどが作られる。さらに、ヤクは荷物の輸送用としても重要である。

したがって、このヤクの家畜化がなければチベット高原の大半は人間にとってまったく利用できない不毛の地であったにちがいない。いいかえれば、ヤクの家畜化によってチベット高原の寒冷で広大な地域は人間が暮らすことのできるところになったのである。ただし、先述したようにチベット高原のなかでもヤクの飼育だけに依存している地域は人口が少なく、人口密度もきわめて低い。人口密度が高く、都市などがみられるのはチベット高原の南端に位置する農耕地帯である。

この農耕もやはりチベット高原で栽培化された作物のおかげが大きい。その一つがオオムギの一品種のチンコーである（写真11）。オオムギそのものはチベット原産ではないが、チンコーはチベットで生まれた一品種であり、寒冷な高地でも栽培できるものである。そのような作物をもう一つ紹介しておこう。それはソバである。ソバも四川省あたりの冷涼な高地で栽培化された作物であり、

●写真11　チベット高原におけるチンコーの収穫

そのおかげで寒冷なチベット高原でも栽培できる。実際に、ヤルツァンポー川流域を歩くと、あちこちでチンコーやソバの栽培を見ることができるのである（写真12）。

さて、こうして見てくるとチベット高原とネパール・ヒマラヤでは栽培している作物や家畜に共通しているものが多いことに気づく。では、なぜチベット高原で高度な文明が誕生し、広い地域が統一されたのに、ヒマラヤの高地では少数民族が並存してきたのかという疑問が生まれそうである。チベット高原とヒマラヤの両地域では作物や家畜に共通するものが多いだけでなく、緯度の上でもほぼ同じところに位置しているからである。そこで、これを次に検討してみよう。その検討をつうじて、なぜアンデスのなかで中央アンデス高地だけで文明が誕生したのかという疑問にも答えられそうだからである。

表4は中央アンデス、中部ヒマラヤ、そしてチベット高原における生態学的な相違をおおまかに比較したものである。このうち、まずヒマラヤとチベット高原を比較してみよう。そのとき、真っ先に浮かぶことがヒマラヤにはチベット高原のように平坦な高原地帯がほとんど存在しないことである。ヒマラヤの地形は南北に並行した数列の丘陵と山脈の複雑な集合体であり（図6）、造山活動による隆起と河川による浸食のせめぎあいの結果として深い渓谷が形成されている。そのため、地形が複雑で起伏が大きく、高原のような平坦地がほとんどみられない。このような自然条件がヒマラヤ高地では広い領域が統一されることなく、固有の高度な文明を生み出さなかった要因の一つであると考えられる。[文献10]

もう一つの要因は多量の降雪をみる冬の存在である。これは高峰の連なるヒマラヤ山脈の影響が大きい。インド洋から吹き込むモンスーンがヒマラヤ山脈によってほとんど遮断される結果、ヒマラヤ山脈の南側の南面斜面は降雨量がきわめて多く、それが高地では大量の降雪となる。その結果、ヒマラヤ高地では一年

文献10　稲村　二〇〇〇：二六四。

●**写真12**　チベット高原におけるソバの栽培

表４　アンデスとヒマラヤ・チベットの生態学的条件などの比較（文献 11）

	中央アンデス	中部ヒマラヤ	チベット高原
緯　度	低い(熱帯耕地)	アンデスより高い(亜熱帯高地)	アンデスより高い
人　口	高地でも多い	高地は少なく、ミッドランドは多い	谷は比較的多い
おもな農業形態	高度差の全面的利用	高度差の利用(民族による分担利用)	谷部を利用
おもな牧畜形態	定牧	移牧	移牧、遊牧
地　形	比較的単純、高原部は平坦	起伏が大きく複雑	比較的平坦
文　明	アンデス文明の中心	インド・チベット文明の狭間	チベット文明
民　族	インカ(ケチュア)族が統一	多民族(高度による住み分け)	チベット族が統一

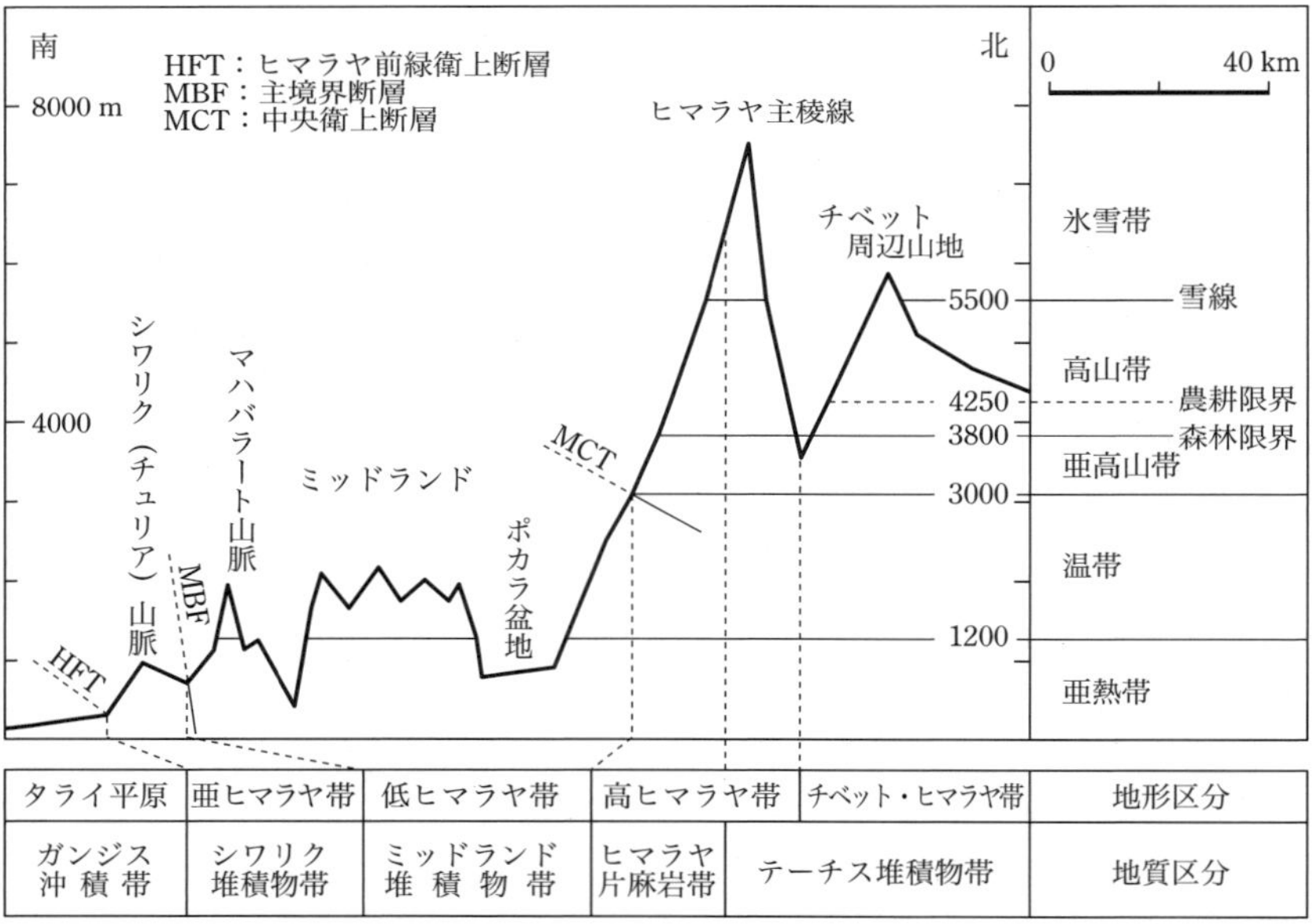

●**図６**　ヒマラヤ山脈の地形区分と地質区分（文献 12）

文献11　稲村　二〇〇〇。
文献12　在田　一九八八。

をとおして暮らすことが困難になるのである。このようにして見れば、チベット高原で文明が誕生した、もう一つの要因が浮かび上がる。それは、モンスーンがヒマラヤ山脈によって遮断された結果、その北側のチベット高原は降雨量が少なく、冬になっても降雪が多くなく、また晴天の日が多いことである。この晴天の日が多いことは低緯度地帯の高地に住む人たちに有利な条件を与える。第一章三節で指摘したように、熱帯あるいは亜熱帯地域では高地であっても、そこは日中の気温が高くなり、また強烈な日射しが作物や家畜のエサとなる牧草の生長をうながすからである。

以上の議論なども参考にしながら、最後にアンデスにおける高地文明と環境の関係について検討してみよう。アンデスの高地文明といったとき、最大の疑問は「アンデスのなかで、なぜ中央アンデスの高地だけに特異的に文明が誕生し発展したのか」ということであろう。実際に、この疑問に答えた研究者はひとりもいない。じつのところ、これはたいへんにむずかしい問題であり、関係する要因も多そうである。しかし、この困難な問題に突破口をひらき、見通しを得るためにも難題に挑戦してみよう。ただし、ここではあくまで環境と人間の関係にしぼり、生態史観的に検討する。

なぜ中央アンデス高地で文明が誕生したのか

高地文明の成立要因を考えるとき、本節で注目してきたのは緯度と高度、そして地形であった。チベット文明もアンデス文明も、どちらも緯度の低い高地で誕生し、そこには平坦な高原地帯が広がっているからである。しかし、このような条件をすべて満たしている地域がアンデスのなかには中央アンデス以外にも存在する。それは北部アンデス、とくにエクアドルの高地である。第一章で紹介したように、エクアドル・アンデスはほぼ赤道直下に位置しており、その高地部には平坦な高原が広がっている。また、そこは典型的な熱帯高地で気候も快適なところである。ただし、北部アンデスは一年をとおして雨がよく降り、この点で農業に適さない乾期が長く続く中央アンデスとは大きく異なる。

それにもかかわらず、アンデスでもっと早い時期に農耕が誕生し、それが発達して文明が誕生したのは北部アンデスではなく、中央アンデスであった。これはなぜなのか。北部アンデスと中央アンデスでは、緯度、高度、地形以外にも大きな違いが存在するのだろうか。ここで想起されるものが第一章で紹介した高地部での植生の違い、すなわちパラモとプナである。では、このような植生の違いは人びとの暮らしにどのような影響を与えたのであろうか。

この点で、まず指摘しておきたいものがプナの存在の重要性である。このプナには、湿潤プナ、乾燥プナ、そして砂漠プナの三種類があるが、このなかでもっとも重要なものが湿潤プナである。これは、そこがアンデス伝統の農耕や牧畜の舞台になっているからだけではない。もともと農耕も牧畜も知らなかったアンデスの人びとの暮らしを決定的に変えたものが、この湿潤プナで生み出されたからである。それこそは、後にアンデス高地で暮らす上で不可欠となるジャガイモなどの作物の栽培化であり、またリャマやアルパカなどラクダ科動物の家畜化である。

では、これらの栽培化や家畜化と湿潤プナにはどのような関係があるのだろうか。まず、作物の栽培化について検討してみよう。第二章一節でアンデス高地では穀類を生みださなかったが、多種多様なイモ類を栽培化したことを指摘した。これらのイモ類の栽培化は湿潤プナの気候と大きな関係をもつのである。湿潤プナには明確な雨季と乾季があるが、長い乾季の存在は植物の生育にとって不都合であり、このような乾季に適応した植物の生態型の一つが地下茎や根など、いわゆるイモに養分を貯蔵することである。このような植物のもつ可能性をアンデス高地の人びとは最大限にひきだした。それが栽培化されたイモ類なのである。

この湿潤プナの乾季の存在を、さらにアンデス高地の住民は有効に利用した。それが世界でも例を見ない食品の加工技術の開発である。とくに、乾季の一日の激しい気温差を利用したイモ類の加工技術の開発は、腐りやすいイモ類の長期にわたる貯蔵を可能にしただけでなく、寒冷高地でも栽培できる「苦いジャガイモ」をも利用可能にしたのである。このようなイモ類の栽培化、その加工技術の開発、さらに第二章や第三章で詳述した農耕方法の発達などにより中央アンデス高地では、いわゆる根栽農耕文化の発展をとげることになるのである。

この根栽農耕はリャマやアルパカなどの牧畜と密接な関係をもっている。先述したように、この牧畜も湿潤プナの存在と深い関係がある。湿潤プナの言葉に象徴されるように、そこはプナのなかでもっとも湿潤で植生が比較的豊かなところであり、このことはリャマやアルパカなどの放牧に適していることを物語る。たしかに、湿潤プナにもほとんど雨の降らない乾季が存在するが、この時期でさえ湿潤プナには緑の絶えないところがある。それが雪解け水によって潤された草地である。中央アンデスでは雪におおわれた高峰が連なっており、そこから流れ出してくる水のおかげで湿潤プナの発達をうながしたからである。

こうして中央アンデスでは湿潤プナを舞台にした寒冷高地に適応した暮らしが成立したと考えられる。ここで重要な意味をもってくるものが平坦で南北にベルト状に伸びるプナの存在である。このような地形は、そこでの人の迅速な移動や情報の伝達を可能にしただけでなく、リャマによる物資の輸送も容易にしたと考えられるからである[・文献13（注7）]。このプナの存在も中央アンデス高地における文明形成に大きな影響を与えたはずである。先にヒマラヤでは地形が複雑で起伏が大きいため、広い領域が統一されることがなく、それが高度な文明を生み出さなかった要因の一つであることを指摘したが、これとはまったく逆の地形条件が中央アンデス高地では与えられているのである。

これらの他にも、文明と人間の関係をめぐっては、環境だけに限っても検討しなければならないものが少なくない。たとえば本節でプナの重要性を指摘したが、北部アンデスに特徴的なパラモは人間の暮らしにとってどのような影響を与えてきたのであろうか。第一章一節で指摘したように、パラモを農耕地として利用することはきわめて困難であるが、それだけが北部アンデスにおける高

文献13　稲村　二〇〇〇：二六三。

注7　一方、中央アンデスの山麓地帯を南北に移動するのはかなり困難である。アンデスの西側の海岸地帯は大部分のところが砂漠となっているからである。また、東側のアマゾン低地は熱帯雨林に覆われており、そこを南北に移動するのもきわめて困難である。

地での人びとの暮らしを不可能にしたのであろうか。このような問題を明らかにすることによって中央アンデスの特色がさらに明らかになりそうである。これは今後の課題である。また、北部アンデスには火山が多く、この火山活動にともなう地震や火山灰なども人間の暮らしに大きな影響を与えてきた可能性があるが、これも今後の調査に待たなければならない。

機会があれば、このような課題にも挑戦しながら、さらにアンデス高地の特色を明らかにしたいと願っている。

引用文献

Brush, S. B. 1976 Introduction to symposium on mountain environments *Human Ecology* 4(2): 125–133.

Ghildyal, B. P 1990 Soils of the Himalaya. Sah, N. K., S. D. Bhatt and Pande, R. K. (eds.) *Himalaya: Environment, Resources & Development*, pp. 185–193, Shree Alomora Book Depot, Delhi.

Pawson, I. G. & Jest, C. 1978 The high-altitude areas of the world and their cultures. In Baker, P. T. (ed.), *The Biology of High-altitude Peoples*, 17–45.

Winterhalder, B., R. Larsen, and R. B. Thomas 1974 Dung as essential response in a highland community. *Human Ecology* 2(2): 43–55.

在田一則『ヒマラヤはなぜ高い』青木書店、一九八八年。

稲村哲也「アンデス山脈とヒマラヤ・チベット山塊」川田順造・大貫良夫編著『生態の地域史』二一四－二六七、山川出版社、二〇〇〇年。

稲村哲也・古川彰「ジュンベシ谷を上り下りする家畜と人びと」山本紀夫・稲村哲也編著『ヒマラヤの環境誌――山岳地域の自然とシェルパの世界』一七一－一九八、八坂書房、二〇〇〇年。

鹿野勝彦「ヒマラヤ高地における移牧――高地シェルパの例をとおして」『民族学研究』四三（一）：八五－九七、一九七八年。

鹿野勝彦「ロールワリンワリン・シェルパの経済と社会」『リトルワールド研究報告』三：一－四三、一九七九年。

スタン『チベットの文化　決定版』（山口・定方訳）岩波書店、一九九三年。

山本紀夫「中央アンデス南部高地の環境利用―ペルー、クスコ県マルカパタの事例より」『国立民族学博物館研究報告』五巻一号：一二一―一八九、一九八〇年。

山本紀夫『雲の上で暮らす―アンデス・ヒマラヤ高地民族の世界』ナカニシヤ出版、二〇〇六年。

山本紀夫・稲村哲也編著『ヒマラヤの環境誌―山岳地域の自然とシェルパの世界』八坂書房、二〇〇〇年。

山本紀夫・本江昭夫・藤倉雄司「作物と家畜と森林と」山本紀夫・稲村哲也編著『ヒマラヤの環境誌―山岳地域の自然とシェルパの世界』八坂書房、二〇〇〇年。

第五章二節

アンデス社会の変容

Tetsuya Inamura
稲村哲也
Norio Yamamoto
山本紀夫

はじめに

アンデス社会は、一六世紀はじめから大きな変化を余儀なくされるようになった。いうまでもなく、スペイン人による侵略のせいである。すなわち、スペイン人たちは、アンデスの大部分を領土としていたインカ帝国を征服した後、先住民を弾圧したり、酷使した。それに、ヨーロッパからもたらされた疫病が追い打ちをかけ、多数の先住民が死に追いやられたのである。

ブラジルを除く中南米のほとんどはスペインの植民地となり、まず新領土獲得に功績があった征服者らに先住民を割り当てるエンコミエンダ制が施行された(注1)。先住民人口の減少やスペイン王室官吏による直接的な統治が進むと、エンコミエンダ制は衰退し、代わって、早くも一六世紀末から土地を直接開発するアシエンダ(大農園)制が発達した。官吏や修道会や富裕な商人が地主となり、先住民が使役された。やがて不足する労働力を補うためにアフリカから奴隷が連れてこられた。こうして、ペルーでは気候が温暖で肥沃な海岸地方の河谷のほとんどがアシエンダで占められるようになり、スペイン的な都市も海岸地方を中心に発達した。

植民地時代、多くのスペイン人たちが渡来し、スペイン的な文化をもたらした。さらに、第二章

注1 エンコミエンダ(encomienda)とは、「委託」という意味。スペイン王室が、領土獲得に功績があった者に、新領土の住民を「委託する」という、ラテンアメリカのスペイン植民地の初期の制度。

一節で述べたように彼らはヨーロッパからさまざまな作物や家畜ももたらした。アシエンダでは、サトウキビや綿花などの商品作物が中心に栽培された。ペルーでは、一八二一年の独立後もアシエンダ制は続き、大農場と小規模で自給自足的な先住民共同体の農耕が併存した。しかし、一九六九年の農地改革によってアシエンダ制は解体した。

このような状況のなかで、比較的、伝統的な農業や牧畜を維持してきた地域もある。その代表的な地域がペルーからボリビアにかけての中央アンデス高地である。そこは気温が低く酸素も薄いため、好んで居住するスペイン人が少なかった。したがって、海岸地方で文化変容や近代化が著しいのに対し、中央アンデスの高地では、先住民文化が維持され、その文化も先スペイン期からの連続性が強い。そして、中央アンデス高地はインカ帝国の中心であったため、その影響が色濃く残されてきた。アンデスの環境とその利用及び文化の特質を総合的に描き出すことを目的とした本書が、主として中央アンデス高地を対象としてきたのもそのためである。

ところが、近年、この中央アンデス高地でも農業や牧畜に大きな変化が生じてきている。そこで、ここでは、その変化に焦点をあてて農村社会と牧畜社会の例を報告し、その要因も検討してみよう。

農村社会の変化

すでに紹介したように、中央アンデス高地ではジャガイモを主作物として他にもさまざまな作物を栽培している。しかし、中央アンデス高地の土地は肥沃ではなく、むしろ貧弱であるといった方がよい。先述したように熱帯高地特有の気候、すなわち長い乾季の存在や一日の激しい気温変化、さらに絶対的な気温の低さなどが土壌中の有機物の分解を妨げるからである。このような土壌条件に対して中央アンデス高地の農民はいくつもの栽培技術を開発し、古くからジャガイモ栽培を続けてきた。その一つがジャガイモ耕地の休閑システムである。つまり、ジャガイモを栽培したあと、その耕地を何年か休ませ、再び使う方法である。この休閑は遅くともインカ時代にはおこなわれていたことが知られており、中央アンデス高地の伝統的な農耕を特色づけるものと考えてよさそうである。ところが、この休閑システムが近年大きな変化を示しつつある。そこで、この休閑システムに焦点をあてて農村社会の変化を見てみよう。

休閑期間の短縮

表１は、筆者自身が調査をおこなったペルー南部高地（マルカパタとタキレ）およびボリビア北部高地（アマレテとイルパ・チコ）の四地域でのジャガイモ耕地の休閑システムを示したものである。現在、アンデスでは広くスペイン語が使われているが、マルカパタ、タキレ（写真１）、アマレテ（写真２）では今なおケチュア語が、イルパ・チコでもアイマラ語が話されており、その社会や文化はかなり伝統的な色彩の濃いものである。表中のジャガイモ耕地もいずれも個人のものではなく、地縁血縁的な色彩の濃い地域共同体の共同耕地である。

表１　ジャガイモ耕地の輪作と休閑（文献１）

地　域	高　度	１年目	２年目	３年目	４年目	５年目	６年目	休閑期間
マルカパタ								
maway	3000 〜 3400 m	ジャガイモ	休　閑	休　閑	休　閑	休　閑	ジャガイモ	４年
chaupimaway	3400 〜 3700 m	〃	〃	〃	〃	〃	〃	〃
puna	3700 〜 4100 m	〃	〃	〃	〃	〃	〃	〃
ruki	4100 m 以上	〃	〃	〃	〃	〃	〃	〃
タキレ								
	3800 〜 4000 m	〃	オ　カ	ソラ豆	大　麦	休　閑	休　閑	２年
アマレテ								
kapana	3500 〜 4000 m	〃	オ　カ	大　麦	ソラ豆	休　閑	休　閑	２年
ruki	4000 m 以上	〃	休　閑	休　閑	休　閑	休　閑	休　閑	５年
イルパ・チコ								
	3800 〜 3900 m	〃	キヌア	大　麦	大　麦	休　閑	休　閑	３年

文献１　山本　一九九七。

しかし、ジャガイモ耕地の休閑システムには地域によってかなりの違いがみられる。まず、先に詳しく紹介したマルカパタでは、四つの共同耕地はいずれも四年間の休閑期間がもうけられている。二年目の耕地でオカやマメ類を栽培することもあるが、それは耕地全体の一部でしかなく、基本的には四年の休閑期間が守られている。

ところが、このマルカパタ村以外では休閑期間がかなり異なり、全体としては休閑期間が短くなっている傾向がうかがえる。また、輪作期間が長くなるにつれ、休閑期間が短くなる傾向も認められる。

●**写真１**　タキレ島の耕地。手前にジャガイモを栽培している耕地、後方にティティカカ湖が見える

●**写真２**　アマレテ村と耕地。右手にアマレテの集落が見える

実際に、マルカパタ以外で四年以上の休閑期間をもうけているのはアマレテ村のルキ用耕地だけであるが、このルキ用耕地は標高四〇〇〇メートル以上の高地にあり、そこで栽培できるのはルキとよばれる耐寒性のきわめて強いジャガイモに限られるのである。

それに対してアマレテ村のもう一つの共同耕地では、ジャガイモ栽培のあと、オカ、大麦、ソラ豆を栽培し、休閑は二年間だけである。これと似ているのが、タキレである。そこでも、ジャガイモを栽培したあと、オカ、ソラ豆、大麦を輪作し、休閑期間はやはり二年間である。それでは、これら両地域とマルカパタ村での休閑システムの違いを生み出したものは何であろうか。

その一つとして考えられるのが、人口の増加にともなう耕地の不足である。マルカパタ村は約一七〇〇平方キロメートルの面積があるが、そこに住むのは約六〇〇〇人と少なく、人口密度は三〜四人／平方キロメートルである。それに対して、タキレはティティカカ湖上の周囲約二〇キロメートルほどの島に約一五〇〇人が暮らしている。また、アマレテ村の領域面積については資料が得られていないが、少なくともマルカパタ村より人口がかなり多いという印象をもっている。

このことから、おそらくタキレもアマレテも人口の増加にともなって、ジャガイモだけでなく、ほかの作物も輪作するようになったと考えられる。そして、その結果として休閑期間も短縮されるようになったのであろう。伝統的な技術レベルで食糧増産をはかるためには休閑期間の短縮または輪作システムの導入が手っとり早い方法であると考えられるからである。

しかし、このような変化はいくつもの問題を引き起こしている。まず、伝統的な方法での施肥は家畜の糞によるものであるが、この糞はすべての作物栽培に使えるほど充分にはない。リャマやアルパカ、そしてヨーロッパから導入された羊の糞は肥料として重要であるだけでなく、燃料としても欠かせないからである。そのため、一般に家畜の糞による施肥はジャガイモ栽培だけに限られ、ほかの作物の栽培には肥料を与えないのである。

この結果、ジャガイモだけでなく、ほかの作物も輪作し、休閑期間の短くなった耕地は次第に疲弊してくる。実際に、アマレテ村の農民もしばしば収量の減少の原因が休閑期間の短縮にあることを口にしている。また、その休閑期間の短縮は村の人口の増加に起因することにも言及している。さらに、タキレ島の農民も近年のジャガイモの収量の減少を指摘しており、その最大の原因は休閑期間の短縮にあるという。

この休閑期間の短縮は別の問題もひきおこしている。それは、ジャガイモの病気の多発である。実際、タキレ島ではジャガイモの収量の減少は病気のせいでもあり、これも休閑期間の短縮に関係があるらしいという。この病気は線虫（nematode）によるもので、現在アンデスではジャガイモの病気としてもっとも被害が大きく、駆除が困難なものである。第二章六節で指摘したように、休閑こそはジャガイモ耕地の線虫に対する効果的な方法として知られているが、それにもかかわらず休閑期間が短縮されるようになっているのである。

市場経済の浸透

ジャガイモ耕地の休閑システムに変化を与えているのは人口の増加だけでなく、別の要因もある。その大きな要因として考えられるのが伝統社会への市場経済の浸透である。[文献1] もともとアンデス社会はスペイン人の侵略を受けるまで、貨幣をもたず、市場も商業もなかった、いわば貨幣経済以前の世界であった。そして、その伝統はペルーやボリビアなどの中央アンデスの高地部では比較的近年まで続いていたのである。

ところが、この山岳地帯でも道路網が整備され、それにともなって市場経済が地方にまで浸透するようになった。先の例では、イルパ・チコがその代表的な地域である。イルパ・チコは、ボリビアの事実上の首都であるラパスから車で一～二時間と近く、ラパスの近郊農村的な性格をもつ集落である。人口も比較的稠密で、おおよそ七二平方キロメートルの広さのところに人口が二八四五人で、人口密度はマルカパタの一〇倍以上の四〇人／平方キロメートルである。したがって、この人口圧も休閑システムに大きな影響を与えていると考えられるが、それと同時に無視しえないのが市場経済の影響なのである。

たとえば、それは栽培されるジャガイモ品種が少なくなっていることにも示されている。すでに述べたように中央アンデス高地はジャガイモの原産地であり、そこでは数多くの在来品種がみられる。また、一つの村だけで数十種類のジャガイモ品種を栽培していることも珍しくなく、マルカパタでも約一〇〇種類のジャガイモを栽培している。ところが、イルパ・チコでのジャガイモ品種は二〇種類ほどと少なく、しかも、そのなかには改良品種が少なくない。これらの改良品種は市場向けに栽培しているものであるが、このような改良品種の栽培にはふつう化学肥料を必要とする。つまり、イルパ・チコでは、従来のように家畜の糞だけではなく、一部で化学肥料、さらに農薬も使うようになっているのである。

このような化学肥料や農薬の使用、さらに改良品種の導入は従来の休閑システムを根本的に変えてしまう可能性をもつ。第四章二節で指摘したように、中央アンデス本来の生産戦略の特徴は生産性を追求するものではなく、収量は低くても安定的な収穫を目的とするものであった。アンデス高地部での作物栽培は突然の降霜や干ばつ、さらには病害虫の発生など、つねに収穫が危険にさらされているからである。

したがって、その栽培方法はさまざまなリスクを回避する方策がめぐらされていた。たとえば、作物の品種の多様化、生産・流通における分散化への志向などがそうである。ジャガイモ耕地を連作しないで、休閑する方法も病気発生などのリスクを回避する方法の一つとして考えてよいであろう。[文献2] ところが、ペルーの中部山岳地帯の農村のなかには市場経済の影響で休閑期間を短縮するだけでなく、休閑システムそのものが消滅したところさえある。その代表的な地域が、ペルーの首都のリマ市の近郊農村的な性格をもつフニン県の農村である。ここはペルー中部山岳地帯に位置していて大部分の農村が標高三〇〇〇〜四〇〇〇メートルにあるが、リマ市との交通の便がよく、大部分の農村からリマまで車なら数時間で到達することができる。そのため、フニン県の農村では、ジャガイモだけでなく、トウモロコシやさまざまな野菜類などもリマの市場に向けて栽培しているところが多い。そして、ジャガイモ栽培では休閑をやめ、化学肥料や農薬を使って、毎年、ジャガイモを栽培している農村が少なくないのである。

文献2　山本　二〇〇〇。

このような休閑システムの変化は最近急にはじまったわけではなく、かなり以前から生じていたことも考えられる。それというのも、中央アンデス全体で休閑システムを見渡してみると、休閑期間に大きな違いがみられるからである。休閑システムを詳しく調査した研究によれば、休閑期間の長いものでは一〇年以上というものもあり、短いものでは一年だけのものさえある。[文献3]また、マルカパタ村でもかつては一〇年間の休閑期間をもうけていたという情報もある。

このような休閑期間の違いは、先述した人口の増加や市場経済の浸透の程度が地域によって異なっていることに起因するのであろう。その意味では、休閑期間の短縮に象徴されるように、中央アンデスの伝統農耕の変化は程度の差こそあるものの、広い範囲でおこっていると考えられる。しかし、先に指摘したように、休閑システムは病気などの発生を回避する役割をになっていたはずであり、それが変化することで環境の悪化などの問題を生じる恐れがある。実際のところ、すでにアンデスでは半分以上の面積で土壌の浸食や過放牧などによる環境破壊が生じているとの報告もある。[文献4]

つぎに牧民社会の変化を見ておこう。中央アンデス高地では農業と牧畜が密接な関係をもっているため、牧民社会の変化も農村社会に大きな影響を与えているからである。

文献3　Orolove&Godoy 1986.

文献4　Godoy 1984, Millones 1982.

▼プイカにおける変化の兆し——先住民共同体、農牧関係、牧民社会の変化

前節で、プイカにおける牧民の暮らしと、牧民と農民の関係の「伝統的」な側面を中心に述べた。その筆者の稲村が一〇数年ぶりにプイカを再訪すると、さまざまな変化が起こっていた。まず、以前はプイカには徒歩か馬でしか行けなかったのだが、数年前にプイカ村への道路が開通し、中古の日本製バンの定期バスがアルカ村と往復していたのだ（写真３）。二〇〇五年現在で、牧民の住むプ

ナ（高原）地域まではまだ道路はのびていないが、プイカから北にのびる峡谷沿いに、チュルカ村、チンカイヤパ村への道路が通じつつある。こうした公共事業は選挙で選ばれたプイカのアルカルデ（村長）のイニシアティブでおこなわれている。

かつては、ディストリート（地区）のレベルのムニシパリダ（行政）では、政府からの予算はほとんどなく、アルカルデ（村長）が住民のファイナ（共同労働）を指揮して段々畑の灌漑溝の整備をするなど、現状維持が精一杯だった。それが、現在は、地方のディストリートの活動に明らかな変化が起こっている。NPOによる開発も地域社会に大きな影響を与えている。たとえば、プイカ村ではNPOが数年前に新しい灌漑水路を造った。その結果、プイカ村では、以前は共同でおこなっていたジャガイモの休耕輪作システム（ライメ）がなくなって、個人が自分の畑でそれぞれ好きな作物を好きな時期に作るようになったという。市場経済の浸透とともに、私有の観念と個人主義的な傾向が強くなってきたのだ。

プイカ村には、二〇〇三年にはじめて電気がついた。村の役場の前の街灯に灯がともると、その下に人びとが夜遅くまで集っていた。電気は、その年の一〇月に開催されたディストリートの創立記念の祭になんとか間に合った。プイカ村ではかつてはカトリック聖人の祭がもっぱらおこなわれていたが、今は創立記念日の祭の方が盛大におこなわれ、村人にとっては楽しみもより大きいようだ。創立記念日の祭りには聖人の祭にはみられなかったいくつかの新しい要素が加わっていた。国旗を掲げた行進がおこなわれ、小さな広場に立てられているポールに掲揚された（写真4）。コタワシにいる郡のアルカルデ（郡長）も出席し、アルカ村から来た警官もセレモニーに参加した。また、数年前に作られた舞台つきの集会所で、招待された地元出身のバンドの

●写真3　プイカ村に道路が通じ、バスが来た

演奏が催されたりもした（写真５）。フルビート（少人数のサッカー）大会、とくに女子のフルビート大会が人気を集め、村対抗（プイカ行政区に属すプイカ村と各アネクソ）の応援合戦が盛り上がった（写真６、７）。各アネクソ（属村）の生徒たちが披露するフォルクローレ（民族音楽・民族舞踊）のコンクールも以前はみられなかったことで、若い人びとの新しい祭の要素が色濃く表れていた（写真８）。聖人の祭でもおこなわれてきた「田舎闘牛」は相変わらず人気があって、むしろ教会前の広場は「闘牛場」として整備が進められていた（写真９、10）。選挙でアルカルデに選ばれたアレキパ市の出

●写真４　国旗を揚げた行進のあと、掲揚する

●写真５　電気が入った新しい集会所での演奏

身の若いメスティソの土木技師が、プイカの「伝統」にのっとって、闘牛開始のパレードに参加し、闘牛場でも主催者としてのパフォーマンスをしていた。

　一方で、カトリック聖人の祭も続いているが、かつてほどの盛り上がりはないという。「聖バルバラと聖フアンの祭」は、以前は、二つの聖人と聖女が高原の二つのアイユによって担当され、高原のアイユの双分性を象徴していたが、現在は「聖バルバラ」だけが祝われるようになったという。

　カルゴの引き受け手が減少したことがおもな原因らしい。非公式の役人の組織であるバラヨフの役職も使い走りと警備の役割を果たす下位の役職である「マンドン」だけになってしまった。

　カルゴを務めることに対する報酬はなく、むしろ多大の出費を必要とする。それによって共同体内での威信が高められる。それが理想の生き方であった。しかし、若い世代の価値観は変化してきた。プイカ行政府全体として、カトリック聖人の祭やカルゴ・システムが担ってきたような旧来の社会構造が次第に弱まって

●写真6　女子フルビート

●写真7　女子フルビートの応援

いるのは明らかだ。再分配システムによるコミュニティの結合というメカニズムは崩壊しつつある。一方で実利と個人主義が強くなる傾向があり、現在のコミュニティは、むしろ村人それぞれの福利の向上という目的を共有して、その結束がかろうじて図られている、という印象をもった。

プイカ村での変化は印象的だったが、そこから高原に上がってみると、家畜を追い、家畜の番をして一日を過ごす牧民の生活そのものは、あまり変化していないように見えた。牧民たちは、以前と同じやり方でアルパカの毛を刈って現金収入を得ていた。また、あいかわらず彼らはリャマのキャラバンとともに旅をし、リャマの輸送力を使って農民の収穫物を運んで農産物を得ている。

ただし、現金で農産物を買うことも多くなってきたという。農民との関係は少しずつ薄れつつあるようだ。かつては、聖人の祭に農民とともに参加し、とりわけカルゴを果たすことで、農民との強い絆を保ってきた。その祭が衰退の傾向にあることを先に述べた。

●写真８　生徒たちによるフォルクローレ

●写真９　プイカ村の闘牛

今回のフィールドワークの過程で、アプリマック県やクスコ県の道路沿いの地域では、アルパカだけを飼う牧民が目についた。道路が発達したところでは、リャマの輸送力は、その役割を失くしたのであろう。リャマの輸送力としての存在価値がなくなれば、必然的に農民との関係は薄くなる。プイカにおいても、将来、道路が高原にのびて、高原の諸都市や海岸部との交通が容易になると、今後、牧民社会の変化はますます大きくなるであろう。

第四章でプイカの牧民の家族の形態について述べたが、牧民の家族にも変化が起こっているようだ。以前調べた「フイサ」の家族の変化を知ることができた。一九七九年に調べた「家族」の長老はみな他界し、現在は全面的な世代交代が起こっていた。フイサの元の屋敷地はおもに貯蔵庫として使われ、現在では、若い世代が別に家を建て、三つの地域にわかれて住むようになっていた。

以前のフイサは、「拡大家族」が主居住地の一つの屋敷地に住み、他の二つの副居住地との間でミクロな移動がおこなわれていた。その内の一つは雨季の対策としての、水はけのよい場所にあった。それが、若い世代に移って、三つの居住地に分割されて別々に放牧されるようになっていたのだ。したがって、現在は幼畜の死亡率を下げるための雨季の対策としておこなわれてきたミクロな移動もおこなわれず、それらの三か所それぞれで基本的には日帰り放牧だけがおこなわれている。もとの主居住地を受け継いで住む家族の場合は、雨季には、乾季の間に使う囲いではなく、水はけのよい丘の斜面に家畜を集めているそうである。まだ、牧民の家族に関する全体的な変化の傾向を明確に述べるだけの資料はないが、家族と放牧地の細分化が起こりつつあるのはたしかなようである。

このような放牧地の細分化と占有地内のミクロな移動の衰退は、「アンデ

●写真10　闘牛の見学者

ス的なローカルな知恵や技術」の衰退として考えると、耕地の休閑・輪作システムの衰退と符合する。市場経済化や近代化により、アンデス先住民社会の伝統的な凝集性が衰退し、個人主義的な傾向が増すことにより、アンデス的な農耕や牧畜のシステムが衰退しつつあるのだろう。

「チャク」をめぐるアンデス先住民社会の新たな動き

「チャク」については第三章で述べたが、その復活はアヤクチョ県のビクーニャ保護区「パンパ・ガレーラス」を擁するルカーナス行政区からはじまり、アンデス高地に広がりつつある。プイカ行政区にはまだその影響はないが、村のリーダー的な人物の何人かは関心を持っていた。

インカ帝国でおこなわれていた「チャク」自体が、野生動物の管理・利用・保全を兼ねたシステムの顕著な事例としてたいへん興味深く、それが「動物の利用」や「家畜化」の議論にとっても重要な示唆を与えることは先に述べた。「チャク」の復活は、環境をめぐる伝統的な「地方の知」の再編の成功例としても興味深い。インカ時代の伝統知を復活させたことで、絶滅の危機にあったビクーニャの保全に成功したことは、現代の環境保全の有り様の一つのモデルとしてとらえることもできるだろう。

ここではそのような環境利用や動物利用といった観点から離れて、アンデス高地における「チャク」復活をめぐる社会的背景、とりわけ先住民社会の変化、また「チャク」がアンデス社会に引き起こしている変化に目をむけたい。

先に述べたように、ルカーナスでは、「チャク」によりさまざまな公共事業が可能となり、電気の導入、広場、役所、学校などが整備され、トラックなども購入できた。このような経済的な側面だけでなく、「チャク」復活は、アンデス社会の組織的な再編に大きな影響を与えている。ビクーニャの毛を国際市場に出すための全国組織であるＳＮＶや、ラクダ科動物の管理と利用を統括するＣＯＮＡＣＳの組織などにより、これまで個々の共同体が孤立しがちであった、アンデス先住民社会の新たな統合のしくみが成長したといえるからだ。アンデス先住民社会の統合は、フジモリ政権の誕生の背景にすでにあったものであり、フジモリ政権下で促進されたものであろう。（注２）それが「チャク」再生の要因の一つでもあり、また、「チャク」再生によって一層促進されたと考えられる。

　このような画期的な「現代版チャク」が再生し、急速に拡大してきたのは何故だろうか。その要因を総合的に考えてみよう。アンデス社会は、インカの伝統の知から学び、それを再編することにより、新たな野生動物利用システムを作り出したといえる。しかし、そのシステムはビクーニャの毛が皇帝のために使われたインカ時代のものとは大きく異なるものであろう。まず、新システムが成り立つためには、ビクーニャの毛という商品のための市場と流通システムが不可欠であった。つまり、「チャク」再生の要因の一つとして、ウォーラーステインによって提起された資本主義世界システムへの包摂が挙げられよう。ウォーラーステインによれば、歴史的な資本主義の拡大は、資本主義システムが中心から周辺へと拡大する一方で、新しい周辺を組みこんでいくという過程であった。（注３）その過程は現在も進行しており、たしかに「チャク」再生も、ビクーニャの毛がヨーロッパに輸出され、高級な衣服として商品化されるという形で、アンデス先住民社会が資本主義システムと市場経済に包摂される過程としてとらえることが可能である。

　資本主義世界システムに組み込まれてきたアンデス社会は、「野生動物の管理と利用」に関する法的な権利を手にし、ビクーニャの捕獲のための新しい技術（ナイロンのフェンスなど）を取り入れ、みずからの古代の「伝統」から学んで再解釈し、野生動物利用のシステムを復活・再構築した。その背景には、環境保全の運動がある。また、ワシントン条約に調印したあとの交渉によるビクーニャの毛の商取引の認可が前提となった。また、アンデス高地の地域開発の要請の高まりと、フジモリ政権下で進められた地域開発の推進も背景として考慮すべきである。さらに、クスコなどです

注２　先住民社会の横の連帯は、一九八〇年の民政移管後の大統領選挙にさかのぼると考えられる。選挙は義務であり（投票しないと罰金が科せられる）、選挙に参加することで先住民の間に国民意識が生まれた。フジモリ大統領が誕生した背景には、それまでの政治に対する強い不信感と、先住民代表の「代役」としてのアジア系フジモリへの支持が、先住民社会に広がったと考えられる。

注３　ウォーラーステインは、一八世紀後半から一九世紀前半においてインド亜大陸、オスマン帝国、ロシア帝国、西アフリカが「資本主義世界経済」に組み込まれた過程を論じ、『組み込み』について次のように述べている（ウォーラーステイン　一九九七：一五六―一二三〇）。『組み込み』とは、少なくとも、本質的な意味で、特定の地域における何か重要な生産過程が『資本主義世界経済』の分業体制を構成する商品連鎖の一環として、不可欠になることを意味する。

でに定着している、ペルーの古代文化と結びついた観光開発の実績を背景とした、観光振興への期待もあげられる。実際、クスコで観光振興のためにはじまり定着してきた「インティ・ライミ（太陽の祭）」を知るクスコ出身の教師が、パンパ・ガレーラにおける「グラン・チャク」祭の演出に中心的な役割を果たしたという。

先住民社会の横の連帯や、治安の安定も「チャク」再生の前提として不可欠であった。「チャク」再生は、こうしたさまざまな要因の複合として、はじめて理解できるものであろう。

「チャク」をとおしてアンデス先住民社会の変動が見える。つまり、アンデス社会の変動過程で「チャク」の再生が起こった。そして、「チャク」再生が先住民社会に新たな変化をもたらしているのである。大きな収入源が生じたことにより先住民社会のインフラが整備され、共同体のメンバーの紐帯を強める新たな要因が生まれ、新たなリーダーシップのあり方が生じている。また他方で、植民地時代から共同体間の孤立性がその特徴だった先住民社会が横に繋がり組織化されてきた。

しかし一方で、そうした組織の「官僚化」による弊害などがすでに指摘されている。また、これまで比較的画一的であった共同体間に新たな利権が生まれたことにより、農業共同体間の境界争いなど、これまでになかった軋轢が生じている。ビクーニャの数は地域によって格差が大きく、ビクーニャが少なく設備や技術も整備されていない地域では、捕獲の効率も悪い。今後は、農民共同体間の格差、またビクーニャを持つ地域と持たない地域の格差がより大きな問題となるであろう。

さらに、従来のリャマ・アルパカ牧畜をはじめとする伝統的な生業活動に与える影響はどのようなものであろうか。また、「チャク」にともなって創設された祭りと観光は今後どのように発展していくのだろうか。こうしたテーマについては、今後の展開を追跡していく必要がある。

いずれにせよ、「チャク」はアンデス社会の変動を反映するとともにそれを促進している。アンデス社会は新たな安定形態に向かってしばらくの間模索を続けるのであろう。

農村から都市への人口移動

以上、中央アンデス高地の暮らしの変化を農耕社会と牧民社会に焦点をあてて検討してきた。その結果、伝統的であるとされるジャガイモ栽培においても休閑期間の短縮にみられるように大きな変化の生じていることが明らかになった。そして、その背景には農村社会での人口の増加や市場経済の浸透の影響があることを指摘した。また、山岳地域での道路網の拡大や整備がこれらの変化と密接な関係をもっていることも指摘した。

このような変化は農業だけでなく、リャマやアルパカなどの伝統的な家畜飼育でも生じている。先述したように、道路網の発達により、これまで荷物輸送のかなりの部分をゆだねていたリャマの役割が小さくなり、その影響でリャマの飼育頭数が減少してきている。一方、アルパカの毛は国際的に評価が高くなり、アルパカの飼育頭数は増える傾向にある。また、絶滅寸前であったビクーニャが保護され数が増えて、「チャク」も復活し、ビクーニャの毛の商品化は先住民社会にとって大きな現金収入源となっている。

先に指摘したように、リャマとアルパカの飼育はジャガイモ栽培と密接な関係をもってきたため、これらの家畜飼育における変化も伝統的な農業に大きな変化をおよぼしている。このような変化が農村社会に与えている影響を最後に見ておきたい。

冒頭でも述べたように、休閑システムの変化は単に土地利用の変化にとどまらず、農村社会にも大きな変化を与えている。じつは、アンデスにおける農村社会を構成するのはコムニダとよばれる共同体であり、この地域共同体の共同耕地でジャガイモは栽培されている。そして、このジャガイモ栽培で休閑システムを可能にしてきたのが耕地の利用に対する共同体のさまざまな規制であった。ところが、この休閑システムの消滅あるいは変化は共同体による規制や凝集力の弱化または変化をともなう。これは逆の可能性もある。つまり、共同体の規制や凝集力の弱化または変化が休閑システムの消滅または変化をもたらしている（注４）。いずれにせよ、このような変化は伝統的な農村社会に大きな変化を与える可能性をもつ。たとえば、耕地の私有化がその代表的なものである。

　この耕地の私有化は可能性にとどまらず、すでにアンデス各地で生じている現象である。そして、この現象によって農地を拡大する農民がいる一方で、農地をまったくもたない農民も増加している[文献5]。このような農民のなかには、村を離れる者が多い。マルカパタでも、村を離れて、砂金やゴムなどの採取のためにアマゾン低地に出稼ぎに行く者が少なくない。また、近年、増加しているのが都市への移住である。これは、アンデス各地で広く生じている現象である。

　たとえば、ボリビアでは事実上の首都であるラパスや、ラパスにつぐ大都市でありアンデス山麓に位置するサンタクルスに周辺の農村部から大量の人口移動がおこっている[文献6]。ラパスは、本節の筆者のひとりである山本が一九六八年に訪れた当時は人口が約五〇万であったが、現在ではその倍以上の一〇〇万人あまりの人口を擁するといわれる。しかも、その都市の膨張は現在もおさまらず、ラパスの周辺で拡大を続けている（写真11）。

　ペルーでも、山岳地帯の農村部から海岸地帯への都市部への移住は顕著である[文献7]。とりわけ、ペルーの首都であり、海岸地帯に位置するリマへの人口集中は近年激しさをましている（図１）。それ

●**写真 11**　ラパス郊外に生まれた新市街。1960 年代当時はなかった

注４　プイカにおけるカルゴシステムの衰退傾向はそうした共同体の変化をよく示している。

文献５　Godoy 1984.

文献６　Smith 1971.

文献７　Millones 1982, Smnith 1971.

は、リマの人口動態にもはっきりとあらわれている。リマの人口は一九四〇年に約六〇万人であったが、それが一九七〇年には四〇〇万人に急増しているのである。そして、この急増した人口の大半が山岳地帯からリマへの移住者に起因するとされるのである。[文献8]

山岳地帯から移住してきた彼らの大半はリマ市周辺の「プエブロ・ホーベン（若い町の意）」に集中して住む（写真12）。プエブロ・ホーベンのなかには電気も水道もない、いわばスラムのようなところも少なくない。このプエブロ・ホーベンの人口がリマ市全体に占める割合も急増している。リマ市の人口のうち、一九五六年にプエブロ・ホーベンの人口が占めていた比率は約一〇パーセント

文献8　Escobar & Beall 1982.

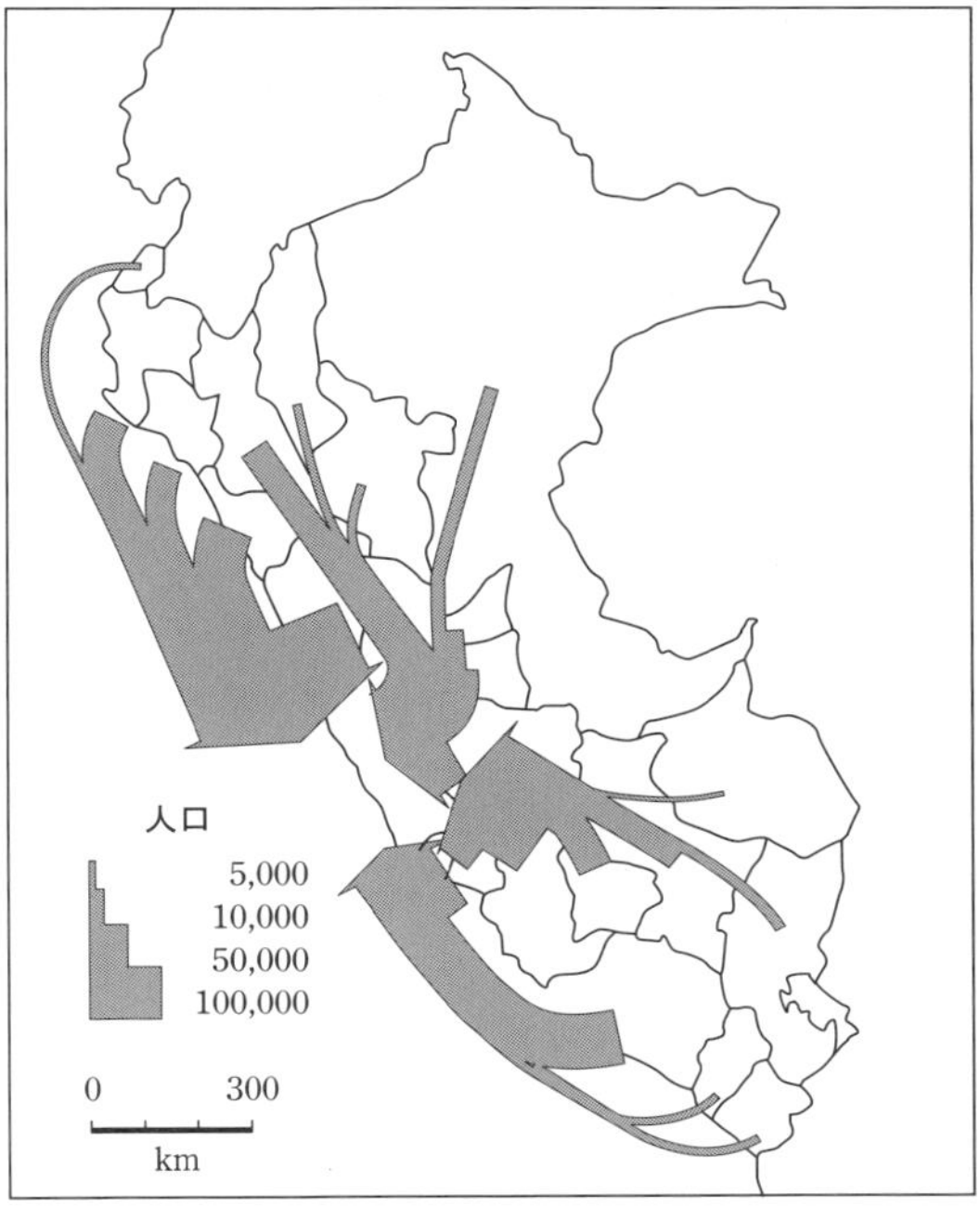

●図1　リマへの人口移動（1961年）（文献8）

●写真12　リマ市郊外に生まれた「プエブロ・ホーベン」

ほどであったがそれが二〇年後の一九七六年には七六パーセントにまで急増しているのである。[文献8]

このような都市への急速な人口流入は、人口集中や都市のスラム化、犯罪の多発などのさまざまな社会問題を引き起こしている。そして、この山岳地帯の農村部から都市部への人口移動はその後も減少するどころか、むしろ増え続けている。もちろん、このような農村から都市への大量の人口移動は伝統的な農業や牧畜の変化だけに原因が求められるわけではない。山岳地帯の農村部と都市部でのインフラ面でのさまざまな格差も無視できない要因である。[注5] そして、その背景には山岳地帯への道路網の浸透などをとおしての都市部からの情報の流入などもある。ペルーでは、道路網の整備をはじめとする山岳地域の開発が一九九〇年代のフジモリ政権以降、格段に進んだのである。

先にアンデスにおける道路網の整備が農村部への市場経済の浸透を促進したことを指摘したが、これは農村側から見れば都市部へのアクセスが容易になったことを意味する。このような状態も農村から都市部への人口移動に拍車をかけている。つまり、農村部から都市部への農民の移住にはさまざまな要因が関係しているが、そのなかで、きわめて大きな要因として考えられるのが道路網の発達なのである。

これは、現在もなお伝統的な農耕をおこなっているとされる地域が、いずれも交通の不便な地理的に隔絶された農村であることにも示されていよう。一方、このような状況のなかで中央アンデス全体を見渡したとき、広い地域で今なおインカ以来、あるいはそれ以前からの伝統であるジャガイモ栽培の休閑システムが維持されているのは興味深いことである。その背景には、この休閑システムがアンデスの農村共同体の組織と強くむすびついていること、この休閑システムがアンデス高地の自然環境を持続的に利用する上で効果を上げてきたことなどの事情が存在する。

しかし、本節で指摘したように、その休閑システムさえも変化し、なかには消滅してしまったところもある。この事実は、長く伝統的な方法を維持してきた中央アンデス高地の農業が急速に変化をとげている兆しのように思われる。いいかえれば、ジャガイモ栽培における休閑システムや牧畜

注5　たとえば、本節の筆者のひとりの山本が先述したマルカパタで滞在していた一九八〇年代当時、そこでは電気もガスもなかったため、夜は漆黒の闇に包まれ、暖房施設もないため寒さに耐えるしかなかった。また、マルカパタには病院がないため、病人が出たときはクスコまで行くか、諦めるしかなかった。

における「ミクロな移動」の減少などの傾向は、市場経済や近代化の浸透にともなう、中央アンデス高地における伝統的な農耕や牧畜のシステムの大きな変化を象徴するものにほかならないのである。それはアンデスの先住民共同体自体の構造的な変化を反映するものである。一方で、アンデスのグローバル化にともなう市場経済と近代化の浸透を背景として、「チャク」復活に象徴されるような、伝統文化の再生がみられることは興味深い。

多様な環境と結びついたアンデスの文化の特質とその背景を総合的に注意深く見なければ、その変化の本質についても見抜くことはできないだろう。また、今後は、「変化」の特徴とその意味や背景を知ることによってアンデスの文化の特質を探ることが、研究上益々重要な作業となっていくことだろう。

引用文献

Escobar, M. C. and C. M. Beall 1982 Cotemporary patterns o migration in the Central Andes. *Mountain Research and Development* 2: 63–80.

Godoy, R. 1984 Ecological degradation and agricultural intensification in the Andean highland. *Human Ecology* 12: 359–383.

Milliones, J. 1982 Patterns of land use and associated environmental problems in the Central Andes. *Mountain Research and Development* 2: 49–61.

Orlove, B. S. and R. Godoy 1986 Sectoral fallowing systems in the Central Andes. *Journal of Ethnobiology* 6: 169–204.

Smith, C. T. 1971 The Central Andes. Blakemore, H. And C. T. Smith（eds.）*Latin Ameirca: Geographical Perspectives*. Methuen Press.

ウォーラーステイン『近代世界システム一七三〇～一八四〇ｓ——大西洋革命の時代』（川北稔訳）名古屋大学出版会、一九九七年。

山本紀夫　「熱帯アンデスにおける伝統農業とその変化──中央アンデスを中心に」『熱帯農業』四一巻二号一一五─一二三、一九九七年。
山本紀夫「伝統農業の背後にあるもの──中央アンデス高地の例から」田中耕司編『自然と結ぶ　農にみる多様性』二四─五一、二〇〇〇年。

第五章三節

アンデスのエコツーリズム

Isamu Yamada
山田　勇

はじめに

エコツーリズムという言葉は、ここ一〇年くらいの間にかなり一般化してきた。二〇〇二年が国際エコツーリズム年であったことから、さらに広くいきわたり、世界各地で、エコツーリズムで旅する人びとが増えている。その中で、南米は、もっともはやくからエコツーリズムがはじまった大陸の一つである。その理由の一つは、アンデス、アマゾンという、世界に冠たる大自然生態系と進化の島として名高いガラパゴスを有するからである。ここでは、エクアドルとパタゴニアの例をとりあげ、アンデスを中心にしたエコツーリズムについて論じたい。

エクアドルのエコツーリズム

中米のコスタリカを除き、もっともエコツーリズムの発達しているのはエクアドルである。ここへやってくる外国人観光客の八〇パーセント以上はエコツーリストであるといわれている。かれらの多くは、この国のエコツーリズムの三つの拠点、すなわち、西からガラパゴス、アンデス、そしてアマゾンという場を求めてやってくるのである。ブラジルやアルゼンチンのような大国でないため、短いアプローチで世界を代表する場を訪れることができる、ということで、主として欧米から大勢の人が訪れる。いくつかの比較の視点をもとに、まずエクアドルのエコツーリズムの状況を報告したい。

エクアドルは、南米の北西部、アンデスの上にある赤道直下の小国であり、北はコロンビア、南はペルーにかこまれるように存在する。首都キトの中心部にエコツーリズムを扱う大手の旅行社がある。日本や東南アジアの旅行社は、入口付近のカウンターに大勢の人がおしかけ、字の多いパンフレットをみて、日程をつめる交渉をするのが一般的である。しかし、このキトのエコツーリズム専門の会社は、厚いブルーの絨毯をしきつめ、同じくブルー系統のスーツをきた女性係員たちが、広いオフィスでゆうゆうと仕事をしている所へ通される。そして出されるパンフレットは、厚いアート紙に美しい写真の入ったぶ厚いもので、これをみるだけで、はや心は現地へ飛んでいる気になる。準備されているメニューは一〇〇以上にのぼり、ガラパゴス、アンデス、アマゾンと、それぞれ異なった色調で統一されている。アンデスには、古いスペイン時代の都市群と高原から雲霧林を結ぶ多くのルートが記載されている。もっとも日本と異なることは、どのルートも途中で別のルートに変更したり、逆に途中から参加することも可能なことである。多くの日本人にとっては、はじめから決められたコースをいく方が楽なようであるが、ここではより自由度の高いヨーロッパ人の気ままさにあうメニューが主流である。

アンデスで、私が選んだのは、北のコロンビアとの国境に近いパラモ地帯と、標高一八〇〇メートルくらいに位置する雲霧林地帯であった。これにガラパゴスとアマゾンを入れると、アンデスをはさんで、東西の島と熱帯雨林を含め、代表的な植生帯をみることができる。費用は一日ひとりあたり二〇〇米ドルで、少々高めだが、これには、交通費と宿泊、食事三食分、ガイド料などがすべて組み込まれており、もしこのルートにのらず自分ひとりで同じルートをいくとなると、数倍の金がかかる。ここでは、会社のつくったルートにうまくのる方が結局安くつくのである。それだけ、すでに何十年にもわたって、会社のつくったルートがいきわたっているということでもある。

キトの町自体は、スペイン時代の教会をはじめ、石畳の坂道の多い、異国情緒あふれる町である（写真1）。この町を散策してから、まず北のパラモへのルートをとる。

パラモとは、標高四〇〇〇メートルくらいの熱帯高地に、背の低い、トゲ状の葉をもった植物が一面にしげる、独特の景観を示す植生帯をさす言葉である。アフリカのルエンゾリ山やケニア山にも同様なものがみられ、東南アジアの三〇〇〇メートル以上の山にも類似の小規模のものがみられるが、もっとも典型的なものが広域にみられるのが、アンデス山地なのである。

旅行社のジープは、キトの町から北へ一直線に上っていく。道はよく整備され、美しい村々と、ほとんど完全に耕作されている山の斜面の間を通っていく。途中、布を売っている市場をみて、標高をどんどん上げてゆく。やがて村もまばらになり、土道が四〇〇〇メートル近くまで上る。ゆるやかな丘陵地がすべて、リュウゼツランに似たパラモ植生でおおわれる（写真2）。車をとめて、パラモを歩く。地面には厚い水ゴケが生育し、その上にパラモ植物が繁茂する。高見に上って見下ろすと一面のパラモが眼前に広がり、はるかにコンドルが一羽舞っている。キトの町の人気の多いところから、ほんの数時間で、こんな別天地があるというとがすばらしい。

ここからすぐ北はコロンビアの国境である。この道は、麻薬で名高いコロンビアへの密輸ルートであるともいう。時折

●**写真1**　赤道直下の高地都市、キト。パネシージョの丘の前に広がる旧市街

やってくるジープには、なんとなく、それらしき人相のよくないのが乗っている。私の運転手のパブロさんは、誰にでも愛想よく声をかけ、手をふる。そうしないと、危ないという。

国境地帯というのは、どこも交易の中心でもある。そして必ず何かキナくさいニオイのする場でもある。とりわけ、コロンビアとの国境は、南米の中ではもっとも危険地帯である。その理由もあって、このパラモ地帯にはあまり人も近寄らない。何がおこっても不思議ではないからである。

東南アジアでは国境地帯に隣接する国が共同で、国立公園をつくる動きが各所である。ボルネオのインドネシアとマレーシアの国境地帯や、北ミャンマーと中国雲南省との間や、南ミャンマーとタイの国境地帯など、いくつか候補にあがっているが、なかなか実現しない。二国間の合意がむずかしいことが原因であるが、もし実現すれば、これほどすばらしいことはない。エコツーリズムが国境の風通しをよくするのである。政治的に解決できない問題も、ツーリズムによって風穴をあけることができる。現実に、ミャンマーでは、政治的に入ることがむずかしい場も、ツーリズムならいってもよしというところがいくつもある。ツーリズムで多くの人びとがいくようになれば、政府も徐々に態度をかえるであろう。エコツーリズムはその最先端をいく役目もおっているのである。

ついで、私は、アマゾンからの帰りに、雲霧林地帯を訪れた。標高一八〇〇メートルの、やはりキトから一日たらずのこの地域は、入口に酪農と焼畑を中心にして生活している小さな村があった。

この村は、じつはパブロさんがひとりでＮＧＯを立ち上げ、この村を舞台に、さまざまな活動をおこなっている村であった。その中で一番重要なのは良質のミルクから上等のバターやチーズをつくり、ブランド化して、都市へ売るというものであった。まだはじめたばかりであったが、村人と

●写真２　エクアドルのパラモ。最近では環境破壊が心配されている

パブロさんとの関係はたいへんよく、村人はこれまで閉鎖的であったのが外へ門戸が開かれるというので、新しい設備を購入し、積極的に参加していた。こうなったきっかけは、エコツーリストたちがここへくるようになったことである。

エコツーリストは、この村を基地にして、ここから奥に広がる雲霧林をみにいく。

はじめは、道らしきものがあったが、やがて道はなくなり、川の中を歩くことになった。やがて雨が降り出し、私とパブロさんは、ずぶぬれになって川をさかのぼった。夕方になって、やっと森の入口に到着。古い山小舎風の小屋に入り、その中にテントをはって泊まる。夕食はパブロさんがつくってくれる。かれは食事のあとも熱心に自分のNGO活動を話す。夏休みになると、大勢の生徒たちが町からやってきて、ふもとの村に泊まる。この森へのルートももう少し開拓して、人が来やすいようにしたい。それまで、かれは私費をはたいてがんばるという。

翌朝、われわれは近くの森をみにいく。雲霧林といっても、東南アジアのものよりもコケの量などは少ないが、樹高二〇メートル近くの山地性の樹木がみられ、幹にはコケとともにパイナップル科のブロメリアが非常に多く着生している。もっと奥へいくともっといい林があるというが、そこまではまだまだ遠いので、一応このあたりで満足して村へもどる。村ではチーズを賞味し、村人のやる気をみる。パブロさんも、本業の合間にこの村との共同事業をやっていくため、なかなか忙しい。パブロさんの用事がすむまで、私は村からみえる国立公園の森を遠望する。厚い黒雲がかかり、その下に重層構造の林冠がみえる。たしかに、よさそうな山地林がのこっている。この保全もかねて、パブロさんはNGO活動をやっている。

エコツーリズムの根本は、原生自然の保護と先住民の生活文化の保全であり、エコツーリズムによる収益の一部が、少しはこの二つの目的のために還元されることが本来の姿である。そういう意味では、このパブロさんの仕事は、もっともエコツーリズムにかなった例である。私は、かれのような実践家にあえてたいへんうれしく、かれの活動の成功を祈ってわかれた。

パタゴニアの山々

アンデスの南のつきあたりがパタゴニアである。南アメリカ大陸の南端は徐々に細くなり、西側のチリと東側のアルゼンチンは狭い領土をわけあうように背中あわせにくっついている。両国のいききは簡単であり、パタゴニアへいくと、何度もこの間を往復することにもなる。パタゴニアは、南極に近いため、アンデスの中央部分とはまったく異なった樹種がでてくる。南極ブナ（ノトファグス）である。この樹種群は地球上では、この南米のパタゴニア、ニューギニア、タスマニアなどに出現する日本のブナの近縁種で、葉は日本のブナを数分の一にちぢめたような小型の葉である。数種が標高にしたがって分布するが、いずれも大きいものでは直径一メートルくらいになり、樹高は風や雪などでおさえられて、二〇メートルくらいまでであるが、ずんぐりとした老令林が広くみられる。私がこれまで二回、パタゴニアをみているのは、このノトファグスにひかれていったことと、パタゴニアにある名峰パイネとフィッツロイに魅せられたからである。山と森の好きな人には、この名峰をめぐる森の旅はおすすめの一品である。

まずパイネであるが、これは西のチリ側にある。チリをサンチャゴ周辺の砂漠地帯から下って、南のはしのプンタアレナスで飛行機を下り、北へ車でプエルトナターレスで一泊、そこからパイネはそう遠くない（写真3）。その途中にいくつもノトファグスの森があり、七〇〜八〇センチくらいの直径をもつ林がつぎつぎとでてくる。パイネのみえるころは、ちょうど夕方になっていて、この岩壁に夕日があたり、見事である。標高二八〇〇メートル、岩壁の部分だけで二〇〇〇メートルの落差がある。岩壁は三本にわかれ、それぞれが鋭くきりたっている。標高はそう高くはないが、まわりが低いため、はるかに高くみえる。この岩壁を見上げるところに宿があり、一日中この秀麗な山の姿を楽しむことができる。このまわりをトレッキングするコースもいくつかあり、一週間かかる（写真４）。また車で大きくまわると、まわりには高層湿原やノトファグスの森があり、ゆっくりとアンデス南端の生態景観を楽しむことができる。

パイネのいいところは、とにかく人が少ないことである。北のアラスカのデナリ国立公園などとくらべると、人が圧倒的に少なく、静かな時間をもてることが何よりのよさである。私は、宿へはやくついた一日、ひとりで裏山に登り、ノトファグスの林の中を歩いた。まったく手の入っていない原生林は、異常に倒木が多く、大木をまたいで歩くことになった。これは、とくに風あたりの強い斜面にひどく、パタゴニアの風の強さを現実のものとして感じた。

このノトファグスの林も、各地で伐採の対称になっている。かたまって高材積の木材がえられるため、チップにして紙をつくるのに好適なのである。しかし、パイネのふもとにこのノトファグスがなくなると、景観が完全に損なわれてしまう。また寒冷地のため天然更新も容易ではない。チリの自然保護団体は伐採反対を叫んでいるが、少人口世界のため、力にならず、伐採は続けられている。

もう一つの名峰はフィッツロイである。パイネがアルゼンチン側

●**写真３**　パイネ峰とトレッカーたち

●**写真４**　トレッキングコース中のキャンプ地。パタゴニアでは指定されたキャンプ地でしかテントは張れない

のパタゴニアの中央部にそそりたつ大鋭峯だとすると、こちらはズボッとやや先が鈍角の岩峰がアルゼンチン側パタゴニアの中心部にそそりたっている。パイネの鋭さはないが、その岩峰の迫力は、パイネ以上である。このフィッツロイへはカラファテからバスで一日走り、エルチャルテンという村へついて、ここで数泊して山のまわりをまわることになる。

私はスミソニアン研究所のサルバドルさんと一緒に訪れ、一日は西側から山を右にみてまわる湖までのコース、もう一日は東側から入るコースを選び、ノトファグスの森の旅を楽しんだ。初日のコースは、村から発電所の裏を通り、すぐノトファグスの散在する渓谷沿いの美しい道であった。ノトファグスは単木的に稜線上に生育し、まるで公園を歩いているようであった。時々休んでみると左下には深い谷が切れ込み、右手前方にはフィッツロイの雄姿とそのまわりの氷河がみえた（写真5）。この姿は、歩くたびに近くになり、氷河湖につくまで続いた。これまでにみたことのない山とノトファグスのかん木状の森は、格好のトレッキングコースであった。往復でちょうど一日かかるが、申し分のない散策コースである。

もう一つの道ははじめ山を左にみて東の谷をさかのぼり、山中にあるホテルのそばから、ブランコ川に沿って、フィッツロイを右にみつつまわるコースである。こちら側は、深いノトファグスの森が続き、上記のコースとはまったく趣きが異なる。太いのは直径一メートル近くになり、ずんぐりとした幹の上、一五〜二〇メートルくらいのところに枝が広がる。ブナに似た小葉をとおして、朝の光が透過してくる。右側にはブランコ川のむこうに、フィッツロイの巨大な岩峰とその下の氷河や氷河湖がみえる。昼ころには、キャンプ地につく。馬が荷を運び、若者が思い思いにキャンプし、ここからさらにフィッツロイに近づこうとしている。どのルートも一日で往

●写真５　パタゴニア・アンデスの秀峰、フィッツロイ

復できる距離である。清流がながれ、小鳥がさえずり、昼食をとっていると小鳥がよってくる。これこそまさに桃源郷である。東洋でいう桃源郷は、より人くさく、村里に咲く桃や菜花の類をみての話であろうが、ここは人気のない、地球の果てのパラダイスである。このキャンプ場から広い灌木帯を通って村へ帰る道は、途中で上記の道と一部合流する。最後はまたわかれて、東の谷を下にみつつ、村へもどる。

村にはいくつかホテルとレストランがあり、夜になると少しにぎやかになる。地元の野菜をたっぷり煮込んだ料理がでる。二日にわたって、この世の天国のようなところを歩けた満足感は、ビールとワインの酔いも手伝って、体中に広がっていく。もういい残すことはないといえるくらいの充実感である。

同じ年の秋に、私はブータンの山へ本書編者の山本紀夫さんとトレッキングをした。この時は、毎日の歩行距離が長く、かつ道も悪かったため、体力的に少ししんどすぎた。無論景観はすばらしかったし、トレッキングが終わった時の充実感はさらに大きかったが、もう少し手軽に、楽しめないものかという気持ちが残っていた。その手本のようなところがフィッツロイであった。道はよく整備され、要所要所に休み処と、ビュースポットがあり、山と氷河と森と渓谷をセットで見続けることができた。この距離感や、楽な行程を、もっと極端にしたのがヨーロッパアルプスであろう。スイスのユングフラウ、マッターホルン、そしてモンブランなどの名峰は、ほとんど歩くことなく、頂上直下の氷河をみわたせる展望台まで、電車やケーブルでいくことができる。そして、レストランでビールやワインをのみながら、氷河の上を歩く登山者たちをながめている。ここまで徹底しているところは、ヨーロッパアルプスだけだろうが、フィッツロイは、ヨーロッパアルプスとブータンの中間をとった、もっとも理想的なエコツアーの構造を成している。これはやはり、地球の果て、パタゴニアならではの世界であろう。なぜならば、いくら多くなっても、たまに道ですれちがうくらいの人数でおさえられているからである。

そんなすぐれた景観も、人があまり多くなりすぎると、景観それ自体を損ねてしまいかねない。すぐれた美術品を観賞するのに、満員の美術館では折角の名品もゆっくり味わえないのと同じである。パタゴニアのこの二つの名峰は、残された数少ない秘宝ともいうべき存在である。

アンデスに関連するいくつかのエコツアールート

アンデスは、これまで述べた以外にいくつものエコツアーのルートを組むことができる。その中でもっとも人びとをひきつけるのは、インカの遺跡を結ぶルートであろう。無理をしてつなげなくても、たとえばマチュピチュの遺跡だけをとりあげても充分、他では味わえないここだけの世界をもっている。この世界的に有名な遺跡は、深い谷底から急峻な斜面をジグザグにのぼった山の頂上付近にある。かつてのインカ道は、長い山の斜面の中腹にずっと続き、昔の人は、この道を通って、門をくぐるとこのマチュピチュという都市が忽然とあらわれたのに驚いたであろう。現代のわれわれでさえ、何故こんなところにこれだけの神殿や住居をそなえた都市が存在したのか、未だに不思議がいっぱいなのである。ナスカ絵にしてもそうだし、またインカ独特の石組みの妙など、インカ時代の人びとの生活と文化をたどる旅は、生態考古ツアーとして、アンデス山脈がもっとも多様な場を提供している（写真６）。

もう一つは、アンデスの山をふくめ、東のアマゾン、西のガラパゴスなどという異生態系を楽しむツアーである。現代人は、すでに多くの情報を手に入れ、世界中の景勝の地や歴史景観については、熟知している。そして、旅の好きな人は、すでに多くの土地を訪れている。そんな人びとを相手に新鮮で、他にはみられない売り物を準備するためには、とおり一遍のメニューでは不足である。アンデスを中心にして、ここでなければえられないルートをさがしだす必要がある。その一つの好例が、はじめにのべたガラパゴス、アンデス、アマゾンである。ふつう欧米系の人びとの一回の旅の期間は三〜四週間が多い。この日数にピッタリなのが、このコースである。たいていの人はまず、ガラパゴスで一週間すごし、アンデスへもどって一週間、そして最後に一週間アマゾンという型になる。この三つの場をかえることで、メニューにバラエティをもたせ、まったく異なる地球の側面を堪能できるしくみになっている。ガラパゴスという生物進化の跡をたどる場と、アンデスの遺跡をめぐる人間の歴史の時間軸、それに今もっともホットな話題となっている熱帯雨林世界という場をわずか一か月たらずで体験できるのである。こんな世界は、ちょっと他にはない。世界中どこをさがしても、たとえばロッキー山脈には、アマゾンもガラパゴスもそばにはない。アメリカ人も、自分の国では得られないものを求めてやってくる。ヨーロッパ人が求めるものは夏のさんさんと照る太陽である。アルプスはあるが、アマゾンの湿った空気やガラパゴスの乾いた太陽はない。しかもそれでいて、かれらは、あまりしんどいことはしたくない。なぜならヨーロッパは進みすぎて、アルプスにみられるように、できすぎた設備になれすぎているからである。それを知っている南米の人びとは、ガラパゴスに豪華な船を走らせ、アマゾンにはフローテルをうかべる。フローテルというのは浮かぶホテルの意味で、一九七二年からアマゾンへくる人びとのためにつくられたホテル船である。ここでは、丘の上のホテルと同じように水洗トイレとシャワーがあり、毎日ジャングルでかいた汗を流して、寝るときだけは欧米なみに寝られるというしくみなのである。

こう考えてみると、南米という国は、ちょうど、最先進地域と最後進地域の間に位置し、その両者のいいところをとって、調和型のエコツーリズ

●写真６　クスコ市郊外にあるインカ時代の遺跡、サクサイワマン。上の方に観光客の姿が見える

ム体制をつくりあげてきたといえる。アルゼンチンなどは、南米というよりはヨーロッパに近いといわれるが、まさにそのとおりのエコツーリズムの例が、フィッツロイのエコツアーなのである。一言でいえば、しんどさを感じさせないエコルートの開発である。エクアドルにおけるエコツアーもほとんどがしんどくないルートであり、その中で、他ではみられない景観を楽しめるしくみをつくっているのである。

別の例をあげると、パタゴニアの氷河をみるルートもそうである。パタゴニアはいくつも大きな氷河が存在する（写真７）。その氷河をみるために、バスで氷河への船着場につき、船に乗り換え、つぎつぎと氷河をみる。時には、船を下りて、氷河のすぐそばまで歩き、氷柱の落下するのをみる。これらのメニューは、アラスカの氷河見物と同じであり、氷河というエコツアーの対象物に対し、かぎりなく楽に、充分楽しめるしくみをつくっているのである。アルゼンチンのパタゴニアの入口のバリロチェの町は、よくスイスの町にたとえられる。町にはスイスの山小舎風の建物が多い。町の人びとは常にヨーロッパ世界を頭において生きてきているのであり、それがあるがゆえに、ヨーロッパの人びとがかくも大勢訪れるのである。また、アルゼンチンに住む人も、ヨーロッパ人がアルプスを訪れるように、アンデスを訪ね、氷河をみる。そこには、どこかで、ヨーロッパから移り住んできた多くの移民たちの故郷への郷愁のようなものがあるかもしれない。

●写真７　パタゴニアの氷河

アンデスにおけるエコツーリズムの未来

アンデスは南米大陸の西を南北に走る世界一長い山脈である。ヒマラヤと比較してみると、ヒマラヤは東西に同じ緯度線上をのび西は中国、東はパキスタンにまたがり、標高は八〇〇〇メートルをこえる。しかしその総延長はアンデスの半分にもみたない。アンデス山脈の他の山脈にない特長は、赤道直下からパタゴニアという、南極圏にまで山脈がのびていることであり、かつその山脈上に、数多くのインカの遺跡が存在し、その後のスペイン植民地時代の古都市が残っていることである。そして、西側の太平洋側は乾燥した砂漠、東はアマゾンの熱帯雨林となって広がり、この熱帯雨林を潤す川の多くがアンデスに源を発している。ヒマラヤは東部が湿潤、とくに東南部のブータン周辺はきわめて湿潤であり、西へ向かうにつれて乾燥する。また南北の斜面でいえば、南がより湿潤で、北のチベット高原は乾燥する。ヒマラヤ山脈はユーラシア大陸とインド亜大陸の間にあるため、南北間の気候的差異が大きいが、アンデスでは西側の面積が狭く、ほとんどが砂漠に近い。北へいくほど、砂漠は農耕地にかわり、東斜面は熱帯雨林にかわってゆく。

アンデスとヒマラヤで共通するのは、標高の高い斜面上に広がる牧畜世界である。動物の種類と、ミルクをしぼらない違いはあるが、生業形態としては同質のものであり、作物の種類では、ジャガイモとトウモロコシのアンデスに対し、裸麦のヒマラヤとなる。山岳景観については、標高八〇〇〇メートル級のヒマラヤと、六〇〇〇メートル級のアンデスではどちらもすぐれた名峰をつらねていることにかわりはない。ヒマラヤが登れない時代、多くの登山家たちはアンデスへやってきたが、その後、ヒマラヤの門戸が開かれると、再びアルピニズムの中心はヒマラヤへ移っていった。高さの違いとともに、地球上での温帯圏からの距離の違いも影響している。

アンデスは、世界一の長大山脈であるにもかかわらず、常にヒマラヤの影にかくれた存在であることに甘んじている。日本でもヒマラヤの本はまだ売れるが、アンデスでは一桁かわってくるといわれる。近いようで、じつは遠い存在がアンデスなのである。

しかし、エコツーリズムにとって、アンデスはどうか。これまで述べたように、エコツーリズムはあまり大勢の人がドッとやってくるような場はそぐわない。むしろ、ひっそりと少数のグループが本当の意味の自然や過去の遺跡を訪れ、ゆっくりとその場に身をおいて、人類の過去を想いめぐらし、地球の未来を考える場が、もっともエコツーリズムにむいている。そう考えると、アンデスほどエコツーリズムの目的にかなった地はないのではないだろうか。

ヒマラヤは、近頃は人がいきすぎる。エベレストにも毎年何十組もが登山し、ダウラギリへはステップまできざまれているという。トレッキングにいけば、嫌というほどトレッカーに出会い、テント地も小舎も満員である。アルピニストやトレッカーたちによる環境汚染も、大きな問題になっている。ヒマラヤへはもう行きたくないという熟練したエコツーリストは多い。今やヒマラヤは、エコツーリストの軽井沢銀座になってしまったのである。真の意味でエコツーリズムを求める人は、もっと遠い、未知の世界へ動く。その一つのもっともすぐれた地域がアンデスなのである。

アンデスのエコツーリズムは、アマゾンやガラパゴスを除けば、まだまだ歴史は浅い。いくべきところはじつに多い。エクアドルだけで一〇〇以上のメニューがつくれるのである。ペルー、ボリビア、アルゼンチン、チリと北のコロンビア、ベネズエラを含めればエコツーリズムの候補地は無数といっていいくらいある。この地域は将来必ず、さらにエコツーリズムのルートが開発され、多くの人が訪れることはまちがいない。しかし、その時になっていくのでは遅すぎる。ブームになる前にいくことがエコツーリズムの醍醐味でもある。

日本では、「コンドルは飛んでいく」に象徴されるラテン系の音楽が一時大いにもてはやされたが、その後、ブームは去り、アンデスは遠い世界のようにとらえられている。たしかにアンデスは遠い。日本から三〇時間という長い時間を飛行機の中ですごさなければならないのは、たしかに苦痛である。しかし、この苦痛のあとにくるアンデスに身をおいた時の感覚は他のどこにもない充実感を与えてくれる。それは長い歴史の傷跡が残したさびしさとともに、それでもなお大地に強く生きる人びとの姿であり、圧倒的な山々と、大斜面に広がる耕地、そして大砂漠や大氷河である。

フィッツロイや、パイネをめぐるトレッキングコースは、ヒマラヤ山系のものほど上下差はない。ゆるやかな道を美しい景色を楽しみつつ、ふつうの人びとがふつうに歩ける道である。そういう意味で、アンデスのエコツーリズムは、幼児から老年層までかわりなく楽しめる性質をもっている。エコツーリズムがもっともエコツーリズムらしく生きる場がアンデスかもしれない。

私はこの原稿をパプアで書いている。ニューギニアの中央高地ワメナには、パプアの人びとがトレッキングを中心にしたエコツアーを企画している。しかしそれはエコツーリズムというにはあまりに未開発な原初的な形である。しかし、中には一か月をかけて、この山の上から、南部の低湿地のメラウケまでいく人もある。しかし、そんな人はよほど特殊であり、ふつうの人は、近くの石灰岩やイモ畑をみにいって満足する。ついこの間まで、石器時代にいたといわれるダニ族の人びとの生活をみることだけで、充分満足がえられるのである。

われわれ現代人は、自分たちの現在の生活に満足しているにもかかわらず、どこかで、常に別の世界を体験したいという欲求をもっている。その別の世界が自分たちの生活と落差が大きければ大きいほど満足度は大きい。温帯圏で、ごく平均的な生活を続ける世界の大多数の人間にとって、エコツーリズムは、その落差を実感させてくれる、もっとも手身近な旅の方法なのである。アンデス山脈はその長大な山脈により、その周辺に数多くの異なる生態系を生み、そこで人びとは長い歴史をきざんできた。この時間軸の長さと地理的な広がりの大きさは、世界の中で比較できるところはない。そんな場へ、きわめて簡単にいけるしくみをつくってきたのがアンデスのエコツーリズムである。アンデスは、エコツーリズムに関しては、最先端を走っている場なのである。

あとがき

編著による本の「あとがき」としては異例のことであるが、個人的な回想から書きおこすことをお許しいただきたい。編者の山本が初めてアンデスに行こうと思ったのは一九六〇年代の半ば頃のことなので、いまから四〇年以上も前のことになる。まだ海外旅行そのものが珍しかった時代であり、日本からはるか遠くにあるアンデスに行ったことのある人はきわめて乏しかった。またアンデスに関する本もほとんどなく、アンデスについて知りたいことがあれば欧文の本を辞書片手に読むか、行ったことのある人を探しまわり、聞くしか方法がなかった。

その当時にくらべれば現在は日本でもアンデスに関する情報は飛躍的に増えた。旅行案内書もたくさん刊行されるようになったし、テレビ番組でもしばしばアンデスが取り上げられている。もはや「秘境」といわれていたことが信じられないような時代になった。それではアンデスの特色はよく知られるようになったといえるのだろうか。しかし、その答えは否であろう。たとえば、アンデスがどのようなところか、そんな基本的な疑問に答えることさえ難しいにちがいない。

それというのも、国別の旅行案内書はあっても、依然としてアンデスに関する研究書はきわめて乏しいからである。その理由として「はじめに」で研究者が少ないことを指摘したが、じつはもう一つの理由がある。それはアンデスがきわめて長大なことである。長大すぎて、アンデス全体を把握することがきわめて困難なのである。第一章で詳述されているようにアンデスは長大なので環境がきわめて多様であり、そこに生きる人たちの暮らしもまた多様である。それがアンデスの環境やそこでの人びとの暮らしについての統一的理解を妨げているのである。

このような状況のなかで、本書は「アンデス高地とはどのようなところなのか」という疑問を明らかにすべく、その困難な課題に挑戦したものである。そして、そのために計画した調査こそが冒頭で述べた文部科学省の助成をうけて二〇〇一年から四年間にわたって実施した「アンデス高地における環境利用の特質に関する文化人類学的研究―ヒマラヤ・チベットとの比較研究」であった。

この調査に参加した研究者およびその分担は次のとおりである（所属は調査開始当時のもの）。

山本紀夫（国立民族学博物館・民族学）	農耕文化・研究総括
山田　勇（京都大学・熱帯生態学）	生態・エコツーリズム
岩田修二（東京都立大学・自然地理学）	地形・土地利用
本江昭夫（帯広畜産大学・家畜学）	家畜分類・牧草利用
稲村哲也（愛知県立大学・文化人類学）	社会組織・牧畜論
川本　芳（京都大学・遺伝学）	家畜化・家畜系統論
岡　秀一（東京都立大学・植物地理学）	植生・植物利用
苅谷愛彦（千葉大学・自然地理学）	地形・土地利用
大山修一（東京都立大学・生態人類学）	環境利用・リモートセンシング

このほかに研究協力者として千代勇一（総合研究大学院大学大学院生）、藤倉雄司（帯広畜産大学大学院生）、そして鳥居恵美子（天野博物館研究員）の三氏も参加した。

ただし、本書はこの調査隊の報告書ではなく、この調査以前に実施した様々な調査成果も取り込んでいる。したがって、本書のもとになった調査では無数の方たちや機関のお世話になっている。できれば、これらの方がたや機関の名前をあげて謝辞を述べたいが、この限られたスペースでそれは許されない。ここでは、わたしが民博（国立民族学博物館）在任中に最後に実施した二〇〇一年からの調査でお世話になった方たちだけを取り上げて謝意を表しておきたい。

まずは、四年間の長期にわたり多数のメンバーによるアンデスでの調査が可能になったのは文部科学省から多額の研究助成をいただいたおかげである。また、その煩雑な事務的処理にあたっては、研究代表者の山本が所属する民博管理部の人たちのご助力があった。現地では、在ペルー日本大使館の成田右文大使をはじめ、館員の方たちの様々なサポートがあった。また、ペルーのリマにある天野博物館は家畜の起源に関する遺伝学的研究のために実験場所を提供してくださっただけでなく、天野美代子館長や阪根博理事など、すべての館員の皆様から全面的な協力を得た。

アンデスのフィールドワークでもお世話になった方が多い。ラクダ科動物の調査では国立南米ラクダ科動物協議会（CONACS）リマ所長のホルヘ・エレーラ氏をはじめとする会員の方たちから「チャク狩猟」の調査に便宜をはかってもらったほか、血液サンプルの採取でもご協力をいただいた。この血液サンプルの採取はリマにある動物園、パルケ・デ・ラス・レジェンダスでもご協力をいただいた。また、ビクーニャの生態調査はペルー・アヤクチョ県のパンパガレーラスに長期に滞在しての観察となったが、これはワユワ村の村長のエドガール・ワイタ氏、前村長のルイス・ギエン・シモン氏、さらに調査助手をつとめてくれたジョアン・ガルシア・ワイタ氏などの協力があって初めて可能となった。

わたしたちのメンバーのなかにはペルー南部のプノ県でも長期に滞在して農耕の調査を実施した者がいるが、このプノ県では国立農業試験場（PRONIPA）のA・ボニファシオ博士、アルティプラノ大学農学部のJ・L・チョケ農場長、A・R・ムヒカ教授、J・M・アロアロ助教授の全面的な協力があった。このなかでアロアロ助教授は、わたしたちの調査隊との関係がきっかけで帯広畜産大学に留学することになり現在博士論文取得にむけて同大学で勉学中である。その機会を利用して同氏には本書にも貴重な報告を寄稿していただいた。

このように述べてくれば調査はすべて順調であったように思われるかもしれないが、必ずしもそうではなかった。アクシデントもあり、それについても言及しておかなければ不公平であろう。最初のアクシデントは、調査を始めて間もない頃、それも研究代表者のわたし自身の事故であった。

エクアドル・アンデス山中での調査中に崖から転落、右足を骨折したのである。そのため、調査を中断し、首都のキトに引き返して手術を受け、わたしは車椅子で帰国する羽目におちいった。この事故から帰国までお世話いただいたのがキト氏在住の松本明修氏であった。

事故は、わたしが帰国して間もなく、ペルー・アンデス山中でもおこった。こんどは調査隊の車がペルー人の一般車両と衝突して相手側の車が大破、何人もの怪我人も出た。この事故現場はたまたま東京大学の考古学調査団の発掘現場に近かったため、大貫良夫東京大学名誉教授を初め同調査団の皆さんから様々なお世話をいただいた。そして、この車の事故でも、わたしの転落事故でも、その対応に奔走してくれたのが、自身の調査でアンデスに滞在していた千代勇一氏であった。同氏は堪能なスペイン語力を生かし、車の補修や怪我人のケアなどに多大な時間と労力をさいて、問題を解決してくれた。また、この問題の解決にはリマ在住の日系二世であるエスペランサ・花子・佐藤さんも協力を惜しまれなかった。

このほかクスコ在住の篠田恵・直子夫妻、中沢道子氏、ラパス在住でティワナコ博物館館員のマウリシオ・ママニ氏、さらに当時リマ市の天野博物館の館員であった鳥居恵美子氏などからも多大の協力を得た。また、何人ものメンバーが長期にわたり滞在して調査をしたペルー、クスコ県のマルカパタ村およびアレキパ県のプイカ村の村人たちは私たちの調査の意図を理解し、協力してくださった。

このような皆さんのおかげもあり、何とか四年間の調査を終えて大きな成果を得ることができた。そのため、調査終了と同時に本書の刊行準備を始めたが、その本づくりにあたっては執筆者の皆さんに一つだけお願いしたことがある。それは、専門知識をもたない人たち、とくに若い学生たちも読めるような平易な表現を心がけてもらうことであった。ひとりでも多くの方にアンデスに関心をもってもらい、理解を深めて頂きたいと願ったからである。

しかし、これは考えていたほど容易なことではなかった。とくに自然科学系の研究者が書く報告は専門用語が多くて難解になりがちであり、なんども改稿をお願いした報告もある。そのため執筆者と編者のわたしのあいだで意見の対立も生まれたが、平易な表現を心がけるという編集方針を変えるわけにはゆかなかった。フィールドワークは無数の人たちのおかげをこうむっており、その成果はたとえ学術的なものであっても、できるだけ広い範囲に還元しなければならないとわたしが考えていたからである。それでも未だ難解であったり、わかりにくいところがあるとすれば、それはすべて編者の私の力量不足によるものである。その場合は読者の皆さまに深くお詫び申し上げたい。また、改稿をくりかえしながらも、ご執筆の労をとっていただいた執筆者の皆様にも心から御礼申し上げたい。

最後になったが、出版にあたっても何人もの方たちにお世話になっている。まず、大部の学術書の出版の意義を認めて本書の刊行に踏みきられた京都大学学術出版会編集長の鈴木哲也氏に深く感謝したい。編集担当の高垣重和氏や佐伯かおるさん、そして編集実務を担当された桃夭舎の高瀬桃子さんには編集作業だけでなく面倒な問題にもいろいろとお力添えをいただいた。わたしの研究室の秘書である山本祥子さんと下村陽子さんも膨大な原稿や写真の整理に一年以上にわたり尽力してくださった。これらの皆様のご協力がなければ本書が日の目を見ることはなかったであろう。いま分厚い校正原稿を目の前にして、あらためて本づくりは様々な人たちとの共同作業であることを実感している。なお、本書の刊行は国立民族学博物館の出版助成を受けたものであることも付記しておきたい。

以上、ご協力いただいたすべての皆様に「ありがとうございました」と心から御礼申し上げたい。

二〇〇七年三月

桜の蕾がふくらみ始めた万博公園にて

山本紀夫

参考文献

ここでは各報告で参考にした文献のほかに、さらにアンデス高地について深く学ぼうとされる読者にとって参考になりそうな文献もあげておく。したがって、一部には引用文献と重複しているものもあることをお断りしておきたい。

第1章1節　八〇〇〇キロメートルの大山脈――その多様な環境（山本）

Ellenberg, H. (1979) Man's Influence on Tropical Mountain Ecosystems in South America. *Journal of Ecology* 67: 401–416.

Gilmore, R. M. (1950) Fauna and ethnozoology of South America. J. H. Steward (ed.), *Handbook of South American Indians* Vol. 6, 345–464, Smithsonian Institution, Washington.

Leuer, W. (1993) Human development and environment in the Andes: A geoecological overview. *Mountain Research and Development* 13 (2): 157–166.

Pulgar Vidal, J. (1996) *Gegografía del Perú*. Promoción Editorial Inc S. A. Lima Peru.

Sarmiento, G. (1986) Ecological features of climate in high tropical mountains. In Vulleumier F. and Monasterio M (eds.) *High Altitude Tropical Biogeography*. Oxford University Press, Oxford, 11–45.

Sauer, C. Gegraphy of South America. J. H. Steward (ed.), *Handbook of South American Indians* Vol. 6, 345–464, Smithsonian Institution, Washington.

Tell, G., I. Izaguirre, y R. D. Quintana (1997) *Flora y Fauna Patgóonicas*. Caleuche, San Carlos de Bariloche.

Troll, C. (1968) The cordilleras of the tropical Americas, aspects of climatic, phytogeographical and agrarian ecology. *Colloquium Geographicum* (Univ. Bonn) 9: 15–56.

赤澤威・阪口豊・冨田幸光・山本紀夫（一九九二）『アメリカ大陸の自然誌1　アメリカ大陸の誕生』岩波書店。

第一章二節　アンデス山脈の地域区分（山本・苅谷・岩田）

Clapperton, C. (1993) *Quaternary geology and geomorphology of South America*. Elsevier, Amsterdam.

赤澤威・阪口豊・富田幸光・山本紀夫編（一九九二）『アメリカ大陸の自然誌１　アメリカ大陸の誕生』東京大学出版会。

赤澤威・阪口豊・富田幸光・山本紀夫編（一九九二）『アメリカ大陸の自然誌２　最初のアメリカ人』東京大学出版会。

安仁屋政武（一九九八）『パタゴニア　氷河・氷河地形・旅・町・人』古今書院。

市川正巳・福宿光一・正井泰夫・山本正三（一九八七）『地名・地理辞典』数研出版。

岩田修二（一九九八）「アンデスの自然環境――人間活動の舞台として」『地理』四三巻七号：三八―四九。

貝塚爽平編（一九九七）『世界の地形』東京大学出版会。

高橋正樹（二〇〇〇）『島弧・マグマ・テクトニクス』東京大学出版会。

米倉伸之編著（二〇〇〇）『環太平洋の自然史』古今書院。

第一章三節　高地でも人が暮らす中央アンデス（山本）

Baker, P. T. (ed.), (1978) *The Biology of High-Altitude Peoples*, Cambridge University Press, Cambridge.

Baker, P. T. & Little, M. A. (eds.), (1976) *Man in the Andes*, 21–95. Dowden. Hutchinson and Ross, Inc. Philadelphia.

Custred, Glynn (1977) Las punas de los Andes Centrales. In J. F. Ochoa *Pastores de Puna* (ed.) Instituto de Estudios Peruanos. Lima, Perú.

Rhoades, R. E. & Thompson, S. I. (1975) Adaptive strategies in alpine environments: Beyond ecological particularism. *American Ethnologist* 2 (3): 535–551.

Troll, C. (1968) The cordilleras of the tropical Americas, aspects of climatic, phytogeographical and agrarian ecology. *Colloquium Geographicum* (Univ. Bonn) 9: 15–56.

赤澤威・阪口豊・富田幸光・山本紀夫編（一九九二）『アメリカ大陸の自然誌２　最初のアメリカ人』岩波書店。

赤澤威・阪口豊・富田幸光・山本紀夫編（一九九三）『アメリカ大陸の自然誌３　新大陸文明の盛衰』岩波書店。

大貫良夫編（一九九五）『モンゴロイドの地球５　最初のアメリカ人』東京大学出版会。

関雄二（一九九七）『アンデスの考古学』同成社。

第一章四節　山岳文明を生んだアンデス高地（山本）

Murra, J. V. (1975) *Formaciones Económicas y Políticas del Mundo Andino*. Instituto de Estudios Peruanos, Lima

赤澤威・阪口豊・冨田幸光・山本紀夫編（一九九三）『アメリカ大陸の自然誌3　新大陸文明の盛衰』岩波書店。

Murra, J. V. (1980) *The Economic Organization of the Inka State*. JAI Press Inc., Connecticut.

インカ・ガルシラーソ・デ・ラ・ベガ（一九八五（一六〇九））『インカ皇統記1』（大航海時代叢書・エクストラシリーズ）牛島信明訳、岩波書店。

インカ・ガルシラーソ・デ・ラ・ベガ（一九八六（一六〇九））『インカ皇統記2』（大航海時代叢書・エクストラシリーズ）牛島信明訳、岩波書店。

関雄二・青山和夫（二〇〇五）『岩波アメリカ大陸古代文明事典』岩波書店。

ピース、F、増田義郎（一九八八）『図説インカ帝国』小学館。

増田義郎（一九六四）『太陽の帝国インカ――征服者の記録による』角川書店。

増田義郎（一九六九）『太陽と月の神殿　沈黙の世界史一二』新潮社。

山本紀夫（二〇〇四）『ジャガイモとインカ帝国』東京大学出版会。

ルンブレラス、L・G（一九七七）『アンデス文明』増田義郎訳、岩波書店。

ロストウォルフスキ、デ・ディエス・カンセコ、マリア（二〇〇三）『インカ国家の形成と崩壊』増田義郎訳、東洋書林。

第二章一節　栽培植物の故郷（山本）

Cárdenaz, Martín (1969) *Manual de Plantas Económicas de Bolivia*. Imprenta Icthus, Cochabamba, Bolivia.

National Research Council. (1989) *Lost Crops of the Incas. Little-known Plants of the Andes with Promise for Worldwide Cultivation*. National Academy Press, Washington, D. C.

Vavilov, N. I. (1926) Studies on the origin of cultivated plants. *Institute of Applied Botany and Plant Breeding*, Leningrad.

赤澤威・阪口豊・冨田幸光・山本紀夫編（一九九三）『アメリカ大陸の自然誌3　新大陸文明の盛衰』岩波書店。

中尾佐助（一九六六）『栽培植物と農耕の起源』岩波書店。

バビロフ、N・I（一九八〇）『栽培植物発祥地の研究』（中村英司訳）、八坂書房。

山本紀夫（二〇〇〇）「作物と家畜が変えた歴史――もう一つの世界史」川田順造・大貫良夫編『生態の地域史』三一一―三六一頁、山川出版社。

第二章二節　毒抜きから食料貯蔵へ──中央アンデス高地の食品加工技術（山本・大山）

Werge, R. W. (1979) Potato processing in the central highlands of Peru. *Ecology of Food and Nutrition* 7: 229–234.

中尾佐助（一九六六）『栽培植物と農耕の起源』岩波書店。

山本紀夫（一九七六）「中央アンデスの凍結乾燥イモ、チューニョ──加工法、材料およびその意義について」『季刊人類学』七巻二号：一六九─二一二。

山本紀夫（一九八二）「中央アンデスにおける根栽類加工法再考──とくにペルー・アンデスの水さらし技法をめぐって」『国立民族学博物館研究報告』七巻四号：七三七─七八七。

山本紀夫（一九九三）「毒を制したモンゴロイド──南アメリカ先住民の食の適応戦略」『学術月報』四六巻八号：七六四─七七〇。

山本紀夫（二〇〇四）『ジャガイモとインカ帝国』東京大学出版会。

吉田集而・堀田満・印東道子編（二〇〇三）『イモとヒト』平凡社。

第二章三節　ジャガイモと糞との不思議な関係（大山）

Cipollini, M. and Levey, D. (1997a) Antifungal activity of *Solanum* fruit glycoalkaloids: implications for frugivory and seed dispersal. *Ecology* 78 (3): 799–809.

Cipollini, M. and Levey, D. (1997b) Why are some fruits toxic? Glycoalkaloids in *Solanum* and fruit choice by vertebrates. *Ecology* 78 (3): 782–798.

Correl, D. S. (1962) *The potato and its wild relatives: section tuberarium of the genus Solanum*. Texas Research Foundation.

Hawkes, J. G. (1990) *The potato: evolution, biodiversity and genetic resources*. Belhaven Press, London.

Osman, S. F., Herb, S. F., Fitzpatrick, T. J., and Schmidiche, P. (1978) Glycoalkaloid composition of wild and cultivated tuber-bearing Solanum species of potential value in potato breeding programs. *Journal of Agricultural and Food Chemistry* 26: 1246–1248.

Pardavé, C. (2004) *Cultivo y comercialización de papa*. Editora Palomino. Lima.

Sinden, S. L., Goth, R. W. and O'Brien, J. J. (1973) Effect of potato alkaloids on the growth of Alternaria solani and their possible role as resistance factors in potatoes. *Phytopathology* 63: 303.

Ugent, D. (1981) Biogeography and origin of *Solanum acaule* Bitter. *Phytologia* 48: 85–95.

梅村芳樹（一九八四）『ジャガイモ──その人とのかかわり』古今書院。
ベルトルト・ラウファー（一九三八（一九九四））『ジャガイモ伝播考』福屋正修訳、博品社。
星川清親（一九八〇）『新編　食用作物』養賢堂。

第二章四節　知られざるアンデス高地の雑穀──キヌアとカニワ（藤倉・本江・山本）

National Research Council. (1989) *Lost Crops of the Incas. Little-known Plants of the Andes with Promise for Worldwide Cultivation*. National Academy Press, Washington, D. C.
Simmonds, N. 1965 The grain Chenopods the tropical American highlands. *Economic Botany* 19: 223–235.
Wilson, H. and C. Heiser 1979 The origin and evolutionary relationships of 'Huauzontle' (*Chenopodium nuttallie* Safford), domesticated Chenopod of Mexico. *American Journal of Botany* 66 (2): 198–206.
山本紀夫（一九八八）「中央アンデスにおけるジャガイモ栽培と休閑」『農耕の技術』一一号：六四─一〇〇。

第二章五節　現代に生きるインカの農具──踏み鋤をめぐって（山本）

Carrión Cachot de Girardo, R. (1959) *La Religión en el Antiguo Perú*. Lima.
Donkin, R. A. (1970) Pre-Colombian field implements and their distribution in highlands of Middle and South America. *Anthropos*, 65: 505–529.
Gade, D. W. & Robero Rios (1972) Chaquitaclla. The native footplough and its persistence in Central Andean agriculture. *Tools and Tillage*, 1: 3–15.
Guamán Poma de Ayala, F. (1980) Nueva Corónica y Buen Gobierno. Siglo XXI Ed. Mexico.
Rivero Luque, V., (1987) *La Chaquitaclla en el Mundo Andino*. Corde Cusco, Cusco.
山本紀夫（一九九三）「中央アンデスの根栽農耕──踏み鋤をめぐって」佐々木高明編『農耕の技術と文化』一六一─一八六頁、集英社。

第二章六節　中央アンデス根栽農耕文化論（山本）

Brush, S. B., Carney, H. J. and Huanman, Z. (1981) Dynamics of Andean potato agriculture. *Economic Botany* 35 (1): 70–88.
稲村哲也（一九九五）『リャマとアルパカ──アンデスの先住民社会と牧畜文化』花伝社。

サウアー（一九六〇）『農業の起源』竹内常行・斎藤晃吉訳、古今書院。

中尾佐助（一九六六）『栽培植物と農耕の起源』岩波書店。

山本紀夫（一九八八）「中央アンデスにおけるジャガイモ栽培と休閑」『農耕の技術』一一号：六四―一〇〇。

山本紀夫（一九九三）「中央アンデスの根栽農耕―踏み鋤をめぐって」佐々木高明編『農耕の技術と文化』一六一―一八六頁、集英社。

山本紀夫（二〇〇四）『ジャガイモとインカ帝国』東京大学出版会。

第二章七節　チチャ酒の系譜―アンデスにおける酒造りの方法をめぐって（山本）

Cooper, John M. (1946) Stimulants and Narcotics. J. Steward (ed.), *Handbook of South American Indians, Vol. 5; The Comparative Anthropology of South American Indians*; Smithsonian Institution Bureau of American Ethnology Bulletin 143: Cooper Square Publishers, Inc., New York.
Cutler, H. C. and M. Cardenaz (1947) Chicha, A Native South American Beer. *Harvard Botanical Museum Leaflets* 13 (3): 33–60.
Mowat, Linda (1989) *Cassava and Chicha; Bread and beer of the Amazonian Indians*. Shire Publications Ltd., UK.
山本紀夫（一九九八）「チチャ酒の系譜―アンデスにおける酒づくりの方法をめぐって」石毛直道編『論集　酒と飲酒の文化』一三三―一六五頁、平凡社。
山本紀夫・吉田集而（一九九五）『酒づくりの民族誌』八坂書房。

第三章一節　旧大陸の常識をくつがえすアンデス牧畜の特色（稲村）

Flores Ochoa, J. A. (ed.) (1988) *Llamichos y Pacocheros: Pastores de Llamas y Alpacas*., Centro de Estudios Andinos, Cuzco.
Inamura, Tetuya (2002) The Pastoralism in the Andes and the Himalayas. In *Global Environmental Research* Vol. 6, No. 1, pp. 85–102.
Webster, Steven (1973) Native pastoralism in the Andes. *Ethnology* 12 (2): 115–133.
稲村哲也（一九九五）『リャマとアルパカ　アンデスの先住民社会と牧畜文化』花伝社。
稲村哲也（一九九六）「アンデスとヒマラヤの牧畜―高地適応型牧畜の家畜移動とその類型化の試み」『TROPICS（熱帯研究）』五巻三―四号：一八五―二一一。

稲村哲也・川本芳（二〇〇五）「アンデスのラクダ科動物とその利用に関する学際的研究――文化人類学と遺伝学の共同」『国立民族学博物館調査報告』五五号：一一九―一七四。

第三章二節　野生動物ビクーニャの捕獲と毛刈り――インカの追い込み猟「チャク」とその復活（稲村）

Bonavia, D. (1996) *Los Camélidos Sudamericanos*. IFEA-UPCH, Lima.
Flores Ochoa, J. A. (ed.) (1988) *Llamichos y Pacocheros: Pastores de Llamas y Alpacas*, Cuzco: Centro de Estudios Andinos.
Weeler, J. C. and D. Hoces R. (1997) Community Participation, Sustainable Use, and Vicuña Conservation in Peru. *Mountain Research and Development*, Vol. 17 No. 3, pp. 283-287.
稲村哲也（一九九五）『リャマとアルパカ――アンデスの先住民社会と牧畜文化』花伝社。

第三章三節　アンデス発の牧畜起源論（稲村）

稲村哲也（一九九三）「動物の利用と家畜化」赤澤威・阪口豊・冨田幸光・山本紀夫編『アメリカ大陸の自然誌3　新大陸文明の盛衰』四九―九一頁、岩波書店。

稲村哲也（一九九五）『リャマとアルパカ――アンデスの先住民社会と牧畜文化』花伝社。

稲村哲也・川本芳（二〇〇五）「アンデスのラクダ科動物とその利用に関する学際的研究――文化人類学と遺伝学の共同」『国立民族学博物館調査報告』五五号：一一九―一七四。

今西錦司（一九九五）『遊牧論そのほか』平凡社。

梅棹忠夫（一九七六）『狩猟と遊牧の世界』講談社。

ゾイナー、F・E（一九八三）『家畜の歴史』国分直一・木村伸義訳、法政大学出版局。

野澤謙（一九八一）『家畜と人間』出光書店。

福井勝義・谷泰編（一九八七）『牧畜文化の原像――生態・社会・歴史』日本放送出版協会。

松井健（一九八九）『セミ・ドメスティケイション――農耕と遊牧の起源再考』海鳴社。

第三章四節　アンデス高地でラクダ科動物が生き残った理由（本江・藤倉）

Fowler, M. E. (1989) *Medicine and Surgery of South American Camelids - Llama, Alpaca, Vicuna, Guanaco*. Iowa State Univ. Press, Ames.

Fraser, M. D. (1998) Diet composition of guanacos (*Lama guanicoe*) and sheep (*Ovis aries*) grazing in grassland communities typical of UK uplands. Small Rum. Res., 29: 201–212.

Honey, J. G., Harrison, J. A., Prothero, D. R. and Stevens, M. S. (1998) Camelidae. *Evolution of Tertiary Mammals of North America. Vol. 1. Terrestrial Carnivores, Ungulates, and Ungulatelike Mammals* (ed.) Janis, C. M., Scott, K. M. and Jacobs, L. L., Cambridge Univ. Press. pp. 439–462.

Hongo, A., Toukura, Y., Choque, J. L., Aro, J. A. and Yamamoto, N. (2007) The role of a cleft upper lip of alpacas in foraging extremely short grasses evaluated by grazing impulse. *Small Rum. Res*., 69: 108-114.

Martin, F. S. and Bryant, F. C. (1989) Nutrition of domesticated South American llamas and alpacas. Small Rum. Res., 2: 191–216.

Pfister, J. A., San-Martin, F., Rosales, L., Sisson, D. V., Flores, E., Bryant, F. C. and Martin, F. S. (1989) Grazing behaviour of llamas, alpacas and sheep in the Andes of Peru. *App. Animal Behav.* Sci., 23: 237–246.

Reiner, R. J. and Bryant, F. C. (1986) Botanical composition and nutritional quality of alpaca diets in two Andean rangeland communities. *J. Range Manag*., 39: 424–427.

第三章五節　ラクダ科野生動物ビクーニャの生態と保護（大山）

Cueto, L. J. and Ponce. C. F. (1985) *Management of vicuña: its contribution to rural development in the high Andes of Peru*. FAO. Rome.

Fowler, M. E. (1998) *Medicine and surgery of South American Camelids- llama, alpaca, vicuña, guanaco.* Second edition. Blackwell publishing. Iowa.

Jurgens, K. D., Pietschmann M., Yamaguchi, K. Keinschmidt T. (1988) Oxygen binding properties, capillary densities and heart weights in high altitude camelids. *Journal of Comparative Physiology* B 158: 469–477.

Jungius H. (1971) The vicuña in Bolivia: the status of an endangered species and recommendation for its conservation. *Zeitschrift für Säugetierkunde* 36 (3): 129–146.

Koford, C. R. (1957) The vicuña and the puna. *Ecological Monographs* 27 (2): 153–219.

Rabinovich, J. E., Hernandez, M. J. and Cajal, J. L. (1985) A simulation model for the management of vicuña populations. *Ecological modeling* 30: 275–295.

Wheeler, J. C. and Hoces D. R. (1997) Community participation, suitable use and vicuna conservation in Peru. *Moun-*

tain Research and Development 17 (3): 283–287.

第三章六節　家畜の起源に関する遺伝学のアプローチ（川本）

稲村哲也・川本芳（二〇〇五）『アンデスのラクダ科動物とその利用に関する学際的研究——文化人類学と遺伝学の共同』国立民族学博物館調査報告，五五号：一一九—一七四。
コンラット・ケルレル（一九三五）『家畜系統史』加茂儀一訳，岩波書店。
フローレス・オチョア，J・K・マックァリー，J・ポルトゥス（一九九四）『アンデスの宝——その貴き動物たち——南米のリャマ，アルパカ，ビクーニャ，グアナコ』（全2巻）村岡佳子訳，リーフ。
野澤謙（一九九四）『動物集団の遺伝学』名古屋大学出版会。
Kadwell, M., Fernandez, M., Stanley, H. F., Baldi, R., Wheeler, J. C., Rosadio, R. and Bruford, M. W. (2001) Genetic analysis reveals the wild ancestors of the llama and the alpaca. *Proceedings of the Royal Society of London. Series B. Biological Sciences* 268: 2575–2584.
Kawamoto, Y., Hongo, A., Toukura, Y., Kariya, Y., Torii, E., Inamura, T. and Yamamoto, N. (2005) Genetic differentiation among Andean camelid populations measured by blood protein markers. *Report of the Society for Researches on Native Livestock* 22: 41–51.
Stanley, H. F., Kadwell, M. and Wheeler, J. C. (1994) Molecular evolution of the family Camelidae: A mitochondrial DNA study. *Proceedings of the Royal Society of London. Series B. Biological Sciences* 256: 1–6.
Wheeler, J. C. (1995) Evolution and present situation of the South American Camelidae. *Biological Journal of the Linnean Society* 54: 271–295.
Wheeler, J. C., Chikhi, L. and Bruford M. W. (2006) Genetic analysis of the origins of domestic South American camelids. In: Zeder M. A., Bradley D. G., Emshwiller E., Smith B. D. (eds.), *Documenting Domestication — New Genetic and Archaeological Paradigms*, University of California Press, Berkley, Los Angeles, London, pp. 329–341.

第三章七節　ラクダ科動物の毛を利用した染織文化（鳥居）

Cahlander, Adele 1985 *Double-Woven Treasures from Old Peru*, Dos Tejedoras, St. Paul, Minnesota.
d' Harcourt, Raoul 1962 *Textiles of Ancient Peru and their Techniques*, University of Washington Press, Seattle.
De Lavalle, Jose Antonio y de Lavalle de Cardenas, Rosario 1999 *Tejidos Milenarios del Peru*, Integra AFP, Lima.

Gisbert, Teresa, Arze, Silvia, Cajías, Martha 1987 *Arte Textil y Mundo Andino*, Gisbert y Cía La Paz.
Gisbert, Teresa, Arze, Silvia, Cajías, Martha 2003 *Textiles en los Andes Bolivianos,* Agencia Boliviana de Fotos, La Paz.
Murra, John V. 1962 Cloth and Its Functions in the Inca State, *American Anthropologist*, 64: 4, 710–728.
Rowe, Ann Pollard 1977 *Warp-Patterned Weaves of the Andes*, The textile Museum Washington, D. C.
梶谷宣子（一九八二）「概説アンデスの染織」『染織の美二〇』八八―九五頁、京都書院。
梶谷宣子（一九九一）「古代アンデスの染織」『古代アンデス美術』増田義郎・島田泉編、一四九―一六六頁、岩波書店。
鈴木三八子（一九九九）『アンデスの染織技法　織技と組織図』紫紅社。

第四章一節　ティティカカ湖に生きる――採集漁労民の暮らし（山本）

山本紀夫（一九七八）「アンデスのあし舟」『季刊民族学』六号：六―一九。

山本紀夫（一九八〇）「アンデス地域、トトラの民族植物誌」『国立民族学博物館研究報告』五巻四号：九五一―一〇〇七。

第四章二節　農牧複合民の暮らし――食糧の生産と消費を中心に（山本）

山本紀夫（一九八〇）「中央アンデス南部高地の環境利用――ペルー、クスコ県マルカパタの事例より」『国立民族学博物館研究報告』五巻一号：一二一―一八九。

山本紀夫（一九九二）『インカの末裔たち』日本放送出版協会。

山本紀夫（二〇〇四）『ジャガイモとインカ帝国』東京大学出版会。

山本紀夫（二〇〇六）『雲の上で暮らす――アンデス・ヒマラヤ・高地民族の世界』ナカニシヤ出版。

第四章三節　アンデスの牧民の社会と暮らし（稲村）

稲村哲也（一九九五）『リャマとアルパカ――アンデスの先住民社会と牧畜文化』花伝社。

稲村哲也（一九九六）「アンデスとヒマラヤの牧畜――高地適応型牧畜の家畜移動とその類型化の試み」『TROPICS（熱帯研究）』五巻三―四号：一八五―二一一。

第四章四節　商業民族オタバロの暮らし（千代）

新木秀和編著（二〇〇六）『エクアドルを知るための六〇章』明石書店。

増田義郎編（二〇〇〇）『新版世界各国史（二六）ラテン・アメリカ史（二）南アメリカ』山川出版社。

古谷嘉章著（二〇〇一）『異種混淆の近代と人類学——ラテンアメリカのコンタクト・ゾーンから』人文書院。

第四章五節　アイマラ族の信仰と生活（アロアロ・本江・藤倉・鳥居）

La Barre, W. (1948) The Aymara Indians of the lake Titicaca plateau, Bolivia. *American Anthropologist*. Vol. 50, pp. 1–265.

Tschopik, Jr., H. (1950) The Aymara. J. H. Steward (ed.), *Handbook of South American Indians* Vol. 2, pp. 501–573, Smithsonian Institution, Washington.

第五章一節　アンデスにおける高地文明の生態史観——ヒマラヤ・チベットとの比較（山本・稲村）

スタン、R・A（一九九三）『チベットの文化　決定版』山口瑞鳳・定方晟訳、岩波書店。

Troll, C. (1968) The cordilleras of the tropical Americas: aspects of climatic, phitogeographical and agrarian ecology. *Colloquium Geographicum* (Univ. Bonn), 9: 15–56.

稲村哲也（二〇〇〇）「アンデス山脈とヒマラヤ・チベット山塊」川田順造・大貫良夫編著『生態の地域誌』二一四—二六七頁、山川出版社。

梅棹忠夫（一九六七）『文明の生態史観』中央公論社。

川喜田二郎（一九九七）『ヒマラヤの文化生態学』（川喜多二郎著作集一〇）中央公論社。

川喜田二郎（一九九七）『チベット文明研究』（川喜多二郎著作集一一）中央公論社。

山口瑞鳳（一九八七、一九八八）『チベット　上・下』東京大学出版会。

山本紀夫（二〇〇四）『ジャガイモとインカ帝国』東京大学出版会。

山本紀夫（二〇〇六）『雲の上で暮らす——アンデス・ヒマラヤ・高地民族の世界』ナカニシヤ出版。

山本紀夫・稲村哲也編著（二〇〇〇）『ヒマラヤの環境誌——山岳地域の自然とシェルパの世界』八坂書房。

第五章二節　アンデス社会の変容（稲村・山本）

ウォーラーステイン（一九九七）『近代世界システム一七三〇〜一八四〇——大西洋革命の時代』川北稔訳、名古屋大学出版会。

木村秀雄（二〇〇四）「アンデスの自給経済とその変化」梅棹忠夫・山本紀夫編『山の世界　自然・文化・暮らし』三〇九―三一六頁、岩波書店。

佐々木直美（二〇〇七）「チョロ　都市のインディオ」黒田悦子・木村秀雄編『世界の先住民族　〇八　中米・カリブ海・南米』二二一―二三五頁、明石書店。

山本紀夫（二〇〇四）「山岳文明を生んだアンデス農業とそのジレンマ」梅棹忠夫・山本紀夫編『山の世界　自然・文化・暮らし』二〇七―二一六頁、岩波書店。

第五章三節　アンデスのエコツーリズム（山田）

David A. Fennell (1999) Ecotourism: An introduction. London: Routledge.
Honey M. (1999) Ecotourism and sustainable development, Island Press.
石森秀三・真坂昭夫編（二〇〇一）『エコツーリズムの総合的研究』国立民族学博物館調査報告二三。
山田勇（二〇〇〇）『アジア・アメリカ生態資源紀行』岩波書店。
山田勇（二〇〇二）「エコツーリズムと生態資源」『科学』七二、岩波書店。

マス *Oncorhynchus* sp.　513
マストドン *Mammut americanus*　68
マゼラン・ペンギン *Spheniscus magellanicus*　10
マツナ属 *Suaeda*　157
マニオク *Manihot esculenta*　16, 98, 109, 200, 210–212, 230–231, 233, 243–244, 537
マメ科 Leguminosae　140, 151
マルメロ *Cydonia oblonga*　114
マングローブ→ヒルギ科
マンゴー *Mangifera indica*　538
マンモス *Mammuthus* spp.　68, 361
ミコニア属 *Miconia*　66
ミミズ *Pheretima* spp.　144
メロン *Cucumis melo*　113
モジェ *Schinus molle*　239, 241
モモ *Prunus persica*　537, 538

◆ヤ行
ヤウティア（アメリカサトイモ）*Xanthosoma sagittifolium*　210
ヤギ *Capra aegagrus*　113, 152, 305, 329, 354, 357, 475
ヤク *Bos grunniens*　362–364, 531, 540–544, 548
ヤコン *Polymhia sonchifolia*　98, 101, 200, 208
ヤコン *Polymhia edulis*　537
ヤムイモ *Dioscorea alata*　209
ヤムイモ *Dioscorea trifida*　210
ヤレタ *Azorella* spp.　67

◆ラ行
ライム *Citrus aurantifolia*　114
ラカチャ *Arracacia xanthorrhiza*　98, 101, 208, 537
ラクダ属 *Camelus*　311–313, 323, 324
リマビーン *Phaseolus lunatus*　101
リャマ *Lama glama*　20, 26, 55, 63, 65, 70, 80, 87, 100, 101, 115, 155, 160, 185, 215–216, 221–222, 259–267, 269, 270, 272, 274, 275, 279, 280, 298, 299, 306, 311–322, 324–330, 336, 338, 342, 344, 362–365, 367–380, 399, 404, 435, 437, 440–442, 445, 448, 455–456, 458–460, 462, 466–471, 475, 484, 509–512, 552–553, 561, 568–569, 572–573
リャマ属 *Lama*　311–317, 319–322, 324, 326–330
リュウゼツラン *Agave* spp.　581
リンゴ *Malus pumila*　114, 538
リンドウ科 Gentianaceae　140
ルキ　110, 121, 126, 142–143, 224, 441, 560 →ルキ・ジャガイモ
ルキ・ジャガイモ *Solanum curtilobum*, *Solanum juzepcuzkii*　101, 110, 128, 139
ルクマ *Lucuma obovata*　18, 101
ロコト *Capsicum pubescens*　101, 103–104
ロバ *Equus asinus*　113, 152, 354, 357, 512
ロベリア *Loberia*　22–23
ロリカリア *Loricaria*　24

◆ワ行
ワイチャ *Senecio clivicolus*　239
ワタ *Gossypium* sp.　6, 87
ワタ *Gossypium hirsutum*　101
ワタ *Gossypium barbadense*　101
ワナク　283 →グアナコ

テンジクネズミ *Cavia porcellus*　100–101, 362, 436, 512
トウガラシ *Capsicum baccatum*　101
トウガラシ *Capsicum pubescens*　537
トウガラシ *Capsicum* spp.　16, 18, 103, 269, 290, 538
トウモロコシ *Zea mays*　16, 18–19, 72, 79, 84–85, 87, 90, 102–104, 109, 111–114, 133, 143, 162, 185, 191–192, 195–198, 200, 204, 207, 209–210, 229–235, 238–248, 252, 254, 260, 264–266, 269–272, 357, 431–432, 436, 438, 441–443, 445–449, 459, 466–468, 477–480, 516, 523, 533, 534, 536–538, 544, 563, 591
トゲバンレイシ *Annona muricata*　101
トトラ *Scirupus californicus*　55, 410–426, 428–430, 511–512
トマト *Lycopersicon esculenta*　ii, 101, 109, 354, 537–538
トラ *Leidophyllum quadrangulare*　63, 65, 67, 290
トンブリ *Kochia scoparia*　157

◆ナ行
ナク→ヤク
ナス *Solanum melongena*　135, 538
ナンキョクブナ　6, 11, 49, 584 →ノトファグス
ニガウリ *Momordica* spp.　538
ニラ *Allium* sp.　538
ニワトリ *Gallus gallus*　483, 479, 512, 521, 522
ニンジン *Daucus carota*　354, 538
ニンニク *Allium sativum*　538
ネギ *Allium* spp.　538
ネコ *Felis silvestris catus*　314
ネコ科 Felidae　322–323
ノウゼンカズラ科 Bignoniaceae　392
ノウゼンハレン科 Tropaeolaceae　98, 106
ノガリヤス属 *Calamagrostis*　20, 345
ノトファグス *Nothofagus* spp.　6, 49, 585, 586
ノボタン科 Melastomataceae　66

◆ハ行
パイコ *Chenopodium cambrosioides*　166–167
パイナップル *Ananas comosus*　230–231, 233, 537, 538
ハウチワマメ *Lupinus mutabilis*　101, 124
ハウチワマメ属 *Lupinus*　103
パカイ *Inga* spp.　18, 101, 537
パパ・アマルガ　121 →ルキ・ジャガイモ
パパイア *Carica papaya*　101, 537, 538
バナナ *Musa* spp.　26, 109, 209, 230, 241, 537–538
ハマアカザ属 *Atriplex*　157
ハネガヤ属 *Stipa*　138
バラ科 Rosaceae　24, 66, 139, 141, 151
パンノキ *Artcarpus* spp.　209
ヒエ *Echinochloa utilis*　209
ヒカマ *Pachyrrhizus erosus*　199
ビクーニャ *Vicugna vicugna*　20, 68–69, 128, 136–139, 144–146, 149–153, 262, 273, 274, 279–296, 298–301, 303, 306–308, 311–313, 317–318, 335–340, 342, 344–347, 349–358, 356–358, 362, 364–375, 377–380, 399, 509, 570–573
ヒツジ *Ovis aries*　113, 152, 165, 170, 198, 216, 220, 265, 305, 322, 324–331, 354, 357, 437, 440, 442, 475, 479, 485–486, 491–492, 508, 510–513, 561
ヒトコブラクダ *Camelus dromedarius*　311–312, 364
ピーナッツ *Arachis hyopogaea*　101
ピーマン *Capsicum annuum*　135, 354
ピューマ *Puma concolor*　151, 283, 317–318, 322, 345, 348, 350, 351, 354, 355
ヒユ科 Amaranthaceae　102
ヒヨコマメ *Cicer arietinum*　113
ヒルギ科 Rhizophoraceae　25
フウロソウ科 Geraniaceae　139, 141
フクシア *Fuchsia magellanica*
ブタ *Sus scrofa domesticus*　367, 512
フタコブラクダ *Camelus bactrianus*　311–312, 364
ブドウ *Vitis vinifera*　113–114, 247
プヤ・ライモンディー *Puya raimondii*　20
ブラキオーツム *Brachyotum*　66
ブロッコリー *Brassica oleracea* var. *botrytis*　158
ベジャリア *Bejaria*　24
ヘリクリスム *Helichrysum*　24
ベニノキ *Bixa orellana L.*　392–393
ペピーノ *Solanum muricatum*　18, 101, 114, 537
ペルーグルミ *Juglans neotropica*　392–393
ホウレンソウ *Spinacia oleracea*　157–158
ポリレピス *Polyrepis*　66

◆マ行
マオウ科 Ephedraceae　141
マカ *Lepidium meyenii*　101, 104, 107, 208
マシュア *Tropaeolum tuberosum*　85, 98–99, 101–102, 104, 106–107, 133, 192, 208, 210, 212, 215, 224–225, 443, 537

カリフラワー *Brassica oleracea* 538
柑橘類 *Citrus* spp. 537–538
キク科 Compositae 24, 63, 98, 138, 140, 151, 336
キタオポッサム *Didelphis virginiana* 152
キツネ 12–14, 283, 317–318, 345, 348, 350–351, 354, 467
キヌア *Chenopodium quinoa* 65, 101–102, 114, 125, 155–180, 196–198, 208, 212–213, 233–238, 244–245, 393, 426, 443, 510, 513, 522, 537, 559
キビ *Panicum miliaceum* 209
キャッサバ 211, 538 →マニオク
キャベツ *Brassica deracea* 537–538
グアナコ *Lama guanicoe* 11–12, 20, 68, 136–137, 151–152, 279, 284, 298, 299, 303, 311, 313, 317, 320, 336–338, 344, 362, 364–375, 377–380
グアバ *Psidium gujajava* 18, 537, 538
クイ 100, 415, 436, 445–448, 479, 480, 483 →テンジクネズミ
グラナディーヤ *Passiflora* sp. 537
コイコピウエ *Philesia magellanica* 8
コカ *Erythroxylum coca* 18, 87, 90, 97, 170, 286, 398, 449, 520, 523, 534
コカノキ科 Erythroxylaceae 97
コショウボク *Schinus molle* 393
コダチトマト *Cyphomandra betacea* 101, 538
コセンダングサ *Bidens polosa* 392
コチニール *Dactilopius coccus* 392–393
コーヒー *Coffea* sp. 537
コピウエ *Lapageria rosea* 8
コマツグミ *Turdus migratorius* 152
コムギ *Triticum aestivum* 109, 113–114, 143, 156, 213, 252, 357, 533, 534, 538, 544
コリアンダー *Coriandrum sativum* 538
コリンウズラ *Colinus virginianus* 152
コロハ *Trigonella foenum-graecum* 538
コンドル *Vultur gryphus* 467, 507

◆サ行

サツマイモ *Ipomoea batatas* 16, 98, 209, 211, 230, 243, 537–538
サトイモ *Colocasia esculenta* 537
サトウキビ *Saccharum officinarum* 17, 113–114, 230–231, 534, 537, 538, 558
サワギキョウ属 *Loberia* 22
シカ 68, 151
シカ科 Cervidae 151
シカネズミ *Micromys* sp. 152
シコクビエ *Eleusine coracana* 538
シストセンチュウ *Globodera rostochiensis* 141
シソ科 Lamiaceae 141
シナモン *Cinnamomun verum* 538
シリ 123 →ルキ・ジャガイモ
ショウガ *Zingiber officinale* 538
食用カンナ *Canna edulis* 101
ジャガイモ *Solanum* spp. ii, 19, 55, 63, 70–72, 79, 85, 95, 98–99, 101–111, 114–115, 118–119, 121–133, 135–136, 139, 143, 155, 160–162, 164–167, 169, 171, 174, 185, 191–198, 203–205, 207–226, 235, 260, 264, 266, 269–272, 290, 308, 309, 354, 357, 414, 426, 431, 432, 436–445, 448–452, 457, 459, 466, 468, 478–479, 505, 508, 510, 512, 514, 522, 533, 534, 536–537, 540, 544, 552, 553, 558–563, 565, 573, 576, 591
ジャガイモ *Solanum tuberosum* 139, 538
スイカ *Citrullus lanatus* 538
スイギュウ *Bubaius arnee* 364, 367
スカンク（パタゴニアスカンク）*Conepatus humboldtii* 12
スティパ属 *Stipa* 20, 345
スモモ *Prunus* sp. 538
セリ科 Apiaceae 24, 67, 98
センチュウ 221–222 →シストセンチュウ
センチュリー・プラント→プヤ・ライモンディ
センニンコク *Amaranthus caudatus* 101
ソバ *Fagopyrum* sp. 538, 548–549
ソラマメ *Vicia faba* 143, 162, 271, 466, 479, 510, 511, 523, 537, 559–560

◆タ行

ダイコン *Raphanus sativus* 113, 538
ダイズ *Glycine max* 156, 538
ダーウィン・レア *Pterocnemia pennata* 12
ダッタンソバ *Fagopyrum tataricum* 538
タバコ *Nicotiana tabacum* ii, 101, 537, 538
タマネギ *Allium cepa* 113, 354, 514, 537, 538
タルウイ *Lupinus mutabilis* 103, 208, 212, 218, 537
タロイモ *Colocasia esculenta* 209
チェリモヤ *Annona cherimola* 18, 101
チジワ *Festuca dolicophlla* 419, 420
チルコ 8 →フクシア
チョカチワ *Chenopodium. carnosulum* 166
チンコー 548–549 →オオムギ
ツツジ科 Ericaceae 24
ツルムラサキ科 Basellacae 98, 107, 124
テンサイ *Beta vulgaris* 157

動植物名・学名索引

◆ア行
藍を含む植物 *Indigofera suffruticosa*　392
アオイ科 Maluaceae　140
アカウレ *Solanum acaule*　128–129, 141–144, 146–152
アカエナ *Acaena*　24
アカザ科 Chenopodiaceae　65, 102, 157, 159, 125, 155, 157–159, 167, 180, 213
アカザ属 *Chenopodium*　157, 166
茜を含む植物 *Genipa oblongfolia*　392
アゾレラ *Azorella*　24
アチオテ　537 →ベニノキ
アチータ　102 →センニンコク
アチラ　208, 537 →食用カンナ
アッケシソウ *Salicornia europaea*　157
アニュス　85 →マシュア
アヒパ *Pachyrhizus ahipa*　101, 199–201
アブラナ *Brassica campestris*　538
アブラナ科 Brassicaceae　107, 141
アブラヤシ *Elaeis gunineensis*　25, 26
アボカド *Persea americana*　18, 537
アメリカン・レア *Rhea americana*　14, 68
アルガローバ *Prosopis* spp.　230–231, 233
アルパカ *Lama pacos*　20, 26, 55, 63, 65, 70, 72, 87, 100, 101, 115, 155, 160, 165, 185, 215–216, 221–222, 259–267, 269, 270, 272–275, 279–280, 290, 298–300, 306, 311–313, 316, 318, 320, 321, 327–331, 336, 338, 339, 342, 344, 362, 364–376, 379–380, 387, 390, 435, 437, 440, 442, 445, 448, 456, 465–468, 471, 473, 484, 509–512, 552–553, 561, 568–569, 572–573
アルファルファ *Medicago* spp.　357
アルマジロ *Chaetiohractus* spp.　12–14, 68
アワ *Seteria italica*　156
アワビモドキ *Concholeppas* sp.　392–393
アンデス・ギツネ *Pseudalopex culpaeus*　151–152, 355
イカ（ヨーロッパコウイカ） *Sepia officinalis*　392
イサーニョ　224 →マシュア
イシュピンゴ *Ocotea quixos*　241
イチゴツナギ属 *Poa* sp.　138
イチジク *Ficus carica*　113
イヌ *Canis familiaris*　348, 350
イヌ科 Canidae　323
イネ *Oryza sativa*　17, 109, 209, 533, 538
イネ科 Gramineae　24, 102, 136, 138–140, 151, 167, 262, 329, 331, 336, 345, 351, 353
イラクサ *Urtica magelanica*　139, 141, 150
インゲンマメ *Phaseolus vulgaris*　101, 102, 210, 478–479, 537
インゲンマメ *Phaseolus* spp.　ii, 102, 114, 210, 478–479, 538
ウアウソントレ *Chenopodium nuttalliae*　157–159
ウエメリア *Wemeria*　24
ウコン *Curcuma domestica*　538
ウサギ *Oryctolagus cuniculus*　314, 331, 479
ウシ *Bos taurus*　113, 115, 152, 165, 170, 174, 190, 322–326, 328, 331, 354, 357, 362, 363, 367, 435, 469–470, 475, 479, 486, 511, 518, 524, 540, 541, 543, 544
ウシノケグサ属 *Festuca*　20, 138, 345
ウシ科 Bovidae　319, 362
ウマ *Equus caballus*　113, 152, 323, 326, 357, 441, 458, 469
エスペレティア *Espeletia*　22–23, 24, 476
エンドウ *Pisum sativum*　538
エンバク *Avena satisa*　165
オオバコ科 Plantaginaceae　140
オオムギ *Hordeum vulgare*　109, 113–114, 143, 165, 213, 238, 252, 271, 357, 466, 513, 533, 534, 538, 540, 544, 548, 560
オカ *Oxalis tuberosa*　85, 98–99, 101, 102, 104–107, 124, 133, 160, 208, 210, 212, 215, 218, 234, 271, 443, 510, 523, 537, 559, 560
オジロジカ *Odocoileus virginianus*　69
オユコ *Ullucus tuberosus*　98–99, 101–102, 104, 107, 124, 133, 160, 192, 208, 212, 215, 218, 271, 443, 510, 513, 537
オリーブ *Olea europea*　114
オレンジ *Citrus* spp.　114

◆カ行
カイガラムシ　392 →コチニール
カタバミ科 Oxalidaceae　98, 105, 234
カニワ *Chenopodium pallidicaule*　101, 102, 125, 155–161, 163–171, 173–180, 208, 213, 505
カプリ *Prunus capollin*　537
カボチャ *Cucurbita mixta*　101
カボチャ *Cucurbita* spp.　103, 200, 210, 478–479, 537, 538
カヤ・オカ　106 →オカ
カヤツリグサ科 Cyperaceae　136, 140, 151
カラシナ *Brassica juncea*　538
カラファテ *Berberis buxifolia*　8–9

索　引

一般索引

steppe in the Loess Plateau of northwest China. Restoration Ecology 3 (1) (1995), Hongo, A. and Akimoto, M. The role of incisors in selective grazing by cattle and horses. Journal of Agricultural Science, Cambridge 140 (4) (2003), Hongo, A. et al. Changes in incisor dentition of sheep influence biting force. Grass and Forage Science 59 (3) (2004), Hongo, A. et al. The role of a cleft upper lip of alpacas in foraging extremely short grasses evaluated by grazing impulse. Small Ruminant Research, Online Journal on February 8 (2006).

山田　勇（やまだ　いさむ）
1943年生まれ．京都大学大学院農学研究科博士後期過程単位取得退学，農学博士．現在，京都大学名誉教授．専門は熱帯生態学研究．1965年から2006年にかけて，世界各地の森林中心の生態学的地域研究に従事．主な著書・論文に『東南アジアの熱帯多雨林世界』(創文社，1991年)，『アジア・アメリカ生態資源紀行』(岩波書店，2000年)，『世界森林報告』(岩波書店，2006年)．

T. Geomorphology and pastoral-agricultural land usen Cotahuasi and Puica, Southern Peruvian Andes. Geographical Review of Japan 78（2005），『日本の地形中部』（東京大学出版会，2006 年，共著）など．

川本　芳（かわもと　よし）
1952 年生まれ．京都大学大学院理学研究科博士後期課程修了，理学博士．現在，京都大学霊長類研究所助教授．専門は霊長類学，動物集団遺伝学．1986 年から 1988 年にかけて，ネパールでヤクとウシの交雑に関する遺伝学調査をおこなう．2001 年からアンデス高地のラクダ科動物の遺伝学調査を開始し，現在に至る．主な著書に「遺伝子の多様性から考える進化──霊長類の集団遺伝学」京都大学霊長類研究所編『霊長類学のすすめ』（丸善，2003 年），「遺伝子からみた多様性と人間の特徴」日高敏隆編『生物多様性はなぜ大切か？』（昭和堂，2005 年），「ケモノたちはどのように定着したか」京都大学総合博物館編『日本の動物はいつどこからきたのか──生物地理学の挑戦』（岩波書店，2005 年）など．

千代　勇一（せんだい　ゆういち）
1969 年生まれ．総合研究大学院大学文化科学研究科博士後期課程単位取得退学．現在，在コロンビア日本大使館専門調査員．専門はラテンアメリカの文化人類学．2000 年から 2002 年にかけてエクアドル，ペルーでの調査研究に従事．主な著書・論文に「開発のなかのアマゾン」「環境利用と生活」他，新木秀和編『エクアドルを知るための 60 章』（明石書店，2006 年），「観光芸術による民族の自立と共存──エクアドル高地民社会の事例を中心に」『旅の文化研究所研究報告 10 号』（旅の文化研究所，2001 年）．

藤倉　雄司（とうくら　ゆうじ）
1967 年生まれ．岩手大学大学院連合農学研究科修了，農学博士．現在，帯広畜産大学地域共同研究センター産学官連携コーディネーター．専門は草地学・農学．1999 年から 2005 年にかけて，南米においてアカザ科雑穀や熱帯草地の調査研究に従事．主な著書・論文に Toukura, Y. et al. Uprooting and shearing forces in weeds, Weed Biology and Management 6（2006），藤倉雄司・本江昭夫・山本紀夫，「知られざるアンデスの雑穀──キヌアとカニワ」『農耕の技術と文化 26 号』（農耕文化研究振興会，2004 年）など．

鳥居恵美子（とりい　えみこ）
1968 年生まれ．愛知県立大学卒，名古屋大学大学院（人間情報研究科）博士課程前期修了．1994 年より通算 8 年間ペルーに滞在し，（財）天野博物館研究員（染織部門担当）としてペルー，ボリビア，エクアドルなどでアンデスの染織文化を調査研究．この間の 2001 年から 2005 年にかけて文科省の海外調査「アンデス高地における環境利用の特質に関する文化人類学的研究」に現地スタッフとして協力．

本江　昭夫（ほんごう　あきお）
1948 年生まれ．帯広畜産大学畜産学研究科修士課程修了，北海道大学農学博士．現在，帯広畜産大学
畜産学研究科教授．専門は草地学研究．1988 年から 1999 年にかけて中国の黄土高原で草原の砂漠化防止の調査研究に従事．1989 年から 2000 年にかけてヒマラヤ・チベットのヤクの調査研究に従事．2001 年から 2005 年にかけてアンデスのラクダ科動物の調査研究に従事．主な著書・論文に Hongo, A. et al. Effect of exclosure and topography on rehabilitation of overgrazed shrub-

執筆者紹介

Aro Aro Juan Marcos（アロ　アロ　フォアン　マルコス）
1969年生まれ．ペルー共和国プノ県イラベ市出身．ラ モリナ農科大学大学院食品化学専攻，農学修士．現在，帯広畜産大学畜産衛生学専攻前期課程に在籍中．母国では，アルティプラノ大学農学部助教授．専門は食品加工．アンデス産農畜産物の加工技術に詳しい．主な論文に Elaboration of the food mixture based on quinoa (*Chenopodium quinoa* Willd), canihua (*Chenopodium pallidicaule* Aellen), barley (*Hordeum vulgare* L.), corn (*Zea mays* L.), broabean (*Vicia faba* L.) and soybean (*Glicine max* L. Merr) using the extrusion. Universidad Nacional Agraria La Molina (2002).

稲村　哲也（いなむら　てつや）
1950年生まれ．東京大学大学院社会学研究科博士課程退学．現在，愛知県立大学教授．野外民族博物館リトルワールド研究員などを経て現職．専門は文化人類学．1973年から75年にかけてメキシコ留学およびメキシコ・グアテマラで先住民社会の調査，1978年から1980年にかけてペルーで牧民を中心に調査．以後，アンデスのほかヒマラヤ・チベット，モンゴルなどで50回以上の現地調査に従事．主な著書に『リャマとアルパカ―アンデスの先住民社会と牧畜文化』（花伝社，1995年），『ヒマラヤの環境誌――山岳地域の自然とシェルパの世界』（八坂書房，2000年，山本紀夫と共編著）など．

岩田　修二（いわた　しゅうじ）
1946年生まれ．東京都立大学理学研究科単位取得退学，理学博士．現在，立教大学観光学部教授．専門は地形学，地誌学，雪氷地理学．内陸アジアの地誌学，および極地・高山の環境研究（とくに氷河地形による環境復元）を専攻し，ヒマラヤ・チベット・南極・アンデスなどで野外調査をおこなってきた．主な著書・論文に『世界の山やま』（古今書院，1995年，共編著），『山とつきあう』（岩波書店，1997年），Iwata, S. et al. Debris-mantle formation of Wrputu Glacier. the Tienshan Mountains, China. Bulletin of Glaciological Research 22 (2005) など．

大山　修一（おおやま　しゅういち）
1971年生まれ．京都大学大学院人間・環境学研究科修了，人間・環境学博士．現在，首都大学東京都市環境科学研究科助手．専門は地域研究（南米・アフリカ），生態人類学．2001年，南米・アンデスにおいて現地調査を開始した．主な著書・論文に「市場経済化と焼畑農耕社会の変容」掛谷誠編『生態人類学講座第3巻　アフリカ農耕民の世界』（京都大学学術出版会，2002年），「南米アンデスの自然とジャガイモ祖先野生種のゆりかご」『エコソフィア 17号』（昭和堂，2006年），Oyama, S. Ecology and wildlife conservation of vicuña" Geographical reports of Tokyo Metropolitan University 41 (2006) など．

苅谷　愛彦（かりや　よしひこ）
1966年生まれ．東京都立大学大学院理学研究科博士課程修了，理学博士．現在，千葉大学大学院自然科学研究科助手．2007年4月より専修大学文学部助教授．専門は地形学，第四紀学．2001年から2004年までエクアドル，ペルー，ボリビアでの調査に従事．主な著書・論文に『白馬岳地域の地質』（地質調査総合センター，2002年，共著），Kariya, Y., Iwata, S., Inamura,

編者紹介

山本　紀夫（やまもと　のりお）
1943年生まれ．京都大学大学院博士課程修了，農学博士．現在，国立民族学博物館教授，総合研究大学院大学併任教授．専門は民族学，民族植物学，山岳人類学．1968年よりアンデス，アマゾン，ヒマラヤ，チベット，アフリカ高地などで主として先住民による環境利用の調査研究に従事．1984～87年にはペルー，リマ市に本部をもつ国際ポテトセンター社会科学部門客員研究員。主な著書に『インカの末裔たち』（日本放送出版協会，1992年），『ジャガイモとインカ帝国』（東京大学出版会，2004年），『ラテンアメリカ楽器紀行』（山川出版社，2005年），『雲の上で暮らす――アンデス・ヒマラヤ高地民族の世界』（ナカニシヤ出版，2006年），編著に『世界の食文化――中南米』（農山漁村文化協会，2007年）．アンデス・ヒマラヤにおける高地民族の山岳人類学的研究により今年（平成18年）度の秩父宮記念山岳賞などを受賞．

アンデス高地

2007年3月30日　初版第一刷発行

編　者　　山本紀夫
発行人　　本山美彦
発行所　京都大学学術出版会
京都市左京区吉田河原町15-9
京大会館内（〒606-8305）
電話（075）761-6182
FAX（075）761-6190
URL http://www.kyoto-up.or.jp
振替 01000-8-64677

ISBN 978-4-87698-704-7
Printed in Japan

印刷・製本　㈱クイックス東京
定価はカバーに表示してあります